国家社会科学基金重大项目

非洲阿拉伯国家通史

王铁铮 主编

埃及史

王泰 郭子林 著

创于1897 商務印書館 The Commercial Press

谨以本书纪念我国著名埃及学家

刘文鹏先生（1931—2007年）诞辰九十周年

国家社科基金重大项目
西北大学“双一流”建设项目资助

献礼西北大学建校120周年

《非洲阿拉伯国家通史》总序

王铁铮

当今的阿拉伯世界由22个阿拉伯国家所构成，其中12个国家[①]分布在亚洲西部和西南部，10个国家分布在非洲北部和东北部，即阿尔及利亚、利比亚、突尼斯、摩洛哥、毛里塔尼亚、埃及、苏丹、吉布提、索马里和科摩罗。这些国家均以伊斯兰教为国教，国民的绝大多数是信奉伊斯兰教的穆斯林。由于种种局限，国内世界史学界对阿拉伯国家的研究，通常主要聚焦于西亚和西南亚诸国，以及北非的埃及；从事非洲研究的学者，其侧重点则是撒哈拉以南非洲国家。这种状况导致国内学界对非洲阿拉伯国家历史的研究长期处于边缘化地位，以至于国内至今尚无一部全面反映非洲阿拉伯国家的综合性通史著作，同时也缺乏比较系统的非洲阿拉伯国家国别史研究的专著。

2010年底，以北非突尼斯的“布瓦吉吉事件”为导火线及以埃及“一·二五”革命为发端，西亚北非地区引发的政治剧变迅速在阿拉伯国家蔓延，最终导致突尼斯、埃及、利比亚和也门四个阿拉伯共和制政权的垮台和更迭，而叙利亚则处于旷日持久的血腥内战

① 这12个阿拉伯国家为伊拉克、叙利亚、约旦、黎巴嫩、沙特阿拉伯、巴林、卡塔尔、科威特、阿拉伯联合酋长国、阿曼、也门和巴勒斯坦。

中。此次阿拉伯变局折射出的内生性、突发性、连锁性和颠覆性这四大特点出人意料。但可以肯定的是，它是由阿拉伯国家多年来累积的各种内外矛盾所酿成。人们需要从历史的维度对其进行多层面、多视角的解读和反思，从而凸显了非洲阿拉伯国家通史研究的必要性和迫切性。

几乎在阿拉伯变局爆发的同时，即2010年12月下旬，我作为首席专家申报的国家社科基金重大项目“非洲阿拉伯国家通史研究”，在北京京西宾馆顺利通过答辩，获准立项。真是恰逢其时！2011年3月，项目组正式启动研究工作。历经八年磨砺，终于完成项目设定的目标：推出总篇幅近300万字的八卷本《非洲阿拉伯国家通史》这一最终研究成果。该成果包括：

《埃及史》

《阿尔及利亚史》

《利比亚史》

《摩洛哥史》

《突尼斯史》

《苏丹史》

《毛里塔尼亚史》

《索马里、吉布提和科摩罗史》

《非洲阿拉伯国家通史》是我国学者撰写的第一部比较全面反映非洲阿拉伯国家自古迄今的通史著作，各卷作者努力追求“通古今之变”，并以打造“信史”和“良史”为目标。首席专家负责全书的规划和统编，并对各卷初稿进行审阅和提出修改建议。后经作者反复打磨而成书。我们真诚希望这部八卷本的著作能够填补我国学界在非洲阿拉伯国家通史研究上的空白，从而丰富我国的世界史研究。

马克思主义认为，历史学是一切学科的基础。通史研究则被喻为历史学学科建设的龙头。通史研究不仅是衡量学科发展的一个重要标志，而且也在不同侧面代表一个国家史学研究的综合学术水平。[①]通史研究的特殊功能决定了其撰著的难度，而就非洲阿拉伯国家通史来说尤为如此。究其原因：一是国内学界对非洲阿拉伯国家历史研究的积淀极为有限，尚未形成一种可供借鉴的比较成熟的理论和研究体系；二是非洲阿拉伯国家历史研究的资源，特别是有关非洲阿拉伯国家古代史研究的文献史料十分匮乏。出现这种状况的一个重要因素是，阿拉伯人大都不太重视伊斯兰教诞生前的阿拉伯历史研究，称之为“贾希利亚”[②]，即蒙昧时期。这便造成阿拉伯人有关伊斯兰教诞生前阿拉伯历史论著的稀缺。而非洲阿拉伯国家中的一些小国，诸如吉布提和科摩罗等国，更是被国内学界喻为学术“盲区”，关注者和探究者亦属凤毛麟角。这就进一步加大了非洲阿拉伯国家通史研究的局限。

非洲阿拉伯国家通史的整体和系统研究涉及诸多问题，一部能够比较客观地把握和勾勒非洲阿拉伯国家历史演进脉络的撰著，需要对其中的一些重大问题进行审慎的梳理和辨析。这些问题主要可归纳为以下几方面：

一、非洲阿拉伯国家通史研究的理论指导。史学研究离不开理论指导，理论指导也是强化历史学科学性的前提。非洲阿拉伯国家通史属于综合性研究，涉及面宽广，包括历史、政治、经济、社会、外交、军事、民族、宗教、文化教育、妇女问题和生活习俗等诸领域。用理论来指导研究的重要性不言而喻。对于非洲阿拉伯国家通史研究来说，它首先面临的是选择或依据何种理论来带动历史研究。1978年之前，中国的世界史研究先后受“西方中心论”和“五种经济形态说”的影响和制约，特别是“五种经济形态说”作为苏联史学的主要模式而被中国的世界史研究所效仿。“苏联史学研究模式是一个完整的体系，虽然学术性很强，但缺点也很明显，即过分简单化，把一部丰富多彩的人类历史过程压缩成僵硬的发展模式，这就

① 彭树智主编：《阿拉伯国家史》，高等教育出版社2002年版，第3页。

② “贾希利亚”为阿拉伯语的音译，阿拉伯人将伊斯兰教诞生前的时期泛称为蒙昧时期。

否定了历史发展的多样性。”[①]故此，这一时期问世的中国世界史研究成果不可避免地带有类似的缺憾。

1978年后，伴随改革开放，中国的世界史学者开始围绕史学理论和方法论不断进行开拓性的探索，努力构建世界史研究的新体系。20世纪90年代以来，中国世界史学者通过深刻反思，并在吸纳西方新史学流派和“全球历史观”[②]有益养分的同时，着力于马克思主义唯物史观基础上的理论创新，先后提出了三种新史观，即吴于廑先生提出的“世界史纵横发展整体史观”、罗荣渠和钱乘旦教授提出的“现代化史观”、彭树智和马克垚先生提出的“文明史观”。“三大世界史观的提出是中国世界史学界20多年来的进步和成熟的标志，体现了中国世界史学界与世界史学的交流和融会，以及史学理论和方法应有的丰富性和多样性。”[③]

三大新史观的建构在理论上对非洲阿拉伯国家通史研究的路径和方向具有指导意义。非洲阿拉伯国家多达10个，这些国家的国情独特而复杂，呈现多元的色彩：一是非洲阿拉伯国家中既有历史悠久的文明古国和大国，也有历史短暂的蕞尔小国；二是各国普遍带有自身浓重的家族、部落、宗教习俗和族群文化的烙印，彼此在社会基础、经济禀赋、文化传统和价值取向等方面存在明显差异；三是多数非洲阿拉伯国家自古以来在不同历史阶段都曾长期经受轮番而至的异族王朝或帝国，以及列强的统治和奴役，强权和殖民枷锁对这些国家造成的严重创伤和后遗症，致使各国的历史进程迥然不同。三大新史观对世界史研究的新认知和新构架，不仅拓宽了世界史的研究范围和研究思路，而且开创性地对世界史的概念进行了再

---

① 钱乘旦：《中国的英国史研究》，《历史研究》1997年第5期。

② “全球历史观”兴起于20世纪50年代，代表人物是英国历史学家杰弗里·巴勒克拉夫、美国历史学家L.S.斯塔夫里阿诺斯和威廉·麦克尼尔等。该派为适应全球一体化发展所带来的新的时代特征，突破西方学术界根深蒂固的“欧洲中心论”，主张建立一种“将视线投射到所有的地区和时代”，“超越民族和地区的界限”，并从宏观的、联系的角度考察和分析人类社会历史演变走向的方法、观念和理论体系。

③ 李学勤、王斯德主编：《中国高校哲学社会科学发展报告1978—2008：历史学》，广西师范大学出版社2008年版，第273页。

界定，从而为我国的世界史研究注入新的活力。因此，三大新史观的创新理论亦可对非洲阿拉伯国家通史的研究提供理论上的借鉴和指导，并以此为杠杆，从不同层面和维度来探讨非洲阿拉伯国家不同时期历史演进的基本规律和主要特点，以及非洲阿拉伯国家通过何种途径，怎样由相互闭塞逐步走向开放，由彼此分散逐步走向联系密切，最终发展成为整体世界历史的一个有机组成部分。

二、多元文明的流变与古代北非历史。古代北非的历史实际上就是非洲阿拉伯诸国历史的源头。北非曾是多种古文明汇聚、碰撞与融合之地，不同文明在互相杂糅和兼容并蓄过程中所凝聚的强大能量，不仅推动着北非的历史演进，并使其成为人类社会生活最早实践的地区之一。古代北非的多种文明大致经历了三个发展阶段，每一个阶段都彰显出各自文明在古代北非历史上留下的极其深刻的烙印。

首先是古埃及和古波斯文明对古代北非历史的影响。埃及地处北非的十字路口，它把非洲和亚洲连接起来。埃及文明的历史发展具有“沉淀性”的特点，埃及也是多种文明层层累加而成的国家。[①] 埃及古文明形成于公元前4000年左右，古埃及人借助母权制、传统宗教制度和“神授王权”的意识形态，先后经历了早王朝、古王国、中王国、新王国和后埃及等多个发展时期，建立了31个王朝，延续时间长达3000年之久。在漫长的历史进程中，古埃及人以其卓越的智慧创造了绚丽多彩的独特的传统文化：象形文字、金字塔和狮身人面像、卡纳克神庙、帝王谷、孟农巨像等遗存，以及发达的数学、建筑学、天文星象学和医学等，无不浓缩着古埃及人为人类文明做出的伟大贡献。因此，一些学者称埃及是非洲历史的真正精华。[②]古埃及文明构成了古代北非历史演进的一条鲜明的主线。

---

① 〔美〕菲利普·C.内勒：《北非史》，韩志斌等译，中国大百科全书出版社2013年版，第3页。

② 〔美〕埃里克·吉尔伯特、乔纳森·T.雷诺兹：《非洲史》，黄磷译，海南出版社、三环出版社2007年版，第42页。

古波斯人是雅利安人的后裔，大约在公元前2000年前期进入伊朗。[1]公元前550年左右，阿契美尼德人在伊朗高原崛起，建立了当时版图最大，也是世界上第一个地跨亚欧非三大洲的古波斯帝国，从而奠定了古波斯文明的根基。古波斯文明的辉煌，表现为宏伟华丽的新都——波斯波利斯、精美的浮雕和岩雕、连接帝国各地的被称为“御道”的交通网络，以及沟通尼罗河和红海的运河等基础设施。同时，它还集中体现在政治、经济、军事、法律和文化等典章制度建设上，尤其是波斯帝国的政治制度和法律体系成为后来中东地区出现的各个帝国和王朝纷纷效仿的样本。由于波斯帝国长期以琐罗亚斯德教为国教，古波斯文明又彰显出鲜明的宗教特征。如同古埃及一样，其对君权神授和正统观点的强调，深刻影响了波斯的发展。波斯曾一度是几乎囊括整个古代近东文明地区的奴隶制大帝国，它吸收了多种文明的先进性，表现出古波斯文化的多样性和一定的包容性特征，而且它超越了原有的文明中心，即两河流域和古埃及文明，成为主导文明。所谓“波斯帝国的文明秩序”，就是以生产力大发展所提供的强大经济、政治和军事力量为后盾，并通过更大规模的对外交往建立起来的。古波斯文明的重要价值还在于，在波斯帝国统治埃及大约130多年的时间里[2]，它完全打破了地域性单一文明交往的局限，实现了亚非两大古文明的互动性交往，推动了古代北非历史空前的跨越式演进。

古代北非文明的第二个发展阶段是古希腊、迦太基和古罗马文明对北非历史的再塑造。从公元前334年亚历山大东征，到公元前30年罗马消灭托勒密王朝，在300余年的时间里，北非进入“希腊化时代”。希腊人创造的文明是一种综合了古代东西方文明诸多因素而发展起来的独特的、新型的阶段性文明。它使古代北非原有文明区域的语言、文字、风俗、政治制度等都受到了希腊文明的洗礼。

---

① 〔美〕埃尔顿·丹尼尔：《伊朗史》，李铁匠译，东方出版中心2010年版，第3、27页。

② 自冈比西斯二世起，波斯人先后在古埃及建立了两个王朝，即第27王朝（前525—前404年）和第31王朝（前343—前332年），两个王朝在埃及的统治共计长达130余年。

希腊化时期的埃及经历了辉煌和繁荣，亚历山大城不仅是各种商业活动的中心，而且引领西方文明，兴起了第一次“科学革命”。[①]关于太阳系的理论、解剖学的诞生，以及物理学和地理学方面的诸多新成就，如阿基米德定律的创立、圆周率的划分、运用经线和纬线计算出的地球周长的近似值等，都陆续出现于亚历山大城。同时，这个时期的埃及也成为北非历史上跨文化主义的典型案例，马其顿人的宗教信仰与埃及的宗教信仰交融在一起。[②]但从根本上说，东方文明仍是希腊化文明的根基，正如美国著名科学史家乔治·萨顿所说：“希腊科学的基础完全是东方的，不论希腊的天才多么深刻，没有这些基础，它并不一定能够创立任何可与其实际成就相比的东西。”[③]

迦太基是作为马格里布地区第一个文明单元出现在古代北非舞台的又一个重要国家，大致位于今天的突尼斯。它是由来自地中海东南沿岸黎凡特地区[④]的腓尼基人在公元前1000年左右建立的殖民地。后来，历经几个世纪的发展演变，它成为一个独立的城市国家，并控制着从利比亚的的黎波里塔尼亚到伊比利亚的地中海沿海和大西洋海岸线的广大地区。腓尼基人通过不断与操柏柏尔语的当地居民的交往和通婚，创造了一种叫作“布匿”[⑤]的混合语言文化。腓尼基移民建立的迦太基城展示了古代人强大的适应性，而创建一个混合了腓尼基和非洲柏柏尔人要素的“布匿”社会，又说明了民族文化具有变通性。迦太基人主要从事海上贸易以及跨越撒哈拉大沙漠的黄金和象牙交易。及至公元前1000年的后半期，迦太基成为覆盖西地中海大部分地区的强大贸易帝国，是当时的政治和农业中心之

---

① 〔美〕菲利普·C.内勒：《北非史》，韩志斌等译，第22页。

② 同上书，第24页。

③ 〔美〕乔治·萨顿：《科学史和新人文主义》，陈恒六等译，华夏出版社1989年版，第64页。

④ 黎凡特是指现今的黎巴嫩、叙利亚、巴勒斯坦和约旦等地，另有“肥沃新月带”之称。

⑤ 布匿（Punic），即“古迦太基的”，是迦太基的腓尼基人和北非人混居而形成的文化和语言的称谓。

一。有研究者评论："作为城市国家的迦太基试图像一个帝国那样进行统治，并能够维持几个世纪之久，在世界历史上还是第一次。"[①]亚里士多德赞扬迦太基的"政体"，实际上是一个贵族寡头制政体。雇佣兵由柏柏尔人和伊比利亚的辅助兵补充，构成了贵族政府的武装力量。[②]

但是，随着迦太基人在与罗马人争夺地中海西部霸权的三次布匿战争[③]中的败北，迦太基古城终被罗马人夷为平地。罗马势力迅速向北非拓展，陆续征服希腊化时代的埃及和柏柏尔部落，统一了北非，先后设阿非利加（即突尼斯）和埃及两个行省，北非的沿海地区与内陆在不同程度上又实现了所谓的"罗马化"。罗马人对北非的统治长达近6个世纪（公元前146—公元439年），在罗马人的治下，罗马文明继承了希腊文明、迦太基文明、腓尼基文明、日耳曼文明和埃及文明的精华，更具多样性特征。北非的农业和商业得到迅猛发展，发达的农业不断为罗马提供大量给养，成为帝国的粮仓。同时，罗马人还在北非修建了上百座城市，这些城市大都以罗马的商业区、竞技场、运动场和浴室等为建筑风格。故此，北非的罗马遗迹也是世界上现存最闻名的历史古迹。[④]

古代北非文明的第三个发展阶段是早期基督教在北非的扩张和影响。基督教是继犹太教之后在公元1世纪发源于巴勒斯坦的第二个一神教，具有跨文化的突出特点，它反映了希伯来人的一神论、古埃及宗教死而复生的永恒观念和希腊人的哲学思想。同时，基督教的普世主义和平等主义教义深深吸引着追随者。北非、尼罗河流域和非洲之角等地区的各民族是世界上最早的基督教信仰者群体之

① B. H. Warmington, *The North African Provinces from Diocletian to the Vandal Conquest*, Cambridge: Cambridge University Press, 1969, pp.47–48.

② Stephane Gsell, *Histoire Ancienne de l'Afrique du Nord*, 8 Vols, 4th ed., Paris: Librairie Hachette, 1920—1928, p.389.

③ 布匿战争指古罗马和迦太基两个奴隶制国家之间为争夺地中海西部统治权而进行的著名战争，前后共三次：第一次于前264—前241年，第二次于前218—前201年，第三次于前149—前146年。布匿战争的结果是迦太基被灭，古罗马争得地中海西部的霸权。

④〔美〕菲利普·C. 内勒：《北非史》，韩志斌等译，第9页。

一。公元2世纪，埃及和北非其他地区的一些城市中已出现众多基督教团体，而且基督教在穷人和政治上受压迫的人中间传播得最快。2世纪末，非洲基督教徒在亚历山大创办的教理学校——迪达斯卡利亚，成为早期的基督教学术中心，并培养了一大批对基督教早期发展起决定性作用的神学家和理论家。

早期基督教的不同教派围绕耶稣在多大程度上是神或人这个本质问题曾展开激烈争论，参与争论的两个重要派别，即阿里乌主义派和基督一性论派①，都以埃及为据点。由于这两个派别的教义同基督教主张的圣父、圣子、圣灵三位一体的正统教义相左，先后被罗马教会和帝国宣布为“异端”和“异教徒”。基督一性论派在公元451年的卡尔西顿会议被宣布为异教徒后，经受住了罗马教会和帝国权力旨在取缔和摧毁其信仰所发动的进攻，形成了埃及新的基督一性论的科普特教派。较之其他地区，科普特教派改变了北非和尼罗河流域的基督教发展轨迹，其内部产生了一种有别于罗马天主教教会或东正教教派所辖领地的宗教形式。②

公元7世纪上半叶，另一新的一神教——伊斯兰教在阿拉伯半岛诞生，并迅速向北非扩张，最终确立其主流宗教的地位。伊斯兰教并非简单地取代北非的地方宗教和基督教，而是逐步与这些宗教体系彼此混合，也就是经历了一个体系适应另一个体系，从而创造一种新的独特的宗教思想意识的所谓“调和”过程。③作为征服者，初创时期的伊斯兰教“顺应现世”，大量基督徒纷纷改宗。同时，阿拉伯帝国实行伊斯兰教的低税制，与拜占庭对北非属地的强制高税形成明显反差，扩大了伊斯兰教的吸引力。与此相反，基督教却因

① 阿里乌主义派（Arianism）亦称阿里乌斯派，是以生活在公元3世纪后期的亚历山大基督教司铎阿里乌命名的基督教派别。阿里乌坚持基督在各方面都与天父的本体和特性不同，基督也与人不同，基督没有人的灵魂，耶稣次于天父，是受造物，圣灵更次于圣子，并反对教会占有大量财产。该派在公元325年的尼西亚会议上被确定为“异端”后逐步向罗马以北地区扩张。基督一性论派（Monophysite）认为耶稣的神性超过人性，耶稣并非兼有全神和全人的本性，而是完完全全的神，故而只有一个本性。

② 〔美〕埃里克·吉尔伯特、乔纳森·T.雷诺兹：《非洲史》，黄磷译，第91页。

③ 同上书，第109页。

不同教派之间的长期内斗和分裂不断削弱着自身力量，特别是其教义始终未能真正融入北非大多数本地人的社会生活和意识形态中，无法应对伊斯兰教强劲的拓展之势，基督教因而经历了由盛转衰的变化。唯有科普特教派在埃及扎下根，时至今日，科普特教派仍是代表埃及、埃塞俄比亚基督教团体和信仰的教派。

多种文明的汇聚、碰撞、融合和更替，构成了古代北非历史流变波澜壮阔的画卷，并为北非古代史的探究提供了不可或缺的源泉和重要线索。它们不仅能够弥补阿拉伯人因忽略伊斯兰教诞生前古代北非史研究所造成的文献史料方面的缺憾，而且启迪人们从文明交往的视阈来进一步认识和领悟不同文明间交往的内涵、类型、因素、属性、规律和本质等，以及文明交往作为人类社会发展的动力，又是如何在具体的社会生产实践中，使不同文明的交往由低级向高级演进，由野蛮状态向文明化升华，尤其是如何从物质、精神、制度和生态等层面来实现文明交往自身的价值，推动社会历史的进步。简言之，文明交往论也是研究和解读古代北非历史的一把钥匙。

三、非洲阿拉伯民族国家构建中的氏族（家族）、部落、部族与民族国家认同问题。这是非洲阿拉伯国家历史研究中一个不可回避的重要课题。氏族、部落和部族通常被视为民族共同体发展中的一种历史类型，属于不同历史时期的社会政治形态。氏族和部落均以血缘关系为纽带来维系其存续，氏族是组成部落的基本单位，在氏族内部又可分为血缘家庭。氏族和部落观念根深蒂固，其成员对所属氏族和部落的忠贞是无止境、无条件的。①而部族已不再以血缘为纽带，它主要以地域为联系，建立在私有制的基础上，并有一套适合本部族的社会和政治制度。美国著名人类学家摩尔根将部落定义为“一种组织完备的社会”，其功能和属性是：具有一块领土和一个名称，具有独用的方言，对氏族选出来的首领和酋帅有授职和罢免之权，具有一种宗教信仰和崇拜祭礼，有一个由酋长会议组成的

① 〔美〕希提：《阿拉伯通史》，马坚译，商务印书馆1979年版，第29页。

最高政府，在某种情况下有一个部落大首领。[①]另一位人类学家约翰·霍尼格曼认为部落是"具有共同的领土,共同世系的传统,共同的语言,共同的文化,以及共同的族称,所有这一切就构成了连接诸如村落、群居、区域或世系等较小集团的基础"。[②]

北非的部落组织主要包括两大类：一类是由土著的柏柏尔人或是已被阿拉伯同化的柏柏尔人组成的部落；另一类是伴随伊斯兰教的兴起及对外扩张，大规模进入和分散到北非各地区的阿拉伯部落。阿拉伯著名学者伊本·赫勒敦认为，部落中的每一个小区域、每一个小部分，都属于同一个大的部落，它们又可分为许多小的族群和小的家族，比大的宗谱血统团结得更紧密、更牢固。部落的领导权就属于它们中间的核心族群，掌握领导权的族群必须具备优势和控制能力。[③]由于历史和社会发展的局限，非洲的多数阿拉伯国家都是由不同的部落或部族发展而来，这些部落或部族历史悠久，血缘谱系关系密切，部落社会基础牢固，内部结构庞杂，社会政治影响极大。在非洲各阿拉伯民族国家构建过程中，家族和部落因素始终是困扰其实现民族和国家认同、确立公民意识的难以消除的障碍。在一些国家，家族和部落甚至扮演着决定国家稳定、左右国家发展方向的关键角色。

以利比亚为例，利比亚国内有140多个部落，其中影响较大者有30多个。但在国家社会、政治和经济生活中真正发挥主导作用的则属于三大部落联盟，即东部地区的萨阿迪部落联盟、中部地区的阿瓦拉德-苏莱曼部落联盟[④]、西部和西南部地区的巴哈尔部落联盟。历史上，利比亚的各家族、部落和部落联盟之间积怨很深，矛盾重重，难以形成所谓国家层面的公共权力。因此，以血缘关系和共同

---

① 〔美〕路易斯·亨利·摩尔根:《古代社会》上册，杨东莼等译，商务印书馆1977年版，第109页。

② 转引自〔法〕莫·戈德利埃:《部落的概念》，沈静芳译，《民族译丛》1984年第4期。

③ 〔突尼斯〕伊本·赫勒敦:《历史绪论》，李振中译，宁夏人民出版社2015年版，第163—164页。

④ 卡扎菲家族所属的卡扎法部落和利比亚最大的部落瓦拉法部落都属于该部落联盟。

祖先凝聚而成的家族和部落以及伊斯兰传统，始终是处理政治和社会问题的主要方式和依据，致使利比亚在历史上有部落无国家，呈现出“碎片化”的政治地理特征。[①] 1969年卡扎菲发动军事政变夺取政权后，采取一系列措施和“革命手段”，试图对利比亚的部落社会进行自上而下的彻底改造，以便打破部落藩篱，并以国家认同取代部落意识，强化国家的内聚力，但收效甚微。根据民调，及至20世纪90年代末，利比亚民众对部落的认同仍高达96%，城市人群对部落的认同也有90%。[②]正是由于利比亚强大的部落势力，迫使卡扎菲在其统治利比亚近30年后不得不改弦易辙，转而重新回归传统，更加仰赖利比亚的三大部落势力来维系其统治，直到2011年垮台。时至今日，政权更迭近10年后的利比亚，依然处于互不统属、一盘散沙式的部落割据态势，由此折射出部落因素对利比亚政局的根本性影响。

再以苏丹为例，根据考古学和人类学的研究成果，苏丹可能是世界上最早的人类诞生之地。早期的人类在苏丹经历了从氏族到部落再到部族的发展过程。在漫长的历史演进中，苏丹古老的部落体制经久不衰，并呈现多样化的特征，亦即以氏族部落构成的原始公社形态，或是以主体部落与不同血缘部落组成的酋邦，乃至大、小王国交替出现。因此，氏族部落自古以来始终是苏丹社会的基本单元和细胞。现今的苏丹大约仍有将近600个部落，使用2000多种语言。[③]苏丹的部落有南北之分，北方主要为阿拉伯部落和非阿拉伯部落。两者的区别有二：一是苏丹阿拉伯人必须以阿拉伯语为母语；二是其祖先必须来自阿拉伯半岛，或是具有阿拉伯的谱系关系，或是其部落已完全阿拉伯化。然而，所谓苏丹纯正的阿拉伯部落之说很可能只是一个历史虚构，它实际上反映了苏丹阿拉伯人对阿拉伯

---

① 闫伟、韩志斌：《部落政治与利比亚民族国家重构》，《西亚非洲》2013年第2期。

② Amal Obeidi, *Political Culture in Libya*, London: Routledge, 2001, p.121.

③ Mawut Achiecque Mach Guarak, *Integration and Fragmentation of the Sudan: An African Renaissance*, Bloomington: Authorhouse, 2011, p.12.

半岛谱系关联的强烈认同。这与出生于黎巴嫩的美籍历史学家希提的看法如出一辙：血缘关系，不管是虚构的，还是真实的，总是维系部族组织的重要因素。[①]苏丹北方规模最大、分布最广的阿拉伯部落是贾阿林部落，此外还有丹拿格拉和朱海纳部落。苏丹南方的部落主要为黑人部落，丁卡人构成了原苏丹的第二大部落，占原苏丹全部人口的10%,[②]约310万。[③]苏丹南北双方庞杂的部落结构，使它在独立后构建民族国家进程中屡遭挫折，内战绵延不绝，以至于在2011年苏丹南北双方分裂，南苏丹宣告独立。显然，苏丹的南北分裂同种族或部落冲突相关，但这只是一种表象，透过表象可以发现其中更深层的原因：一是南北双方明显存在伊斯兰教宗教文化和基督教宗教文化的差异，特别是当彼此的穆斯林和基督徒身份在强制性的伊斯兰化过程中被不断放大时，必然会导致矛盾的激化；二是苏丹土地贫瘠，自然条件恶劣，经济资源分配的不均衡致使不同部落和部族之间经常为争夺牧场、水源和其他生活物资而兵戎相见；三是苏丹南北双方政治权利方面的不平等。苏丹长期存在阿拉伯人和非阿拉伯人、白人和黑人之间的种族不平等，阿拉伯文明被人为地凌驾于黑人文明之上，北方隶属贾阿林部落的阿拉伯河岸部落[④]始终主导和控制着苏丹的政治和经济政策，并通过强制推行阿拉伯化和伊斯兰化把持国家大权，致使其他部落处于边缘化状态。家族和部落因素在苏丹民族国家构建中表现出了另一种特点。简言之，苏丹的家族和部落不过是民族国家构建过程中凸显各种矛盾冲突的一个载体。

---

① 〔美〕希提：《阿拉伯通史》，马坚译，第28页。

② John Obert Voll and Sarah Potts Voll, *The Sudan: Unity and Diversity in a Multicultural State*, Boulder, Colo.: Westview Press, 1985, p.13.

③ Mawut Achiecque Mach Guarak, *Integration and Fragmentation of the Sudan: An African Renaissance*, p.635.

④ 阿拉伯河岸部落是指那些生活在尼罗河河谷和青白尼罗河之间热带草原东、西部的部落，他们几乎都说阿拉伯语，均为穆斯林，并尽可能将自身谱系与阿拉伯半岛先知时代的圣裔家族联系在一起。参见R. S. O'Fahey, "Islam and Ethnicity in the Sudan", *Journal of Religion in Africa*, Vol.26, No.3,1996, p.259。

摩洛哥的部落社会，较之其他阿拉伯国家则有所不同。摩洛哥的部落社会主要由土著柏柏尔人构成，其人口约占摩洛哥全国总人口的40%，主要生活在摩洛哥南部的苏斯地区、中部的阿特拉斯山区和北部的里夫地区。尽管摩洛哥柏柏尔人人口众多，但摩洛哥柏柏尔部落社会与摩洛哥中央政府的关系却相对平稳，彼此之间总体上维持较好的融合度，代表了非洲阿拉伯国家部落与政府关系的另一类型。事实上，摩洛哥于1956年独立后，在民族国家的构建过程中同样经历了柏柏尔部落社会与中央政府长期的紧张对抗时期，双方为此都付出了沉重代价。直到20世纪80年代后，摩洛哥政府和柏柏尔部落在认真的反思中，渐次向理性回归，相互不断调整策略，管控矛盾和冲突，努力实现和解。促成这种变化的根本原因在于：摩洛哥作为一个“平民化”的君主制政体（摩洛哥阿拉维王朝国王的妻子、母亲、祖母和外祖母通常均来自平民，故而有平民化君主制之称），王权对柏柏尔部落的治理表现出适度的变通性和宽容性。例如，摩洛哥君主在政治上与柏柏尔部落上层和精英建立恩庇关系；在经济上实施安抚政策，承认柏柏尔部落土地的集体所有权；在文化上倡导将共同的宗教信仰，而不是单一的阿拉伯族群认同，作为摩洛哥的国家认同。而柏柏尔人的基本诉求也以温和的文化运动为主要内容，谋求柏柏尔语言文化应赋予的权利等，并不追求摆脱中央政府的自治、分立或独立。2011年，摩洛哥宪法修订案规定柏柏尔语和阿拉伯语享有同等的语言地位，从而为摩洛哥中央政府与柏柏尔部落关系的进一步发展创造了条件。然而，从长远看，如何解决柏柏尔部落社会内部不断扩大的贫富差距，以及柏柏尔偏远山区与摩洛哥城镇之间在社会经济发展方面存在的明显断层，依然是考验摩洛哥中央政府与柏柏尔部落关系深度融合的关键。

家族和部落因素在非洲阿拉伯民族国家构建中的影响无疑是多元而复杂的。其他国家诸如毛里塔尼亚、索马里和吉布提等国的家族和部落组织也都有自身发展演变的路径和规律，它们对各自民族国家构建的影响自然也是不同的。探究非洲阿拉伯国家的家族和部落问题必须把握两个维度：一是应该厘清非洲阿拉伯诸国主要家族和部落的基本情况，包括家族和部落的区域分布、成员的构成、生态环境和经济生产方式、组织结构和运作机制、内生矛盾冲突的调节、对外交往原则、文化传统和习俗的维护，等等；二是在全面认识非洲阿拉伯各国的家族和部落基本情况的基础上，需要运用经济基础决定上层建筑的唯物史观来阐释和解读非洲阿拉伯各国的家族和部落长期存续的原因。总体来说，非洲阿拉伯国家在获得独立和建立民族国家后，大都经历了不同程度的现代化发展，并对部落社会进行了相应改造，各国的部落呈现一定的萎缩之势。但家族和部落依然在国家的政治、经济和社会生活等领域发挥着重要影响，甚至是决定国家稳定的关键因素。而关于部落意识向国家认同的转化，也是一个双向度的问题。非洲阿拉伯国家滞后的社会发展和固有的传统文化，决定了各国根深蒂固的部落意识的转换将是一个缓慢的渐进过程。部落意识的弱化有赖于部落民众能够充分感受到他们在没有或失去部落庇护的情况下，同样能够享有更多的权益和更好的生活。这是一个不可替代的前提条件。而要实现这样的目标，不仅仰仗各国社会和经济发展所能提供的雄厚财力和物质基础，同时还依靠各国政府能够有效实施各种有利于协调部落与国家关系，促使部落民众生成国家认同的一系列相关手段和政策。因此，对上述问题的考量和辨析是探究非洲阿拉伯国家家族和部落问题的一种新的尝试。

四、列强对非洲阿拉伯国家的殖民统治及其影响。在近现代历史上，非洲阿拉伯国家不论大小，几乎都曾长期饱尝西方列强残酷的殖民掠夺和统治。法国率先在北非的马格里布地区建立了以阿尔及利亚为中心的殖民统治圈。1830年，阿尔及利亚沦为法国的殖民地；1881年，突尼斯成为法国的“保护国”；1888年，法国占领吉布提全境，并于1896年，在吉布提建立“法属索马里”殖民政权；[①]1912年，摩洛哥沦为法国的“保护国”，同年科摩罗四岛也成为法国的殖民地；1920年，毛里塔尼亚成为“法属西非洲”管辖的领地。英国紧步法国的后尘，它在奥拉比领导的埃及反英起义失败后，于1882年占领埃及，并将其变为“保护国”；1899年，在英国操纵下，苏丹成为英国和埃及的共管国；1887年，英国将索马里北部地区作为它的“保护地”，并于1941年控制整个索马里。1912年，意大利在意土战争后将利比亚变为它的殖民地；1925年，在索马里南部建立“意属索马里”。1943年，英国取代意大利，占领利比亚南、北两地区。西班牙在列强瓜分北非殖民地的浪潮中也分一杯羹。1912年，摩洛哥沦为法国的“保护国”后，西班牙旋即与法国签订《马德里条约》，摩洛哥北部地带和南部伊夫尼等地划归为西班牙的“保护地”。至此，非洲阿拉伯诸国陆续被西方列强纳入各自的殖民体系中。

马克思在《不列颠在印度统治的未来结果》一文中评价英国在印度的殖民统治时指出：“英国在印度要完成双重的使命：一个是破坏性的使命，即消灭旧的亚洲式的社会；另一个是建设性的使命，即在亚洲为西方式的社会奠定物质基础。”[②]但是，以法国为首的西方列强对非洲阿拉伯国家的长期统治只是完成了其破坏性的使命，即各国原有的传统社会经济结构在西方势力的冲击下遭到了毁灭性的破坏；而殖民者要完成的建设性使命则成了一个虚幻之梦。

以阿尔及利亚为例，马克思在马·柯瓦列夫斯基所著《公社土地占有制》一书摘要中揭露，自1830年法国入侵阿尔及利亚后，法国的殖民统治“手段有时改变，目的始终是一个：消灭土著的集体财产，并将其变成自由买卖的对象，从而使这种财产易于最终转到

---

① 在历史上，吉布提和索马里同属一个文化圈。法国于1850年前后入侵吉布提，1885年法国同吉布提地区的酋长们签订条约，确认法国在吉布提的统治地位。1888年，法国又同英国达成协定，两国以吉布提和泽拉之间的中线划分势力范围，吉布提一侧为“法属索马里”，泽拉一侧为“英属索马里”。1896年，法国在吉布提正式建立“法属索马里”殖民政府。

② 中共中央马克思、恩格斯、列宁、斯大林著作编译局编：《马克思恩格斯选集》第2卷，人民出版社1972年版，第70页。

法国殖民者手中”[①]。恩格斯撰写的《阿尔及利亚》一文，也对法国在阿尔及利亚的殖民统治进行了针针见血的深刻描述：“从法国人最初占领阿尔及利亚的时候起到现在，这个不幸的国家一直是不断屠杀、掠夺和使用暴力的场所。征服每一座大城市或小城市，每一寸土地都要付出巨大的牺牲。把独立视为珍宝、把对外族统治的仇恨置于生命之上的阿拉伯和卡拜尔部落，在残暴的袭击下被镇压，他们的住宅和财产被焚毁和破坏，他们的庄稼被践踏，而幸存的受难的人不是遭到屠杀，就是遭到各种奸淫和暴行的惨祸。”[②]

利比亚被形象地喻为第二次世界大战后由联合国“制造”出来的一个国家。实际上，这也是域外大国之间相互博弈、各自谋求在利比亚权益的一种妥协的产物。美国驻利比亚首任大使亨利·赛拉诺·维拉德（Henry Serrano Villard）曾指出，利比亚的历史基本上是征服与占领交替更迭的历史。[③]据统计，1912年利比亚被征服后，在意大利殖民统治的30年间，大约有11万利比亚人被关押在集中营，4万人死于疾病、虐待或者饥馑。最新的利比亚解密档案显示，意大利殖民者处死的囚禁者多达7万人。[④]而本土人口则从1907年的140万降至1933年的82.5万人。[⑤]

西方列强长期的殖民统治，造成非洲阿拉伯国家的贫穷和落后，社会发展异常缓慢。同时，被置于殖民体系中的非洲阿拉伯国家不得不在屈从或服务于各宗主国殖民权益的前提下，实施自身的政治、经济、外交和文化政策等，致使这些政策普遍带有明显的殖民依附色彩。例如，科摩罗的许多现代政治和法律制度就源于殖民时代，一位科摩罗律师比喻：“科摩罗国家是从法国复制而来的，它是复印

---

① 《马克思恩格斯全集》第45卷，人民出版社1985年版，第316页。

② 《马克思恩格斯全集》第14卷，人民出版社1964年版，第104页。

③ Henry Serrano Villard, *Libya: The New Arab Kingdom of North Africa*, New York: Cornell University Press, 1956, p.11.

④ Ronald Bruce St. John, *Libya: From Colony to Independence*, Oxford: Oneworld, 2008, pp.73–74.

⑤ Ibid., p.81.

件。”又如，吉布提独立后，法国在此长期驻扎4000人的军队，并宣称为吉布提提供所谓的“安全保障”。

此外，西方列强对非洲阿拉伯国家实施的殖民手段和方式，也因对象国不同而有所区别：对于那些战略和经济利益重要的国家，通常采取直接统治的方式；对于那些小国或经济权益有限的国家，它们往往通过挑选代理人，诸如当地的封建主和有名望的部落酋长、首领等实行间接统治。非洲阿拉伯国家对于西方列强的殖民统治一直进行着顽强抗争，但各国谋求独立和解放的途径，则因国情和殖民者统治方式的不同而呈现反差。一般来说，在那些殖民统治最残酷的国家，民众浴血反抗的斗争就更加激烈。阿尔及利亚是一个最典型的案例。阿尔及利亚人自1954年在奥雷斯山区打响武装斗争的第一枪后，经过七年艰苦卓绝的反法解放战争，最终粉碎了法国强加于阿尔及利亚人长达132年之久的殖民枷锁，于1962年赢得独立。科摩罗、吉布提和毛里塔尼亚这些小国基于自身的局限，以及它们同前宗主国法国的无法割断的各种联系，因而选择了非暴力的和平方式走向独立。利比亚历来是大国逐鹿争雄之地，它的建国彰显了大国在联合国舞台上折冲樽俎、不甘舍弃已有权益的博弈。故此，西方列强在非洲阿拉伯国家的殖民史是非洲阿拉伯国家近现代史的重要研究内容。殖民统治对各国历史进程所衍生的各种关键问题及影响，都需要依据可靠的史料做出尽可能符合客观事实的更深层次的再分析和全新的解读。

五、现代化运动与阿拉伯社会主义的治国实践。现代化源于西欧，是伴随近代工业革命所聚集的强大内动力而兴起的。“二战”结束后，作为新生的现代民族独立国家，非洲阿拉伯国家在战后世界现代化浪潮的冲击和驱动下，陆续走上现代化发展道路。外源性和后发性是非洲阿拉伯国家推进现代化的基本特点。非洲阿拉伯国家启动现代化的原动力、经济结构、资源禀赋、社会基础和价值取向等完全不同于西方，由此决定了它们不可能照搬西方模式。

现代化是人类文明发展和演进的最复杂的过程。世界各国的现代化实践，按经济形态来区分，大致可归纳为三大类，即资本主义类型、社会主义类型、混合类型，而每一种类型都有多种发展模式。[①]但任何一种发展模式都要适应一定的生产力发展水平，符合本国的具体国情。非洲阿拉伯国家的现代化总体上都属于混合类型，是一种尚未定型的现代化选择。它兼采资本主义现代化和社会主义现代化两种模型的不同特色，是将两大对立模型合成而产生的一种中间发展形式；在本质上是一种边缘资本主义的发展模式。[②]

阿拉伯社会主义的发展道路堪称战后多数非洲阿拉伯国家推进现代化的一种主流。这一现象的出现同战后西亚北非地区盛行的阿拉伯社会主义思潮密切相关。阿拉伯社会主义主要由阿拉伯民族主义、伊斯兰传统和科学社会主义的个别原理所构成，是一种带有浓厚阿拉伯－伊斯兰特色的社会思潮。非洲阿拉伯国家的所谓社会主义主张，名目繁多，形式不一。其中包括埃及的纳赛尔主义、阿尔及利亚的自管社会主义、突尼斯的宪政社会主义、利比亚的伊斯兰社会主义，以及索马里西亚德总统自封的“科学社会主义”[③]等。阿拉伯社会主义有几个共同点：一是把社会主义等同于伊斯兰教的教义精神，认为伊斯兰教是社会主义原则的渊源；二是把社会主义作为一种发展经济和振兴民族，进而实现国家现代化的纲领和手段；三是拒绝科学社会主义，明确反对无神论，强调以伊斯兰教信仰为基础，尊重民族和宗教文化传统，主张阶级合作和私有制的永恒性。[④]纳赛尔就曾表示，他的阿拉伯社会主义与马克思主义存在根本

---

① 罗荣渠：《现代化新论——世界与中国的现代化进程》，北京大学出版社1993年版，第150页。

② 〔埃及〕萨米尔·阿明：《不平等的发展》，高铦译，商务印书馆1990年版，第169页。

③ 索马里总统西亚德·巴雷自称奉行“科学社会主义”，但从不提以马克思主义为指导思想。他宣称其“科学社会主义”是与伊斯兰教“和谐一致”的，“伊斯兰教义中有社会主义的基础”。参见唐大盾等：《非洲社会主义：历史·理论·实践》，世界知识出版社1988年版，第37页。

④ 黄心川主编：《世界十大宗教》，社会科学文献出版社2007年版，第310—311页。

性差异，并且具体表现在五个方面。[①]这便昭示了阿拉伯社会主义的特殊属性。

阿拉伯社会主义之所以能够成为多数非洲阿拉伯国家选择的现代化发展模式，一方面是由于非洲阿拉伯国家长期深受殖民主义之害，导致其本能地排斥西方发展模式。亦如研究者所言，当资本主义与殖民国家和剥削特权联系在一起后，社会主义作为一种相反的意识形态，在非洲无疑成为普遍的诉求。[②]自20世纪50年代中期到70年代中期，阿拉伯社会主义在多数非洲阿拉伯国家的实践，确实取得了一些不容否认的成效。一些数据也可说明这一点。例如，埃及的工业总产值从1952年的3.14亿埃镑增加到1979年的61.6亿埃镑，增长了近19倍。同一时期，农业总产值由3.87亿埃镑提高到36.6亿埃镑，增长了8.46倍。[③] 阿尔及利亚在1967—1978年国民经济保持年均7.2%的增长率，十多年间人均国民收入从375美元增至830美元。[④]突尼斯经过十年的建设，基本形成自身的民族工业体系，国有企业从1960年的不足25家发展到1970年的185家，国有经济在国民收入中的比例从1.8%上升到33.7%。[⑤]

然而，由于内外和主客观多种因素的局限，非洲阿拉伯国家在现代化进程中遭遇的挫折与失败远大于成功，是一种不成功的现代化尝试。它们面临一系列难题，诸如政治发展明显滞后于经济发展，经济发展对外的严重依赖性，生产结构的单一性与脆弱性，社会经济的二元性与对立性，工业分布的条块性与不均衡性，过度城市化和人口增长失控，生态环境不断恶化，等等。这些问题使非洲阿拉

---

① 1962年5月30日纳赛尔在全国人民力量代表大会上的发言，《金字塔报》，1962年5月31日。转引自唐大盾等主编：《非洲社会主义新论》，教育科学出版社1994年版，第96页。

② E. A. Alport, "Socialism in Three Countries: The Record in the Maghrib", *International Affairs*, Vol.43, No.4, Oct. 1967, p.692.

③ 唐大盾等：《非洲社会主义：历史·理论·实践》，第116页。

④ Massoud Karshenas, Valentine M. Moghadam, ed., *Social Policy in the Middle East: Economic, Political and Gender Dynamics*, New York: Palgrave Macmilian, 2006, p.42.

⑤ I. William Zartman, ed., *Tunisia: The Political Economy of Reform*, Boulder: Lynne Rienner Publishers, 1991, p.111.

伯国家在全球化时代难以摆脱被边缘化的命运。20世纪70年代中期以后，以阿拉伯社会主义为主导的非洲阿拉伯国家的现代化实践，无不经历了趋于衰势的变化。80年代末期，伴随东欧剧变和苏联解体，有关阿拉伯社会主义的议题在多数非洲阿拉伯国家逐渐成为一种历史记忆。从反思的角度看，理性处理宗教与现代化的关系问题，仍是非洲阿拉伯国家在现代化实践中不能回避的课题。宗教地域特征和传统文化使非洲阿拉伯国家的现代化之路充满了“悖论”。由于近代以来伊斯兰世界尚未真正出现比较彻底的宗教改革运动，未能在人的解放和价值取向等问题上实现跨越性的突破，伊斯兰世界在近代的各种社会改革基本上都没有超出改良范畴，其主轴大都以捍卫伊斯兰教传统价值观和巩固当权者的统治为目标。其所触及的仅仅是应对外来挑战的表象问题，而回避对其政治和思想体系的批判性内省与更新，从而制约着各国的文明演进和现代化进程。

阿拉伯社会主义作为一种民族主义思潮在战后的非洲阿拉伯国家盛行20年之久，它是独立后的非洲阿拉伯各国选择的一种现代化模式和社会制度。因此，其核心仍是国家定位和发展道路的问题，也是一个具有重大现实意义和理论价值的问题。对这些问题的深入研究和探索，将有助于充实和丰富马克思主义关于经济落后国家发展道路选择的相关理论。

六、早期的伊斯兰教和当代非洲阿拉伯国家的伊斯兰潮。恩格斯在《论早期基督教的历史》一文中指出：“伊斯兰这种宗教是适合于东方人的，特别是适合于阿拉伯人的。”[①]早期伊斯兰教在非洲的传播肇始于第二任哈里发时期穆斯林军队于公元639—642年对埃及的征服。非洲本土人最早的伊斯兰教皈依者大多为社会的上层，其中又以统治者和成功的商人最愿意改信伊斯兰教，穷人和乡村居民的改宗要晚得多。故此，早期的伊斯兰教在非洲被称为“宫廷和商业宗教”[②]，这一宗教首先在政界及商界权势人物中传播开来。后来埃

① 《马克思恩格斯全集》，第22卷，人民出版社1965年版，第526页。

② 〔美〕埃里克·吉尔伯特、乔纳森·T.雷诺兹：《非洲史》，黄磷译，第109页。

及人纷纷皈依伊斯兰教，这在很大程度上是因为当时的拜占庭统治者强加于埃及人的各种赋税过重，而新的伊斯兰政府所征税率很低。同时它对宗教自由的态度也比拜占庭要更宽容。科普特基督教徒直到11世纪依然占埃及人口的大多数，便是一个颇具说服力的佐证。

在伊斯兰教创立的初期，北非实际上也是那些发现自己与中央伊斯兰国家日益强大的逊尼派正统观念不合的穆斯林的庇护所。①伊斯兰教初期的两个重要少数派教派——什叶派和哈瓦利吉派②都在北非找到了避难地。哈瓦利吉派落脚于北撒哈拉沙漠中的小绿洲，以及卡比利亚和阿特拉斯山脉中的丘陵地带，他们同土著柏柏尔人建立了比较亲密的关系。什叶派在北非的势力和影响更大。什叶派首先在阿尔及利亚东南部站稳脚跟，并不断向外拓展。10世纪初，他们先后推翻了阿巴斯王朝在突尼斯的统治和打败柏柏尔-哈瓦利吉派。公元909年，什叶派首领奥贝德拉在突尼斯以先知穆罕默德之女法蒂玛的苗裔自居，被拥戴为哈里发，建立法蒂玛王朝，这是伊斯兰教什叶派的第一个王朝。国都为马赫迪亚。③随后，法蒂玛王朝征服摩洛哥，进而占领整个马格里布地区。969年攻占阿拉伯帝国统治下的埃及，973年迁都开罗，并在埃及实施了长达200余年的统治，直到1171年被推翻。基督教和伊斯兰教的初期，在北非的一个共同现象是：无论是基督教的少数派阿里乌斯派和一性论派，还是伊斯兰教的少数派什叶派和哈瓦利吉派，都把北非或是作为大本营，或是作为庇护地，这一现象的历史蕴含令人深思。或许正因为如此，近代以来北非阿拉伯诸国出现的各种伊斯兰复兴思潮或运动，都按

---

① 〔美〕埃里克·吉尔伯特、乔纳森·T.雷诺兹：《非洲史》，黄磷译，第95—96页。

② 哈瓦利吉派（Khawāridj），伊斯兰教早期派别之一。哈瓦利吉意为“出走者”。657年隋芬之战期间，穆阿维叶在面临失败时提出“以《古兰经》裁判”的停战要求。当时阿里营垒内分为主战和主和两派，阿里倾向和解，遂接受穆阿维叶的要求，引起主战派的极端不满，约有12 000人离开阿里的队伍出走，组成哈瓦利吉派。此外，该派认为哈里发应由穆斯林公选，当选者不应只限于古莱什人；同时主张在所有穆斯林中共同分配土地和战利品，故又称军事民主派。

③ 法蒂玛王朝初建都拉卡达，即今突尼斯的凯鲁万，后于920年迁都马赫迪亚，位于凯鲁万东南海岸。

照其自身的逻辑发展。就地缘政治来说，它不像西亚阿拉伯国家那样，处于中东各种矛盾的旋涡中，因而受外部影响相对较少。就对外交往来看，北非诸国毗邻欧洲，在历史上多为法、英等国的殖民地，与西方有密切的联系，故此对东西方文化和价值观差异的体验也比西亚阿拉伯国家更深刻。这些因素凝聚了北非伊斯兰复兴运动的多元化色彩。

20世纪80年代以来的北非伊斯兰复兴运动主要在埃及、苏丹和阿尔及利亚等国形成几个中心。一般来说，北非阿拉伯国家伊斯兰复兴运动的主调趋于温和与理性。这里并不否认在某些特定时空下出现的极端倾向。以埃及为例，由哈桑·班纳于1928年组建的穆斯林兄弟会（以下简称为“穆兄会”）是埃及最大的民间伊斯兰组织。20世纪70年代，虽然穆兄会分裂出一些激进组织，包括“赎罪与迁徙组织”和“圣战组织”等，但总体上看，埃及历届政府基本能够掌控来自宗教势力的挑战。纳赛尔时期，埃及政府与穆兄会的关系在合作、利用和打压中轮换。萨达特和穆巴拉克时期，穆兄会基本放弃暴力手段，转而采取和平、合法和半合法的斗争策略。穆兄会中占主导的温和派强调，以和平和渐进的方式实现伊斯兰化，以理性和现代的角度看待伊斯兰法和伊斯兰政府的功能。[①]由此，政府与穆兄会之间形成了容忍、妥协、限制和反限制关系的动态性变化，从而维持埃及社会的稳定。

哈桑·图拉比是20世纪90年代苏丹最有影响力的宗教政治思想家，有“非洲霍梅尼”之称。图拉比同1989年发动军事政变掌权的巴希尔合作，在苏丹建立了伊斯兰政权。图拉比主张实行政教合一，全面实现社会生活的伊斯兰化，并于20世纪90年代在苏丹实施所谓的“伊斯兰试验”。图拉比认为，他的伊斯兰试验是“建立在人民价值观基础之上，由知识分子引导，动用宗教资源促进不发达国家发

① R. H. Dekmejian, *Islam in Revolution: Fundamentalism in the Arab World*, New York: Syracuse University Press, 1985, p.181.

展的新尝试”[①]。他还认为，伊斯兰复兴最理想的情况是在没有内部压制和外部干涉的形势下通过和平、渐进的方式发展。[②]因而，一方面，他反对暴力，强调伊斯兰教的温和与宽容，认同与时俱进的宗教改革，倡导妇女解放和提高妇女地位等。这些都体现了图拉比伊斯兰试验的温和性。另一方面，图拉比的伊斯兰试验始终被限定在其合作者世俗的苏丹总统巴希尔设定的轨道内，巴希尔决不允许图拉比的宗教权势凌驾于其权力之上。事实上，代表国家政权的巴希尔与代表伊斯兰势力的图拉比的政教结合，从一开始就是一种权力借重和彼此利用的关系。在苏丹这种多部落多宗教的复杂的政治环境下，教权显然无法与世俗政权相抗衡。

阿尔及利亚是北非伊斯兰复兴运动的另一个类型，体现了阿尔及利亚宗教政治化和政治暴力化的双重特点。1989年诞生的阿尔及利亚“伊斯兰拯救阵线”（以下简称“伊阵”）是阿尔及利亚国内最大和最具影响力的伊斯兰复兴组织，其主要领导人阿巴斯·迈达尼是一个拥有英国教育学博士学位的大学教授，另一个是清真寺的伊玛目阿里·贝尔哈吉。实际上，他们分别代表阿尔及利亚伊斯兰复兴运动中的温和派与激进派两大势力。尽管存在思想意识上的分歧，但这并未成为双方合作的障碍，有研究者将他们对外发出的不同声音形象地喻为“双头性领导”下的“多声部合唱”[③]。两人迥然不同的风格，相得益彰，吸引了大批不满的阿尔及利亚人。[④]伊阵主张维护穆斯林共同体的统一，捍卫伊斯兰历史和文化遗产。[⑤]其最高目标是通过和平斗争的策略，实现阿尔及利亚的伊斯兰化。但是，军队作

① Hassan Al-Turabi, “U.S. House Foreign Affairs Africa Subcommittee Hearing on the Implications for U.S. Policy of Islamic Fundamentalism in Africa”, www. Islamonline.net/iol-english/qadaya/qpolitic-14/ qpolitic1.asp.

② 王铁铮主编：《全球化与当代中东社会思潮》，人民出版社2013年版，第269页。

③ 蔡佳禾：《当代伊斯兰原教旨主义运动》，宁夏人民出版社2003年版，第132页。

④ Robert Motimer, “Islam and Multiparty Politics in Algeria”, *Middle East Journal*, Autumn 1991.

⑤ John Ruedy, *Modern Algeria: The Origins and Development of a Nation*, Second Edition, Bloomington: Indiana University Press, 2005, p.252.

为阿尔及利亚独立战争胜利者的象征，不允许伊斯兰势力改变国家的世俗发展方向。当伊阵通过市政和议会选举即将掌控国家政权时，军队毫不犹豫地予以干涉，终止了其迈向权力舞台的步伐。而伊阵内部和政府内部对事态的不同认知，最终酿成了一个分裂的政府与一个分裂的伊斯兰反对派之间对抗的危机。①据统计，在随后四年多的时间里，暴力冲突和相互残杀此消彼长，约有6万平民和军人死亡。②阿尔及利亚被打上了暴力政治的特有符号。这种状况一直持续到1995年11月泽鲁阿勒赢得阿尔及利亚历史上首次自由选举的胜利，由此证明了阿尔及利亚人最终抛弃了困扰国家政治的宗教和世俗极端主义。③

从北非三国的伊斯兰复兴运动来看，尽管其目标和行动手段有相似之处，但三国互不统属，几乎不存在彼此的协调和支持。这种状态表明北非伊斯兰复兴运动的分散性和多样性，因而外溢影响有限。同时，它也揭示了北非伊斯兰复兴运动所聚集的能量和张力，无论是在同世俗政权合作还是在抗衡方面，都不足以占上风的总趋势，更无法改变世俗政权主导国家政治秩序和发展方向这一历史事实。

七、政治剧变和北非阿拉伯国家的未来走向。北非是2010年底2011年初阿拉伯政治剧变的发源地，诱发了整个阿拉伯世界的震荡。从本质上看，此次阿拉伯剧变的根源在于，阿拉伯威权主义政权在政治上的极度僵化和现代化发展的"错位"，以致无法满足阿拉伯民众对民生、民主、民权的期盼。换言之，阿拉伯变局实际上也是阿拉伯民众谋求重新选择现代化发展道路的一种抗争。

然而，旧政权的垮台并不意味着新制度的建立。早在政治剧变之初，巴林思想家贾比尔·安莎里在一篇文章中就写道："一层厚厚的浪漫主义之膜，正裹绕阿拉伯国家当前的变革要求。这种情形，

---

① William B. Quandt, *Between Ballots and Bullets: Algeria's Transition from Authoritarianism*, Washington, D. C.: Brookings Institution Press, 1998, p.58.

② 蔡佳禾：《当代伊斯兰原教旨主义运动》，第135页。

③ Martin Stone, *The Agony of Algeria*, London: Hurst & Company, 1997, p.120.

我们这一代人也曾经历过，我们曾经梦想过统一、自由和社会主义，但我们等来的却是专制，它带给我们的只有挫败和失望。”[①]另一位阿拉伯政治家指出，变革不应止于改变统治者，而应致力于改变社会，即改变社会的经济、文化基础。问题是：如何让变革从表面及于纵深，从形式过渡到实质？[②]这些担忧和发问似乎已预感到阿拉伯变局前景的迷惘。而后来阿拉伯变局的走向也印证了这一点：埃及经历了翻烧饼式的政权“轮回”，从穆巴拉克的垮台，到穆兄会的穆尔西在权力之巅的昙花一现，再到穆尔西被军人政权所取代，民主政治似乎离埃及依然遥远；卡扎菲之后的利比亚陷入四分五裂的武装割据状态，各派系之间的混战绵延不绝，新的政治秩序的重建渺无音讯；唯有突尼斯的局势让人看到了一缕“阿拉伯世界微弱的曙光”。2014年12月，突尼斯诞生首位民选总统，国内局势趋于相对稳定。但突尼斯的腐败之风并未得到有效遏制，根据国际组织提供的数据，2010年突尼斯在“透明国际”清廉指数中位列178个国家的第59位，2016年则在176个国家中名列第75位。[③]因此，突尼斯的社会改造和政治变革任重道远。

与此同时，阿拉伯国家的政治生态因政治剧变而发生明显变化，一些地区和国家出现权力“真空”。为抢占地盘和扩张势力，不同派系之间的恶斗持续升温。北非马格里布地区和非洲之角的索马里成为两个恐怖主义的渊薮。利比亚境内的恐怖活动日甚一日，它们所释放的破坏力对近邻突尼斯的稳定构成威胁；索马里青年党作为东非臭名昭著的恐怖主义组织，在阿拉伯政治剧变后进一步扩大活动领域，频繁制造一系列暗杀和暴恐事件，破坏索马里和平进程与民

① 〔巴林〕贾比尔·安莎里：《只有革命浪漫主义还不够》（阿拉伯文），《生活报》，2011年4月25日。转引自马晓霖主编：《阿拉伯剧变：西亚、北非大动荡深层观察》，新华出版社2012年版，第437页。

② 〔叙利亚〕阿多尼斯：《布阿齐齐的骨灰》（阿拉伯文），《生活报》，2011年4月28日。转引自马晓霖主编：《阿拉伯剧变：西亚、北非大动荡深层观察》，第438页。

③ Sarah Yerkes, Marwan Muasher, “Tunisia’s Corruption Contagion: A Transition at Risk”, https://carnegieendowment. org/2017/10/25/tunisia-s-corruption-contagion-transition-at-risk-pub-73522.

权社会。同时，索马里猖獗的海盗劫持活动[①]，也在严重干扰着国际水道的航行安全和各国间的经贸交往。

阿拉伯政治剧变距今已有十余年，反观非洲阿拉伯诸国的社会、政治、经济和意识形态的现状，多数国家仍然在过去的老路上徘徊不前，尚未在探寻新的发展道路中取得突破性进展，也没有找到能够理性化解长期困扰国家的社会、经济和族群割裂问题的有效策略。非洲阿拉伯国家的发展和创新之路如此之艰难，可从两个层面来解析：一是缘于自身的局限。多数非洲阿拉伯国家实际上都没有经受过现代大工业血与火的洗礼，迄今还不能形成一个真正能够体现或代表先进生产力，领导民众并得到民众广泛支持的社会阶层。这表明非洲阿拉伯国家仍处于由传统农业社会向现代工业社会转型的过程中。二是基于非洲阿拉伯国家固有的宗教地域特点。宗教被人为地承载了过多的非宗教因素，因而需要不断理顺信仰与理性、宗教与世俗、传统文明与现代文明等方面的关系，并且必须防止伊斯兰教义被随意曲解和“工具化”，从而挑起宗教狂潮，使国家的正常发展迷失方向。“伊斯兰社会民主演进的障碍不仅是政治层面的，而且在根本上还与价值观念有关。因此，要建立相对性、多元化的民主理性，就必须撼动神学与教法的基本结构。”[②]由此可见，实现与时俱进的宗教变革和激活人的创造力，将是非洲阿拉伯国家长期和不可懈怠的使命。

八、关于国外文献史料的使用。任何一项研究都离不开相关资源的支持，丰富可靠的史料是完成非洲阿拉伯国家通史研究最重要的前提条件。因此，这一研究必然要借助国外的各种文本资源。从语种来说，以英语为主，并且尽可能地吸纳阿拉伯语、法语、俄语等，以及中译本的文献史料；从文本来说，包括有关非洲阿拉伯10国各个时期

① 据国际海事署报告，在索马里海域发生的海盗袭击次数为：2006年18起，2007年48起，2008年111起，2009年215起，2010年219起，2011年236起。参见Elwaleed Ahmed Talha, *Political and Economic Impact of Somalia Piracy during the Period (1991–2012)*, The University of Tokyo, 2013, p.14 (http://www.pp.u-tokyo.ac.jp/courses/2013/documents/5140143_9a., 2014–10–2)。

② 〔突尼斯〕本·阿舒尔：《民主派和神学派的政治活动》，阿拉伯联合酋长国《联合报》，2011年3月14日。转引自马晓霖主编：《阿拉伯剧变：西亚、北非大动荡深层观察》，第438页。

的历史著作，重要人物的传记和回忆录，对重要政策和重大事件的专题研究，相关国家陆续解密的档案资料，新媒体和网站的各种述评，以及国内外学者发表的一系列相关学术论文等。项目组在研究和写作过程中，对于这些庞杂的文献史料，都须经过审慎筛选、相互比对和甄别，以便使所用史料客观、可靠和可信。项目组遵循的原则是，注重对文献史料的合理吸纳和消化，确保研究成果的质量和应有水准。

如前所述，非洲阿拉伯国家作为一个国家群，各国国情独特而复杂，呈现纷繁和多元的色彩。但非洲阿拉伯国家同样存在共性，在历史演进中面临的许多问题也是相同的。按照传统观点，对于国别通史的研究，通常的聚焦点大多是诸如政治制度、经济模式、社会结构等这些显性要素在历史发展进程中的演化。毋庸置疑，这些要素是通史研究不可或缺的核心内容。但本项目的作者并不仅仅拘泥于这些显性要素，而是审慎地选择更贴近客观社会现实，且能折射事物本质的一些问题来解析非洲阿拉伯国家的历史发展。这实际上是力图从一个不同的新视角，来探讨非洲阿拉伯国家综合性通史的一种尝试。而这种尝试完全取决于非洲阿拉伯国家的固有的独特国情，也是非洲阿拉伯国家历史进程中必须直面的重大议题。它有利于突破惯性思维的窠臼或定式，从更深层次认知非洲阿拉伯国家的变迁。更重要的是，这些问题能够从根本上深刻反映不同时期非洲阿拉伯各国社会、政治、经济和宗教文化等领域的独特样貌及嬗变，凸显非洲阿拉伯国家历史演进的脉络和轨迹。从一定程度上讲，它们构建了非洲阿拉伯国家通史研究的一个总体框架，也提供了一种宏观的视野和路径，以便在纵横维度的比较研究中揭示非洲阿拉伯国家历史发展的基本规律和主要特点。我们企盼八卷本《非洲阿拉伯国家通史》的问世能够为读者和研究者深度了解非洲阿拉伯国家的历史提供借鉴，并发挥其应有的社会效应。同时，对于书中的不足之处，恳请行家不吝指正和赐教。

2022年3月于西北大学中东研究所

目　录

Contents

绪　论

一、埃及国名之由来

古代埃及人自远古以来就繁衍生活在大体相当于现代埃及的这块土地上。古埃及人因皮肤呈黑色，而称自己为 km（黑色的）。他们称自己的国家为 kmt（黑土地）。这是他们对尼罗河河谷肥沃黑色土地的称呼，这种肥沃的黑土地是尼罗河洪水泛滥形成的冲积层，适宜于农业耕作，对古埃及人具有重要意义。古埃及人也因为尼罗河洪水泛滥和农业的重要性，而称自己的国家为“泛滥之国”或“锄之国”，其象形文字读音为 tꜣ-mrj。[①] 与尼罗河谷黑土地相邻，并与之形成鲜明对照的是尼罗河两岸的沙漠。沙漠在太阳照射下呈现红色，是不毛之地，埃及人形象地称其为 dšrt（红土地）。古埃及人还简单地将其周围的国家称为 ḫꜣst（沙漠国家）。[②] 另外，古埃及人也把整个土地分为“上埃及”和“下埃及”两部分，称上埃及为 šmcw（南部土地），称下埃及为 tꜣ-mḥw（三角洲）或（北部之地），将二者合称为 tꜣwy（两地）。[③] tꜣwy 这种称呼在古埃及文献中出现的频率较多。公元 7 世纪中期，阿拉伯人征服埃及后，古埃及语言

---

① A. Gardiner, *Egyptian Grammar: Being an Introduction to the Study of Hieroglyphs*, Oxford: Griffith Institute, Ashmolean Museum, 1957, pp. 597, 603, 569.

② James P. Allen, *Middle Egyptian: An Introduction to the Language and Culture of Hieroglyphs*, Cambridge: Cambridge University Press, 2010, pp. 22, 466.

③ A. Gardiner, *Egyptian Grammar: Being an Introduction to the Study of Hieroglyphs*, pp. 594, 599.

文字（除科普特语之外）很快就被人遗忘了，古埃及人关于自己国家的称呼也随之淹没在历史长河中。然而，希腊人对埃及的称呼却保留了下来。

古希腊人称埃及为 Aigyptos，这是古希腊人对埃及古城“孟菲斯”（mn-nfr）的误称。孟菲斯的埃及语称呼为 Hiku-Ptah，意思是“普塔灵魂之家”，[①] 科普特文的写法是 εκεпто。孟菲斯城是古代埃及的重要首都之一，所以希腊人用孟菲斯的称呼来代替埃及。后来的拉丁语显然沿用了希腊语的称呼，称埃及为 Aegyptus。当然，也有人认为 Egypt 一词源于腓尼基人的毕布罗斯城君主对埃及的称呼 Chikuptach。[②]

阿拉伯人占领埃及后，根据古代亚述人对埃及的称呼“米斯里”，而将埃及称为 Misr（米斯尔），意思是指开罗或“辽阔的国家”。我国古籍将埃及称为勿斯里、米西尔、密昔尔、米昔尔、密思儿等。[③] 这些称呼显然是对阿拉伯语词 Misr 的不同音译。时至今日，阿拉伯人仍称埃及为 Misr。[④]

二、地理地貌与资源

自古代埃及国家形成以来，埃及的基本地理位置没有根本变化，只是国土面积有所不同。单就现今地理位置而言，埃及地处东经 25°—35°，北纬 22°—32°，位于非洲东北角，包括亚洲西南端的西奈半岛。从地图上看，西奈半岛酷似一块带棱角的木楔子。埃及国土面积约为 1002000 平方公里，南北距离为 1055 公里，东西相距为 1250 公里。尼罗河自南向北穿越整个埃及，形成埃及国土的中心地带。埃及土地的 96.3% 是荒无人烟的沙漠，只有大约 3.6% 的土

① Margaret Bunson, *The Encyclopedia of Ancient Egypt*, New York and Oxford: Facts on File, 1991, p.72.

② 刘文鹏：《古代埃及史》，商务印书馆 2000 年版，第 11 页。

③ 冯承钧原编，陆峻岭增订：《西域地名》（增订本），中华书局 1980 年版，第 66 页。

④ Margaret Bunson, *The Encyclopedia of Ancient Egypt*, p. 72.

地适于农业耕种。[①]

埃及北接地中海。古埃及人称地中海为 w3ḏ-wr，意思是“蓝绿色大海”。在南部，埃及与努比亚（今日苏丹）接壤。古埃及人称努比亚为 3bw，意即“黄金之地”。南部边境常有变动，一般以第一瀑布为界。新王国时期（约公元前 1567—前 1085 年），埃及将努比亚囊括在自己的统治范围内，将南部边界延伸到阿斯旺以南 960 多公里的地方。埃及东隔红海与阿拉伯半岛相望，西临利比亚。[②]

从地貌上看，埃及可分成几部分：尼罗河河谷、尼罗河三角洲、法尤姆地区、东沙漠和西沙漠。这几个分散的部分之所以能够构成埃及国土的整体，完全依赖于一条重要的河流——尼罗河，古埃及人简单地称其为 jtrw（河流）。[③]

尼罗河是世界上最长的河流，全长 6648 公里，流经埃及全境的河流长度大约 1350 公里。流经埃及的尼罗河水主要由起源于非洲内陆的白尼罗河和埃塞俄比亚高原流下来的青尼罗河以及阿特巴拉河的河水汇合而成。其中 80% 的水量来自埃塞俄比亚的雨水和高山积雪融化的水。这使尼罗河的水量在每年的 7 月至 8 月迅速增加，形成洪水。洪水在 9 月和 10 月逐渐退去。这是古埃及尼罗河洪水泛滥的根本原因。古埃及人根据尼罗河洪水的涨落和农业耕作期，将每年分为三个季度。每年的 7 月中旬至 11 月中旬，尼罗河处于洪水的涨落时期，古埃及人称其为 3ḫt（泛滥季）；11 月中旬至 3 月中旬，古埃及人开始在淤积的土地上耕种，是为 prt（生长季或出现季）；3 月中旬至 7 月中旬，古埃及的农作物成熟，古埃

① Jason Thompson, *A History of Egypt: From Earliest Times to the Present*, Cairo: The American University in Cairo Press, 2008, p. 1; Wendy Christensen, *Empire of Ancient Egypt*, New York: Chelsea House Publishers, 2009, p. 131; The World Factbook, “Explore All Countries——Egypt”, March 4, 2021, https://www.cia.gov/library/publications/resources/the-world-factbook/geos/eg.html.

② James P. Allen, *Middle Egyptian: An Introduction to the Language and Culture of Hieroglyphs*, p. 22.

③ Ibid.

及人开始收割，是为“收获季”（šmw）。[①]

埃及的雨量极少，尼罗河水是古埃及人生活所需淡水的主要来源，也为埃及带来生机。同时，尼罗河定期泛滥，洪水淹没河流两岸的土地，冲刷掉泥土中多余的盐分，堆积下从上游带来的肥沃淤泥，为埃及富饶的农业奠定了基础。尼罗河不仅是古埃及人生存的条件，也是古埃及农业文明借以产生和发展的基础。公元前6世纪，希腊历史学家希罗多德借用希腊旅行家海卡泰厄斯之言，对埃及的这种状况做了形象描述：“埃及是尼罗河的赠礼。”[②]20世纪70年代，阿斯旺大坝的建成结束了埃及的尼罗河泛滥，使尼罗河成为一条长长的灌溉水道，保证了稳定的生活用水和农业生产的顺利进行，也使埃及人不再使用传统农历；但也带来很多新问题，例如尼罗河河谷的泥土流失、土地盐碱化、因化肥过度使用而导致地下淡水污染等。[③]

尼罗河贯通埃及，从南往北流淌。埃及人以开罗为节点，将埃及分为南部（上游）的尼罗河河谷和北部（下游）的三角洲地区。尼罗河河谷是指尼罗河两岸直到沙漠边缘的地区，是古埃及非沙漠土地的主要构成部分，这里依靠尼罗河每年的洪水泛滥保持土壤肥沃，[④]古代埃及可耕地大多分布在这条长长的河谷里，是古代埃及主要农业生产区域。

在古代埃及，三角洲地区不同于尼罗河河谷，大部分是尼罗河支流、自然冲击堤、冲积平原以及小河流（人工排水系统）。这是由尼罗河在注入地中海时与倒灌的海水形成冲击而致，因地形呈扇状而得名。在公元前4千纪晚期，这里已经有人定居。[⑤]在古代，三

① James P. Allen, *Middle Egyptian: An Introduction to the Language and Culture of Hieroglyphs*, p. 107.

② Herodotus, *The Persian Wars*, Vol. 1, ii. 5.

③ Wendy Christensen, *Empire of Ancient Egypt*, pp. 135-139.

④ K. W. Butzer, *Early Hydraulic Civilization in Egypt*, Chicago: The University of Chicago Press, 1976, pp. 17-18.

⑤ K. W. Butzer, *Early Hydraulic Civilization in Egypt*, p. 25.

角洲沼泽化比较严重，土地开垦和农业生产困难。随着 20 世纪 70 年代阿斯旺大坝的建成，埃及三角洲地区便处于完全可控的状态，现在整个三角洲被肥沃的泥土填满，埃及大约三分之二的耕地在三角洲。[①]

除尼罗河河谷和三角洲之外，法尤姆地区是埃及另一个主要农业区，是一个位于中埃及尼罗河西岸吉萨大金字塔以南约 97 公里处的大洼地，海拔高度-45 米，最宽部分达 160 多公里，长达 64 公里，呈圆剧场状。[②]法尤姆依靠尼罗河的支流尤素福河供水，尤素福河从阿西尤特开始，与尼罗河并行流淌，穿过拉宏峡谷，进入哈瓦拉，最后进入法尤姆。法尤姆的农业对于埃及社会发展始终发挥着重要作用。

埃及的东西沙漠显然是在远古时代因为雨量稀少而形成的。无论从地貌，还是从发展潜力来看，东沙漠与西沙漠都存在很大差别。东沙漠位于尼罗河东岸，是阿拉伯沙漠的一部分，是由上升的结晶岩岩基组成的，多崎岖山峦和干涸河道。东沙漠不适宜人类定居生活，那些适应沙漠环境的游牧民——贝都因人主要生活在红海沿岸和西奈半岛沿海的平原地区。东沙漠分布着很多重要矿藏，例如西奈矿山盛产绿松石和铜以及石材，这些都是埃及的重要生活和生产材料。东沙漠与西奈山之间的红海自古以来就对埃及经济发展具有重要意义，是埃及进入地中海，并与西亚贸易的重要通道。目前，东沙漠的西奈山仍然是埃及人重要的石头和矿石产区；红海本身不仅是重要的休闲度假区，它与地中海之间的苏伊士运河也构成埃及重要经济增长点。埃及政府为了提高苏伊士运河的航运能力，在老苏伊士运河的旁边开通了新苏伊士运河，已经于 2015 年 8 月 6 日正式投入使用。据估计，新苏伊士运河开通以后，每年可为埃及创造巨额财

---

① Bary J. Kemp, *Ancient Egypt: Anatomy of A Civilization*, London and New York: Routledge, 1989, p. 8.

② Lysander Dickerman, "The Fayûm", *Journal of the American Geographical Society of New York*, Vol. 24 (1892), p. 173.

政收入。[①]目前看来，的确如此。

西沙漠是一片连绵不断的基岩，上面覆盖着沙子，地势较为平缓。西沙漠有几个主要绿洲，从北往南依次是锡瓦、拜哈里耶、费法拉、达赫莱和哈里杰。这些沙漠绿洲出产优质葡萄和椰枣等，为埃及人日常生活提供重要食物。这些绿洲距离尼罗河谷有一定路程，成为古埃及人流亡和流放的主要去处，也是很多宗教崇拜活动的重要据点。例如，亚历山大三世就曾在锡瓦绿洲的阿蒙神庙获得神的认可。到近现代，西沙漠对于埃及人来说具有更大的开发潜力。西沙漠的绿洲不仅是重要的旅游观光景点和休闲度假的好去处，还可以提供较为丰厚的农业和水果产品。据探测，西沙漠地下有丰富的淡水资源，这为埃及人开发西沙漠提供了自然条件。

在古代，对于埃及来说，东西沙漠还是天然的军事屏障，可以有效地保护埃及中心地带，使尼罗河河谷少受或免受军事袭击。一些学者据此认为古埃及处于与世隔绝状态，是一个保守的古国。但目前的考古学和历史学研究成果显示，古埃及并没有因为东西沙漠的天险而与外界隔绝，恰恰相反，埃及自前王朝时期（约公元前4500—前3000年）就与周围世界有着程度不同的交往。[②]考古学家在东沙漠发现了三条通向红海的通道，它们或许是古埃及与红海地区进行贸易的通道，也可能是运送矿石的道路。自古以来，埃及就通过西沙漠与利比亚人进行各种交往。在古代埃及的王朝时代，利比亚是埃及人掠夺奴隶的主要地区之一，当然利比亚人也在埃及建立了王朝。

自古至今，农业始终是埃及主要的经济部门，是重要生活来源。埃及其他资源并不丰富，除了尼罗河水、纳塞尔湖的水力发电、西奈矿山的矿产，还有石油、天然气和磷酸盐以及少量重金属。尽管

① “Egypt Launches Suez Canal Expansion”, *BBC News*, August 6, 2015, https://www.bbc.com/news/world-middle-east-33-800076.

② 郭丹彤：《古代埃及与东地中海世界的交往》，中国社会科学出版社2011年版，第1页。

自然资源和矿物资源相对匮乏，但埃及仍然有着巨大发展潜力，因为现代科技的发展使埃及人可以向沙漠进军，而埃及国土面积的绝大部分是沙漠。

近些年，埃及政府在西沙漠南端靠近阿布·辛拜勒的地方成功建造了一个人工绿洲，主要用于种植绿色无污染蔬菜，专供沙特阿拉伯等中东国家消费。埃及政府还计划在西沙漠靠近尼罗河的地方开发大规模人工绿洲。在开罗老城以北，埃及政府建起了一座新城，名为“10 月 6 号新区”。这是一个现代化大都市，埃及当地人称其为“新开罗”。这也是埃及人征服沙漠的明证之一。这种将绿色植入沙漠和向沙漠要土地的做法，使埃及展现出可喜的发展前景。

三、人口、民族与语言

人口数字是变量。根据古典作家记载和现代考古学与历史学研究成果，古埃及前王朝时代的人口在 35 万至 87 万之间，古王国（约公元前 2686—前 2181 年）时期达到 160 万，新王国时期达到 290 万，后埃及晚期已达 490 万。到公元 2 世纪，埃及人口达到最大值，约 500 万，这个数字直至近代才被超越。① 古埃及人大约 12 岁进入青春期，大约 16 岁成年。他们的预期寿命最高为 30 岁，当然也有寿命很长的，例如国王拉美西斯二世就活到 90 多岁。② 现代埃及有系统的人口统计制度。据统计，到 2015 年 7 月，埃及总人口为 88487396。这个数字还在持续增加，因为埃及没有计划生育，且随着医疗水平的提高，埃及人的预期寿命最高已达 70 多岁，低死亡率与高出生率的对比结果使人口增长率几乎保持在年均 1.79% 左右。③ 与古代埃及人一样，现代埃及人仍然主要居住在尼罗河河谷、三角

① K. W. Butzer, *Early Hydraulic Civilization in Egypt*, p. 83；〔英〕科林·麦克伊韦迪、理查德·琼斯：《世界人口历史图集》，陈海宏、刘文涛译，东方出版社 1992 年版，第 266—268 页。

② C. Aldred, *The Egyptians*, London: Thames and Hudson, 1984, pp. 63-65.

③ https://www.cia.gov/library/publications/resources/the-world-factbook/geos/eg.html.

洲和沙漠绿洲，这些可以居住的土地也是埃及的可耕地，其面积不足埃及全部土地面积的4%。可见，今日埃及人口压力远远超过古代。与阿拉伯世界其他国家相比，埃及也是人口相对多的国家。庞大的人口数量已经给埃及社会带来很多问题，例如食品短缺、住房紧张、教育和就业不足、人口流动和环境保护困难，等等。埃及政府和教会领袖都加强了节制生育的宣传工作，以限制过快的人口增长速度。

古代埃及居民属于哪个种族或族群？这是一直没有定论的问题。因为埃及南部与北部的人在肤色上有差异，南部比北部稍黑一些，身高也不一致。一般学界模糊地称这些居民为“非洲种族”。[①] 实际上，从历史时期埃及壁画和浮雕等展示的人物形象来看，埃及人并非纯正的非洲人，他们具有某些西亚人的特征。[②] 在古代埃及历史上，很多外族人不断迁入埃及，甚至有些外族人还在埃及实施长短不一的统治，例如来自西亚的希克索斯人、非洲的利比亚人和努比亚人、亚洲的波斯人、欧洲的希腊－马其顿人和罗马人。公元 7 世纪中期以后，阿拉伯人占领埃及，很多阿拉伯人迁入埃及，成为统治者。之后，突厥人和土耳其人先后统治埃及。近代以来，埃及又在一段时间里遭受法国和英国的殖民统治。直到 1952 年，现代阿拉伯埃及共和国才诞生。如此看来，古代埃及人和现代埃及人都不是纯正意义上的非洲人。尽管目前很多埃及人自称是古埃及人的后裔，但经过几千年的民族融合，古埃及人的血统究竟还有多少可以保留下来，则是一个值得探究的问题。

据最新数据统计，到 2020 年 3 月，埃及总人口超过 1 亿人。[③] 埃及官方认可的居民主要由穆斯林和科普特人组成。伊斯兰教为国教，信徒主要是逊尼派，占总人口的 84%。科普特基督徒和其他信

---

① 〔埃及〕G. 莫赫塔尔主编：《非洲通史》第二卷，冯世则等译，中国对外翻译出版公司 1984 年版，第 10、37 页。

② C. Aldred, *The Egyptians*, p. 63.

③ The World Factbook, “Explore All Countries——Egypt”, March 4, 2021, https://www.cia.gov/the-world-factbook/countries/egypt.

徒约占16%。还有少数人口是努比亚人、柏柏尔人、贝都因人、希腊人和亚美尼亚人等。多数埃及人认为穆斯林和科普特人并非代表两个民族，而是信仰不同宗教的同一个民族的两部分人。努比亚人主要居住在阿斯旺以南地区，是一个历史悠久的民族，信奉伊斯兰教。柏柏尔人也是一个古老的民族，主要居住在锡瓦绿洲和靠近利比亚边境地区。贝都因人信奉伊斯兰教，大多在绿洲和沙漠里过着游牧生活，一些人居住在西奈半岛和红海沿岸。

埃及人的语言文字几经变迁。古埃及人使用的语言称“古代埃及语”，属于哈姆·塞姆语系或亚非语系。从公元前4000年代末期古埃及语言文字的出现到公元11世纪以后逐渐消亡，古代埃及语先后经历了五个发展阶段：古埃及语（约公元前3000—前2100年）、中埃及语（约公元前2100—前1600年）、新埃及语（约公元前1600—前600年）、世俗语（约公元前650—公元5世纪）、科普特语（约公元1世纪末期—11世纪）。这几个阶段的语言在语法上都有程度不同的差异，其中中埃及语的语法体系比较成熟，科普特语则吸收了古希腊语的元素。古埃及人使用的文字称“象形文字”。与中国的汉字一样，古埃及的象形文字在几千年的发展演变过程中，经历了形体的变化，先后出现了祭司体、标准体、草书体、字母体等。中埃及语使用的是标准体的象形文字，有大约700多个字符，文字本身由表音符、表意符和限定符构成。[①] 在古代埃及，只有2%至5%的人具有读写能力。[②] 埃及人称这种语言为“神的话语”。神的话语掌握在少数人手中，他们主要是王室成员、神庙祭司和书吏等。阿拉伯人征服埃及以后，古埃及语言文字便逐渐消亡，变成了“死语言文字”。1822年，商博良解读象形文字成功。之后，古埃及语才再度为人所了解，但古埃及象形文字保留下来的都是辅音符号，没有元音符号，故而现代人只知其意，不知其音。

---

① James P. Allen, *Middle Egyptian: An Introduction to the Language and Culture of Hieroglyphs*, pp. 1-7.

② Wendy Christensen, *Empire of Ancient Egypt*, p. 131.

从公元7世纪中期开始，阿拉伯语逐渐获得主导地位，成为埃及人的官方语言。目前，埃及还有一部分科普特人使用科普特语，但主要是在宗教活动中使用，日常生活中也主要使用阿拉伯语。随着教育的普及和教育水平的提高，现代大多数埃及人都具有读写能力，很多埃及人不仅掌握了阿拉伯语，还能够讲其他语言，例如英语、法语、汉语等。

与民族和语言文字相适应，埃及的宗教信仰也几经演变。古代埃及人信奉多神教。罗马人统治时期，基督教逐渐成为埃及的主要宗教。阿拉伯人入主埃及以后，伊斯兰教逐渐成为其主体宗教信仰。目前，伊斯兰教是埃及多数人信仰的宗教，还有少数人信奉科普特教。[①] 尽管信仰不同，但穆斯林和科普特教徒在大多数情况下表现得很团结，他们有很多共同节日。因此，穆斯林和科普特教徒都是埃及社会发展的主要创造者。

四、埃及国旗与国歌

共和国成立以前的埃及国旗有新月和星的标志，旗地为红色。新月是传统伊斯兰国家的象征，星象征吉祥。埃及现行的国旗于1984年10月4日正式启用。形状为长方形，长宽之比为3∶2。旗面自上而下由红、白、黑三个平行相等的长方形组成，中央为国徽图案。埃及国旗的红色代表革命和鲜血，白色代表光明和未来，黑色代表长期以来受外国殖民的历史。中央的国徽图案称为“萨拉丁雄鹰”，金鹰昂首挺立、舒展双翼，象征胜利、勇敢和忠诚，它是埃及人民不畏烈日风暴、在高空自由飞翔的化身。金鹰目光注视西方，象征日益丰盈的文明；雄鹰胸部的竖纹盾形徽章象征与穆罕默德相关的古莱氏部落，底部座基饰带上的文字则是用阿拉伯文写的“阿拉伯埃及共和国”。在埃及，鹰也被尊为“国鸟”。

---

① https://www.cia.gov/library/publications/resources/the-world-factbook/geos/eg.html.

“七月革命”以来，埃及国歌经历了几次变化。1952年革命后选定的国歌是《自由之歌》。1956年苏伊士运河战争爆发，埃及将国歌改为《啊，久违了，我的武器》，由萨拉赫·沙欣（Salah Saheen）作词，卡玛尔·阿塔维尔（Kamal Ataviel）作曲，歌词表达了埃及政府带领埃及人民战胜英、法、以三国侵略者的决心，表达了强烈的民族主义精神和民族抵抗呼声。歌中唱道：“勇敢的军队冲上前，发出雷霆般的呐喊，不获划时代的胜利，发誓决不生还！”1960年5月，埃及、叙利亚组成的阿拉伯联合共和国将该歌曲定为国歌。1961年叙利亚宣布脱离阿拉伯联合共和国，但该歌曲仍作为埃及国歌，直到1979年。埃及当前使用的国歌是由1979年官方正式采用的《我的祖国》（又译作《祖国，祖国，祖国》），穆罕默德·尤尼斯·盖迪（Muhammad Younis Ghedi）作词，赛义德·达尔维什（Sayed Darwish）作曲，原作共有三段，一般只使用首段。歌词表达了埃及人民对祖国优秀历史文化的骄傲与自豪，将祖国隐喻为唯一的“母亲”，埃及人民除了是祖国母亲的“子女”外，还是祖国母亲的“守护者”。歌中唱道：“我的爱，我的心，都属于你——埃及”、“我的祖国自由永葆，任何仇敌也侵犯不了”。埃及使用过的三首国歌中，《我的祖国》可以称得上是民族国家意识最为强烈的一首，更加强调人民对于埃及民族认同的作用。

五、政治生态与经济环境

古埃及文明是世界上最古老、最悠久的文明之一。在长期的历史进程中，尽管古埃及受到其他民族（包括希克索斯人、利比亚人、努比亚人、亚述人、波斯人等）的冲击，但仍然保持着“埃及是埃及人的埃及”。从公元前332年马其顿亚历山大大帝东征埃及开始，希腊、罗马相继主宰埃及近千年之久。公元7世纪，阿拉伯人征服埃及，古代埃及文明被阿拉伯-伊斯兰文明所取代，并逐渐完成了从基督教国家向伊斯兰教国家的转变。以后，埃及又经马木鲁克和奥斯曼土耳其的外族统治。1898年，随着西方资本主义在全球的扩张，埃及先后遭到法国、英国入侵，开始了民族国家建构和现代化的历史进程。1882年，埃及沦为英国殖民地；1922年表面上赢得独立，但并不享有完全主权。直到1952年，以纳赛尔为首的自由军官发动七月革命，埃及人的命运才重新掌握在埃及人的手中，再次实现了“埃及是埃及人的埃及”。

在古王国时代，随着国家的统一、王权的强化，埃及开始形成了中央集权的专制主义。经由中王国到新王国时代，随着对外扩张的进行以及国内奴隶制的发展，专制主义逐渐发展和强化，到希腊、罗马统治时代，埃及的专制主义发展到顶峰。在专制主义传统之下，法老作为埃及的帝王，成为具有“四最”权力的角色，即最大的行政长官、军队的最高统帅、最高的立法与执法者、全国土地的最终所有者。永恒的金字塔就是此种绝对权力的典型象征。千百年的专制主义传统使得埃及广大民众对最高统治者常怀敬畏之心和服从之感，即使在自由主义宪政时代，人民大众也依然习惯听命于少数政治精英，[①]这就为共和时代集权式政权的建构提供了历史之基、传统之源。

“七月革命”是埃及现代化具有转折意义的“路标”。[②]通过长期建设，埃及逐渐形成了具有自身特色的政治和经济发展模式，一定程度上保障了国家的长治久安和经济社会的全面发展。在纳赛尔的领导下，埃及走上了世俗化的现代国家发展道路，开始了全新的政治、经济建构。政治上，废除1923年宪法，颁布临时宪法，从法律的高度确定新生军人政权的合法性；改造旧的国家机器，解散一切旧政党并没收其全部财产，确立军人对国家政治、经济和社会发展的主导权；随着多党制的取消，人民解放大会的建立，埃及确立了现代一党制的国家政权。1957年，民族联盟取代人民解放大会。

---

① 贾宝维、王泰：《当代埃及威权主义政治合法性的构建》，《西亚非洲》2010年第2期。

② 王泰、戴红：《“七月革命”与埃及现代化进程的路标性转换》，《内蒙古民族大学学报》（社会科学版）2004年第6期。

1962 年，阿拉伯社会主义联盟最终取代民族联盟，并为以后多党制奠定基础。经济上，在纳赛尔主义的指导下，埃及开始了具有“社会主义”色彩的土地改革以及全面推行国有化政策、实行计划经济，推行优先发展重工业、进口替代的工业化发展战略，在这种发展战略的指导下，埃及出现了工农业比例失调的畸形发展。

萨达特时期，国家颁布了 1971 年“永久宪法”，确立了埃及的基本政治体制（包括国家基本政治制度及其权力机构和职能）。按照宪法规定，当代埃及政治体制的基本权力架构主要由立法机构、行政机构、司法机构以及地方政府组成。萨达特总统再次恢复多党制，开辟了埃及的“多元主义革命”，世俗政党开始涌现埃及政坛；经济方面，萨达特确立了一套“开放经济”战略。改革在短期内快速吸引外资、刺激增长，但其长期结果却造成埃及经济自主权的丧失。经济上的对外依赖导致埃及经济承受不住国际金融危机的任何风吹草动。

20 世纪 80 年代以后，面对国内外新的发展环境，穆巴拉克总统开始实行全面“经济改革和结构调整计划”，试图通过市场化、私有化、自由化来迎接新世纪全球化的挑战。运河、石油、旅游、侨汇作为埃及传统的四大创汇产业成为国家的经济支柱。政治上，以多党制为基础的总统选举与人民议会选举是穆巴拉克时代埃及民主政治建构的基本内容。在穆巴拉克执政的 30 年间，埃及共进行了五次总统大选、七次人民议会选举、两次宪法修改。进入 21 世纪之后，穆巴拉克主导下的改革进入深水区，尽管也有所进步，但改革中不适应经济发展的弊病日益露出端倪。政治改革左右徘徊、裹足不前，经济上依靠美国开出新自由主义的“药方”亦未能做到药到病除，由此引发一系列民生问题，最终导致政权在 2011 年年初跌入剧变动荡的深渊。

世俗政权与宗教政治的关系一直是埃及政治生态的重要内容。从历史更长的视角来看，埃及政权的“地方性”和“军事性”两大特点，导致埃及政权长期保持着世俗性传统。到了近代，随着西方民族国家观念的传播，泛伊斯兰主义思潮开始兴起；到 20 世纪初，伊斯兰由政治思潮开始向政治组织转变，由理论思考向实践行为转变，其标志就是穆斯林兄弟会的成立。近百年来，以穆斯林兄弟会为代表的现代伊斯兰主义历经非法、半合法、合法的各种生存状态。在穆巴拉克政权轰然倒台后，穆兄会迅速填补权力真空，穆尔西总统得以开启埃及的伊斯兰治理。但由于其自身无法克服的局限、执政能力的不足以及宏观内外环境的恶化，伊斯兰政权只是昙花一现。

在短暂的伊斯兰治理之后，出身国防部长的塞西脱下军装成为埃及总统，开始剧变后的执政历程，埃及政局逐步恢复稳定，经济形势也有了明显好转。机遇与挑战并存。作为一个人口过亿的阿拉伯大国，埃及仍然面临着诸多发展难题。埃及人民仍将在实现国家富强、民族振兴的道路上长期逐梦拼搏，任重道远。

第一章　埃及史前文化与文明起源

古埃及是世界上最古老的文明之一。在文明社会形成之前，埃及这块土地已经历了漫长的史前时代，历时约数百万年，至少在约175万年前至约75万年前，埃及就出现了粗糙的打制石器。经过漫长的演进，古埃及从约公元前8000多年开始向农业社会转变，生产技术不断改进，社会生产力提高，城市、文字逐渐出现。历经几个文化阶段之后，在约公元前3200—前3000年之间，古埃及出现国家，并最终实现上埃及与下埃及的统一，迈入文明社会。人类社会进入文明阶段之后，发展呈加速度状态。统一的埃及国家在接下来的400多年里，完成了古埃及文明主体特征和要素的塑造，型塑了古埃及文明接下来3000多年的基本样貌，为古埃及文明辉煌时代的到来奠定了基础。

一、埃及史前文化

考古重现史前文化

所谓“史前文化（或称史前时代、史前社会）”是指人类历史上没有文字记载的社会阶段。就目前所知，这是人类历史上的第一个阶段。史学界和人类学界曾长期将这个历史阶段称为“原始社会”。然而，“原始社会”这个称呼强调了社会的原初性，却没有准确反映人类在演进过程中创造的物质和精神文化。考古学领域一般使用

“史前文化”一词，意在兼顾表述史前社会人类的物质精神创造力和非文明性。目前，多数学者已经接受了“史前文化”这个指代词。

既然史前文化是没有文字记载的历史时期，那么我们就不可能奢望依靠文献史料来研究这段历史。在研究史前文化过程中，学者们可以借助的史料主要来自考古发现。然而，考古发现的史料往往是零散的，不能系统地显示人类的历史痕迹。更重要的是，考古发现的实物史料，例如骨骼、牙齿、石制工具等，都只是偶然留存下来的，没有明显迹象表明其身份和价值。它们之所以成为史前文化的重要载体，很大程度上依赖于考古学家和其他学者的解读与重构。这就造成了史前文化研究中的不确定性。正是因为这个缘故，学者们在对考古发现的材料进行解读时，更多地求助于其他学科的实证性研究方法和可验证的理论分析，例如地质学、碳十四年代测定和钾氩断代法、解剖学、基因工程、古人类学和体制人类学，等等。也就是说，那种根据少量考古发现进行广泛引申发挥的描述性史学研究，在史前文化研究过程中失去了可靠性，从而逐渐淡出学术舞台。如果其他学科的研究未能取而代之，那么这个学科便会“全军覆没”。这也正是我国研究史前文化的史学家在进入20世纪90年代以后几乎全部转行的根本原因。[①]

古埃及史前文化的研究也处于同样的学术背景下。学者们在研究古埃及史前文化时，越来越倾向于借助考古学的发掘和研究成果，结合古人类学、解剖学和现代医学等学科的方法，进行跨学科的探索。同时，在学科方法越来越丰富的情况下，学者们发现了越来越多的不确定性，从而在对埃及史前文化的叙述过程中变得更加谨慎。

埃及的旧石器时代

根据目前的考古发现及相关学科的研究，古埃及史前社会的起点最早可以追溯到75万年前。然而，在这之后的几十万年时间里，

① 郭小凌、郭子林：《30年来中国的世界上古史研究》，《世界历史》2008年增刊。

埃及远古人类的骨骼化石并没有保留下来。考古学家在埃及发现的最古老的人类骨骼化石是大约 3.3 万年前的。从而，我们只能依靠考古发现的各种器具来判断古埃及史前社会的演进过程。

根据考古发现，古埃及最早在大约 175 万年前至 75 万年前就已经出现了粗糙的打制石器。这是埃及发现的最原始的石器，考古学家称之为旧石器，并称这一时期的旧石器文化为奥杜韦文化，或前阿舍利文化。有学者认为这是埃及最早的史前文化。① 但这种说法没有得到多数学者的认可。有学者认为这些石器工具的识别是“不确切”的。② 也有学者指出，这些工具可能是直立人（Homo erectus）在离开东非，向亚洲大陆迁徙的过程中，在埃及各地逗留时留下来的工具。③ 也就是说，这些石器工具不一定是埃及人的远祖使用过的工具，或者说埃及在 175 万年前至 75 万年前是否有使用工具的人类生存，仍是一个需要更多证据来证实的问题。

最晚从约 75 万年前或 50 万年前开始，埃及人的远祖使用一种比奥杜韦文化时期的工具更先进的石器工具。他们将天然石块进行简单砍削，形成带有刃口的工具，其中很多是石斧。考古学家称这些石斧为阿舍利手斧，并据此称这个时期的古埃及社会为晚期阿舍利文化（Late Acheulean）。④ 更多的证据表明，晚期阿舍利文化是埃及最早的史前文化。从大约 20 万年前或 17.5 万年前开始，勒瓦娄瓦（Levallois）型工具出现在古埃及考古遗址中。⑤ 这种生产工具比阿舍利手斧进步了很多，刃口更加明显。生产工具的改进，促进了古埃及史前社会的发展，人口数量也随之增加。到大约公元前 25000 年之前，埃及史前文化的考古发现主要集中于东沙漠和西沙

---

① M. A. Hoffman, *Egypt before the Pharaohs: The Prehistoric Foundations of Egyptian Civilization*, London and Henly: Marboro Books, 1979, pp. 49, 50.

② B.Midant-Reynes, *The Prehistory of Egypt*, Oxford: Blackwell, 2000, p. 25.

③ Ian Shaw, ed., *The Oxford History of Ancient Egypt*, Oxford: Oxford University Press, 2000, p. 17.

④ Ian Shaw, ed., *The Oxford History of Ancient Egypt*, p. 18.

⑤ Kathryn A. Bard, ed., *Encyclopedia of the Archaeology of Ancient Egypt*, London and New York: Routledge, 1999, p. 8.

漠地区，这或许与埃及的气候和生态环境有关。在这漫长的时间里，尼罗河只是一条小河，远没有达到历史时期那样的水位；撒哈拉沙漠也尚未形成，埃及是一个水草丰腴之地，广布着大大小小的池塘，有很多适于人类生存的地点。

在大约公元前25000年至前12000年之间，极端干旱的气候驱使人们离开撒哈拉沙漠地区，迁入适于生存的尼罗河河谷。[①] 古埃及人的远祖使用了一种较勒瓦娄瓦型工具稍显进步的工具，称为塞比尔（Sebilian）工具。这种工具在很大程度上促进了古埃及史前社会的较快发展，上埃及出现了几处具有代表性的聚落群体，留下了很多更明显的人类活动痕迹。考古学家在西沙漠的萨哈巴（Sahaba）山发现了大约公元前10000年的一个墓地，出土了59具骨骸，他们都半蜷缩着，头朝东，面向南。59具骨骸中有24具骨骸的头骨和身体骨骼有刀伤的痕迹，说明当时发生了严重的暴力事件，或许是气候变化导致的生存危机所致。[②] 在大约公元前11000年至前8000年之间，东沙漠和西沙漠始终有人类活动的遗迹。

对埃及地形和生态环境的变化起重要作用的变化发生在公元前10000年左右。当时一个冰河期结束了，埃及的气温开始上升，雨量骤减，干燥的气候开始形成。尼罗河两岸的地区逐渐风化为沙漠。在沙漠形成过程中，人类聚落仍在活动和迁移。沙漠形成之后留下的几个绿洲成为人类长期活动的地点。尼罗河的活动更有规律了，从而埃及尼罗河河谷因水源丰足而成为人类生存的理想之地。[③]

埃及的新石器时代

大约公元前8800年至前4700年，东西沙漠出现了很多新石器时代的聚落遗址。埃及最早的新石器文化出现在西沙漠，这里的经济主

---

① R. Schulz and M. Seidel, eds., *Egypt: The World of the Pharaohs*, Potsdam: Tandem Verlag Gmbh, 2010, p. 9.

② Ian Shaw, ed., *The Oxford History of Ancient Egypt*, p. 26.

③ R. Schulz and M. Seidel, eds., *Egypt: The World of the Pharaohs*, p. 10.

要以牛饲养为主，没有发现农业的迹象。当然，在大约公元前 7000 年之前，这种牛饲养并非后来意义上的驯养，而是人们为了获得牛身上的奶和血作为食物，而为牛提供饮水的场所，捕猎其他食草动物以便为牛提供更多的草场。这种缺乏农业的情况可能表明埃及的新石器文化最初是完全独立发展的，没有受到西亚的影响。[①] 在大约公元前 6600 年至前 4700 年的新石器时代中期和晚期，西沙漠的人口达到高峰，当时的遗址很多。上埃及纳布塔沙漠盆地（Nabta Playa）的早期聚落文化最具代表性。他们的巨石复合建筑体现了社会生活的复杂性。他们不仅使用磨制石器和装饰着图案的陶器，大约从公元前 5400 年开始，西沙漠达赫莱绿洲的古埃及人还学会了家畜驯养，其中最早的家畜是绵羊和山羊，但仍以狩猎采集生活方式为主。

埃及尼罗河流域的新石器时代文化稍晚于沙漠地区，一般来说，始于公元前 7000 年，结束于公元前 4000 年左右。遗憾的是，从大约公元前 7000 年到公元前 5400 年，尼罗河河谷没有给我们留下任何有关人口的信息。塔里夫（el-Tarif）小遗址发现的所谓塔里夫文化没有表现出与后来的巴达里和涅迦达文化的联系，甚至没有农业或动物饲养的证据。新石器时代，尼罗河流域最具代表性的是下埃及的法尤姆文化、梅里姆达文化和奥玛里文化。法尤姆文化（Caton-Thompson 命名）始于大约公元前 5450 年，止于大约公元前 4400 年，与西沙漠的文化有一定联系。考古学家发现了该文化的很多谷物储存坑。这是目前发现的埃及最早的农业生产证据。这种农业或许是从利凡特引进而来的，农业活动以社区为基础，主要作物是六行大麦、二粒小麦和大麻。考古学家还在这里发现了绵羊或山羊、牛和猪的饲养痕迹。当然，捕鱼仍是当时的经济基础。[②]

下埃及的梅里姆达文化（约公元前 5000—前 4100 年）的梅里姆达·贝尼·萨拉姆（Merimda Beni Salama）坐落于尼罗河三角洲西部边缘的低平台上。遗址中的居住垃圾堆平均厚 2.5 米，由五层

---

① Ian Shaw, ed., *The Oxford History of Ancient Egypt*, p. 28.

② Ibid., p. 33.

构成，对应三个文化段。在第一层（最下层），陶器很简单，石器主要是燧石工具和双面修整工具，农业、家畜饲养为主，也有渔猎活动。第二层发现了较好居住条件的痕迹，居住房屋附近有蜷缩丧葬坑，陶器还是很简单，农业仍是经济基础，狩猎采集仍是重要的经济活动。第三到第五层是20世纪早期发掘的，当时的生活区域是一些较大的村庄，出现了泥土房屋、草屋和工作空间。建造很好的椭圆形房屋沿着狭窄的街道排列开来，房屋内部的炉灶、研磨石、装东西的陶器等表明当时室内活动已经很多。房屋周围有谷物储存处，表明当时的家庭经济已经相对独立了。埋葬习俗表现出了上埃及的特征，当时所发现的坟墓主要是女人和未成年人的坟墓，成年男性的坟墓或许埋葬在后来的房屋下面，尚未得到考古发掘。生产工具得到改进，陶器的抛光程度更高了，有了简单图案；石头工具也得到改进；骨头和象牙工具也有发现。考古学家们在这里发现了一些雕像，其中一个泥土陶人的头很具代表性。陶人头部有很多小洞，是用于安放羽毛做的头发和胡须的，它应该是固定在木头身体上的。[①] 梅里姆达文化出土的石斧工具表现出了埃及与努比亚联系的迹象。[②] 这表明埃及在史前文化阶段就与外界有交往。

尼罗河流域下埃及还有一个文化，名为奥玛里文化（Amin el-Omari），时间约为公元前4600—前4350年。该文化的陶器形状很简单，很多经过了抛光处理，石器有所改进。农业和动物驯养（山羊或绵羊、牛和猪）是食物基础，捕鱼占据重要地位。[③] 总体上看，这些文化遗址中发现了磨制石器、带有图案的陶器、定居小房屋。人们开始种植大麦、小麦、二粒小麦等农作物，开始了定居生活，并以渔猎作为辅助生活方式，同时还越来越多地驯养动物。[④] 需要说明的是，山羊从公元前5900年开始就在东沙漠和西沙漠驯养了，但

---

① Ian Shaw, ed., *The Oxford History of Ancient Egypt*, pp. 34-35.

② R. Schulz and M. Seidel, eds., *Egypt: The World of the Pharaohs*, p. 11.

③ Ian Shaw, ed., *The Oxford History of Ancient Egypt*, p. 36.

④ Kathryn A. Bard, ed., *Encyclopedia of the Archaeology of Ancient Egypt*, pp. 18-22; Ian Shaw, ed., *The Oxford History of Ancient Egypt*, pp. 31-39.

在尼罗河河谷的驯养时间要晚的多。

可见，最晚到公元前 4000 年左右，古埃及人已经采取定居生活方式，进行农业生产。这种定居生活和农业生产活动极大地促进了埃及史前文化的发展，“革命性”地促使埃及人从史前社会迈入文明社会。埃及接下来 1000 多年的社会发展历程见证了这种历史的跨越。

二、前王朝文化与文明起源

马阿底文化与巴达里文化

学界通常将公元前 4400 年至前 3000 年左右这段时间里的文化称为“前王朝文化”。与之前的史前文化一样，前王朝文化时期也没有系统的文字史料，我们可资利用的材料仍是考古发现，所不同的是前王朝文化时期的居住地和墓葬遗址相对多了起来。

前王朝文化分为两个大的系统：上埃及文化和下埃及文化。由于三角洲地区的自然条件不利于文化遗存的保留，也因为目前考古学的局限，人们对前王朝时期下埃及文化的了解有限。就目前考古学和历史学研究成果而言，下埃及文化以马阿底文化（the Maadian）（约公元前 4400—前 3200 年）为代表。该文化以考古发现于下埃及马阿底的遗址命名，考古学家在这个文化区内发现了大约 600 个墓穴。在这个文化阶段，埃及人开始定居生活，居住在椭圆形或方形房屋内。他们主要使用磨制石器，也使用少量青铜器工具。他们使用的大量陶器，体现了马阿底文化与巴勒斯坦南部和近东地区以及上埃及文化的贸易往来。马阿底文化尽管受到巴勒斯坦文化的影响，但它仍然是游牧 - 农业经济。布陀（Buto）遗址则表现出上埃及的涅迦达文化对马阿底文化的吸收过程。考古学家在布陀发现了七层考古地层，表现出了其从原始王朝向马阿底文化的转变过程。在接下来的转变过程中，涅迦达文化陶器类型逐渐增加，而马阿底文化陶器则逐渐消失。布陀的考古发现还表明了其社会逐渐复杂化的特征，这为进一步发展奠定了基础。[①]

上埃及文化表现出了明显的连续性。上埃及最早的前王朝文化是巴达里文化（约公元前4400—前4000/前3800年），以上埃及梭哈格（Sohag）附近的巴达里（el-Badari）为中心，包括巴达里周围的考·凯贝尔（Qau el-Kebir）、哈马米亚（Hammamiya）、穆斯塔基达（Mostagedda）、马特马尔（Matmar）等地。在上埃及巴达里文化周围还发现了一个塔萨文化遗址（the Tasian）。关于这个文化与巴达里文化和后来的涅迦达文化的关系，学界多有争论。大多数学者认为这是巴达里文化的一部分，甚至体现了下埃及文化的延续。然而，由于证据不足和该文化与苏丹新石器文化的相似性，斯坦·亨德里克斯（Stan Hendrickx）和皮埃尔·沃米尔什（Pierre Vermeersch）更倾向于认为这是一个与巴达里文化有交往的、具有苏丹文化背景的游牧文化。[②]

巴达里文化最突出的特征之一是坟墓中陶器伴随死者左右。当时所有陶器都是手工制作的，材料是尼罗河的淤泥。陶器类型很简单，主要是杯子和碗，带有直边缘和圆底，陶器壁很厚。这时的陶器主要是黑顶陶，但有褐色表面。这一时期陶器的最大特点是经过抛光处理和“条纹表面”，偶尔装饰着几何图案。从定居点和坟墓中发现的石器也有所改进，斧头和刀子的刃口都有改进。[③]

综合各种证据，我们可以说，巴达里文化是目前可以找到的上埃及最早的农业文化，出现了农业与畜牧业的分离，并以渔猎作为补充。王朝时代的农作物和家畜此时已经出现。巴达里时期的人们居住在小村庄里，进行定居农业生产。巴达里文化可能出现了大规模的定居区，定居者以精致石器和黑顶陶为主要生产工具。当时出现了石箭头。据估计，人们使用了弓箭，也使用少量青铜器。从考

---

① Ian Shaw, ed., *The Oxford History of Ancient Egypt*, p. 56.

② Ibid., p. 37.

③ Ibid., p. 38.

古出土的大量念珠和动物物种来判断，巴达里文化与亚洲有着贸易往来，但主要通过东沙漠的哈玛玛特干河谷与红海联结，再与亚洲往来，并非通过下埃及与西亚往来。①

关于巴达里文化的起源、传播范围和其与后来的涅迦达文化的关系，学界有很多争论。根据近期考古发现，巴达里文化的陶器条纹刻画符号或许是埃及西沙漠当地的发明，石头工具也可能是受到了撒哈拉新石器工具和梅里姆达文化的影响。当然，巴达里文化的起源并非是单线的，不是完全由西沙漠的埃及本土文化发展而来，或许受到了利凡特文化的影响，同时有当地文化自身发展的特点。巴达里文化的传播范围有限，至少目前的考古证据没有提供更多信息。巴达里文化或许并非是涅迦达文化的先驱，而是比涅迦达文化早一些，又与涅迦达文化早期阶段并行发展。②

涅迦达文化 I 和 II 的社会

上埃及前王朝文化发展的第二期是涅迦达文化。该文化名称源自上埃及涅迦达（Nagada）遗址，1892 年英国考古学家弗林德斯·皮特里（Flinders Petrie）在这里发现了 3000 多个墓穴。雅克·摩根（Jacques de Morgan）首先提出生活在涅迦达遗址的人可能是史前人口的后裔，皮特里通过验证这个观点，并与相关遗址数千个墓穴进行比较，建立了前王朝埃及的第一个年表。皮特里用希乌（Hiw）和阿巴迪亚（Abadiya）墓地 900 个墓穴的陶器，设计了一套序列断代法（sequence dates），主要根据是陶器手柄和陶壁装饰图案的变化。皮特里确立了 80 个类型阶段，第 1—29 类型留给更早的但当时尚未发现的文化。这是非常聪明谨慎的做法，布鲁顿（Brunton）后来用考古发现的巴达里文化填补了这些类型，确立了上埃及前王朝的第一个阶段。每个类型的时间长度并不一致，但皮特里认为第

① R. Schulz and M. Seidel, eds., *Egypt: The World of the Pharaohs*, pp. 12-13；Ian Shaw, ed., *The Oxford History of Ancient Egypt*, p. 40.

② Ian Shaw, ed., *The Oxford History of Ancient Egypt*, pp. 38-39.

79 和第 80 类型的绝对年代大约是公元前 3000 年左右，是国王美尼斯登基的时间，大约是第一王朝的开始。从第 30 类型开始，直到第 80 类型，皮特里将其分为三个阶段。第一个阶段的陶器因为源自阿姆拉（el-Amra）遗址而得名，称为“阿姆拉文化”（也称涅迦达文化 I），包含第 30 至第 38 类型的陶器。这个阶段的陶器特征是黑顶红陶、在抛光红色陶器体上描绘着白色装饰图案。第二个阶段被称为“格尔塞文化”（又名涅迦达文化 II），因陶器源自格尔塞（el-Gerza）而得名，包含第 39 至第 60 类型的陶器，其陶器特征是波浪形手柄、粗糙实用陶器、乳白色陶器壁上装饰着棕色图案。第三个阶段是涅迦达文化 III，包含第 61 至第 80 类型的陶器，出现了晚期类型的陶器，与王朝时期的陶器相似。在皮特里看来，正是在涅迦达文化 III 时期，亚洲的“新种族”来到埃及，为埃及带来了法老文明的新种子。随着研究的新进展，皮特里的序列断代法基本体系越来越精确，成为埃及史前史的基本年代序列：涅迦达文化 I 的绝对年代基本是约公元前 4000 年至前 3500 年，涅迦达文化 II 的年代基本是约公元前 3500 年至前 3200 年，涅迦达文化 III 是公元前 3200 年至前 3000 年。从地理范围上来看，涅迦达文化 I 的遗址都分布在从北方的马特马尔到南方的库巴尼亚（Kubaniya）和豪尔·巴罕（Khor Bahan）的上埃及。在涅迦达文化 II 时期，这个范围开始往北扩展到三角洲东边缘，往南扩展，与努比亚文化发生直接交往。①

涅迦达文化 I（约公元前 4000—前 3500 年），又称“阿姆拉文化”，发现于涅迦达、哈马米亚和阿姆拉等多个地方，因文化特征相近而统称为涅迦达文化 I。与巴达里文化比较，它获得了发展，主要表现是黑顶陶的逐渐消失和红色抛光陶的生产，后者装饰着圆形白色图案，图案主题以几何、人物、动物和植物为主，这些成为后来法老埃及王朝时期肖像学表现手法的开始。关于涅迦达文化 I

① Ian Shaw, ed., *The Oxford History of Ancient Egypt*, pp. 41-45.

的详细信息更多地依赖于墓葬。考古学家在涅迦达地区发现了 2300 多座坟墓，[①] 甚至多达几千个（整个前王朝时期的坟墓多达 15000 个）[②]。这些坟墓揭示了涅迦达文化 I 的一些特点。结合居民点和墓葬信息，我们发现了涅迦达文化 I 时期基本的社会生活和生产状况。在涅迦达文化 I 时期，人们采取农业定居生活，房屋呈圆形，居住地面积较大，人口有 50—250 人不等。[③] 他们使用燧石工具，青铜器工具仍然很少。陶器基本上是粗制的，出现了白十字线的绘画器皿和陶瓶。[④] 随着生产力的提高，手工业发展起来，引起了商业贸易的发展。从考古发现的器皿来看，当时的埃及与西亚多地有贸易关系。[⑤] 在手工业和商业贸易发展的基础上，涅迦达发展成为上埃及最早的城镇，或许是精英们居住的地方。[⑥]

涅迦达文化 II（公元前 3500—前 3200 年）又称格尔塞文化，是上埃及前王朝文化的第三个阶段。这是前王朝文化当中发生巨变的时期。在这一时期，埃及社会关系越来越复杂化。这个阶段的突出特征是文化范围的扩大。以涅迦达为中心，北起三角洲、南达努比亚的广大地区都表现出了相同的文化特征。人们居住在粗制的长方形房屋内。他们在农业生产中使用的石制工具更精致，刃口更锋利。青铜器工具使用更广泛，陶器制作因陶轮的采用而增加了种类和数量，甚至出现了技术较高的彩绘陶器。从考古出土的文物来看，涅迦达文化 II 时期的埃及与努比亚和亚洲都有贸易往来。在农业、手工业和贸易发展的基础上，上埃及出现了几个重要城镇，其中涅迦达、

① M. A. Hoffman, *Egypt before the Pharaohs: The Prehistoric Foundations of Egyptian Civilization*, pp.109, 132.

② Ian Shaw, ed., *The Oxford History of Ancient Egypt*, p. 45.

③ Kathryn A. Bard, ed., *Encyclopedia of the Archaeology of Ancient Egypt*, p. 555.

④ I. E. S. Edwards, *et al.* eds., *The Cambridge Ancient History*, Vol. 1, part 1, Cambridge: Cambridge University Press, 1970, p. 477.

⑤ I. E. S. Edwards, *et al.* eds., *The Cambridge Ancient History*, Vol. 1, part 1, p. 478.

⑥ E. J. Baumgartel, *The Cultures of Prehistoric Egypt*, Vol. 2, Oxford: Oxford University Press, 1960, p. 27.

希拉康坡里斯和底比斯最具代表性。①

与涅迦达文化 I 时期的墓葬相比，涅迦达文化 II 时期的墓葬有了较大发展。涅迦达文化 II 时期的坟墓除了较小的、可能是平民使用的圆形墓或椭圆形墓，还出现了较大的、精心建构的长方形墓。这说明当时已经出现了明显的等级或阶级分化，长方形墓的主人的地位可能比圆形或椭圆形墓的主人的地位高。有些坟墓的墓穴用泥砖作墙，把墓穴分为两个或多个墓室，有的墓室专用于放置棺木，有的墓室专用于存放陪葬品，陪葬品的数量不多，以陶器等日常用品为主，也有少量彩绘陶器。这表明社会生产力有所发展，坟墓的建造技术也得到了提高。这一时期还出现了以人为牺牲的陪葬现象，考古学家在涅迦达 T5 号墓的墓壁边缘发现了很多长骨头和 5 个头盖骨，显示了人殉现象的存在，但这种现象在当时并不普遍。②人殉现象的出现表明了阶级或等级的形成。

涅迦达文化 II 时期较大的坟墓集中在两个地方，一个是涅迦达 T 墓地，一个是希拉康坡里斯，而引人注目的是希拉康坡里斯 100 号墓。这是一座长方形墓穴，用泥砖砌成，墓穴长 4 米、宽 2 米、深 1.5 米。在坟墓东北墙壁的中心处，有一个与墙壁呈 90°角的突出的低矮半道墙，把墓室一分为二。部分墙壁上以绘画装饰，因此该墓也被称为“画墓”。③这种大规模的坟墓在当时是极少见的。显然画墓的主人并非一般贵族，更非平民，具有较高地位，在等级或阶级上处于社会上层。这座坟墓被盗劫了，考古学家从里面找到了三十多件陪葬品，以陶器为主，没有发现墓主人的木乃伊。但其他保存完好的坟墓最多也不过二十几件陪葬品，有的坟墓只有几件陪葬品，④这说明画墓的主人拥有较多财富。此墓的重要性在于墓壁上

① R. Schulz and M. Seidel, eds., *Egypt: The World of the Pharaohs*, pp. 15-22.

② Ian Shaw, ed., *The Oxford History of Ancient Egypt*, pp. 53-54.

③ J. E. Quibell and F. W. Green, *Hierakonpolis*, part. 2, London: William Clowes and Sons Ltd., 1902, pp. 20-22.

④ M. A. Hoffman, *Egypt before the Pharaohs: The Prehistoric Foundations of Egyptian Civilization*, p. 109.

的绘画，绘画很可能记载了埃及人对外来入侵者的一次胜利反击。绘画还描绘了高大形象的人物在举行祭祀活动。[①]我们从画面上发现，一个高大形象的人物左手抓着跪在他面前的俘虏的头，右手高高举起权标，准备捶打俘虏。[②]这种用高大形象和捶打俘虏的方式来表现国王的艺术手法一直是古埃及艺术的重要元素之一。因而，凯泽（H. Case）和凯姆普（B. J. Kemp）等人认为这座坟墓是王墓。[③]。

由此可见，涅迦达文化 II 时期，墓葬规模的大小不一、结构的不同和陪葬品的多寡等都比涅迦达文化 I 时期表现得明显，这表明了贫富分化的加剧，而王墓的出现则明确反映了王权的产生。通过对画墓的分析，我们认为，此时的国王至少掌握了领导战争的军事权和举行祭祀活动的宗教权力，国王可能既是军事首领又是宗教最高祭司，国王本人拥有了较多财富，在社会上具有较高地位，处于社会上层。如此大规模的墓穴建筑可能说明国王还有调动臣民为自己服务的权力。但国王的权威还比较有限，他与大臣和普通臣民的等级和财富差别还不是很大，他还没有被神化。因此，这个时期的王权是早期王权。

涅迦达文化 III 的文明起源

前王朝文化的最后一个阶段是涅迦达文化 III（约公元前 3200—前 3000 年），这一时期的文化与涅迦达文化 I 和涅迦达文化 II 在社会性质上存在重大区别。涅迦达文化 III 时期，在属于涅迦达文化圈的阿拜多斯地区出现了两个大面积的王室墓地。一个是阿拜多斯东北部的乌姆卡伯（Umm el-Qaab）村的 U 墓地，面积

---

① 关于“画墓”的结构和内容，参见刘文鹏：《希拉康坡里画墓及其壁画》，《内蒙古民族师范学院学报》1992 年第 1 期。

② J. E. Quibell and F. W. Green, *Hierakonpolis*, part 1, London: William Clowes and Sons Ltd., 1900, Plate XV. 1. 2. 4.

③ H. Case and J. C. Payne, “Tomb 100: The Decorated Tomb at Hierakonpolis”, *Journal of Egyptian Archaeology*, Vol. 48 (1962), pp. 11, 18; B. J. Kemp, “Photographs of the Decorated Tomb at Hierakonpolis”, *Journal of Egyptian Archaeology*, Vol. 59 (1973), p. 42.

大约是100米×200米。到1993年为止，考古学家在这里发现了大约120座坟墓，其中很多坟墓是多墓室墓和较大的单墓室墓。有学者认为这些墓的主人早于第0王朝的国王。[①] 在U墓地中，最重要的大墓是U-j墓。这座墓是1988年德国驻开罗考古研究所发现的。U-j墓共有12间墓室，长9.1米，宽7.3米。根据放射性碳十四测定，坟墓最初是由9间小墓室和东边的1间大墓室构成的，后来又增建了2个狭长的墓室，墓室之间以小门连通。这座墓的绝对年代为公元前3150年。虽然墓葬形式与之前相比没什么大的变化，但坟墓的结构和规模显然比涅迦达文化II时期的王墓大了很多。

U-j墓的主人是哪一位国王呢？考古发掘为我们提供了直接证据。1999年的考古报告指出，U-j墓中出土了用骨头和象牙制作的标签175件，每件长约2厘米，宽1.5厘米，上面刻有1至4个象形文字。此外，该墓还出土了刻有圣书体文字的陶器和泥制图章。经过碳十四测定，这些标签、陶器和图章的年代最远可追溯到公元前3200年，大部分是在墓主人生前制造的。在这些圣书体文字中出现频率最高的是蝎子符号，有时蝎子符号还与一种植物在一起，可读为"蝎子的（农业）地产"[②]。学者们根据这些证据认为这座墓是第一个蝎子王（即蝎子I）的坟墓。U-j墓出土的这些文字符号具有文献记载的性质，大约是公元前3200年或前3150年的。[③]

涅迦达文化III时期，另一个大面积的王室墓地是乌姆卡伯村的B墓地。英国著名考古学家F.皮特里和凯泽等人都认为B墓地中有一些是第0王朝国王的坟墓。例如，皮特里认为B7和B9为卡（Ka）王墓。这是一个双墓室独立分开的墓，这个论断被后来的考古证据证明是正确的。凯泽认为墓室B17、B18和附属的一排墓室B16是阿哈（Aha）的坟墓，这座墓的各个墓室也都是分开的，但属于同

① Kathryn A. Bard, ed., *Encyclopedia of the Archaeology of Ancient Egypt*, p. 25.

② L. Mitchell, "Earliest Egyptian Glyphs", *Archaeology*, Vol. 52(1999), no. 2, pp. 28-29.

③ L. Mitchell, "Earliest Egyptian Glyphs", p. 29; Ian Shaw, ed., *The Oxford History of Ancient Egypt*, p. 60.

一座墓。然而，从 B17 和 B18 墓室周围出土的一些图章印记和带有各种铭文的工艺品来判断，我们认为这座墓是那尔迈的。这表明传说中的那尔迈国王确有其人。[①]

根据涅迦达文化 III 时期坟墓的规模、结构、陪葬品的多寡，考古学家和历史学家基本上确定了涅迦达文化 III 时期的国王世系，按由近及远的时间顺序排列如下：

Horus Narmer	荷鲁斯　那尔迈
Horus Scorpion（II）	荷鲁斯　蝎子（II）
Horus Crocodile	荷鲁斯　鳄鱼
Horus Ka	荷鲁斯　卡
Iri-Hor（Iry-Hor, Ro）	伊赖－霍尔（伊利－霍尔、罗）
Ht-Hr（Hathor）	哈特－赫尔（哈特霍尔）
Double Falcon	双隼鹰
Scorpion I	蝎子 I
Pe-Hor	帕－霍尔

两个未确定身份的统治者。[②]

2006 年，约赫姆·卡尔（Jochem Kahl）总结考古学、年代学和历史学的研究成果，列出了那尔迈之前的一系列国王：

尼－霍尔（Ny-Hor），发现于图拉（Tura）

哈特－霍尔（Hat-Hor），发现于达拉罕（Tarkhan）

“特里奥”（“Trio”），发现于三角洲东部，或许也是在图拉

培－霍尔（Pe-Hor）（也读作或者等同于伊利－霍尔 Iry-

① Kathryn A. Bard, ed., *Encyclopedia of the Archaeology of Ancient Egypt*, p.111.

② B. Andelkovié, *The Relations Between Early Bronze Age Canaanites and Upper Egyptians*, Belgrade: Centre for Archaeological Research, 1995, p. 20.

Hor），发现于库什图尔（Kustul）

尼－奈特（Ny-Neit）（不确定），发现于赫勒万（Helwan）

“鳄鱼”，发现于达拉罕

“鸟和垂直符号”，发现于达拉罕

“蝎子”，发现于希拉康坡里斯（Hierakonpolis）

一个名字模糊的统治者，发现于布陀。[①]

从上面两个国王年表来看，那尔迈之前的一系列国王不是来自同一个王室家族，更不是来自同一个城市国家或诺姆国家，而是不同地方的城市国家的统治者。这些国王不能体现真正的继承关系。这些城市国家的关系是怎样的？学界一般认为它们处于不断的战争状态。这也是埃及统一国家形成的一种方式。

考古学家在 U 墓地和 B 墓地的坟墓中发现了蝎子王权标头、公牛调色板、利比亚调色板、那尔迈调色板等陪葬品。这些物件上面都刻画着图案，图案主要反映的是国王主持农业仪式和进行征服战争的场面。[②]根据考古材料，至少可以确定，蝎子王是一个较为晚近的、拥有王权的国王。从蝎子王权标头看到，他已经佩戴上了王权的象征物——白冠，[③]还发动了兼并战争。通过对那尔迈调色板的分析，得知那尔迈戴上了上下埃及的王冠，开创了埃及的统一局面。[④]

---

① Jochem Kahl, “Inscriptional Evidence for the Relative Chronology of Dyns. 0-2”, in E. Hornung, et al., eds., *Ancient Egyptian Chronology*, Leiden: Brill, 2006, pp. 95-96.

② R. Schulz and M. Seidel, eds., *Egypt: The World of the Pharaohs*, pp. 28-29.

③ J. Finegan, *Archaeological History of the Ancient Middle East*, Colorado: Westview Press, 1979, p. 169.

④ A. Gardiner, *Ancient Egyptian Onomastica*, Vol. 2, Oxford: Oxford University Press, 1947, pp. 102, 105, 110; C. Aldred, *The Egyptians*, pp. 78-87. 有人认为埃及的统一是在美尼斯和那尔迈之前的前王朝时代完成的 (A. J. Arkell, “Was King Scorpion Menes?” *Antiquity*, Vol. 37 (1963), p. 33;〔苏〕苏联社会科学院编：《世界通史》第一卷，生活·读书·新知三联书店 1959 年版，第 200 页）；有人认为埃及的统一是在古王国之后（I. E. S. Edwards, et al., eds., *The Cambridge Ancient History*, Vol. 1, part. 1, p. 524）；还有人认为埃及的统一是在美尼斯或那尔迈统治期间完成的 (J. H. Breasted, *A History of Egypt*, London: Charles Scribners Sons, 1906, p. 36; I. E. S. Edwards, et al., eds., *The Cambridge Ancient History*, Vol. 1, part. 2, 3rd. edition, Cambridge: Cambridge University Press, 1971, pp. 6-7)。

尽管学界关于文明起源的学说和观点很多，但目前看来比较合乎学理和实际的还是马克思主义的国家和文明起源理论。马克思主义文明起源理论认为，“文明时代是社会发展的一个阶段”，而“国家是文明社会的概括”。[①] 也就是说，作为一个社会发展阶段的文明是以国家的形成为根本标志的。同时，该史观还将文字的发明与使用以及城市的出现作为文明社会的主要标志。[②]

从前述内容来看，最晚到涅迦达文化 I 时期，埃及就已经出现了城市；到涅迦达文化 II 时期，上埃及的希拉康坡里斯就发展为具有城墙的城市了。到涅迦达文化 II 结束的公元前 3200 年，埃及的圣书体文字已经用于记载事件和表达物品所属关系。到涅迦达文化 II 时期，埃及已经形成了很多城市国家，这些城市国家是以城市为中心、结合周围若干农村而形成的。这些是初生的城市国家，随着人口增加和社会规模的扩大，它们之间为了争夺土地和资源而进行联盟和争霸战争。到涅迦达文化 III 时期，希拉康坡里斯城市国家或者向阿拜多斯迁移，或者后者超越了前者，结果阿拜多斯变得强大起来，并逐渐实现了上下埃及的统一。到公元前 3000 年左右，在那尔迈的征伐下，埃及基本上实现了统一，形成了地域王国。可见，到前王朝末期，古埃及就已经进入了文明社会。

三、国家和文明的巩固

早王朝时期的国家巩固

古埃及于公元前 3000 年左右迈入文明社会，这个文明社会是一

---

① 《马克思恩格斯选集》第 4 卷，人民出版社 2012 年版，第 190、193 页。

② 《马克思恩格斯选集》第 4 卷，人民出版社 1972 年版，第 21 页；《马克思恩格斯全集》第 45 卷，人民出版社 1985 年版，第 329 页。

个初生的统一国家。公元前3000年至前2686年的早王朝[①]是古埃及文明特征的初建和巩固时期。

根据公元前3世纪早期的埃及祭司马涅托的记述，最早统治埃及的是神，然后是半神和亡灵，之后才是人王。[②]人们尚不知道人王之前的那些统治者究竟是神话传说中的角色，还是确有其人。但古王国时期（公元前2686—前2181年）的巴勒莫石碑记载了第1王朝之前的很多上埃及和下埃及国王的名字，因为石碑已经破损，人们无法确定这些国王的准确名字和国王的数量，据估计约有120位。[③]这些国王或许就是马涅托笔下的人王之前的那些统治者。马涅托称第1王朝由提斯的8位国王统治。美尼斯是该王朝的创建者，因征服而获得美誉。[④]提斯并不是第1王朝的首都，或许是第1王朝国王的出生地，其具体位置尚未确定。美尼斯或许是那尔迈的本名或出生名，而那尔迈是王位名。这样看来，那尔迈既是0王朝的末代王，也是第1王朝的第一位国王。那尔迈统治末年，第1王朝的领土或许已经包括从三角洲到阿斯旺第一瀑布的整个尼罗河流经地区。[⑤]那尔迈的儿子阿哈是第二位国王。他的任务就是巩固那尔迈对三角洲和尼罗河河谷的统治。[⑥]他建筑了孟菲斯城，还是一位医生。[⑦]第三位国王哲尔，将埃及领土扩张到了努比亚的第二瀑布，可能还对利比亚地区用兵。第四位国王杰特派遣贸易远征队到达红海沿岸。[⑧]第

① 古埃及人没有王朝的概念，这完全是马涅托及后来的学者为了叙述的便利而划分出来的。在古埃及人或者国王看来，他们的王室统治是连续的，所有国王都是神的后裔，这在遗留下来的几份古埃及王名表中明显表达出来。另外，学界关于古埃及王朝的起止时间存在各种各样的观点，这主要是由史料的缺乏造成的。本书的王朝年代主要采用 Ian Shaw, ed., *The Oxford History of Ancient Egypt*, pp. 479-483 提供的时间表。

② Manetho, *The History of Egypt with Other Works*, London: William Heinemann Ltd., 1940, p. 11.

③ J. H. Breasted, *Ancient Records of Egypt*, Vol. 1, Chicago: The University of Chicago Press, 1906, pp. 57, 52.

④ Manetho, *The History of Egypt with Other Works*, p. 27.

⑤ Ian Shaw, ed., *The Oxford History of Ancient Egypt*, p. 67.

⑥ I. E. S. Edwards, *et al.* ed., *The Cambridge Ancient History*, Vol. 1, part 2, p. 23.

⑦ Manetho, *The History of Egypt with Other Works*, p. 28.

⑧ I. E. S. Edwards, *et al.* ed., *The Cambridge Ancient History*, Vol. 1, part 2, pp. 23-24.

五位国王登是该王朝最杰出的国王，统治了半个世纪，曾对西沙漠和西奈半岛的游牧民用兵，采用了“上下埃及之王”的头衔，发展了国家行政机构，使埃及内部出现较为稳固的局面，巩固了王权。[①] 第1王朝末期经历了一段混乱局面，至少第七位国王时，埃及“出现了很多凶兆和大灾难”。[②] 可见，第1王朝的国王始终处于巩固统治的斗争中。

根据马涅托记载，第2王朝由提斯的九位国王统治。第一位国王再次统一了埃及，但在他统治时期，埃及的“布巴斯提斯出现了大地裂，很多人消失了”。[③] 这或许是对当时政治动荡的一种隐喻。在第三位国王统治时期，“妇女可以掌握国王的职位”。[④] 这可能说明了当时王室内部对王权的争斗。哈谢海姆威是第2王朝末期的国王之一。从雕像和其他文物来看，他总是戴着上埃及的王冠，他还屠杀北部敌人。[⑤] 这些记载都说明当时的社会动荡不安。

早王朝时期的政治经济

尽管早王朝时期埃及仍在向着真正统一的国家努力，但古埃及文明的一些主要特征在此时建立起来了。那尔迈统一埃及以后，早王朝时期的埃及实施的政治制度是王权制度。因为国王和中央政府的权威还受到地方势力的威胁和制约，国王的权力有限，这样的王权制度只能是早期的，还没有达到专制王权统治的程度。[⑥] 两个王朝的发展史证明了这点。然而，埃及王权制度的基本要素都具备了。首先，国王被称为“荷鲁斯的追随者”。这是马涅托记载的内容。[⑦] 巴勒莫石碑也记载了早王朝的“国王崇拜荷鲁斯”。这就表明埃及

---

① I. E. S. Edwards, *et al.* ed., *The Cambridge Ancient History*, Vol. 1, part 2, p. 26.

② Manetho, *The History of Egypt with Other Works*, p. 29.

③ Ibid., p. 35.

④ Ibid., p. 37.

⑤ W. B. Emery, *Archaic Egypt*, London: Penguin, 1969, p. 33.

⑥ 埃默里认为早王朝时期的君主政治是专制的。W. B. Emery, *Archaic Egypt*, p. 105.

⑦ Manetho, *The History of Egypt with Other Works*, p. 11.

人相信国王是神的后裔，其权力来源于神祇。国王和王权神化是后来整个古埃及文明的突出特征。国王的合法性和各种权力皆源于此。其次，古埃及人认为名字是人的重要组成部分。国王的名字由五部分组成，号称“五个伟大的名字”。每个名字前面都有一个头衔。早王朝时期，国王的五个伟大的名字当中的三个已经出现了，它们分别是“荷鲁斯名”“涅布提名”（又称“两夫人名”）和“尼苏毕特名”（又称“上下埃及之王名”）。[①]这几个名字除去“名”之外的称呼便是头衔。头衔体现了国王的身份。这在古王国及其之后的历史上成为古埃及文明的传统特征。此外，古埃及中央集权的政府结构基本建立起来了。国王下面是宫廷官员和中央各部门的官员。中央政府中最高的权力机构是“国王之屋”，由国王亲自主持，负责政令的发布。还有一位相当于后来的维西尔（相当于中国古代的宰相）的官员以及一些书吏。税收等财务工作由财政大臣管理。财政大臣分别受命到“白屋”和“红屋”工作。还有管理国家谷物、亚麻、面包等工作的具体部门。地方被划分为若干个诺姆，在上埃及和下埃及各有一位管理王室地产的官员，相当于埃及后来的大区总督。[②]尽管早王朝政府结构很简单，但这种从国王到宫廷和中央官僚再到诺姆及其以下各级政府部门和相应官僚的政府结构，是整个古埃及文明史上政府组建的基本模式。

早王朝埃及的经济以农业为主、以手工业为辅。据巴勒莫石碑记载，从第1王朝开始，埃及人就注重尼罗河水位的测定。[③]尼罗河水位的高低对于古埃及人的生产和生活都具有重要意义。在整个古埃及历史上，埃及人都通过在上埃及埃勒凡塔地区定期测量尼罗河水位，来预测当年的农业生产情况，以便确定税收额度。另外，国王显然掌握了全国税务的使用权，或许也拥有了土地所有权和其他

① R.J. Leprohon, *The Great Name: Ancient Egyptian Royal Titulary*, Atlanta: Society of Biblical Literature, 2013, pp. 5, 8, 25-30.

② I. E. S. Edwards, *et al*. ed., *The Cambridge Ancient History*, Vol. 1, part 2, pp. 36-40.

③ J. H. Breasted, *Ancient Records of Egypt*, Vol. 1, p. 59.

经济部门的管理权。[①] 因为古埃及人最晚从第 2 王朝就开始每两年统计财产。[②] 农业经济和国王对税务、土地以及其他经济活动的管理也是埃及后来经济活动的主要特征。

早王朝时期的文化发展

早王朝也在精神文明方面为埃及文明的发展奠定了重要基础。这主要表现在神学体系和以墓葬为代表的丧葬习俗的发展。古埃及有三大神学体系，分别是赫利奥坡里斯神学、赫尔摩坡里斯神学和孟菲斯神学。这三大神学分别以古埃及的三个重要城市命名，实际上这三个神学体系是从这三个城市发展起来的。赫利奥坡里斯神学将太阳神阿图姆作为造物主，与他的八位后代构成九神团。这九个神依次是阿图姆、舒和泰芙努特、盖伯和努特、奥西里斯和伊西斯、塞特和奈菲提斯。[③] 这个神学体系涉及了奥西里斯与伊西斯的神话、荷鲁斯与塞特之争等。[④] 赫尔摩坡里斯神学的神学体系与赫利奥坡里斯神学的内容相仿，只是它的神名不同，而且它主要以四对神作为造物之神。[⑤] 孟菲斯神学保存在第 25 王朝的夏巴卡王的石碑上，由三部分组成：荷鲁斯与塞特之争、普塔神创世神话和奥西里斯神话。[⑥] 这三大神学体系基本上成为早王朝的意识形态，构建了万物起源，尤其建立起了国王与神的关系。由此看来，它们的根本目的在于构建国王权力的神圣性。这些神话及其构建起来的神王形象成为整个古埃及王朝史上的突出特征之一。

---

① Ian Shaw, ed., *The Oxford History of Ancient Egypt*, pp. 69, 88.

② J. H. Breasted, *Ancient Records of Egypt*, Vol. 1, p. 67.

③ James P. Allen, *Middle Egyptian: An Introduction to the Language and Culture of Hieroglyphs*, pp. 147-149.

④ William Kelly Simpson, ed., *The Literature of Ancient Egypt: An Anthology of Stories, Instructions, Stelae, Autobiographies and Poetry*, New Haven & London: Yale University Press, 2003, pp. 109-126.

⑤ James P. Allen, *Middle Egyptian: An Introduction to the Language and Culture of Hieroglyphs*, pp. 130-131.

⑥ J. B. Pritchard, *Ancient Near Eastern Texts: Relating to the Old Testament*, Princeton: Princeton University Press, 1955, pp. 4-5.

早王朝时期有三类墓葬。一类是贫穷人的简单墓穴。另一类是所谓中等阶级的墓葬，例如王室仆从、工匠等人的墓葬。这类墓葬有木棺和陪葬品，一般位于王墓周围。[①]第三类是最主要的，那就是王室墓葬。在早王朝时期，国王的坟墓形式有了质的发展，不仅有地下建筑，还有地上建筑，地上建筑呈长方形，类似于现代阿拉伯人院子当中用于乘凉时使用的长凳，阿拉伯人称这种长凳为“马斯塔巴”。考古学家根据早王朝国王坟墓地上建筑的形状而称其为“马斯塔巴墓”。

早王朝时期国王的马斯塔巴墓的规模较大，一般用泥砖建成地上建筑和地下建筑，也有的地下建筑是在岩石中向下开凿而成的，但地下建筑基本上都分为两个以上的墓室，各墓室之间用砖墙隔开，除了安放棺椁的埋葬间，其他的墓室都用于存放陪葬品。棺椁一般用木材制成。从这一时期开始，死者一般被制成木乃伊之后再安葬。陪葬品的种类很多，包括盛放食品的陶器、各种珠宝饰品，以及各种家具、燧石、工具、武器、化妆品等。地下建筑上面用木料盖顶，上面覆盖以地上建筑，通常模仿宫殿外形建成较规则的长方体。地上建筑也分为若干个小间，里面装上较小的贵重葬礼物品。[②]在地下建筑与地上建筑之间设有阶梯，通过阶梯口不经过地上建筑而直接进入地下墓室，[③]这样建筑师可以在埋葬前完成整个坟墓的建筑，无须在埋葬后再进行地上建筑，这是坟墓建筑史上的一大进步。另外，在建筑马斯塔巴墓的同时，还在坟墓的北侧建造一个用于埋葬死者时举行祭祀活动的葬祭庙，坟墓和葬祭庙由一面围墙围绕起来，围墙面对东方的部位有一个出口，这是古王国金字塔复合

---

① J. Ruffle, *The Egyptians: An Introduction to Egyptian Archaeology*, New York: Cornell University Press, 1979, p. 27.

② J. Ruffle, *The Egyptians: An Introduction to Egyptian Archaeology*, p. 27; J. Kamil, *Sakkara and Memphis: A Guide to the Necropolis and the Ancient Capital*, London: Longman, 1985, p. 69.

③ W. B. Emery, “The Tombs of the First Pharaohs”, in C. G. Lamberg-Karlovsky, ed., *Hunters, Farmers and Civilization: Old World Archaeology*, London: W. H. Freeman & Co. Ltd., 1979, p. 220.

体（complexion）的原始形态。[①]早王朝时期国王的马斯塔巴墓有数十个，最具代表性的和最大的是萨卡拉的 3035 号墓。这是第 1 王朝国王登的坟墓。坟墓长 57.3 米，宽 26 米，地下建筑是在岩石中开凿的，有 3 间墓室，地上建筑则有 45 间。[②]王墓周围埋葬了 136 名奴隶，包括男女两性。有一个阶梯直通到地下墓室，墓室地面是用花岗岩铺就的。马斯塔巴墓是古王国金字塔建筑的基础。这种对墓葬的重视是古埃及丧葬习俗的主要特征之一，也是古埃及历史上重要的文明特征之一。

早王朝时期，古埃及文明在政治制度、经济和文化等方面的主要文化特征都已经建立起来，并在一定程度上得到巩固。早王朝时期的王室墓葬比前王朝时期有了较大发展。与建筑墓穴相比，建筑马斯塔巴墓需要的人力物力显然要多一些。这表明早王朝时期的国王可以调动更多的人力和财力为自己服务，说明他们具有更大的权力，掌握了更大的行政和财政权力。陪葬品的种类和数量也都是前王朝时期的墓葬无法相比的，这体现了国王的财政权力有所增加。

早王朝时期，埃及王室有两大墓地，一个是上埃及的阿拜多斯，一个是下埃及的萨卡拉，但这两个墓地与涅迦达文化 III 时期的乌姆卡伯村 U 墓地和 B 墓地那种独立发展的状况不同，这两个墓地基本上都属于同一时期的相同的国王。考古学家在阿拜多斯的墓碑和墓中的残留物上发现了 10 个王名和 1 个王妃名，其中 8 个王名属于第 1 王朝，另 2 个王名属于第 2 王朝；而在萨卡拉，大约有 15 座早王朝时代的大马斯塔巴墓，其中有 6 座坟墓的王名与阿拜多斯的王名相同。这说明同一个国王有两座坟墓，也就是说一个国王埋在两地，但这是不可能的，所以有学者根据两地坟墓的规模大小断定萨卡拉是国王的真正墓地，而阿拜多斯是国王的王碑所在地，是象征性的

---

① W. B. Emery, “The Tombs of the First Pharaohs”, pp. 220-222.

② W. B. Emery, *Archaic Egypt*, p. 71.

坟墓。[1]有学者认为这体现了“王权的二元性”特征。[2]所谓“王权的二元性”就是指埃及的国王既是上埃及的国王，也是下埃及的国王。言外之意，早王朝时期的国王是整个埃及的国王。也就是说，他们统一了埃及。这两种观点并不矛盾。因为早王朝时期的国王把真正的王墓建在下埃及，而在上埃及留一个象征性的坟墓，这说明早王朝的国王从上埃及来到下埃及，统一埃及，成为具有“二元性”的国王。国王对上下埃及都有统治权，王权比前王朝时期有了较大发展。但是，并非所有国王都能够在上下埃及各建立一座坟墓，这说明早王朝的统一王国是不稳固的。

早王朝时期，王室墓葬有所发展，坟墓形式追求地上建筑、规模趋向宏大、结构趋向复杂、陪葬品的数目有所增加，几乎每位国王都为自己在上下埃及各建造一座坟墓，这些都体现了早王朝时期王权比前王朝时期有所发展，国王统一了埃及，掌握了全国的统治权，掌握了军事、行政、建筑、财政、宗教等权力。从贵族和普通臣民都可以建造马斯塔巴墓这一点来看，早王朝时期的国王权威还受到地方贵族、宗教祭司等势力的限制，还没有实现从国王到专制君主的转变。埃及早王朝时期仍处于早期王权阶段。

---

① I. E. S. Edwards, *et al*. ed., *The Cambridge Ancient History*, Vol. 1, part 2, p. 81.

② J. Ruffle, *The Egyptians: An Introduction to Egyptian Archaeology*, p. 25.

第二章　古埃及统一国家的发展

古王国时期（约公元前 2686—前 2181 年）是古埃及第一个鼎盛时期。古埃及王朝系统是托勒密王朝时期埃及祭司马涅托对古埃及历史的“武断”划分，古埃及的历史时期则是近代欧洲学者根据历史阶段的特征做出的人为划分。实际上，古王国的政治制度、经济生活、社会文化都是在早王朝基础上发展起来的，是对早王朝历史的延续。

古王国时期，埃及农业经济获得较大发展，专制王权制度确立下来，多神崇拜的宗教信仰、追求来世永生和国王具有神圣属性的文化观念得到巩固和发展。古王国时期在西沙漠建筑了几十座金字塔，集中体现了埃及社会政治、经济和文化发展，成为一个时代的重要标志，“金字塔时代”由此得来。

一、古王国的政治发展

王朝更迭与内外关系

一般而言，古王国时期包括 4 个王朝，即从第 3 王朝至第 6 王朝。这 4 个王朝的首都都是孟菲斯城，它们经历了从发展到鼎盛再到衰落的历史过程。

马涅托记载第 3 王朝（约公元前 2686—前 2613 年）由 9 位国

王统治。[①] 根据古埃及遗留下来的王名表和其他史料，我们可以确定第 3 王朝至少有 5 位国王。《都灵王名册》将左塞王视作第 3 王朝的创立者，并用红墨水加以标注，以突出其在埃及历史上的卓越地位。[②] 在他统治时期，埃及真正实现了统一，社会稳定，农业和贸易都发展起来。根据托勒密五世（公元前 205—前 180 年）时期第一瀑布附近赛赫尔（Sehel）岛上树立的“饥馑碑”（Famine Stele）记载，左塞王在这里修建了尼罗河神克努姆的新神庙，已经持续了 7 年之久的饥馑便奇迹般地结束了。[③] 石碑表明左塞王关心农业生产，是一位关心社会的“明君”；它也说明左塞王的统治范围在南方到达了第一瀑布。他还阻击了东沙漠游牧民和西沙漠利比亚人的骚扰。因国力强盛，经济发展，社会安定，他获得祭司集团和人们的敬重。他的建筑师伊姆霍特普为了尊崇他而建造了阶梯金字塔，这是世界建筑史上的创举。左塞王和伊姆霍特普都因此而闻名。伊姆霍特普后来还被尊为建筑之神、医学之神和智慧之神。[④] 左塞王的后代当中也有建筑阶梯金字塔的人。第 3 王朝的最后一位国王胡尼就是其中之一。他在美杜姆建筑了 8 层高的阶梯金字塔。他为了加强对南方的统治，而在埃勒凡塔建筑一座堡垒。胡尼的儿子斯尼弗鲁开创了埃及的第 4 王朝。

根据马涅托和其他史料，第 4 王朝（约公元前 2613—前 2498 年）大约有 8 位国王。斯尼弗鲁是该王朝的开创者，也是一位很有作为的国王。他开创了埃及真正远征努比亚的先例，巴勒莫石碑记载了他的这次远征活动。[⑤] 他还发展与地中海地区，尤其小亚细亚的贸易，还与黎巴嫩开展木材贸易。他还被后人视作在西奈地区开采矿石的第一人。他在西沙漠为自己建造了两座金字塔。这两座金字塔已经

---

① Manetho, *The History of Egypt with Other Works*, p. 41.

② Alan H. Gardiner, *The Royal Canon of Turin*, Oxford: Griffith Institute, 1987.

③ William Kelly Simpson, ed., *The Literature of Ancient Egypt: An Anthology of Stories, Instructions, Stelae, Autobiographies and Poetry*, pp. 386-391.

④ Ian Shaw, ed., *The Oxford History of Ancient Egypt*, pp. 90-92.

⑤ J. H. Breasted, *Ancient Records of Egypt*, Vol. 1, p. 66.

是真正意义上的金字塔了。这是建筑史上的重大变化。这或许是马涅托将第 3 王朝国王胡尼的儿子和后代统治的时期视作第 4 王朝的原因。[①] 第 4 王朝也确实是古埃及历史上建筑金字塔的黄金时代。斯尼弗鲁的继承人胡夫和其他后裔国王哈夫拉和孟考拉等都在吉萨建筑了大金字塔。这个王朝的其他国王也都在西沙漠建筑了大小不等的金字塔或大马斯塔巴墓。埃及本土考古学家扎伊·哈瓦斯常年主持吉萨金字塔考古发掘工作，他编著的《金字塔》详细记述了第 4 王朝金字塔建筑的情况。[②] 第 4 王朝的国王们除了建筑金字塔之外，还进行了其他活动。例如，胡夫曾攻打西奈半岛上的土著部落；孟考拉“以仁政来治理他的臣民”，希罗多德认为“他是国王中最公正的审判者”。[③] 由于金字塔的修建耗费了大量人力物力，埃及在第 4 王朝末期出现了财政亏空的情况，中央权威逐渐丧失，地方诺姆的势力逐渐强大起来。结果，该王朝最后一位国王只为自己建造了一座泥砖结构的大马斯塔巴墓，而没有建造石头结构的金字塔。

根据马涅托的记载，第 5 王朝（约公元前 2498—前 2345 年）由埃勒凡塔的 8 个国王组成，但列出了 9 个国王。[④] 这 9 个王名基本上在其他史料中找到了对应者，但没有证据表明这个王朝的统治者来自埃勒凡塔。实际上，与第 3 和第 4 王朝一样，第 5 王朝的首都也在孟菲斯。《韦斯特卡尔纸草》记载了有关第 5 王朝王室起源的预言，称第 5 王朝的前 3 位国王是太阳神拉与底比斯太阳神神庙祭司之妻所生。[⑤] 这份纸草大概是希克索斯人统治埃及时期（约公元前 1674—前 1567 年）写就的，或许是一种附会性质的传说。但这个预言表明第 5 王朝的统治者们尊崇的神主要是太阳神拉。乌塞尔卡夫、萨胡拉、尼菲利尔卡拉和纽塞拉等国王都为太阳神建筑神庙，

① Ian Shaw, ed., *The Oxford History of Ancient Egypt*, pp. 93-94.

② Zahi Hawass, ed., *Pyramids: Treasures Mysteries and New Discoveries in Egypt*, Vercelli: White Star Publishers, 2011, pp. 240-251.

③ Herodotus, *The Persian Wars*, Vol. 1, ii. 129.

④ Manetho, *The History of Egypt with Other Works*, p. 51.

⑤ J. Finegan, *Archaeological History of the Ancient Middle East*, p. 219.

向其奉献土地。巴勒莫石碑记载了乌塞尔卡夫两年内共向拉神捐献1744斯塔特耕地，这是此类捐献的最早记录；萨胡拉向拉神供奉祭品；尼菲利尔卡拉为拉神建筑祭坛等。[①] 纽塞拉在阿布·古鲁布（Abu Gurob）建筑太阳神拉的神庙，该神庙因保留了塞德节的很多场面的浮雕而著称。[②] 这些国王还在阿布希尔地区建筑了几座金字塔，但从规模和建筑材料来看，这些金字塔比第4王朝的金字塔逊色很多。该王朝最后一位国王乌那斯的金字塔内部装饰着目前所知最早的金字塔文。

第6王朝（约公元前2345—前2181年）由6位国王统治，它的创建者特悌可能与蓬特有贸易往来。其继承人珀辟一世积极推行对努比亚人和利比亚人的军事远征，还在努比亚建立要塞。珀辟一世曾派遣大臣乌尼5次率军镇压西奈和巴勒斯坦的贝都因人的暴动。国王麦然拉也曾派遣乌尼两次远征尼罗河第一瀑布，开采建造金字塔所需的花岗岩和石棺；并派遣他远征中埃及的哈特努布，开采雪花石膏。[③] 据马涅托记载，麦然拉的继承人珀辟二世“6岁开始统治，持续到100岁”。[④] 他的早年统治是在母亲摄政的情况下进行的。在他8岁那年，一个名为哈尔胡夫的地方长官在巡视努比亚时，为他带回来一个会跳舞的侏儒。珀辟二世写信给哈尔胡夫，令其保护好这个侏儒，要将其送到自己面前。[⑤] 这个故事至少说明珀辟二世时期埃及对努比亚地区有统治权。但珀辟二世统治时期，埃及面临着内忧外患：内部地方势力不断壮大，威胁着中央的王权；外部来自利比亚人、贝都因人等的入侵持续不断。在他统治的晚年，埃及陷入了无政府状态，地方几乎都脱离了中央政府的统治。同时，利比亚

① J. H. Breasted, *Ancient Records of Egypt*, Vol. 1, pp. 68-71.

② Henri Frankfort, *Kingship and Gods: A Study of Ancient Near Eastern Religion as the Intergration of Society and Nature*, Chicago: University of Chicago Press, 1948, p. 366 no. 4, 79-88, Plate. 26.

③ J. H. Breasted, *Ancient Records of Egypt*, Vol. 1, pp. 142-144, 147-150.

④ Manetho, *The History of Egypt with Other Works*, p. 55.

⑤ J. H. Breasted, *Ancient Records of Egypt*, Vol. 1, p. 160.

人、叙利亚人和东方的游牧民不断入侵埃及，南方的努比亚人也不断暴动。珀辟二世去世以后，他的继承人的统治时间都很短暂。王朝最后的统治者是女王尼托克利斯。希罗多德记载了她为父报仇的情节，[①] 但她的统治并未能挽救古王国的衰亡。

埃及在第 3 王朝时实现了国家的统一，合适的尼罗河水位促使农业和社会经济发展，埃及逐渐向着强大发展。第 4 王朝时期的埃及出现了政治、经济和文化繁荣的局面，金字塔建筑最具代表性。然而，没有节制的大兴土木在很大程度上耗费了国家人力和财力，使中央国库空虚，中央政府逐渐式微。与此同时，地方诺姆的长官依靠行政权力和掌握的财政力量，大肆兼并土地，聚敛财富，还掌握了地方神庙祭司的职位，其势力逐渐壮大。埃及在第 5、第 6 王朝持续衰落下去，并最终在第 6 王朝末期崩溃。第 6 王朝末期，社会出现动荡不安，或许还与当时遍布全球的一次小冰河期有关。尼罗河受到冰河期的影响，整个东北非地区严重干旱，尼罗河水位很低，导致埃及农业歉收。[②] 在埃及这样一个以农业为核心经济的社会，农业歉收的直接结果就是大规模的社会饥馑。如果中央政府储存有足够多的粮食，或许还可以在短期内解决饥馑问题。但古埃及国王和人民对来世的重视使得国家将大量财力用于建造坟墓。结果在面对饥馑的时候，古埃及国家几乎没有足够的财力渡过难关。随着饥馑和社会动乱的发生，埃及进入了第一个萧条和混乱时期。

中央集权的专制主义

20 世纪 60 年代及之前，西方部分学者和苏联大多数学者将古埃及、两河流域的古文明、古代中国等都归入东方，将古希腊、罗马归入西方，认为东方自始至终实行的是专制主义制度，即所谓的东方专制主义，而西方自始至终是民主制度。更有甚者，以魏特夫

① Herodotus, *The Persian Wars*, Vol. 1, ii. 100.

② B. Bell, "The Dark Ages in Ancient Egypt, Vol. 1, The First Dark Age in Egypt," *American Journal of Archaeology*, Vol. 75 (1971), no. 1, p. 6.

为首的一些反共产主义的西方学者杜撰出一个所谓的“治水专制主义”，认为东方是“治水社会”，实行的是“治水专制主义”。[①]新中国建立初期，我国学者受苏联学术影响，也基本持这样的观点。但从 20 世纪 60 年代中期开始，我国学者以林志纯先生为首，开始对这种两分法产生质疑，并具体展开研究。70 年代改革开放以后出版的《世界上古史纲》对这种观点进行了初步反思和驳斥。[②]接下来，我国研究中国史和世界史的学者都从各自的专业领域对这种观点展开深入探讨，实事求是地研究了古代世界各个地区的政治制度，认为古代不存在所谓的东方和西方，这是近现代人进行的主观划分；最早的国家基本上实行的都是王权制度，之后有的国家发展进入专制主义政体，有的实行了民主制，有的实行了共和制；所谓的东方社会也有实行民主和共和的时期，西方社会也有专制君主制。[③]还有学者更是有针对性地批驳魏特夫的谬论，他们将研究成果集结成册，集中展现了古代社会并不存在所谓“治水专制主义”的事实。[④]

我国埃及学家刘文鹏先生关于法老埃及专制主义问题的论述，基本上阐述清楚了古埃及法老王朝时期专制主义的来龙去脉，他还在其专著中展开详细考查。[⑤]到目前为止，基本上已经探明，古埃及的专制主义制度有一个产生发展的过程。

“专制主义”[⑥]一词，英文为 Despotism，法文为 Despotisme，德文为 der Despotismus。从词源上讲，这个词源自古希腊文 δεσποτηζ。Δεσποτηζ 的意义是“主人”或“家长”。[⑦]古希腊人在

① 〔美〕魏特夫：《东方专制主义》，徐式谷等译，中国社会科学出版社 1989 年版。

② 林志纯：《日知文集》第 2 卷，高等教育出版社 2012 年版。

③ 施治生、刘欣如主编：《古代王权与专制主义》，中国社会科学出版社 1993 年版。

④ 李祖德、陈启能主编：《评魏特夫的〈东方专制主义〉》，中国社会科学出版社 1997 年版。

⑤ 刘文鹏：《埃及学文集》，内蒙古大学出版社 1994 年版，第 196—253 页；刘文鹏：《古代埃及史》，相关章节。

⑥ 有关“专制主义”术语的历史演变过程，参见 R. Koebner, “Despot and Despotism: Vicissitudes of a Political Term”, *Journal of the Warburg and Courtauld Institute*, Vol. 14 (1951), no. 3/4, pp. 275-302.

⑦ *The Oxford English Dictionary*, Vol. 4, Oxford: Oxford University Press, 1989, p. 533.

使用这个词时并无专制主义的含义，只是表明一种“专制的”关系，一种家长式的统治方式。经过近现代学者的阐释，专制主义才逐渐转变为一种政治制度。“专制主义”是一种国家政治体制，其核心是专制君主在全国范围内居于至高无上的权威地位，独揽国家一切大权。专制主义具有这样一些特点：专制君主宣扬“君权神授”，君主是神的后裔和神的化身，具有超人的神性，人格神化；专制君主采取世袭继承制，父终子继，整个王室家族都要参与国家事务的管理；专制君主在全国处于主宰地位，集国家大权于一身，严格地控制着行政、军事、思想等，建立一整套官僚体系和机构为其治理国家服务，建立一支常备军作为其政权的可靠支柱，建立属于自己的宗教形式，推行代表自己利益的文化；专制君主把整个国家视为自己的私有物，靠雄厚的财力维持国家机器的运作；专制君主把全体臣民视为自己的奴仆，君主与臣民之间完全是主仆关系。[①] 这些特点在具体情况下主要体现在三个方面：国王的个人属性、国王的权力和官僚统治。

国王神圣属性的构建

在古代埃及人看来，国王是神与人类之间的中间人，具有人和神的双重属性。最能体现这种特性的是法老的官方名字。官方名字由王衔和王名构成。当然，作为一个实体单位，王衔与王名是一起出现的。王衔和王名最能体现国王的神性。

埃及法老的名字由五部分构成，被称为五个“伟大的名字”。这五个名字出现时，总是五个较为固定的王衔按固定的顺序分别放在王名的前面。五个王衔分别是荷鲁斯、涅布提、金荷鲁斯、尼苏毕特和拉之子。他们在法老的名字中就是按这种先后顺序排列的。下面以第 6 王朝国王珀辟一世的完整名字为例，加以说明。

---

① 施治生、刘欣如主编：《古代王权与专制主义》，第 6—7 页。

ḥrw mry tзwy	荷鲁斯：两土地上受爱戴者
nb-tj mry h̲t nbty	涅布提：两土地上的人们所喜爱者
nbw bjkw nbw	金荷鲁斯：三只金隼鹰
n-sw-bjt mry rc	尼苏毕特：拉喜爱的人
zз r c ppy	拉之子：珀辟[①]

这五个伟大名字经历了一个逐渐完善的过程，最早在前王朝末期出现了荷鲁斯衔和荷鲁斯名，到第 5 王朝第 3 位国王尼菲利尔卡拉时五个伟大名字都已出现。

荷鲁斯衔的圣书体文字为，读作 ḥrw，这是一个隼鹰的形象，隼鹰是王权的保护神。这是最早出现的王衔，至少在 0 王朝就已出现了。涅布提衔的圣书体文字为，读为 nb-tj，也称“两夫人”或“两女神”，是由上埃及的兀鹰女神和下埃及的眼镜蛇女神结合在一起组成的，故而得名。金荷鲁斯衔的圣书体文字表意符号为，读作 *nbw*，是荷鲁斯立于黄金之上，显然有“国王是强有力的”等意义。尼苏毕特衔的圣书体文字为，读为 n-sw-bjt，或称“树蜂衔”，是由代表上埃及的菅茅和代表下埃及的蜜蜂组合而成，意味着“他是菅和蜂的人”，所以此王衔也称“上下埃及之王”，其后面的名字称为王位名。“拉之子”的圣书体文字为，读作 zз r c，直译为“son of Ra”，意译为“太阳神拉的儿子”，始于第 5 王朝，最早出现在国王乌塞尔卡夫的名字中。拉之子的后面跟的是“本名”，即出生时所拥有的名字，也要放在王名圈内。[②] 这五个王衔连起来的意思应该是这样的：国王是荷鲁斯神的化身，被“两夫人”女神保护着，成为实力强大的金荷鲁斯，还是“两地的君主”或上下埃及的统治者，自出生之日起就是太阳神——拉的儿子。不难看出，五个王衔俱全时，国王的神性最强。

从古王国时期的金字塔文和其他铭文史料来看，埃及国王还具

① R. J. Leprohon, *The Great Name: Ancient Egyptian Royal Titulary*, p. 42.

② Ibid., pp. 22, 25, 26, 38.

有一些神的属性，即胡（Hu）、西阿（Sia）和玛阿特（Maat）。其实，这三者也是神。胡是命令和权威的化身之神，是最高神普塔的创造性言辞，具有复活的力量，[①]胡伴随国王身边，支持和承认国王的权威。西阿意思是“对事物的容忍和理解”。[②]西阿是知识和智慧的化身，他也是一个神，经常位于太阳神的右侧，并负有携带体现智力成就的神圣纸草的职责。玛阿特是真理和秩序女神，代表着正义和真理。[③]可以说，国王具有权威、智慧和真理的属性，具有“创造性的言辞”“超人的智力”“坚持真理”和“主持正义”的神圣属性。古埃及人有时这样赞扬国王：“权威的言辞（胡）在你的口中。判断力（西阿）在你的心中。你的言语是真理（玛阿特）的圣殿。”[④]

综上所述，到古王国时期，国王们已经具有了神圣属性。很显然，这种神圣属性是以国王为首的统治阶级或精英群体特意宣传的意识形态。然而，这种意识形态能够实施，并在古王国的纪念物中留存下来，本身就说明古埃及人是认可这种意识形态的。“国王是神，而不是人”，恰恰是古王国时期乃至后来埃及历史上统治阶级意识形态的根本思想。这是一种神圣王权观念，构成了古王国时期国王权力的思想基础。

专制君主的各种权力

在古埃及人看来，神是至高无上的。作为神，古埃及国王自然享有至高无上的地位，拥有统治埃及及其人民的最高立法权和司法权。但古埃及是否存在法律？这是埃及学家们一直讨论的问题。一

① Henri Frankfort, *Kingship and the Gods: A Study of Ancient Near Eastern Religion as the Integration of Society and Nature*, pp. 51, 61.

② Henri Frankfort, *Kingship and the Gods: A Study of Ancient Near Eastern Religion as the Integration of Society and Nature*, pp. 51, 61; George Hart, *The Routledge Dictionary of Egyptian Gods and Goddesses*, London: Routledge, 2005, p. 116.

③ Henri Frankfort, *Kingship and the Gods: A Study of Ancient Near Eastern Religion as the Integration of Society and Nature*, p. 277.

④ Ibid., p. 51.

些人认为古埃及没有法律，[①] 也有人认为古埃及有法律。[②] 近些年学者们大多倾向于后一种观点。[③]

古代埃及文字“hp”一词最初出现于中王国（约公元前2000年），在圣书体和祭司体文献中，通常被译成“法律”；而后来在世俗体文献中，这个词的意思因背景不同可翻译为“法律、习俗、法规、权力、正义”等，其意义有所扩大，但其主要意思仍是“法律”和“法规”。[④] 在现有的文献中，有时可以看到“写下来的法律”“国王的法律”“国家的法律”“监狱的法律”等。[⑤] 古典作家希罗多德（公元前484—前425年）在其著作中记载了古代埃及一条关于奴隶可以到神庙寻求庇护的法律。[⑥] 生活于“希腊化”时代末期的狄奥多拉斯记载了古代埃及的很多法律现象，例如对伪誓者、诬告、杀人、逃兵、泄密等进行惩罚的法律，还有关于契约、盗贼、婚俗和埋葬风俗等的法律。[⑦] 从文字、文献记载以及古典作家的记述来看，法老埃及确实存在法律法规。但是，法老埃及的法律不是像古代巴比伦的《汉谟拉比法典》那样以正规的法律条款的形式存在，而主要是以国王敕令的形式出现。在法老埃及，国王的话和敕令就是法律。[⑧] 在长期实践中，法老埃及形成了很多惯例，这些惯例也是埃及传统法律的一部分。[⑨] 在一定程度上来讲，法老埃及法律中的很大一部分

---

① 提奥多里泰斯就曾指出：“一个敢于谈及古代埃及法律的人，必然会使自己遭受许多批评”，很多埃及学权威人士认为埃及法律“缺乏文献上的证据”。A. Théodoridès, “The Concept of Law in Ancient Egypt”, in J. R. Harris, *The Legacy of Egypt*, Oxford: Oxford University Press, 1987, p. 243.

② J. H. Breasted, *A History of Egypt*, p. 242.

③ R. VerSteeg, *Law in Ancient Egypt*, Durham: Carolina Academic Press, 2002, pp. 3-7.

④ C. F. Nims, “The Term hp, ‘Law, Right’, in Demotic”, *Journal of Near Eastern Studies*, Vol. 7 (1948), p. 243.

⑤ C. F. Nims, “The Term hp, ‘Law, Right’, in Demotic”, p. 243; D. B. Redford, *The Oxford Encyclopedia of Ancient Egypt*, Vol. 2, Oxford: Oxford University Press, 2001, p. 279.

⑥ Herodotus, *The Persian Wars*, Vol. 1, ii. 113.

⑦ Diodorus Siculus, *Library of History*, Vol. 1 (books i-ii.34), trans. by C. H. Oldfather, Cambridge, Massachusetts: Harvard University Press, 1933, i.77-80.

⑧ W. F. Edgerton, “The Government and the Governed in the Egyptian Empire”, *Journal of Near Eastern Studies*, Vol. 6 (1947), p. 154.

⑨ R. VerSteeg, *Law in Ancient Egypt*, pp. 3-14.

内容属于习惯法或习俗法。[①]

法老埃及的法律经历了一个形成演变的过程。法老埃及法律最初与宗教密不可分。德国图宾根大学的莎菲克·阿拉姆教授一直从事法老埃及法律的研究，他通过对西底比斯地区戴尔·埃尔·美迪纳工人村出土的档案文献的研究，发现埃及的法律与宗教有着内在联系，在某种程度上讲，在古王国时期，随着中央集权的专制主义统治的确立，埃及的法律从宗教中分离出来，并且在司法实践中出现了民法与刑法之别；在司法审判结束之后，法庭还要执行审判结果，并不像传统观点认为的那样，埃及法庭只是在庭审结束时简单宣布"A 方是正确的，B 方是错误的"，而不执行审判结果。[②]之后，埃及的法律逐渐完善起来，尤其到后期埃及（公元前 1085—前 323 年），已经形成了各种实体法，如关于财产、家庭、继承、犯罪、契约和商业以及贸易、个人地位等的法律。[③]

法老颁布具有法律效力的敕令在一定程度上可以视作一种立法活动。据狄奥多拉斯记载，古埃及的立法活动始于第 1 王朝的建立者美尼斯。[④]希罗多德在《历史》中认为，阿苏启斯统治时期，"埃及的金融紧迫，因此定出一条法律，一个人可以用他自己父亲的尸体作抵押来借钱；法律还规定，债主对于债务人的全部墓地有财产扣押权，如果债务人还不了债，对于提供这种抵押的人的惩罚就是，他死时自己不许埋入他的父祖的墓地或其他任何墓地。"[⑤]阿苏启斯是第 4 王朝继承了孟考拉王位的舍普塞斯卡夫。尽管这条法律尚未得到证实。但从考古证据来看，舍普塞斯卡夫确实颁布过敕令。铭刻于吉萨孟考拉国王金字塔神庙中的《舍普塞斯卡夫敕令》，命令

① C. F. Nims, "The Term hp, 'Law, Right', in Demotic", p. 245.

② S. Allam, "Law", Toby Wilkinson ed., *The Egyptian World*, London and New York: Routledge, 2007, pp. 264-267.

③ R. VerSteeg, *Law in Ancient Egypt*, pp. 99-216.

④ Diodorus Siculus, *Library of History*, Vol. 1, i. 94. 1-4.

⑤ Herodotus, *The Persian Wars*, Vol. 1, ii. 136.

任何人不允许侵占哈夫拉金字塔神庙的财产和祭品。[①]这是迄今所知法老埃及最古老的法律文献。第5王朝的《尼菲利尔卡拉王的阿拜多斯敕令》的内容是针对具体问题做出的一些具有约束力的规定。整个敕令文字如下：

荷鲁斯：乌塞尔卡乌（尼菲利尔卡拉）

向祭司主管海姆威尔（Hemwer）颁发国王敕令：

我没有授权任何人（做下面任何一件事情），

因诺姆中的强制劳动和任何（其他）工作而将你诺姆中的任何祭司带走，除非为了让他为他的神举行宗教仪式和维持举行宗教仪式的神庙运转；

为任何神的领地上的任何工作征收劳役，完成这种工作是祭司应该履行的职责；

因诺姆中的强制劳动和任何（其他）工作而将任何神领地上的依附者带走，完成这些工作是祭司应该履行的职责。

上下埃及之王尼菲利尔卡拉的国王敕令永远豁免了他们；你只能遵守职责，没有任何司法权力反对国王敕令。

如果诺姆中有人出于强制劳动和任何工作的需要，而将那个在该诺姆神的领地上尽祭司义务的祭司和神的领地上的依附者带走，那么你应该将其送到国王宫殿，他将被处罚，到采石场工作，去收割大麦和二粒小麦。

如果任何贵族、国王的熟人或者与祭品返还[②]有关的人，敢于公然对抗朕的这道在国王宫殿里登记的敕令，那么（他的）房屋、土地、人们和他拥有的一切都将被没收，他将必须完成强制劳动。

---

① Nigel C. Strudwick, *Texts from the Pyramid Age*, Atlanta: Society of Biblical Literature, 2005, pp. 97-98.

② 祭品返还是古埃及宗教仪式中的一个重要环节，是在宗教仪式举行完毕以后，祭品实物在祭司和其他贵族以及官员中分配。

收获季第 2 个月第 11 日，国王亲自签发。①

人们还在阿布希尔、阿拜多斯、达赫舒尔、科普图斯、达赫莱绿洲和萨卡拉等地发现了尼菲尔弗里、特悌一世、珀辟一世、珀辟二世、尼菲尔卡霍尔等国王的敕令。②这些敕令的格式基本都与《尼菲利尔卡拉王的阿拜多斯敕令》相似。

古王国时期的国王不仅拥有立法权，还掌握着司法权。古王国时期的埃及国王本身就是最高法官，掌握着案件的最终审判权。一般情况下，地方的案件有相应的法官和法庭处理，而在中央一级和宫廷内部的重大案件则由大法官和维西尔等组成的法庭审理。但国王也可以直接任命自己信得过的人担任法官。实际上，古王国时期的埃及国王还掌握着最高行政权， 各个部门的各级官员都由国王选拔和任命。第 3 王朝的官员梅腾最初是一个低级官员，逐渐受到国王的信任，而被提升到诺姆长官和区域法官。第 6 王朝的官员乌尼历经三位国王的统治，也是从一个地方下层官员被提拔为法官、宫廷卫士和国王的“唯一朋友”。第 4 王朝后半期到第 5 王朝上半期，普塔舍普希斯（Ptahshepses）从出生到去世经历了 6 位国王的统治时期，从宫廷内部与国王孩子们一起读书的孩子，逐渐受到几代国王的喜爱和信任，而始终担任高级祭司、工程顾问、国王的陪伴者等要职。

古王国时期的国王是全国土地的所有者，有权将土地分配给臣民。他们将土地要么分配给子女，要么赏赐给贵族和官员，要么捐赠给神庙。《梅腾墓铭文》《大臣乌尼传》和《普塔舍普希斯铭文》都提到国王将土地赏赐给他们。

古王国时期是埃及国王大兴土木的时代，号称“金字塔时代”。根据很多铭文的记载，古王国时期国王派遣贸易远征军到西奈和努比亚开采矿石，到蓬特采购木材等，国王的首席建筑师一般也都由

① Nigel C. Strudwick, *Texts from the Pyramid Age*, pp. 98-101.

② Ibid., pp. 101-124.

维西尔担任，例如第 3 王朝左塞王的建筑师伊姆霍特普、第 5 王朝国王尼菲利尔卡拉的建筑师韦氏普塔和第 5 王朝伊塞西国王的维西尔森那泽米布都是维西尔，同时还是大法官。[①] 这体现了国王对建筑工程的重视，更表明国王掌握了建筑工程的最高权力。

古王国时期的国王掌握着宗教最高权力。国王是神，只有国王才能够与神交流，才有资格为神奉献祭品，并充当最高祭司。根据巴勒莫石碑的记载，第 3、第 4、第 5 王朝的国王们崇拜太阳神拉，为其供奉祭品、建筑神庙、捐献土地。[②] 第 5 王朝的《尼菲利尔卡拉王的阿拜多斯敕令》主要就是为了保护神庙祭司和依附者而颁发的法令。第 6 王朝几位国王颁发的敕令大多也是关涉神庙地产和祭司的。可见，国王一方面通过神庙祭司宣传“君权神授”理念，一方面又对宗教进行管理。

古王国时期的埃及国王掌握了立法、司法、行政、经济、建筑工程、军队和宗教等方面的最高权力。然而，国王无法一个人充分实施这些权力，他需要一批官员来辅助他实施管理国家的各项权力。这样，古王国时期的国王建立了一套中央集权的官僚体系。

中央集权的官僚统治

在君主制国家，政府一般实施的是中央集权的官僚主义统治模式，即以国王为首的中央政府占据主导地位，下面呈辐射状地组建起各级政府部门和权力机关，并依靠一个庞大的官僚体系进行运作。古王国时期的埃及实施的就是中央集权的官僚主义统治。

国王是古王国时期埃及政府的首脑，掌握着全国各级部门和官吏的立废和任命升迁。在他下面是宫廷官僚和中央官僚。古王国时期埃及的宫廷基本上由国王的家属构成，后宫和王子们是其主要成员，还有很多随从和仆人担任重要官职，例如维西尔等职位。这也使宫廷官吏很难与中央政府的官吏严格区分开来。维西尔是这种模

① J. H. Breasted, *Ancient Records of Egypt*, Vol. 1, pp. 94, 112-113, 121-125.

② Ibid., pp. 65-72.

糊性的代表性职位。

维西尔是阿拉伯人对埃及语词ṯ3ty（捷提）的音译，汉译为宰相。这个职位最晚在第3王朝左塞王时期就设立了。在第3、第4王朝时期，维西尔一般由王子担任。维西尔有时也具有廷臣的特点。但从第5王朝开始，王子担任维西尔的情况越来越少了。维西尔是国王的助理，还是中央最高官吏。维西尔帮助国王处理各种事务，不仅管理中央各部门的行政事务，有时还担任“全国的总督”、“国王全部命令的顾问”、国家档案的总保管人。他的办公厅掌握着国王的所有敕令文件和全国土地的清查账册等。[①]第5王朝伊塞西国王的维西尔森那泽米布（Senezemib）称自己是“陛下的机密事务的长官”“陛下的亲信”“国王的书吏长”和“国王一切工作之长”。[②]从前文的考察中可以看出，维西尔普塔舍普希斯和森那泽米布也是“大法官”和“首席建筑师”。维西尔兼任如此多的职务，或许他的工作也是统领性的，只需每日向国王汇报重要事务，琐碎事务就由他本人和其下属处理了。

在维西尔之下是政府各个部门的长官。古王国时期埃及的中央政府机关主要有4个。对于埃及这样的农业国家来说，第一个重要部门是农业部，下设两个局。一个局主管家畜饲养事务；另一个局负责农业耕作和洪水过后的田地。农业部和两个下属的局分设长官。第二个重要部门是“财政部”，主要职责是管理国家的财政税收，包括每两年一次的人口和财产清查，并负责征收各种税务。或许单设长官，或许由维西尔担任。第三个重要部门是国家档案馆，负责保管土地所有权证书、各种文件、契约、遗嘱和国王敕令等。档案馆的最高长官可能也由维西尔担任。第四个重要部门是司法部，这个部门负责全国的司法诉讼等事务，大法官往往由维西尔兼任。[③]

① J. H. Breasted, *Ancient Records of Egypt*, Vol. 1, p. 82.

② Ibid., p. 122.

③ Nicolas Grimal, *A History of Ancient Egypt*, trans. by Ian Shwa, Oxford: Blackwell, 1996, p. 91.

此外，古埃及的土木工程（神庙和坟墓建筑）和军事活动往往都在农闲时节进行，而且都不是常规性的，从而无需专设部门。临时组织、领导和监督这些活动的或许是维西尔，因为维西尔有时被称为“全国的总督”和“首席建筑师”。神庙是独立的社会单位，祭司集团构成了独立的社会群体，但国王是最高祭司，拥有对神庙的控制权。实际管理神庙事务的中央一级官员或许也是维西尔，或者由国王任命的王子等担任。祭司集团中的最高职位是“祭司长官”，《尼菲利尔卡拉王的阿拜多斯敕令》就是颁发给祭司长官海姆威尔的。

中央政府下面是若干个诺姆（或州）。根据推测，在古王国时期，古埃及上埃及有22个诺姆，下埃及有20个诺姆，诺姆的最高长官被称为诺姆长，由国王任命。第3王朝的梅腾担任了若干个诺姆的诺姆长，他的这些职务是由国王任命的。诺姆内部可能设有这样一些部门：国库、法庭、土地管理局、堤坝河渠维持部门、民兵队及军需库等。这些部门分别由官吏和书吏管理和运行。①在古王国末期，尤其第6王朝末期，诺姆长的势力开始强大起来，最终成为威胁中央政权的重要分权力量。

在古王国时期的史料中，可以经常看到书吏（šs）这个角色。书吏是古王国时期埃及的文职人员，他们具有读写能力，所以从中央到地方的各个级别的部门里面都有书吏。书吏一般出身于贵族世家，往往为父子相传。从古王国开始，书吏逐渐形成为专门服务于国王和政府的士大夫阶层。这个阶层的人很容易得到提拔，在政府内部享有很高的地位。

古王国时期的国王宣传自己是神，其地位和权力神圣不可侵犯，掌握了立法、司法、行政、经济和军事等最高权力，依靠为数众多的官僚体系实施管理国家的权力。在掌握了各种权力的基础上，国王们依靠强大的经济实力进行土木工程的建设和开展军事活动。当

① J. H. Breasted, *Ancient Records of Egypt*, Vol. 1, p. 80.

然，从古王国四个王朝的发展来看，各个王朝实行的是长子继承制，甚至是家族统治。尽管第 6 王朝末期诺姆实力强大，成为中央集权的威胁力量，但从整个王朝来看，地方还是受中央节制的。由此看来，古王国时期埃及已经进入了专制主义统治阶段。这种中央集权的专制主义统治的建立和实施有其强大的经济基础。

二、古王国的经济与社会

生产生活

在古王国时期，埃及的主要生产部门是农业。农业生产的首要条件是适宜耕种的土地，即可耕地。《梅腾墓铭文》几次提到“可耕地”（ꜣḫt）。巴勒莫石碑记载了乌塞尔卡夫、萨胡拉和尼菲利尔卡拉王向神庙捐献可耕地的具体内容。[①] 埃及人主要在可耕地上耕种和收获粮食作物。埃及人还将部分可耕地用作花园和菜园。第 6 王朝维西尔美列卢卡的墓壁画上保存了人工浇灌菜园和果园的场面。[②] 但古王国时期的埃及还没有出现大规模人工灌溉农田的状况，埃及人的农业生产主要依靠尼罗河水的定期泛滥。

关于古埃及人的农业耕种方式，希罗多德有记载：“农民只需等河水自行泛滥出来，流到田地去灌溉，灌溉后再退回河床，然后每个人把种子撒到自己的土地上，叫猪上去踏进这些种子，此后只等待收获了。”[③] 从坟墓壁画来看，古王国时期的埃及人确实有驱赶动物将种子踏入土地里的情况。例如，第 5 王朝高官悌伊（Ti）在萨卡拉马斯塔巴墓内墙壁上描绘了两个典型的农业耕种场景。在第一个场景的下半部分，耕种者驱赶着一群羊经过耕种区域，将种子踏入松软的土壤里。在第二个场景里，除了部分场景描绘羊群将

① J. H. Breasted, *Ancient Records of Egypt*, Vol. 1, pp. 68-72.
② Bary J. Kemp, *Ancient Egypt: Anatomy of A Civilization*, p. 13.
③ Herodotus, *The Persian Wars*, Vol. 1, ii.14.

种子踏入软土中而外，担负着耕种之重任的则是牛。耕种者用一头或两头牛拖拉耕犁，以便耕种。[①]从这两幅画中，或许可以认为古王国时期的埃及农业耕种并非像希罗多德讲的那么简单，应该是两种或多种耕种方式并存。从文献和浮雕中，可以发现，古王国时期埃及人的农业谷物主要是大麦、二粒小麦和小麦；经济作物主要是亚麻和纸莎草；蔬菜种类已经很多，包括蒜、卷心菜、萝卜、葱、甜菜、豆科植物和莴笋等；当时的埃及人，已在经营葡萄园和果园，葡萄和无花果是主要水果。古王国时期埃及的农业生产或许仍然以上埃及的尼罗河河谷为主，下埃及的三角洲地区主要适于果树栽培。

古王国的农业是主要经济部门，但畜牧业和渔猎生产也是重要的补充。从坟墓壁画来看，古埃及人必定饲养公牛、母牛、小牛、羊、驴等家畜，还驯养了羚羊、瞪羚、大角野山羊等，也饲养了鹅、鸭、鸽子、鹤等家禽。[②]第5、第6王朝贵族墓中的壁画描绘了很多捕鱼、钓鱼、捕鸟、猎杀河马等的场面。例如，第5王朝高官普塔霍特普坟墓中一幅壁画描绘了墓主人与妻子和儿子一起观看捕鱼的场景。第6王朝维西尔卡盖姆尼坟墓中有一个描绘用网捕鱼的场景。[③]第5王朝高官普塔霍特普坟墓中一幅壁画描绘了沙漠狩猎场面，栩栩如生，动感十足，令观看者震惊。[④]第6王朝特悌墓中的狩猎河马图最为著名，场面不仅描绘了紧张的猎杀河马活动，还描绘了很多飞禽走兽，堪称古埃及动物园式的绘画。[⑤]古王国时期的埃及人不仅将这些渔猎活动作为农业生产活动的补充，还将其作为一种娱乐活动。一些贵族墓的壁画中展现出墓主人乘坐纸草船，泛舟纸草丛中，用

① Zahi Hawass, ed., *Pyramids: Treasures Mysteries and New Discoveries in Egypt*, pp. 320-321.

② Zahi Hawass, ed., *Pyramids: Treasures Mysteries and New Discoveries in Egypt*, pp.312-313, 319, 320-321, 330; R. Schulz and M. Seidel, eds., *Egypt: The World of the Pharaohs*, p. 85.

③ Zahi Hawass, ed., *Pyramids: Treasures Mysteries and New Discoveries in Egypt*, pp. 324, 330-331, 316.

④ Ibid., pp. 324-325.

⑤ Ibid., pp. 306-307.

矛枪射杀河马，用飞去来器打飞鸟等，场面或兴奋紧张，或悠然自得。

农牧业和手工业是双向流动、互相影响的关系。随着古埃及农业生产力的提高，古王国时期埃及的手工业也发展起来。古王国时期埃及的手工业首先是为农业、牧业、渔猎业制作生产工具。当时这些行业的生产工具主要是铜器和石器，但石器逐渐被铜器替代。考古学家从古王国时期的坟墓中发现了很多工具，例如刀、斧、凿子、锛子、锯等。这些工具中有石头制作的，也有铜制作的。在金字塔建筑中，铜制工具占据主导地位，当时使用的铜钻孔器、大金属锤、T 字形镐等保留了下来。第 5 王朝中期王室工匠尼安柯克努姆（Niankhkhnum）和克努姆赫特普（Khnumhotep）在萨卡拉的岩窟墓壁画中，描绘了一组制作金属工具的过程图。图画非常详细地描绘了金属工具的熔炼和锻造细节，还有一句解释性的铭文："气体热到足以熔解金属了。金属的熔解状态已经达到。开始铸造。"①

除了生产工具的加工，古王国时期埃及的手工业还生产诸如面包、葡萄酒、啤酒等食物，而为了盛放食物，陶器和木器的制作也相应地发展起来。为了开采矿石和捕鱼等，造船技术也得到发展。另外，纺织业和编制业很发达，亚麻和芦苇、纸莎草等植物的生产以及人民生产生活对衣物的需求促使这两个行业发展起来。②古王国时期的一些坟墓内壁绘画和浮雕描绘了埃及人之间的贸易活动。这些贸易活动主要是物物交换性质，起中介作用的或许是谷物。③从当时的一份房屋买卖契约中，人们发现，物物交换的中介物也可能是青铜币。④

古王国时期的埃及生产工具得到改善，生产力水平有很大提升，农业、畜牧业、渔猎业、手工业和贸易等都获得很大发展。从考古

---

① R. Schulz and M. Seidel, eds., *Egypt: The World of the Pharaohs*, p. 88.
② 刘文鹏：《古代埃及史》，第 163—166 页。
③ R. Schulz and M. Seidel, eds., *Egypt: The World of the Pharaohs*, p. 87.
④ 刘文鹏：《古代埃及史》，第 167—168 页。

发现的墓葬来看，古埃及当时的经济生产活动呈现出来较为繁荣的局面。支撑这种繁荣局面的不仅在于生产力的发展，还在于一套较为适合的生产关系。这种生产关系主要由土地制度和阶级关系构成。

土地制度

土地制度是指土地所有制形式，构成生产关系的主要方面。总体上来看，古王国时期，埃及的土地制度是国王所有制，即埃及所有土地都归国王所有。根据古王国时期保留下来的铭文文献、浮雕壁画等，可以将埃及当时的土地所有关系细分为几种类型：王室土地、神庙土地、贵族官僚私人大土地、小私有土地。

王室土地是指国王和王室直接支配的领地。这些土地一般直接以国王的名字命名。第 4 王朝哈夫拉国王之子奈库拉在遗嘱中分配作为家产的 14 座城镇，其中至少 11 座是以哈夫拉的名字命名的。这些以哈夫拉的名字命名的城镇显然是国王哈夫拉给予儿子的王室领地。另外，古王国时期的国王一般修建金字塔作为坟墓，也有修建庞大的马斯塔巴墓的。国王坟墓周围的居住地往往也是王室领地。考古学者在金字塔附近发现了居住地，尤其在吉萨大金字塔群周围发现了工人村。金字塔周围的居住地主要居住着屠夫、建筑者、祭司、监工、墓地工人（石匠）、艺术家、雕刻家、手工业者、墓地官员、掌印者等。这些人主要是建筑坟墓的人员。这种居住地在国王活着的时候属于国王所有，在国王去世以后就归神庙管理，其收入用于维持坟墓的献祭。[①]

神庙土地是古王国的重要土地形式之一，一般由国王不断捐赠而形成。据巴勒莫石碑记载，从第 5 王朝开始，国王就不断向各个神庙捐赠土地。乌塞尔卡夫曾一次向拉神捐赠了 1704 斯塔特土地，萨胡拉总共向各个神庙捐赠了大约 10 哈和 39 斯塔特土地。[②] 古王国

① J. N. Wilford, “Seated with Pharaohs, Experts Study Laborers”, *The New York Times*, Tuesday, July, 11th, 1989.

② J. H. Breasted, *Ancient Records of Egypt*, Vol. 1, pp. 68-70.

的国王和贵族官僚一般都将自己坟墓周围的部分地产作为丧葬地产，奉献给神庙，土地上的收入用于维持日常献祭。这些土地也是神庙地产的重要组成部分。

第三类土地是高官贵族的大土地，被称为“私人之家”（pr-ḏt）。这些土地一般是继承来的，或者是国王赐予的。高官贵族可以将这些土地作为家庭财产遗赠给子女，也可以将其全部或部分作为丧葬地产赠予神庙。此类土地的另一个重要来源是购买。刘文鹏先生根据《梅腾墓铭文》的内容，结合俄文研究成果，认为《梅腾墓铭文》中显示了高官可以购买土地，指出“用酬金从许多国王的人们那里获得了200斯塔特耕地”这句话中的“获得”具有购买的含义。[①] 土地购买需要获得国王的认可，《梅腾墓铭文》提到“国王的证书”和政府机关的批准。可见，这些买卖的土地从理论上讲也是国王的土地。从坟墓壁画来看，高官贵族的“私人之家”主要是庄园或农场，主要从事农牧业生产，使用的劳动者主要是依附民。

第四类土地是公社土地和由于公社瓦解而产生的小私有土地。古王国时期埃及是否存在公社，学界有争论。苏联学者斯特鲁威认为埃及诺姆中的村级单位可以视作公社，刘文鹏先生也持此种观点。因此，古王国埃及的村具有公社的特点。随着私有制的发展，很多公社成员变得贫穷，甚至很多公社开始瓦解。最终，掌握资源的高官贵族开始购买这些破产公社的土地。在《梅腾墓铭文》中，“用酬金从许多国王的人们那里获得了200斯塔特耕地”这句话里面的“许多国王的人们”或许就是这种公社成员。这反映了高官贵族对土地的兼并现象，这为地方贵族势力的壮大提供了基础，也为中央集权的衰弱埋下了种子。

古王国时期的埃及人围绕上述四种土地生产和生活，在这个过程中形成了不同的社会地位和经济利益关系，这就是当时的社会结构。从铭文史料和浮雕绘画等考古发现来看，古王国时期埃及主要

---

① 刘文鹏：《埃及学文集》，第178—179页。

有这样几个阶级：官僚贵族统治阶级、中下层自由民集团、相当于奴隶的依附民或奴隶。

社会结构

古王国时期埃及的基本生产资料——土地大多掌握在国王为首的王室、官僚贵族和神庙僧侣集团手中。他们掌握了大多数土地，也就等于掌握了国家的主要财富，同时还掌握着各种权力，这就使他们成为统治阶级。这个阶级在社会生活中享有较高地位，依靠社会中下层自由民以及其他社会成员的劳动果实生活。

中下层自由民集团的构成非常复杂，包括部分统治阶级的成员，但更多的是普通的小生产者。关于社会阶层的成员，文献记载比较多的是这样几个名称：亨提乌塞（ḥntj.w-š）、尼苏提乌（njsw. tj. w）和勒墨特（rmt）。苏联学者对这些名称的探讨比较多，而且对每一个称呼代表的人群的身份都有不同见解。亨提乌塞是一个由不同阶层构成的特殊社会集团，与国王关系密切，他们“直接依附于国王，并经营国王授予他们的土地，采取不同的形式为国王的今世或来世服务，其中主要是中下层自由民，包括手工业者，也有高官大臣”。尼苏提乌主要是个体土地所有者或小土地所有者。勒墨特是处于贵族之下的自由民阶层，拥有财产自主权利，但他们主要是下层自由民，是小生产者，处于不断地分化中。他们最终因财产的买卖而成为官僚贵族的依附民。《梅腾墓铭文》将这些人称为“人们”，并将其与牲畜并列起来，视作土地上的财产。[①]这些自由民虽然有不同的称呼，但都在一定程度上拥有自由，甚至拥有小量财产。他们或许构成古王国埃及社会的大多数人口，因为从考古发现的一些古王国官僚贵族的墓中可以发现，每个官僚家中都有很多依附民，而且古埃及社会的最小单位村的成员应该是以中下层自由民为主的。

古埃及是否有奴隶？这一直是学者们探讨的问题，因为古埃及

① 刘文鹏：《古代埃及史》，第186—190页。

没有一个专门表达“奴隶”的词语。古王国时期的埃及铭文史料和浮雕绘画中发现了一些词语，这些词语在一定程度上可以表达奴隶的含义。第一个是麦尔特（mrt），巴勒莫石碑等文献里面都有这一名称。有学者认为这是对自由农民的称呼，也有学者认为是对奴隶的称呼。比较折中的意见认为这些人可以视作“奴仆”，是官僚贵族“私人之家”和神庙中的基本劳动者。第二个是麦列特（mryt）。学界一般认为他们是一些以纺织作为主要工作内容的家用奴隶，他们可以被转让和拥有。另一个术语是伊苏（isww）。伊苏有“等价物”的意思。它所指代的人们是主人购买来的，属于主人的财产，可以用作献祭的牺牲。还有一个术语是拜克（bꜣk），其阴性词为拜克特（bꜣkt）。文献表明这类人是可以被继承和买卖的，既属于王室，也属于官僚贵族和僧侣。他们的职业很广泛，包括家务劳动者、手工业者、神庙农田劳动者等。拜克和拜克特这样的称呼在整个古埃及历史上使用。一些学者认为他们是想当然的奴隶。最后一个重要词语是赫姆（ḥm）。有学者将它翻译为奴隶，也有学者将其视作奴仆。《普塔霍特普教谕》等文献里面关于赫姆的阐述可以表明，这些人是奴隶，可以买卖，可以转让，甚至可以作为牺牲被杀死。此外，古王国时期的一些坟墓壁画和传记铭文中还提到了战俘或国外奴隶。古王国时期的埃及政府曾发动对亚洲的战争，更多的是对努比亚、利比亚和亚洲人发动贸易远征，这些远征活动结束时一般会带回一些俘虏，巴勒莫石碑和一些西奈铭文都有这方面的记载。古埃及政府将这些俘虏用于奴隶劳动，这在一些浮雕绘画和铭文中都有体现。①

古王国时期的埃及是一个以土地制度为基础的分层社会。根据土地的掌握与否，社会成员被划分成不同的层级。这些层级既包括清晰可见的王室、官僚贵族和僧侣集体在内的统治阶级，也有中下层自由民群体，还有奴仆或奴隶。这样，埃及当时的社会关系就显得较为复杂，不仅仅有奴隶主与奴隶的差异，还有贵族与中下层自

① 刘文鹏：《古代埃及史》，第 190—198 页。

由民的区别，而在统治阶级、中下层自由民和奴隶这三个相对稳定的层级中又有很多存有差异的层级。

总之，埃及古王国比早王朝的生产力有了较大提升，农业、畜牧业、渔猎、手工业、贸易等都比之前繁荣，以土地制度为基础的社会阶层关系也变得更为复杂多样。这种复杂繁荣的经济和社会关系为中央集权的专制主义统治奠定了基础，同时也因剥削关系的不断恶化和地方贵族官僚势力的壮大而威胁着中央集权的统治。

三、古王国的文化成就

拉神崇拜与永生观念

古王国时期，古埃及人在文化上取得了丰富的成就。首先是伴随中央集权的专制主义统治的建立，太阳神崇拜得以发展。在古埃及，太阳神是王权保护神和象征。太阳神拉最初是赫利奥坡里斯城的地方神。赫利奥坡里斯城是古希腊人用希腊语对该城的称呼，意思是“太阳城”，[①] 古埃及人或许也称这座城市为“太阳城”。古埃及的统治者为了宣扬自身王权的神圣性，而将拉神从地方神抬升为国家主神之一。国王对拉神的提升大概始于早王朝时代。第 2 王朝的第 2 位国王的名字是涅布拉。涅布拉是圣书体文字 nb rc 的音译。[②] 这个名字是一个 A+B 结构的名词性句子，意思是“拉是君主”。到第 5 王朝，9 位国王中的 5 位都将“拉之子”（sɜ rc）作为其头衔之一。“拉之子”头衔所表达的意思是国王为太阳神拉之子，这或许表明了国王希望宣称自己不是凡人，而是神，还是大神拉的儿子。所以我们认为这体现的是国王加强王权神圣性的努力。尽管第 5 王朝开启了古埃及王权统治衰落的时期，但对拉神的崇拜一直延续下来了。在后来的

① John Bains and Jaromír Málek, *Atlas of Ancient Egypt*, Oxford: Phaidon Press Ltd., 1980, p. 173.

② R. J. Leprohon, *The Great Name: Ancient Egyptian Royal Titulary*, p. 28.

古埃及历史上，拉神的称呼越来越多。人们称早晨的太阳神为凯普利，称中午的太阳神为拉，称晚上的太阳神为阿图姆。拉神还与其他神结合起来，形成复合神，例如拉－哈拉凯悌、拉－阿图姆、阿蒙－拉等。复合神的出现和发展体现了拉神崇拜在古埃及历史上的演变。

到古王国时代，古埃及人在发展拉神崇拜的同时，也发展出一套关于人之生死的观念。在古埃及人看来，“灵魂是不死的”。也就是说，人的此生是短暂的，来生是永恒的；埃及人在来生以灵魂的形式存在。埃及死者有三个灵魂：卡（ka）、巴（ba）和阿克（akh）。卡是人的“精灵”（spirit），是活人的“替身”，在人出生时形成，代表人的生命力。在人死后，卡居住在墓中或者木乃伊中。在埃及人看来，在来世接受祭品的是卡，古埃及人是向死者的卡献祭，而非向死者本人献祭。巴通常被翻译为“灵魂”（soul），在人死时离开身体。它在日间出来遨游，光顾死者生前到过的地方；在夜晚回到死者体内，与卡结合起来，结果死者可以复活，起身享用卡接受的祭品。巴和卡结合复活后的个体被埃及人称为阿克，即“有效的人”。这实际上就是死者达到了死后再生和永恒存在。阿克这种完美的形态使死者不仅在来世永恒，也可以上升到天空，与众神同在。[①]埃及人要想实现永生，要想使巴和卡完美结合，就必须保证人在死后有完整的尸体和永久存在的坟墓（“卡之屋”）。这便催生了木乃伊的制作和石头结构坟墓的构建。

金字塔群体建筑兴盛

古王国时期的国王在马斯塔巴墓的基础上逐渐采取了新的墓葬形式——金字塔。“金字塔”是中国人对古代埃及一种巨大的角锥体建筑物的称呼，因这个建筑物的四个面当中的每一面都像一个“金”字，故得名。金字塔的英文为 Pyramid，德文为 Pyramide，都源于

① James P. Allen, *The Ancient Egyptian Pyramid Texts*, Atlanta: Society of Biblical Literature, 2005, p. 7.

希腊文 Pyramis（Pyramides），意为“小麦饼”，希腊人经常使用一种三角形的小麦饼，因而当他们见到金字塔时便称其为 Pyramis。埃及人自己则称金字塔为“mr”，其意义还不清楚，但象形文字的限定符是一个有台基的三角形，意为“上升的地方”，所以“mr”一词可能是指国王死后借以升上天空的地方。①

金字塔是古埃及坟墓建筑当中地上建筑发展最为成熟的产物。金字塔本身也经历了一个从阶梯金字塔到标准金字塔的发展过程。古埃及最早的一座金字塔是阶梯金字塔，这是为第 3 王朝的杰出国王左塞建筑的，建筑师是伊姆霍特普，这位建筑师后来被埃及人奉为建筑之神。左塞王的金字塔最初本来是按马斯塔巴墓的形式设计的，地上部分是一个每边长 63.5 米、高 7.9 米的方形平顶墓，后来建筑师伊姆霍特普为了体现国王的君主权威，将地上建筑的四周向外扩展，并在上面增加了 3 层马斯塔巴，高度达到了 40 多米，后来又将地上建筑的地基向西、北两个方向扩大面积，又在上面增加了 2 层，这就形成了一个逐级向上缩小的 6 层重叠的马斯塔巴墓，高达 60 米，底边长 121 米，宽 109 米，地下墓室深达 28 米，葬有国王的木乃伊，另一个墓室是为王后准备的。因这个坟墓的地上建筑的形状酷似“金”字，因而我们也称其为金字塔，但这并不是严格意义上的金字塔，它只是奠定了后来金字塔建筑的基础。这座金字塔的重要意义还在于它周围的复合建筑，这是一个巨大的建筑群，金字塔的围墙南北长 544 米，东西宽 277 米，高 10 米，围墙上有 13 个假门和一个作为出入用的真门，内有一个用象征着埃及 40 个州的 40 根圆柱组成的圆柱大厅；金字塔的东侧和东北侧有两个难以辨明的建筑物——“南宫”和“北宫”，似乎标志着上下埃及的两个中心；金字塔的北侧还有一个庞大的葬祭庙，中心庭院有 15000

① Donald B. Redford, ed., *The Oxford Encyclopedia of Ancient Egypt*, Vol. 3, Oxford: Oxford University Press, 2001, pp. 87-88; I. Shaw and P. Nicholson, *British Museum Dictionary of Ancient Egypt*, London: British Museum Press, 1995, p. 233.

平方米。[①]这种复杂庞大的建筑群是古埃及金字塔建筑不同于其他地区金字塔建筑的一个明显特点，之后的埃及金字塔建筑几乎都配备着这样的复合建筑。[②]

左塞王建造了阶梯金字塔以后，后来的国王大都仿效建造。第3王朝的末代国王胡尼在美杜姆建造了一个8层的阶梯金字塔，并用石灰石把各层之间填平，形成一个覆盖层，成就了一个“真正”金字塔，高约92米，倾斜角度为51度51分，因为这座金字塔也是以层叠马斯塔巴的方式建筑的，各面的面积也不相同，所以还算不上真正的金字塔，只能说这是一次尝试，但毕竟朝着真正金字塔迈进了一步。随后，第4王朝的国王斯尼弗鲁又在达赫舒尔建立了两座金字塔，一座因建筑角度计算错误而变成了“弯曲金字塔”，一座因表面覆盖了红色石灰石而成为“红色金字塔”，后面这座金字塔才是成功的金字塔建筑。把金字塔建筑推向高潮的是第4王朝的三位国王胡夫、哈夫拉和孟考拉。他们的金字塔位于吉萨，被称为“三大金字塔”。胡夫的金字塔最大，原高146.5米，现在顶部建筑已脱落，还有137.2米高，基底原长230.38米，现为227.5米，倾斜角为51度51分，总共用了230万块平均重2.5吨的石材建成。[③]胡夫金字塔的地上和地下都有墓室，但考古学家没有从中发现胡夫国王的木乃伊，这座金字塔被盗了，只是从内部刻画的象形文字上找到了墓主人胡夫的名字。胡夫金字塔的复合建筑只留下了东侧的三个小金字塔和后来考古发现的一艘巨大的“太阳舟”。哈夫拉的金字塔稍逊于胡夫金字塔，原高143.5米，塔基每面长215.25米，倾斜角度为53度10分，但它与周围的葬祭庙、甬道、河谷庙一起构成了完整的金字塔复合体，是古王国金字塔群体建筑的典范。一般来说，国王死后，尸体被沿着尼罗河运到河谷庙，在这里制成木乃

① 刘文鹏：《埃及考古学》，生活·读书·新知三联书店2008年版，第85—88页；I. E. S. Edwards, *The Pyramids of Egypt*, London: Viking Adult, 1947, pp. 53-89.

② Christine Hobson, *Exploring the World of the Pharaohs*, London: Thames and Hudson, 1990, p. 62.

③ I. E. S. Edwards, *The Pyramids of Egypt*, p. 118.

伊，装在棺材里面，通过甬道，运到葬祭庙，在这里举行丧葬仪式之后，葬入金字塔。哈夫拉金字塔东侧还有一个巨大的斯芬克斯雕像，据说是用建造胡夫金字塔剩下来的一块石头雕刻而成的，雕像身高约 20 米，长为 55 米，如果把两只前爪计算在内，长达 73.5 米，面部长 5 米，耳朵长 2 米多。相比之下，孟考拉的金字塔就更显逊色，原高只有 66.5 米，其周围也有三座小金字塔。[①] 第 5、第 6 王朝的金字塔开始衰落，一般都在 70 米以下，还有些用碎石建造而成，因而大多都因风化等原因而变成了沙石堆。[②]

古王国时期的金字塔基本都被盗了，但墓室里面仍残留着国王的棺材，棺材一般用石灰石、花岗岩、方解石、硅岩等制作，也有用木头制作的，[③] 石棺上面雕刻着精美的彩色图案和文字，图案和文字是来世审判的场面和确保国王顺利通过奥西里斯审判的咒语；[④] 木乃伊制作成为一种经常的事情，木乃伊上包裹着亚麻布，亚麻布上面描绘着彩色的图案，意义与棺材上的绘画相同；[⑤] 墓室中的陪葬品很多，除了日常生活用品，还有国王雕像、坟墓假门和用于盛放死者内脏的陶罐等，这些都是早王朝时期的墓葬所没有的，当然古王国坟墓当中陪葬品的数量也比早王朝时期增多了。古王国的金字塔内部的墓室墙壁上雕刻着精美的文字，这是向诸神祈祷，保佑国王在来世生活幸福的祈祷文和宗教文献，因为雕刻在金字塔中而被称为“金字塔文”。[⑥] 金字塔文为我们了解古王国埃及的宗教观念和墓主人的生活等提供了宝贵史料。

---

① I. E. S. Edwards, *The Pyramids of Egypt*, pp. 151-154.

② Ibid., pp. 209-210.

③ Donald B. Redford, ed., *The Oxford Encyclopedia of Ancient Egypt*, Vol. 1, Oxford: Oxford University Press, 2001, p. 279.

④ J. H. Taylor, *The Death and Afterlife in Ancient Egypt*, London: British Museum Press, 2001, p. 219.

⑤ A. J. Spencer, *Death in Ancient Egypt*, New York: Penguin Books, 1983, p. 38.

⑥ Miriam Lichtheim, *Ancient Egyptian Literature: A Book of Readings*, Vol. 1, Berkeley: University of California Press, 2006, p. 29; I. Shaw and P. Nicholson, *British Museum Dictionary of Ancient Egypt*, pp. 235-236.

雕刻绘画与文学成就

在古埃及历史上，古王国时期的雕刻绘画艺术是第一个高峰期，为埃及后世同类艺术创作树立了标准典范。古王国时期有大量雕刻作品，基本上以雕像和浮雕的形式呈现出来。雕像以人物雕像和动物雕像为主。动物雕像恐怕是以前面讲述的斯芬克斯像为代表了。人物雕像的数量很多，有些雕像很具代表性。第3王朝左塞王的石灰石雕像就是其中之一。他头戴王巾，左手摊开放于膝盖之上，右手紧握权杖放于胸前，正面端坐，看上去庄严肃穆。第4王朝国王哈夫拉的坐像是最杰出的典型雕像。它是用闪绿岩雕刻的。国王端坐在宝座上，头部由荷鲁斯保护着，双手放在膝盖之上，面部做了理想化的修饰。雕像透露着永恒力量和崇高地位。① 拉霍特普夫妇像是双人坐像的代表，也是贵族坐像的典范。王子右手按在胸前，双目注视远方，全身棕色；妻子体态丰盈，胸臂裸露，身着白袍。两个人形成鲜明对比。共同点是两者的双目都装着水晶眼球，炯炯有神。② 从这三个代表性雕像来看，古王国人物雕像基本体现了古埃及雕刻艺术的标准：首要标准是“正面律”，人物或直立或端坐，头部与身体保持垂直，并都朝向前方；雕像的塑造与个体的身份地位相适应，一般来说国王的雕像显得庄严威武、神圣郑重；雕像的灵性和特征主要依靠眼睛的装饰、头部其他饰物和不同颜色的服装表现出来。

古王国时期的浮雕和绘画艺术成就不亚于雕像艺术。尽管浮雕属于雕刻作品，但学界一般都将浮雕和绘画放在一起阐述。因为两者在古埃及存在很多相似之处。首先，几乎所有古埃及神庙和陵墓的墙壁上都雕刻有浮雕和绘画。其次，浮雕和绘画基本都

---

① Zahi Hawass, ed., *Pyramids: Treasures Mysteries and New Discoveries in Egypt*, p. 387;〔意〕乔齐奥·利塞：《埃及艺术鉴赏》，陈西中译，北京大学出版社1992年版，第27—31页。

② R. Schulz and M. Seidel, eds., *Egypt: The World of the Pharaohs*, p. 102; Zahi Hawass, ed., *Pyramids: Treasures Mysteries and New Discoveries in Egypt*, pp. 392-393.

着有各种颜色。最后，两者都采取“透视法”来表现人物和场景。两者的区别主要在于制作方式。绘画基本上是在平滑的墙面上描绘的，而浮雕则是在墙体表面上刻画的，先描绘出框架和细节，然后雕刻，或者是凸雕，或者是凹雕。相比之下，浮雕的表现力更强，更有立体感。

古王国时期浮雕绘画的主题很多，既有表现王宫贵族活动的，也有展现人们日常生活的，例如宗教仪式、坟墓建筑、木乃伊制作、舞蹈杂耍、渔猎活动以及各种家务劳动的场面。第5王朝时期萨卡拉悌伊墓中的浮雕就很有特色，其中有一幅浮雕刻画的是大臣在观看仆人们猎取河马，场面表现出了团结合作和紧张的氛围。古王国绘画艺术的杰出代表是所谓的《群鹅图》。这幅彩色绘画发现于美杜姆第4王朝伊太特马斯塔巴墓的墙壁上。画中的6只鹅与现实中的鹅的大小基本相等，左右各3只，非常对称。它们都朝着相反的方向漫步前进，悠闲自得。两侧低头觅食的两只鹅更是栩栩如生。整个画面色泽鲜艳、和谐唯美、笔法纯熟、意境深刻。[①]

与雕刻绘画艺术类似，埃及文学在古王国时期也绽放出了绚丽光彩。R. J. 列普罗恒在其著作中列出了12类古王国时期的文献（texts）：诸如王名表之类的历史文献、神庙文献、国王或以国王的名义铭刻的铭文文献、国家管理文献、官员坟墓文献、私人司法文献、私人管理文献、妇女文献、涂鸦作品、远征铭文、建筑或采石场标记、书信等。古埃及的精英创作了很多重要文学“作品”，既有宗教文学方面的，也有体现世俗生活的。宗教文学主要是“金字塔文”（Pyramid Texts）。现代学者所说的“金字塔文”是指那些铭刻在金字塔内部墓室和走廊墙壁上的仪式性和魔法性的咒语铭文。这些铭文是最古老的埃及宗教“教义”，也是古埃及最古老的文学形式。这些咒语大多描述或暗示出的是宗教仪式活动，而其目

① W.S.Smith, *The Art and Architecture of Ancient Egypt*, New Haven and London: Yale University Press, 1998, p. 44.

的在于以语言和文字的方式帮助死者实现永生。到目前为止，金字塔文见于古王国时期的 10 位国王和王后的坟墓中。从这些国王坟墓中的金字塔文来看，金字塔文的行文内容是格式化的，都是宗教和魔法仪式用语的摘录和汇编。[①]

古王国时期较为成熟的埃及世俗文学主要有两大类：教谕文学和传记文学。教谕文学（Instruction Literature）又称智慧文学（Wisdom Literature），是贤人或长者（国王或宰相）对儿子训话的一种文学形式，往往是以自己的经验和感悟为基础，教授年轻人以必要的为人处世之道，即如何做人、如何处理今生的人际关系、如何为君主、如何养成高尚的美德。这些教导不仅会使受教者在今生受益，还可以使其借助今生的美德而在来生获得永恒生命。古王国时期最早的教谕文学是《对卡盖姆尼的教谕》。教谕内容很短，主题也很单一，读起来朗朗上口，很有诗歌的感觉。《普塔霍特普教谕》是古王国时期的代表性教谕作品，是一部篇幅较长的作品，涉及的内容也很多，而且在四份抄本当中有一份保存较为完整。普塔霍特普是第 5 王朝伊塞西国王的维西尔。普塔霍特普在教谕中教导自己的儿子，希望其在生活和为官过程中既要时刻保持安静、谦虚的态度，还应该处事公道。

传记文学主要发现于古埃及的墓葬中。古埃及王公贵族往往将自己的职业生涯、荣誉称号、功劳事迹等都铭刻在坟墓内壁或墓碑或纸草上，既是在为自己立传，也是作为通往永生的凭证。这些就是古埃及的传记文学作品。在古王国时期，埃及的传记文学就已经发展得比较成熟了。这些作品中最重要的是《梅腾墓铭文》《大臣乌尼传》和《哈尔胡夫传》。《哈尔胡夫传》是第 6 王朝一篇比较有特色的传记。哈尔胡夫不仅记载了自己在宫廷中长大，因语言能力和强大执行力而深受麦然拉和珀辟二世两位国王喜爱和信任而外，还特别记载了自己四次远征努比亚，获取丰

① James P. Allen, *The Ancient Egyptian Pyramid Texts*, pp. 1-13.

富财富的职业生涯。传记饶有趣味的部分是珀辟二世给予哈尔胡夫的信件。这封信要求哈尔胡夫好好照看其从努比亚为自己带回的会跳舞的侏儒，叮嘱其千万不要让他掉入水中，一定要将他带到自己面前。[①] 这段文字体现了年轻的珀辟二世对世界抱有天生的童心。

① J. H. Breasted, *Ancient Records of Egypt*, Vol. 1, pp. 150-154，159-161.

第三章　古埃及国家的曲折发展

气候变化对于古埃及来说是一把不折不扣的双刃剑。金字塔时代的繁荣发展在很大程度上得益于适宜的气候和适中的尼罗河水位，而古王国末期的气候变化则使埃及农业歉收、政局动荡、文化凋零，埃及随之进入一个相对混乱的时代。学界一般称其为第一中间期（约公元前 2181—前 2040 年）。第一中间期的第 11 王朝中期，埃及再次实现统一，进入中王国时期（约公元前 2040—前 1786 年）。这个时期的埃及社会出现复兴局面，中王国成为古埃及的古典时期。然而，中王国末期，埃及社会再度陷入混乱之中。埃及开始了第二次大萧条时期，史称第二中间期（约公元前 1786—前 1567 年）。在这一时期，埃及不仅出现了同时并存的政权，三角洲地区还受到来自亚洲的希克索斯人的统治。在这 600 多年时间里，埃及社会经历了动乱——复兴——动荡的起伏变化。

一、由动荡到统一

第一中间期的社会动荡

古埃及王朝时期有三个动荡阶段，分别位于两个相对稳定强盛的历史时期之间，近现代学者们据此称其为中间期。第一中间期是处于古王国和中王国之间的时期，从约公元前 2181 年延续到前 2040 年，为期约 100 多年。这一历史时期的总体特征是：中央行政机关软弱，各诺姆处于半自治状态，一个国土内存在并立敌对的王朝，内战不断，尼罗河洪水水位低，社会饥馑，艺术标准下降，教育缺失，整个社会是病态的。斯班尼尔称这个时期为“第一次疾病期”，也有学者称其为埃及的“黑暗时代”。[①]

第一中间期各个王朝的王名序列比较模糊。马涅托对这段历史的记载非常简化。根据他的记载，“第 7 王朝由孟菲斯的 70 个国王构成，他们统治了 70 天”；“第 8 王朝由孟菲斯的 28 个国王组成，他们统治了 146 年”；“第 9 王朝由赫拉克利奥坡里斯的 4 个国王统治了大约 100 年”；“第 10 王朝由赫拉克利奥坡里斯的 19 个国王统治了 185 年”。[②] 这些记载几乎没有列举王名，所谈及的时间长度也令人费解。但它们表明了两种情况。一种情况是当时的王朝和王位更迭频繁，甚至一个国王的名字还没来得及被更多的人了解，新国王就已经掌握王位了。近现代学者根据考古发现和其他王名表大略勾勒出来一些国王的顺序，但存在很大的不确定性。另一种情况是第一中间期的四个王朝可以划分为两个阶段，第 7 和第 8 王朝的首都位于孟菲斯，是第一个阶段。目前学者们基本上认为这两个王朝是第 6 王朝统治传统的延续，但其有效控制的领土范围却仅限于孟菲斯地区。第二个阶段是第 9 王朝和第 10 王朝，其首都位于上埃及的希拉康坡里斯。这两个王朝的统治范围同样是有限的。

第一中间期最突出的特征是社会饥馑及其引起的社会动荡。《对美利卡拉王的教谕》里有一段文字讲到了第一中间期的混乱情况。“我以城市领主的身份兴起，我因为北方地区的情况而痛心疾首……我平定了整个西方土地，远达海岸。”学界一般认为这是国王阿赫托伊三世对自己生平的一种透漏，但这确实反映了第一中间期的混乱状态。他还以一个事例证明了当时的混乱状态，他讲道，“在我

① D.B.Spanel, “The First Intermediate Period through the Early Eighteenth Dynasty”, in G. Robin, ed., *Beyond the Pyramids*, Atlanta: Emory University Museum of Art and Archaeology, 1990, p. 18.

② Manetho, *The History of Egypt with Other Works*, pp. 57, 59, 61, 63.

那个时代，一件可耻的事情发生了。提斯诺姆被洗劫。尽管它是因为我的所作所为而发生的，但我是在事情发生以后才知道的。我因为这件事情而遭到报应，因为毁灭（城市）是邪恶的。”①《涅非尔提预言》更是详细记载了第一中间期的混乱现象。尽管这篇文学作品是以预言的方式预测未来的，但学界基本认为它反映的是第一中间期的情况。预言中的一些语段非常明确地描述了社会动乱的状态。“埃及的河流空了，人（可以）徒步涉过。人们找不到能行船的水。河床变成了沙滩。沙滩上没有水，河床上也没有水。”“大地上混乱无序，没有人知道结果如何，没有人知道那藏在所说、所见、所听的后面的结果如何。人们都聋了，因到处遇到的是死寂。”“从来未发生过的事发生了。人们拿起了武器，(因之)大地变得混乱……没有人因死亡而哭泣，没有人为死亡而在夜晚禁食，人们的心（只）追随着自己……当有人杀人时，别人只坐在自己的角落，背向不理。”②《涅非尔提预言》中记载的情况表明当时的社会完全是颠倒无序的。这种社会现实对社会成员的心理冲击是非常大的。

一般来说，一个社会处于内乱的时候，往往随之而来的是外来入侵。在第一中间期，埃及内部四分五裂，经济衰微，社会混乱不堪，外部也面临着来自亚洲等地入侵者的威胁。第一中间期的外敌不仅仅是西方的利比亚人和北方的亚细亚人，还有南方的努比亚人。第10王朝时期，位于赫拉克利奥坡里斯北部的底比斯的势力发展起立，建立了一个王朝，史称第11王朝。这两个王朝都试图统一埃及，从而展开了南北争霸战争。阿西尤特诺姆的诺姆长泰菲比（Tefibi）描写了他率领军队抵抗底比斯军队的情形：“我的战士们第一次与南方诸诺姆战斗，这些诺姆是来自南方的联盟，他们最南到埃勒凡塔，最北到……（他们打击南方联盟）远及南方边境……西边。当我来

---

① Miriam Lichtheim, *Ancient Egyptian Literature: A Book of Readings*, Vol. 1, pp. 103, 105.

② William Kelly Simpson, ed., *The Literature of Ancient Egypt: An Anthology of Stories, Instructions, Stelae, Autobiographies and Poetry*, pp. 235-239.

到城市的时候，我瓦解敌人……（我驱逐敌人），直达南方要塞。”[①]两王国之间也曾一度处于势均力敌的状态，阿赫托伊三世在告诫儿子美利卡拉的时候说：“不要邪恶地与南部地区（交往），因为你知道与官邸城市有关的预言……他们没有侵犯（我们的边界），正像他们所说的那样。”[②]这样的陈述表明当时两个王国处于相对和平的状态。但是，在美利卡拉王统治时期，赫拉克利奥坡里斯的第10王朝与底比斯第11王朝的矛盾激化，第10王朝已经无法阻挡底比斯的进攻了。美利卡拉王以后，第10王朝的王位更迭频繁，内乱不断，势力进一步削弱。而底比斯的政权则如日中天。最终，在第11王朝中期，国王孟图霍特普二世（约公元前2060—前2010年）征服了第10王朝的政权。从此，埃及进入中王国时期。

中王国统一国家的重建

中王国时期（约公元前2040—前1786年）由第11王朝（约公元前2133—前1991年）和第12王朝（约公元前1991—前1786年）构成。但第11王朝的前半期并不属于中王国。学界一般认为中王国是古埃及历史上的一个大一统的时期，从而将公元前2040年作为中王国的开端。

根据马涅托的记载，第11王朝由狄奥斯坡里斯（或底比斯）的16位国王统治，为期43年。[③]实际上，通过其他史料的研究，学者们发现第11王朝的国王最多只有8位，统治时间远不止43年。第11王朝的建立者是孟图霍特普。他的继承者安太夫一世、安太夫二世、安太夫三世以及孟图霍特普二世进行了系列兼并战争，首先征服了上埃及底比斯附近的各个诺姆和独立势力，之后向北方进军，最终在孟图霍特普二世统治时期取得决定性胜利，征服了第10王朝。孟图霍特普二世还对三角洲地区的利比亚人、西奈的亚细亚人用兵，

① J. H. Breasted, *Ancient Records of Egypt*, Vol. 1, p. 182.

② Miriam Lichtheim, *Ancient Egyptian Literature: A Book of Readings*, Vol. 1, p. 102.

③ Manetho, *The History of Egypt with Other Works*, p. 63.

恢复了在南方与努比亚的贸易通道。[1]孟图霍特普三世则致力于发展经济，开展与红海的贸易，重视艺术与建筑。

马涅托将阿蒙尼姆赫特作为第 11 王朝向第 12 王朝过渡期的国王，认为他统治了 16 年。马涅托认为第 12 王朝由狄奥斯坡里斯的 7 个国王统治了 160 年。[2]但是，目前学界一般将阿蒙尼姆赫特作为第 12 王朝的创建者。阿蒙尼姆赫特一世曾经是第 11 王朝末期的维西尔，还担任着其他官职，是国王的宠臣。[3]“他就把首都从底比斯迁移到了一个完全新的要塞城市伊提塔威。伊提塔威在孟菲斯和法尤姆之间的某个地方，但它的遗址还未发现，或许位于埃尔－利希特附近。这次迁都使阿蒙尼姆赫特一世受益匪浅：与过去彻底分离，把宫廷与那些以上埃及为根据地的个体地方力量分开，靠近富于资源的法尤姆，易于接近亚洲边界，首要的是这里是控制上下埃及的首选之地，这在城市名字伊提塔威中表现出来，即‘两地的掌握者’。伊提塔威是埃及接下来三百年的首都。”[4]他篡取王位之后，对利比亚人和西奈的亚细亚人发动了战争，在那里修建防御墙和堡垒；在南方第二瀑布建筑堡垒，甚至在第三瀑布建立设防的哨所。古埃及的疆土扩张到了第三瀑布。

中王国的政治军事活动

中王国建立初期，埃及在形式上实现了再次统一，但内部仍有离心力存在。孟图霍特普为了削弱和消灭地方世袭贵族的势力，恢复和加强中央集权的统治，开始进行改革。他首先从行政改革入手。他向各个重要城市派驻钦差大臣，以监督各个诺姆当中重要贵族的活动。中央政府的要职基本都由底比斯出身的人担任，例如孟图霍特普二世统治时期的 3 个维西尔、4 个财务大臣都是底比斯人或国

① J. B. Pritchard, *Ancient Near Eastern Texts: Relating to the Old Testament*, pp. 231-232.

② Manetho, *The History of Egypt with Other Works*, p. 67.

③ J. H. Breasted, *Ancient Records of Egypt*, Vol. 1, p. 214.

④ Jason Thompson, *A History of Egypt: From Earliest Times to the Present*, p. 48.

王的亲信。他还设立下埃及总督，与古王国时期设立的上埃及总督相对应，这两个总督负责监督和管制上下埃及各个诺姆。总督职务和其他地方的以及中央的重要官职都由国王的亲信担任。[①]孟图霍特普二世的改革措施被他的继承者维持下来，但这种改革政策引起了地方贵族的普遍不满，结果作为维西尔的阿蒙尼姆赫特一世趁机利用和联合地方贵族，篡夺了政权，建立了第12王朝。

阿蒙尼姆赫特一世虽然建立了新的王朝，但他面临的问题比之前更加严峻。首先，他从自己的篡权过程中发现，政权的持续传递对于王朝的延续至关重要，而要做到这一点，就必须保证王位继承人具备较强的管理国家的能力和丰富经验。为此，他开创性地实施了"共治制度"。在他统治后期，他便任命自己的儿子森沃斯瑞特一世担任共治王，处理一些重要的国家事务。他的后代国王基本都采取了这种措施。[②]共治制度基本上起到了防止宫廷权力斗争、进而葬送王朝统治的危险的作用。其次，在第12王朝建立以后，那些支持阿蒙尼姆赫特一世政变的地方贵族，逐渐恢复了各种特权；很多有功的贵族还被任命为诺姆的诺姆长。这些贵族的势力越来越强大，逐渐成为威胁中央政府的势力。及至12王朝中期，这些地方势力已经严重威胁中央的权威。国王森沃斯瑞特三世忍无可忍，断然采取了加强中央集权、削弱地方贵族势力的改革。他废除了在各个城市派驻钦差大臣的制度，把下埃及、中埃及和上埃及的各个诺姆划归为三个大区，分别为北方区、南方区、南方之首区。每个大区由"报告者"或区长官领导，下面设有"次级报告者"、"委员"和书吏等官职。这三个大区的行政官员受维西尔的监督和领导。森沃斯瑞特三世还剥夺了各个诺姆贵族的特权，削弱他们的地位。[③]

尽管中王国时期的地方势力构成对中央政府的威胁，但中央政府努力削弱他们的势力，加强中央集权的建设。最重要的是，共治

---

① I. E. S. Edwards, et al., eds., *The Cambridge Ancient History*, Vol. 1, part. 2, pp. 505-506.

② Jason Thompson, *A History of Egypt: From Earliest Times to the Present*, p. 49.

③ I. E. S. Edwards, et al., eds., *The Cambridge Ancient History*, Vol. 1, part. 2, pp. 505-506.

制度的实施和地方行政改革使中王国的专制王权统治维持下来，或者说使中王国延续了古王国乃至第一中间期的专制王权统治，甚至对于专制王权统治进行了完善和发展。需要强调的是，也正是因为这种国家的统一和中央集权专制主义统治的实施，中王国才能够抵御外来侵略，甚至开始了以正规军形式进行的对外军事和贸易远征活动。

在第一中间期，古埃及军队建制获得较大发展，甚至出现了正规编制的军队。第11王朝时期，远征蓬特的军队就多达3000人。第一中间期埃及内部战争不断，很多埃及人长期从军，逐渐失去了在家乡的土地权力，成为职业军人。到中王国时期，中央政府为了奖励这些职业军人，给他们分配了大小不等的份地。努比亚人在第一中间期，尤其在中王国时期成为埃及军队的正式编制队伍，这主要是因为埃及人征服努比亚以后，很多努比亚人成为依附埃及国王的人，大多成为职业士兵，还有一些部落成为埃及的沙漠警察，例如麦德查部落。这些军队和警察部队一般是由国王领导的。中王国时期，地方诺姆也保有少量军队。地方军队的规模不大，一般在400人至600人之间。其主要职责是护送路过的国王军队。[①]正规军和地方军队为中王国的对外征服提供了强大的人力保障。

中王国第11王朝的对外征服活动基本上是从孟图霍特普二世开始的。一块浮雕残片记载了他的远征活动："击败两个国家的首领，俘获南部和北部、外国山地和尼罗河两岸的、九弓部落和上下埃及国家。"浮雕表明他所征服的是上下埃及、利比亚人、努比亚人、亚细亚人。[②]尽管孟图霍特普二世称自己征服了这些人，但这些部落对埃及的入侵始终未停止。因而第12王朝的几代国王都持续不断地对这些地区用兵。阿蒙尼姆赫特一世打败了亚细亚的沙漠居民特罗格罗蒂特人，破坏了游牧民的要塞。[③]也就是说，他征服了西奈半岛

---

① 刘文鹏：《古代埃及史》，第300—302页。

② I. E. S. Edwards, et al., eds., *The Cambridge Ancient History*, Vol. 1, part. 2, p. 485.

③ J. H. Breasted, *Ancient Records of Egypt*, Vol. 1, p. 227.

的游牧民。他还派儿子森沃斯瑞特一世“捕获利比亚人的俘虏和所有牲畜”。[①]阿蒙尼姆赫特一世的继承者中，森沃斯瑞特三世对努比亚的征服最为彻底，他先后四次远征努比亚。[②]他在努比亚战斗以特别的残忍为特征，他在一个纪念石碑上鼓吹：“我夺去了他们妇女的生命，我夺去了他们臣民的生命，填平了他们的水井，重击了他们的公牛；我收割了他们的谷物，还在那里纵火焚烧田地。”[③]与此同时，也有开展贸易远征的活动，例如阿蒙尼姆赫特二世和森沃斯瑞特二世就很关注对蓬特的贸易远征。森沃斯瑞特二世也因此而闻名。阿蒙尼姆赫特三世对西奈绿松石的探查，对图拉、哈马马特、阿斯旺以及努比亚等地矿石的开采，都得到了很多铭文的证明。[④]

中王国时期，埃及的远征活动依然是军事远征和贸易远征并存。然而，无论哪一种远征，都没有从根本上使埃及的疆域和势力范围超出古王国时期的边境范围。但是，中王国时期埃及的远征活动，不仅保证了边疆稳定，抵抗了外来入侵，还依靠掠夺和交易来的矿物质和其他财富，促进了经济的发展。

二、由统一至分裂

中王国的经济建设

中王国时期，国王们在解决内外政治问题的同时，也集中精力于经济建设，以便为其建设强大的中央集权统治奠定基础。中王国时期，埃及国王的经济建设主要表现在对法尤姆地区的农业开发。

第 12 王朝开发法尤姆是由法尤姆地区得天独厚的自然条件和开发潜力决定的。法尤姆地区的考古发掘证明了这一点。考古结果表

---

① J. H. Breasted, *Ancient Records of Egypt*, Vol. 1, pp. 232, 235.

② Ibid., pp. 293-297.

③ Jason Thompson, *A History of Egypt: From Earliest Times to the Present*, p. 51.

④ Nicolas Grimal, *A History of Ancient Egypt*, pp. 169-170.

明，至少在旧石器时代末期（约公元前 7000 年）和新石器时代，法尤姆地区已经出现了猎人和采集者的居住点。① 及至第 12 王朝，农业被引入法尤姆地区以后，这里出现了农业居民。② 这里的气候温和，有大量鱼和水分，还富产很多植物，具有很大面积的可开发土地，适于人类居住。

法尤姆的开发可能始于森沃斯瑞特二世，之后森沃斯瑞特三世进行了河渠修建工作，阿蒙尼姆赫特三世（大约公元前 1831—前 1786 年）完成了森沃斯瑞特二世在法尤姆的灌溉系统。他们在这里开发了大约 170 平方公里至 450 平方公里的可耕地。③ 这使得埃及国库的租税收入大量增加，给埃及带来了直接经济收入。据希罗多德说，仅仅利用湖水捕鱼一项，王室国库每天可收入一塔兰特白银，最少也可收入二十米那白银。④ 更重要的是，法尤姆地区的农业开发在一定程度上缓解了埃及社会的饥馑问题，除了第 12 王朝早期的文献记载了饥馑问题，之后整个第 12 王朝的文献几乎未再提及饥馑问题，而是歌颂该王朝的繁荣和法老的功绩，包括对法老开发法尤姆功绩的歌颂。⑤ 但是，有一点是我们必须要注意的。第 12 王朝对法尤姆的农业开发主要是在法尤姆西部和北部，用高堤坝圈起一块土地，进行简单的灌溉网络系统建设，布策尔认为这时的灌溉技术是初步的，灌溉网络只是地方性的，而非全国性的。⑥

中王国时期的农业开发对于埃及社会具有重要意义。同时，埃及的手工业生产和对内对外贸易等也都获得了相对繁荣的发展。《杜

---

① Edwyn Bevan, *A History of Egypt under the Ptolemaic Dynasty*, London: Methuen & Co. Ltd., 1927, pp. 114-115; Robert J. Wenke et al, "Epipaleolithic and Neolithic Subsistence and Settlement in the Fayyum Oasis of Egypt", *Journal of Field Archaeology*, Vol. 15(1988), part.1, p. 29.

② Donald B. Redford, *The Oxford Encyclopedia of Ancient Egypt*, Vol. 1, p. 496.

③ I. E. S. Edwards et al. ed., *The Cambridge Ancient History*, Vol. 1, part. 2, pp. 510-511; K. W. Butzer, *Early Hydraulic Civilization in Egypt*, p. 92，认为中王国在法尤姆最多开发了 450 平方千米的土地。

④ Herodotus, *The Persian Wars*, vol. 1, ii. 149。1 塔兰特等于 26 千克，1 米那等于 436 克。

⑤ J. Finegan, *Archaeological History of the Ancient Middle East*, p. 248.

⑥ K. W. Butzer, *Early Hydraulic Civilization in Egypt*, pp. 47, 50.

阿-凯悌对珀辟的教谕》当中列举了多个行业和职业，包括农民、菜农、狩猎和渔猎者、手工业者和商人、书吏，而手工业者又包括铜匠、木匠、石匠、陶工、砌墙人、制箭人、染布工、凉鞋匠、织工和理发师等。[①]这非常清楚地说明中王国时期的行业分工非常细化，而社会分工的专门化体现的是生产力的发展。中王国时期，社会生产力的发展还表现在青铜器制作的发展。青铜器制作也是手工业的重要部门。考古学家在尼罗河第三瀑布附近发现了4件青铜器：杯子、镊子、匕首和剃刀。这些青铜器属于森沃斯瑞特二世和第二中间期之间，是埃及人制作的。[②]有学者认为中王国时期才是古埃及青铜器时代的开端。[③]除了手工业，中王国的采矿业也很兴盛，第12王朝的几位国王都注重对西奈半岛、阿斯旺地区的青铜矿和绿宝石的开采。另外，中王国时代的海上运输也得到发展，《船舶遇难水手的故事》（*Shipwrecked Sailor*）记录的就是埃及人到"采矿国"运输货物的史实。[④]最后，中王国时期的内陆和海外贸易都获得发展。《能言善辩的农夫的故事》（*Tale of the Eloquent Peasant*）叙述了居住在三角洲西部边界附近"盐地"农民，用驴子驮着当地产品去远方换取食物的内容。农民用于交换的产品包括*rdmt*草、泡碱、盐、豹皮、狼皮、*nw*石、*tum*植物等。[⑤]这是中王国时期内陆贸易的明证。中王国时期的海外贸易也比古王国时期有了很大突破。《辛努亥的故事》（*Tale of Sinuhe*）表明埃及与北巴勒斯坦和中南部叙利亚建立了联系。[⑥]考古学家在上埃及陶德的阿蒙神庙遗址中发现了四箱装满叙利亚贡品的银器皿，其中还有一些爱琴海式的罐子和美索不达米亚的天青石护身符。这些所谓的贡品是阿蒙尼

① W. K. Simpson, ed., *The Literature of Ancient Egypt: An Anthology of Stories, Instructions, Stelae, Autobiographies and Poetry*, pp. 330-336.

② D. Dunham, "Notes on Copper-Bronze in the Middle Kingdom", *Journal of Egyptian Archaeology*, Vol. 29 (1943), pp. 60-61.

③ J. Finegan, *Archaeological History of the Ancient Middle East*, p. 261.

④ Aylward M. Blackman, *Middle-Egyptian Stories*, Bruxelles, 1972, pp. 41-48.

⑤ Miriam Lichtheim, *Ancient Egyptian Literature: A Book of Readings*, Vol. 1, p. 170.

⑥ Aylward M. Blackman, *Middle-Egyptian Stories*, pp. 1-41.

姆赫特二世统治时期埃及与西亚和爱琴海世界贸易往来的证据。[①]

中王国的社会变化

从中王国时期遗留下来的浮雕和铭文以及文学作品来判断，与古王国时期一样，中王国时期埃及主要包括三个等级。首先是国王、王室成员、官僚、贵族、神庙僧侣等组成的奴隶主阶级，其次是作为自由民的农民、手工业者、商人等，最后是奴隶。当时的社会关系远比我们可以复原的复杂，但基本的阶级关系应该是这样的。

在中王国的阶级关系中，有一个群体的人员比较复杂，那就是涅杰斯（nḏs）。这个词的圣书体文字的本意是“小人”或“贫穷的人”。西方学者有时也将其翻译为“市民”、“平民”。[②]这个词在古王国末期的文献里面已经出现了，表示贫穷的和受剥削的自由民。第一中间期，各个地方势力为了增强势力，可能采取了笼络涅杰斯的政策。例如，第10王朝《阿赫托伊对其子美利卡拉的教谕》讲道：“不要把人之子与穷人（涅杰斯）区别开来。”[③]到中王国时期，部分涅杰斯的地位得到提高。例如，伊悌石碑上有一句话：“我是凭借自己的力量而取得成功的优秀的市民（涅杰斯）。”伊悌还在石碑上记载了自己的财富和供给，称自己在不结果实的时期喂养了400人。正是因为他的财富和善举，他成为国王和地方诺姆长的朋友。[④]可以说，这个自称为涅杰斯的伊悌不仅是地方官员，还在第11王朝时期已经上升到统治阶级的顶层了。由此看来，到中王国时期，部分涅杰斯实际上已经成为统治阶级的成员。但大多数涅杰斯仍生活在艰苦的条件下，为了生存而努力。

中王国时期，奴隶主阶层拥有很多家用奴隶，而农民等自由民既是小生产者，也可能拥有为数不多的家用奴隶。埃及不仅有本土

① Nicolas Grimal, *A History of Ancient Egypt*, pp. 161, 165.

② R. O. Faulkner, *A Concise Dictionary of Middle Egyptian*, Oxford: Griffith Institute, 1962, p. 145.

③ Miriam Lichtheim, *Ancient Egyptian Literature: A Book of Readings*, Vol. 1, p. 101.

④ J. H. Breasted, *Ancient Records of Egypt*, Vol. 1, p. 218.

奴隶，还出现了战俘奴隶。随着战争的增加，战俘数量也越来越多。埃及人有时会将战俘用作奴隶。森沃斯瑞特三世远征利比亚的时候，获得了“无数活的利比亚人俘虏和所有牲畜”；而森沃斯瑞特三世的一位卫士长，因伴随国王远征努比亚立功，而获得“100 头”俘虏作为奖赏。[①]这样的战俘显然是按照奴隶来处理的，就像牲畜一样，成为征服者的私有财产。在一份纸草的反面，南部城市土地长官将 95 名奴隶赠送给他的妻子。纸草有所损坏，所以名单只保留下来 83 名奴隶的名字。这些奴隶当中，33 名是埃及人，44 名是亚细亚人。[②]这份纸草很明确说明了外国战俘成为奴隶的事实。此外，奴隶不仅可以赠送，还可以转让买卖。例如，中王国末期的《关于奴隶女孩森毕特的报告》记载的就是奴隶主将一名埃及人的女奴隶及其田产转让给埃勒凡塔城市。[③]

第 12 王朝的坟墓壁画通常包含关于社会活动的生动的背景描绘，同时还为社会模型在坟墓中的实践提供了强烈的日常生活的画面。这些模型可能是房屋、店铺和船只，还伴随着居民、工人和水手。梅克特拉在底比斯的坟墓中描绘的牛普查模型是由几十个书吏构成的。他们坐在柱廊下面，牧人驱赶着他们的牲畜和有斑点的、有角的牛从书吏身边走过，以便书吏计数。第 12 王朝时期，梅赛提在阿西尤特的坟墓保留了普通战士武装起来的行军队伍。[④]

尽管第 12 王朝中期埃及出现了较为繁荣的经济，但中王国的经济依然是由统治阶级控制的。阿蒙尼姆赫特三世等国王虽然有开发法尤姆、发展经济之功，但也曾大兴土木、广建庙宇和坟墓，耗费了很多国家财政和人力资源。作为社会主要群体的涅杰斯也出现了严重的贫富分化。那些仍然为生存而奔波的涅杰斯和备受剥削的奴隶自然成为中王国崩溃的重要因素。

---

① J. H. Breasted, *Ancient Records of Egypt*, Vol. 1, pp. 235, 306.

② 刘文鹏：《古代埃及史》，第 322 页。

③ P. C. Smither, “The Report Concerning the Slave-Girl Senbet,” *Journal of Egyptian Archaeology*, Vol. 34 (1948), p. 32.

④ Jason Thompson, *A History of Egypt: From Earliest Times to the Present*, p. 55.

希克索斯人的统治

第 12 王朝末期，埃及进入第二个较长的混乱时期，被称为第二中间期（约公元前 1786—前 1567 年）。根据马涅托的划分方法，第二中间期包括第 13 王朝至第 17 王朝。但这几个王朝并不是前后延续的，而是并存的地方性政权。第 13 王朝基本上是延续了第 12 王朝的统治，将统治中心迁回到底比斯。在第 13 王朝建立后，一个以三角洲西部克伊索斯为中心的政权建立起来，被称为第 14 王朝。几乎就在第 13 王朝建立之时，在三角洲东部以阿瓦里斯为中心，希克索斯人又建立了一个政权，其统治时期被称为第 15 王朝和第 16 王朝。第 13 王朝末期，底比斯兴起了一个新政权，马涅托称其为第 17 王朝。可以说，第二中间期完全是地方割据的局面，没有一个纯正的中央集权国家。

第二中间期，尼罗河水位的忽高忽低影响到农业生产，甚至在不同年份造成不同程度的饥馑。这与地方割据的社会状况结合起来，加重了下层民众的负担。结果是发生了普遍而广泛的人民大起义。起义针对的就是以拉神为代表的神祇和以国王为首的统治阶级，这体现了这次起义的性质，即反对王权和神权的斗争。起义者是门卫、洗衣匠、捕鸟人、酿酒人、贫民（注：真正贫穷的人，而非涅杰斯）、奴隶、侍从、仆人等。起义很快席卷了全国，其结果很明显："国王被暴徒废黜"，"国家的首长逃亡"，"国家的长官被驱散到各地"，"政府机关已经被打开，它们的清单被夺去"，"（书吏）已经被杀死，他们的文件已经被夺走"，"埃及的谷物已经成为公共财产"，"大地像陶钧一样翻转过来"，"贫穷的人变成了珍宝的所有者"，"奴隶变成了奴隶的占有者"。[①] 这次贫民和奴隶大起义推翻了统治政权，改变了社会关系，甚至为希克索斯人在埃及的统治提供了机会。

---

① R. O. Faulkner, "The Admonitions of an Egyptian Sage", *Journal of Egptian Archaeology*, Vol. 51 (1965), pp. 53-62.

第二中间期的另一件大事是外来人对埃及三角洲地区的统治，这是埃及第一次受到外来人的统治。根据马涅托的记载，希克索斯人在埃及以阿瓦里斯为中心建立了第 15 王朝和第 16 王朝。但目前的研究基本认为第 16 王朝是与第 15 王朝并存的小希克索斯王朝。在马涅托的著作《历史》的残篇中，关于“希克索斯”的含义有两种说法：“牧人王”或“牧人俘虏”。[①]但这两种说法其实都不准确。希克索斯这个词是希腊语的音译，来源于埃及语 ḥkɜ、ḫɜswt，意思是“外国的统治者”或“沙漠高地的统治者”。希克索斯人究竟是什么人？学界观点也不一致，有各种说法，例如亚细亚人说、赫梯人说、印欧人说、古阿卡德人说等。但近年考古发掘表明，他们很可能是起源于巴勒斯坦的迦南人。这些人并不像马涅托说的那样突然进入埃及，而是在中王国末期和第一中间期初期逐渐渗透到埃及的。[②]他们经过半个世纪的努力和斗争，最终在大约公元前 1674 年成为埃及真正的统治者，但主要统治范围仍是三角洲地区。

希克索斯人在埃及的统治基本上采取了埃及的统治制度，吸收埃及官员进行统治。一位名为胡尔的希克索斯官员，具有“下埃及王的财政大臣”等埃及传统的官员头衔。[③]他们甚至采用了埃及本土国王的名字命名方式。[④]他们还选择一个具有反叛性格的神祇作为王朝保护神，即塞特神。当然，他们也把太阳神拉作为王权的保护神。希克索斯人在保持埃及政治、经济、文化传统的同时，也为埃及带来了新元素。例如，套上马具的马就是希克索斯人引入埃及的，埃及人还从希克索斯人那里学会了复合弓、青铜短剑、改进的剑和盔甲等制作和使用技术。[⑤]这些对于埃及人的军事发展具有重要意义。

---

① Manetho, *The History of Egypt with Other Works*, pp. 85, 87.

② C. A. Redmount, “Ethnicity, Pottery, and the Hyksos at Tell el-MasKhuta in the Egyptian Delta”, *Biblical Archaeologist*, Vol. 48(1995), no. 4, pp. 185, 186; I. E. S. Edwards, et al., eds., *The Cambridge Ancient History*, Vol. 2, part. 1, Cambridge: Cambridge University Press, 1973, p. 54.

③ I. E. S. Edwards, et al., eds., *The Cambridge Ancient History*, Vol. 2, part. 1, p. 60.

④ R.J. Leprohon, *The Great Name: Ancient Egyptian Royal Titulary*, pp. 81-86.

⑤ Nicolas Grimal, *A History of Ancient Egypt*, pp. 186, 187.

在第 13 王朝末期，大约公元前 1650 年，第 17 王朝在底比斯建立起来。该王朝在大多数时间里都专注于经营自己在底比斯周围的统治范围，甚至有材料表明它在很长时间里与希克索斯人的第 15 王朝保持着友好的关系。第 17 王朝末期泰奥二世统治时期，两个政权之间的关系恶化了。据萨里叶一号纸草记载，希克索斯王阿波菲斯派人捎信给底比斯君主，称底比斯池塘里的河马的叫声影响到了希克索斯人的休息，令阿波菲斯夜不能寐，所以要求泰奥二世来解决这个问题。[①] 这无疑是对泰奥二世的凌辱。泰奥二世立即发出了进攻阿瓦里斯的命令，但不幸的是，他在战斗中被杀死。他的长子卡莫斯继承王位，继续展开对希克索斯人的坚决战斗，并取得了一定的成功。但卡莫斯只统治了 5 年时间，没有真正完成驱逐希克索斯人的任务。他去世以后，这个任务就落在了他的弟弟阿赫摩斯的身上。阿赫摩斯建立了新的王朝，他在完成驱逐希克索斯人这个历史重任的同时，也开启了埃及历史的新篇章。

三、曲折期的文化

地方神与奥西里斯信仰

第一中间期至第二中间期是古埃及历史上国家曲折发展的阶段。这种曲折不仅是政治、经济和社会方面的，还表现在文化方面。从第一中间期到第二中间期，太阳神拉继续受到崇拜，始终在国王的五个名字当中出现。国王将自己的出生名放在拉之子衔之后，宣称自己是拉神的儿子。[②] 但随着古王国的崩溃和政治中心的转移，孟菲斯城的保护神拉逐渐丧失了国家主神的地位。与此同时，随着中王国时期统一国家的重建，几个地方神因其所保护之城市的政治地位的提升而得到发展。

---

① J. B. Pritchard, *Ancient Near Eastern Texts: Relating to the Old Testament*, pp. 231-232.

② R. J. Leprohon, *The Great Name: Ancient Egyptian Royal Titulary*, pp. 41-92.

孟图神最初是古代底比斯的重要城镇尤尼镇的保护神，以隼鹰头为形象，是古埃及的战神，在第6王朝时描绘在神庙里。① 这个神还在其他地方受到崇拜。到第一中间期，地方割据势力都崇拜自己的地方神。第11王朝在底比斯兴起，非常重视它的保护神孟图。第11王朝的国王们不仅为孟图神建造神庙，还将孟图神纳入自己的名字，表明他们对该神的皈依。第12王朝建立者阿蒙尼姆赫特一世开始将底比斯的地方神阿蒙提升起来，② 建筑了崇拜阿蒙的神庙，还通过自己的出生名表达了自己对该神的皈依。第12王朝后来也有几位国王称阿蒙尼姆赫特。阿蒙尼姆赫特（imn m ḥ3t）在埃及语中的含义是“阿蒙是第一位的”。第12王朝还有三位国王的名字叫森沃斯瑞特（s n wsrt），这个名字的埃及语含义是“属于女神沃斯瑞特的男人”。③ 沃斯瑞特（wsrt）是底比斯女神，她的名字的意思是“强大的”，或许是阿蒙神最早的配偶。正是第12王朝的国王将沃斯瑞特神的地位提升起来。④ 女神沃斯瑞特也因为国王的崇拜和皈依而发展起来。鳄鱼神索贝克（Sobek）在埃及很多地方得到崇拜，尤其在法尤姆地区，⑤ 是第12王朝新首都伊悌－哈威（或许是今日利希特城）的保护神之一。他也借助城市地位的提升而得到发展，成为一个国家神。第12王朝末代国王的名字索贝克尼弗鲁（sbk nfrw）的意思是“索贝克是完美的”，明显表达了对索贝克神的崇拜。第13王朝的6位国王的名字中都有索贝克的因素。⑥

在第一中间期，随着地方势力的兴起，古王国时期国王所独有的一些丧葬习俗逐渐被地方贵族享有，甚至被普通人接触。这就出现了丧葬观念和习俗的平民化。在这个过程中，古王国时代国王死后进入来世，与冥王奥西里斯结合起来，或者变成奥西里斯本人的

① B. Watterson, *The Gods of Ancient Egypt*, p. 190.
② George Hart, *The Routledge Dictionary of Egyptian Gods and Goddesses*, pp. 13-21.
③ R.J. Leprohon, *The Great Name: Ancient Egyptian Royal Titulary*, pp. 57-59.
④ George Hart, *The Routledge Dictionary of Egyptian Gods and Goddesses*, p. 164.
⑤ Ibid., p. 148.
⑥ R.J. Leprohon, *The Great Name: Ancient Egyptian Royal Titulary*, pp. 60-68.

观念，逐渐被普通民众所接触和接受，最终导致了奥西里斯崇拜的广泛流传。奥西里斯神起源于哪里，始终是学界争论的问题，因为关于奥西里斯神的记载不多，而且都不全面，例如《孟菲斯神学》、《金字塔文》和普鲁塔克的《奥西里斯与伊西斯》等。但很显然，到中王国时期，他在底比斯受到崇拜，这里每年举办祭祀奥西里斯的节日。[①]另外，可以确定的是，奥西里斯是植物生长之神，具有再生的特征。在神话中，奥西里斯的再生与埃及的农历年相吻合，从而具有了战胜困难和死亡，实现再生的能力和特征。奥西里斯神之所以受到国王、贵族和普通民众的广泛崇拜，与他具备的这些特征是分不开的。

奥西里斯神在中王国时期受到广泛崇拜，在很多国王的坟墓墙壁绘画中反映出来，这些壁画描绘了奥西里斯在来世主持死者审判的场面。贵族甚至普通人都在自己的墓碑中表达了对奥西里斯神的崇拜。大英博物馆收藏的编号为 BM EA 558 的墓碑展现了这点。碑文主要表达墓碑主人通过献祭的方式希望在来世分享祭品，并记述墓碑主人生前的行为。这块墓碑是墓碑主人在去世之前为自己准备的，这是古埃及精英群体的传统做法。

中王国（公元前 2133—前 1786 年）时期，埃及国王继续建筑金字塔作为坟墓之用，但这一时期的金字塔没有恢复到古王国的水平，建筑材料大多使用泥砖，最高的也就 80 米左右，因建筑材料容易风化，现在可见到的中王国的金字塔大都是土堆形状。中王国文化鼎盛期的国王阿蒙尼姆赫特三世（大约公元前 1831—前 1786 年）在法尤姆建筑了几个主要神庙和两个巨大坐像，坐像曾经几乎高达 20 米。巨像被完全毁坏了，仅仅留下了它们的底座，现代旅游者最初误把它们当作小金字塔。阿蒙尼姆赫特三世效仿他的前辈阿蒙尼姆赫特二世和森沃斯瑞特三世，在达赫舒尔金字塔地区的东边为自己建筑金字塔，但地基出现问题，而未完成。然后，他又在法尤姆

① Mark Collier and Bill Manley, *How to Read Egyptian Hieroglyphs*, Los Angeles: University of California Press, 1998, pp. 54-55.

的哈瓦拉建筑了另一个金字塔，现在高达30多米，这大约是其原初高度的一半。它毗邻的丧葬庙，即所谓的拉比林斯迷宫，是古代世界奇迹之一。在它建成2300多年以后，希腊旅行者希罗多德写道："我已经看到了这座建筑物，它是我无力描述的；它一定比希腊人建筑的所有城墙和公共建筑物所花费的劳力和金钱更多……金字塔也是令人惊奇的建筑物，它们当中的每一个都等同于希腊很多最雄伟的建筑物；但拉比林斯迷宫比金字塔还壮观。"①

第二中间期（公元前1786—前1566年）的第13王朝还有3座国王金字塔，其他王朝的金字塔至今未发现。最后一个建造金字塔的可能是新王国第18王朝的创建者阿赫摩斯（Ahmose），但他是把金字塔作为纪念性建筑，还是用作坟墓，还很难确定。②在国王金字塔建筑衰落的同时，地方贵族的墓葬却得到发展，有些贵族在岩壁上开凿岩窟墓，其内部结构和陪葬品的奢华程度甚至高过国王的墓葬。到中王国时期，很多贵族和大臣又恢复了古老的传统，在国王墓葬周围建筑自己的坟墓。

中王国时期的国王墓中的棺材多采用木棺，也有用石棺的，随着木棺的广泛使用，"棺文"应运而生了，这是一种刻画在木棺内部的文字，也是一种祈祷文，吸收了金字塔文的部分内容；③中王国时期还出现了人形棺；④国王木乃伊的制作技术比古王国时期有所发展；⑤中王国时期的王墓中出现了一些木乃伊面具，模仿死者的形象制作而成，木制镀金，绘成彩色；⑥中王国国王墓还出土了大批木制和石制小雕像，代替了古王国王墓中的木乃伊小雕像，作为国王在

① Herodotus, *The Persian Wars*, Vol. 1, ii. 148.

② Salima Ikram, *Death and Burial in Ancient Egypt*, London: Longman, 2003, p. 157.

③ J. H. Taylor, *The Death and Afterlife in Ancient Egypt*, pp. 220-221.

④ Ibid., p. 223.

⑤ A. J. Spencer, *Death in Ancient Egypt*, pp. 115-116; Adriaan De Buck, et al., *The Egyptian Coffin Texts*, 8 vols., Chicago: The University of Chicago Press, 1935-2006.

⑥ S. D' Auria, et al., *Mummies and Magic, Museum of Fine Arts*, Boston: Fine Art Museum Press, 1988, pp. 119, 128.

来世驱使的仆人，男女两性的雕像都有。这种小雕像名为夏博悌。[①]

第一中间期和第二中间期，由于社会的动荡，雕刻绘画艺术基本上失去了优质创作的可能性，中王国时期的一些作品体现了艺术特色。就保存下来的雕像而言，中王国的作品也远远少于古王国时期的作品。第 11 王朝最杰出的国王雕像是孟图霍特普二世的，他头戴代表下埃及的红色王冠，身着白色祭服，双手紧握，合抱于胸前，威严地面向前方。这完全体现了古王国时期的正面律雕刻法，具有理想主义的特色。第 12 王朝的雕像多了起来，质量也较第 11 王朝更为优异，以森沃斯瑞特三世和阿蒙尼姆赫特三世的系列雕像为代表。[②]这些雕像基本上体现了一个共同的特征：与古王国国王雕像的平静不同，“中王国君主是强壮的，但有时略带憔悴，似乎疲倦不堪地尽心执行其职责”。[③]如果说国王的雕像还有表达其威严的意思，那么普通人的雕像则更突出地体现了现实主义手法。戴尔·巴哈里美凯特拉墓中出土了两尊彩色木雕，雕刻的是两个少女。她们身着露肩紧身裙，头顶装满贡物的篮子，手握斑鸠，缓缓走来，体态轻盈优美。[④]这样的雕像充满了生活气息。

神庙、国王葬祭庙、国王和贵族的坟墓等建筑物内部有一些浮雕，其中最具代表性的是上埃及陶德的孟图霍特普二世与拉神石灰石浮雕和孟图霍特普三世与上下埃及女神的石灰石浮雕，这些浮雕表现了神为国王加冕的场面。[⑤]这是古埃及浮雕的传统主题之一。但是，无论从质量还是从数量上，中王国时期的绘画都远远胜于浮雕。中王国的绘画尤其体现了现实生活。中王国艺术特别突出的领域是珠宝饰品的制作。第 12 王朝公主凯美特在达赫舒尔的墓葬里面有著名的“公牛镶嵌图案”垂饰，该图案受到了克里特图案的影响。技艺、

---

① J. H. Taylor, *The Death and Afterlife in Ancient Egypt*, pp. 112, 114.

② C. Aldred, *Egyptian Art*, London: Thames and Hudson, 1980, p. 127.

③ Jason Thompson, *A History of Egypt: From Earliest Times to the Present*, p. 47.

④ C. Aldred, *Egyptian Art*, pp. 115-118.

⑤ Ibid., pp. 113-115.

图案和主题都以一流的方式结合起来，获得了惊人的美学效果。[①]

中王国时期的艺术品制作者更多地被视作“技术员”和“工匠”，而非今日我们理解的“艺术家”。他们几乎始终按照订单工作，他们几乎不可能作为作品的创造者而被人们记得。但这并没有影响他们对自己的技术熟练程度感到自豪。中王国雕塑家伊尔提森在阿拜多斯的墓碑上宣称：“我是一位艺术家。在我的艺术领域，我是熟练的、卓越的，因为我了解它。我知道浮雕的法则，无论阴雕，还是阳雕，从而我的所有雕刻都恰到好处。我知道怎样表现男人的运动或女人的走动、被捕之鸟的姿势、一只眼睛瞟向同伴的俘虏的扭曲神态；我知道怎样展现敌人面部的恐惧神态、用矛刺杀河马的胳膊的姿势、奔跑者的动作。我知道怎样制作不能用水洗掉的镶嵌画。”[②]

故事、教谕、诗歌成就

文学是该时期埃及文化的一个辉煌领域，既有作为新体裁的故事或小说以及悲观文学，也有传统的教谕文学作品。其中很多作品是非常著名的。

故事文学最具特色。这一时期最著名的故事就是《能言善辩的农夫的故事》。故事的内容是这样的：三角洲地区的一个埃及农民，在去交换生活用品的途中，其财物被一个名叫奈姆提·奈赫特的小官僚抢劫，并遭到殴打，于是农民向国家首都长官廉西连续九次申诉自己的冤屈，最终凭借雄辩的口才获得成功，冤屈得以昭雪，正义得以伸张。文献是通过四份发现于埃及的纸草文献整理复原而成，最早的两份纸草内容比较丰富，1830年发现于底比斯的埃及古墓中。文献是以古代埃及最早的文字形式——圣书体书写而成。西方很多学者先后投入到对该文献的解读和研究之中，陆续发表了译文和研

① Jason Thompson, *A History of Egypt: From Earliest Times to the Present*, p. 53.

② Ibid.

究性论文，甚至有学者通过该文献的解读和研究而获得博士学位。① 这篇文献的重要价值在于作者通过农夫的申诉表达了当时统治阶级与被统治阶级之间的矛盾。

中王国时期还有两篇非常典型的故事作品。《船舶遇难水手的故事》是一篇传奇故事，讲述的是一位在遥远岛屿上船只遇难的人的故事，其内容或许反映的是当时埃及与相邻地区的贸易关系。《辛努亥的故事》可以归入历史小说行列，提到了第 12 王朝的宫廷生活。辛努亥本是阿蒙尼姆赫特一世的随从，跟随共治王森沃斯瑞特一世出征途中，听说阿蒙尼姆赫特一世被阴谋杀害的消息，因害怕而逃跑到叙利亚巴勒斯坦一带。他在那里受到重用，并娶妻生子，生活美满。但他始终想念家乡，因而多次向神祇和国王写信。最终，国王允许并欢迎他回到埃及。故事内容讲述的很细腻，引人入胜，尤其辛努亥与可怕的叙利亚敌手之间激动人心的打斗场面，更是令人读来印象深刻。② 这篇故事不仅证实了阿蒙尼姆赫特一世统治后期的宫廷政变，还表明了埃及与叙利亚巴勒斯坦地区的关系。

第一中间期至第二中间期，尽管有中王国的统一，但大多数时期是混乱与动荡的，社会秩序发生了重大变化，社会关系和阶层关系也发生了多方面的改变。这种社会催生了一种对现实悲观失望的文学体裁，即厌世文学。《涅菲尔提预言》便是这样的文学作品。目前学界见到的是这篇文学作品的抄写本，是第 18 王朝时期的。学界一般认为它反映的是第一中间期的情况。作品记载了第一中间期的自然灾害、社会动荡以及贵族心理上的恐惧。③ 还有两篇类似的文学作品也反映了第一中间期的状况。《祭司安虎与自己灵魂的对话》记述了祭司安虎看到神灵不受尊重、社会混乱等状况而感到极度痛

① 王海利：《失落的玛阿特》，北京大学出版社 2013 年版，第 211—258 页；郭子林：《碎片化的记忆与历史重构——评王海利新著〈失落的玛阿特〉》，《世界历史》2014 年第 6 期。

② Aylward M. Blackman, *Middle-Egyptian Stories*, pp. 1-41; Alan H. Gardiner, *Notes on the Story of Sinuhe*, Paris: Librairie Honorè Champion, 1916, pp. 120-151.

③ W. K. Simpson, ed., *The Literature of Ancient Egypt: An Anthology of Stories, Instructions, and Poetry*, pp. 235-239.

苦，与自己灵魂展开了一场对话，痛斥了社会的不公现状。《一个人与其灵魂的对话》当中的主人对社会动乱不满，认为“没有公正的人”，因而试图死去，但他的灵魂（巴）却不满意他的轻生做法，威胁主人说如果主人轻生，自己就会离开他，这样主人便无法获得永生。主人最终放弃了轻生的想法。[①]《伊普味陈辞》是反映第二中间期社会状况的厌世文学作品。

在第一中间期至第二中间期，教谕文学也是一个重要的文学体裁，很多教谕文学具有非常高的文学和史学价值。在第一中间期，《对美利卡拉王的教谕》是一篇非常著名的教谕文学作品。一般认为这篇教谕文学作品是第10王朝国王阿赫托伊三世写给其继承人美利卡拉的。该教谕是国王阿赫托伊三世治国平天下的政治纲领，也是其思想精华。它针对当时动乱的社会现实，告诫美利卡拉应该注意的事情，教导其如何巩固自己的君主和王朝的地位和“做国王的规则”。

另一篇非常著名的教谕作品是《国王阿蒙尼姆赫特一世的教谕》。阿蒙尼姆赫特一世是中王国时代第12王朝的第一位国王。一些学者认为阿蒙尼姆赫特一世被他信任的护卫惊吓、背叛和几乎谋死之后，写下了他的《教谕》。很可能是因为他害怕再有人试图谋杀他，所以他才任命自己的儿子森沃斯瑞特一世为共治王。其他学者认为谋杀取得了成功，而《教谕》是由森沃斯瑞特一世写下来的。下面几句话完全体现了该作品的思想精髓：“相信自己，而不要相信仆人，他们不能给你任何东西。任何人都有恐惧心理。不要视任何人为兄弟。不要交朋友。不要有亲密之人，这是不值得的……”也就是说，这篇作品的主旨就在于警告他的后代在为王的过程中不要相信任何人。这是他根据自己的经历总结出来的：“晚饭过后，夜晚降临。我休息一个小时。我躺在我的床上，因为我感到困倦了。我的心开始睡去。突然，忠告的武器调转头来，对准了我。我就像沙漠中的一条蛇……我呼唤我的卫士。我发现他已是一具尸体，他

① Miriam Lichtheim, *Ancient Egyptian Literature: A Book of Readings*, Vol. 1, p. 164.

被一个士兵打死了。如果我迅速地将武器拿在手中，那么我可能已经使恶棍陷入混乱。但没有夜晚守卫者，没有任何人能够单独作战。没有护卫者，就没有成功……”接下来，作者讲述了自己的功绩，以证明尽管有卓越的功绩，但仍然有人反抗自己。“我诱捕狮子，赶走鳄鱼。我征服努比亚人，赶走麦德查人（Medjay）。我令亚洲人像狗一样逃窜……”最终，他交代了自己在防备阴谋方面做的准备：“我用金子装饰自己的房屋，用蓝宝石做屋顶，用银子做墙壁，用硬石做地板，用铜做门，用青铜做门闩，一切为了永恒，为永恒生命置办装备。我了解这点，因为我才是这一切的主人。”①

这一时期的文学绝不仅仅局限于故事、悲观主义文学和教谕文学，还有其他很多文学作品。例如，《竖琴师之歌》是一篇在宗教仪式中伴随竖琴弹奏而演唱的一首歌，具有颂诗的性质。此外，还有一些医学、数学、动植物、法律等方面的作品传世。

有学者将中王国时期称为古典时代，这并不是因为中王国时期的文化作品达到了顶峰，而主要是因为它们尤其是文学作品，所借以传播的载体是在后来历史上始终使用的世俗体文字，也是因为很多作品成为后世临摹和传抄的典范，更是因为它们为新王国时期文化的繁盛奠定了基础。

---

① http://www.digitalegypt.ucl.ac.uk/literature/teachingamenemhati-index.html. Accessed January 15, 2008.

第四章　古埃及帝国的兴衰

第 18 王朝的建立和发展标志着埃及进入了新王国时代（约公元前 1567—前 1085 年）。新王国时代是埃及本土人统治史上最鼎盛的时期，政治上发展了以法老为核心的专制王权，经济上成为地中海世界最富庶的国家，文化上创造了绚烂多彩的成就，军事上开启了对外征伐的历史，对外关系上实现了与周围世界空前的频繁交往。这一时期的埃及不仅是一个大一统国家，更是一个将周围世界联结起来的核心纽带。作为一个强盛的王国，它孕育了许多彪炳史册的重要法老，在古埃及和当时的西亚、北非留下了浓墨重彩。

古埃及的历史似乎也证明了“天下大势，分久必合，合久必分”的哲理。公元前 11 世纪末期，古埃及进入第三个相对混乱的时期，先后受到利比亚人、努比亚人、亚述人、波斯人的入侵或统治。古埃及处于 700 多年的动荡与衰落中，为古埃及文明的最终消亡埋下了祸根。

一、军事征服与帝国兴衰

帝国的建立与鼎盛

第 18 王朝的建立者阿赫摩斯（约公元前 1570—前 1546 年在位）是一位非常有作为的国王。他继承了第 17 王朝末代国王胞兄卡莫斯的王位，大约在公元前 1567 年，他将希克索斯人驱逐出埃及，于是学者们将第 18 王朝的起点定为公元前 1567 年。从此，埃及开始了对外征伐战争的历史。据《埃巴纳之子阿赫摩斯传记》记载，国王阿赫摩斯曾三次远征南方的努比亚，镇压那里的起义。[①] 他注重加强内政建设，安排亲信到各个政府部门。他还注重灌溉系统、神庙等的修建、恢复与利比亚以及沿海城市的贸易等。他的继承人阿蒙霍特普一世继承了一个统一的王国，为了扩大埃及边境，出兵第二瀑布，打败努比亚人，并征伐利比亚人。[②] 他在国内的最主要活动是底比斯卡尔纳克神庙的设计与建筑，还改革丧葬习俗，将坟墓与葬祭庙分开建筑。第三位国王图特摩斯一世的主要功绩是将埃及的南部边境推进到尼罗河第三瀑布，[③] 在北方攻打到亚洲的幼发拉底河[④]。同时，图特摩斯一世在卡尔纳克神庙建筑了柱厅、庭院、最早的方尖碑，还开创了帝王谷陵墓的建筑。

图特摩斯一世的后辈们继续拓展其业绩，特别是在图特摩斯三世统治的第 22 年，他先后 17 次远征叙利亚和巴勒斯坦，最终将埃及在亚洲的国界线推进到幼发拉底河上的卡赫米什。[⑤] 他在南方将埃及疆界扩张到尼罗河第四瀑布，一块石碑记载了他在纳帕达建立了一座堡垒城市。[⑥] 至此，埃及的版图达到了最广阔的程度，图特摩斯三世的继承人只是尽力巩固这些征战来的土地，镇压各地的起义斗争。 及至阿蒙霍特普三世（约公元前 1417—前 1379 年）统治时期，埃及出现了政治、经济和文化最繁荣的景象。一般认为，阿蒙霍特普三世统治时期是埃及最强盛的时候。他的伟大功绩在于扩大和建筑卡尔纳克神庙、建筑卢克索神庙、穆特女神庙和孔苏神庙，他在底比斯的葬祭庙也是最大的。他的继承人阿蒙霍特普四世（约公元前 1379—前 1362 年）就是著名的埃赫那吞。阿蒙霍特普四世在位

① J. H. Breasted, *Ancient Records of Egypt*, Vol. 2, pp. 8, 9.

② Ibid., pp. 17, 18.

③ Ibid., pp. 33-34.

④ Ibid., pp. 30, 31.

⑤ Ibid., pp. 172-175.

⑥ Ibid., p. 258.

时期，阿蒙祭司集团的势力严重影响着国王的王权，从而使阿蒙霍特普四世在自己统治的第五年废除了阿蒙神的崇拜，转而崇拜太阳光盘神阿吞，将首都迁到阿玛尔纳，将自己的名字改为埃赫那吞。阿蒙霍特普四世忙于内部宗教改革，而忽视了对外征服和镇压，结果西亚等地纷纷试图脱离埃及的统治。而他的继承者们都未能从根本上扭转这种状况，致使埃及在西亚和努比亚的霸权地位越来越受到挑战。

帝国的争霸与维持

军旅出身的郝列姆赫布没有将王位传给自己的儿子，而是任命在军队中立有赫赫战功时任维西尔的普拉美斯为继承人。普拉美斯登上王位以后，改名为拉美西斯，这就是拉美西斯一世——第 19 王朝的创立者。拉美西斯一世在位一年多后去世，他的儿子塞提一世（约公元前 1318—前 1304 年在位）继承王位，他试图打破第 18 王朝末期以来埃及霸权的窘境，出兵叙利亚，还征伐利比亚。[①] 但他并没有将埃及版图恢复到图特摩斯三世时候的状态。他的儿子拉美西斯二世（约公元前 1304—前 1237 年在位）基本完成了这个任务。他将首都定在三角洲的培尔－拉美西斯（意思是“拉美西斯之家”），在登上王位的前三年实现了国家内务的整顿工作，从第四年发起了对西亚的战争。他借口赫梯破坏了其与埃及国王塞梯一世的和约，悍然发动战争，与赫梯争夺在叙利亚和巴勒斯坦的霸权。从史料来看，拉美西斯二世断断续续地向赫梯用兵多次，或许已经深入到了赫梯境内。[②] 然而，长期的战争使得埃及和赫梯都衰弱下来，双方都难以取胜，最终拉美西斯二世与赫梯国王哈图什里三世达成停战协定，并签订《和平条约》，确定了两国之间的永久和平关系。同时，

---

① J. H. Breasted, *Ancient Records of Egypt*, Vol. 3, Chicago: The University of Chicago Press, 1906, pp. 47, 52, 67-71.

② John Boardman, et al., eds., *The Cambridge Ancient History*, Vol. 3, part. 2, Cambridge: Cambridge University Press, 1982, p. 229.

条约规定不接受和引渡“亡命者”的条款。[①]之后，赫梯国王还将自己的两个女儿先后嫁给了拉美西斯二世，这种政治联姻进一步巩固了两国的和平关系。

拉美西斯二世也是卓有成效的建筑家。他在底比斯帝王谷进行的坟墓建筑等给人留下深刻印象，拉美西斯二世的巨像和阿布·辛拜勒神庙都是重要的建筑工程。然而，无论是军事征伐，还是工程建筑，都在很大程度上削弱了埃及的实力。结果，拉美西斯二世的继承人美楞普塔（约公元前1236—前1223年）登上王位时，埃及已出现内外危机。美楞普塔面对的重大问题之一是“海上民族”的入侵。海上民族不是一个单独的民族，而是一些零散的人群的集合，并非来自某个具体的地区。[②]实际上，他们是来自小亚和爱琴海沿岸和岛屿的人们。在美楞普塔统治初期，埃及三角洲地区受到海上民族和利比亚人的骚扰。有学者认为，他们是“来自北方和西方的袭击埃及和巴勒斯坦的大迁徙运动的先驱”。[③]美楞普塔对利比亚人和海上民族的入侵，采取了坚决的抵抗态度。双方在皮耶尔附近的某个地方展开会战，经过6小时的战斗，入侵者失败。《卡尔纳克铭文》记载，敌人总共被杀死9376人；《阿特里比斯石碑》记载的被杀者是9300人，被杀和被俘者有18000多人。[④]美楞普塔尽管抵挡住了海上民族的入侵，但埃及也因此损耗了国力。他去世以后，出现了王位之争，后面四位国王的统治时间都很短，最后一位国王特沃斯拉最初是王后和摄政王，后来篡夺了王权。王位之争进一步削弱了第19王朝的实力。与此同时，埃及北方还发生了大规模的人民起义，即所谓的伊尔苏起义。[⑤]但伊尔苏起义被塞特那克特镇压，后者建立了第20王朝。

---

① J. H. Breasted, *Ancient Records of Egypt*, Vol. 3, pp. 165-174.

② N. K. Sandars, *The Sea Peoples*, London: Thames and Hundson, 1978, p. 9.

③ John Boardman, et al., eds., *The Cambridge Ancient History*, Vol. 3, part. 2, p. 233.

④ J. H. Breasted, *Ancient Records of Egypt*, Vol. 3, pp. 250, 255-256.

⑤ J. H. Breasted, *Ancient Records of Egypt*, Vol. 4, Chicago: The University of Chicago Press, 1906, pp. 92-206.

帝国的衰落与崩溃

根据马涅托记载，第20王朝由底比斯的12个国王组成，统治时间有135年、178年或172年之说，但没有具体的王名和事迹。[①]现代学者根据其他史料整理出了第20王朝的统治系列，认为该王朝大约有10位国王，他们共统治了115年。这个王朝国王的名字除第一位国王名为塞特那克特外，其他国王的出生名都叫拉美西斯，从拉美西斯三世一直持续到拉美西斯十一世。可见，该王朝的统治者均为拉美西斯二世的后裔。

塞特那克特仅仅统治了两年就去世了，他最大的功绩在于开创了一个新的王朝，还任命儿子拉美西斯三世为共治王。拉美西斯三世（约公元前1198—前1166年在位）是第20王朝统治时间最长的法老，也是最有作为的，甚至是新王国时代最后一位伟大的国王。他积极抵御外来侵略，在他统治前期进行了三次战争。第一次是他在其统治的第5年抵抗利比亚人的进攻，取得了胜利。杀死敌人12535人，至少将1000名俘虏带回到埃及，并令他们服役。[②]第二次战争发生在他统治的第8年（公元前1191年）抗击“海上民族”的入侵。拉美西斯三世在沿途设立阻击堡垒，并在尼罗河三角洲与地中海交界处采取诱敌深入的方式，将他们打败。在拉美西斯三世统治的第11年，利比亚人在其他沙漠部落的支持下，出现在埃及边境，拉美西斯三世对其给予严厉打击，杀敌2175人，捕获俘虏2052名和妇女儿童558名，还获得大量战利品。[③]通过这些坚决的抵抗斗争，拉美西斯三世为埃及人民争得了和平的环境。拉美西斯三世也与他的很多前辈一样，在底比斯建筑了5座神庙，在培尔-拉美西斯建筑了塞特的神庙，等等。他的军事和经济活动使埃及出现了一个短暂的繁荣期。

---

① Manetho, *The History of Egypt with Other Works*, pp. 153, 155.

② J. H. Breasted, *Ancient Records of Egypt*, Vol. 4, pp. 19-33.

③ Ibid., pp. 50, 66.

拉美西斯三世统治末期，埃及经济问题逐渐突显出来。新王国时期，国王们在底比斯西岸的帝王谷修建陵墓和葬祭庙，需要大量工人。这些工人集中居住在戴尔－美迪纳村，这就是著名的工人村。工人村的工人主要依靠国家给予的报酬生活。在拉美西斯三世统治的第 29 年，由于国家财政紧张，加上官吏的贪腐，工人村的工人连续 18 天没有得到本该获得的口粮，处于挨饿的状态。工人们忍无可忍，最后拿起了罢工和暴动的武器。这或许是人类历史上最早的罢工记录。尽管罢工和暴动在维西尔的调停下结束，但国家依然不能全部提供工人所需的口粮。[①] 从此以后，工人村开始衰落下去，工人越来越少，到拉美西斯四世时期减少到了 60 人，最后在第 21 王朝解散。

经济的衰落必然引起一连串的反应。拉美西斯三世统治后期开始，埃及不仅出现了工人罢工、暴动和怠工的情况，盗墓活动也猖獗起来。拉美西斯九世统治时期，埃及的盗墓活动非常多。有一篇文献记载了一个坟墓调查情况。底比斯市长状告西底比斯市长在管理墓葬方面失职，维西尔任命一个调查团，到西底比斯调查墓葬。调查人员发现所调查的 10 个王墓，有一个被打开，9 个完整无损，另外还有 2 座阿蒙神庙女歌手的坟墓被打开。但后来底比斯市长提交了一个 16 人或 29 人的盗墓者名单，证明其他王墓也有被盗挖的。[②] 还有很多史料记录了对盗墓者的审判情况。它们在一定程度上反映了当时社会经济的不景气和王权的衰弱。这种情况一直持续到第 21 王朝。

拉美西斯三世统治末期，后宫发生了一场阴谋。拉美西斯三世的第二个妻子泰伊为了把自己的儿子推上王位，联合宫内廷臣和宫外大臣，试图谋杀拉美西斯三世。结果消息泄露，阴谋未能得逞。拉美西斯三世震怒，特意组织了一个特殊法庭，法官由官吏和军官等 12 人组成，对组织和参与阴谋的人进行了审判。这次阴谋事件尽

① I. E. S. Edwards, et al., eds., *The Cambridge Ancient History*, Vol. 2, part. 2, p. 618.

② J. H. Breasted, *Ancient Records of Egypt*, Vol. 4, p. 264.

管被镇压下去了，但它的后遗症却一直持续到王朝的终结。拉美西斯三世去世以后，他的后代们展开了争夺王位的斗争，阴谋事件层出不穷。

与此同时，阿蒙祭司集团势力的增长进一步削弱了王权，最终导致了新王国埃及政权的崩溃。中王国时期，底比斯地方神阿蒙被提升为国家神之一。到新王国时期，阿蒙神的地位被大大提高。随着阿蒙神地位的提高，阿蒙神的祭司集团的地位和权势也逐渐强大起来。到第 18 王朝繁盛时期，尤其在阿蒙霍特普三世统治时期，阿蒙祭司集团与国王的矛盾就显露端倪。阿蒙霍特普四世（埃赫那吞）为了摆脱阿蒙祭司集团的影响而实行宗教改革，但最终失败了。[①]第 19 王朝拉美西斯二世时期，阿蒙高级祭司的职务已经开始世代相传，而不需要国王的任命。[②]到第 20 王朝时期，拉美西斯三世和拉美西斯四世为了挽救王权，而借助阿蒙祭司集团的势力，不断向阿蒙神庙奉献土地和其他财富。埃及学家布雷斯特德还用表格的形式总结了《哈里斯大纸草》中涉及的几个神庙的财产情况：[③]

	底比斯	赫利奥坡里斯	孟菲斯	一般小神庙	总计
人	86486	12364	3079	5686	107615
大小牲畜	421362	45544	10047	13433	490386
园圃与丛林	433	64	5	11	513
田地（斯塔特）	864168+1/4	160084+3/4	10154	36012	1070419
船舶	83	3	2	0	88
手工作坊	46	5.5（原文如此）	0	2	53.5（原文如此）
埃及城镇	56	103	1	0	160
叙利亚和库什城镇	9	0	0	0	9
城镇总数	65	103	1	0	169

① 关于埃赫那吞改革，参见本章后面的内容。

② J. H. Breasted, *Ancient Records of Egypt*, Vol. 2, pp. 222-223.

③ Ibid., Vol. 4, p. 97.

从上面的表格中很容易看出，底比斯神庙的财产最多，而且他所掌握的财产和土地数量远远多于其他地方神祇的神庙，再加上阿蒙神的祭司集团在政治上优越于其他神的祭司集团。这样，底比斯阿蒙神的祭司集团或许就能够控制和领导其他神的祭司集团。据不完全统计，在第 20 王朝，神庙占有的居民是全国总人口的 6%，但占有当时耕地总数的 10%。[①] 可见，底比斯阿蒙神庙祭司集团的势力有多大，财富有多么雄厚。

拉美西斯十一世统治时期，底比斯阿蒙神庙的高级祭司是荷里霍尔。他还以努比亚总督和将军的身份掌握了上埃及和努比亚的军队。他肩负着宗教和世俗双重任务。到拉美西斯十一世统治晚年，荷里霍尔实际上控制了上埃及的统治权。与此同时，在三角洲地区，贵族斯门德斯掌握的势力发展起来，并在实际上控制了三角洲地区的政权。这样，第 20 王朝末期，埃及处于“三头政治”状态。公元前 1085 年，拉美西斯十一世去世，埃及被荷里霍尔和斯门德斯瓜分，新王国结束。埃及从此进入了第三个混乱时期——第三中间期。

二、中央集权专制主义的鼎盛

国王神性宣传强化

古埃及国王宣称自己是神的儿子或后裔，首先是通过名字来宣传的。名字对于古代埃及人来说是至关重要的，与身体、灵魂、影子等一样重要，是一个人在今生和来世存在的依据。国王更是重视名字，他们希望自己的名字能够永远存在下去，也希望通过名字表达对神祇的崇敬和感激以及皈依，更希望借助名字宣传其神圣属性。宫廷官员或中央官僚负责选择和编写国王的名字。国王名字的选定发生在登基和加冕之间，在加冕时宣布，并让全国各地的人们知晓。[②]

① 俄文材料，转引自刘文鹏：《古代埃及史》，第 508 页。

② R.J. Leprohon, *The Great Name: Ancient Egyptian Royal Titulary*, pp. 5, 7, 9-11.

例如，第 18 王朝国王图特摩斯一世的一篇国王敕令表明了这点：

我的头衔已经起草完毕，如下：

荷鲁斯“胜利的公牛，玛阿特的钟爱者”；

两夫人“他借助眼镜蛇出现，强大者”；

金荷鲁斯“永远完美的人，永远保持思考”；

上下埃及之王“阿阿海派尔卡拉（这个伟大的人是拉的卡的化身）”；

拉之子“图特摩斯（托特所生之人），永生”。[①]

图特摩斯一世的名字是完整的，也是典型的古埃及国王王名的格式。王名不仅体现了他受到诸位神的保护，还强调了自己的特质“强大的公牛”和“拉的卡的化身”以及“托特所生之人”。五个头衔和其后面的名字内容都在说明国王是神。

新王国时期的王名不仅格式齐全，还有一个新特征：除了国王加冕时获得的原初名字，还有很多附加名字。国王加冕以后，在战争或神庙建筑等活动结束的时候，会树碑立传，这时国王会在原有的名字里面加入新信息，以强调自己的功绩。这些功绩进一步强调了国王统治的合法性。这实际上是在强化宣传国王的神圣属性。

图特摩斯一世与哈特舍普苏特共治 22 年以后，哈特舍普苏特去世。他开始独立实施统治，之后他在保持原初名字的同时，还加入了很多附加名字，而这些名字主要是在卡尔纳克和赫利奥坡里斯神庙为了纪念他的塞德节而树立的方尖碑上铭刻的。

实际上，新王国时期的著名国王都有很多附加王名，例如第 18 王朝的国王阿蒙霍特普三世的附加荷鲁斯名有 6 个，附加两夫人名有 6 个，附加金荷鲁斯名有 8 个，附加上下埃及之王名有 8 个，附

① K. Sethe, *Urkunder der 18. Dynastie*, II, Leipzig: J. C. Hinrichs' Sche Buchhandlung, 1906, pp. 80-81.

加拉之子名有3个。[①]在图特摩斯三世的附加王名里面出现了这样的表述："玛阿特的统治者"，"提升了玛阿特的地位"。这些术语表明国王具有玛阿特的属性。"威令在你口中，认知在你的心中，你的舌头可以产生正义"。也就是说，新王国时期的国王不仅是国王和神的儿子，还具有"胡"、"西阿"和"玛阿特"等各种神的属性。这也是国王神圣属性的一种宣传方式。

到新王国时期，埃及人称其国王为法老（Pharaoh）。"法老"一词的象形文字是pr-ʿꜣ，意思是"大房子"或"宫殿"。法老这个读音是希伯来文、希腊文以及科普特文对古埃及语pr-ʿꜣ一词的音读。pr-ʿꜣ这个词最初出现于古王国时期，用在一些短语中，例如smr pr-ʿꜣ，意思是"大房子的廷臣"。就目前来看，最早在图特摩斯三世时期，[②]最晚到阿蒙霍特普四世（埃赫那吞）时期，pr-ʿꜣ被用作对国王的尊称。从第19王朝开始，一些文献里面提到"法老出发"和"法老说"等短语。也就是说，从这以后，pr-ʿꜣ这个词才完全用做对国王的尊称。从新王国时期开始，埃及人还称呼他们的国王为"陛下"，其圣书体文字为ḥm，这个符号是洗衣工使用的木棒形象。[③]大房子、宫殿或洗衣棒都是埃及人的重要生活物资，对于埃及人来说具有重要意义。这种以重要物件称呼国王的做法，本身就是一种神化行为，说明了从国王本人到普通民众对国王神圣属性的宣传和认可。

专制王权的制度化

新王国包括三个王朝，历时大约500年。从总体上看，新王国时期的专制王权相较于古王国和中王国时期强化了。国王专制王权的强化与否更多地体现于具体制度的制定和实施。在构成专制王权的各种制度当中，能够体现王权强化的制度主要是家族统治、立法、

---

① R.J. Leprohon, *The Great Name: Ancient Egyptian Royal Titulary*, pp. 102-104, 109-120.

② R.J. Leprohon, *The Great Name: Ancient Egyptian Royal Titulary*, p. 93 note 3.

③ A. Gardiner, *Egyptian Grammar: Being an Introduction to the Study of Hieroglyphs*, p. 75

人事、经济、军事和警察等。

第18王朝、第19王朝和第20王朝的统治者都是实行“兄终弟及、父终子继”的制度。但也有例外的个案，最具代表性的是第18王朝末期的国王郝列姆赫布。郝列姆赫布不具有王室血统，而是依靠军事才能篡夺了王权，他通过与王室女性结婚的方式建立事实上的血缘关系。同时，他还在加冕时宣传自己是神的儿子，是合法的统治者，与第18王朝的统治家族是一脉相承的。都灵博物馆保存的郝列姆赫布雕像背面的铭文记录了这位国王加冕的内容，记录了国王与神一起出现、神为其加冕、国王获得王衔、国王修缮神庙的活动。

古埃及国王具有立法权，这在古王国时期就有所体现。到新王国时期，国王的立法权在文献中表现得更明晰。新王国时期国王还在行政方面采取了更有利于王权强化的制度。在古埃及中央专制制度中维西尔始终在行政领域占据重要地位。维西尔既是国王实施统治过程中倚重的人物，也是国王不得不时刻防备的人，因为他们往往随着势力的发展而成为王权的威胁者。到新王国时期，国王的威望和权力都达到了顶峰，国土面积也空前庞大。国王不再需要一个强大的维西尔了，同时更多的业务也是一个维西尔难以应对的。于是，图特摩斯三世首创性地在埃及设立了两个维西尔。两个维西尔名为上埃及维西尔和下埃及维西尔。很显然，他们是分管上下埃及具体事务的高级行政官员。上埃及维西尔或南部维西尔驻守在首都，负责管理底比斯及其周围的地区，下埃及维西尔或北部维西尔驻守在孟菲斯，管辖下埃及和中埃及。① 两个维西尔的设立作为一种制度维持下来，至少在新王国得到实施。两个维西尔这种制度显然有利于王权的强化，因为原来一个维西尔的权力被分解，而且两个维西尔之间也起到了互相监督的作用。

新王国时期还有两个堪与维西尔抗衡的官职。一个是“库什总督”。这是新王国时期新设立的官职，是法老在努比亚和下苏丹到

① I. E. S. Edwards, et al., eds., *The Cambridge Ancient History*, Vol. 2, part. 1, p. 354.

第四瀑布之间地区的代理人，具体负责埃及埃尔卡伯到苏丹拜尔卡勒山之间的地区。他有两个助手，分管不同地区。库什总督有可能是库什地区的贵族出任，有的时候也由国王的儿子担任。① 另一个是“阿蒙第一先知”。这是底比斯阿蒙神庙的最高祭司。底比斯阿蒙神庙的高级祭司由四个人构成，分别称阿蒙第一先知、第二先知、第三先知和第四先知。他们负责管理阿蒙神庙的祭祀活动和财产收支。他因阿蒙神庙财产的增加而提高地位，有时甚至形成国王的对抗力量。阿蒙第一先知有时由国王的儿子担任，有时由维西尔兼任，还有的时候由国王直接从普通祭司中选拔。拉美西斯二世时期的维西尔普瑞霍特普（Prehotep）就是一位普通祭司，被拉美西斯二世提升为维西尔和阿蒙神庙的第一先知。② 这两个职位有时由维西尔兼任，有时由其他人担任。至少在维西尔不能兼任这两个职位的时候，他们构成了维西尔的对抗者。

新王国时期，国王握有土地和财政所有权，国王可以根据需要随意处置国家的土地和其他财产。国王在战争获得胜利之后，都向底比斯的阿蒙神庙捐献大量土地和财产。例如，《哈里斯大纸草》就记载了拉美西斯三世向底比斯阿蒙神庙捐献土地和财产的情况。③ 另外，新王国的国王们还将财政权独立出来，专门设立管理财务的财政大臣。财政大臣直接向国王负责。他们的职责是为王室供应财产和谷物，也管理矿山和贸易远征等。这个职务在第 18 王朝后期被“国王的总督”取代。“国王的总督”是国王宫廷内部的亲信。④

新王国时期的国王大多充当了军队统帅的角色，亲自率军，在战场上厮杀。国王率领的军队均为常备军。这是由新王国时期不断对外战争的需要决定的。军队的兵源主要是埃及自由人，辅助部队由努比亚人构成。军队编制也比中王国时期正规，主要由师团组成。

---

① Elizabeth Frood, *Biographical Texts from Ramessid Egypt*, Atlanta: Society of Biblical Literature, 2007, pp. 203-206.

② Elizabeth Frood, *Biographical Texts from Ramessid Egypt*, pp. 157-161.

③ J. H. Breasted, *Ancient Records of Egypt*, Vol. 4, pp. 92-206.

④ I. E. S. Edwards, et al., eds., *The Cambridge Ancient History*, Vol. 2, part. 1, p. 360.

拉美西斯二世在卡叠什战役中率领的是阿蒙军团，其他三支军团由他的儿子们率领。① 军团的指挥官或许称将军。将军下面是部队长或部队指挥官。部队的下一级军事单位是由"军旗持有者"领导的连队，每个连队大约有200人组成。军旗持有者下面的官员依次是"百人指挥官"和"五十人长"。军团里面除了步兵外，还有骑兵和水兵以及特别部队等。当时常规军队的数量，尚无定论。但拉美西斯二世在卡叠什战役中统率的军队有2万人。② 新王国时期，海军也得到发展，但海军的主要职责是负责军队通信和货物运输，也有参加战斗的海军。海军或许是独立的，因为有"舰队司令官"这样的官职。③ 另外，新王国时期还有警察，主要由努比亚的麦德查人充当，主要职责是维持埃及境内秩序。每个城镇和诺姆可能都配备着警察连队，由"麦德查人指挥官"指挥。④ 无论军队还是警察都受国王的领导。在很大程度上讲，正规的常备军和警察的设立与国王对其具有领导权和指挥权，说明国王的权力更强大了。

中央集权官僚统治

国王要成功地实施统治，必须依靠一大批官僚。新王国时期的官僚体系基本上维持了古王国时期的结构：廷臣、中央官僚、地方官僚这三大等级。

如前所述，新王国时期的国王在中央官僚中设立两个维西尔。与古王国和中王国时期一样，维西尔仍然是国王之下最高官僚，不同之处在于新王国时期的两个维西尔是互相牵制的。维西尔的职责首先是法官，然后是管理国王财产的人，最后还是管理全国税收的官员。除此之外，他还是"宫廷第一助手"、"总侍从官"、"高级祭司"、"城市监管"、"皇家书吏"、"伟大建筑工程的监管者、

---

① J. H. Breasted, *Ancient Records of Egypt*, Vol. 3, pp. 143-147.

② Ibid., p. 127.

③ I. E. S. Edwards, et al., eds., The Cambridge Ancient History, Vol. 2, part. 1, pp. 367-369.

④ Ibid., p. 370.

国王全部大工匠监管者中的监管者、阿蒙神节日的主持者、城市监管者”。[①] 维西尔的职责涵盖了宫廷、国王和中央财政、行政、司法、工程、宗教祭司、节日圣典等各个方面。

维西尔承担的这些角色也表明新王国时期埃及中央和地方政府存在很多部门，每个部门必定由很多官僚实施具体的管理活动。尽管我们目前还不能系统地复原这个官僚体系，但一些浮雕铭文可以提供一些信息。哈普之子阿蒙霍特普的神庙里面有一个官员名单，除了维西尔，还包括国库监督者、（王室）产业总管、谷仓监督者、高僧、神之父亲等。另一份稍晚些的孟菲斯高僧的坟墓浮雕描绘和记录了一个官员名单，包括“世袭的王子和将军”、2 名维西尔、国王的书吏和管家、财政大臣、警卫室监督者、士兵指挥官侍从、国库监督、2 名高僧、塞泰姆祭司和孟菲斯辖区的市长。[②]

在这些官员当中，最重要的是国库的官员。国库设立两个，南北各一个，在两名“国库监督”的管理下，这两个国库监督分别受南北维西尔领导。国库下面设立谷仓和很多分支机构，都由相应的官僚管理。国库及其下属的谷仓和分支机构的主要职责是监督和记录每年谷物的收获情况，并负责将作为税收的谷物储藏起来。[③]

新王国时期的地方行政区划基本上维持了古王国时期的建制，分为诺姆、区和村三个等级。诺姆数量基本上维持在 40—42 个。诺姆、区和村都设有很多相应的官职。新王国时期的一个新现象是城市市长的权力扩大了，有些市长的权力甚至扩大到村级，已经远远超出了其所辖城镇的范围。市长的主要职责是负责所辖区域内的谷物和税收的收集与运输等，他们直接向维西尔负责。首都底比斯的市长往往由维西尔兼任。[④]

总之，新王国时期，埃及国王神圣属性的宣传有所加强，国王

① Elizabeth Frood, *Biographical Texts from Ramessid Egypt*, pp. 150-151.

② I. E. S. Edwards, et al., eds., *The Cambridge Ancient History*, Vol. 2, part. 1, pp. 361-362.

③ Ibid., p. 359.

④ Elizabeth Frood, *Biographical Texts from Ramessid Egypt*, pp. 170-171.

的专制权威和权力依靠很多新创举或新制度巩固起来，包括维西尔在内的一大批官僚辅助国王完成专制统治。可以说，新王国时期的专制王权达到了古埃及王权统治的一个顶峰。

三、繁荣的农业经济

生产力

农业仍然是新王国时期埃及社会最重要的经济部门。农业生产工具和生产方式基本上与古王国和中王国时期没有什么差别。第18王朝和第19王朝的一些坟墓壁画描绘了农耕场面，农民在田地里播种、耕作、收获、打谷、运输和储存谷物等。在戴尔美迪纳的底比斯1号墓的壁画里，第19王朝塞提一世时代的森尼杰姆和其妻子在收割麦穗、种植和收割亚麻。还有一些壁画描绘了人们在经营果园和菜园、采摘无花果等。[①] 从大量的壁画中可以看到，新王国时期的主要农作物是大麦和二粒小麦，还有亚麻、葡萄、无花果、椰枣、石榴、橄榄、西瓜、甜瓜、梨子、苹果、蚕豆等或传统或外来的经济作物、水果和蔬菜。

新王国时期，埃及人在水利方面发明了一种提水装置，名为“沙杜夫”。通过这种装置，人们可以从河边或水渠边将水提到高处，浇水灌溉。[②]这比先前那种靠人工挑水的方式产生了更高的生产效率。

畜牧业和渔业也是新王国时期重要的生产部门，至少是农业生产的重要补充。在新王国的一些壁画中，可以看到埃及人饲养牛、羊、马、羚羊、驴等家畜的场面，也有一些饲养鸭、鹅和鸽子等的画面，还有用鱼钩钓鱼和渔网捕鱼的生动场面，甚至有宰杀牛和鹅

---

① John Baines and Jaromir Málek, *Atlas of Ancient Egypt*, pp. 190-191; William H. Peek, *The Material World of Ancient Egypt*, Cambridge: Cambridge University Press, 2013, pp. 97, 98, 101.

② Bary J. Kemp, *Ancient Egypt: Anatomy of A Civilization*, pp. 10-12.

的画面。[①]

手工业在古代世界的社会生活中占据非常重要的地位。它独立于农业之外，也是农业生产不可缺少的辅助行业，因为它为人们提供农业生产工具和其他生活必需品；它也不同于贸易和商业活动，但它提供的是商贸活动需要的商品。新王国时期，埃及的手工业部门很多，例如金属冶炼、农作物加工、建筑、采矿、矿石加工、手工制品的制作等。第18王朝维西尔莱克米尔的墓中，有一幅壁画，描绘了铜器冶炼的场面。[②]图坦哈蒙墓发现的大量精美绝伦的工艺品和生活家居也都表明埃及当时的很多手工业生产达到了较高水平，例如金器制造、玻璃制造、纺织（发明了立式织布机）、木工、陶器、玉器制作等。[③]新王国时期的手工生产不仅在技术上达到了很高的水平，产量也非常可观。培尔－拉美西斯城、阿玛尔纳城、帝王谷的坟墓、尼罗河旁边的葬祭庙、卢克索神庙、卡尔纳克神庙和阿布·辛拜勒神庙等大型建筑工程，一方面再现了埃及建筑业的发达，另一方面也表明新王国时期的采矿和矿石加工以及运输业都非常发达。手工业的繁荣凸显了生产技术的进步。

农业、牧业、渔业和手工业的发展促进了产品的流通，它使新王国时期的埃及贸易和商业活动获得动力。根据纸草和铭文史料，新王国时期的国内外贸易大多发生在富有者阶层，他们购买的主要商品是葡萄酒和肉等，这是他们的日常生活用品。王室和政府也进行商业贸易活动。但国王参与的贸易活动显然由政府所控制，有时外国使节带来的贡品也带有商业贸易的性质。[④]

当时的埃及尚未出现真正意义上的货币。当时的商业活动以金、

① John Baines and Jaromir Málek, *Atlas of Ancient Egypt*, pp. 192-193; I. E. S. Edwards, et al., eds., *The Cambridge Ancient History*, Vol. 2, part. 1, p. 373.

② John Baines and Jaromir Málek, *Atlas of Ancient Egypt*, p. 194.

③ Zahi Hawass, *Discovering Tutankhamun: From Howard Carter to DNA*, Cairo: The American University in Cairo Press, 2013, pp. 65-140.

④ J. J. Janssen, "Prolegomena to the Study of Egypt's Economic History during the New Kingdom", *Studien Zur Altägyptischen Kultur*, 1975, no. 3, pp. 163-164.

银、铜和谷物为媒介。金属有一定的价值标准，一般以重量单位德本为物价单位，1 德本约等于 91 克。金、银、铜、谷物等之间有一定的价值比例。交换过程中按照一定的比例交换。例如，在 19 王朝早期，1 个叙利亚奴隶女孩价值 4 德本 1 凯特银子，买者要用 6 个青铜器皿、10 德本铜、15 件亚麻外衣、1 件寿衣、1 件毯子和 1 个水壶支付。①

土地制度

土地在古埃及社会生产生活中占据至关重要的地位，土地制度集中体现了古埃及的社会生产关系。从理论上讲，国王是神，整个埃及是神赐予国王的，国王是埃及土地的唯一所有者。例如，第 18 王朝国王图特摩斯三世加冕之后，其权威获得认可，“九弓之地的人们对我心存恐惧，所有土地都在我的掌控之下。”②“九弓”是埃及人对异邦的称呼。这段铭文表达了国王掌握埃及及其征服地。换言之，国王举行王权继承仪式之后，便掌握了埃及各地，拥有埃及土地的所有权。

尽管国王从理论上拥有埃及所有土地，也可以随意处置任何土地。但国王不可能耕种整个埃及的土地。他不得不把部分土地分给官僚贵族、神庙甚至普通人。根据《哈里斯大纸草》③和《威尔伯纸草》④，新王国时期的土地基本有三种类型：王室领地、神庙领地、租佃地、私人土地。

王室领地包括船场地及其附属农场、警卫地、矿山地、国库地、王妃地和后宫地等。这些土地基本都是按照土地的用途划分的，它们都处于王室成员的管理下，有直接经营地，也有佃耕地。王室各类土地的耕种者一般都称“王田农夫”。

① I. E. S. Edwards, et al., eds., *The Cambridge Ancient History*, Vol. 2, part. 1, p. 390.
② J. H. Breasted, *Ancient Records of Egypt*, Vol. 2, p. 62.
③ J. H. Breasted, *Ancient Records of Egypt*, Vol. 4, pp. 92-206.
④ A. H. Gardiner and R. O. Faulkner, *The Wilbour Papyrus*, Vol. 1-4, Brooklyn, 1941-1952.

神庙领地一般是由国王赠予的。新王国时期的神庙大体上可以分为四个群体：底比斯、赫利奥坡里斯、孟菲斯及其他地方小神庙群。这些土地一般由专门的官僚管理，至少维西尔负责对底比斯阿蒙神庙财产的管理。神庙领地是神庙祭司集团的集体土地，主要经营者是祭司集团，其收入要向国家交税。神庙领地分布在全国各地，并有很多种类型，例如直接经营地、佃耕地等，其中佃耕地又包括一般佃耕地、诺姆支配地、牧草地等。这类土地的耕种者或许是神庙所有的奴隶和普通祭司。

加德纳把租佃地视作一种独立于王室领地和神庙领地之外的特殊类型的土地。但从相关史料来看，这类土地的所有者或者是王室，或者是神庙。耕种者或租佃者则是社会各个阶层的男女两性，上自王子、大臣、国库监督官，下至普通自由民和奴隶。由此看来，这类土地与上述王室领地和神庙领地中的佃耕地非常相似，不同的是租佃者的范围不同。

新王国时期的第四类土地是私有土地。私有土地是行政或军事官员、小土地所有者、奴隶等拥有的土地。这类土地一般也就是由这些人负责管理或耕种，甚至可以买卖转让。阿蒙霍特普四世时期的一份契约反映的就是买卖土地的情况。另外一块石碑记载了奴隶买卖土地的情况。[①]这些国王赐予的或者买卖的土地基本都是私有地，尤其奴隶买卖的土地。

社会结构

新王国时代，埃及人用于指代奴隶的术语很多。学界对这些术语是否应该翻译为奴隶持不同意见。拜克（bꜣk）或拜克特（bꜣkt）一般翻译为“仆人”或“应召仆”，从第 19 王朝开始使用，贝克尔认为这是奴隶，拜克指代男性奴隶，而拜克特指代女性奴隶。

新王国时期战争频繁，埃及人从国外掠夺来大量战俘，其中一

① A. M. Bakir, *Slavery in Pharaohnic Egypt*, Cairo, 1952, p. 86.

部分被用作奴隶。战俘奴隶构成了当时奴隶的重要组成部分。据《图特摩斯三世年代记》记载，图特摩斯三世在每次征服叙利亚巴勒斯坦的战争中，都捕获数量不等的外国人。据统计，他 17 次远征至少掠夺来自由的和不自由的战俘约 8231 多人。[①] 第 20 王朝，拉美西斯三世在第一次远征叙利亚时，杀死敌人 12535 人，捕获敌人 1000 人；他在第二次远征叙利亚时，杀死敌人 2175 人，捕获敌人 2052 人。[②] 这些战俘奴隶一般在王室领地和神庙领地上劳动，也有部分战俘用作官吏和战士的私有奴隶，还有的用作国家的警察。

除了战俘奴隶，埃及在新王国时期还有家生奴隶，但这些家生奴隶的母亲或父亲一般为奴隶，这是决定家生奴隶身份的基础。图特摩斯三世时期的一份文献涉及女自由人与奴隶的婚姻，其儿子是奴隶身份。[③] 当然，如果奴隶获得解放，那么她 / 他与自由人结合生下的孩子就是自由人。此外，埃及还有债务奴隶和奉献（给神庙的）奴隶。

新王国时期，埃及的奴隶是可以买卖和租赁的。开罗纸草 65739 记载了一件奴隶买卖的史实，买主用寿衣、毯子和青铜器皿作为支付手段来购买奴隶。[④] 阿蒙霍特普四世的一个王家牧民把女奴隶赫努特租给摩塞 2 个工作日，而摩塞则用青铜器、衣服等支付。[⑤]

新王国时期的奴隶还可以继承财产，一份纸草文献记载了一个无儿无女的自由人将女奴的儿子收为养子，并将所有财产遗赠给他。[⑥]《威尔伯纸草》也记载了一些奴隶可以拥有土地，甚至可以继承。奴隶所拥有的土地还可以买卖。例如开罗石碑记载了一则奴隶

① J. H. Breasted, *Ancient Records of Egypt*, Vol. 2, pp. 187-216.

② J. H. Breasted, *Ancient Records of Egypt*, Vol. 4, pp. 19, 30, 55, 66.

③ A. M. Bakir, *Slavery in Pharaohnic Egypt*, pp. 82-83.

④ A. Gardiner, "A Lawsuit Arising from the Purchase of Two Slaves," *Jounal of Egyptian Archaeology*, Vol. 21(1935), p. 142.

⑤ 北京师范大学历史系世界古代史教研室编：《世界古代及中古史资料选集》，北京师范大学出版社 1999 年版，第 41—42 页。

⑥ 北京师范大学历史系世界古代史教研室编：《世界古代及中古史资料选集》，第 44 页。

买卖土地的情况，“照顾我，让我活着，你将获得属于我的土地。不要让我把它给予（或卖给）另一个不认识的人。她给了我 1+1/4 凯特的土地。”[①] 这样的奴隶可以称为授产奴隶。

综上，古埃及的奴隶来源多种多样，但基本上用于农业和手工业等生产，也用于家内劳动。有学者对神庙奴隶数量进行了统计，认为到新王国末期，全部神庙的奴隶总数约 10 万，约占全国人口的 2%。由此推算，全国的奴隶不会超过总人口的 10%。也有人认为埃及奴隶占全部人口总数的比例远远低于 10%。还有人认为新王国时期的埃及奴隶人口出现了普遍化的情况，普通人都能拥有 3 到 4 名奴隶，这证明了新王国时期埃及奴隶制的发展。[②]

通过上面的阐述，可以发现，新王国时期的社会生产力获得很大发展，经济社会生活表现出了繁荣发展的局面。生产力决定生产关系。在快速发展的生产力和繁荣的经济社会生活的基础上，埃及以土地制度为核心的社会关系或社会结构也变得复杂起来。统治阶级内部的王室、神庙祭司集团、官僚贵族等的土地关系并不简单，其土地的使用情况也很复杂；作为被统治阶级的小生产者和奴隶也有很多复杂的表现形式。尽管我们目前对埃及奴隶数量和其在生产中所占比重的认识还很有限，但新王国时期埃及社会确实存在奴隶或相当于奴隶的劳动者，他们在生产和生活中扮演着一定的角色。

四、宗教改革与文化成就

埃赫那吞宗教改革

新王国时期的宗教仍是多神崇拜。拉、阿蒙、普塔、穆特、孔苏、奥西里斯、伊西斯、荷鲁斯、塞特、托特等都是新王国时期崇拜的大神。例如，第 18 王朝的国王图特摩斯一世至四世的本名（拉之子名）都

---

① A. M. Bakir, *Slavery in Pharaohnic Egypt*, p. 85.

② 详细内容，参见刘文鹏：《古代埃及史》，第 524 页。

是图特摩斯（ḏḥwty msw），这个名字的意思是“托特神所生”，说明这几个国王将托特神作为自己的生身父亲。第19王朝国王美楞普塔（mry n ptḥ）这个名字的意思是“普塔神的钟爱者”。第19王朝的国王拉美西斯二世和第20王朝的拉美西斯三世至十一世的本名拉美西斯（rc ms sw）的意思是“拉是生了他的那个神”，也就是说，这些国王自称是太阳神拉的儿子。

在上述神祇当中，地位得到最大提升的是阿蒙神。阿蒙神本是底比斯地方的一个小神，在中王国时期获得发展，甚至其地位逐渐超越了其他神祇。到新王国时期，底比斯成为国家首都，国王们借助阿蒙神宣传战争的合法性，阿蒙神的崇拜获得极大发展。新王国的国王不仅在名字中体现自己对阿蒙神的归属，还通过浮雕场面和铭文构建自己与阿蒙神的亲属关系。哈特舍普苏特最初是作为年幼的图特摩斯三世的共治王的身份出现的，实际上是图特摩斯三世的摄政王，但在共治的第二年，她就迫不及待地夺取权力，举行了加冕仪式，登基为王。为了证明其王位的合法性，将阿蒙虚构为自己的父亲，并将其诞生的场面描绘在戴尔·巴哈里的葬祭庙柱廊和后墙上。她还描绘了自己的登基和加冕仪式。

新王国国王们不仅从意识形态上宣传王权受到阿蒙神的认可和保护，还广建阿蒙神庙。新王国的几位国王在中王国建筑的基础上，修复和扩建底比斯的卡尔纳克和卢克索神庙，主要是阿蒙神的神庙。第18王朝国王阿蒙霍特普三世兴建了卢克索阿蒙大神庙的主体工程，主要建筑了第三塔门及其中庭，还有一座阿蒙的妻子穆特女神及其儿子孔苏的神庙。后来经过第19王朝国王们直到罗马时期的统治者的不断构建，形成了空前规模的阿蒙大神庙。与此同时，新王国的国王们为了加强自身统治合法性的宣传，向神庙和祭司集团奉献土地和其他财产，并允许维西尔担任阿蒙第一先知等职务，使阿蒙祭司集团的经济实力和政治地位都大大发展起来。阿蒙祭司集团的势力发展起来以后，便失去了为国王服务的意义，甚至构成了对王权的威胁。到图特摩斯四世和阿蒙霍特普三世统治时期，阿蒙祭司集团已经在行政和财政方面干预国王的决策，甚至干预王位继承问题。虽然阿蒙霍特普三世采取了一些措施，限制和降低阿蒙祭司集团的势力，但没有从根本上起作用。以至于底比斯的阿蒙祭司集团试图阻碍阿蒙霍特普四世继承王权。阿蒙霍特普四世依靠个人魅力，并征得孟菲斯和赫利奥坡里斯祭司集团的支持获得王位，最终与阿蒙祭司集团决裂。

阿蒙霍特普四世与阿蒙神庙祭司集团的彻底决裂是以一系列改革性的活动展开的。首先，阿蒙霍特普四世将自己的名字改为埃赫那吞（ꜣḫ n itn），这个名字的意思是“侍奉阿吞神的人”，这明确告诉人们他皈依了阿吞神。学界也因此称阿蒙霍特普四世的这场宗教改革活动为“埃赫那吞宗教改革”。其次，阿蒙霍特普四世为了彻底消除阿蒙神庙祭司集团的影响，将首都从底比斯迁到北方，建立新都埃赫塔吞，意思是“阿吞的地平线”，意味着他将这座城市奉献给阿吞神。目前称这座城市为阿玛尔纳。[①]最后，在埃赫塔吞建设和装饰的过程中，阿蒙霍特普四世完成了对阿吞神崇拜的宣传和各种强制性政策的颁布与实施。他正式宣布自己和王室信奉阿吞神，并排他性地诅咒阿蒙神的名字，关闭阿蒙神庙，甚至派遣成批的工匠去把阿蒙神的名字从纪念物上擦掉。他还将阿蒙神庙的收入转交给新的阿吞神庙。可能在这场宗教改革过程中，诸如奥西里斯这样的一些传统神祇也受到限制。[②]

埃赫那吞宗教改革的肖像学宣传在阿玛尔纳城市界碑上描绘出来。在一块界碑上，国王和王后两手伸向太阳圆盘，而太阳圆盘的终端是手掌，其中几只手掌握着代表生命的安柯符号，并伸向国王和王后。[③]附属碑文写道：“在这一天，埃赫塔吞为了活的阿吞所创

① D. B. Redford, *Akhenaten: The Heretic King*, Princeton: Princeton University Press, 1987, pp. 169-176.

② Jason Thompson, *A History of Egypt: From Earliest Times to the Present*, p. 70.

③ Garry J. Shaw, *The Pharaoh: Life at Court and on Campaign*, London: Thames & Hudson, 2012, p. 36.

立，埃赫那吞王能够接受恩惠和慈爱。”[①] 这样的石碑浮雕和文字明确展现了国王及其家庭对阿吞神的崇拜，也表明因为他们奉献了埃赫塔吞城而受到阿吞神的垂爱。

尽管埃赫那吞在改革过程中，极尽宣传之能事，非常虔诚地崇拜阿吞神，但真正跟随他全身心地崇拜阿吞神的只有他的王后涅菲尔泰悌和少数臣民。从遗留下来的石碑和壁画以及浮雕来看，他为了彻底与阿蒙祭司集团决裂，彻底摆脱旧的贵族势力的制约，在改革过程中提拔和任用“新人”，很多新人占据了高位。[②] 一般认为，这些新人就是铭文和纸草文献里面提到的“涅木虎”。根据福克纳的解释，涅木虎（nmḥw）的意思是“贫穷的”、“被剥夺”（的人）、“被排除”（的人）、“劣等”、“谦让”等。[③] 贝克尔认为涅木虎是“自由的”或“解放的”人的意思。[④] 根据史料来看，涅木虎实际上是埃赫那吞统治时期提拔起来的一个社会阶层，最初是贫穷的自由人。埃赫那吞为了获得支持者，将这些没有任何背景的地位低微的人提拔起来，让他们出任政府部门的各种职位。这些人对国王的提拔感恩戴德，拥护埃赫那吞的统治和改革，然而他们并不掌握兵权，总体实力也无法与旧势力对抗。

埃赫那吞的改革首先伤害了阿蒙祭司集团的利益，同时在提拔地位低微的人担任官职和赐予财产时，又伤害了旧官僚贵族和军事官僚的感情和利益。但他所宣传的阿吞神却没有被多数人所理解和接受。这样，从国内来讲，阿蒙祭司集团和旧官僚贵族联合起来，贪污腐化，破坏经济秩序，对抗埃赫那吞的政策，最终导致经济紊乱、人民起义。从国外来讲，埃赫那吞统治时期忽略了对外部占领地的巩固，任由当时亚洲兴起的米坦尼和赫梯等势力对埃及在叙利亚巴

① J. Finegan, *Archaeological History of the Ancient Middle East*, pp. 424, no. 73.

② A. H. Gardiner, *Egypt of the Pharaohs: An Introduction*, Oxford: Oxford University Press, 1966, p. 223.

③ R. O. Faulkner, *A Concise Dictionary of Middle Egyptian*, p. 133.

④ A. M. Bakir, *Slavery in Pharaohnic Egypt*, p. 48.

勒斯坦地区的占领地进行颠覆，结果埃及的国际威信下降。到埃赫那吞统治末期，埃及政府已经处于内外交困的境地。他去世以后，他的继承者斯门卡拉和图坦哈蒙统治时期，受到阿蒙祭司集团和其他旧势力的影响，将首都迁回底比斯，并恢复了阿蒙神的崇拜。至此，埃赫那吞的宗教改革归于失败。

埃赫那吞的宗教改革尽管失败了，但它在古埃及政治和宗教史上都占有重要地位，是一个不能忽视的问题。埃赫那吞的宗教改革是多种因素促成的，既与王权和神权（神庙祭司集团的势力）有关，也与个人的反传统性格分不开，改革失败是多种势力较量的结果。就改革性质而言，它不是"一神教"的推行，更像是"单一神教"的改革，即主要用阿吞神替代阿蒙神，但允许其他神的存在。关键问题在于这种改革的动机是出于政治目的，而非纯粹的宗教目的，或者说其政治意义大于宗教意义。

岩窟墓与丧葬习俗

新王国时期（约公元前 1567—前 1085 年），埃及法老认为伫立于地面之上的庞大金字塔建筑很容易引起盗墓者的注意，为防止自己的坟墓遭受盗劫，于是坟墓转而建在了深山峡谷的山崖中，这就是"岩窟墓"。这种坟墓形式早在古王国时期就被贵族所采用，新王国时期变成了王室坟墓的主要形式。新王国时期的法老大多埋葬在底比斯西岸的"帝王谷"（Valley of the Kings）中。

"帝王谷"位于底比斯西岸荒山峡谷的丘陵地，如今称为毕班·穆拉克的地方，又曾以"毕班·穆拉克王陵"而闻名于世，后面这种称呼是由阿拉伯语翻译过来的，其意为"众国王的山谷"。帝王谷实际上由东、西两谷组成。西谷（the West Valley）简称 WV，仅有 4 座坟墓；东谷（the East Valley of the Kings）简称 KV，是两谷中最著名的，也是坟墓最多的，此谷在海拔 160 米—500 米之间，绵延约 1 公里。"从构图上看，KV 犹如五指张开的手掌，图坦哈蒙的 KV62 号墓就位于手掌的中心，大多数坟墓都分布在形成手指的两边峭壁上。”[①]目前考古学家已在帝王谷中发现了62座坟墓，第一位拥有KV墓的也许是图特摩斯一世，其坟墓KV20号墓后来被哈特舍普苏特占用，最后一位在帝王谷中修建坟墓的也许是拉美西斯十一世。在这62座坟墓中，已确定属于法老的坟墓大约有24座，[②]王墓当中最长的达230米以上，面积最大的超过1800平方米，其中图特摩斯三世墓（KV34）、塞提一世墓（KV17）、拉美西斯二世诸多儿子的墓（KV5）和图坦哈蒙墓（KV62）的墓室结构和陪葬品最具代表性。

图特摩斯三世是古埃及第18王朝最伟大的国王之一，他的坟墓坐落在帝王谷的南端，入口在悬崖表面高高的半山腰上，离地面30米高，墓内长55米，从入口通过一个斜坡引入阶梯，两侧是宽阔的壁龛，接下来是另一个斜坡，中间有一个6米深的大坑，向左拐是两个相连的墓室。第一墓室呈不规则形状，天花板上装饰着星星，并由两根无装饰的柱子支撑着，四周的墙面上刻画着741个各种鬼神的名字。[③]通过阶梯进入第二个墓室，这个墓室面积比第一个墓室面积大很多，并带有四个耳室，也由两根石柱支撑顶部，石柱上描绘着伊西斯哺育年幼的图特摩斯三世的画面，石柱上方描绘着图特摩斯三世和他的母亲伊西斯乘坐太阳舟在阴间航行。在大墓室的尽头存放着雕刻精美的石棺，但法老的木乃伊并不在此，而是在戴尔·巴哈里的山洞中。[④]

拉美西斯二世的儿子们的墓（KV5）是帝王谷中面积最大的一座坟墓，其面积超过了1800平方米，[⑤]结构最为复杂。1995年之前的清理工作中，考古学家发现了三个相连的墓室，前两个较小，而第三个墓室则是一个有16根立柱的大厅。1995年春季，底比斯绘

---

① Kathryn A. Bard, ed., *Encyclopedia of the Archaeology of Ancient Egypt*, p. 471.

② C. N. Reeves, *Valley of the Kings*, London: Kegan Paul, 1990, p. 15.

③ J. Kamil, *Luxor*, London: Langman, 1983, p. 132.

④ 刘文鹏：《埃及学文集》，第268—269页。

⑤ K. R. Weeks, *"KV5, A Preliminary Report on the Excavation of the Tomb of the Sons of Rameses II in the Valley of the King"*, *TMP*, 2000, p. 9.

图工程队在16柱大厅的后墙上探测到了一个门道，门道后面是一个30米长的走廊，在它的末端是两个与其横断的各20米长的走廊，在它们相交的地方站立着一尊1.5米高的奥西里斯雕像，并在两个走廊的墙上开出了48个门，各自引入一个长3米、宽3米的小房间。这些房间和走廊的墙壁上都装饰以浮雕彩绘或涂上石灰，并展示出了拉美西斯二世在来世将自己的儿子们奉献给诸神的场景。1996年又有了新的发现，考古学家在16柱大厅的前墙上发现了另外两个走廊，这两个走廊与地面之间呈35度角，并都通向深处，而且都带有边屋。目前仅探测了一个走廊，已挖了20米深，发现了12个房间。到1999年为止，KV5的房间和走廊数量已增至110个，这么多的房间也许是埋葬拉美西斯二世的诸多儿子的。此坟墓如此各异的结构，这在所知的帝王谷坟墓中还属首例。这座少见的王室家族墓存留了大量陪葬品。①

图坦哈蒙墓（KV62）是帝王谷中最后发现的一座坟墓，结构很简单，由甬道、前厅、耳室、棺室和宝库构成，其规模并不大，总面积112平方米。这座墓的陪葬品异常丰富，近5000件，全部黄金重量为1128.9公斤，被誉为“埃及宝库”。墓中的陪葬品经10年清理，直到1933年才清理完毕。这些珍贵文物被送到开罗博物馆收藏、展览，其中最具特点的是图坦哈蒙棺，共8层，从外往里依次4层木质圣棺，1层石棺，2层贴金石棺和1层纯金人形棺。黄金棺最为精美，长1.85米，用厚2.5—3.5毫米的黄金片锤打而成，重110.4公斤。覆盖在法老木乃伊头部的黄金面具，面部表情极富青春色彩，美妙绝伦，是我们发现的最精美的面具。另外，还有图坦哈蒙的立身像（一对），图坦哈蒙王座、图坦哈蒙金床和一个精美的彩绘木箱等等，都可堪称稀世佳品。②

新王国时期的王墓除了KV62号墓而外，几乎都被盗了，只保

① 郭子林、李宏艳：《古埃及“帝王谷”考古的新发现》，《世界历史》2004年第1期。

② 郭子林、李宏艳：《20世纪“帝王谷”重大发现简介》，《内蒙古民族大学学报》2004年第3期。

留下来了一些木乃伊、棺材和其他一些陪葬品。新王国时期王墓中的棺材以石制棺材为主，也有很多木棺，棺的形状各种各样，有人形棺、羽毛装饰棺、木乃伊人形棺等；[①] 新王国时期，埃及木乃伊的制作技术达到了最成熟的阶段，希罗多德详细记载了木乃伊的制作技术；[②] 木乃伊面具的制作技术也达到了埃及此项技术的顶峰，图坦哈蒙的面具是最具代表性的；[③] 新王国时期的王墓还发现了一些描绘和书写在木乃伊和纸草纸上的宗教文献，其作用与"金字塔文"和"棺文"一样，都是对国王来世生活进行引导和祈祷的咒语，被称为《亡灵书》；[④] 国王墓中还有一些供国王在来世驱使的小雕像，有石制的、木制的和水泥制的，雕刻技术和着色技术比中王国时期有所发展。[⑤] 新王国时期的国王墓中也有国王的雕像，墓室墙壁上还雕刻着国王的形象和生前的生活场景。另外，新王国时期的帝王谷王陵与尼罗河谷的河谷庙、尼罗河西岸的葬祭庙一起构成丧葬复合体，只是葬祭庙距离坟墓比较远一些，这些葬祭庙中除了供奉国王而外，还供奉着国王崇拜的神祇。[⑥]

文学艺术的大革新

新王国时期的文学和艺术获得了巨大发展，产生一些创新性作品。总体上看，新王国时代的文学作品可以分为两大类：宗教文学和世俗文学。

宗教文学主要是《亡灵书》或《死者之书》。《亡灵书》一般书写在纸草或皮革上，埋放在死者坟墓中。它是由不同时期的仪式咒文混杂编纂而成，咒语多是表明死者在活着的时候没有做错误的

---

① J. H. Taylor, *The Death and Afterlife in Ancient Egypt*, p. 224.

② Herodotus, *The Persian Wars*, Vol. 1, ii. 8.

③ R. Schulz and M. Seidel, eds., *Egypt: the World of Pharaohs*, pp. 234- 235.

④ A. J. Spencer, *Death in Ancient Egypt*, p. 144; R. O. Faulkner, *The Ancient Egyptian Book of Dead*, London: British Museum Press, 1989, pp. 11-12.

⑤ J. H. Taylor, *The Death and Afterlife in Ancient Egypt*, pp. 119, 121.

⑥ A. Badawy, *A History of Egyptian Architecture*, California: California University Press, 1968, p. 322.

事情，甚至夸赞死者做了很多虔敬神灵和效忠国王的善事，其目的是帮助死者在地下世界顺利通过奥西里斯的审判，从而获得永生，在来世过上更美好的生活。新王国时期埃及的宗教文学作品很多，例如《阴间地府书》《仪式文》《鬼门书》和解梦作品。

世俗文学主要包括历史记录、散文故事和诗歌。新王国时期留下来很多直接记录历史事件的作品，要么刻写在采石场的峭壁上，要么镌刻在神庙墙壁上。其中《图特摩斯三世年代记》和《拉美西斯二世与哈图什里三世的和平条约》最为著名。前者记载了图特摩斯三世 20 年内 17 次远征亚洲的经过和战利品以及向神庙捐献战利品的情况；[①] 后者详细记载了埃及与赫梯两国结束争霸战争的条约内容。[②] 这两份作品都提供了丰富的历史信息，具有重要史学价值。

散文故事包括《塞肯内拉与阿波菲斯》、《两兄弟的故事》、《荷鲁斯与塞特之争》、《温阿蒙旅行记》等。《塞肯内拉与阿波菲斯》记载了埃及人驱逐希克索斯人的斗争故事。[③]《两兄弟的故事》讲述的是弟弟先后三次遇难，都在兄长的帮助下死而复活，最终弟弟登上王位，惩罚了犯罪者，哥哥又继承了王位。[④] 这是一篇非常离奇的故事，但内容跌宕起伏、古怪离奇，人物角色历经三代轮回，很像现在的穿越剧。《荷鲁斯与塞特之争》显然是奥西里斯神话的一部分，讲述了荷鲁斯为了从其叔叔塞特那里夺回本属于其父亲奥西里斯的王位，展开了激烈打斗，最终在大神的调停和伊西斯的助阵下，荷鲁斯获得胜利，获得王位。[⑤]

诗歌里面既有传统诗歌，也有新型诗歌。传统诗歌一般以歌颂神灵和国王为主，例如《阿蒙 - 拉颂》、《阿吞颂》、《尼罗河颂》等，其中流传最广的是后者。埃及人了解尼罗河对于他们生活的重要意义，将其崇拜为神，并用美好的语言歌颂尼罗河：“向您致敬，

---

① J. H. Breasted, *Ancient Records of Egypt*, Vol. 2, pp. 163-217.

② J. H. Breasted, *Ancient Records of Egypt*, Vol. 3, pp. 163-174.

③ Alan H. Gardiner, *Late-Egyptian Stories*, Bruxelles, 1981, pp. 86-89.

④ Ibid., pp. 9-30.

⑤ Ibid., pp. 37-60.

啊，尼罗河！您在这块土地的每个地方，给埃及带来生命！在庆祝节日的时日，您神秘地从黑暗中出现！您浇灌拉神创造的果园，使所有牛能够生存，令大地畅饮，永不枯竭！您来自天空，盖伯（Geb）的喜爱者，控制内派拉（Neperi）的神，您使普塔的作坊兴旺！”[①] 新型诗歌包括爱情诗、庄稼人的歌谣等。

新王国时期的艺术成就斐然。大量神祇和国王的雕像保留下来，大多数是按照传统的雕刻标准制作，例如拉美西斯二世在阿布·辛拜勒神庙门面上雕刻的四尊高20米的巨像；也有打破传统，进行自然主义描绘的作品，例如埃赫那吞的王后涅菲尔泰悌的胸像。这个胸像是埃及雕刻中最杰出的作品之一，现存放于柏林的埃及博物馆。埃赫那吞的单身雕像保存较好，高4米，现收藏于开罗博物馆。这座雕像的形象具有现实特征，给人的突出印象是长脸细腰、长眼厚唇，乳房隆起，腹部凸出，臀部肥大，细腿如麻，丝毫没有王者的威严，俨然一位病态的普通人。[②]

浮雕绘画艺术在新王国时期也达到了一个新高度，多见于国王和贵族的坟墓以及神庙柱壁和墙壁上。《狩猎图》《农耕图》《女乐师》和《哭丧人》等壁画都是其中的杰出作品。 这样浮雕和绘画都体现了自然主义的特征，是对传统呆板的标准化王室生活场景描绘方式的背离和舍弃，更是一种大胆的创新。

新王国时期，城市建筑获得发展，代表性的城市是阿蒙霍特普四世实施宗教改革时在底比斯城和孟菲斯城之间建筑的新都——阿玛尔纳。阿玛尔纳城占地约16×13平方公里，周围用14块界碑划定城市范围，可以供养2万至5万人口。[③] 它是保存最好的古代埃及城市遗址，并有大量重要发现。阿玛尔纳书信发现于记录大厅。阿玛尔纳书信是几百片烤砖式的泥板，铭刻着楔形文字，记录了埃及与古代近东其他强国的交往。雕刻家图特摩斯的房屋和院子分散

① J. B. Pritchard, *Ancient Near Eastern Texts: Relating to the Old Testament*, p. 372.

② W. S. Smith, *The Art and Architecture of Ancient Egypt*, p. 174.

③ Bray. J. Kemp, *Ancient Egypt: Anotomy of A Civilization*, p. 269.

着很多未完成的雕刻品和模型，包括著名的涅菲尔泰悌彩绘石灰石半身像，现存放于柏林的埃及博物馆。①

新王国时期的神庙建筑最突出的是卢克索和卡尔纳克阿蒙神庙。这两座神庙都位于今日卢克索（古代底比斯）。卢克索神庙以结构标准著称，卡尔纳克神庙则以雄伟和庄严肃穆而引人注目。卡尔纳克神庙位于卢克索镇的南端，占地面积达 25 公顷，周围建有围墙，略呈梯形。整个神庙有 10 座塔门，第一塔门高约 43 米，长 113 米。多柱大厅最有特色，有 134 根巨大的石柱，中间的 12 根石柱最粗大，每根高达 21 米，圆柱直径达 11 米。目前，神庙还残存 2 块方尖碑，还有一个常年有水的圣湖。② 卢克索神庙位于卢克索镇北面，南北全长 260 米，包括新王国阿蒙霍特普三世、拉美西斯二世和希腊罗马时期的建筑物，都在一条中轴线上。整个建筑是以阿蒙霍特普三世建筑的柱廊、中庭和多柱大厅为基础的。神庙最前头的塔门是拉美西斯二世建筑的，长 65 米，高 25 米。整个神庙规模没有卡尔纳克神庙大，但其结构严整，很具特色。③ 两座神庙之间建有一条斯芬克斯大道，将二者连接起来。在每年祭祀阿蒙神的节日期间，祭司们抬着阿蒙神的雕像从卡尔纳克神庙出发，访问卢克索神庙。

新王国时期的神庙建筑还有一种类型：岩窟庙，即在岩壁上开凿神庙，神庙的主体在石窟里面，只有神庙的门面在石壁上显现出来。拉美西斯二世在阿布・辛拜勒的神庙最具代表性。神庙门面位于峭壁上面，用峭壁上的岩石雕刻出四尊 20 米高的雕像，是拉美西斯二世自己的形象。从庙门到后殿全长 55 米。神庙最深处的后殿，内有三位神和拉美西斯自己的雕像，这三位神分别是拉－哈拉凯悌、普塔和阿蒙－拉。每年的 2 月 21 日和 10 月 21 日，阳光可以通过洞门口照射进后殿，依次从四尊雕像扫过，但 20 世纪 70 年代神庙整体

① Jason Thompson, *A History of Egypt: From Earliest Times to the Present*, p. 71.

② John Baines and Jaromir Málek, *Atlas of Ancient Egypt*, pp. 90-92; Lorna Oakes, *Sacred Sites of Ancient Egypt*, pp. 144-145.

③ John Baines and Jaromir Málek, *Atlas of Ancient Egypt*, pp. 86-87; Lorna Oakes, *Sacred Sites of Ancient Egypt*, pp. 142-143.

迁移以后，这个时间向后推迟一天。这是世界建筑史上的奇迹。他在附近建筑了一个较小的神庙，以纪念他最喜爱的妻子涅菲尔泰悌和女神哈托尔。[①]

五、古埃及国家衰落与波斯统治

第三中间期和后埃及

新王国崩溃以后，古埃及法老国家整体上经历了7个多世纪的衰落期。西方学者倾向于将新王国结束之后到亚历山大三世征服埃及之前的这段历史划分为两个阶段，这两个阶段是第三中间期（约公元前1085—前665年）和后埃及（公元前664—前332年）。第三中间期是学者们接续第一中间期、第二中间期的历史分期提出的。它从第21王朝延伸至第25王朝。第三中间期的埃及社会呈现中央政府式微，国家处于分裂和内忧外患的动乱状态。

马涅托认为第21王朝（约公元前1085—前945年）由三角洲城市塔尼斯的七个王先后统治，[②]但古埃及王名表和其他材料只证明其中的五位或六位国王。斯门德斯是三角洲地区的贵族，在第20王朝崩溃之际与荷里霍尔瓜分了埃及。他掌控下埃及，是名义上的全国君主，建立了第21王朝。荷里霍尔掌控上埃及，承认斯门德斯的法老地位。斯门德斯的后代普撒塞尼斯做法老时，统治势力可能到达了上埃及的底比斯，因为普撒塞尼斯这个名字的含义是“星星出现在底比斯”。因此，他是第21王朝最杰出的国王。第22王朝（约公元前945—前715年）的创建者舍尚克一世是利比亚人。他征服塔尼斯的第21王朝，以三角洲的布巴斯提斯为首都建立新王朝。他对内任命自己的儿子为底比斯的阿蒙神高级祭司，以便加强对上埃及的控制。他可能是《圣经》中所说的示撒，进攻巴勒斯坦，干预

① John Baines and Jaromir Málek, *Atlas of Ancient Egypt*, pp. 184-185.

② Manetho, *The History of Egypt with Other Works*, p. 155.

王位继承问题。[①]他还恢复了埃及与毕布罗斯的贸易关系。他的后代当中，奥索尔孔二世是比较重要的法老之一，在他统治的22年，举行了一次塞德节。该节日期间的各项活动都铭刻在布巴斯提斯大神庙门口的墙壁上，成为后世研究塞德节的重要史料。[②]埃及在第22王朝后期不断发生内乱，严重影响着国家实力的构建。更有甚者，在第22王朝的第六位国王统治时期，三角洲的贵族帕杜巴斯特在舍易斯称王，建立了第23王朝（约公元前818—前715年），形成了两个政权并立的局面。在第23王朝晚后时代，尤普特二世的王权被分割开来，形成了几个政权共存的局面：塔尼斯的第23王朝政权、布巴斯提斯的第22王朝政权、西三角洲“玛的首领”和底比斯以南地区的努比亚统治者。[③]公元前727年，“玛的首领”泰夫那克特在舍易斯僭取王位，建立第24王朝（约公元前727—前715年），联合第22王朝和第23王朝统治者攻打底比斯的僧侣势力，结果因努比亚人的出兵干涉而失败。他的继承人博客霍里斯在与以色列人联盟对抗亚述国王萨尔贡的过程中同样遭到失败。不久，南部底比斯的努比亚人统治者的势力发展起来，于公元前716年进攻三角洲的政权，统一埃及，建立第25王朝（约公元前716—前656年）。该王朝的创建者夏巴卡注重埃及本土神庙的修缮工作，坚决对抗亚述人的进攻。他的后代也采取这种内修和善、外抗敌寇的政策，但最终未能阻止亚述人进攻埃及的步伐。第25王朝的末代王败给亚述人，在上埃及的纳帕达度过余生。[④]

第三中间期非常混乱，除了少数国王注重神庙的建筑和修建而外，大多无暇顾及此事。但古埃及人对来世的向往使得国王们在混乱的时代也关注自己的坟墓建筑。第三中间期的国王根据三角洲地

① 《旧约·列王记》，下，17:4.

② E. Naville, *The Festival-hall of Osorkon II in the Great Temple of Bubastis (1887-1889)*, London: Egypt Exploration Fund, 1802; 郭子林：《古埃及塞德节与王权》，《世界历史》2013年第1期。

③ K. A. Kitchen, *The Third Intermediate Period in Egypt*, p. 361.

④ Ian Shaw, ed., *The Oxford History of Ancient Egypt*, pp. 338-368.

区的地质条件不适于大型基础建筑的特点，改变了王室墓葬的形式。考古学家在塔尼斯发现了七个主要坟墓，建筑材料均为水泥，墓室结构也比较简单，陪葬品的数目和种类并不多[①]。第25王朝是努比亚人在埃及建立的王朝，国王的坟墓建在努比亚的埃尔·库鲁（el-Kurru）和努里（Nuri）两地，坟墓采用的是金字塔形建筑，但这时的金字塔建筑只是形似，其规模完全无法与古王国的金字塔相提并论。[②]

公元前7世纪，埃及进入铁器时代。随着生产工具的改进，埃及农业获得发展，埃及社会出现短暂复兴，并进入后埃及时代（公元前654—前332年）。后埃及时代包括第26王朝（公元前664—前525年）至第31王朝之间的几个朝代。第26王朝是利比亚人后裔普萨美提克一世在舍易斯建立的王朝。第26王朝曾展开与新巴比伦王国的斗争，但在王朝末期面对波斯人的威胁而与新巴比伦王国结成联盟，结果都被波斯人所征服。

波斯人在埃及建立了第27王朝，埃及人进行持续不断的斗争。公元前404年，埃及的利比亚人后裔摆脱波斯人的统治，建立第28王朝（公元前404—前399年）。之后，埃及本土人又先后建立了第29王朝（公元前399—前380年）和第30王朝（公元前380—前343年）。这三个王朝一直在不断抵抗波斯人的进攻，但都未能实现真正的统一，王朝内的分裂势力依然严重。公元前343年，波斯人再度攻占埃及，实施了十几年的统治，史称第31王朝。公元前332年，马其顿的亚历山大三世占领埃及，结束了波斯人的统治，也结束了法老埃及的历史。

波斯人的征服与统治

根据马涅托的记载，波斯人在埃及先后建立了两个王朝：第27王朝和第31王朝。一般认为，第27王朝是波斯人在埃及建立的第

① Kathryn A. Bard, ed., *Encyclopedia of the Archaeology of Ancient Egypt*, pp. 758, 759.

② Salima Ikram, *Death and Burial in Ancient Egypt*, p. 160.

一个王朝，始于公元前525年波斯国王冈比西斯二世占领埃及，结束于公元前404年，其间经历了五位或六位波斯国王的统治；第31王朝是波斯人在埃及建立的第二个王朝，始于公元前343年，终于公元前332年，经历了三位波斯国王的统治。两个王朝在埃及共统治了约134年。[①]公元前525年，波斯国王冈比西斯二世（公元前529—前522年在位）远征埃及，很快攻占孟菲斯，俘获第26王朝（公元前664—前525年）末代王普萨美提克三世（公元前526—前525年）。[②]埃及从此进入波斯人的统治时期。

关于冈比西斯二世率领波斯军队远征埃及，希罗多德给出的理由是埃及国王普萨美提克在两国联姻中欺骗了冈比西斯二世，没有把自己的女儿嫁给他，而是将前朝国王的女儿送到波斯，冈比西斯二世得知事情真相以后非常震怒，决定远征埃及。实际上，冈比西斯二世入侵埃及，还有其他原因。首先，公元前529年，希腊雇佣军将军哈利卡尔那苏斯（Halicarnassus）的法尼斯（Phanes）背叛埃及法老阿玛西斯（约公元前570—前526年），投靠冈比西斯二世，向其提出攻打埃及的策略。[③]其次，萨摩斯的波利克拉提斯（Polycrates）背叛了埃及人；埃及人的宿敌贝都因人也愿意担任波斯人穿越西奈半岛的向导。[④]最后，波斯和埃及的力量对比关系发生了很大变化。到公元前6世纪末期，经过几代国王，尤其居鲁士二世（公元前559—前530年）的征讨，波斯已经征服了西亚的广大地区，

---

① B. G. Trigger, et al., *Ancient Egypt: A Social History*, Cambridge: Cambridge University Press, 1983, pp. 279-281; Nicolas Grimal, *A History of Ancient Egypt*, p. 394; Ian Shaw, ed., The *Oxford History of Ancient Egypt*, pp. 482-483; Erik Hornung, et al., eds., *Ancient Egyptian Chronology*, pp. 494-495; Toby Wilkinson, ed., *The Egyptian World*, p. xxiii; Marc Van De Mieroop, *A History of Ancient Egypt*, Chichester: Wiley-Blackwell, 2011, p. 366; William H. Stiebing, *Ancient Near Eastern History and Culture*, New York: Pearson Education Inc., 2009, p. 314.

② Herodotus, *The Persian Wars*, Vol. 2 (books iii–iv), trans. by A. D. Godley, Cambridge, Massachusetts: Harvard University Press, 1921, iii. 10-14.

③ Herodotus, *The Persian Wars*, Vol. 2, iii. 4; Donald B. Redford, ed., *The Oxford Encyclopedia of Ancient Egypt*, Vol. 3, p. 35.

④ Nicolas Grimal, *A History of Ancient Egypt*, p. 367.

具备了进一步扩张领土和侵占埃及的实力。[①]同时，埃及第 26 王朝末期王室内部斗争激烈，削弱了王权，各地贵族势力纷纷兴起，内战不断，国力渐衰；而且，年幼的国王普萨美提克三世缺乏管理国家的经验。这为波斯征服埃及提供了机会。[②]

希罗多德记载冈比西斯二世在埃及实施野蛮政策，引起埃及人的痛恨，当冈比西斯二世率领军队从埃及出发远征利比亚和努比亚的时候，埃及人发动了反抗波斯统治的起义。冈比西斯二世镇压了起义，起义煽动者普萨美提克三世被俘自杀。[③]公元前 522 年，冈比西斯二世去世，埃及人民又掀起了反波斯统治的斗争。

公元前 518 年，大流士一世（公元前 522—前 486 年）再次入侵埃及，镇压了埃及人的反波斯起义。大流士一世在其碑文中说："我是波斯人，我来自波斯，我夺取了埃及。"[④]大流士一世统治结束时（公元前 486 年），埃及人爆发了一场影响深远的起义。[⑤]英国斯旺西大学古典学教授 A.B. 劳埃德（Alan B. Lloyd）认为，这次起义是因波斯施加给埃及人的沉重的税务和徭役所致。大流士一世规定埃及每年要向波斯王国缴纳 700 塔兰特银子和一定数量的谷物以及莫伊利斯湖的渔产收入。波斯国王还强迫成千上万的埃及人到苏萨和波斯波利斯为其修建王宫。[⑥]这次起义直到公元前 484 年初才被镇压下去。

阿塔薛西斯一世（公元前 465—前 424 年）统治初期，即大约公元前 463/2 年，埃及爆发了第二次规模庞大的起义，这就是著名的伊纳罗斯（Inarus）起义。伊纳罗斯领导的起义在高潮时曾联合雅典人攻打孟菲斯的波斯人。公元前 456 年兵败，他逃到西三角洲

---

① William H. Stiebing, *Ancient Near Eastern History and Culture*, p. 318.

② Ian Shaw, ed., The *Oxford History of Ancient Egypt*, pp. 381-382.

③ Herodotus, *The Persian Wars*, Vol. 2, iii. 15.

④ Amélie Kuhrt, *The Persian Empire: A Corpus of Sources from the Archaemenid Period*, London and New York: Routledge, 2007, p. 486.

⑤ Alan B. Lloyd, "The Late Period, 664-323BC", in B.G. Trigger, et al., *Ancient Egypt: A Social History*, p. 286.

⑥ Herodotus, *The Persian Wars*, Vol. 2, iii. 91; John D. Ray, "Egypt 525-404BC", p. 283.

的岛屿上。公元前 454 年，伊纳罗斯被俘，并被处死。[①]之后，领导起义的是阿米尔塔伊俄斯（Amyrtaeus）。这次起义直到大约公元前 449 年才被彻底镇压下去。希罗多德说："没有人比伊纳罗斯和阿米尔塔伊俄斯给波斯人以更大的损害了。"[②]

大流士二世（公元前 424—前 405/404）统治时期，埃及爆发了第三次起义，始于公元前 414/13 年，终于公元前 404 年。[③]A. B. 劳埃德认为，这次起义之所以爆发，主要是因为波斯驻军对埃及神庙的破坏行为激起了埃及人的愤怒。阿尔米塔伊俄斯二世建立了第 28 王朝（公元前 404—前 399 年）。之后，埃及本地人建立了第 29 王朝（公元前 399—前 380 年）和第 30 王朝（公元前 380—前 343 年）。这期间，波斯国王阿塔薛西斯二世（公元前 405/4—前 359 年）曾一再进攻埃及，但未获成功。

公元前 343 年，阿塔薛西斯三世（公元前 358—前 338 年）对埃及的第二次进攻获得胜利，并开始了波斯在埃及第二个阶段的统治。波斯统治者在埃及实施了暴力和残忍的报复行动，令埃及本土人极为愤恨。[④]公元前 332 年，马其顿的亚历山大三世攻打埃及的时候，埃及人和埃及总督拱手将埃及交给亚历山大三世，埃及人把亚历山大三世视作解放者和救星。[⑤]这反映了波斯人在埃及的统治不得人心。

关于埃及人民持续不断抗争和波斯人统治不稳定的原因，A. B. 劳埃德认为有两大因素：一是一小部分上层埃及人和埃及－利比

---

① Thucydides, *History of the Peloponnesian War*, Vol. 1 (books i-ii), trans. by C. F. Smith, Cambridge, Massachusetts: Harvard University Press, 1919, i. 104-109.

② Herodotus, *The Persian Wars*, Vol. 2, iii.15.

③ Alan B. Lloyd, "The Late Period, 664-323BC", p. 287.

④ Donald B. Redford, ed., *The Oxford Encyclopedia of Ancient Egypt*, Vol. 2, pp. 276-277; Edda Bresciani, "The Persian Occupation of Egypt", in I. Gershevitch, ed., *The Cambridge History of Iran: Median and Archaemenian Periods*, Vol. 2, Cambridge: Cambridge University Press, 1985, pp. 502-528.

⑤ H. Idris Bell, *Egypt from Alexander the Great to the Arab Conquest*, Oxford: The Clarendon Press, 1948, p. 31.

亚王室家族成员对波斯统治者根深蒂固的仇恨；二是埃及距离波斯王国中心地区太遥远，波斯国王很难对其进行安全控制。波斯人在埃及第二阶段的统治是以贪婪和掠夺为显著特征的，这更进一步激起了埃及人的反抗。虽然史料不多，但埃及人毫无抵抗地欢迎马其顿的亚历山大三世进入埃及这件事可在一定程度上说明埃及人对波斯统治者的痛恨。[①] 伊安·肖(Ian Shaw)认为波斯国王不在埃及统治、部分埃及原王室贵族重新统治埃及的野心以及波斯人未能与埃及本土人结合起来等，都是波斯人统治遭到埃及人抵抗的原因。实际上，要真正理解古埃及人反抗波斯统治的深层原因，还需考虑波斯人在埃及实施的具体统治活动。

波斯人在埃及的统治

根据史料，波斯人在埃及的统治方式主要是冈比西斯二世和大流士一世确立的。冈比西斯二世从公元前 525 年至前 522 年在埃及进行统治。乌佳霍瑞斯奈特（Udjahorresnet）雕像上的铭文反映了当时的情况。吴佳霍瑞斯奈特是埃及人，曾是古埃及第 26 王朝国王阿马西斯和普萨美提克三世的海军军官，见证了冈比西斯二世的入侵和埃及舍易斯王朝的崩溃。他受命成为波斯国王的廷臣，担任波斯国王的首席医师和舍易斯城奈特神的祭司。在他的建议下，冈比西斯二世恢复了舍易斯城的神庙运转和宗教崇拜。[②] 这份铭文展示出波斯统治者对埃及当地宗教的部分尊重。冈比西斯二世统治期间，既没有在埃及开展建设活动，也没有改变埃及原有的社会结构，他只是促成了一些波斯人向埃及的移居而已。[③]

大流士一世与冈比西斯二世一样，都采用了埃及国王的头衔，

---

① Alan B. Lloyd, "The Late Period, 664-323BC", p. 287.

② Miriam Lichtheim, *Ancient Egyptian Literature: A Book of Readings*, Vol. 3, Berkeley: University of California Press, 1980, pp. 37-41; A.B.Lloyd, "The Inscription of Udjahorresnet, a Collaborator's Testament", *The Journal of Egyptian Archaeology*, Vol. 68 (1982), pp. 166-180 详细考察了该铭文对于研究波斯人统治埃及时期的历史的重要意义。

③ Marc Van De Mieroop, *A History of Ancient Egypt*, p. 305.

称自己为“上下埃及之王”和太阳神拉之子。[1] 大流士一世将整个波斯王国分为 20 个总督区，将埃及作为第 6 总督区，[2] 派总督管理[3]。总督居住在孟菲斯城，是埃及的首席行政官，负责监督埃及最高层次的事务，例如税收和为波斯王国政府提供其所需要的东西。总督一般是波斯贵族，与波斯国王有着密切关系。同时，波斯国王在总督周围安排众多“耳目”，监视总督的行为。总督周围还有一些波斯籍的官员。“检察官”参与政府的司法事务；财政大臣领导财政部，该财政部按照波斯国王的财政部设计。财政部里面还有一些“王室书吏”，他们是埃及人，辅助财政大臣工作，或许其职责是负责翻译文献，将波斯人使用的阿拉姆语（Aramaic）和埃及人的世俗语言的文献进行互译。总体上看，波斯人在埃及的行政和政府组织方式未能从根本上改变埃及的传统。

狄奥多拉斯记载，后期埃及有三位著名立法者：伯克霍利斯，阿玛西斯和大流士一世。[4] 大多数现代历史学家认为大流士一世曾在埃及编纂过法典，因为大流士是波斯国王，来自古代西亚，而西亚又有编纂法典的传统。另一种说法是：在大流士统治的第 3 年，他命令埃及总督建立一个由战士、祭司和书吏中的聪明人组成的委员会，记录直到阿玛西斯统治第 44 年的埃及法律。阿玛西斯只统治了 44 年（公元前 570 年—前 526 年），所以大流士的目的是制定一部直到波斯征服时期的埃及法律。这个委员会工作了 16 年，所著法律文献以两种语言的版本出现：亚述语版本和埃及世俗语版本。[5] 这部法律文献是否对波斯人在埃及的统治起到了作用，目前并没有任何证据。

---

① Miriam Lichtheim, *Ancient Egyptian Literature: A Book of Readings*, Vol.3, pp. 38-39.

② Herodotus, *The Persian Wars*, Vol. 2, iii.89, 91.

③ 关于在埃及实施统治的波斯总督的讨论，参见 John D. Ray, “Egypt 525-404BC”, p. 266.

④ Diodorus Siculus, *Library of History*, Vol. 1, i. 94-95.

⑤ M. J. Geller and H. Maehler, et. al., *Legal Documents of the Hellenistic World*, London: The Warburg Institute in University of London, 1995, p. 3.

大流士一世注重埃及的经济建设。他首先下令在埃及东部挖通了尼罗河至红海的运河。运河挖掘工程在公元前510年至前497年进行，动用了几万埃及本土人。这条运河可以使船只从孟菲斯出发，经过红海和波斯湾，到达波斯沿海地区。有人据此认为这条运河是大流士出于军事目的和将埃及财富运往巴比伦而开通的；也有人认为这条运河的开通有利于埃及人进入东部沙漠和红海沿岸。[①]

波斯国王还将中部伊朗采用的一种称为qanat的灌溉技术引入埃及西沙漠绿洲地区，它有助于这些绿洲农业的发展。[②]波斯统治时期，埃及与安纳托利亚和叙利亚的贸易也有所发展。波斯统治者从这种贸易活动中收取税款。一份纸草文献记录了薛西斯一世或阿塔薛西斯一世统治时期，波斯统治者对进入埃及的货船收取税款的情况。[③]波斯统治者通过这种方式攫取了大量财富。波斯国王还通过没收神庙土地和财产的方式获取财富。阿塔薛西斯三世就曾没收了大量神庙财产和神庙铭文记录，并要求神庙祭司赎回这些记录。[④]

大流士一世征服埃及后，在埃及采取了宗教宽容政策。建筑和修复神庙是他在埃及实施统治的突出特征之一。他恢复了舍易斯的医学院（生命之屋），重建了哈里杰绿洲（Kharga Oasis）的阿蒙神庙，也在阿布希尔（Absir）、孟菲斯、埃德福（Edfu）和埃尔卡伯（Elkab）另建神庙。[⑤]这些活动是在波斯国王提拔的埃及人吴佳霍瑞斯奈特的建议下进行的。正是因为这些缘故，大流士一世是所有国王（外来国王）中惟一一位在世时就被奉为神灵的人。他死后，根据埃及传统，人们给予他与古代埃及国王平等的荣誉。[⑥]

在大流士一世的统治中，只有其政治改革被他的后代所遵从。

---

① Marc Van De Mieroop, *A History of Ancient Egypt*, p. 307.

② Ibid.

③ Amélie Kuhrt, *The Persian Empire: A Corpus of Sources from the Archaemenid Period*, p. 686.

④ Diodorus Siculus, *Library of History*, Vol. 7 (books xv.20-xvi.65), trans. by Charles L. Sherman, Cambridge, Massachusetts: Harvard University Press, 1952, xvi. 51.

⑤ Miriam Lichtheim, *Ancient Egyptian Literature: A Book of Readings*, Vol. 3, pp. 37-40.

⑥ Diodorus Siculus, *Library of History*, Vol. 1, i. 95.

至少法老头衔、总督管理制度、中央和地方政府部门，以及官僚的设置与运作等基本上都得到了遵守。但大流士一世的儿子薛西斯一世没有采用法老的头衔，而是采用了“王中之王”的称号，还没收了很多神庙的财产。埃及神庙祭司骂他为“坏蛋”。[①] 同时，史料所见到的大多是波斯人在埃及进行的破坏行为。据说，阿塔薛西斯三世杀死了阿庇斯公牛，用一头驴来让埃及人膜拜；他还杀死了赫里奥坡里斯的公牛和门德斯（Mendes）的公羊，洗劫了很多神庙和城市。[②]

埃及距离波斯王国中心巴比伦城较远，不利于波斯国王的直接统治和控制，这的确是波斯统治埃及时期动荡不安的一个原因。但波斯人在埃及统治不稳固还有更深刻的原因。首先，冈比西斯二世和大流士一世尽管采取了一些接受古埃及传统宗教的政策，但并没有从根本上接受埃及人的宗教信仰。大流士一世之后的统治者在这方面做的就更直接了，明确地将埃及视作征服地，完全没有接受埃及的宗教信仰，甚至伤害埃及人的宗教情感。这使埃及本土人，尤其上层埃及人和神庙祭司，始终将波斯统治者视作外来征服者。传统上，埃及人认为外来统治者不具有法老的神圣属性，认为他们破坏了宇宙秩序、正义和真理（玛阿特），使邪恶战胜了正义。这对于埃及社会来说是致命的危害，是无论如何都要消除的。而古埃及人在这样的观念驱使下必然要进行持续不断的反波斯斗争。

其次，整体上看，波斯人没有在埃及本土实施直接统治，而是在波斯王国核心地区的巴比伦遥控统治，行使直接统治权的是总督。这就完全把埃及降到了一个行省的地位，使埃及失去了独立地位。

此外，在130多年的时间里，只有大流士一世真正着手实施了一些旨在缓和统治者与被统治者之间的矛盾、有利于波斯统治的政治、经济和文化建设。即便如此，他以征服者的姿态出现，将埃及视作其占领地，其建设埃及的根本目的在于促进波斯王国的强大。

---

① B.G. Trigger, et al., *Ancient Egypt: A Social History*, p. 298.

② Diodorus Siculus, *Library of History*, Vol. 7, xvi. 51.

这就使波斯统治者只是在埃及原有社会结构的基础上强加了一些波斯人的统治元素；致使他们不可能处理好统治者与被统治者、波斯人与埃及本土人之间的关系。

最后，波斯统治者始终将埃及作为波斯王国核心地区巴比伦发展强大的人力和财力来源地。埃及工匠在波斯从事建筑工作，埃及陆军和海军在大流士一世和薛西斯一世对希腊战争中发挥了重要作用。[①] 波斯统治者还把沉重的赋税和劳役强加在埃及本土人身上，最终使埃及社会和人民的经济状况日渐衰落，这构成了激化波斯统治者与埃及本土人之间矛盾的根本原因。

波斯人统治的影响

在古埃及历史上，波斯人的入侵使埃及人第一次经历了异族长达 130 多年的统治，这对埃及社会和历史发展造成了多方面影响。伴随波斯人而来的是前所未有的政治变革，中央一级和诺姆一级政府组织的变化，它被强加了外来因素。埃及人破天荒地经历了总督统治。这使埃及人对外来统治方式有了初步认识。波斯人的长期统治促使古埃及本土法老的式微，并逐渐破坏着普通埃及人对法老神圣属性及其强大力量的认同。

尽管，古埃及传统文化没有发生质变，传统文化继续在发展。[②] 但波斯人和其他人的到来，改变了埃及传统的人口结构。这些新来者带来了不同的文化，埃及在一定程度上出现了文化融合现象。波斯人统治时期，埃及已经是一个“世界性”国家。根据考古材料，当时的埃及至少包括：埃及人、波斯人、爱奥尼亚人、卡里亚人（Carians）、腓尼基人、讲阿拉姆语的人、埃兰人、西里西亚人、米底人、利西亚人、摩押人（Moabite）、阿拉伯人、雅典人、努比

① Ian Shaw, ed., The *Oxford History of Ancient Egypt*, p. 384.

② Janet H. Johnson, “The Persians and the Continuity of Egyptian Culture”, in H. Sancisi-Weerdenburg, et al., eds., *Achaemenid History VIII: Continuity and Change*, Leiden: Nederlands Instituut voor het Nabije Oosten, 1994, pp. 149-159; Ian Shaw, ed., The *Oxford History of Ancient Egypt*, p. 394，都认为埃及文化保持了其生命力，在保持其传统的同时，探索新的发展方向。

亚人、利比亚人和犹太人，等等。[①] 按照狄奥多拉斯的记载，公元前 1 世纪埃及大约有 300 万人。[②] 在后期埃及这个动荡的时期，人口最多的时候应该是第 26 王朝，最多也就是 300 万人。波斯人统治时期，社会动荡，人口不会超过 300 万。[③] 公元前 343 年，阿塔薛西斯三世入侵埃及时，埃及第 30 王朝末代国王涅克塔尼布二世（公元前 360—前 343 年）雇佣了 2 万名希腊雇佣兵。[④] 波斯人是统治阶级，希腊人是雇佣兵，他们与埃及祭司一起构成了埃及社会当中的上层，广大埃及本土农民和工匠等构成社会下层。[⑤] 上层人士交往较多，这促成了他们之间的融合。很多波斯人除了有一个波斯名字，还有一个埃及人的名字。[⑥] 那些得到波斯统治者重用的埃及人接受了波斯人的风俗习惯。例如，吴佳霍瑞斯奈特就在铭文中明确说自己穿着波斯人的服装，还毫不掩饰地吹嘘自己为冈比西斯二世和大流士一世服务。[⑦] 由于长时间受到波斯人的统治，一些埃及人中也出现了波斯化的倾向。另外，在波斯人统治时期，埃及人与其他民族的融合也在进行，例如埃勒凡塔的犹太人社区就出现了埃及人仆人和妻子。[⑧] 此外，埃及人的数学、天文学、历法、文学作品等都吸收了部分美索不达米亚的元素。从世俗语文献来看，埃及人的一些文学语言表述习惯也受到了波斯人的影响。埃及雕刻艺术则受到了阿黑门尼德王朝的影响。[⑨]

波斯人的统治也为马其顿的亚历山大三世及其后继者托勒密家族征服埃及和在埃及进行统治提供了有利条件和宝贵经验。波斯人的统治基本上是征服者对被征服者的统治，大多数情况下采取高压

---

① John D. Ray, “Egypt 525-404BC”, pp. 273-275.

② Diodorus Siculus, *Library of History*, Vol. 1, i. 31.

③ B.G. Trigger, et al., *Ancient Egypt: A Social History*, p. 300.

④ Ian Shaw, ed., The *Oxford History of Ancient Egypt*, p. 388.

⑤ B.G. Trigger, et al., *Ancient Egypt: A Social History*, p. 301.

⑥ Marc Van De Mieroop, *A History of Ancient Egypt*, p. 313.

⑦ Miriam Lichtheim, *Ancient Egyptian Literature: A Book of Readings*, Vol. 3, pp. 37-40.

⑧ John D. Ray, “Egypt 525-404BC”, p. 277.

⑨ Ibid., pp. 279, 280-281, 282.

政策，激起埃及人的不满。埃及人民渴望推翻波斯人的统治，但其力量有限，希望有一个强大的外援，而亚历山大三世便是这个救世主。公元前332年，马其顿的亚历山大在伊苏斯（Isus）战役中战胜波斯国王大流士三世，然后进军埃及。[①]波斯驻埃及总督马扎克斯（Mazakes）未进行任何抵抗便把埃及拱手让给了亚历山大三世。[②]另一方面，由于波斯国王没有接受和认可古埃及关于法老神圣属性观念而导致埃及人的反抗，马其顿的亚历山大三世清醒地意识到这一点。他到埃及以后，并不满足于埃及人对他赶走波斯人的感激，更希望获得埃及人的认可。他进行了一系列活动，最重要的是到锡瓦绿洲请示阿蒙神谕，在孟菲斯取得法老的地位。埃及人，尤其埃及祭司，认可了亚历山大三世的神性，“埃及祭司已经把他视作神的儿子”。[③]他还在埃及进行了一些建设活动，例如为亚历山大城划定城址，在离开埃及之前任命诺克拉底斯的克里奥美尼斯为埃及总督，等等。[④]亚历山大三世去世之后，托勒密家族统治埃及近300年的时间，他们都与亚历山大三世一样采信了古埃及的王权观念，与亚历山大三世建立起直接关系，宣称自己的神圣属性，完全接受法老的头衔。托勒密二世的官方名字最具代表性：荷鲁斯“强健的年轻人”，（他是）两女神“英勇的大人物”，金荷鲁斯“他的父亲使他在赞美声中出现”，上下埃及之王“拉的卡的力量”，“阿蒙的钟爱者”，拉之子“托勒密”。[⑤]这是古埃及法老名字的典型组

---

① Arrian, *Anabasis of Alexander*, Vol. 1 (books i-iv), trans. by, P. A. Brunt, Cambridge, Massachusetts: Harvard University Press, 1976, iii. 1. 1.

② Arrian, *Anabasis of Alexander*, Vol. 1, iii. 1. 3.

③ Plutarch, *Lives*, Vol. 7 (Alexander), trans. by Bornadotte Perrin, Cambridge, Massachusetts: Harvard University Press, 1919, Alexander. 27; H. Idris Bell, *Egypt from Alexander the Great to the Arab Conques*, p. 31.

④ Arrian, *Anabasis of Alexander*, Vol. 1, iii. 2-5; J. M. O' Brien, *Alexander the Great: the Invisible Enemy*, London and New York: Routledge, 1992, pp. 86-91.

⑤ A. K. Bowman, *Egypt after the Pharaohs 332BC-AD642 from Alexander to the Arab Conquest*, London: Oxford University Press, 1990, p. 21; Michel Chauveau, *Egypt in the Age of Cleopatra: History and Society under the Ptolemies*, trans. by David Lorton, Ithaca and London: Cornell University Press, 2000, pp. 45-46; 郭子林：《论托勒密埃及的专制主义》，《世界历史》2008年第3期。

合方式。

在如何处理外来统治者与埃及本土人关系方面，波斯人为托勒密王朝的统治者提供了借鉴。托勒密王朝在充分吸收埃及传统行政组织方式的基础上，在宫廷内部设有众多宫廷管理部门和相应的官僚，在中央和地方都设有各种管理机构和官僚，各级部门都设有希腊马其顿官僚。[①]托勒密国王将希腊马其顿统治者与埃及本土人统治阶层之间结合在一起。同时，托勒密王朝允许埃及本土人官员从低级职位向高级职位晋升，而且对埃及本土人贵族和官员给予丰厚待遇。托勒密二世的财政大臣阿波罗尼乌斯可能是埃及人，是托勒密二世从埃及人中间提拔起来的。他拥有大面积土地，在托勒密王朝占据重要地位。[②]这便在很大程度上缓和了作为外来统治者的希腊马其顿人与埃及本土贵族和统治阶层的关系。托勒密王朝的国王既充分信仰和尊重古埃及传统的宗教，还创造了王朝自己的、具有民族融合特点的萨拉匹斯（Sarapis）神崇拜。[③]他们采取各种措施获得埃及本土人祭司认可，同时限制祭司的权力和势力，将祭司集团置于自己的统治之下。[④]为了进一步协调和调解希腊马其顿移民和埃及本土人之间的矛盾，尤其解决普通人之间在日常生活和经济活动中出现的矛盾，托勒密王朝允许希腊城市法和埃及传统法律并行不悖地运行，建立了适合于两种法律的法庭，此外还设有巡回法庭，直接处理希腊人与埃及人之间的纠纷。[⑤]

托勒密王朝同样注重对埃及经济的建设和管理。托勒密王朝将埃及土地收归自己所有，加强水利建设，大力开发农田，尤其成功地开发法尤姆地区，既解决了退伍军人与雇佣兵的安置和军饷问题，

---

① 郭子林：《论托勒密埃及的官僚体系》，《内蒙古民族大学学报》2005 年第 4 期。

② Dorothy J. Thompson, "Irrigation and Drainage in the Early Ptolemaic Fayyum", in Alan K. Bowman and Eugene Rogan, eds., *Agriculture in Egypt from Pharaohnic to Modern Times*, Cambridge, Massachucetts: Harvard University Press, 1999, p. 111.

③ H. Idris Bell, *Egypt from Alexander the Great to the Arab Conquest*, pp. 38-39.

④ 郭子林：《论埃及托勒密王朝王权与神权的关系》，《古代文明》2008 年第 4 期。

⑤ 郭子林：《托勒密埃及的法律与司法实践》，《历史研究》2010 年第 4 期。

又发展了埃及经济。[①]托勒密王朝还对埃及工业、商业和金融业采取垄断和专营制度，将希腊人熟悉的铸币和银行等引入埃及，采取一系列促进埃及贸易发展的措施，将那些从农业、工业和商业等收取的实物税和货币税进行再分配，用于王室开支、军饷以及国内各种建设。[②]虽然托勒密王朝的埃及本土人也承受着沉重的税务和劳役负担，但这些税务和劳役最终还是用于托勒密王朝和埃及的发展，这就与波斯人对埃及的经济盘剥有了根本不同。

波斯人统治时期是古埃及文明消亡的起点。希克索斯人是最早在埃及进行统治的外来人，在大部分时间里，希克索斯人的王朝与埃及人的底比斯王朝南北对峙，但希克索斯人未实现对埃及的统一。希克索斯人在埃及的统治基本上是按照埃及人传统的方式进行的。[③]希克索斯人被底比斯兴起的埃及人赶走后。新王国使埃及达到了鼎盛，可以说，希克索斯人在埃及的统治未能影响埃及文明的进程。第22王朝（约公元前945—前715年）的创建者具有利比亚人的血统，第25王朝（约公元前716—前656年）是努比亚（埃塞俄比亚）的库什王子建立和实施统治的，甚至第26王朝（公元前664—前525年）的创建者也有利比亚王室血统，[④]这几个王朝都是按照古埃及传统的方式进行统治，未能改变古埃及社会的发展方向。继希克索斯人之后，在古埃及建立较长期王朝统治的外来人便是波斯人，波斯人在埃及建立了统一的王国。[⑤]在古埃及历史上，波斯人是真正对其文化和历史发展产生重大影响的最早的外来统治者，之后才是希腊马其顿人和罗马人。希腊马其顿人（约公元前332—前30年）为期300多年的统治使埃及出现了希腊文化与埃及文化多方面融合的局

---

① 郭子林：《古埃及托勒密王朝对法尤姆地区的农业开发》，《世界历史》2011年第5期。

② 郭子林：《从托勒密埃及国王的经济管理透视专制王权》，《史学月刊》2009年第7期。

③ Eliezer D.Oren, ed., *The Hyksos: The New Historical and Archaeological Perspectives*, Philadelphia: University Museum of University of Pennsylvania, 1997, pp. 45-67.

④ Manetho, *History of Egypt and Other Works*, pp. 158, 167.

⑤ Marc Van De Mieroop, *A History of Ancient Egypt*, p. 305.

面，这是古埃及文明发生深刻变化的时代。[①] 罗马人统治时期（公元前 30—公元 642 年），基督教文化在埃及获得发展，修道制度就是在埃及建立起来的，[②] 古埃及传统文化逐渐被希腊罗马文化融合，逐渐丧失主导地位。到阿拉伯人占领埃及的时候，古埃及传统文化已经丧失殆尽。故此，波斯人的统治在古埃及社会留下了不可磨灭的烙痕，它不仅瓦解着古埃及传统文化认同，也为希腊马其顿人征服和统治埃及奠定了基础，甚至构成了古埃及文明消亡链条上的起点。

① J. G. Manning, *The Last Pharaohs: Egypt under the Ptolemies, 305-30BC.*, Princeton: Princeton University Press, 2010, pp. xi-xiii.

② 田明：《罗马拜占庭时代的埃及基督教史研究》，天津人民出版社 2009 年版，第 104—135 页。

第五章　希腊人统治时期的埃及

公元前332年之后，古埃及经历了300多年的希腊人统治，一般可分为两个阶段：亚历山大三世的统治时期（公元前332年—前323年）和托勒密王朝时期（公元前323年—前30年）。亚历山大三世在埃及的统治时间很短，并任命总督管理埃及。托勒密王朝的统治使埃及社会、政治、经济、文化等都得到了发展，并被视为古埃及历史上继古王国和新王国之后的第三个鼎盛时期。

托勒密王朝统治时期，埃及的政治制度、经济生产方式、文化观念尚存较强的生命力，古埃及人的族群认同在政治、经济、文化、社会生活方面表现出内在的融合性，尤其体现在法律和司法实践领域。托勒密王朝顺应古埃及社会发展的历史大势，埃及人也因之前700年的动荡而逐渐接受外来人的统治。近300年的希腊人统治和文化融合逐渐消解着古埃及传统的文化观念，成为古埃及文明消亡的重要原因之一。

一、希腊人统治时期埃及的政治

希腊人统治的兴衰与内外关系

公元前332年，马其顿的亚历山大三世在伊苏斯（Isus）战役中战胜波斯国王大流士三世，随后挥师进军埃及。从此，古老的埃及结束了法老王朝的历史，进入希腊马其顿人的统治时期。为确保在埃及的统治地位，亚历山大在埃及停留的几个月里进行了一系列宗教政治活动：到锡瓦绿洲请示阿蒙神谕，在孟菲斯取得法老的地位，为亚历山大城划定城址，任命诺克拉底斯的克里奥美尼斯为埃及总督，等等。①

公元前323年，英年壮志的亚历山大三世病殁巴比伦。亚历山大的贴身护卫和马其顿舰队司令、拉古斯之子——托勒密一世，旋即通过各种政治和外交手腕，击败其竞争者，获得掌管埃及的总督权力。从此，开启了托勒密王朝（公元前323年—前30年）近300年的发展历程。在这近300年的历史演进中，托勒密王朝大体上经历了三个阶段。

第一阶段是托勒密王朝的建立与发展时期，时间为公元前323年托勒密一世任埃及总督到公元前222年托勒密三世去世。这一时期是托勒密家族创建新国家的阶段，也是在这一时期，托勒密王朝达到了鼎盛。

托勒密一世（公元前323年—前283年）出身于马其顿贵族家庭，②曾在马其顿宫廷中受过侍从训练，在学习和训练中成为亚历山大的密友。③公元前336年—前335年，他跟随亚历山大远征欧洲。公元前330年他被任命为亚历山大的贴身护卫后，曾捕获波斯皇帝

---

① Arrian, *Anabasis of Alexander*, Vol. 1, iii. 2-5; J. M. O' Brien, *Alexander the Great: the Invisible Enemy*, London and New York: Routledge, 1992, pp. 86-91. 埃及最早经历总督统治是在波斯人国王冈比西斯二世于公元前525年占领埃及以后，他任命的总督是阿里安德斯（Aryandes），参见 John D. Ray, "Egypt 525-404BC", p. 266.

② 关于托勒密一世的出身问题，有不同的说法，有人认为托勒密一世是腓力二世的私生子，实际上这是一种谣传。这种谣传之所以出现的原因有二。首先，托勒密的母亲阿尔西诺 (Arsinoe) 是国王腓力二世的堂姐妹，这使得托勒密一世有可能是他们两人的私生子，而托勒密一世的父亲拉古斯出身低微，据说老拉古斯因孩子的身份可疑而把其抛弃，最后孩子被鹰所救。其次，这可能是托勒密一世的崇拜者们杜撰出来，以使托勒密一世与亚历山大有血缘上的关系，增加托勒密一世的声望和称王的合法性。（见 Walter M. Ellis, *Ptolemy of Egypt*, London and New York: Routledge, 1969, p. 3.）但塔恩却根据托勒密一世的同代人尤法图斯（Euphantus）的记载，认为托勒密一世的母亲根本就不是腓力二世的妹妹，从而托勒密一世与亚历山大三世之间根本没有直接的血缘关系（W. W. Tarn, "Two Notes on Ptolemaic History", *The Journal of Hellenic Studies*, Vol. 53, Part I (1933), p. 57）。

③ Arrian, *Anabasis of Alexander*, Vol. 1, iv.13.1.

大流士三世派来的刺客。在亚历山大跨越波斯高原的进军中，他始终追随亚历山大。曾任希拉斯皮斯河（今印度杰赫勒姆河）一支马其顿舰队的长官。[①]亚历山大曾不止一次奖励他的功绩，并在波斯首都苏萨为他与波斯的阿塔卡玛（Artacama）举行盛大婚礼。[②]亚历山大三世去世后，托勒密一世采取各种措施，率先争得了埃及、利比亚和阿拉比亚。作为埃及总督，他掌握了实际权力。公元前322年，他又劫持亚历山大三世的尸体并运往埃及，以期"挟天子以令诸侯"。这引起了第一次继承者战争（公元前321年—前320年）。手握亚历山大权力象征戒指的皮尔蒂卡斯（Perdikkas），坚决反对托勒密一世的这一举动。因为皮尔蒂卡斯在亚历山大三世去世以后成为名誉上的帝国首领，急切希望在事实上继承亚历山大的帝位，故而他借托勒密一世劫持亚历山大三世尸体之际出兵埃及，进军三角洲，结果惨遭失败，并被自己的部将杀死在埃及。通过这一事件，托勒密一世初步稳定了在埃及的统治地位，也证明了托勒密一世的远见卓识，把埃及作为他的大本营是他取得胜利的保证。公元前321年—前320年，在特里帕拉德苏斯（Triparadeisos）会议上，托勒密一世被确认为埃及和利比亚的统治者。[③]

为了巩固统治，保障军事安全，托勒密一世开展了一系列军事行动，陆续征服昔兰尼、塞浦路斯、西叙利亚、腓尼基、西顿（Sidon）和推罗（Tyre）等地，同时控制了塞克拉底斯岛国联盟。公元前288年—前286年，埃及舰队在解放雅典的战争中获胜，托勒密成为爱琴海岛屿联盟的保护者，据此埃及获得了地中海上的霸主地位。除了战争而外，托勒密一世还努力改善同邻国的关系，并对希腊奉行友好的政策。[④]

---

① Arrian, *Anabasis of Alexander*, Vol. 2 (books v- vii with Indica), trans. by P. A. Brunt, Cambridge, Massachusetts: Harvard University Press, 1983, Indica. 18. 5.

② Arrian, *Anabasis of Alexander*, Vol. 2, vii. 4. 6.

③ Günther Hölbl, *A History of the Ptolemaic Empire*, trans. by Tina Saavedra, London and New York: Routledge, 2001, p. 16.

④ 〔埃及〕G. 莫赫塔尔主编：《非洲通史》第二卷，第151页。

托勒密一世注重强化王权统治。他用前任总督留下来的8000塔兰特银子征召雇佣军，以防止埃及人可能的反抗，并于公元前313年把首都迁到亚历山大城。由于腓力三世和亚历山大四世先后被杀，于是托勒密一世于公元前306年自称巴塞勒斯（Basileus），这样便以马其顿的传统更新了王权，因此，在希腊人的档案文献中，托勒密一世的第一个统治年被追溯到亚历山大三世之死（公元前323年）。公元前304年，托勒密一世成为埃及的法老，埃及人的文献从这一年计算托勒密一世的统治时期。公元前285年，他封儿子即后来的托勒密二世为共治王，这有利于王朝的稳定和王权的平稳过渡。[①]

托勒密一世一直采取与埃及人和解的政策。他部分地吸收和招募埃及人加入军队。他在孟菲斯奉萨拉匹斯为神，将埃及和希腊的宗教融合起来；他还重建被波斯人摧毁的法老神庙，祭祀埃及古神，[②]保护贵族和祭司，从而争取到了部分埃及人。他为学者和艺术家设立了博物院，在亚历山大城建立了著名的图书馆。[③]他不仅支持艺术和科学，自己还编写了亚历山大几次战役的历史，现已失传，阿里安引用了一些内容。托勒密一世的政策和活动为王朝的发展奠定了基础。

托勒密二世（公元前285年—前246年）和托勒密三世（公元前246年—前222年）的统治，进一步使国王的权力强化，使埃及走上了辉煌和鼎盛。托勒密二世和三世发动一系列战争，拓展埃及的版图。公元前246年托勒密三世登基时，埃及已占有的地区包括：利比亚、叙利亚、腓尼基、科普图斯（Kptos）、利西亚（Lykia）以及卡利亚和塞克拉底斯群岛。[④]公元前245年，他与昔兰尼国王

---

① 本段史料皆出自 Günther Hölbl, *A History of the Ptolemaic Empire*, pp. 14-25.

② Walter M. Ellis, *Ptolemy of Egypt*, pp. 30-31.

③ 〔埃及〕穆斯塔法·阿巴迪：《亚历山大图书馆的兴衰》，臧惠娟译，中国对外翻译出版公司1996年版，第43—70页。

④ Stanley M. Burstein, ed., *The Hellenistic Age from the Battle of Ipsos to the Death of Kleopatra VII*, Cambridge: Cambridge University Press, 1985, p.125.

马格斯的女儿贝蕾尼西二世结婚，把自公元前258年以来一直分裂的埃及和昔兰尼再度联合起来。后又进行了一系列战争，最终在托勒密三世时，托勒密王朝埃及的版图达到了极盛：对托勒密二世获得的南安纳托里亚的控制进一步加强；在西方，伊奥尼亚和达达尼尔海峡一起加入了托勒密王朝；南色雷斯的获得也很有意义。[①]托勒密二世和三世还加强了国内经济建设。托勒密二世开修从尼罗河到红海的运河，加强农业灌溉系统的建设。两位国王都重视对法尤姆地区的开发，使之成为重要的农业区，为帝国的发展奠定了坚实的基础。他们还注重农业和对外贸易的发展；还奖掖学术、支持文化事业的发展，使亚历山大城变成了地中海世界的文化中心。[②]另外，托勒密二世和三世非常重视海军建设，"托勒密王朝在东地中海盆地的霸权很大程度上依靠海军力量"，[③]在前三位国王的苦心经营下，托勒密王朝蒸蒸日上，在地中海地区维持了40年之久的强盛时期。

托勒密三世去世以后，托勒密王朝进入第二个阶段（公元前222年—前168年），即由盛转衰的时期。托勒密四世（公元前222年—前204年）是托勒密三世的儿子。据称，他在统治时期，荒淫无度，纵酒寻欢，昏庸无能，还听信谗言，为了权力而杀害自己的母亲、叔叔和兄弟。[④]托勒密四世背弃前三位国王的统治政策，致使托勒密王朝的国力开始衰弱，王权统治岌岌可危。与此同时，埃及在对外战争中也逐渐走下坡路。第四次叙利亚战争（公元前219年—前217年）时期，虽然托勒密王朝在拉菲亚战役中获胜，但埃及付出了巨大的经济和军事代价，严重地消耗了埃及的国力。

托勒密五世（公元前204年—前180年）是托勒密四世的儿子，五岁登基，其权力被重臣把持，王朝内部斗争渐趋激烈，社会动荡

① Günther Hölbl, *A History of the Ptolemaic Empire*, pp. 46-51.
② Ibid., pp. 53-65.
③ Ibid., p. 305.
④ Edwyn Bevan, *A History of Egypt under the Ptolemaic Dynasty*, pp. 217-251.

不安，国内起义不断，起义势力一度席卷埃及南部，[①]直到公元前186年，他才镇压了南部的起义。为了缓和矛盾，他颁布赦令，豁免债务、赋税，释放囚犯和投降的反叛者，给祭司以优惠待遇。正是因为这一点，祭司们将他的功绩刻录在石碑上，以传久远，这就是著名的罗塞达石碑。[②]在埃及本土之外，托勒密五世统治时期，托勒密王朝还失去了对叙利亚和色雷斯等地区的控制。[③]公元前197年第五次叙利亚战争结束，安提奥古斯三世在帕尼昂（Panion）战役中打败了托勒密五世，占领了叙利亚洼地和安纳托里亚，托勒密王朝时的埃及进入被肢解时期。[④]这成为托勒密王朝史上一个重要转折点。

托勒密六世（公元前180年—前145年）年仅4岁继承王位，托勒密五世的王后克娄巴特拉一世（？—公元前176年）摄政。公元前170年，托勒密六世和弟弟托勒密八世（公元前170年—前163年和公元前145年—前116年）共同摄政，并展开了长期的王权之争。同时，为了准备与塞琉古王国的战争而增加税收，激起了各地人民的反抗斗争，社会动荡不安。最后不得不求助已在地中海世界悄然崛起的强国——罗马来保卫自己的安全。第六次叙利亚战争（公元前170年—前168年）以叙利亚的安提奥古斯四世获得除亚历山大城外对埃及的全面控制而结束。亚历山大城危在旦夕，托勒密王朝被迫求助罗马。从此，在托勒密王朝与其他王国的冲突中，托勒密王朝屡次求助于罗马，而罗马的实力已变得越来越强大。以至于托勒密王国将同“希腊化”世界其他王国一样，甚至连王朝内部事务，都得求助罗马。[⑤]这是托勒密王朝史上的又一个重要转折点，

---

① Edwyn Bevan, *A History of Egypt under the Ptolemaic Dynasty*, pp. 252-281.

② Richard Parkinson, *Cracking the Codes: The Rosetta Stone and Decipherment*, London: British Museum Press, 1999, pp. 25-30.

③ Aidan Dodson and Dyan Hilton, *The Complete Royal Families of Ancient Egypt*, London: Thames & Hudson, 2010, p. 265.

④ Stanley M. Burstein, *The Reign of Cleopatra*, New York: Greenwood Press, 2004, p. xviii.

⑤ Günther Hölbl, *A History of the Ptolemaic Empire*, p. 148.

也是托勒密王朝王权的重大转折点。

托勒密王朝在第六次叙利亚战争中的失败，标志着托勒密王朝第三阶段的开始。第三阶段从公元前168年到公元前30年，即从托勒密六世的统治到罗马吞并埃及。[①]

托勒密王朝的王室和官员在这一时期对罗马人的严重依赖，一方面与罗马势力的兴起有关，另一方面也是托勒密王朝和专制王权已然衰落的表现。托勒密六世与弟弟托勒密八世为争夺王位再次展开了长期斗争（公元前163年—前145年），罗马在其中多次斡旋调解。公元前145年，托勒密六世去世以后，他的儿子和共治王托勒密七世继承王位，但仅仅统治了一年便被托勒密八世杀害。托勒密八世从公元前145年至前116年独自统治。托勒密八世与他的两个妻子克娄巴特拉二世、克娄巴特拉三世也进行了长期内战（公元前132年—前124年）。内战结束以后，托勒密八世于公元前118年宣布大赦令，[②]力图社会改革，还试图开通到印度的贸易航道，但并没有获得最终的胜利。[③]

托勒密八世于公元前116年去世，他的儿子托勒密九世（公元前116—前81年）与托勒密八世的遗孀克娄巴特拉三世共治。母子不和，导致托勒密九世于公元前110年被驱逐。公元前107年，托勒密九世的弟弟托勒密十世出任共治王。公元前101年，克娄巴特拉三世去世以后，托勒密十世独自统治，但很快被驱逐，托勒密九世返回埃及，继续统治，直到公元前81年去世。托勒密十世于公元前88年在小亚细亚的吕底亚王国沿海地区被杀。托勒密九世去世以后，托勒密十世的儿子托勒密十一世与托勒密九世的遗孀贝蕾尼西三世结婚，共同执政，19天后，后者被前者杀害，不久托勒密十一世也被亚历山大城的起义者杀害。

---

① W. S. Ferguson, “Egypt’s Loss of Sea Power”, *The Journal of Hellenic Studies*, Vol. 30 (1910), pp. 189-208.

② G. P. Goold, ed., *Select Papyri*, Vol. 2, trans. by A. H. Hunt and C. G. Edgar, Cambridge, Massachusetts: Harvard University Press, 1934, pp. 69-75.

③ Edwyn Bevan, *A History of Egypt under the Ptolemaic Dynasty*, pp. 327-331.

自从托勒密六世去世以后，王室斗争愈演愈烈。王室斗争必然导致托勒密王朝内政荒废、经济衰微和内乱迭起。罗马趁机吞并了昔兰尼和塞浦路斯（托勒密王朝的两大屏障）。[①] 埃及本土又成为罗马领袖实现政治蓝图的必争之地。庞培、恺撒和安敦尼都把埃及作为追求个人政治目标的根据地。“托勒密九世的儿子托勒密十二世（公元前80—前51年）和克娄巴特拉七世曾试图战胜这些罗马国家的代表。”[②] 托勒密十二世去世以后，他的儿子托勒密十三世（公元前51—前47年）和其女儿克娄巴特拉七世（公元前51年—前30年）共治。克娄巴特拉借助罗马的力量消除了托勒密十三世，与托勒密十二世的另一个儿子托勒密十四世（公元前47—前44年）共治，最终也将其消除，继而立自己年幼的儿子托勒密十五世（公元前44—前30年）为共治王。[③] 实际上，从托勒密十二世去世以后，克娄巴特拉七世始终是掌握权力的国王。虽然克娄巴特拉七世能够凭借聪明的才智和美丽的外表使得安敦尼和恺撒为其折腰，但屋大维却拒她于千里之外。最终克娄巴特拉七世的幻想破灭了，在绝望中自杀身亡。托勒密王朝的专制王权统治也随着这位极具争议性的女国王的死亡，而画上了一个圆满的句号。公元前30年，屋大维征服埃及，将其并入罗马的统治版图。

国王的人格神化

关于托勒密埃及的政治制度，可以从国王人格的神化、国王的专制权力和中央集权的官僚统治三个方面进行深入的研究和探讨，以便通过一个更具体的视角来审视和解读古代世界的专制主义。[④]

托勒密一世到埃及任总督以后，在建立新国家的过程中，采取了一系列行之有效的措施。首先，托勒密一世宣称自己是亚历山大

---

① Günther Hölbl, *A History of the Ptolemaic Empire*, pp. 183-192.

② Ibid., p. 306.

③ Edwyn Bevan, *A History of Egypt under the Ptolemaic Dynasty*, pp. 359-384.

④ 关于托勒密王朝时期埃及的专制主义制度，请参阅郭子林：《古埃及托勒密王朝专制王权研究》，中国社会科学出版社2015年版。

三世在埃及的继承人。在埃及人看来，正是亚历山大三世赶走了曾使他们处于水深火热中的波斯人，给他们带来了自由；亚历山大三世到锡瓦（Siwa）绿洲的阿蒙神庙请示神谕，[①] 这对亚历山大在埃及的统治至关重要，因为它确立了亚历山大在埃及至高无上的地位。托勒密一世挟亚历山大三世的尸体前往埃及任总督。这实际上就等于宣布托勒密一世是亚历山大三世在埃及的合法继承人。这样，在理论上，托勒密一世本人也就具有了神性，具有了统治埃及的最高权威；在实践中，他受到了那些尊崇亚历山大三世的希腊、马其顿和小亚细亚移民的拥戴和支持。

其次，作为亚历山大三世部将的托勒密一世，没有理由不宣传自己在赶走波斯人，为本土埃及人收复失地的功绩。公元前 311 年的一块"总督碑"上有这样一段铭文：

> 我，托勒密，总督，我（把自己）交还给荷鲁斯（Horus）——为父报仇者和培（Pe）的领主；而且（我还）把培和泰坡（Tep）两地的夫人潘太努特（Pantanut）神的领地——布陀（Buto）交还给（荷鲁斯）；从今天开始到永远，拥有它（埃及）的所有村庄、城镇、居民和土地。[②]

托勒密一世在此铭文中强调了他从波斯人那里收复失地这一功绩。他还在铭文其他部分把自己与神秘的卡哈巴什紧密联系起来。通过这样一些宣传活动，托勒密一世成了本土埃及人心目中的神或神的后裔。到托勒密二世时，埃及祭司们已经正式以王衔的形式宣布托勒密国王的合法性。

埃及人对托勒密国王统治合法性的认可，也反映在包括罗塞达石碑在内的上埃及世俗语碑文所显示的内容上，国王的名字中凸显

① Arrian, *Anabasis of Alexander*, Vol. 1, iii. 1.

② A. K. Bowman, *Egypt after the Pharaohs 332BC-AD642 from Alexander to the Arab Conquest*, p. 21.

了国王的神性，如“诸神的继承者”、“普塔的选择者”、“阿蒙的活的形象”等。此外，大约从公元前3世纪中期开始，托勒密国王们还在有生之年与他们的王后一起享有神的称号和荣誉。① 托勒密一世和他的妻子被称为“索塔尔”，意为“救主”；托勒密二世和他的妻子被称为“菲拉戴尔夫斯”，意为“爱他姊妹的神”；托勒密三世被称为“奥厄葛提斯”，意为“善行者、施主”；托勒密四世被称为“菲洛帕托尔”，意为“爱他父亲的神”；托勒密五世的称号是“埃庇法尼斯”，意为“明白无误之神”；托勒密六世被称为“菲洛密托尔”，其意为“爱他母亲的神”；托勒密七世则被称为“新菲洛帕托尔”；托勒密十四世和克娄巴特拉七世也都被称为“菲洛帕托尔”其意都是“爱他父亲的神”，等等。② 可见，托勒密国王在埃及被视作神，不仅是法老时代那种令人敬畏的神，还是令人喜爱和尊崇的神，兼威严和慈善于一身，从而其地位不可侵犯和动摇。

国王的各种权力

托勒密国王具有立法、司法、行政、军事、财政、思想文化等方面的最高权威。

第一，托勒密国王既是立法者又是最大的法官，是法律的源泉，直接参与和监督司法审判。托勒密埃及实行两套法律体系：希腊移民的“城市法”和土著埃及人的民族法，都是习惯法③。习惯法的最大弱点是缺乏成文法的约束力，因此随着社会实际情况的变化需要修改和重新解释，托勒密国王自然是最有权威的修改者和解释者。同时，托勒密国王颁布的敕令和赦令也是补充习惯法的法律。敕令是托勒密国王颁布和补充法律的主要方式，涉及经济、政治、文化和社会生活各个方面。托勒密王朝的典型赦令是公元前118年托勒密八世颁发的战后大赦令，内容涉及了社会和经济生活的许多方

---

① G. P. Goold, ed., *Select Papyri*, Vol. 2, pp. 191, 243.

② 刘文鹏：《古代埃及史》，第581—589页。

③ M. J. Geller and H. Maehler, *Legal Documents of the Hellenistic World*, pp. 10-11.

面[①]。表面看来，这只是一份为了解决战后重建问题而颁发的大赦令，实质上却是一部条款翔实、可操作性很强的法令，犹如一部责、权、利明确的法典。这样的赦令必定在全国范围内得到实施，对所有臣民都具有法律约束力。任何敕令和赦令都出自国王之口，国王可以随时对其进行修改，并做出符合自己意愿的解释。没有任何立法机构和监督机构可以约束托勒密国王，托勒密埃及的法律就是国王意志的直接体现。

托勒密国王掌握着绝对的司法审判权和司法监督权。全国的司法人员都由国王任命，司法审判都处在国王的监控下，各级地方官负有监督任务，很多审判要有地方官僚在场[②]。同时，国王本身直接参与司法审判，这体现在两方面：一方面，臣民在遭受伤害或不公正待遇时都要向国王请愿，请求国王主持正义。例如，公元前145年菲拉的伊西斯祭司们因受到地方官员的迫害，向托勒密八世请愿，请求国王做出判决并惩罚那些地方官员[③]。另一方面，很多请愿由国王亲自审查和处理。公元前259年的一段纸草文献是国王托勒密二世下达的制裁辩护者的敕令，原因是一些辩护者引起了财政问题，给国家收入造成了损失[④]。

第二，托勒密国王具有强大的行政控制权。强盛时期的托勒密埃及由三部分组成：埃及本土、埃及境内的希腊城市、埃及境外的占领地。托勒密国王对埃及本土具有绝对的行政领导权。托勒密国王把埃及本土分成40个左右的诺姆。每个诺姆由一名总督和一名诺姆长管理。诺姆之下设若干区，有一名区长，区下设村，每个村庄里有一个代总督（他是地方警察的头目），每个村有一个村长和若干村书吏[⑤]。所有诺姆都归国王管辖，甚至处于行政区划最底层的村

① G. P. Goold, ed., *Select Papyri*, Vol. 2, pp. 69-75.

② Ibid., pp. 237-238.

③ S. M. Burstein, ed., *The Hellenistic age from the Battle of Ipsos to the Death of Kleopatra VII*, p. 142.

④ Ibid., pp. 121-122.

⑤ G. P. Goold, ed., *Select Papyri*, Vol. 2, pp. 235, 251, 253, 392.

庄也在国王的管理之下①。

托勒密国王对埃及境内的希腊城市实行直接领导。帕雷托纽姆、诺克拉底斯、亚历山大城和上埃及的托勒密斯具有特殊的地位，或多或少类似于希腊的自治城市。例如，亚历山大城有自己的法典，市民被分配在部落和德莫中，市民称自己为某某德莫的成员②，而非亚历山大城的人。但“希腊城市的公民权被严格地控制着，权力有限”。“它们设有公民大会、议事会、行政长官和公共机构，但这些都未达到真正民主政府的水平。”③亚历山大城的市民可以被国王在任何时候召去执行特殊任务，诸如参与诺姆的司法审判④。

托勒密国王对埃及境外的占领地的领导权比较复杂，有直接控制的，有派代表或靠当地傀儡政府控制的，还有名义上的从属关系。例如，昔兰尼的一份官方文献规定，“长老会，由托勒密任命”，“托勒密是终身将军”，“没有托勒密的同意，任何逃亡者都不受惩罚”⑤。这说明托勒密国王直接控制昔兰尼。公元前257年，约旦的傀儡首脑陶毕阿斯给托勒密二世的首席财政大臣阿波罗尼乌斯写信，列举了所奉献的贡物，这体现了托勒密二世在约旦地区的统治是靠傀儡政府进行的⑥。爱琴海地区的塞克拉底斯岛国联盟对托勒密埃及只是一种名义上的从属关系⑦。虽然这些占领地在王朝末期都脱离了埃及，但在占领时期托勒密国王在行政上对它们具有领导权。

第三，托勒密国王具有绝对的军事和外交权。托勒密埃及是“用

① *Theocritus*, trans. by J. M. Edmonds, Cambridge, Massachusetts: Harvard University Press, 1912, xvii. 80-90.

② G. P. Goold, ed., *Select Papyri*, Vol. 2, pp. 3-9, 185.

③ Michel Chauveau, *Egypt in the Age of Cleopatra: History and Society under the Ptolemies*, p. 125。也有人认为“亚历山大城没有市议会”（W. Tarn and G. T. Griffith, *Hellenistic Civilisation*, London: Edward Arnold Ltd., 1952, p. 185）。

④ G. P. Goold, ed., *Select Papyri*, Vol. 2, pp. 221-225.

⑤ M. M. Austine, *The Hellenistic World from Alexander to the Roman Conquest (A Selection of Ancient Sources in Translation)*, Cambridge: Cambridge University Press, 1981, pp. 443-444.

⑥ R. S. Bagnall and P. Derow, *The Hellenistic Period Historical Sources in Translation*, Cambridge: Cambridge University Press, 1985, p. 113.

⑦ S. M. Burstein, ed., *The Hellenistic Age from the Battle of Ipsos to the Death of Kleopatra VII*, p. 117.

长矛征服的土地”[①]，国王牢牢地控制着军队。军队由近卫兵、陆军（包括骑兵、步兵和战象）和海军等构成，都由国王统一领导。国王是独一无二的军事首领，在中央设立战争大臣，帮助自己管理军队[②]。战争大臣的手下还有一批秘书，辅助他工作。他们绝对服从国王。在诺姆中设有要塞，驻扎军队，由总督统领，在村庄设有警察站，总督和警察都以服从国王为己任，以确保国内和平为首任[③]。托勒密国王的军事和外交权力交织在一起，因为托勒密埃及外交的主要内容是军事战争。托勒密埃及与希腊诸城邦、塞琉古王国、罗马、利比亚、努比亚等国的关系以战争为主，并辅以联姻等方式，但主导权在托勒密国王手中[④]。

第四，托勒密国王将全国的经济作为自己的私有财产而实行绝对控制。托勒密国王是全国土地的最高所有者，“整个土地属于国王，大批土地由国王直接掌握和管理。”[⑤]他把全国土地分为两大类：由王室直接经营的“王田”和授予神庙、贵族、官员以及士兵的“授田”[⑥]。

托勒密国王对工业的控制非常严格。榨油工业的专营是最主要的工业专营项目。从原油植物种子的领取、种植、加工到卖出的整个过程都由国王严格控制。

托勒密国王还要对各行各业征收数量不等的税款。

第五，托勒密国王掌控着宗教。托勒密埃及的宗教祭司集团失去了独立性，处处受到国王和中央政府的管制，是完全为世俗政权服务的工具。托勒密国王是宗教首脑。至少到托勒密五世时，祭

① Diodorus Siculus, *Library of History*, Vol. 9 (books xviii-xix.65), trans. by Russes M. Geer, Cambridge, Massachusetts: Harvard University Press, 1947, xviii. 59. 5, xviii. 43. 1.

② Günther Hölbl, *A History of the Ptolemaic Empire*, p. 58.

③ F. W. Walbank, *et al.* eds., *The Cambridge Ancient History*, Vol. 7, Cambridge: Cambridge University Press, 1928, pp. 116-118.

④ Stanley M. Burstein, *The Reign of Cleopatra*, pp. xvii-xx, 7.

⑤ G. P. Goold, ed., *Select Papyri*, Vol. 2, p. xxi.

⑥ W. Tarn and G. T. Griffith, *Hellenistic Civilisation*, pp. 187-189.

司集团会议每年召开一次，国王任主席[①]。全国的祭司都由国王任命[②]，为国王服务。在地方，代总督代表国王掌管神庙[③]。同时，托勒密国王不仅支持埃及当地人的多神崇拜，还建立了王朝的宗教崇拜——萨拉匹斯崇拜。萨拉匹斯神是埃及传统神和希腊神的认同合一，是一个男性人形神。古典作家塔西陀认为它起源于小亚细亚[④]。现代学者则认为它是奥西里斯神和阿庇斯神相结合的产物[⑤]。这个神不仅满足了希腊人的宗教情感，还符合埃及当地人的宗教观念。

托勒密国王通过对神庙祭司的任命、派官员管理神庙、召开神庙会议、建立新的神祇崇拜，严格控制了宗教，使世俗权力绝对高于教权。宗教权力来自世俗国王的授予，神权完全处于王权的管制之下。从另一个角度来看，国王还是神，国王是凌驾于世俗政权和宗教之上的超然力量，或者说，世俗政权和教权都得服从于托勒密国王。在古代埃及，控制了宗教，就等于控制了思想。

第六，托勒密王室家族在托勒密埃及历史上起着举足轻重的作用。这主要是通过特殊的王位继承和婚姻制度完成的。法老埃及和马其顿在原则上实行的都是男性嫡系继承制度。托勒密埃及基本沿袭了这种制度，一直由男性任国王，共十五王，未曾中断，克娄巴特拉七世虽是女性国王，但仍有男性国王与之共治。托勒密埃及王室继承了法老埃及的传统，实行近亲婚制，主要形式是兄妹婚。托勒密王朝兄妹婚的始作俑者是托勒密二世，他娶了自己的姐姐阿尔西诺二世，并立其为王后。其后的国王皆效仿之。还有父女婚和母子婚等形式。如托勒密八世与其侄女克娄巴特拉三世结婚；托勒密

---

① Pierre Jouguet, *Macedonian Imperialism and the Hellenization of the East*, London and New York: Routledge, 1996, p. 300.

② Michel Chauveau, *Egypt in the Age of Cleopatra: History and Society under the Ptolemies*, p. 48.

③ M. M. Austine, *The Hellenistic World from Alexander to the Roman Conquest (A Selection of Ancient Sources in Translation)*, p. 367.

④ Tacitus, *Histories*, Vol. 4, trans. by Clifford H. Moore and John Jackson, Cambridge, Massachusetts: Harvard University Press, 1931, iv. 83-84.

⑤ 刘文鹏：《古代埃及史》，第 619 页。

十一世与托勒密九世的遗孀贝蕾尼西三世（即国王的继母）结婚。托勒密国王采取的继承和婚姻制度的作用十分明显。首先，这两种制度收到了预期的效果，托勒密王朝获得了埃及人的承认，至少埃及的祭司承认了国王的神性①。其次，这种制度也在一定程度上起到了稳定和延续王朝统治的作用。公元前58年亚历山大城人民起义，托勒密十二世去罗马求援，在国内主持政局的正是其王后以及长女。在此期间，她们的作用是维持国内政局的稳定，维持王朝的存续。托勒密王朝后期，克娄巴特拉七世帮助懦弱的男性国王，通过各种手段维持埃及的独立长达18年之久，功不可没②。可以说，托勒密王室就如同一个密闭的球体，男成员是这个球体的基本组成部分，女成员则是在这些组成部分出现漏洞并可能给外部因素造成可乘之机时，填补这些漏洞，从而使整个球体完整地向前滚动。

中央集权的统治

托勒密国王建立了一整套官僚体系，借以实施权威、统治国家。官僚体系由宫廷官、中央和地方官僚构成。宫廷官僚由大臣、官员、警卫、廷臣、奴隶和宦官等组成。廷臣又分成五类：王友、第一朋友、贴身护卫长官、朋友和继承者③。宫廷官僚大多数是王室成员，其他人都与王室有密切关系。

托勒密国王从宫廷官僚中选拔和任命中央官僚。在行政领域，有一位首席大臣，负责掌管印章，为各种与商业有关的敕令或宫廷文件签章，地位显赫，由国王的亲信充任，听命于国王。首席大臣由国王授权，处理相关行政事务。在他下面是秘书处，主要负责外交事务，由若干官僚组成。行政机构的官僚还包括王室秘书和首席秘书。前者负责处理国王的信件，后者帮助国王处理请愿书和颁发

① Michel Chauveau, *Egypt in the Age of Cleopatra: History and Society under the Ptolemies*, pp. 22-23, 29-31, 45.

② ［英］华莱士·布劳克威主编：《关键时刻》，张焱等译，生活·读书·新知三联书店1987年版，第45页。

③ F. W. Walbank, *et al.* eds., *The Cambridge Ancient History*, Vol. 7, p. 116.

敕令[①]。后者的职位高于前者。在中央还有一个档案馆，由多人组成，管理各种记录、书信和敕令[②]。行政等级的上层还有王室敕令的起草者，帮助国王起草各种敕令。

财政官员是最重要的官僚之一。中央最高财政官是首席财政大臣，其职责主要是管理国家的经济生活和财政收入，任命各级财政官员[③]。“国王领地财产的详细账簿和其副本……所有相关的文件都要交给首席财政大臣……以便审计”[④]。首席财政大臣比首席大臣的经济管理权更广一些，统管农业、工业、金融、税收等方面的事务。首席财政大臣还拥有较高的行政权力，在某些情况下被称为中央民事官，处理各种民事问题。诺姆长及诺姆内的各级行政官员由他管理，向他汇报情况[⑤]。涉及王室垄断的法规在他的办公处修改，在他手下有一些副官，他们分管特定的区域。公元前 3 世纪，首席财政大臣这一职务经常由很多人充任[⑥]。公元前 2 世纪时，由两名副手辅助，他们是大宗收入财会长和财会长[⑦]，前者从事国家大宗收入的记录或审核等工作，相当于首席会计[⑧]，而后者则从事与更为繁琐的日常收入有关的事务。由此看来，首席财政大臣与法老埃及的维西尔相似，但没有维西尔的权力大，因为他不能像维西尔那样可以管理军事，而且部分行政权力被首席大臣分享。托勒密王朝后期出现一位高级财政官——私人会计，其职务是保持对所有没有归入正常名目的王室收入进行记录，特别是对从罚款、一般没收和不动产没收等类似

---

① Pierre Jouguet, *Macedonian Imperialism and the Hellenization of the East*, p. 299.

② A. K. Bowman, *Egypt after the Pharaohs 332BC-AD642 from Alexander to the Arab Conquest*, p.58.

③ Michel Chauveau, *Egypt in the Age of Cleopatra: History and Society under the Ptolemies*, p. 77.

④ S. M. Burstein, ed., *The Hellenistic Age from the Battle of Ipsos to the Death of Kleopatra VII*, p. 122.

⑤ J. G. Manning, *Land and Power in Ptolemaic Egypt*, Cambridge: Cambridge University Press, 2003, p. 52.

⑥ Günther Hölbl, *A History of the Ptolemaic Empire*, p. 58.

⑦ Pierre Jouguet, *Macedonian Imperialism and the Hellenization of the East*, p.299.

⑧ A. K. Bowman, *Egypt after the Pharaohs 332BC-AD642 from Alexander to the Arab Conquest*, p.58.

情况中获得的收入进行记录[①]。私人会计的出现，进一步削弱了首席财政大臣的权力，这更有利于国王的专权。

中央司法长官是首席司法大臣，管理希腊法庭和埃及法庭及混合法庭，由国王的亲信担任，在国王的认可下任命希腊法庭的国王审判者和埃及法庭的王室法官，或者为国王准备须由其亲自做出裁决的案件[②]。在宗教领域，最高祭司由国王任命，全国各地的祭司都为国王服务。每个托勒密国王都亲自任命一个属于自己的高级祭司。在某些文献中，祭司被称为“兄妹神”的祭司、“仁慈者”神的祭司等[③]，可见祭司是国王的。国王还是军队的首脑，对军队实行绝对领导。托勒密埃及没有专门管理文化教育事业的中央官僚，但设立了与文化发展关系密切的两个机构：亚历山大城图书馆和博物院。它们是不具有权力机构性质的文化团体，其领导者是国王及国王委派的某些文人或祭司[④]。

在诺姆中，除了诺姆长、驻军总督、区长和村长而外，还有其他一些官僚。地方官僚中最重要的人物之一是分散在各诺姆中的地方财政官。“地方财政官是首席财政大臣的地方代理人，掌管诺姆内有关王室收入的事务，由一名会计和一名审核员辅助。”[⑤]此职务一般由希腊人担任。地方财政官不仅有管理财政的权力，还有对村书吏或村长进行监督和审查的权力。如安排谷物的播种、编制牲畜的清单、检查亚麻和油的生产、审计银行收入帐簿及调查舞弊行为等。公元前2世纪，出现了一些大区财政官。大区比诺姆大，包括两个以上的诺姆。他们管理所辖区的经济收入、王室经济的管理人

---

① F. W. Walbank, *et al.* eds., *The Cambridge Ancient History*, Vol. 7, p. 121.

② Ibid., pp. 119-120.

③ M. M. Austine, *The Hellenistic World from Alexander to the Roman Conquest (A Selection of Ancient Sources in Translation)*, pp. 366, 367.

④ 〔埃及〕穆斯塔法·阿巴迪著，臧慧娟译：《亚历山大图书馆的兴衰》，第50—52、64—65页。

⑤ Michel Chauveau, *Egypt in the Age of Cleopatra: History and Society under the Ptolemies*, p. 76.

员及其代理人等[①]。

在地方管理系统中有一些非常重要的官僚——书吏。王室书吏都是土著埃及人，是诺姆一级的书吏，由国王或首席财政大臣任命。“在诺姆行政中，王室书吏最终在公元前2世纪取代了地方财政官。王室书吏下面是区书吏和村书吏，一般由王室书吏经过首席财政大臣许可之后任命，负责土地和财产的管理与登记[②]。“村书吏监督他所管理的人们的所有活动。”“村书吏的主要任务是根据土地的税收情况，整理王室年度村土地记录，列出无权获得份地者的名单，根据种植物的种类组织种植活动，对土地生产状况作预测。”“他不仅从事文字记录工作，也要进入田地并亲自监督人们工作。”[③]区书吏作为村书吏和王室书吏的中介，具有上承下传的作用。王室书吏的职责除了监督和指导区书吏和村书吏而外，还得直接或间接向国王或首席财政大臣报告地方财政收入情况。无论是王室书吏还是区书吏、村书吏，他们负责的是记录和一般的监督工作，而收税等具体工作的执行都由各相应行政单位的长官（驻军总督、区长、村长等）完成。还有谷物收集者、半税农、税农，他们是各级书吏和财政官的助理[④]。税农不直接收税，只是确保国王的税收不致流失，是税收的见证人[⑤]。

地方官僚中还有一些邮政人员，处于代总督的领导下，起着传递信息和政令的作用，把国王或中央官僚的命令和书信从北方传递到南方，再把南方的各种书信、请愿书等传递到北方，众多的纸草书信和文件需要从一个邮站传送到另一个邮站。各诺姆和村都设有警察站，警察拥有一小块土地，受“代总督”的领导，具有确保社

---

① Pierre Jouguet, *Macedonian Imperialism and the Hellenization of the East*, p. 302.

② Günther Hölbl, *A History of the Ptolemaic Empire*, p. 59.

③ Michel Chauveau, *Egypt in the Age of Cleopatra: History and Society under the Ptolemies*, pp. 76, 90.

④ F. W. Walbank, et al. eds., *The Cambridge Ancient History*, Vol. 7, p. 124.

⑤ N. Lewis, *Greeks in Ptolemaic Egypt*, Oxford: Oxford University Press, 1986, p. 18.

会安全和维持社会秩序的职能[①]。地方文化机构是体育馆，分布于各个村镇，管理文化教育事业，长官是希腊人。“体育馆的体育教育和文化思想教育同等重要。”在它下面还有一些社会团体，主要作用是传播希腊文化。

法老埃及的基本官僚体系在托勒密埃及保留了下来，但托勒密埃及的官僚体系更加完善，官僚的职权更加细化，官僚之间、官僚与国王之间的关系更为明确，形成了“国王——宫廷官僚和中央官僚——地方诺姆官僚——村官僚”的金字塔式官僚体系，所有官僚都是国王任命的，都为国王负责，国王借助他们很好地实现对国家的专制统治。

权力运行与腐败

托勒密王朝宫廷内部大量的廷臣不仅是国王日常生活的服务者和护卫者，还构成了国王咨询委员会的成员，确保国王的饮食、安全、健康，并为国王提供某些决策参考建议，他们在很大程度上影响着国王的生活起居和关于国家大事的决策。廷臣是国王身边的人，是直接为国王服务的宫廷人员，甚至可以说是国王在宫廷内部的仆人，虽然地位特殊，享有某些特权，但并不是国王权力的执行者，也不是凌驾于中央机构和中央官僚之上的特殊官员。

托勒密王朝中央部门是按照各自的职能设立的，例如行政、财政、司法、宗教、文化和军事等。这些部门内部都设有数量不等的官僚，履行相应的职责，完成部门所赋予的任务。这些部门的最高官僚都是由国王直接任命的，其他级别的中央官僚或者由国王直接任命，或者由最高中央官僚代表国王任命。低级中央官僚受其上级的管理，但所有中央官僚都听从国王的命令，至少从理论上讲都是国王任命的官僚。

托勒密王朝保持了古埃及传统的诺姆结构，全国仍保持 40 个

① Michel Chauveau, *Egypt in the Age of Cleopatra: History and Society under the Ptolemies*, pp. 214-215.

左右的诺姆，上埃及和下埃及各设一个总督区，以便监管各个诺姆，各个诺姆内部设有与中央对应的行政、财政、司法、文化和宗教以及军事等部门及官僚，诺姆下面设区，区下设村。区和村主要以行政长官、财务官、警察和大量书吏等为主。越是底层官僚，其履行的职权越具体。诺姆一级的官僚受中央官僚管理，接受大区总督监督。区级官僚向诺姆级官僚负责，村级官僚向区级官僚负责。

C.哈比希特详细考察了希腊化时代君主国的统治阶级，认为“王友”或“国王的朋友”构成了希腊化时代各个君主国的统治阶级。他们对君主的决议产生决定性影响：国王的命令通过他们传递，由属于同一个群体的人来执行，因为他们占据所有重要地位。他们与国王一起统治王国和其臣民。这个统治阶级的成员主要是希腊人，也有马其顿人。埃及本土人、叙利亚人或犹太人没有出现在这个群体里，波斯人和其他伊朗人也没有出现在这个群体中。两代以后，当地人才出现在统治阶级之中。他还认为希腊化时代的君主们选拔来自希腊世界各个城邦或地区的、具有不同背景的人，出任各种重要职位，这些人包括工匠、哲学家、医生、科学家等，只要有能力，都可以任用。

从国王到中央，再到诺姆，直到村，官僚数量是越来越多的，呈金字塔状分布，顶点是国王，最底层是村级官僚。同时，国王的权力也是从上往下越来越细化，但权力越往下越小。此外，每个层级的官僚之间既有分工，也有合作，至少从纸草文献来看，财政官在收税的过程中得到了村长、村书吏、村财政官、村警察等的配合。托勒密王朝国王的权力主要通过大批中央和地方官僚来实施。如果用一个模型来展示，那么托勒密王朝的大批官僚构成了一个以国王为顶点、以国王的权力为中心支柱的、由顶点向底层呈放射状分布的“金字塔”。这种分级管理、垂直服从的金字塔结构的官僚体系保证了托勒密王朝国王王权的运作。

托勒密王朝的官僚之间主要是隶从关系。一切官员都隶从于国王，一切地方官员都隶从于国王和中央，地方各级官吏又隶从其上级。有学者认为，在托勒密王朝，“每位官员奴隶般地服从其上司，并专制地控制其下属”。①

然而，“绝对权力使人绝对腐化。”②托勒密王朝奴隶般的上下级关系必然导致腐败和权力的滥用。托勒密王朝的官员们为了获得这些令人神往的职位，而肆无忌惮地采取各种行动。公元前117年的一份报告揭发了这样一些事件：有些人没有首席财政大臣的知识，但被任命为首席财政大臣；并有一些人爬到了诺姆长官、区首领、“小麦收集者”、村长及与他们自己的工作一致的其他职务的位置；其他一些人把职位传给年少的儿子，而且有时传给与他们一起的其他人。“反对此种行为的法律处罚可能很严厉，但是源于这些地位的利益，尤其是那些最高层地位的利益，意味着总是有一些人愿意冒此危险。”③

由于腐败现象的存在，人们对法律、对国家甚至对他的神失去了信心，因而宁愿把自己委托给一些有权势的人，而不愿求助于国家和政府，这样便出现了一个特殊的阶层——委托人。委托人是社会上非常有实力的人物，一般都是政府官员。这一时期，每一个官员几乎都有一个比自己强大很多的官员作为委托人，以确保自己的安全。④委托人的出现是官僚腐败的见证，也表明了国力的衰落。但这种委托人群体并未影响到王权，反而在一定程度上起到了缓和人民矛盾的作用。因为委托人都是比较有权势的官僚，他们可以为受压迫者和弱势群体提供一种精神和身体上的寄托，使后者不致面对压迫时形成一个强大的反统治力量；从另一个角度来看，委托人本身是统治阶级，他们除了帮助个别人员而外，不会作为一个整体去反对托勒密王朝的统治。从这个意义上说，委托人的出现反倒有利

① Pierre Jouguet, *Macedonian Imperialism and the Hellenization of the East*, p. 303.

② 〔美〕魏特夫：《东方专制主义》，徐式谷等译，第131页。

③ A. K. Bowman, *Egypt after the Pharaohs 332BC-AD642 from Alexander to the Arab Conquest*, p. 60.

④ Pierre Jouguet, *Macedonian Imperialism and the Hellenization of the East*, p. 304.

于王权的加强。

总而言之，托勒密王朝的专制王权具备了专制王权的各种主要特征，还有一些自身的特点。例如，托勒密王朝国王人格神化使国王兼具威严与仁爱双重属性，使国王的地位更加神圣不可侵犯；从国王的权威和官僚主义集权化的统治来看，托勒密王朝的专制王权显得更加强大；托勒密王朝的专制王权既有外来统治的特征，也是外来统治者对本土埃及进行认真统治的见证。这些特点都使托勒密王朝的专制王权与众不同，但能否称其为古代世界专制主义的典型，还需要更多的具体研究来佐证。

二、希腊人统治时期埃及的经济

土地制度与农业开发

托勒密王朝的经济具有很强的专制性和垄断性。根据大量纸草文献，在埃及，托勒密王朝沿用法老埃及的土地制度，但更加强化了国王对土地的绝对权力，国王是全国土地的最高所有者。研究“希腊化”时代史的英国著名历史学家 W. 塔恩和 G. T. 格林菲斯认为，托勒密王朝的土地分为两大类：王田和授田。授田又分为四类：神庙土地、军事殖民地、赐田和所谓的私人土地。这些土地都是国王的，所以授田也是国王赐予神庙、军人、官员和个人的。私人土地主要是指房屋、庭院和葡萄园等。[①] M. I. 罗斯托夫采夫（M. I. Rostovtzeff）也认同这样的观点，他还从根源上分析国王土地所有权的来源，指出托勒密国王作为法老的继承人和埃及主神阿蒙－拉的儿子而成为埃及土地和臣民的所有者和主人。[②]

王田大部分由王田农夫来耕种。王田农夫以契约的形式来租种

① W. Tarn and G. T. Griffith, *Hellenistic Civilisation*, pp. 187-189.

② M.I.Rostovtzeff, *The Social & Economic History of the Hellenistic World*, Vol. 1, pp. 267, 363.

王室土地，地契随时更改；土地的耕种者还必须向国王缴纳一定量的税务，耕种王田的农民往往以实物地租来租佃王田。很多纸草文献反映了这种情况。公元前 113 年的一份纸草文献便反映了村书吏美其斯计算村庄实物地租的情况。①

纸草文献表明，王田农夫被严格管束在村社内，不得自由迁徙，他们的劳动受到严格监管，他们不得离开居住地。② 王田农夫从国家领取种子、农具和牲畜，他们生产的全过程：从种植到收获、加工，都要受到国王委派的官吏的监督与安排。授田上的劳动者是税收的主要生产者，因而享有一定的特权。他们也同样处于托勒密国家的严格控制下。他们还要在筑堤和建筑水渠时履行义务劳动。③

神庙土地以同样的方式处于国家控制之下并受到盘剥，但税收用以维持神庙的存在和发展。④ 大部分土地被分配给军人。⑤ 尽管在一段时间内这些土地的所有权变成了世袭的，但所有权仍然可由国王废除。也有越来越多的土地实际上私有化了，它们可能是由个人买卖造成的。⑥ 这些所谓的私有地也归国王所有，国王可以随时把这些土地无条件地收回，个人只有使用权而已。

托勒密国王为了发展农业，也是为了安置老兵（雇佣兵），重点对法尤姆地区进行了农业开发。⑦ 托勒密国王们意识到法尤姆地区有更大的开发潜力，对这里进行了大规模开发，进行了一系列工程建设。复合渠道网首先在托勒密王朝统治下兴建并投入使用，在拉宏的尼罗河 - 法尤姆出口处修建了控制水道，封闭了哈瓦拉。这样，不仅为相对高度的渠道辐射系统提供了水源，也使莫伊利斯湖水保

① G. P. Goold, ed., *Select Papyri*, Vol. 2, p. 515.

② Ibid., pp. 35-39.

③ Ibid., pp. 69, 73.

④ Ibid., pp. 69-75.

⑤ Ibid., p. 12.

⑥ G. P. Goold, ed., *Select Papyri*, Vol. 1, trans. by A.S.Hunt and C.G.Edgar, Cambridge, Massachusetts: Harvard University Press, 1932, pp. 81-83.

⑦ 关于托勒密王朝对法尤姆的农业开发，参见郭子林：《古埃及托勒密王朝对法尤姆地区的农业开发》，《世界历史》2011 年第 5 期。

持在海拔 5 米以下。根据地理条件，为了得到大面积耕地，湖水必须在海拔 5 米以下。哈瓦拉封闭以后湖水以每天 5.5 毫米的速度蒸发，让出大面积的土地。[①] 这项工程大约用了 40 年的时间。为了确保高地段的灌溉，运用了沙杜夫扬水车。新的耕作设备如耕犁等的运用，提高了耕作效率。脱米机也创造出来了，这大大提高了谷物加工的效率。[②] 法尤姆开发出来的土地主要用作军事殖民的份地。军事移民的规模、士兵份地的分配、土地的开垦、耕种等都由王室派遣的代理人和财政大臣管理。[③] 托勒密王朝在这里安置了大批希腊马其顿老兵，使这里变成了一个重要军事基地。经过前两位托勒密国王的开发，法尤姆地区的可耕地面积达到了 1200 平方千米至 1600 平方千米，比中王国时扩大了三倍，大约在 145 个村中生活有 10 万人口。[④] 在公元前 259 年到公元前 255 年之间，这一地区第一次变成了诺姆，以托勒密二世的妻子阿尔西诺的名字命名，称阿尔西诺诺姆。[⑤] 对于托勒密王国而言，法尤姆的开发具有特别重要的意义，不仅促进了托勒密王朝农业经济的发展，更为军事殖民提供了大面积的土地。托勒密王朝成为地中海世界的粮仓，与法尤姆的农业开发也有着莫大关系。

托勒密王朝土地的分配、使用、农业生产和土地开发都是由国王控制的，但国王并不会直接到土地上监督农业生产和土地的开发，国王依靠大批官僚来完成具体的监督和生产工作，在中央设有首席财政大臣，地方诺姆中设有地方财政官，村庄中设有村长和书吏，这些官僚既直接向国王负责，也向各自的上级官员负责，这样便形成了一个严密的财政管理体系。[⑥]

---

① K. W. Butzer, *Early Hydraulic Civilization in Egypt*, pp. 37, 48, 93.

② M. I. Rostovtzeff, *The Social & Economic History of the Hellenistic World*, Vol. I, pp. 363, 364, 365.

③ J. G. Manning, *Land and Power in Ptolemaic Egypt*, pp. 102-103.

④ Ibid., p. 107.

⑤ Ibid., p. 102.

⑥ 郭子林：《论托勒密埃及的官僚体系》，《内蒙古民族大学学报》2005 年第 4 期。

产业、贸易与银行业

托勒密王朝的产业（industry）部门较多，如榨油工业、纺织业、盐业、玻璃制造业、纸草制造业、采矿工业、酿酒业、制陶业等。在这些工业中，榨油工业的专营是托勒密国王最主要的工业专营项目。M. I. 罗斯托夫采夫指出，在托勒密王朝的埃及，国王与国家很难分开，国家的一切生产部门、职能部门、暴力机关都是由国王控制的，国王往往代表国家，甚至可以说，国王即是国家，[①]因而说“一些产业分支只由国家来操作”，倒不如说是“由国王来操作”。从种植原油植物的种子的领取、种植、加工到卖出的整个过程都被国家严格地控制着。

国王决定每个诺姆中每年种植经济作物的土地面积，这主要是在出租给埃及本土耕种者的王田上。国王的代理人与承包商或专营的承租人一起监管耕种和收获，并以固定价格出卖作物。油的制作在地方官员的监督下在国家工厂中进行。油的出售事宜由官员和承包商与村中的零售商制定协议，官员是代表国王的，根据固定价格卖给消费者。不允许私人制作植物油，尽管某些特权被授予了神庙。对于违反法规的人，无论是官员、承包商，还是私人，都要遭受沉重的处罚。

托勒密王朝的第二大专营工业是纺织业。纺织业在国家的严格监督和控制之下，每个工厂的生产必须得到国家的批准。[②]祭司也允许生产一定的纺织品，但必须缴纳大量的亚麻给国王，以满足出口的需要。其他的垄断性行业还有盐、“那特仑”和啤酒制造、采矿等。国家对这些行业都要纳税。甚至托勒密王朝的国王还要下令确定这些工业品的价格。[③]

托勒密王朝进出口贸易也获得了发展，亚历山大城是进出口的

---

① M. Rostovtzeff, *Social & Economic History of the Hellenistic World*, Vol. I, p. 267.

② F. W. Walbank, et al. eds., *The Cambridge Ancient History*, Vol. 7, p. 136.

③ G. P. Goold, ed., *Select Papyri*, Vol. 2, pp. 57-59.

重要基地，出口贸易都掌握在亚历山大城的贵族和官僚手中。几乎所有的进口货物也由亚历山大城的王室成员和其他宗教成员来操纵。贵族主要是王室成员，官僚和高级祭司都是国王任命的，向国王负责。因此，国王掌握着进出口贸易。[①]托勒密国王们对商人的行为和义务作出规定。

托勒密王朝时期的埃及还出现了价值中介——货币和金融机构——银行。世界上最早的铸币工作是由吕底亚人完成的。随后，铸币技术传入希腊等地。希腊人大约在公元前5世纪开始铸造货币。[②]波斯人第一次占领埃及以后，希腊人到达埃及，把铸币技术带到埃及。大量的雅典货币被引进到埃及，成为国际贸易交换的主要工具。[③]托勒密王朝时期的铸币主要是金币和银币，后来还出现了铜币。托勒密国王严格控制着铸币权，几乎每个国王都要铸造属于自己的货币，在铸币的两面铸有自己和王后以及神的图像。[④]掌握了铸币权，就等于在很大程度上掌握了国库和经济命脉。

银行是托勒密王室从希腊世界带到埃及的，是托勒密王朝在埃及推行货币制度的结果。在托勒密王朝的埃及，银行的开设是严格服从国王的，而且只服从国王。[⑤]在亚历山大城，有几个规模较大的银行，研究者称其为“王室银行”。王室银行的职责主要是为世界各地的游客和商人兑换货币、发放和回收贷款、为相关银行事务进行招标。[⑥]银行还承担着收税的重要职责。公元前245年的一份啤酒税收据体现了银行的这个职能。[⑦]银行家并不全是银行的长官，其中的一个或几个银行家会被任命为某个银行的长官，并听名于国王。

---

① F. W. Walbank, *et al.* eds., *The Cambridge Ancient History*, Vol. 7, p. 135.

② 〔英〕洛德·埃夫伯里：《世界钱币简史》，刘森译，中国金融出版社1991年版，第10—11、15页。

③ Michel Chauveau, *Egypt in the Age of Cleopatra: History and Society under the Ptolemies*, p. 82.

④ Ibid., p. 10.

⑤ F. W. Walbank, *et al.* eds., *The Cambridge Ancient History*, Vol. 7, p. 142.

⑥ Naphtati Lewis, *Greeks in Ptolemaic Egypt*, pp. 48-49.

⑦ G. P. Goold, ed., *Select Papyri*, Vol. 2, p. 479.

另外，“几乎所有的银行家都是希腊人，而且几乎所有的顾客都是希腊人”。[①]这是因为希腊人熟悉银行业务，而埃及人则对银行相对陌生。

王室银行的银行家有职位高低的差别。银行家的职责是负责银行的收支、税务的管理、王室财产的管理和为借贷双方作证等。在银行家的周围，有一大批助理人员。下面这则文献是银行助理在任职时做的任职宣言，体现了银行助理的职责。

> 在考伊特的菲比奇斯，我在掌握会计办公处的银行家阿斯克勒·皮阿德斯的代理人克雷塔古斯的领导下，执行我的职责；我宣誓准确而公正地报告应交给国王金库的款项，并分别报告我从克雷塔古斯那里和自己这里收到的款项；并把这些款项存放在赫拉克利奥坡里斯银行中，除非我被命令支付地方费用；并给克雷塔古斯一份收支款项记录以及我支付任何款项的收据。[②]

王室银行有众多分支机构，遍布全国各地，这就构成了地方银行，地方银行受王室银行的管理，长官一般是“诺姆级别的官员和各村的地方官吏”。[③]地方银行的业务也很繁杂，如“商业交换，各种类型的储蓄，货币计算，王室法令严格规定的各类贷款、债权转换、现金支付，以及公元前4世纪就曾在雅典进行的各类商业活动”。[④]

除了王室银行的分支银行而外，地方还有私人银行。私人银行似乎是王室租给个人的，既从事私人业务，也从事政府业务。[⑤]私人

① M. Rostovtzeff, *Social & Economic History of the Hellenistic World*, Vol. I, p. 406.

② Roger S. Bagnall and Peter Derow, *The Hellenistic Period: Historical Sources in Translation*, Oxford: Blackwell Publishing Ltd., 2004, pp. 145-146.

③ M. Rostovtzeff, *Social & Economic History of the Hellenistic World*, Vol. I, p. 404.

④ Ibid., p. 405.

⑤ H. Idris Bell, *Egypt from Alexander the Great to the Arab Conquest*, p. 48.

银行处理的私人业务主要是私人之间的货币转换，如贷款、抵押等。[①]私人银行接受国王的管理。

托勒密国王对工业、贸易、货币、银行的管理采取的是垄断和专营的方式，通过各级官僚和王室贵族把工业生产、贸易、货币的铸造和使用、银行的运行等都严格地掌握在手中。托勒密国王不仅掌握了埃及的土地和主要经济类型农业的各种权力，还掌握其他各个产业类型的所有权力。这使托勒密国王拥有了强大的经济实力。他可以借助这种所有权、垄断权、专营权掌握全国的经济收入。

税务的征收与再分配

税收是国家的一项主要职能，也是托勒密王室的一个主要财政来源，托勒密国王牢牢地掌握着税务的征收、使用和分配。

在托勒密王朝，政府（或王室）收入的很大部分来自实物税收，包括以谷物和其他实物缴纳的固定税和比例税。农业是托勒密王朝的主要经济类型，国王把一部分王室土地划分出来，驱使农民或奴隶来耕种，所得之物归国王所有，留给农民或奴隶一些生活必需的农产品；国王把另一部分王室土地用来出租，因此很大一部分实物税收来自土地的租金，其中主要是王室土地上的农民每年固定缴纳的固定税；其他类型的土地耕种者或使用者则须缴纳其收成总数一定比例的税务，这被称为“比例税”，包括“什一税”、“六一税”等。农业实物地租或税收要运到亚历山大城的国库。

从事工业和贸易的人除了以实物的形式纳税，也用货币支付税务。在托勒密王朝，人头税曾以货币的形式支付。托勒密王朝的盐税是按人头征收的。除此而外，还有警察税、医药税和筑堤税等。[②]货币税款要交到银行。银行是由国王控制的，从而国王也就控制了全国的货币税收。托勒密王朝的各种税收，除去地方公共开支而外，

---

① M. Rostovtzeff, *Social & Economic History of the Hellenistic World*, Vol. I, p. 406.

② G. P. Goold, ed., *Select Papyri*, Vol. 2, pp. 357-359; Roger S. Bagnall, *The Administration of the Ptolemaic Possesions Outside Egypt*, Leiden: Brill, 1976, p. 6.

剩余的税收都要运往亚历山大城的国库和王室银行，由国王统管。国王根据需要和自己的意愿分配和使用这些税款。

在托勒密王朝，全国各地都安排了重要的财政官，以有效管理和监督税收事务。无论中央还是地方，财政机构和官员都占有非常重要的地位。在中央，首席财政大臣是重要官员之一；在地方，奥伊考诺摩斯（oikonomos，地方财政官）和王室书吏以及区书吏和村书吏构成了地方财政管理的官僚体系。托勒密王朝在经济上形成了一套分级的管理体系。在首席财政大臣和诺姆总督之下设有税收部、土地部和文件管理机构，负责全国的税收和工农业生产。[①]每个诺姆都设有相应的地方财政官，诺姆长和王室书吏，往下有区长和区书吏，村长和村书吏。在实践中，这些职务都有具体的分工，共同监督和维护生产的顺利进行，保证税务的征收，为国王提供维持常备军和供养庞大官僚体系所需的巨额经费。

托勒密王朝的国王除了依靠大批官僚外，还以法令的形式确保土地、工商业的税收工作顺利进行。管理村庄和区税收契约的人们是指区长和税农。税农是能够交付一大笔保证金的健康男子，他们每年要因特定的税务签订一份收入担保书，每年都要在拍卖会上为税收契约竞标（所以他们也被称为竞标者）。如果税收低于契约规定的总数，那么税农必须补齐欠缺部分，如果有剩余，那么税农便可以从中获利，但显然他们不能把所有的剩余部分都拿走。这样，税农必须完全熟悉他们为之竞标的地区；另外，为了确保自己免遭失职的惩罚，他们必须监督税收的各个阶段，但他们并不直接收税。[②]收税的工作是由村长、财政官、书吏、警察等人一起完成的。

托勒密国王在获得税务和税款的过程中或之后，把其中的一部分用作神庙日常生活的维持、军队的军饷开支、官僚的赠予和王室支出等，而税收之外的农作物则作为“恩赐品”留给了农民、税农等臣民。产业、贸易、银行等经济部门的收益和税收都归国王支配，

① 刘文鹏：《古代埃及史》，第605页。

② Roger S. Bagnall, *The Administration of the Ptolemaic Possesions Outside Egypt*, p. 6.

一部分分给官僚和贵族。

从本质上看，托勒密王朝的经济活动完全是为托勒密国王个人或希腊马其顿人统治集团服务的。具体言之，托勒密国王拥有强大的经济权威，拥有土地的分配、开发、农业生产、工业生产、贸易和银行以及税务的征收、分配和使用等的最高权力，把全国的经济收入视为自己的私有物，掌握了强大的经济实力，依靠大批官僚来执行对经济活动的管理。托勒密王朝的国王获得的大量财富，是统治国家和建立并实施王权统治的物质基础，更是实现其对内、对外职能的坚实物质基础和保障。

三、希腊人统治时期埃及的宗教与文化

宗教发展

在古埃及，宗教崇拜活动是人们的主要生活内容之一，宗教活动占据了埃及人们日常生活的大部分时间和精力，是人们的主要精神食粮。在法老埃及，神权与政权是一对“连体儿”，二者不可分离，往往呈此消彼长的状态。[①] 在托勒密王朝，国王也从一开始便把宗教置于自己的控制之下，使宗教变成了传播和控制思想的媒介。

首先，托勒密国王在尊重传统宗教的同时，建立了自己的宗教崇拜形式。托勒密王朝允许埃及传统的多神崇拜，但为了加强思想控制，托勒密一世建立了新的宗教——萨拉匹斯崇拜，并把其作为官方宗教崇拜形式，这种崇拜形式获得了很大发展。[②] 萨拉匹斯神是托勒密王朝的保护神，其崇拜中心在亚历山大城和孟菲斯地区，两地都有这一神的神庙，其神庙也遍及上、下埃及。萨拉匹斯神是埃及传统神和希腊神的认同合一，是一个男性人形神。古典作家塔

① 金寿福：《古代埃及神权与王权之间的互动和联动》，《北京大学学报》（哲学社会科学版）2010 年第 6 期。

② H. Idris Bell, *Egypt from Alexander the Great to the Arab Conquest*, pp. 38-39.

西陀认为它起源于小亚细亚，原型是巴比伦的沙尔－阿普希神（šar apsi，水神恩基）。[①] 现代学者则认为萨拉匹斯来自埃及神奥索拉匹斯（Osorapis），是奥西里斯神（Osiris）和阿匹斯神相结合的产物。奥西里斯神是古代埃及的冥府之神，阿匹斯神是孟菲斯地方的保护神。萨拉匹斯神在托勒密一世之前就已经存在。从本质上讲，萨拉匹斯含有死后再生、农业、生产等因素，而这些因素正与希腊神宙斯主宰世界、狄奥尼修斯神管理生产、哈德斯神管理冥界和医病的特点相吻合。[②] 这个神的崇拜既满足了希腊马其顿移民的宗教情感，又符合埃及本土人的宗教观念。所以，托勒密王朝把这个神作为国家的保护神进行崇拜，这便在一定程度上控制了整个埃及的宗教发展方向。

其次，托勒密国王通过对神庙祭司的任命、召开神庙会议、派官员对神庙进行行政管理，掌握了神庙和祭司集团的命运。托勒密王朝的国王是宗教首脑。国王严格控制着神庙和祭司。宗教是完全为国王服务的。每一位国王登基时都要任命一个属于自己的高级祭司。托勒密国王对神庙的控制，除了依靠自己在登基时任命的大祭司，还要依靠神庙的各级祭司和各级地方官吏。他们都代替国王管理具体的宗教事务，比如地方警察负责神庙的安全，村书吏和村长负责神庙的经济收支，而诺姆的代总督则代表国王对所辖诺姆内所有神庙实行行政监督和管理。[③]

此外，托勒密国王还通过主持重大宗教仪式和颁布一些规范宗教活动的敕令直接掌管宗教。有一篇文献记录了托勒密二世主持的纪念托勒密一世的宗教仪式——“大行进队伍”（Great Procession），文献记载：国王走在这个仪式队伍的中间，前面是诸多神祇的雕像，由祭司们抬着，其中托勒密一世和其王后的雕像最

① Tacitus, *Histories*, Vol. 4, iv. 83- 84.

② 刘文鹏：《古代埃及史》，第 619 页。

③ M. M. Austin, *The Hellenistic World from Alexander to the Roman Conquest (A Selection of Sources in Translation)*, p. 367.

为突出，他们是神“索塔尔”（“救主”），国王后面是众大臣、地方代表、地方神庙的祭司、米利都等附属国的代表以及这些大臣、代表、祭司们奉献的祭品。队伍非常庞大，全亚历山大城的人们都加入其中。祭祀活动在庄严的气氛中开始，托勒密二世作为国王、神以及最高祭司主持仪式的整个过程。[①]

托勒密王朝的国王对宗教祭司集团和宗教事务拥有绝对权力，神庙和祭司集团根本不敢奢望从国王那里得到更多的馈赠和权利，祭司集团已失去了像法老埃及时期那样的独立性，处处受到国王的利用与限制，未能与世俗政权发生严重冲突，神庙和祭司集团是完全为世俗政权服务的工具。因此，托勒密王朝的王权与神权完全是一边倒的关系，王权是主角，神权只是为王权服务的配角。

文化成就

托勒密王朝国王牢牢掌握着王朝的文化建设和发展方向。其中最突出的事例就是亚历山大城图书馆和博物院的建设。亚历山大城图书馆位于亚历山大城托勒密王朝的王宫内，由托勒密一世建立，据传是托勒密一世根据一位雅典避难者法鲁姆人德米特里乌斯的建议兴建的。建立图书馆的目的是收集地中海世界的藏书，为文化研究提供基础。为了搜集书籍，托勒密三世曾下令，搜查每一艘在亚历山大港卸货的船只，如果发现图书，马上送往图书馆，由图书馆工作人员决定是否抄录，是否将原本归还主人，但如果书籍有价值，则把原件留下，把抄本给游客，并给予补偿。[②]据载，托勒密三世说服雅典总督，允许他以 15 塔兰特的重金作抵押，借用古希腊三大悲剧诗人埃斯库洛斯、索福克勒斯和欧里庇德斯的作品原本，用以复制，但他交还给雅典的是复本，结果心甘情愿地交付罚金。[③]有许

① M. M. Austin, *The Hellenistic World from Alexander to the Roman Conquest (A Selection of Sources in Translation)*, pp. 361-362.

② 〔埃及〕穆斯塔法·阿巴迪：《亚历山大图书馆的兴衰》，第 65 页。

③ 同上，第 66 页。

多学者出入于这座图书馆，整理、注释、校订古籍。经过王室的苦心经营，亚历山大图书馆的藏书规模很快便成为地中海世界之最，藏书多达50多万卷。[①]囊括了大多数古代希腊著作和部分东方典籍。如此多的著作和典籍，为文化研究提供了一个良好的平台。

为了繁荣托勒密的文化，托勒密一世还在王宫内部建立了著名的博物院。博物院最初是一个缪斯神庙，托勒密一世把它改造成了广招希腊世界学人的博物院。它是托勒密王朝的科学院，吸纳了来自希腊世界和地中海各地的著名学者，他们被统称为"院士"，在这里自由地从事学术研究；院士还被免除赋税，因此直到公元前2世纪，博物院的院士仍然令人羡慕。斯特拉伯这样记载："博物院也是王宫的一部分，它有一条公共大道，一个摆设着座位的会议室，一个大厅，博物院的语言学家在大厅里一起进餐。有一大笔资金供养全院人员和一个由国王……任命的主持院务的祭司。"[②]博物院分设四个部门：文学、数学、天文和医学。博物院的学者或院士们利用图书馆丰富的藏书，在各个领域创造出了卓绝的成就。例如，卡里马库斯曾在托勒密二世统治时主持图书馆工作期间，完成了代表作《起源》，而且他对罗马诗人奥维德等人有深刻影响。地理学之父埃拉托色尼对地球周围长度的测量、数学家欧基里德的《几何原本》、物理学家阿基米德创造的阿基米德螺杆等，都是在亚历山大城完成的。[③]

亚历山大城图书馆和博物院的学者能够取得这样的地位和成就，除了学者个人的努力和付出而外，托勒密王室对文化事业的鼎力支持也是一个重要因素。一方面，托勒密一世曾在马其顿王室中与亚历山大三世一起师从亚里士多德，深受亚氏的影响，[④]从而对科学和文化研究很感兴趣。另一方面，托勒密王朝对文化事业的支持更是

---

① 〔埃及〕穆斯塔法·阿巴迪：《亚历山大图书馆的兴衰》，第64页。

② Strabo, *Geography*, Vol. 8, trans. by Horace Leohard Jones, Cambridge, Massachusetts: Harvard University Press, 1932, xvii. 1. 8.

③ 刘文鹏：《古代埃及史》，第627页。

④ Walter M. Ellis, *Ptolemy of Egypt*, p. 3.

出于实用主义的考虑。在所设立的四个文化部门中，文学院是处于首位的，文学的创作离不开现实，更离不开政治，当时的文学，如诗歌等主要是对托勒密国王们歌功颂德，而这种文人的歌颂恰恰是托勒密国王们加强思想统治所必需的手段。托勒密国王们把博物院和图书馆建在王宫内部，并给予很大支持，这便牢牢地控制了文化的发展方向和主流思想的传播。安德鲁·厄斯金（Andrew Erskine）曾讨论亚历山大城图书馆和博物院的政治意义，认为这些机构的创建体现了托勒密一世将王朝传统与亚历山大联系起来的努力。[①]

文化融合

一般来说，任何一种政治制度都会对文化产生影响，或者说，文化内容体现了政治制度的某种影响。托勒密王朝的国王是外来的马其顿人，统治者主要是马其顿人和希腊城邦移民，被统治者主要是埃及本地人。统治者与被统治者拥有不同的文化观念和传统，前者是希腊和马其顿文化传统，后者是埃及传统文化。这样，托勒密王朝的国王在实行专制王权统治时，必然会对两种文化做出选择或调适。事实证明，托勒密王朝的国王没有试图取缔埃及传统文化，而是在接受埃及传统文化的同时，将希腊、马其顿因素加入其中，对文化进行了必要的调整和融合。

托勒密王朝的国王将希腊文化引进到埃及。托勒密王朝“宫廷和政府使用的语言是希腊雅典语”。[②]官方语言是希腊语，这对于希腊文化在埃及的传播和埃及传统文化的变化至关重要。由于希腊人在处理涉及埃及当地人的基层事务时力不从心，托勒密王朝吸纳了一部分懂希腊语的埃及人进入官僚机构。埃及人要想在托勒密王朝的官僚体系中任职，必须掌握希腊语。甚至有些埃及人进入托勒密

---

① Andrew Erskine, “Culture and Power in Ptolemaic Egypt: the Museum and Library of Alexandria”, *Greece & Rome*, Vol. 42 (Apr. 1995), pp. 38-48.

② 〔英〕赫·乔·韦尔斯：《世界史纲——生物和人类的简明史》，吴文藻等译，人民出版社 1982 年版，第 405 页。

王朝的官僚系统以后或者之前，必须拥有一个希腊名字。[①] 这使一部分埃及人接受了希腊语言。

托勒密一世和托勒密二世在亚历山大里亚建立的图书馆和博物院，其目的之一便是宣传希腊文化，使其成为希腊文化的传播阵地。“在数目巨大的城镇和村庄里，希腊人通过社团联系在一起，这些社团的主要目的是管理‘体育馆’。体育馆是保持和发展希腊文化的基本机构，社区的年轻人在这里获得文化和进行体育训练，这是希腊人与“野蛮人”区别的标识。对于成年人来说，体育馆是他们聚会的地方和文化以及体育活动中心。”[②] 这些体育馆也允许埃及本土人进入，但对其行为有所限制。这些进入体育馆的埃及本土人必然受到希腊体育的影响。在埃及，还有一些专门的希腊人社团，例如音乐社团、歌舞社团等，目的在于通过不同的方式宣传希腊文化，保持希腊文化的活跃状态，国王对这些社团给予物质资助。“即使在最偏僻的乡村，巡回演出和滑稽戏团也一定为恢复不稳固的希腊文化服务。”[③] 从上至下的希腊文化宣传活动，对埃及人的传统文化产生了强烈冲击，迫使一些埃及人逐渐接受希腊文化，或是熟悉了某种希腊文化因素。

托勒密王朝注重意识形态领域的文化渗透。托勒密一世为了创造一种希腊人与埃及人的共同崇拜形式，推出新神萨拉匹斯作为官方崇拜神灵。[④] 萨拉匹斯神具有希腊神宙斯的特点，也有埃及神阿匹斯和奥西里斯的特点，是一个综合神，可以同时满足希腊人和埃及人的宗教情感。[⑤] 托勒密王朝还推崇狄奥尼修斯神的崇拜，这是一个纯粹的希腊神。但托勒密王朝并不禁止人们对埃及传统神的崇拜。托勒密王朝奉行的宗教崇拜活动使埃及宗教信仰更加多元化。

然而，作用与反作用、影响与被影响始终都是矛与盾的关系。

---

① Pierre Jouguet, *Macedonian Imperialism and the Hellenization of the East*, p. 341.

② Michel. Chauveau, *Egypt in the Age of Cleopatra: History and Society Under the Ptolemies*, trans. by David Lorton, Ithace and London: Cornell University Press, 2000, p. 178.

③ Ibid.

④ Pierre Jouguet, *Macedonian Imperialism and the Hellenization of the East*, p. 339.

⑤ Walter M. Ellis, *Ptolemy of Egypt*, pp. 30-31.

在托勒密王朝的埃及，希腊文化影响埃及传统文化的同时，也受到埃及传统文化的影响。正如弗里曼所言：希腊化时代“是一个君主制时代。事实上，任何其他形式的政府都不能将各异的地区、种族和文化整合在一起。当时，这些因素不得不在扩展了的希腊－马其顿世界里共存。两种文化的差异渐渐消失。”[①] 弗里曼的评论突出了两方面内容，一方面强调了希腊化时代君主制存在的必然性，它可以很好地将“各异地区、种族和文化整合在一起”；另一方面则强调了每个王国内部两种文化的共存和融合。实际上，共存是影响与被影响的过程，而融合则是结果。因为统治阶级的强势作用，希腊文化对埃及传统文化影响颇深，甚至为古埃及民族和文明的消亡埋下了种子，但反过来，古埃及悠久的文化对希腊化时代的希腊文化也产生了一定的影响。

古埃及文化对希腊文化的影响是多方面的。古代埃及是一个宗教色彩极为浓厚的文明古国，宗教在托勒密王朝时期的埃及社会仍然具有强大的生命力。埃及宗教的神秘主义和非理性因素得到了发展，希腊的赫尔墨斯·特里斯美吉斯图斯被认为是穿着希腊外衣的埃及神秘主义者。一些学者认为西方的神秘主义与埃及宗教有关。[②] 希腊人还将埃及的神等同于自己的神。例如，希腊人将阿蒙神等同于宙斯神，将荷鲁斯神等同于阿波罗神。希罗多德也认为很多希腊神起源于埃及。[③] 也是在此时，埃及的伊西斯神崇拜传播到了希腊和小亚细亚。[④] 希腊绘画和建筑中能够找到埃及的元素。[⑤] 埃及的历法也对希腊的历法产生了影响，希罗多德对此有所论述。[⑥]

---

① Charles Freeman, *Egypt, Greece and Rome: Civilizations of the Ancient Mediterranean*, Oxford: Oxford University Press, 1996, p. 275.

② 刘文鹏：《古代埃及史》，第 628 页。

③ Herodotus, *The Persian Wars*, Vol. 1, ii. 50.

④ H. Idris Bell, *Egypt from Alexander the Great to the Arab Conquest*, pp. 38-39.

⑤ 刘文鹏：《古代埃及史》，第 629 页。

⑥ Herodotus, *The Persian Wars*, Vol. 1, ii. 4, 35.

第六章　罗马人统治时期的埃及

公元前 31 年，罗马军队在屋大维的率领下获得亚克兴海战的胜利，[①] 次年占领埃及。由此开启了罗马人对埃及长达 6 个多世纪的统治。罗马人统治时期的埃及的确发生了巨变：政治上埃及本土人永远失去了重建王朝的机会，埃及成为罗马的一个行省；经济上陈旧的所有制关系已严重阻碍社会关系的调整，成为埃及国力提升的严重障碍，故此被新的生产资料所有制取而代之；文化上的变化最为明显，基督教信仰逐渐在埃及推广，皈依基督徒甚至成为消除传统宗教信仰的主力军，不再保持君权神授的传统王权观念，不再践行传统的丧葬习俗，不再书写自己传统的文字。总之，到公元 7 世纪中期，古埃及文明的传统政治制度、经济生产方式、宗教文化信仰都发生了重大变化，甚至被破坏殆尽，古埃及文明走向消亡。

一、统治进程与制度演变

统治进程

从公元前 30 年罗马人主埃及至公元 642 年阿拉伯人的征服，罗马人在埃及的统治经历了三个阶段：罗马元首统治的埃及（公元前 30—公元 280 年）、罗马皇帝统治的埃及（280—395 年）和拜占庭

① A. K. Bowman, ed., *The Cambridge Ancient History*, Vol. 10, Cambridge: Cambridge University Press, 1996, pp. 59-65.

帝国统治的埃及（395—642 年）。

公元前 30 年，屋大维“将埃及纳入罗马人的帝国”以后，将其作为罗马的一个行省。但埃及不同于罗马的其他行省。到公元前 1 世纪末期，罗马的行省基本分为两类：元老院行省和帝国行省。前者由元老院直接统治，后者由元首或皇帝通过使节进行统治。一般来说，帝国行省具有较大的战略意义，由常规军团驻守；元老院行省则很少有军团出入。两种行省的地方长官通常都由元老担任。与这两种行省比较起来，埃及有着非常明显的特征。首先，埃及的地方长官不是元老级的人物，而是比元老低一级的骑士，由元首或皇帝任命，只向元首或皇帝负责。其次，在没有元首或皇帝许可的情况下，元老不能访问埃及。[①] 最后，罗马人统治时期的埃及在纪年方法上采用法老埃及传统的国王纪年，即以罗马元首或皇帝的统治年代纪年，而不像其他罗马行省和地区那样以执政官任期纪年。这样，埃及虽然在名义上是罗马的行省，但它完全把罗马元老院排除在外，几乎完全由罗马元首或皇帝统治，可以视作其私有财产，甚至更像罗马元首的个人王国。正如 E. R. 哈迪（E. R. Hardy）所言：埃及从来就不是一个典型的罗马行省。[②]

罗马元首或皇帝之所以如此看重埃及，是因为埃及在地理位置上具有得天独厚的战略意义，易守难攻，同时埃及是地中海世界最富裕的粮仓，对于罗马的粮食供给和政局稳定具有重要意义。正如 T. 威尔金森（Toby Wilkinson）概括的那样，“埃及变成了外国皇帝的私人财产，将被随意掠夺。在此后的 4 个世纪里，奥古斯都和他的继承者们将使埃及大量的财富为自己的利益服务。从亚历山大城开始的谷物运输喂养罗马的大批人口；东沙漠的金子填充罗马帝国的金库；庞大的石头立柱和柱顶过梁从红海的峭壁上砍削下来，用于装饰罗马广场的公共建筑；波菲利特山为罗马帝国最优秀的雕刻师供给最珍稀的材料——深紫色帝国斑岩。但埃及对于罗马的重

① Jason Thompson, *A History of Egypt: From Earliest to the Present*, p. 123.

② E. R. Hardy, *The Large Estates of Byzantine Egypt*, New York: Ams Pr. Inc., 1931, p. 15.

要意义不仅仅局限于农业和丰富的矿藏。红海和地中海的便利条件使埃及在罗马商业中发挥重要作用，尤其是罗马与印度的贸易，罗马统治者喜爱的很多东方奢侈品都经由印度而来。”①基于埃及对于罗马的重大意义，屋大维在埃及境内驻扎了3个军团的军队，每个军团大约6000人，分别在亚历山大城、巴比伦城（今日开罗）和底比斯城，并将一定数量的步兵辅助部队安置在亚历山大城和沿尼罗河而上的很多据点。②作为真正统治埃及行省的第一个罗马元首，屋大维不仅在埃及驻扎军队，还建立起了一套行政、司法、官僚体系，还实施了不同于希腊人统治时期的经济和文化制度。屋大维的这些政治、经济和文化宗教制度构成了罗马人在埃及统治的基本模式。

埃及在罗马人统治的最初100多年里保持了相对稳定和繁荣。罗马元首主要依靠总督治理埃及，始终将埃及视为私有财产，将其用作为罗马人提供粮食和实施统治的财产来源地。自2世纪中期开始，罗马元首的统治激起埃及人民的起义。罗马元首毫不留情地镇压起义。公元3世纪，与罗马危机同步，埃及人民的反罗马斗争此起彼伏，罗马元首予以坚决镇压。

284年，戴克里先（Diocletian，约244—311年）任罗马皇帝后，废除元首制，建立君主制。他不仅对罗马帝国进行改革，还改革了埃及的政府。戴克里先完全改变了埃及的政府模式，将埃及由一个行省分割为三个行省，由南向北依次为底比斯省、阿卡迪亚省和下埃及省。三个行省在理论上各不相属、彼此独立，但实际上各省都受制于亚历山大城的长官。③戴克里先极为重视埃及的安全，把罗马驻军的规模扩大到两倍，建立新的防御体系，其中一个防御体系沿

---

① Toby Wilkinson, *The Rise and Fall of Anient Egypt*, New York: Random House Trade Paperbacks, 2013, p. 483.

② *The New Encyclopedian Briannica*, Vol. 18, Chicago: Chicago University Press, 1992, p. 126.

③ A. Cameron, ed., *The Cambridge Ancient History*, Vol. 14, Cambridge: Cambridge University Press, 2000, p. 613.

着红海岸边铺开，还将卢克索神庙和菲莱岛变成驻军要塞。297 年，亚历山大城总督卢修斯・多米图斯・多米提安努斯篡位，自称元首。戴克里先对亚历山大城进行了 8 个月的围困，誓言攻下该城就屠城，直到居民的鲜血到达其战马的膝盖为止，但当他入城以后，因其战马踉跄跪地，膝盖着地，结果戴克里先的誓言无从实现。亚历山大居民出于感激，制作了一个戴克里先骑在马背上的雕像，这个雕像可能最初站在立柱之上，立柱被中世纪欧洲基督徒误称为庞培柱，但阿拉伯人称其为“骑马人的立柱”。[①] 戴克里先在埃及确立的统治方式一直延续到 6 世纪。

公元前 395 年，罗马帝国分裂为西罗马帝国和东罗马帝国。东罗马帝国又称拜占庭帝国。埃及属于拜占庭帝国的统辖范围。拜占庭帝国成立后便面临外来蛮族的入侵，几乎无暇顾及埃及，埃及在 4—5 世纪基本保持了戴克里先确立的统治方式。进入 6 世纪，尤其在拜占庭帝国鼎盛阶段的查士丁尼（527—565 年在位）统治时期，对埃及的统治方式又有所变化。查士丁尼将埃及肢解为 4 个平等的行省。但是，查士丁尼的统治未能使拜占庭帝国维持长时间的强盛，542 年的大瘟疫使拜占庭帝国受到致命打击。[②] 帝国的内外矛盾进一步恶化，在埃及的统治也只是苟延残喘。6—7 世纪，埃及人民不断起义，拜占庭帝国焦头烂额，同时外来入侵更使形势持续恶化。616 年，萨珊波斯入侵埃及，616—629 年完全统治埃及。[③]7 世纪上半期，阿拉伯半岛的阿拉伯人迅速崛起，于 637 年灭亡萨珊波斯，639 年攻打埃及，642 年夏季占领埃及首都亚历山大城，正式征服埃及。学界一般将这一年视作阿拉伯人统治埃及的开端和罗马人统治埃及的终结点。

---

① Jason Thompson, *A History of Egypt: From Earliest Times to the Present*, pp. 141-142.

② 陈志强：《拜占庭帝国通史》，上海社会科学院出版社 2013 年版，第 160 页。

③ A. S. Atiya, et al., eds., *The Coptic Encyclopedia*, New York: Macmillan Library Reference, 1991, pp. 1938-1941.

政治进程

罗马人统治时期，古埃及的政治制度在继承法老埃及和托勒密王朝政治制度传统的基础上，引入了很多新因素。同时，罗马埃及政治制度本身随着罗马帝国统治方式的变化而有很大变革，基本上经历了三个阶段的演变过程：元首制时期、戴克里先改革时期、拜占庭统治时期。

屋大维征服埃及以后，创立了罗马人统治埃及的基本政治模式。他采取了中央和地方两种行政机构的组织系统。屋大维在罗马称元首或第一公民。在埃及，屋大维以托勒密王朝继承者的身份自居，是埃及神圣的王位继承人，甚至是埃及法老。一个法老模样的屋大维上半身雕像表明了这点。但屋大维并没有直接在埃及实施统治，而是依靠骑士出身的总督进行统治。总督驻扎埃及，以他为首的中央机构设在亚历山大城。总督受命于罗马元首的命令，向元首负责，拥有极大的权力，统管埃及的行政、财政、税收、司法和军务，并替元首发号施令。但总督的权力也不是无限的，如果埃及本土人反对他，可以直接向元首提出申诉。尽管罗马元首统治时期的埃及仅仅是罗马的一个特殊行省，但埃及领土面积较大、人口众多、族群复杂，中央机构需要处理的日常事务很多。据 211 年的一份文件记载，在 3 天时间里，就有 1804 份请愿书呈递到总督手中。[①] 鉴于此，总督下面设立了一个政务会。政务会主要由四个官员组成。第一个是裁判官，相当于现在的最高法官，主要负责处理司法诉讼。第二个是卷宗官，负责管理各种记录公共事务的文件。第三个是税务官，负责记录和管理埃及的财产和税收。第四个是“亚历山大和全国的最高僧侣”，负责管理埃及神庙或寺院。这个人本身并不是神职人员，而是罗马的行政官员，享有管理埃及宗教事务的最高权力，控制埃及的宗教活动和思想。这些官员都由罗马元首任命，由罗马骑士担

① *The New Encyclopedia Briannica*, Vol. 18, p. 127.

任。这样，总督只需监督这些官员处理好各自的事务，自己则可集中精力处理行政事务，协助罗马元首管理埃及的军务。埃及的罗马军团由元首直接指挥，总督只能协助元首处理一些具体的军队事务，不具有军事指挥权。[①] 从客观上来讲，这些官员的设置在一定程度上也起到了监督和制约总督的作用。

总督及其下属官员除了依照罗马元首的命令管理埃及的日常事务，还可以依据法律行事，这是罗马人统治的一个特点。它主要表现在司法领域。托勒密时代除保留了希腊和埃及法律外，中央政府还保存大量法典、法令、罗马元首回答法律问题的批复等文件。在这些法律之上，还有罗马人的主体法，规定了罗马公民的权利义务关系。这些都是政府决策和司法裁定的依据。亚历山大设有法庭，并以总督每年一次的巡回审判取代了托勒密王朝的巡回法庭制度。总督每次巡回审判，主要处理下面的请愿、诉讼和管理上的纠纷，其审理过程包括非正式的调查和正式的审判，非常谨慎。[②] 这种依靠总督治理埃及的统治方式始终是罗马元首制时期（公元前 30—公元 284 年）的根本制度。这与波斯人在埃及的统治方式很相似。

屋大维在中央政府和地方之间设立了一个管理层级。他将埃及分为三个大区：底比斯、中埃及和三角洲。每个区的行政长官称为埃庇斯特拉提戈斯（Epistrategos），即大区总督，是一种纯行政职务，可以任命地方官员。大区总督受到了托勒密王朝所设大区总督的启发。但两者仍有区别，托勒密王朝设立两个大区总督，一个管理上埃及，一个管理下埃及，拥有军权，主要节制各个诺姆的总督，行政方面主要起监督所辖区域内各个诺姆长的作用；罗马元首设立的大区总督则只有行政权力，负责任命辖区内各个诺姆的行政长官——斯特拉提戈斯（Strategos），即诺姆总督。[③]

---

① A. K. Bowman, *Egypt after the Pharaohs 332BC-AD642 from Alexander to the Arab Conquest*, pp. 55-73.

② Ibid., p. 74.

③ J. David Thomas, *The Epistrategos in Ptolemaic and Roman Egypt*, Opladen: Westdeutscher Verlag, 1975.

大区之下是诺姆。屋大维统治时期，埃及的诺姆大约有30多个。诺姆总督也失去了军事职能，仅仅是行政官员。诺姆总督之下是诺姆书吏和监察官，分管文书和财务。诺姆之下是区和村。这种诺姆、区和村的三级地方行政结构是对古埃及传统的继承。大区和诺姆及其以下各个行政系统的官员不再由罗马人担任，而是由埃及的希腊人担任。[①]大区和诺姆级的官员由政府任命，而诺姆以下的官员既有政府任命的，也有选举产生的。地方基层官员可以部分地选举产生，是对法老埃及甚至托勒密王朝时期埃及传统的一个颠覆。

在地方行政管理体系中，尤其是城市行政管理体系中，除了上述基本结构的变化，还出现了许多不同于托勒密王朝的新变化。首先，罗马时代埃及的地方官员不领薪俸，是“自费”的义务官员，由罗马受封爵位的人出任。这就形成了一个不同等级的强制公职系统。其次，希腊人统治时期，希腊人在埃及各个城市和村庄建立了很多俱乐部性质的学院，旨在保持和传播希腊人的生活方式。罗马元首统治时期，村级的学院被取消，诺姆首府的学院被给予官方行政地位，学院的首脑成为罗马时期埃及的行政官员。这些行政机构从理论上讲是自治的，管理自己的公社，确保向中央上交定额税收。而且，这种行政机构的官员也是不领取薪俸的义务官员。公元200年以后，这些行政机构的官员构成了议会，成为地方政府的主要机构，包括100名议员，他们从有财产的希腊“学院阶级”中指派担任，终生任职。议会每年召开一次会议。其职责众多，但主要是为罗马元首收税。议会的众多职责可以从公元299年的一份会议日程上看出来。[②]

在罗马埃及这种强制公职体系下，公职人员是根据其社会地位的高低来任命的。这些公职人员大多是托勒密王朝遗留下来的贵族。

---

① Christina Riggs, ed., *The Oxford Handbook of Roman Egypt*, Oxford: Oxford University Press, 2012, pp.58-59.

② A.K.Bowman, *Egypt after the Pharaohs 332BC-AD642 from Alexander to the Arab Conquest*, p. 72.

他们的职责主要是负责收税、组织和管理各种公共事务，例如建筑堤坝、组织节日庆典等。他们往往要用自己的财富组织各种公共事业，填补税金上的亏空。这样，强制公职体系减轻了政府任命地方官员的负担，但同时削弱了地方富裕农民和城市富有者的势力，还将沉重的经济负担压在这些人身上。结果，很多获得任命的官员以逃亡的方式躲避政府的任命。一个埃及村庄中有20%至30%因无力完成任务的强制公职人员逃跑。公元200年，塞普提米乌斯·塞维鲁针对这个问题进行改革，提出减税的政策，同时授权元老院到埃及诺姆首府去，让他们负责诺姆的财政和税收，为议会提供资金，负责所辖范围内的财务亏空，拒绝任命者三分之二的财产将被没收。[①]这种改革政策除了反映出元老院在罗马的地位下降，还说明罗马元首对埃及这种公职人员逃离的状况已经几乎无计可施。这实际上是一种杀鸡取卵的政策，在很大程度上引起了罗马埃及社会的动荡。

3世纪末期，戴克里先针对上述政府管理问题，也是为了进一步加强对埃及的统治，进行了一系列政治改革。如前所述，他将埃及行省一分为三，分设三个长官。长官只有行政权，没有军权。军权由督军掌握。这就实现了军政完全分开，但都受制于罗马皇帝。地方行政也发生了相应的变化，取消了埃及传统的地方行政单位——诺姆，用自治市区取而代之。每个自治市区管辖其周围的农村地区，总称地区。自治市区的长官是“税收强征人”。自治市区下面是若干行政区，名为帕古斯。每个帕古斯设一位监督官，从属于税收强征人，管理帕古斯的财政。这样，三个行省各有一套官僚体系，虽然行政单位的结构有所变化，但官僚规模并未减小，反而增加了。戴克里先在埃及的行政改革仅仅加强了罗马皇帝对埃及的统治权，没有解决埃及行政中存在的问题，甚至留下了大批官僚。这些官僚不再是强制公职人员，而是需要帝国政府和埃及行省支付薪金的官员，如此庞大的费用需要市议会负责筹措。市议会为了解决薪酬问题，

① H. Idris Bell, *Egypt from Alexander the Great to the Arab Conquest*, p. 92.

不得不加重农民的税务负担，同时很多议员的财产往往被没收用于填补亏空。这样，农民和议员都受到伤害，成为社会动荡的因素。

拜占庭帝国初期，戴克里先在埃及确立的政治制度基本被保留下来，但 539 年查士丁尼第 13 条敕令的颁布使埃及政治再度发生变化。查士丁尼将埃及分为四个平等的行省，由北向南依次是埃及谱图斯省（Aegyptus），由一个拥有奥古斯塔尔头衔的督军掌管；阿尔卡迪亚省（Arkadia），由一位伯爵管理；奥古斯塔姆尼卡省（Agustamnica），由一位督军主管；底比斯省，由一位奥古斯塔尔督军掌权。除了阿尔卡迪亚省，其他三个省又分成两个副省，由纯行政官员普拉赛迪斯（Prasides）掌管。[①] 各省的长官都由皇帝任命，为皇帝负责，掌握军事和行政，这就废除了戴克里先改革确立的军政分开的原则。查士丁尼的改革也没有挽救埃及的乱局。查士丁尼去世以后，随着拜占庭帝国的急剧衰落，埃及很快被阿拉伯人占领。

制度特点

罗马人统治时期，埃及的政治制度具有自己的特点。首先，罗马人统治时期的埃及政治制度具有明显的阶段性。罗马元首制时期，屋大维确立的行政模式维持了 200 多年。284 年，罗马真正进入帝国时期，罗马皇帝戴克里先几乎完全废弃了屋大维的行政模式，将埃及行省划分为 3 个行省，将行省长官的行政权与军权分离，废除了强制公职制度，加强了对埃及的控制，但留下了大批领取薪金的官僚，为埃及人和议会会员增加了负担。6 世纪中期，拜占庭帝国皇帝君士坦丁进一步将埃及行省划分为 4 个行省，恢复了行省长官军政合一的局面，整体上加强了对埃及的控制。显然，罗马人统治时期埃及政治制度的变迁与罗马统治方式和社会结构的变化息息相关，在罗马从元首制向帝国再向东西罗马分而治之的历史中表现出鲜明的时代特色。

---

① H. Idris Bell, *Egypt from Alexander the Great to the Arab Conquest*, p. 121.

其次，罗马人统治时期埃及的政治制度逐渐摈弃了埃及传统的政治制度。这个摈弃过程是渐进式的，也是罗马制度逐渐取代埃及传统制度的过程。在一定程度上看，罗马人统治时期埃及的政治制度是一个“去古存今”的过程。及至7世纪中期阿拉伯人征服埃及的时候，埃及的政治制度中传统因素已所存无几，而且6个多世纪的涤荡也使埃及人和社会对政治制度的变革有了较高的容忍度，这些都为阿拉伯人统治埃及和改变埃及的政治制度奠定了基础。

最后，罗马人统治时期埃及的政治制度变革，基本上是以罗马社会发展为大背景，这一点完全不同于法老埃及和托勒密王朝埃及。法老埃及的政治制度一以贯之，尽管中间有一些调整，但基本制度从未改变。托勒密王朝虽然是希腊马其顿人在埃及实施的统治，但托勒密国王们在近3个世纪的统治中，大体上延续了埃及的基本政治制度，尽管在官僚体系和具体统治措施上有其特点。罗马人统治时期，埃及的政治制度完全根据罗马由元首制向帝制再到东西罗马帝国分治的过程而发生变化，几乎完全顺应罗马形势的需要，以及为了加强对埃及控制与剥削而对埃及进行越来越罗马化的政治改革。这对于古埃及文明的影响是深远的。

二、罗马人统治埃及时期的经济

经济统治方式的新尝试

罗马人统治时期，罗马元首或皇帝将埃及作为自己的领地，他们将埃及原有的王田收归自己，同时将原来的赐田、庙田和屯田没收，一部分归自己，另一部分拍卖为私有财产，但土地直接归帝国财政控制，须向国家交税。农民仍生活在土地上，以农业生产为主。在农闲时间，农民从事手工业和贸易活动。罗马的货币流到了埃及的普通人手中，所以埃及的农民除了物物交换式的贸易，还有货币贸易。罗马时期，埃及政府放弃了托勒密王朝时期对工商业和贸易的垄断专营，但始终对手工业、贸易等征收税款。[①]

罗马人在埃及实施统治的主要目的就是征收税务。因征收税务对象不同，罗马埃及的税务分为实物税和货币税。实物税主要针对的是土地农民，要求他们缴纳谷物和其他产品作为税务。实物税都集中到亚历山大城，并最终运往罗马。货币税要求纳税者缴纳货币，其种类繁多，不仅包括贸易税、制造者税、工匠税、市场税和遗产税，还引进了一项新税收——人头税。除了罗马公民、法尤姆屯田兵的后代、希腊城市中的公民可以免除人头税，其他人（主要是埃及人）一律缴纳人头税。[②]3 世纪以后，政府不断增加一些不定期的税收项目，强迫人民上交。税款的收取主要依靠政府派遣的专门官员，但埃及几乎所有官员都负有收取和监督税款收取的职责。实际上，收取各项税款是罗马埃及各级官员的首要职责。因为埃及是罗马元首或皇帝的私人财产，而埃及各级官员是由罗马元首或皇帝任命的，其职责便是协助其任命者管理埃及和收取税款。

为使罗马的税款顺利收缴，罗马统治者在埃及建立了一套完整的挨户普查制度。在屋大维统治时期，埃及的普查每 14 年进行一次。其间，根据情况进行反复修改，尽量做到不遗漏一户一人。普查采取挨户注册的方式进行，每处房产的所有者或使用者都要注册，并要求所有者或使用者发誓按时纳税。注册卷宗不仅记录房屋、土地、奴隶等财产，还记载相关人员的社会地位、职业等内容。从中央到地方，有一套垂直管理的卷宗管理和监督机构。这项工作需要大量人力，仅仅依靠政府机构的管理人员很难完成，军队也起着辅助作用。这也就是说，罗马统治者对埃及的财产和税收管理非常严格和缜密。埃及富饶的农业以及其他辅助行业创造的财富和税款为罗马统治者的政治前景提供了丰厚的财力保障。因此，罗马统治者的丰功伟绩是以广大埃及劳动人民遭受的残酷剥削为代价的。

---

① Jason Thompson, *A History of Egypt: From Earliest Times to the Present*, pp. 133-134.

② Christina Riggs, ed., *The Oxford Handbook of Roman Egypt*, pp. 59-61; S. R. Huebner, *The Family in Roman Egypt*, Cambridge: Cambridge University Press, 2013, pp. 138-139.

随着罗马帝国的发展和变化，罗马统治者对埃及财富的倚重越来越大，名目繁多的税负不断降临在埃及人民的头上。埃及人民越来越不满，便以大量逃亡的方式躲避沉重的税负。逃税的人口中，不仅有埃及农民，还有部分强制公职人员。罗马统治者为了应对逃税，颁布法律，禁止农民离开土地，甚至在饥荒年采取适当免税和赈济的政策，但这些都是为获得更多税款收入的补救措施。罗马统治者对埃及采取的是竭泽而渔的经济政策，仅仅将埃及作为其财富来源，而不会关注埃及人民的生存状况。这种经济政策不仅引起了埃及人民的逃跑，还导致了此起彼伏的农民起义。

奴隶制生产方式的延续

罗马人统治时期，埃及的社会生产关系也发生了变化。1 世纪至 2 世纪，奴隶制在埃及继续发展。129 年，奥克西林库斯城的购买奴隶契约证明 2 世纪埃及仍在进行奴隶买卖活动。[①]公元 2 世纪的一份法令中的一些条款涉及了奴隶：

19. 以遗产给予释放奴隶，而此释放奴隶尚未依法获得释放，则没收其财产。被释放者在 30 岁以上才是合法释放者。

20. 以财产给予奴隶，而奴隶尚在械系中，后始释放，或已被释放而未达 30 岁者，没收其遗产。

21. 年未满 30 岁而被释放，但得有长官释放状者，以 30 岁以上被释放论。

…………

66. 出海而未领得照会者，罚款为其财产的三分之一，倘输出其自己的奴隶而未得照会者，则全部没收之。

67. 将原籍为埃及人的家生奴隶于登记或出卖时改变其身份，而目的在于将其输出者，没收其全部财产或一半，或其四

① W. L.Westerman, *The Slave Systems of Greek and Roman Antiquity*, Phile: Amer Philosophical Society, 1974, pp. 120-121.

分之一。[①]

从上述法律文献看，奴隶买卖在当时还是一种普遍现象，但已出现释放奴隶的情况，释放奴隶必然影响到奴隶制生产关系的发展，因而当局以法律形式予以限制。

罗马统治者以法律的形式限制奴隶买卖和释放，表明了奴隶制生产关系的衰落。根据埃及纸草文献中提到的奴隶数量，4 世纪和 5 世纪的奴隶数量确实在大幅度减少。但是，6 世纪，埃及奴隶数量又有增多的趋势，这或许是埃及农业庄园主发现供养奴隶比雇佣自由劳动力更便宜。[②] 埃及一些纸草文献记载了农民变卖子女为奴的情况。[③] 所以，尽管 3 世纪以后，埃及的奴隶制生产关系开始逐渐衰落，但它依然存在。

封建制生产方式的萌芽

从 1 世纪罗马人统治埃及开始，埃及的奴隶制生产关系面临危机。罗马统治者将埃及除王田之外的土地没收，然后将其中的一部分卖出去。这些被卖出的土地就变成了私田。其中，托勒密王朝遗留下来的屯田兵成为私田所有者中的主要成员。在 1—2 世纪，埃及私田的数量还不能与王田相比，但它在不断增加。公元 3 世纪以后，埃及私田的数目增加得比较明显，但这些土地大多比较小。随着社会的分化，小规模私田开始向大规模私田集中。小土地所有者将自己的土地卖给大土地所有者，这些卖掉土地的人就变成了大土地所有者的租佃者。埃及拥有较小规模私田的农民之所以卖掉自己的田产，主要是因为罗马统治者对其施加的沉重税务，不仅有土地税，还有人头税等。税务种类繁多。据记载，罗马统治时期，埃及共有

---

① G. P. Goold, ed., *Select Papyri*, Vol. 2, pp. 45-53.

② "历史研究"编辑部编译：《罗马奴隶占有制崩溃问题译文集》，科学出版社 1958 年版，第 57 页。

③ 同上书，第 57—58 页。

50种实物税和450种以上的货币税。[①] 此外，官员的横行霸道和腐败堕落也是农民破产的一个原因。

罗马埃及时期，村庄中的劳动者大多是王田农民。王田农民主要依靠租佃王田生活。他们在面对多如牛毛的税务和贪腐无耻的官员的时候，唯一的抵抗方式就是逃跑。王田农民大量逃亡的结果是王田无人耕种，影响税收。于是，1世纪，罗马帝国政府除逮捕逃亡者家属逼迫逃亡者返回村庄外，还采取了两项措施。一项是强制代耕制度，主要是强迫本村和邻村的人耕种。另一项是永佃权制度，即将王田和其他土地长期租给承租人。然而，这样的方式仍然不能解决根本问题：税务沉重，官员腐败。

在农民破产逃亡和强制公职制度导致中产阶层破产的同时，埃及人口锐减，甚至整个埃及出现了贫困萧条的迹象。为应付这种情况，从4世纪初开始，罗马帝国不得不把国有土地分配给全村的居民耕种，使之变成私有土地。在土地私有化的同时，土地逐渐向大土地集中。350年一份土地统计情况可以很好地反映当时土地集中的程度。441人的土地占有者名单中，有274人拥有约1阿鲁拉至20阿鲁拉的土地，占名单总土地数的8%；16人拥有200阿鲁拉土地，占名单中总土地的51%。[②] 土地集中的原因是小土地所有者根本无法应付沉重的税务，更无法与国家抗衡，只能将土地交付给大土地所有者以求庇护，自己成为农奴、依附民或受庇护人。他们失去了土地的所有权，但保留了使用权，同时不再向国家纳税，实际上接近于封建农奴。这就是新型的庇护制度的社会关系。这使国家的税收大幅度减少，罗马政府对此极为不满，严令禁止庇护制度，但收效甚微。这种制度的发展在3世纪和4世纪发展尤其迅速，最终6世纪的一些纸草文献表明垄断一个或若干个村庄的大庄园越来越多，

---

① 〔苏〕苏联社科院主编：《世界通史》第二卷下册，生活·读书·新知三联书店1960年版，第881页。

② A. K. Bowman, "Landholding in the Hermopolite Nome in the Fourth Century AD", *Journal of Roman Studies*, Vol. 75 (1985), pp. 137-163.

而这些庄园的主人恰恰是居住在城市里的官员、祭司和大土地主，他们与中央政府是一种上下级关系，而在土地上劳动的则是越来越依附于土地的农奴或农民。这种封建化的过程实际上是自上而下发生的。

三、罗马人统治时期埃及的宗教与文化

文化的多元与大一统

罗马人统治时期，埃及的文化经历由多元向一统的转变轨迹，但总体趋势是埃及传统文化因素越来越少，外来文化因素所占比重越来越大。这里所说的文化主要包括语言和宗教观念等。

罗马人统治初期，埃及主要使用两种官方语言：希腊语和本土埃及语（最初是世俗语，1 世纪以后逐渐演变为科普特语）。3 世纪末期，罗马皇帝戴克里先改革的一项重要内容就是在各个行省用拉丁语代替希腊语作为官方语言。从埃及流传下来的纸草文献来看，戴克里先改革以后，希腊语仍是埃及的主要官方语言，仍是法庭、政府各部门和公共演讲的主要语言。拉丁语仅仅用于法律案件的官方报告，且只在标题、日期和连接词中使用，证据陈述、辩护和宣判等主体内容则用希腊语书写。[①] 随着时间的推移，拉丁语在古埃及的地位越来越高。至少到 4 世纪拜占庭帝国开始统治的时候，埃及的官方语言有三种：埃及本土语言、希腊语和拉丁语。希腊语仍然是社会上层和城市人的主要语言，诸如哲学家希帕提娅、作家赫拉波罗等知识分子都在积极传播希腊文化和希腊语。5 世纪以后，在科普特语占据主导地位的情况下，还有一些文人用希腊语创作诗歌和文学作品。[②] 在底层社会，由于当时埃及人的文化水平普遍

① H. Idris Bell, *Egypt from Alexander the Great to the Arab Conquest*, p. 102.

② G. W. Bowersock, *Hellenism in Late Antiquity*, Ann Arbor: The University of Michigan Press, 1990, p. 61.

不高，很多人能够讲希腊语但不会写，尤其是妇女。[①]因此，希腊语在罗马人统治时期，主要用于官方语言，对社会底层民众的影响有限。

拜占庭帝国统治时期，政府对埃及实施文化专制主义政策，极力推行拉丁文化，对于那些抵抗拉丁文化、宣传希腊文化和语言的人加以严厉打击。例如，415 年，亚历山大著名女哲学家希帕提娅因为宣扬希腊文化而被狂热的基督徒攻击致死。529 年，拜占庭皇帝查士丁尼还关闭了所有宣传多神教和世俗文化的中心。亚历山大图书馆也在这种专制文化政策的背景下被烧掉。

由于希腊语的长期影响，在罗马人统治时期，埃及人逐渐将希腊语作为基础，加入埃及世俗语的 7 个字符，形成了一种特殊的语言——科普特语。至少从 4 世纪初开始，科普特语已经成为一门比较成熟的语言，在埃及一直使用到 1000 年。[②]随着基督教在埃及占据优势地位，大多数埃及本土人皈依基督教，使科普特语成为基督徒的主要语言。这样，在拜占庭帝国统治后期，科普特语几乎成为埃及的唯一语言。然而，科普特语尽管是埃及本土基督徒使用的语言，但它并非严格意义上的埃及本土语言，因为无论从语言结构，还是从语法体系来看，它都是古希腊语的变体。也就是说，在从多元语言向科普特语一统的发展过程中，外来语言（主要是希腊语）和本土语言都失去了优势，基本上淡出了历史舞台。

语言变迁主要体现的是精英阶层的文化转变，更能体现广大民众意识形态转变的则是丧葬习俗。从法尤姆等地的墓葬来看，4 世纪以前，埃及人的丧葬方式没有发生根本变化，木乃伊依然用奥西里斯审判的场景装饰，这是埃及传统丧葬和宗教观念的主要特征之一。但从公元 4 世纪以后的墓葬来看，埃及的丧葬习俗已发生根本变化。奥西里斯崇拜的场景完全消失了。墓葬中保存下来的纺织品

---

① Roger S. Bagnall, *Egypt in Late Antiquity*, Princeton: Princeton University Press, 1993, p. 255.

② Bentley Layton, *Coptic in 20 Lessons*, Leuven: Peeters, 2007, p. 1.

装饰着几何图案和希腊化时代晚期的神、英雄和女英雄的浪漫故事，还装饰着骑马的猎人、男战士、蔬菜和水果篮子等。这些精美的丧葬艺术是埃及、希腊和罗马艺术互为影响的结果。[①]这种丧葬习俗的转变体现了埃及民众宗教观念的变化，基本上放弃了传统的宗教信仰。

罗马人统治时期，埃及在艺术领域的成就也体现了文化的变迁。亚历山大城有一个著名的萨瓦里石柱。萨瓦里在阿拉伯语里是“桅杆”的意思。当阿拉伯人进入埃及时，远远看见一个高高树立在广场上的石柱，就像船只上的桅杆，因此称其为萨瓦里石柱。12世纪时，十字军误认为这里是埋葬庞培骨灰的地方，从而称其为“庞培柱”。实际上，这个石柱是297年建的，为的是纪年戴克里先对亚历山大城的恩惠。石柱高26.85米，重约500吨，下部直径2.7米，上部直径2.3米，装饰以图案和希腊科林斯式柱头。[②]这么高大的石柱与埃及传统的方尖碑有异曲同工之处。它体现了埃及传统建筑模式与希腊建筑风格以及罗马纪念物建筑理念的结合。另外，戴克里先皇帝为了加强统治，在尼罗河一个小岛上建筑了军事要塞，还建立了一座神庙，这就是伊西斯神庙。伊西斯神在罗马时期不仅受到埃及本土人信仰，还传播到罗马。罗马人对伊西斯神的信仰甚至远远超过埃及本土人的信仰。尽管岛上的人们都信仰伊西斯神，但他们的基本信仰并不同，例如有人信仰基督教，有人信仰其他宗教。不同信仰的人们在这个岛屿上彼此非常友好（Philia），因此人们把这个岛屿称为“菲莱岛”。[③]有人将这个岛屿和伊西斯神庙视作埃及传统宗教延续的证明，同时也视其为多种文化交融的结果。

---

① C. Riggs, *The Beautiful Burial in Roman Egypt: Art, Identity, and Funerary Religion*, Oxford: Oxford University Press, 2005, p. 245.

② A. K. Bowman, *Egypt after the Pharaohs 332BC-AD642 from Alexander to the Arab Conquest*, p. 205.

③ Christina Riggs ed., *The Oxford Handbook of Roman Egypt*, pp. 88-89.

基督教的传播与发展

罗马人统治时期，埃及传统宗教受到严格限制，政府经常清查神庙人员和财产，对于多出规定限额的祭司人员征收人头税。同时，罗马驻埃及总督还在埃及极力推行对罗马皇帝的崇拜。在这种情况下，埃及传统的多神崇拜传统受到极大限制，埃及本土神庙的势力比希腊人统治时期更加衰弱。基督教大约在1世纪传入埃及。据传说，彼得的门徒圣马可是最早在埃及传播基督教的基督徒，他还在亚历山大城创立了教会。[①]从此以后，尤其在3世纪，基督教在埃及获得快速传播和发展。[②]

基督教之所以能够在埃及获得接受和传播，主要有三方面的原因。首先，从历史的角度讲，埃及人对基督教早有了解。公元前3世纪，很多犹太人来到埃及；公元前2世纪，由于托勒密六世采取了亲犹太人的政策，大批犹太人涌入埃及。犹太人甚至在亚历山大城和上埃及的埃勒凡塔地区建立了犹太人社区。他们不仅带来了自己的宗教，还在亚历山大城建立了很多犹太人的教堂。犹太人的《圣经》还被翻译为希腊文，称为“七十子译本”。[③]因而，埃及本土人借助犹太教，对基督教较早地有所认识。其次，基督教与埃及传统宗教有很多相通之处。基督教圣母玛利亚与圣子基督的故事或许脱胎于古埃及的伊西斯神与荷鲁斯神的故事。基督教和古埃及传统宗教都重视来世，基督教有天堂和地狱的概念，古埃及宗教更是划分出天、地、冥三届，尤其强调来世的永生。基督教在强调天堂的同时，也在宣扬基督的复活。基督教的标志性符号十字架恰恰与古埃及圣书体文字安柯（Cnh）的下半部分相似，安柯的意思是“生

① Eusebius, *The Ecclesiastical History I*, trans. by Kirsopp Lake, Cambridge, Massachusetts: Harvard University Press, 1992, p. 145.

② 关于基督教在埃及的传播和基督教修道会制度的建立和发展，参见刘文鹏：《古代埃及史》，第648—652页；田明：《罗马—拜占庭时代的埃及基督教史研究》，天津人民出版社2009年版。

③ H. Idris Bell, *Egypt from Alexander the Great to the Arab Conquest*, p. 90.

命”和“再生”。在埃及出土的美术作品中有一个基督手握十字架的形象，它的特殊之处在于这个十字架上安放着一个圆圈，这与埃及世俗体文字安柯的样子一模一样。最后，基督教宣扬普度众生的观念恰恰符合埃及人的需求。罗马人统治时期，尤其到3世纪，埃及的中产阶级和小生产者大量破产。甚至有大量人口逃离村庄。这些人切身体会到传统宗教信仰对于他们来说已无任何意义。他们需要拯救，而基督教恰恰为他们送来了这样的拯救者——上帝。正如詹森·汤普森所言，在罗马人统治时期，“随着税务、公民职责和义务征集变得越来越强制，越来越多的埃及人逃离家园和村庄，在无数坟墓和尼罗河谷两岸峭壁上蜂巢一样多的洞穴中寻求庇护。人们在逃避这个世界的兴衰时，恰恰向着对另一个世界的兴衰进行沉思迈出了第一步。这是隐修运动的起源，是埃及对基督教的发展做出的很多贡献之一。”[①]

尽管罗马人统治时期的埃及为基督教的传播提供了各种有利条件，但基督教在埃及的传播与发展是一个漫长而艰难的过程。根据尤塞比乌斯的引证，圣马可可能是在埃及传播基督教的第一人。但实际上，除了圣马可外，埃及的犹太人菲洛对于基督教在埃及的传播也做出了重要贡献。菲洛出生于亚历山大一个显赫犹太家庭，大约生活于公元前30年至公元1世纪后半叶。他接受了斯多葛学派的寓意解经法，用希腊哲学的理论来解释《旧约圣经》，创建了自己的宗教神学体系。[②]菲洛神学体系的重要意义在于强调宗教与希腊哲学的相通性，希望在犹太人的宗教与希腊人的哲学之间建立一条可以沟通的渠道。他认为希腊哲学的逻各斯是无法直接接触的上帝创世的中介，相当于神赋予的自然规律，从而成为连接希腊化犹太教和逻各斯基督论的桥梁与纽带。他的这种学说成为基督教“道成肉身”教义的重要来源。鉴于菲洛对基督教的这种贡献，恩格斯认为“亚

① Jason Thompson, *A History of Egypt: From Earliest Times to the Present*, p. 147.

② 范明生：《晚期希腊哲学和基督教神学——东西方文化的汇合》，上海人民出版社1993年版，第214—215页。

历山大的犹太人菲洛，是基督教的真正父亲”。[①] 菲洛的贡献在于他的学说基本上规定了基督教在埃及的发展方向。他的学说在 3 世纪获得接受。

大约 180 年左右，亚历山大城出现了教理学校和主教与 12 位长老掌管的教堂。这标志着埃及基督教发展进入了一个新阶段，是埃及基督教教义探讨的一个高潮时期。在未来 100 多年的时间里，埃及基督教处于教理学校的影响下。教理学校由教堂主管创办，采取教义问答的形式传授教理。亚历山大城教理学校是最古老的基督教学校，其第一任校长是该学校的创立者潘泰努斯，后来的校长都是非常有影响的基督教领袖，例如克莱门特、奥利金、迪奥尼西乌斯等，他们还有着师承关系。克莱门特是一位正统基督徒，还对古典文学和希腊哲学充满兴趣，同时表现出了对美好生活的向往。他试图将基督教与希腊哲学结合起来，认为真正的哲学是能够把人引向基督的学问。[②] 203 年，罗马皇帝塞维鲁迫害基督教的时候，克莱门特流亡国外。他的学生、埃及本土人奥利金接任教理学校的校长职位。奥利金对埃及基督教的发展做出了突出贡献，他不仅是一位教士，还是一位博学的学者。他力图将《圣经》和希腊哲学结合起来，形成一个神学体系，并服务于希腊语教堂。[③] 他关于圣父、圣子、圣灵三位一体的解释，具有很大影响。他还对《圣经》做了大量注释工作，并把希伯来文与希腊文等 4 种文字用 6 行对照排列，编成《六栏圣经》。奥利金伴随着埃及基督教由一个小教派发展为大宗教，为基督教在埃及的发展做出了重要贡献，但最终因罗马对基督教的迫害而逃离埃及。

基督教在埃及的发展并不一帆风顺。罗马驻埃及的统治者多次对埃及基督教徒实施迫害。《教会史》的作者尤塞比乌斯是一位目击证人。他在书中写道：“我们在那里（埃及——译者按）目睹了

① 《马克思恩格斯全集》第 19 卷，人民出版社 1995 年版，第 328 页。

② J. D. Fage, ed., *The Cambridge History of Africa*, Vol. 2, p. 416.

③ Ibid., p. 417.

很多迫害行为，一些人被斩首，其他人被烧死。如此多的人被砍死，以至于行刑的斧头都钝矬、破裂，甚至成为碎片。”[1]

面对罗马帝国的迫害，埃及基督徒进行了顽强的抗争。另有一部分人则远离城市，开始追求隐修生活。这就导致了修道制度的诞生。埃及对基督教最重要的贡献之一便是修道制度的建立。学界一般将圣安东尼（251—356 年）视为埃及修道制度的创立者。圣安东尼原先是一个富有的年轻人，皈依基督教后，他按照《马太福音》的启示，放弃自己的财产，到荒凉偏僻的地方追逐苦行修道的生活方式，以获得“完美”。他生活在沙漠中的一座古墓里，经历了各种肉体和精神的考验，最终变成了修道名人，并有很多追随者。根据《教父言行录》，他告诫其追随者们：“始终敬畏你们眼前的上帝。牢记给予生和死的上帝。憎恨世界和其中的一切。憎恨来自肉体的所有宁静。与这样的生活断绝关系，你就能够感受到上帝。牢记你向上帝许下的诺言，因为它是你在审判之日必需的。忍受饥渴和衣不蔽体的痛苦，保持谨慎，经历悲痛；在心中流泪和叹息；考验自己，看看你是否值得上帝的垂爱；轻视肉体，你便可以保有自己的灵魂。”[2]随着追随者的增加，安东尼认为这样的生活已不适合隐修，因而他退到沙漠更深处。受其声望的影响，很多人接受并效仿他的这种修道方式，也在距离尼罗河谷不远处的古墓或洞穴中过上了隐修的生活。这被称为“隐居修道制度”。

还有一种模式的埃及修道制度，被称为“寺院修道制度”，逐渐变成了修道制度的规范，对西方基督教产生了最大影响。寺院修道制度的形成既是隐居修道制度自然发展的结果，也是罗马赋予基督教以合法身份促成的。为了能够生存下来，三三两两的修道士结成一个小团体，这是寺院修道制度的雏形。罗马在 313 年承认了基督教信仰的自由以后，这种小团体完全可以公开建立自己的组织和

---

① Jason Thompson, *A History of Egypt: From Earliest Times to the Present*, p. 150.

② Elizabeth S. Bolman, ed., *Monastic Visions: Wall Paintings in the Monastery of St. Antony at the Red Sea*, Cairo: American Research Center in Egypt, 2002, p. 7.

寺院。寺院修道制度的所谓创立者是圣帕库米乌斯（290—346 年）。帕库米乌斯修士们没有选择孤独的修道方式，而是到有组织的修道院里，分享修道院的设施。修士们接受共同教规的管理，亲自耕种土地、制作手工制品，尽可能地自给自足，同时通过服务的方式向周围社区扩展影响范围，例如向穷人发放救济品，照顾寡妇和孤儿，救助病人，参与丧葬仪式。随着修道院人数的增加和资源的增多，它们变成了埃及一股令人敬畏的力量。

帕库米乌斯大约于 320 年在塔贝尼西建立了第一座修道院，后来又相继建立了九处修道院。纳特仑干河谷中的几座修道院中的第一座是由玛迦里乌斯于 330 年建立的。圣舍努特在 4 世纪晚期对梭哈格附近的白修道院进行管理，这是对埃及修道制度另一次重要推动的开始。修道制度的不同分支都得到发展。妇女修道区也建立了起来。据史料记载，在几十年的时间里，修道院几乎遍布埃及居住区的每个角落，同时埃及拥有大量修道人口。

4 世纪末，在埃及的人口统计中，基督徒人数高达 90%，尽管更合理的估计是基督徒占埃及总人口的一半。无论哪个数字是可信的，都表明基督徒的数量都在迅速而稳固地增加，这使基督教成为埃及占主导地位的宗教。①

另外，基督教也传播到了埃及的乡村。在这个传播过程中，亚历山大城的基督教教会始终处于领导地位。313 年，君士坦丁皇帝颁布了“米兰敕令”以后，埃及亚历山大城的基督教教会凭借其无与伦比的财富、教会文化的代表身份以及本国教众尤其修道士的大力支持而逐渐崛起，甚至在基督教世界独占鳌头，成为地中海地区基督教的学术中心。然而，正是在亚历山大城的教会里，爆发了关于基督本性的争论，埃及成为教义争端的策源地。圣马克教堂的长老阿里乌（约 250—336 年）是教义争端的发起者，他认为，既然耶稣是由上帝所生，那么他的本性就与上帝的本性相似，但不相同。

① Jason Thompson, *A History of Egypt: From Earliest Times to the Present*, p. 151.

因此，他拒绝三位一体的学说，主张只有一位是真神。[①] 这种学说是与基督教的正统教义背道而驰的，被视为异端，阿里乌因此被驱逐出亚历山大教会。328 年开始，亚历山大教会的大主教改由著名的阿塔纳修斯担任。阿塔纳修斯主张三位一体学说，认为上帝和耶稣是不可分割的整体。他一生都坚守自己的信仰，成为亚历山大教会的精神支柱。他为了坚持信仰，与阿里乌派展开了长期而坚决的斗争，甚至不惜对抗拜占庭帝国皇帝。381 年，罗马皇帝塞奥多西一世召开君士坦丁堡第二次全基督教大公会议，重申《尼西亚信条》，确立了“三位一体”的教义为正统。阿塔纳修斯的主张最终获得了胜利。

随着拜占庭帝国的建立，首都君士坦丁堡的地位得到提升，君士坦丁堡的基督教会的势力也有所发展。在这种情况下，埃及的亚历山大基督教会与君士坦丁堡基督教会之间展开了长期的斗争。亚历山大教会大主教希利尔与君士坦丁堡大主教涅斯托利的斗争最为激烈，二人就玛利亚的神性展开辩论。在 431 年以弗所召开的第三次基督教大公会议上，涅斯托利关于玛利亚的二性论获得认可，但涅斯托利本人被流放；希利尔虽然对涅斯托利的流放感到高兴，但对二性论的通过却耿耿于怀。埃及信徒对于希利尔在这个问题上的妥协颇为不满，并坚持他们关于玛利亚的“一性论”。两个宗教中心的斗争仍在继续。451 年在查尔西顿召开的第四次全基督教大公会议上，埃及的基督教会与基督教正统派（以君士坦丁堡教会为代表）公开决裂，前者被后者宣布为异端。埃及的基督教会坚决反对基督的“神性”与“人性”并存的教义，坚持认为两性已经合二为一，即“基督一性论”。此后，埃及基督教会宣布基督的“一性论”为正统教义，宗教礼仪采用科普特语，从而埃及的基督教被称为科普特教。536 年，科普特教会与拜占庭教会分道扬镳，彻底独立。在接下来的两个世纪里，科普特教选举自己的教皇，按照自己的信

---

① B. Lonergan, *The Way to Nicea*, trans. by Conn O'Donovan, London: Longman, 1976, pp. 70-71.

条运转，其在埃及的势力变得非常强大，甚至成为拜占庭驻埃及世俗统治者的抗衡者。[①]

文化宗教变迁的影响

3 世纪末期和 4 世纪初期，埃及人的文化发生了多方面变化。传统的埃及世俗语逐渐消失，希腊语和埃及世俗语相结合而产生的科普特语逐渐成为主要语言；埃及传统的丧葬习俗和其赖以存在的宗教观念消失，取而代之的是具有基督教特征的丧葬习俗和宗教信仰；建筑等艺术也体现出罗马统治的痕迹。这种以语言、宗教观念和艺术等为代表性的文化的变化，反映了埃及本土人与埃及传统文化的隔膜。

古埃及是一个信仰多神教的古文明，在希腊人统治时期，埃及的多神教信仰并没有发生根本变化；甚至在罗马人统治的前一两个世纪里，埃及人仍然崇拜多神教。然而，伴随罗马皇帝和帝国对埃及统治的加强和剥削的加重，对埃及传统神庙的钳制，以及基督教在 1 世纪后传入埃及，埃及本土人对传统神祇失去了信心，越来越多的人皈依基督教。在埃及，基督徒在 5 世纪初或许占人口总数的一半，到 5 世纪末已经使非基督徒变成了少数人口。[②]

在基督教信徒迅猛增加，教会势力日渐增强，修道院和教堂遍布全国各地的态势下，埃及的传统宗教却正遭受着日渐衰落的命运。4 世纪末，基督教在罗马帝国政府的支持下开始迫害异教。在亚历山大城，基督徒和异教徒之间的暴力冲突经常发生。异教徒在数量上居劣势，而基督徒能够从附近大量修道院中获得现成的有组织的支持，还能够迅速召唤来大群好战的修道士。罗马皇帝提奥多西乌斯实施强烈的反异教政策：埃及传统形式的崇拜被宣布违法，神庙被命令关闭，异教作品被搜查和毁掉，一些祭司仍在使用的世俗语被禁止，一些不适合教会的异端节日被转变成工作日。391 年，提

① 田明：《罗马—拜占庭时代的埃及基督教史研究》，第 167—189 页。
② Jason Thompson, *A History of Egypt: From Earliest Times to the Present*, p. 156.

奥多西乌斯命令“任何人都不允许到圣所去，不允许步行穿过神庙或仰视那些由人们的劳动创造的雕像”。亚历山大城的主教提奥菲洛斯以此为借口，获得了控制被放弃神庙的司法权，并把它们变成了教堂。与此同时，对埃及其他异教中心的类似攻击接踵而至。一则寓言称：“众神正离开大地，将返回天堂；他们将放弃埃及。那块神圣的土地、圣所和神庙的领土，将被棺材和尸体彻底覆盖。呕！埃及，埃及！你的宗教将荡然无存，除了神话，你后来的子女将不再相信这些神话！人们被放弃，都将死去，然后既没有人，也没有神，埃及除了沙漠将一无所有。”①

在埃及，基督教对异教的攻击持续了几十年。希利尔一世于412年任职亚历山大教会的大主教。415年，他指导修道士煽动暴民反对亚历山大城的犹太人，毁掉了他们的财产，并把他们驱逐出城市。当罗马总督试图阻止这种暴行时，希利尔指使暴民将其杀掉。希利尔还镇压亚历山大城的哲学学校，修道士暴徒将著名的哲学家希帕提娅折磨致死。到6世纪晚期，埃及乡村的大多数人或许已经皈依了基督教，城市的异教徒也不再公开实践他们的宗教信仰。菲莱岛的伊西斯女神神庙坚持运转，直到皇帝查士丁尼下令关闭，大约535年不再运行。②埃及基督教取得了彻底胜利。

埃及基督徒大多数是本土埃及人，大主教们更是土生土长的埃及人。这些人皈依基督教以后，彻底笃信上帝，认为只有上帝能够挽救埃及。不仅对那些信仰埃及传统宗教的同胞实施残暴的镇压政策，还将传统的宗教信仰纪念物和庙宇焚毁，将其改装为基督教的教堂。可以说，到4世纪以后，在拜占庭帝国统治时期，正是这些改变了信仰的本土埃及人，充当了清除传统信仰，极力推行基督信仰的角色。

6世纪末期，埃及古老的文明因素已经消失殆尽。尽管埃及的

① Pierre Chuvin, *A Chronicle of the Last Pagans*, trans. by B. A. Archer, Cambridge, Massachusetts: Harvard University Press, 1990, p. 68.

② Jason Thompson, *A History of Egypt: From Earliest Times to the Present*, pp. 157-158.

科普特教堂里的基督徒从血统上讲还是埃及人，但他们的信仰和思想已经距离古老的埃及传统越来越远了，甚至在对所谓的异教徒进行暴力消灭的过程中实现了与传统的诀别。尽管这些埃及人希望他们信仰的上帝能够挽救埃及，但上帝似乎并没有站在他们一边。6世纪后半期和7世纪初期，拜占庭帝国皇帝对埃及的统治愈发专制，对埃及的税收更加繁重，同时还通过支持君士坦丁堡的教会势力等方式限制亚历山大基督教会的势力。结果，对于埃及人来说，拜占庭的束缚变得如此可憎，无论从政治上，还是从宗教上来说，都是如此，以至于他们并不反对7世纪中期统治者的更迭。

第七章　中世纪埃及的伊斯兰文明

从642年的阿拉伯征服，至1798年法国的拿破仑用炮舰打开埃及大门的11个世纪里，埃及经历了多个王朝和帝国的轮番统治。史学界通常将这个漫长的历史时期称为埃及的中世纪。无论是阿拉伯人、突厥人，还是后来的土耳其人，他们都是信奉伊斯兰教的穆斯林。因而埃及中世纪史是伊斯兰文明史的重要组成部分。

近代的一些西方学者从部分年代的表象出发片面地认为，在这一千多年里，埃及社会发展缓慢，政治斗争激烈而混乱，文化深陷对《圣经》的繁琐解读而毫无建树，是古希腊罗马文明与近代欧洲文明之间的黑暗的中世纪。然而，当我们回归当时的历史语境，重新考察这段历史时，一幅绚烂多彩的画卷呈现在眼前，至少埃及在这11个世纪里创造了超凡的成绩，法蒂玛王朝时期的开罗城繁荣兴旺，是当时地中海世界的物质文化中心。艾尤布王朝、马木鲁克王朝则为非洲的稳定与发展做出了重要贡献。

一、穆斯林的到来与统治

阿拉伯人的征服

7世纪上半叶，穆罕默德（Muhammad，约570—632年）创立伊斯兰教后，阿拉伯半岛统一的国家趋于形成。穆罕默德去世以后，他的四位正统继承人，即四大哈里发，在巩固内部政权的同时，继续对外征伐。第二任哈里发欧麦尔（Umar, Omar, 634—644 年在位）统治时期，阿拉伯人建立了一个疆域辽阔的强盛的阿拉伯帝国。哈里发欧麦尔在扩大版图的过程中，首先要对阵的就是拜占庭帝国。他在与拜占庭帝国的战争中认识到，埃及是拜占庭帝国经济和军事实力的重要保障，而且地处海路要道，具有重要的战略意义。一旦征服埃及，埃及丰富的粮食和物产必将极大增强阿拉伯帝国的经济和军事力量。

639 年 10 月，哈里发欧麦尔派遣手下大将阿穆尔（Amr ibn al-As，约 592—664 年）率领 4000 名士兵进攻埃及。阿穆尔曾在埃及经商，熟悉埃及的地理和风俗。他率领军队横跨西奈半岛，向埃及挺近。640 年，没有遇到多少抵抗，便占领了三角洲的一些城市。然后，他与驰援的 15000 名穆斯林士兵会师，转而进攻埃及重要军事要塞巴比伦城堡（Babylon Fortress）。该城堡位于埃及古城孟菲斯附近，地处上下埃及的接点处，地理位置非常重要，拜占庭帝国在此布重兵把守。经过 6 个月的围攻，阿穆尔于 641 年 4 月 9 日攻克此城堡，双方签订了和平协定——《巴比伦协定》。这座城市的获取对于阿拉伯军队意义重大，因为这使阿拉伯人可以从陆路和水路同时进攻首府城市亚历山大城。

尽管双方签订了和平协议，但拜占庭皇帝命令埃及总督继续与阿拉伯人战斗。这为阿穆尔提供了借口，他趁机占领了地中海沿岸的十余座城市，为进攻亚历山大城做好了充分准备。阿穆尔率军对亚历山大城围攻了一年，642 年夏，亚历山大城的拜占庭守军和埃及人在粮食匮乏和援军断绝的情况下投降。阿拉伯人征服了埃及。[①]

阿穆尔征服埃及后，阿拉伯帝国将埃及作为行省，并派总督进行统治。阿穆尔就是第一位总督。他除了延续拜占庭时期的一些旧制度而外，还在政治、经济和文化上进行了卓有成效的建设。他首先在埃及古都孟菲斯附近建设兵营，然后加固城墙，安置居民，使

---

① J. R. Harris, ed., *The Legacy of Egypt*, p. 393.

之成为一座城市，命名为福斯塔特（Fustat）。[①] 这个名字在阿拉伯语中的含义是“兵营”。城市建设完成后，阿穆尔将阿拉伯埃及行省的首都设在这里，放弃了传统城市亚历山大城的首都地位，因为福斯塔特更安全，不易受到拜占庭帝国的攻击。641—642 年，阿穆尔在这座城市建起了非洲大陆的第一座以他名字命名的阿穆尔清真寺，至今仍矗立在这里。福斯塔特很快得到繁荣兴盛，逐渐成为仅次于巴格达的伊斯兰世界主要城市。“根据 10 世纪旅行地理学家伊本·豪卡尔的记载，福斯塔特城包含优良的市场和大范围的花园以及六层高的泥砖房屋。一座拱桥把福斯塔特与罗达岛连接起来，而另一座拱桥从罗达岛跨到对岸的吉萨。”[②]

阿拉伯帝国征服埃及的根本目的是获得这里的财富，以供帝国的发展之用。阿穆尔非常清楚这点。为了将埃及的谷物和矿藏顺利运到阿拉伯半岛和加强对埃及的控制，他下令疏浚了法老埃及时期开凿的红海与尼罗河之间的运河。这条运河的开通既满足了阿拉伯帝国的愿望，也从客观上促进了埃及对外贸易和经济的发展。同时，阿穆尔还在埃及大力兴修水利、建筑桥梁，实施开挖水池等有利于农业发展的举措，埃及农业在数年内获得较大发展。此外，他将土地交给农民耕种，向他们征收人丁税和土地税，而且税额比拜占庭时期轻很多。土地的分配和土地税的定额与征收都交给村级长老组成的“地方会议”处理。这种政策在很大程度上提高了农民的积极性。[③] 最后，阿穆尔在埃及还尊重当地人的宗教信仰和传统习俗，推行宽容政策。约翰（John）是 7 世纪晚期埃及尼丘（Nikiu）市的主教，他在提到阿穆尔的遗产时说：“他征收早已决定的税务，但没有拿走教堂的任何财产，没有实施任何掠夺或抢劫的行为，他在

---

① Philip K. Hitti, *History of the Arabs: From the Earliest Times to the Present*, London: Macmillan, 1970, p.168.

② Jason Thompson, *A History of Egypt: From Earliest Times to the Present*, p. 167.

③ 纳忠：《阿拉伯通史》，商务印书馆 1999 年版，上卷第 207 页，下卷第 12—15 页。

自己的任期内保护所有财产。”[①]阿穆尔在建设埃及的同时，还积极备战，最终在652年征服努比亚，签订了条约。阿穆尔成为埃及和努比亚的总督。

阿穆尔在埃及的统治和对努比亚的征服都很成功。但阿拉伯帝国的第三任哈里发奥斯曼（Osman, Othman，644—656年在位）统治时期，阿穆尔被免职。奥斯曼任用亲信阿卜杜拉（Abdullah ibn Saad）出任埃及总督。阿卜杜拉一改阿穆尔的做法，对埃及征收苛捐杂税，导致人们极为不满。加之当时埃及面临拜占庭帝国的攻击和与努比亚的战争，财政紧张，结果埃及人民和阿拉伯人的税务负担更加沉重。在忍无可忍的情况下，埃及人民和阿拉伯移民联合发动起义，将阿卜杜拉赶出埃及。第四任哈里发阿里（Ali，656—661年在位）即位后，派遣穆罕默德·伊本·阿比贝克出任埃及总督。而阿穆尔被免职后，就投靠了早已蓄谋夺取哈里发大位的叙利亚总督穆阿维叶（Muawiyah，602—680年）。阿里即位后，穆阿维叶试图夺取哈里发的职位，于是他命令阿穆尔率军进攻埃及，杀死阿里任命的总督。阿穆尔成为埃及行省最有权势的人物，埃及行省便成为穆阿维叶日后进一步发展的重要基地。[②]

倭玛亚王朝统治

661年，哈里发阿里遇刺身亡，穆阿维叶攫取了哈里发职位，定都大马士革（Damascus），建立倭玛亚王朝（Umayyad，661—750年）。倭玛亚王朝的旗帜为白色，中国史籍称其为白衣大食。倭玛亚王朝建立了一个地跨亚非欧三大洲的幅员辽阔的阿拉伯大帝国。埃及是这个帝国中经济、地理等战略意义最高的行省。倭玛亚王朝在埃及设立总督，先后任命了22位总督。总督之下是其他重要官员，例如卡迪（qadi），即首席司法官，阿拉伯人把新的司法制

---

① John, Bishop of Nikiu, *The Chronicle of John, Bishop of Nikiu*, trans. by R. H. Charles, London: Williams & Norgate, 1916, p. 200.

② Jason Thompson, *A History of Egypt: From Earliest Times to the Present*, p. 170.

度带到了埃及。倭玛亚王朝统治时期，为了感谢阿穆尔的支持，穆阿维叶允许他按照自己喜欢的方式统治埃及，直到他于664年去世。①

倭玛亚王朝的统治对埃及影响较大，因为它实施了一些改变埃及传统社会的政策。首先，在穆斯林到来之前，埃及几乎没有阿拉伯人。从阿穆尔开始，大批阿拉伯人迁入埃及。阿穆尔为了限制军队中阿拉伯半岛南方部落的势力，号召半岛北方部落迁往埃及。663年，阿拉伯半岛北方部落很多人以家庭为单位迁往埃及，人口总数达12000人。当时驻守埃及的军队，连同家属，共计4万人。8世纪初，阿拉伯人更频繁地向埃及迁徙。727年，阿拉伯半岛北方的盖斯族人开始往埃及迁移，到750年倭玛亚王朝灭亡时，已有3000户盖斯族人迁入埃及。阿拔斯王朝统治时期，移民仍在进行，到9世纪中期，阿拉伯半岛各地迁入埃及的移民，分布在上下埃及的尼罗河流域。②

阿拉伯人大批迁入后，埃及的社会结构发生了变化。至少到倭玛亚王朝统治末期，埃及社会主要有四个人群构成：科普特人、希腊-罗马人、阿拉伯人和东非黑人。科普特人是信奉基督教的埃及本土人，绝大多数是农民，是阿拉伯政府统治剥削的主要对象。希腊-罗马人在阿拉伯人征服以后有所减少，主要从事商业和手工业，也是阿拉伯政府统治的对象。阿拉伯人分为两部分。一部分阿拉伯人担任公职，是带兵的军官和政府官吏，是统治者中的上层。另一部分是阿拉伯士兵和阿拉伯移民。阿拉伯移民主要从事农业和畜牧业，受到优厚待遇。阿拉伯士兵享受年俸，不允许耕种土地，终生为兵。但到阿拔斯王朝统治时期，阿拉伯士兵的年俸被取消，他们被迫涌入埃及农村，夺取农田土地，或者开发荒地，从事农业耕作。他们在乡村逐渐与埃及本土农民融合，甚至结婚，最后成为新一代埃及人，世世代代定居在埃及土地上。东非黑人是与阿拉伯人一起来到埃及

① Jason Thompson, *A History of Egypt: From Earliest Times to the Present*, pp. 167, 170.

② J. R. Harris, ed., *The Legacy of Egypt*, p. 394；纳忠：《阿拉伯通史》，上卷第283—285页。

的，逐渐转化为农民。[①] 这种社会结构在阿拉伯人后来的统治时期基本保持下来，只是在不同的时期，统治阶级内部的成员有所变化而已。阿拉伯移民的到来和社会结构的变化意味着古埃及本土人口的比例越来越少，纯正埃及本土人的比例也越来越少。随着时间的推移，埃及的阿拉伯化则越来越深入。

其次，倭玛亚王朝在埃及推行统一货币和文字的政策。695 年，哈里发马利克（Abd al-Malik ibn Marwan，646—705 年）下令在大马士革建造中央造币局，铸造统一样式和统一价值的第纳尔（金币，硬币）和第尔汗（银币，纸币）。[②] 货币的统一有力地促进了埃及的贸易和商业，也更方便了阿拉伯帝国对埃及的剥削。马利克还下令用阿拉伯语作为哈里发政府的官方文字。8 世纪 40 年代，埃及总督伊本·台伊夫尔宣布以阿拉伯语为国家官方语言，政府机关、学校、公文契约等一律采用阿拉伯语。[③] 阿拉伯语很快就在埃及取代希腊语而成为唯一的官方语言。但阿拉伯语取代科普特语的过程却缓慢的多，直到 14 世纪科普特语才从乡村消失，仅仅用于科普特教堂的仪式性活动。[④] 当然，从官方来看，阿拉伯语作为官方语言的推广在很大程度上促进了埃及的阿拉伯化。

最后，倭玛亚王朝为了巩固统治，还在埃及大力传播伊斯兰教，鼓励埃及的科普特教徒皈依伊斯兰教。阿拉伯人在统治初期并未迫使埃及基督徒皈依伊斯兰教。但到哈里发欧麦尔二世统治时期，他宣布阿拉伯穆斯林和非阿拉伯穆斯林都享有免除税务的权利。这显然是在鼓励非阿拉伯人皈依伊斯兰教。同时，倭玛亚王朝还在埃及对非穆斯林，尤其对科普特人采取没收土地或课以重税的方式迫使其改宗。这样，在经济利益的驱使下，很多科普特人皈依伊斯兰教。强迫科普特人改宗伊斯兰教是阿拔斯王朝时期的事情。[⑤] 无论如何，

---

① 纳忠：《阿拉伯通史》，下卷第 10—11 页。

② 同上，上卷第 211 页。

③ 同上，下卷第 18 页。

④ Jason Thompson, *A History of Egypt: From Earliest Times to the Present*, p. 169.

⑤ Ibid.

基督徒皈依伊斯兰教这种现象对于埃及的阿拉伯化是非常重要的。

8世纪初期，埃及社会在经受倭玛亚王朝的专制统治过程中，出现了错综复杂的矛盾。711年，阿拉伯帝国攻打西班牙，进一步加重了埃及人民的税负。埃及人民忍无可忍，发动了反抗阿拉伯统治者的起义，加之埃及当时发生饥馑，社会动乱不堪。此外，倭玛亚王朝的最后30年，政局动荡，王权岌岌可危。750年8月，倭玛亚王朝最后一位国王被阿拔斯王朝的建立者杀害于埃及，阿拔斯王朝取代了倭玛亚王朝。

阿拔斯王朝统治

750年，艾布·阿拔斯占领倭玛亚王朝首都大马士革，追杀倭玛亚王朝末代哈里发，建立阿拔斯王朝（750—1258年），762年迁都巴格达。这是一个以阿拉伯人为主、包括很多非穆斯林异族的帝国。阿拔斯王朝在中国史籍中被称为“黑衣大食”。埃及是这个帝国的行省之一。

在倭玛亚王朝灭亡和阿拔斯王朝兴起之际，埃及的管理比较混乱，阿拉伯贵族、军人和官吏乘机作乱，到处骚扰民众。科普特人痛苦不堪，遂于768年发动武装起义。埃及的阿拉伯农民所遭受的苦难也比较深重，于是他们投入到起义中。起义很快就席卷大半个埃及，严重威胁着阿拉伯帝国的政权。阿拔斯王朝政权逐渐稳定后，旋即对埃及起义军采取了血腥镇压政策，起义军因为没有统一的纲领和强大的领导最终失败。但阿拉伯帝国当局和埃及的阿拉伯统治阶级并没有从人民的起义中吸取教训，继续欺压和盘剥埃及农民，结果802年埃及东北部的阿拉伯农民再次起义，他们还与攻占亚历山大城的西班牙难民遥相呼应，三角洲地区的科普特人也加入到起义行列，对阿拔斯王朝震动很大。阿拔斯王朝再次进行血腥镇压，如火如荼的起义遭到重挫。然而，831年，阿拉伯农民和科普特人同时在上下埃及发动暴动，起义规模声势浩大，几乎席卷全国。哈里发麦蒙（Al-Mamun，786—833年）御驾亲征，采取分化瓦解的策略，使起义军归于失败。[①]在阿拔斯王朝统治的最初90年里，埃及的起义连绵不断，政局动荡。这也与阿拔斯哈里发对埃及总督的不信任有很大关系，据统计，在这90年里，哈里发先后任命了54位埃及总督 。

9世纪后半期，阿拔斯王朝在埃及的统治相对稳定，只有零星的起义。但这时阿拔斯王朝的势力也开始由盛转衰。突厥人开始在阿拔斯王朝凸显出来，成为实际掌握政权的人。突厥人先后在埃及建立了两个半独立的王朝：图伦王朝（Tulunids，868—905年）和伊赫什德王朝（Ikhshids，935—969年）。

阿赫迈德·伊本·图伦（Ahmad ibn Tulun，835—884年）是图伦王朝的奠基人。他的父亲图伦是哈里发麦蒙的突厥奴隶，因才华出众而获得恩宠。伊本·图伦受过良好教育，且智勇双全，能征善战，同样获得阿拔斯王朝哈里发的信任，868年被任命为埃及总督。哈里发希望他能够完善治理麻烦不断的埃及。他也确实不辱使命。然而，伊本·图伦虽认可哈里发为其宗主，但他和他的子孙在当地埃及官僚的帮助下，却实行自治统治，直到公元905年。图伦王朝借助家庭式开发和分配资源而实行闭关自守的经济政策，鼓励通过恢复水利灌溉发展农业，促进商贸繁荣。因此，埃及再度占据突出地位，并重新拥有了财富。[②]伊本·图伦还建筑了堪称当时伊斯兰世界最著名清真寺之一的伊本·图伦清真寺。清真寺占地面积6.5英亩。[③]同时，伊本·图伦还将叙利亚并入埃及，并获得阿拔斯王朝的默许，将其视为自己的封地。

伊本·图伦于884年去世，留下了一个充裕强盛的国家。他的儿子库马拉瓦希（Khumarawayh）继承了其总督权力，由此打破了阿拉伯帝国哈里发直接任命而非继承总督权力的先例。这也是学界

---

① 纳忠：《阿拉伯通史》，下卷第18—19页。

② Philip C. Naylor, *North Africa: A History from Antiquity to the Present*, p. 67.

③ Caroline Williams, *Islamic Monuments in Cairo: A Practical Guide*, Cairo: The American University in Cairo Press, 1993, p.52.

将伊本·图伦的统治视为一个王朝的原因，尽管它只是一个半独立的王朝。库马拉瓦希是一位强大的统治者。他敢于向哈里发发号施令，并将图伦王朝的势力范围扩张至叙利亚。但他挥金如土、穷兵黩武、频繁征税，引起了人们的普遍不满，结果他被宫廷宦官谋杀。阿拔斯王朝的哈里发于905年向埃及派遣了一支远征军，结束了图伦王朝的统治。此后30年里，阿拔斯王朝屡屡派遣军事司令对埃及实施直接控制，但收效甚微，埃及的行政管理依然混乱，税务仍旧严苛，社会继续动荡。当阿拔斯王朝面临外部威胁时，哈里发于935年任命穆罕默德·伊本·图吉（Muhammad ibn Tughj，882—946年）为埃及总督，希望他能够依靠自身的力量处理埃及事务。①

伊本·图吉被授予伊赫什德的头衔。伊赫什德是一个波斯语单词，意为“领袖”。这个称呼被用于他建立的短命王朝。这个王朝实际上只是一个准王朝，统治者保持着对阿拔斯王朝的“忠诚”。与伊本·图伦一样，伊本·图吉有效地统治埃及，改革政府，消除腐败。②他巩固了在埃及的统治地位后，重新控制叙利亚，并管辖着阿拉伯人的圣地——麦加、麦地那及其外围地区。伊本·图吉去世后，他年幼的儿子继任总督，并由其师卡福尔（Abu al-Misk Kafur，905—968年）摄政。卡福尔系黑奴出身，但文韬武略，很快被任命为太傅。他摄政期间，在政治、经济和军事上颇有建树，有效维护了伊赫什德王朝的统治。年幼的总督去世后，卡福尔（966—968年在位）亲政。在他的领导下，伊赫什德王朝多次击退法蒂玛王朝（Fatimid Caliphate，909—1171年）的进攻，但尼罗河低水位造成的饥馑、地震、海军叛乱等严重削弱了埃及的实力。卡福尔去世之后，伊赫什德王朝的最后一位统治者是一个11岁的孩子。这为法蒂玛王朝提供了大好机会。969年，法蒂玛王朝的大将昭海尔（Jawhar al-Siqilli，918—991年）率军成功占领亚历山大城，埃及进入法蒂玛

① Jason Thompson, *A History of Egypt: From Earliest Times to the Present*, p. 172.

② Robert Hillenbrand, “Introduction”, in Derek Hill, et al., *Islamic Architecture in North Africa*, Hamden, Conn.: Archon Books, 1976, p. 24.

王朝的统治时期。

二、阿拉伯人统治时期埃及的兴盛

法蒂玛王朝

法蒂玛王朝由伊斯兰教什叶派伊思马仪派首领欧贝杜拉·麦赫迪（Abdullah al-Mahdi，873—934年）在北非突尼斯建立。因欧贝杜拉自称先知穆罕默德之女、阿里之妻法蒂玛的后裔，故而他所建立的王朝被称为“法蒂玛哈里发王朝”。中国史籍称其为“绿衣大食”。法蒂玛王朝建立之后，前三代哈里发都渴望占领埃及，以便实现征服阿拔斯王朝、建立统一强大阿拉伯帝国的理想。然而，当时埃及恰逢睿智的太傅卡福尔摄政和当权，法蒂玛王朝曾三次进攻埃及，均未成功。直到第四位哈里发木仪兹（Al-Mu'izz，约952—976年在位）在位时，伊赫什德王朝的统治者卡福尔去世，年幼的新统治者无法稳固统治，哈里发木仪兹遂任命西西里籍大将昭海尔[①]攻打埃及。

昭海尔在出征前做了充分准备，他筹集军费2400万第纳尔，并在突尼斯到亚历山大港的沿途开凿水井，建筑兵营，储备了丰富的军用物资。969年，他率领10万大军，浩浩荡荡地向埃及进发。沿途攻城略地，最终一举拿下亚历山大城。昭海尔进入亚历山大城后，立即着手巩固法蒂玛王朝在埃及的统治。首先，他宣称要拯救埃及人民于水火，与当地人民签订了和约：不分贫富，不问教派，保证宗教自由和居民安全。其次，他将从北非带来的粮食发放民间，救济灾民，使伊赫什德王朝末期延续7年之久的大饥荒得到缓解。同时，他严惩奸商、平抑物价，处死囤积居奇和任意抬高物价者。他还鼓励各民族融合，每周与民众见面一次，亲自处理冤假错案和解

① 昭海尔来自西西里岛，但具有斯拉夫血统。参见 Paul E. Walker, *Exploring an Islamic Empire: Fatimid History and Its Sources*, London: I. B. Tauris, 2002, p. 35.

决民间纠纷。再次，昭海尔在埃及立足后，宣布埃及脱离阿拔斯王朝，归法蒂玛王朝管理，哈里发是木仪兹；废除旧有钱币，改铸新币，币面上铸有木仪兹的名字。此外，昭海尔还在距离尼罗河一英里、旧都福斯塔特东北面建筑新城市，作为“皇城”，专供哈里发和大臣及其家属们居住。新城市被称为埃尔－卡西拉（“胜利”），最终西化为现在的名字开罗。[①]城内建有专供哈里发木仪兹居住的宫殿。城郊建有城堡和兵营，以保护城市；其他民众居住在旧都福斯塔特。这些举措都是为了确保哈里发的安全。昭海尔还在城内新建了爱资哈尔（al-Azhar，“辉煌”之意）清真寺，这是阿拉伯人在埃及建筑的第四座大清真寺。[②]这个清真寺后来发展为大学，即爱资哈尔大学。[③]最后，他还以埃及为基地，对外展开征服活动，于969年底攻占大马士革，为法蒂玛王朝的繁盛和稳定奠定了坚实基础。当万事俱备后，昭海尔迎接法蒂玛王朝的哈里发进入埃及。973年5月，哈里发木仪兹率领亲信部队、携带家属和突尼斯的奇珍异宝，胜利进入埃及，住进了“木仪兹的开罗”，即“木仪兹的胜利之城”。从此，埃及便成为法蒂玛王朝的大本营，而开罗则成为新王朝的首都。[④]

木仪兹是法蒂玛王朝进驻埃及后的第一位哈里发。他虽然在埃及仅仅统治三年就去世了，但在他统治期间，埃及社会安定、国家繁荣。他在昭海尔的帮助下，不仅使埃及成为一个独立国家，还进而建立了一个东起阿拉伯半岛，西至大西洋边的强大帝国。[⑤]木仪兹之所以能够取得这样的成绩，主要得益于两方面的原因。一方面是由于大将昭海尔进入埃及后的妥善安排，他进行了一些有利于稳定统治的改革和建设活动，在一定程度上也可以说，木仪兹任埃及哈

① Jason Thompson, *A History of Egypt: From Earliest Times to the Present*, p. 174; Stanley Lanepoole, *A History of Egypt in the Middle Ages*, pp. 101-105.

② 其他三座清真寺是阿穆尔清真寺、阿斯克尔清真寺和伊本·图伦清真寺。

③ Philip C. Naylor, *North Africa: A History from Antiquity to the Present*, p. 82.

④ Stanley Lanepoole, *A History of Egypt in the Middle Ages*, pp. 108-109.

⑤ Philip C. Naylor, *North Africa: A History from Antiquity to the Present*, p. 80.

里发的三年，埃及社会繁荣的主要缔造者是昭海尔。另一方面的原因则在于，哈里发木仪兹也是一位出色的政治家。他不仅掌握多门语言，还热衷学术，对异族文化有较深理解，并善于任用异族人。他虽然性情残暴，但对自己任用的高官却能够完全信任。哈里发木仪兹对昭海尔的使用，表现出了一位政治家和君主难得的宽容与气魄，昭海尔因此得以善终。

木仪兹去世以后，法蒂玛王朝的哈里发是阿奇兹（Al-Aziz，976—996 年在位）。在他统治时期，法蒂玛王朝达到鼎盛，无论是经济发展，还是疆域版图，都远远超过了阿拔斯王朝。阿奇兹为人机警、洞察民情、体恤民意、善待异教徒，从而深受各族、各教派人士的尊重。他继承其父亲木仪兹的施政方略，重用异教徒伊本·吉里斯（Ibn Killis）。[①] 后者是信奉犹太教的犹太人，有着丰富的管理经验。他为法蒂玛王朝制定了一部《伊斯兰法典》和一套税收制度，使阿奇兹统治的政府建立起了完善的行政、财政、军事、税收、户籍和司法等部门，加强了哈里发的权力。吉里斯因此被任命为法蒂玛王朝的首相，获得阿奇兹的信任。当然，在国家富庶的情况下，哈里发阿奇兹也过着极为奢侈的生活。在他统治时期，法蒂玛王朝开始重用突厥军人，后来的历史证明，这为王朝的倾覆埋下了祸根。[②]

阿奇兹去世以后，其子哈基木（Al-Hakim，996—1021 年在位）即位。这位哈里发虽然承袭了父亲阿奇兹为其留下的强大帝国，但他却平庸无能、治国乏力。首先，他歧视异教，对犹太教徒和基督徒实施严厉措施，强迫他们穿黑袍，拆毁基督教教堂等。很多基督徒被迫皈依了伊斯兰教。[③] 其次，他对自己则大搞个人崇拜，称自己

---

① Norman A. Stillman, “The Non-Muslim Communities: The Jewish Community”, in Carl F. Petry, ed., *The Cambridge History of Egypt: Islamic Egypt, 640-1517*, Vol. 1, Cambridge: Cambridge University Press, 1998, p. 201.

② 纳忠：《阿拉伯通史》，下卷第 42—44 页。

③ Terry G. Wilfong, “The Non-Muslim Communities: Christian Communities”, in Carl F. Petry, ed., *The Cambridge History of Egypt: Islamic Egypt, 640-1517*, Vol. 1, pp. 183-187.

是“真主的化身”。[①] 此外，他的个人行为怪异，令人难以理解。他去世后，一位作家这样记述哈基木：“他是一位具有幽默感的农民，经常在街上与人们谈话，并相互开玩笑。”[②] 然而，他又极端害怕民众。为了防止人们在夜间聚众闹事，他下令禁止夜市。他对妇女尤其充满偏见，严禁妇女走出家门，甚至禁止制鞋匠生产妇女穿的鞋子，以便把妇女禁锢在家门以内，违者处死。他还是一个“朝令夕改”[③] 的人，既主张改革，又旋即处死改革派。他的这些怪异行为和政令令人反感，甚至痛恨，结果在他统治的晚年各地起义不断。据说，他的妹妹希蒂·穆勒克在多次劝说他实行宽松政策无果的情况下，与大臣密谋，将哈里发哈基木杀死。

哈里发哈基木去世以后，扎希尔（1021—1035 年在位）即位，年仅 16 岁，由姑姑希蒂·穆勒克垂帘听政。尽管他实施了一些宽容政策，但未能挽救法蒂玛王朝衰落的命运。随后的哈里发穆斯坦绥尔（1035—1094 年在位）在位 60 年，他统治初期，王朝社会安定、经济也得到相应发展。但在统治的中后期，面临的却是天灾人祸、内外动荡的局面。从 1054 年开始连续 7 年的大饥荒和 1068—1072 年的大瘟疫，严重削弱了法蒂玛王朝的实力。[④] 突厥军官骄横跋扈，制造事端。从 11 世纪 70 年代开始，法蒂玛王朝江河日下。穆斯坦绥尔去世后的几代哈里发基本处于大臣当权的混乱中，最终在面对十字军东征时，法蒂玛王朝迅速走向灭亡。

法蒂玛王朝时期，埃及的人口构成很复杂。除了阿拉伯穆斯林，还包括埃及本土科普特人、犹太人、柏柏尔人、贝都因人、突厥人、波斯人等。这些人都有不同的宗教信仰，其中的三大宗教为：伊斯兰教、基督教和犹太教。伊斯兰教处于主导地位，基督教和犹太教基本上受到宽容。由于人口多样，导致社会结构复杂。统治阶级主

① John Esposito, *Islam: The Straight Path*, New York: Oxford Univesity Press, 2005, p. 47.

② Jason Thompson, *A History of Egypt: From Earliest Times to the Present*, p. 178.

③ Paula A. Sanders, “The Fatimid State, 967-1171”, in Carl F. Petry, ed., *The Cambridge History of Egypt: Islamic Egypt, 640-1517*, Vol. 1, p. 152.

④ Philip C. Naylor, *North Africa: A History from Antiquity to the Present*, p. 83.

要是阿拉伯穆斯林，也有少数埃及科普特人、犹太人和突厥人；被统治阶级不仅有埃及本土人和其他外来人口，还包括阿拉伯人，很多阿拉伯人是作为农民而成为主要被统治和被剥削的对象。其中，外来人口进入统治阶级的最有说服力的例子就是哈里发木仪兹的大将昭海尔和哈里发阿奇兹的首相伊本·吉里斯。前者是西西里籍基督徒，具有斯拉夫血统，后来皈依伊斯兰教；后者是犹太人，信奉犹太教，后来皈依伊斯兰教。哈里发阿奇兹还利用埃及的基督教上层，娶基督教贵族的女子为妻，任命一个妻弟为亚历山大教会的大主教，任命另一个妻弟为耶路撒冷的大主教。[①] 11 世纪中期，波斯人纳西尔·胡斯洛（Nasir al-Khusraw）描述了法蒂玛王朝的军队构成："步兵团包括来自所有国家的战士。他们拥有关照自己的首领……还有一些军团，是由世界各地的国王和君主们的儿子组成的，这些地区已经并入埃及……他们来自北非、也门、拜占庭（鲁姆）、斯拉夫地区、努比亚和埃塞俄比亚。德里国王的儿子们及其母亲也来到埃及，乔治亚国王们的儿子、戴拉姆（Daylam，里海以南地区）的王子们和土耳其斯坦哈干（Khaqan）王朝的儿子们也是如此。"[②] 由此可见，法蒂玛王朝的军队是由多民族的兵员构成的。

法蒂玛王朝鼓励发展埃及农业、保护商业，并使市场在较低税率下运作。尼罗河河谷得到较好开发，并有剩余产品。水利工程得以有效维护，繁重的税务被降低，王朝因此提高了土地的生产力。法蒂玛王朝还充分利用其跨越地中海和红海的地势，控制了地中海（包括诸如拜占庭、威尼斯和热那亚这样的基督教国家）与印度以及远东之间的贸易。法蒂玛王朝出口高质量手工艺品，例如优质纺织品、精致的玻璃器皿和陶器，陶器制作标准达到空前水平。法蒂玛王朝还能铸造大量金币，这些金币直到王朝结束时还保持着其相

---

① 纳忠：《阿拉伯通史》，下卷第 44 页。

② Bernard Lewis, *Islam from the Prophet Muhammad to the Capure of Constantinople, Vol. 1: Politics and War*, New York: Harper & Row, 1974, pp. 217-218.

应的纯度。[①]

亚历山大城是法蒂玛王朝重要的贸易港口。11世纪初，埃尔-穆卡达西（al-Muqaddasi）曾描述亚历山大城："所有能够想象得到的产品都被运到埃及……周围的乡村极为繁荣，生产大量水果和优质葡萄。"关于开罗的经济地位，西比勒·马佐特（Sibylle Mazot）是这样描述的："开罗取代巴格达和君士坦丁堡，成为贵重工艺品的重要生产中心。作为埃及首都，开罗巧妙地利用其地中海沿岸的地理优势，发挥经济优势和艺术潜力。地中海沿岸活跃的商业和文化交流已经进行了几个世纪。"[②]波斯著名旅行家纳绥里在11世纪60年代来到埃及开罗居住，记下了开罗的繁荣盛况："当时开罗有两万间商店，全属法蒂玛王朝哈里发的私产。哈里发将商店出赁，收取房租，每间商店的月租金高达10金币（第纳尔）之多。""开罗出租的住宅约8000所，有的住宅达六七层。开罗人口约50万，仅旧开罗的面积就等于巴格达面积的1/3。一所住宅的住户，有的达200余人。""皇宫宽敞豪华，从远处看像一座山，近处看像一座城。""开罗城中到处可以看到钱币兑换的商店；商店大门，通宵敞开。商场交易，必须公开，不准敲诈，不准使用大秤小斗，违者被揪出游街示众。"这位旅行家还无不感慨地说："埃及财富知多少，我在任何城市见不到。"[③]

法蒂玛王朝时期，埃及文化达到了继新王国时代和希腊人统治以来的第三个高峰。首先表现在建筑方面。哈里发木仪兹的大将昭海尔进入埃及后，为哈里发建造了一座新城——开罗。开罗城建有城墙。中世纪埃及历史学家塔奇·埃尔-丁·埃尔-马克里兹（1364—1442年）在几个世纪后看到了最初城墙的一些遗骸，并写道："我目睹了墙砖的巨大，这些砖在我们的时代也是奇迹，因为每块砖长

---

① Jason Thompson, *A History of Egypt: From Earliest Times to the Present*, p. 176.

② Sibylle Mazot, "Decorative Arts", in Markus Hattstein and Peter Delius, eds., *Islam: Art and Architecture*, Cambridge, UK: Könemann, 2004, p. 154.

③ 纳忠：《阿拉伯通史》，下卷第55—56页。

1 腕尺（半米多），宽 2/3 腕尺。城墙宽达几腕尺，足够两个马兵在上面并肩骑乘。”城墙内有大量繁华的宫殿、亭台、住处、办公处、澡堂子、花园、喷泉、水池和凉亭，还有诸如铸币厂、军械厂和马厩这样的工作设施。新城东边是大宫殿，占地约 13475 平方米。东边的宫殿不仅是哈里发的主要居所，还是公署所在地。哈里发阿奇兹在西边为王室妻妾们预留的巨大花园中间建筑了另一个较小的宫殿。一条地道将两个宫殿连接。这条地道足够哈里发骑马通过。地面之上是宽敞的阅兵场，可容纳 1 万名战士，被称为贝恩・埃尔－卡斯瑞恩（“两宫殿之间的地方”）。这个名字被保留了下来，尽管法蒂玛王朝的开罗大部分东西和宫殿都已消失。[①] 这座新首都实际上把埃及的旧都福斯塔特包围了起来，成为法蒂玛王朝乃至今日埃及的政治、经济和文化中心。开罗城的建筑和发展既是法蒂玛王朝经济发展的见证，更是当时建筑业重大发展的体现。

除了城市和宫廷楼榭的建筑，法蒂玛王朝还建筑了巨大的爱资哈尔清真寺。这座清真寺既是王朝推行伊斯兰教的结果，也是当时建筑兴盛的表现。这座清真寺经历代扩建，后来的面积达 1.2 万平方米，并且逐渐发挥了越来越多的功能。988 年，哈里发阿奇兹在爱资哈尔清真寺建立学校，从而使这座清真寺具有了学校功能，是为爱资哈尔大学的开端。这所大学由哈里发任校长，网罗各方伊斯兰学者来讲学，招收世界各地的学生。王朝每年为学校提供 4300 万第尔汗（银币），作为教授的薪俸和学生的费用。学校主要宣传伊斯兰教什叶派的教义和其他相关律法以及各科知识，有力地宣传了法蒂玛王朝的意识形态和宗教教义，还为王朝培养了大批后备力量，也培养了文学、历史、哲学、数学、天文学、医学等方面的著名学者，使这所大学发展为伊斯兰世界的文化中心，直至今日。[②]

爱资哈尔大学作为宗教与学校结合体的同时，还起到了图书馆的作用。哈里发阿奇兹命人搜罗世界各地的图书，以为教学之用。

① Jason Thompson, *A History of Egypt: From Earliest Times to the Present*, pp. 174-175.
② 纳忠：《阿拉伯通史》，下卷第 62—63 页。

哈里发哈基木更是重视图书的收集，他修建了达尔·伊尔姆（Dar al-'Ilm，“知识之屋”），这里甚至成为中央图书馆。当时的学者曾这样描述达尔·伊尔姆：“王宫图书馆的藏书被移到那里。人们能够访问它，任何人都可以复制自己感兴趣的书籍；任何人都可以阅读他想拥有的任何史料……《古兰经》的读者、天文学家、文法家和语言学家以及医学家在这里演讲……人们可以把哈基木的信徒首领带到这里，所有书籍都摆放在这间屋子里，也就是说科学和文化所有领域的手稿都藏在这里，之前这些手稿从未被收集到一个国王那里。他允许各行各业的人们接触这些手稿，无论他们想浅尝辄止，还是要深入钻研……他付给服务人员大笔薪金，这些人包括法理学家等人……他也捐赠人们所需要的文化用品，如墨水、芦苇笔、纸张和墨水瓶。”①

正是由于雄厚的经济基础和相对和平的环境，以及法蒂玛王朝对文教事业的大力赞助，埃及当时的学术研究取得了重大发展。在文学领域，宫廷诗人穆罕默德·伊本·哈尼（Muhammad ibn Hani al Andalusi al Azidi，约936—973年）来自西班牙，随哈里发木仪兹来到埃及，其诗歌对木仪兹的歌颂用尽溢美之词，例如他在诗歌中称木仪兹：“你是唯一的，万能的。”在史学领域，最有成就的是阿里·哈曼·沙卜希，他曾长期担任爱资哈尔大学图书馆馆长，留下大量历史著作，尤其以《伊拉克、叙利亚、半岛、埃及各地珍闻》最为重要。哈里发阿奇兹时期的首相伊本·吉里斯堪称法蒂玛王朝教律学的奠基人，他为政府编写的《伊斯兰法典》成为国家的正式法典，也被指定为爱资哈尔大学的教材，当时的法官和法律学家都必须研究，甚至要背诵下来。伊本·吉里斯甚至在爱资哈尔大学建立了一所教律家学会，讨论教律问题。哈里发哈基木是一个天文学爱好者，他在开罗西南部的木干丹山上修建了一座观象台。他喜欢在夜间骑着毛驴到这座观象台夜观天象。另外，天文学家伊本·尤

① Heinz Halm, *The Fatimids and Their Traditions of Learning*, London: I. B. Tauris, 1997, pp. 73-74.

努斯（Ibn al-Yunus，952—1009 年）曾制作一套历表，称为“哈基木历表”，使用浑天仪和方位圆实测的结果修正了当时通行的历表。

法蒂玛王朝时期，埃及各民族的社会生活也发生了变化。当时的三个主要宗教都有自己的节日。也有一些节日是所有人都要过的，例如泛滥节。泛滥节是为了庆祝尼罗河定期泛滥而举行的全国性节日，这个节日是埃及传统文化在中世纪展露的一点微光。在每年七八月份，尼罗河如期泛滥的时候，哈里发和文武百官一起来到尼罗河边，与百姓同庆，场面异常热闹。然而，更多的节日体现了埃及社会的阿拉伯化，例如圣诞节、阿里诞辰节、哈桑诞辰节、斋月月首节等。[①]

至 11 世纪，阿拉伯语已在埃及推行 400 多年。除了极少数科普特教堂依然使用科普特语作为仪式语言外，无论官方，还是民间，阿拉伯语都已成为通用语言。[②] 各种学术活动和成就都以阿拉伯语为载体。这种阿拉伯语的全民普及在很大程度上表明了埃及的阿拉伯化，也就是说，埃及已彻底演化为阿拉伯 - 伊斯兰国家。

艾尤布王朝

11 世纪后半期，埃及法蒂玛王朝政局动荡、经济衰退，处于风雨飘摇之中。而它面临的外部压力和威胁更大。这个威胁主要来自从 1096 年开始，持续了二百余年的十字军东征。十字军东征是罗马教皇发起的所谓“圣战”，根本目的在于统一东西教会和扩张领土、获取大量财富。在前两次十字军东征中，埃及未卷入其中，只是处于积极防守状态。然而，第二次十字军东征后，埃及法蒂玛王朝的两个贵族为了攫取首相职位而发生争斗，一方勾结十字军，另一方投靠当时叙利亚的赞吉王朝（塞尔柱人赞吉于 1127 年在摩苏尔创立的王朝）。赞吉王朝的国王努伦丁早有吞并埃及的企图，埃及贵族的争斗恰好为其提供了机会。1164 年，当十字军入侵埃及时，赞吉

① 纳忠：《阿拉伯通史》，下卷第 63—69 页。
② 同上，下卷第 61 页。

王朝的大将西勒科和其侄子萨拉丁（1138—1191年）率大军攻打埃及，历经三年苦战，将十字军赶回叙利亚地区。1167年，埃及法蒂玛王朝哈里发阿狄德（1164—1171年）任命西勒科为首相。三个月后，西勒科去世，萨拉丁成为首相。

萨拉丁是库尔德人抵抗十字军东征的著名英雄。他的目标并非做首相，而是要建立一个以本家族为中心的帝国。他任首相期间，逐渐培养自己的势力，削弱法蒂玛王朝的军事力量，平定内乱，击退十字军的入侵，获得人民的支持。然后，他于1171年宣布不再同时效忠法蒂玛王朝和阿拔斯王朝，而是要求人们只为阿拔斯王朝的哈里发祈祷。法蒂玛王朝的末代哈里发气愤而死，而阿拔斯王朝的哈里发已经奄奄一息。萨拉丁采用这种方式掩盖自己的野心，最终建立了以其父之名艾尤布命名的艾尤布王朝（1171—1250年）。1174年，艾尤布王朝已成为一个强大的国家，萨拉丁宣布埃及独立。1175年，阿拔斯哈里发被迫承认萨拉丁的政权，正式任命萨拉丁为埃及素丹。①

萨拉丁掌控埃及后，陆续征服了努比亚和阿拉伯半岛西部地区。萨拉丁的终极目标是建立更大的帝国。1187年6月，他率领6万军队从埃及进入巴勒斯坦，7月4日在提比略城附近的哈丁发起决战，一举歼灭了耶路撒冷国王率领的2万大军和欧洲十字军主力。10月份占领耶路撒冷，之后又夺取贝鲁特等多座城市和要塞，仅余安条克等三座城市尚未攻克。

萨拉丁占领耶路撒冷的消息震惊了整个欧洲的基督教世界。德意志国王红胡子腓特烈一世（Friedrich I，约112—1190年）、英国“狮心王”理查一世（Richard I，1157—1199年）和法王腓力二世（Philippe II，1165—1223年）联合出兵，率领十字军发起第三次东征。阿克里（Acre）城成为十字军与萨拉丁争夺的焦点。经过两年的围攻，到1191年，十字军才攻陷阿克里。阿克里陷落

① Jason Thompson, *A History of Egypt: From Earliest Times to the Present*, p. 184.

之时，腓特烈一世早已去世，理查一世和腓力二世发生争执，最后腓力二世返回欧洲，理查一世也无心再战。这样，理查一世代表十字军与萨拉丁签订了为期三年的休战条约。条约划分了领土边界：提尔到雅法的沿海地带归十字军占领，内地和耶路撒冷属于萨拉丁，但基督徒可以到耶路撒冷的圣地朝拜。[①]

1193 年，萨拉丁在大马士革病逝。他没有指定继承人，结果他的 17 个儿子展开了王位之争，艾尤布王朝发生分裂，出现了各自割据的局面。1218 年，十字军趁艾尤布王朝分裂之际，出兵占领贝鲁特和耶路撒冷。1219 年，第五次十字军东征时，十字军占领尼罗河入海口的重镇达米埃特（Damietta），并沿尼罗河攻入内地。1221 年，艾尤布王朝军队将十字军赶出埃及。1244 年，艾尤布王朝收复耶路撒冷。1249 年，法王路易九世（Louis IX，1214—1270 年）率领十字军发动第七次东征，主要目标就是埃及。十字军一度到达开罗，但 1250 年，埃及军队俘获路易九世，将十字军赶出埃及。

艾尤布王朝自从萨拉丁去世后，各诸侯割据独立，这成为王朝最终灭亡的重要内因。同时，艾尤布王朝重用突厥奴隶兵团，他们在王朝军队中的地位越来越重要，作为素丹的近卫军，表现出了骄横跋扈的特质。因此，突厥奴隶兵团成为艾尤布王朝灭亡的直接原因。1250 年，艾尤布王朝素丹图兰沙试图削弱突厥奴隶兵团的势力，却反遭突厥奴隶兵团杀害。图兰沙的继母舍哲尔是女奴出身，她借助突厥奴隶军团的支持，自立为王，并与突厥将令艾伊贝克结婚，后者出任素丹。这意味着艾尤布王朝的终结和马木鲁克王朝的开始。[②]

艾尤布王朝从建立到灭亡的 79 年里，几乎完全处于抵抗外来侵略的战争中。尽管如此，艾尤布家族的统治者并没有中断埃及经济的发展。他们致力于埃及水利灌溉系统的建设，发展农业生产，提高生产力和社会生活水平。他们还与威尼斯等意大利城市签订条约，

---

① 纳忠：《阿拉伯通史》，下卷第 82 页。

② 同上，下卷第 83—90 页。

规范贸易关系。这一切都对埃及经济发展做出了贡献，也为王朝有效抵抗外来入侵提供了可靠的物资保障。

艾尤布王朝对埃及的文化发展也有一些建树。萨拉丁建立艾尤布王朝后，尊崇逊尼派伊斯兰教，恢复了逊尼派在埃及的统治地位。萨拉丁统治时期被称为“穆斯林团结复兴的时代”。[①]萨拉丁还致力于伊斯兰文化事业，不仅积极促进伊斯兰教的发展，还奖励学术，充实和发展爱资哈尔大学，并在大马士革和耶路撒冷等地的清真寺建立学校，萨拉丁被誉为“伊斯兰高等学校的建设者”。[②]由此使萨拉丁的艾尤布王朝在埃及文化发展史上占有一席之地。

马木鲁克王朝

1250年，艾尤布王朝灭亡，马木鲁克军团首领艾伊贝克（Izz al-Din Aybak，1250—1257年在位）出任素丹，从而揭开了埃及马木鲁克王朝（1250—1517年）的历史。马木鲁克（Mamluk）一词意为“奴隶”，一般用来指代中世纪阿拉伯人军队中的突厥奴隶。顾名思义，马木鲁克王朝就是外籍突厥奴隶在埃及建立的军事寡头政权。突厥人早在5世纪从中亚向西迁移，过着游牧生活。8世纪，阿拉伯人向东扩张，统治了中亚地区，大量突厥人沦为奴隶。突厥奴隶骁勇善战、吃苦耐劳，被阿拉伯人编入军队，以军团方式参军，称为马木鲁克军团，意即奴隶军团。从阿拔斯王朝开始，阿拉伯统治者重用马木鲁克，以便对抗阿拉伯和波斯贵族。马木鲁克军团的地位很快得到提高，其势力也越来越大。他们甚至在埃及建立了半独立的图伦王朝和伊赫什德王朝。马木鲁克王朝则是他们在结束艾尤布王朝的基础上建立起来的独立王朝。

马木鲁克王朝分为两个系统。一个是驻扎在尼罗河三角洲附近绿洲上的河洲系或伯海里系（Bahri Mumluk，伯海里是埃及人对尼

---

① Michael Chamberlain, “The Crusader Era and the Ayyubid Dynasty”, in Carl F. Petry, ed., *The Cambridge History of Egypt: Islamic Egypt, 640-1517*, Vol. 1, pp. 231-232.

② Stanley Lanepoole, *A History of Egypt in the Middle Ages*, pp. 190-211.

罗河的称呼）。河洲系是马木鲁克王朝前期（1250—1382年）的统治者。另一个系统是驻扎在开罗郊外碉堡中的碉堡系或布尔吉系（Burji，意为碉堡）。碉堡系是马木鲁克王朝后期的统治者（1382—1517年）。[①] 马木鲁克王朝在260多年的时间里共有47位素丹相继执政，平均执政时间不足6年。这取决于马木鲁克王朝的独特政治制度。詹森·汤普森详细阐述了这种制度的运作和独特之处：

> 应召入伍的士兵是奴隶，这些奴隶还是小孩子的时候就在奴隶市场上被购买而来。代理商把他们转运到埃及，他们在这里被各个马木鲁克家族的族长或者素丹再次购买。素丹常常本身就是马木鲁克，领导着最大的马木鲁克家族。年轻人变成了马木鲁克家族的成员，接受伊斯兰教教育，获得战争艺术的训练，尤其是马术训练。
>
> 马木鲁克家族的成员骄傲地展示和佩戴他们的身份徽章，这导致他们对自己家族的强烈忠诚和对其他家族的敌意。埃米尔塔兹是大马木鲁克家族的极好事例。塔兹还是个孩子的时候，就被素丹埃尔－纳赛尔·穆罕默德所购买。素丹使他变成了saki或持杯者。塔兹获得素丹的喜爱之后，获得自由，并迅速地晋升，最初是十个马木鲁克的埃米尔，最后是一千个马木鲁克的埃米尔，成为埃及六个最重要的埃米尔之一。像塔兹这样强大的马木鲁克可以通过这种引人注目的制度控制国家的最高职位。这种制度能够使一个男孩从奴隶上升到如此高的地位，以至于他可以拥立或废除素丹，甚或自己就变成素丹。昂贵的马木鲁克生活方式得到广泛赐赠的支持，这种赐赠被称为iltizams。这些赐赠本质上是一种包税制。这些获得土地作为奖赏的人们被称为multazims，几乎控制了土地和土地上的产品。埃及土地上的大多数税收都归于马木鲁克。

---

① Philip C. Naylor, *North Africa: A History from Antiquity to the Present*, p. 111.

> 这种独一无二的制度的关键在于它并不是世袭的。几乎所有成员最初都是同代人。马木鲁克的儿子们或许某一天也被给予好的政府职位，但他们不能进入马木鲁克阶层，从来就不能被接受进马木鲁克寡头政治群体。唯一变成马木鲁克的方式是作为奴隶被购买，然后通过一个马木鲁克军事家庭晋升。当一个马木鲁克死亡，或从政治场景中消失时，他的遗产被再分配给其他马木鲁克。[①]

这种特殊的制度使马木鲁克王朝彪炳于中世纪埃及的史册。马木鲁克王朝的第四位素丹拜伯尔斯（Baibars，1223—1277 年）是马木鲁克王朝的真正奠基人。他以抗击蒙古军和十字军而著称。1258 年，蒙古军旭烈兀攻占巴格达，灭亡阿拔斯王朝。1260 年，旭烈兀占领叙利亚，抵达巴勒斯坦，进军埃及。埃及危在旦夕。驻守在叙利亚北方的马木鲁克军团统帅拜伯尔斯主动摈弃前嫌，与时任埃及素丹古突兹和解，带领军团返回埃及。两军会合一处，与蒙古军在阿音·扎鲁特（Ain Jalut）展开一场拉锯战，史称阿音·扎鲁特战役。这次战役异常惨烈，死伤无数，横尸遍野，最后穆斯林军队凭借顽强的毅力获得胜利。但战争胜利后，古突兹背信弃义，没有履行对拜伯尔斯的承诺，结果拜伯尔斯将古突兹杀死，遂在开罗登上素丹之位。为提高自身在穆斯林世界的地位，获得更多的合法权益，拜伯尔斯迎接阿拔斯王朝后裔到开罗任哈里发，并恢复了哈里发制度，但哈里发只是傀儡，唯一职责是为素丹主持就职仪式。拜伯尔斯就任素丹后，一边着手重建陆军和海军，加强军事实力，以便抗击蒙古军；一边攻打地中海东岸十字军占领的城市，不仅扩大了领土范围，还为埃及赢得了一个安定和平的社会环境。他在埃及重视农业生产，大力促进贸易等经济活动。同时，他通过法令提高人们的道德修养，严惩腐化和败坏社会风气的不法分子。他还积极推广阿拉

① Jason Thompson, *A History of Egypt: From Earliest Times to the Present*, pp. 192-193.

伯伊斯兰文化，创建拜伯尔斯学院和图书馆，开办孤儿院等。[①]

马木鲁克王朝的第七任哈里发盖拉温（Al Mansur Qalawun，1279—1290 年在位）也是一位比较有作为的统治者。他在霍姆斯（Homs）大败蒙古军，这是继阿音·扎鲁特战役之后的又一大胜利。盖拉温既重视清真寺的建筑，也重视医院建设。1284 年，他捐资 100 万第纳尔在开罗创办了一所眼科医院，在阿拉伯世界享有盛誉。盖拉温去世以后，他的儿子艾什拉弗（Al-Ashraf Khalil，约 1262—1293 年）得到权贵的支持获得素丹之位。他的重大功绩是对十字军的讨伐。1291 年，他率军攻克阿克里城，并将地中海东岸十字军占领的城市全部夺回，结束了十字军占领穆斯林东方的历史。这使他在穆斯林历史上占据重要地位。纳赛尔·穆罕默德（Al-Nasir Muhammad，1258—1341 年）是马木鲁克王朝统治时间最长的素丹，但他曾三次继位两次被废。他在 1303 年打败蒙古军队，进而征服了西亚很多地区，建立了一个庞大的阿拉伯穆斯林帝国，马木鲁克王朝进入鼎盛阶段。纳赛尔·穆罕默德统治末期，马木鲁克王朝开始由盛转衰。他的继承人个个软弱无能。马木鲁克王朝的继承关系不是以家族血缘关系为基础的，更多的是以个人能力和能否获得权贵支持为基础。

马木鲁克王朝后期由碉堡系的马木鲁克统治。这些素丹绝大多数软弱无能，但却骄横暴戾、昏庸无度，马木鲁克王朝进入黑暗时期。1348 年，鼠疫从欧洲传入埃及，并持续 7 年之久。据统计，仅开罗一城死于鼠疫的人就多达 30 万。马木鲁克王朝更加衰弱。新航路开辟以后，叙利亚和埃及的港口失去了意义，埃及马木鲁克王朝丧失了重要岁入来源，王朝遭受致命打击。马木鲁克王朝风雨飘摇之际，奥斯曼土耳其逐渐强大起来，最终于 1517 年攻陷开罗，马木鲁克王朝灭亡，埃及成为奥斯曼帝国的一个行省。[②]

马木鲁克王朝实行素丹集权制度，全国军、政大权都掌握在素

① 纳忠：《阿拉伯通史》，下卷第 111—116 页。

② 同上，下卷第 117—128 页。

丹及其亲信手中。王朝各个部门的大臣皆由素丹任命，例如侍卫长、秘书长、礼宾长、税务长、邮务长等。埃及全国分为上埃及和下埃及两部分，各分为若干省。埃及各地和各城市均设有类似警察署的机构，负责管理地方公共设施、解决民事争端、维护社会治安等。案件的审理主要由埃及各地的司法机关来负责，最初设立一位法官，后来根据四大教律派的意愿设立了四位法官。

马木鲁克统治时期，埃及的社会阶层比较分明。农民处于社会最底层，商业和手工业者处于中下层；工商业者大多生活于城市，占有一定资财。各级埃米尔或军队长官则高居社会顶层，过着优越富裕的生活。他们同人民大众保持完全隔离的状态，不通婚，不混居。他们的后代不用参军，大多可直接进入军政机关。埃及社会的文职主要由埃及和叙利亚居民中的知识分子承担，例如教育、文化、文学、算术、司法等。埃及社会中还有很多突厥人和蒙古人。他们多半从中亚逃离，到埃及后沦为奴隶。一些奴隶通过马木鲁克家族的培养和晋升，上升为军官或埃米尔，甚至成为统帅，乃至素丹。他们发迹后，转而又培养、提拔晚一辈的突厥人和蒙古人。突厥人和蒙古人在埃及形成了一个封闭的社会团体，这个团体的每个阶层都有自己的标志，例如狮子、兀鹰等，铭刻在宝剑和住宅墙壁上。[①]

马木鲁克王朝时期，农业仍是重要的经济部门，主要种植小麦和大豆等，埃及的豆类产品闻名遐迩。土地主要实行分封制，素丹将土地分封给大、小埃米尔和士兵。土地税包括实物和货币两种。还有其他农业税。埃及的手工业很发达，包括纺织业、制陶业、玻璃制造业和制革业等，其产品远近闻名，例如铜壶、铜盘、铜烛台等制作精美，不仅具有使用价值，还有很高的艺术欣赏价值。马木鲁克王朝时期埃及的商贸活动异常活跃。埃及垄断了从东方通向西方的商道，东方的丝织品、香料、胡椒和药品等，经过印度等地进入红海，经埃及运往亚历山大港，再运往地中海各地，埃及

① 纳忠：《阿拉伯通史》，下卷第 129—132 页。

从中征收关税。在14世纪末15世纪初，埃及每年收入达7万第纳尔。①

有关埃及经济发展的盛况，还可以从中世纪伊斯兰教最伟大的历史学家伊本·赫勒敦（Ibn Khaldun，1332—1406年）的书中对开罗的描述反映出来，他曾写道："人们能够想象的东西总是超越其看到的东西，因为想象的空间更大，但开罗除外，因为它超越人们能够想象的一切事物。""开罗，世界大都会，宇宙的花园，各民族的聚集地，伊斯兰教的心脏，权力的所在地。这里有大量宫殿，每个地方都有密密麻麻的伊斯兰学校和素丹陵墓，而其学者就像耀眼的恒星那样大放异彩。城市沿着尼罗河两岸延伸，尼罗河是天堂之河，是天堂雨水的容器，它的水平息人们的口渴，给人们带来充裕的财富。我漫步在城市的街道上：街道挤满了人，市场上布满了各种商品。"②

马木鲁克统治时期，教育和学术研究受到重视，涌现出一批著名学者，其中最重要的是历史学家和眼科专家。上文提到的伊本·赫勒敦就是其中之一。他著有7卷本的《伊本·赫勒敦史》。"伊本·赫勒敦的循环历史观与其广阔的视角，影响了后来的很多历史学家，在西方史学界更是如此。"③麦格里基（Al-Maqrizi，1364—1442年）是马木鲁克王朝时期的另一位重要历史学家，他的名著《埃及志》记述了阿拉伯人统治时期埃及的历史、政治、经济、文化和学术等，成为后世史家研究中世纪埃及史必须参考的书籍，影响很大。埃及风沙大，眼疾始终是埃及的常见病，也是重要病症。这使埃及产生了很多著名的眼科专家。伊本·纳吉德是著名的眼科学家，著有《经验疗法》一书，是用阿拉伯文论述眼疾的珍贵典籍。④

---

① 纳忠：《阿拉伯通史》，下卷第133—136页。

② André Raymond, *The Glory of Cairo: An Illustrated History*, Cairo: The American University in Cairo Press, 2002, p. 269.

③ Jason Thompson, *A History of Egypt: From Earliest Times to the Present*, p. 201.

④ 纳忠：《阿拉伯通史》，下卷第141、142页。

三、奥斯曼帝国统治时期的埃及

奥斯曼军队占领开罗

1517 年，奥斯曼帝国的军队攻克埃及首都开罗，马木鲁克王朝灭亡，埃及进入了奥斯曼帝国的统治时期（1517—1798 年）。奥斯曼帝国由奥斯曼人建立。奥斯曼人（Ottoman）起源于中亚细亚，属于突厥部落——古兹，是西突厥的一个分支，最初在伊朗高原东部地区过着游牧生活，信奉伊斯兰教。13 世纪初，因蒙古大军西进，奥斯曼人被迫向西迁移，到达小亚细亚东部草原地区。在塞尔柱王国的支持下，奥斯曼人向拜占庭帝国的领土扩张。1288 年，奥斯曼人的首领奥斯曼一世(Osman I, 约 1258—1326 年)取得半独立地位，隶属于塞尔柱王国。1299 年，奥斯曼王国成立。之后，奥斯曼王国不断攻城略地，壮大实力。最终在穆罕默德二世即位后，于 1453 年攻克拜占庭帝国的首都君士坦丁堡，一个地跨亚欧两大洲的奥斯曼帝国建立。它不仅取代了基督教的东罗马帝国（拜占庭帝国），还成为阿拉伯 - 伊斯兰帝国元首哈里发的继承者，实行政教合一的政治制度，帝国元首既称“素丹”，也称“哈里发”。[①] 这个强大的帝国并不满足于现状，还希望占据北非的广大领土，因而向埃及进军。1517 年，奥斯曼帝国的素丹赛利姆一世（Selim I，1512—1520 年在位）攻占开罗，实现占领埃及的目标。[②]

尽管埃及是奥斯曼帝国的一个行省，但埃及始终保持着自身的独特性。奥斯曼帝国的统治者则以独特的方式统治它。赛利姆一世占领埃及几个月后，就返回了叙利亚，并在那里重建了一个组织严密的行省政府。但他几乎未对埃及行省实施任何行政管理改革。他把埃及政府委托给了强有力的马木鲁克首领。由此看来，尽管奥斯曼帝国的征服意味着马木鲁克素丹政权的结束，但它绝不意味着马

① 纳忠：《阿拉伯通史》，下卷第 414—417 页。

② Philip C. Naylor, *North Africa: A History from Antiquity to the Present*, p. 115.

木鲁克的终结。[①] 与其他行省一样，为了限制帕夏的权力及其自治野心，埃及总督或帕夏由奥斯曼帝国的统治者任命，但允许马木鲁克享有较大行政权威。[②] 这种政策与之前阿拔斯王朝和法蒂玛王朝以及艾尤布王朝重用马木鲁克军团的情况如出一辙。正是这种政策使马木鲁克得以重新崛起，以至于一种新的马木鲁克制度盛行于奥斯曼帝国统治时期的埃及。那些反抗奥斯曼帝国的马木鲁克大贵族受到管制，未进行反抗的马木鲁克大贵族受到宽待，还有一些马木鲁克大贵族积极与入侵者合作，得到慷慨的奖赏，并逐渐控制了埃及的一些最高政府职位。这些马木鲁克非常适合奥斯曼帝国的制度，既为奥斯曼帝国服务，又为自己牟利。同时，这还有助于保持埃及在帝国内的独特性。他们重新渗透到埃及的整个军事组织，并再次成为埃及最强大的势力。[③]

帝国总督治下的埃及

奥斯曼帝国派来担任埃及总督（帕夏）的人，既不懂埃及方言，也不了解埃及情况，所以任期都很短，几乎没有足够的时间巩固他们在埃及的权威。从 1517 年奥斯曼帝国确立统治到 1798 年法国人入侵的 281 年里，埃及共有 110 位总督。总督坐镇开罗，征收赋税，依靠奥斯曼近卫军和马木鲁克兵团维持秩序。随着马木鲁克势力的复苏，总督要想有效统治埃及，必须仰赖奥斯曼近卫军的忠诚。但这种忠诚也在 1586 年失去了。士兵因为利益得不到满足而频繁发动叛乱。1604 年，埃及新总督伊博拉希姆决定恢复秩序，他从一开始就采取严厉措施，拒绝为士兵捐款，而这又是新总督的惯例。士兵们伺机挑起暴动，并抢劫金钱。1605 年 9 月，暴动士兵冲入帕夏伊博拉希姆在舒博拉的避难所，杀死了他。[④] 这种状况令埃及总督无法

---

① Jason Thompson, *A History of Egypt: From Earliest Times to the Present*, pp. 207-208.

② Albert Hourani, *A History of the Arab Peoples*, Cambridge, Mass.: Harvard University Press, 1991, pp. 227-228.

③ Jason Thompson, *A History of Egypt: From Earliest Times to the Present*, p. 208.

④ Jason Thompson, *A History of Egypt: From Earliest Times to the Present*, p. 213.

信任奥斯曼卫戍部队，转而与担任贝伊的马木鲁克勾结起来。

总督之下是由马木鲁克贵族担任的贝伊（Bey），它基本上是地方的军政首脑。贝伊之间经常互相倾轧、争权夺利。总督有时居间调停，甚至可借机除掉不信任的贝伊。[①]但随着马木鲁克势力的不断加强，一些贝伊开始左右总督。到18世纪，贝伊们已拥有豪华的宫殿、大片土地、大量马木鲁克士兵和其他扈从。一个贝伊家族可能拥有几百个马木鲁克、几十个妾和女奴隶、数十位职员等。18世纪下半期，实力强大的贝伊已不再听从总督的命令，而是试图建立自己的统治，甚至实现埃及的独立。18世纪马木鲁克最强大的贝伊阿里先后废黜两任总督，建立起自己的政权，并于1768年宣布脱离奥斯曼帝国的统治，自任埃及素丹。同时他向外扩张领土，一度占领叙利亚和阿拉伯半岛诸地。但终因副将的背叛而失败。[②]贝伊阿里死后，埃及贝伊同时担任总督职务，马木鲁克大贵族之间的权力之争进一步加剧，一直持续到19世纪初。1805年，穆罕默德·阿里当政后，决心消灭马木鲁克军团。1811年，马木鲁克军团被阿里灭亡于开罗木干丹山上的萨拉丁堡垒。

埃及是奥斯曼帝国的一个行省，它成为被统治者和被剥削者，很多资源都流入了帝国国库。但在奥斯曼帝国的统治下，它仍在不断发展。人口的增长反映了这一点。埃及人口从奥斯曼帝国统治初期的300万左右增长到1798年的450万。同时，埃及被融入庞大的地中海帝国后，也给埃及带来了更多商业机会，纺织品成为埃及主要出口物资。埃及在1700年至1760年的几十年里，甚至一度重现经济繁荣。然而，整个埃及的发展是缓慢的。尤其是亚历山大城长期处于衰落过程中，它不再是大贸易中心，其人口由于遭受腹股沟腺炎瘟疫的侵害而锐减。开罗仍是东方的大城市之一，并保持着昔日的繁荣。尽管开罗只是行省省会，但却被称为乌姆·埃尔－敦雅，即世界之母。开罗人口在奥斯曼帝国开始统治之时可能不足10万人，

---

① 纳忠：《阿拉伯通史》，下卷第419页。

② Jason Thompson, *A History of Egypt: From Earliest Times to the Present*, pp. 215-217.

及至18世纪末法国人入侵时，已翻了一番。

奥斯曼帝国对埃及的影响是微妙的。及至18世纪末，奥斯曼帝国驻扎或居住在埃及的土耳其人约为1万名左右，仅占埃及总人口的极小部分。但土耳其人在习俗、衣着和生活方式等方面，都对埃及造成了强烈的社会影响。很多土耳其单词融入了埃及的口语表达中，土耳其语在19世纪初也成为埃及统治精英使用的语言之一。

随着时间的推移，土耳其人对开罗都市结构的影响也体现在城市的外观上。在开罗，帕夏塞楠的清真寺，是以伊斯坦布尔传统风格建筑的主要纪念物，它于1571年建成。尽管它矗立在布拉克突出的位置，也是任何来到开罗的人能够首先看到的建筑物之一，但它几乎未对开罗城产生任何影响。[①]但在此后，却有更多的带有独特笔直尖塔的土耳其式清真寺陆续建筑起来，而且土耳其 sabil-kuttabs（公共酒馆和学校的结合体）也开始出现。至1798年，在奥斯曼帝国统治埃及的近三个世纪里，土耳其人在开罗总共建筑了77座清真寺和41个 sabils（公共建筑）。另一方面，随着马木鲁克传统的延续，马木鲁克的一些新创意，则突出地表现在一些纪念物和建筑中。萨拉丁城堡中的穆罕默德·阿里清真寺，是19世纪在开罗建筑的最著名的奥斯曼风格的清真寺，它已成为开罗城的标志性建筑，以至于被镌刻在埃及的货币上。土耳其人的家庭建筑理念，也在潜移默化地转变着埃及人关于内部空间设计和使用的观念。

奥斯曼帝国统治埃及伊始，咖啡被引入埃及。尽管它遭到了宗教和政治权威人士的种种猜疑，但这种新饮料却在埃及迅速站稳脚跟，咖啡馆遍布开罗。咖啡馆变成了重要的社会活动中心，人们在这里通过聊天和娱乐来消磨时光。咖啡馆还是音乐表演的平台，埃及人非常喜欢音乐表演，职业朗诵者通过朗读诸如《贝巴尔斯的生活》（*Life of Baybars*）和《阿布·赛义德的浪漫史》（*Romance of Abu Zeid*）这些脍炙人口的作品来吸引听众。同时开罗也变成了

① 一座不太显眼但值得注意的较早期奥斯曼土耳其纪念物是帕夏苏雷曼的清真寺，公元1528年在城堡里建筑。

也门和欧洲之间咖啡贸易的中心，城内大旅馆中的很多人都投身于咖啡豆的存储和转运。①然而，18 世纪末期埃及社会动荡不安、民不聊生、尼罗河洪水过度泛滥、瘟疫并发，埃及人民处于水深火热之中。这一切都预示着奥斯曼帝国的统治即将结束，一个新的埃及即将诞生。

① Jason Thompson, *A History of Egypt: From Earliest Times to the Present*, pp. 210-212.

第八章 19世纪上半期的埃及

18世纪末期以来，世界历史的不平衡发展更加突出，伴随西方工业化的推进和整体实力的增长，东方文明呈现普遍的衰落。长期在中东地区傲视群雄的奥斯曼帝国迅速走向分裂，作为奥斯曼帝国附属国的埃及不可避免地开始了其融入世界体系的过程。穆罕默德·阿里之所以彪炳埃及和中东史册，不仅在于其终结了马木鲁克统治埃及的长期混乱，使埃及进入重建秩序的新阶段，更在于他所推行的改革和军事扩张对埃及和中东带来前所未有的变化和影响，这是埃及近现代历史上名副其实的“改革的年代”。从历史发展的趋势来看，这一阶段埃及的国力无疑是上升的，阿里的改革充分显示出埃及发展的巨大历史潜能。但是，穆罕默德·阿里的改革及其推行的贸易垄断和埃及纺织业政策则对英国的市场形成巨大挑战，最终导致英国的干预，埃及初露曙光的工业化就此被扼杀，成为殖民地的命运就此几无更改。

一、拿破仑远征埃及

19世纪初的经济社会

经历了三个多世纪马木鲁克的统治之后，18世纪末19世纪之交的埃及可谓满目疮痍。作为奥斯曼土耳其帝国的一个行省，双方虽然依然维系着从1517年以来的所谓“臣属关系”，[①]但埃及事实上处于“贫困、与世隔绝、被外界忽略”的境地。[②]腐朽衰败的奥斯曼帝国牢牢掌握着埃及的经济和社会生活，并实施着严格的政治控制与军事统治。

这种政治控制和军事统治主要通过两个途径来实现。一是通过奥斯曼帝国自己派往埃及的近卫军（被称为奥贾克）来完成，他们拥有很大的统治权力，不仅负责驻守埃及本土，抵御外来侵略，而且还履行着征收捐税、辅佐帕夏的职责，成为奥斯曼帝国在埃及实际的统治者。二是通过马木鲁克军团（家族）来完成。如前所述，这是一支在土耳其人入侵之前就在埃及存在的军事力量，最早是从中亚和外高加索等地区购买来的奴隶。土耳其占领埃及后，他们并没有被消灭，而是与土耳其统治势力沆瀣一气，只知道搜刮民财，置百姓疾苦而不顾。

埃及开始走向衰落。埃及历史学家在分析这一时期埃及衰落的原因时指出，主观上是马木鲁克家族的混乱统治，加上土耳其政权的软弱无能导致埃及经济社会的滑坡。同时，自16世纪开始，由于地理大发现所导致的新航路的开辟，致使原来围绕东地中海和红海而繁华一时的海洋贸易和过境贸易一蹶不振，这成为埃及走向衰落的重要客观原因。埃及曾经在古代社会和中世纪早期所发挥的古代文明领头羊的作用和伊斯兰文明光辉灯塔的作用双双凋敝。

除了土耳其近卫军和马木鲁克两大军事统治集团之外，拿破仑入侵之前埃及的社会结构主要由如下几个阶层构成。

首先，由于爱资哈尔清真寺在文化、知识、宗教方面的教育和传播作用，以及在整个伊斯兰世界的重大影响，[③]被誉为“肩负着宗

---

① 〔埃及〕穆罕默德·艾尼斯、赛义德·拉加卜·哈拉兹：《埃及近现代简史》，埃及近现代简史翻译小组译，商务印书馆1980年版，第2页。

② Arthur Goldschmidt Jr., *Modern Egypt: The Formation of a Nation-State*, Westview Press, 2004, p.15.

③ 〔埃及〕穆罕默德·艾尼斯、赛义德·拉加卜·哈拉兹：《埃及近现代简史》，第8—9页。

教使命、热衷于宗教事务”[①]的宗教界人士（乌莱玛）地位非常显赫，其社会地位仅次于马木鲁克。他们构成了一个真正的知识分子阶层，不仅与埃及下层普通老百姓交往甚密——被称为下可“领导人民”，而且在与马木鲁克的对话中也有很大发言权——被称为上可“居中调停”，从而在埃及社会中起着举足轻重的作用。所谓“领导人民”是指，他们在人民群众中拥有很大势力和崇高威望，受到人民的普遍崇敬和赞扬，例如《埃及近现代简史》一书中提到，卖主不收他们买东西的钱，而骑骡子的人在经过他们面前时主动下鞍。所谓“居中调停”是指，即便是飞扬跋扈的马木鲁克们也要借助他们来巩固政权，增强其统治的合法性。因此，每当统治当局欺行霸市、鱼肉人民之际，老百姓就向这些乌莱玛和伊斯兰教法学家呼吁，他们便可以发挥向当局斡旋的作用，为人民消弭灾祸。1795 年，长老们就迫使马木鲁克易卜拉欣和穆拉德签署一份文件，要他们二人保证在收税时不得对群众横征暴敛。该文件被埃及历史学家誉为类似于 1215 年英国的《大宪章》[②]。

第二个重要的社会阶层是从事海洋贸易的商人和城乡手工业者。在马木鲁克贝克大阿里和穆罕默德·阿布·札海卜时代，曾制定重开苏伊士湾到亚历山大的红海商道，并得到了富贾商人的热情支持。[③]埃及主要的贸易商品为咖啡和纺织产品，从 18 世纪中期开始，咖啡和纺织品贸易趋于衰落，于是逐渐向经济作物转型，以响应欧洲工业化对原材料的需求。[④]这一时期在埃及盛行的是封建的行会制度，当时在埃及不论职业多么低下，也都结帮成伙，成立了各式各样的行会。据说，当时在埃及不仅有皮箱匠行会、珠宝匠行会、铜匠行会，甚至连小偷、乞丐和妓女也组成自己的行会。行会内部形成金字塔式的等级结构，行会的最高负责人被称为谢赫，

---

①②③　〔埃及〕穆罕默德·艾尼斯、赛义德·拉加卜·哈拉兹：《埃及近现代简史》，第 7 页、第 10 页、第 13 页。

④　Afaf Lutfi Al-Sayyid Marsot, *A History of Egypt: From the Arab Conquest to the Present*, New York: Cambridge University Press, 2007, 2nd Edition, p.53, 69.

中间是普通行会成员，处于最底层的是学徒。行会组织已经构成埃及早期“国家与社会”相对于政府的社会组织形式，或者说中间桥梁，国家甚至不需要通过与个人打交道，而直接向行会摊派捐税，或者和谢赫沟通来办理一些事情。

处于社会底层的是广大的埃及农民，以及部分少数族群，包括在埃及社会经济生活中作用较大，但在政治生活中作用甚小的科普特人和柏柏尔人，还有在沙漠游牧的贝都因人。18 世纪埃及人口大约是 300 多万人，到 1800 年拿破仑入侵时也不过 385.4 万人，[①] 大多数居民生活在农村，从事农业，忍受着具有浓厚封建性质的包税制、徭役制的压迫与剥削。此外，各种苛捐杂税层出不穷，都导致埃及农村出现了普遍的贫困化趋势。

所谓包税制，是指政府实施包税政策，包税权由马木鲁克贝克独揽，他们预先向政府缴纳全部或部分贡赋，然后在政府的协助之下，代表政府向农民进行征税。包税人各自在一定的势力范围内，例如一个村庄或者数个村庄，负责征税事宜。他们还可以为自己增收一种余额税（称为法伊德）。埃及此时并不存在土地私有，但随着时间的推移，特别是到了 18 世纪，包税制度发生了变化，包税人事实上成了自己包税领地的实际控制者，他们可以把土地传给子孙，或者买卖包税权，[②]“他们不仅可以向农民收税，而且发展到对农民和土地的全面控制”[③]。

经济上的包税制度得以流行的重要原因，在于埃及政治上由异族即马木鲁克统治的独特性，也就是说，正是通过经济上的包税制，马木鲁克才得以建立起对埃及人的政治统治。包税由马木鲁克阶层独揽，这些人就其出身而言本来就是来自中亚、外高加索等地的奴隶，他们无论在语言、血统、身份等各方面都与本土的埃及人无任何相

① 〔英〕B.R. 米切尔编：《帕尔格雷夫世界历史统计 · 亚洲、非洲和大洋洲卷：1750-1993》第三版，贺力平译，北京：经济科学出版社 2002 年 10 月第 1 版，第 52 页。

② Afat Lutfi Al-Sayyid Marsot, *A History of Egypt: From the Arab Conquest to the Present*, p.49.

③ 〔埃及〕穆罕默德 · 艾尼斯、赛义德 · 拉加卜 · 哈拉兹：《埃及近现代简史》，第 19 页。

似之处。

徭役是东方农业大国的农民普遍承担的封建义务之一。大规模的水利工程，例如凿井、挖渠、修桥和开运河等，国家必须通过大规模组织农民服徭役的方式来完成。不过，18 世纪的埃及农民不仅要为国家，还要为包税人服徭役，因为当时埃及的田产分作三部分：一部分土地为统治者奥斯曼素丹直接使用；一部分交给清真寺作为宗教田产；剩余的大量土地则由包税人使用，农民被迫要在包税人的领地上无报酬地进行强制性劳动。

拿破仑入侵埃及

18 世纪末叶，英法两国在全球的商业竞争和殖民地争夺日趋激烈，埃及逐渐成为他们对抗的中央舞台。[①] 东印度公司从 18 世纪 70 年代开始多次从印度派出远征队去苏伊士地峡，从那里把货物在埃及保证下运至地中海，再转船运往奥斯曼帝国以及北非、欧洲（英国）等地[②]。尽管显得繁琐，但这条航线把货物从加尔各答运到伦敦只需要两个月的时间，而经过好望角的航程却要五个月之久。于是英法两国竞相争夺红海—地中海路线的控制权，为此不惜向马木鲁克统治者献媚行贿。这种局面直至法国大革命爆发及后起的欧洲战争转移了两国的注意力才有所改变。

1797 年，年轻的拿破仑战胜大陆的主要对手奥地利，终于可以全力以赴应对英国，当时的督政府把斗争的矛头对准了埃及。法国的这一战略决策，除了大革命期间“解放”落后地区的所谓理想主义之外，可谓一石三鸟，既可通过占领发达富饶的埃及向奥斯曼扩张领土，又可以夺取英国在红海和地中海的贸易特权，最重要的是

① George E. Kirk, *A Short History of the Middle East: From the Rise of Islam to Modern Times*, London: Methuen & Co.Ltd, edition 2, 1964, Reprinted By John Deakens, UK, 1966,p.72.

② Afat Lutfi Al-Sayyid Marsot, *A History of Egypt: From the Arab Conquest to the Present*, p.54.

可以进一步阻碍英国同印度的联系，从而给英国以沉重打击。[①]

1798 年 5 月 19 日，拿破仑率领各种舰只 300 艘，组成一支近 4 万人的海军，此外还有一批包括学者、艺术家和工程师共 167 人的队伍，从土伦港扬帆起航，远征埃及。[②]7 月 2 日，法国舰队驶抵亚历山大港。拿破仑发表“告埃及人民书”，告诉埃及人民，他们是为推翻马木鲁克统治、恢复奥斯曼素丹的权力而来到埃及的。法军采取军事、诱骗、威胁等各种手段妄图驯服埃及人民，但遭到埃及人民的坚强抵抗。12 天后，法军占领该港并向开罗挺进。沙漠和炎热让法国士兵饱尝苦楚，“远征军面临的主要挑战不是军事上的，而是后勤上的。穿越尼罗河三角洲就意味着要穿越众多的运河和沙漠、穿越荒芜的村庄、蚊子和痢疾，还有炎热的阳光。拿破仑的军队在干渴和热带病方面的伤亡要比他们在战场上的敌人还要多。”[③]7 月 13 日，法军在舒卜拉海特战役中遭到 3000 个马木鲁克军团和 9000 名农民的抵抗。7 月 22 日，在金字塔附近一个叫因巴拜（Imbaba）的地方，双方发生遭遇战，法军大胜，7 月 24 日金字塔战役结束，法军占领开罗。战争过程中，马木鲁克上层（如穆拉德贝克）虽然组织了抵抗，但大多浅尝辄止；而易卜拉欣贝克则带着金银细软，连同奥斯曼帝国派驻治理埃及的总督——帕夏，一起逃往了叙利亚。

拿破仑发表第二次“告埃及人民书”，声言埃及人民已经被法军从马木鲁克的暴政下解放，应该和法军亲善，恢复秩序，安居乐业，并宣布自己皈依伊斯兰教，鼓励部将要娶埃及女子为妻。他还建立了由埃及人组成的开罗及各省行政会议，以及全埃及国务会议，以此来说明要恢复埃及人的权利。

---

① M. W. Daly, edited, *The Cambridge History of Egypt*：*Modern Egypt, From 1517 to the End of Twentieth Century*, Cambridge University Press, 1998, p.116.

② Arthur Goldschmidt Jr., *Modern Egypt: The Formation of a Nation-State*, p.17. 杨灏城先生认为总数是 36000 人，学者 146 人，见《埃及近代史》，中国社会科学出版社 1985 年版，第 20 页。

③ Arthur Goldschmidt Jr., *Modern Egypt: The Formation of a Nation-State*, p.17.

开罗大起义

然而，拿破仑一踏上埃及领土，就宣布没收所有马木鲁克和与法国为敌的人的财产，他们的妻子想要留在埃及和保留其夫的财产则需缴纳巨额赋税。这个过程中，法军获得大量财产，据统计，仅从马木鲁克妻室手中就索取了 817574 法郎。[①]7 月 28 日，拿破仑召集国务会议，命令各大城市商人缴纳巨款（开罗 65 万银币，亚历山大港 30 万法郎，杜姆亚特 15 万法郎，腊席德 10 万法郎）。[②] 此外还强迫埃及人为法军提供军粮、缴纳实物等。拿破仑的横征暴敛，以及为了维护统治秩序和殖民控制而对埃及人民所做的一些压迫措施，终于引起了开罗人民的极大愤慨，从而引发了开罗首次大起义（10 月 21—22 日），起义群众以爱资哈尔大清真寺为中心展开了对法军的攻击，但最终失败。10 月 23 日，拿破仑进行了疯狂报复，屠杀人数达 4000 之众。开罗人民首次大起义显示出埃及人民意识到要通过武装方式反抗外来侵略，揭开了埃及近代历史的新篇章。

1799 年 1 月，拿破仑为了摆脱被包围和孤立的困境，任命克雷贝尔管辖埃及，自己率领所部 2 万余人对叙利亚进攻。奥斯曼军队不堪一击，驻扎在雅法的守军投降，3 月 6 日，大约 3000 人被屠杀。[③]5 月，法军进攻阿卡要塞时受阻，6 月中旬，拿破仑被迫返回开罗。8 月，他闻悉国内政局动荡，督政府摇摇欲坠，决心潜返回国。此后随着欧洲形势发生变化，拿破仑企图建立从埃及到印度的庞大东方殖民帝国的梦想就此化为泡影。

早在 1799 年 1 月，英国就同奥斯曼签订协议，表示援助奥斯曼出兵埃及，同时英国又充当调停人，使法国同意限期撤出埃及。1800 年 3 月，开罗人民发动第二次大起义，规模要比第一次更大，

---

① 杨灏城：《埃及近代史》，第 30 页。

② 郭应德：《阿拉伯史纲》，经济日报出版社 1999 年版，第 238 页。

③ M. W. Daly, edited, *The Cambridge History of Egypt: Modern Egypt, From 1517 to the End of Twentieth Century*, p.126.

严厉地打击了法国占领军，但终因武器弹药不足在4月21日被扑灭，法军对开罗再次实施了惩罚性征收税款。随着欧洲大陆形势发生变化，1801年3月，奥斯曼军队在英军支持下向占领埃及的法军进攻，6月27日驻开罗法军投降，到八九月间法军终不能支，被迫投降而撤出埃及。

拿破仑入侵埃及，是对埃及和伊斯兰世界的一次殖民主义入侵。而西方历史学家却把远征誉为“创造性的破坏”，认为它是埃及历史上“伟大而必要的一段时期”，是埃及文明“不可避免”的“断裂”。[①]不过，拿破仑入侵的确是埃及历史上具有转折意义的重要事件：首先，是因为埃及人民不畏强暴，敢于抵抗，表现出为保卫祖国而勇于斗争的献身精神，开始了近代以来埃及人民反侵略斗争的光辉历史。其次，拿破仑在征服埃及期间进行了带有反封建性质的改革，没收封建土地，废除包税制度，改革财政制度，建立新型工厂等，它使埃及在近代比其他东方国家更早地引进西方的科学技术，开创兴建近代工业的先例，为以后埃及生产力发展奠定了基础。第三，拿破仑开始了埃及文化的复兴。他在埃及建立医院、创建印刷厂，建立了埃及科学院，编辑了《埃及志》，涉及埃及历史、地理、经济、文化等方方面面，为研究埃及提供了丰富的资料。特别是随军而来的法国考古学家、历史学家和地质学家考察、发掘了几千年的古迹文物，打开了古埃及文明的宝库。在阿布基尔湾附近发现的“罗塞达石碑”解开了埃及象形文字之谜从而奠定了“埃及学”的基础。埃及新型知识分子此后开始接触西方文化，阅读西方书籍，参观了法国建造的工厂，眼界为之一开。最后，拿破仑所带来的法国革命的反封建思想从根本上动摇了马木鲁克的统治，客观上为以后穆罕默德·阿里夺取政权、进行改革扫除了障碍。以前埃及人过着传统的因循守旧的生活，现在则被首次卷入世界资本主义市场和复杂的国际政治之中，西方现代资产阶级的意识形态、政治观念、生活方

① M. W. Daly, edited, *The Cambridge History of Egypt: Modern Egypt, From 1517 to the End of Twentieth Century*, pp.116-117.

式就像决堤的洪流开始猛烈冲击这个古老而伟大的国度。在两种思想、两种文明的激烈碰撞中，埃及人民认清了自己所处的时代环境，开始从外族压迫的漫长黑夜中觉醒。

二、穆罕默德·阿里王朝的建立

穆罕默德·阿里的崛起

法军撤出之后，埃及的形势一片混乱。奥斯曼统治者和马木鲁克军团卷土重来，英国又害怕法军返回而迟迟不肯撤军，因而造成以上三种势力明争暗斗、却都想独霸埃及的局面，其中尤以英国挑动下的奥斯曼土耳其人和马木鲁克的冲突最为严重。[①]权力表面上被两位马木鲁克的统治者所继承，一位是亲法的奥斯曼·巴尔底西，另一位是亲英的穆罕默德·阿尔法。他们继续像其祖辈一样争夺权力，忠诚始终是马木鲁克面临的最大挑战，他们内部的对立日益加深。法国建立的短暂的“法律和社会秩序”出现大崩溃，开罗缺乏有效控制，城乡贸易遭到破坏，整个社会动荡不安。[②]经过三年抗法战争洗礼的埃及人民强烈呼唤国家稳定，他们模糊地感觉到，只有抵抗西方侵略，反对外族压迫，消灭马木鲁克军团，才能真正实现国家经济发展和生活安定，希望出现一个强有力的政权达到这一目的。在这种情况下，一位阿尔巴尼亚人穆罕默德·阿里登上历史舞台，他以其杰出的政治和军事才能深刻地改变了埃及，开创了其家族对埃及上百年的统治，并把自己铸造成彪炳于近代埃及甚至近代中东最伟大而重要的历史人物之一。

在奥斯曼土耳其帝国的历史编纂中，穆罕默德·阿里的名字被书写为 Mehmed Ali，但在近现代埃及史学里，按照阿拉伯语的拼写

① M. W. Daly, edited, *The Cambridge History of Egypt: Modern Egypt, From 1517 to the End of Twentieth Century*, pp.141-142.

② Ibid., p.140.

方式，则写作 Muhammad 'Ali[①]。他统治期间，无论是埃及的内政国防，或是治国治军，都是卓有成效的。不仅是现代西方诸多史家，即使是埃及人自己也称其为“当之无愧的现代埃及的奠基人”，[②]他的治国理政举措产生了深远的影响，对内使埃及发生了前所未有的进步和变化，对外则一跃成为东地中海的强国。

穆罕默德·阿里于1769年出生在希腊沿海城镇卡瓦拉的一个烟草商人家庭。同历史上那些所有出身卑微的王侯将相一样，穆罕默德·阿里很少谈及他年轻时的细节，那些对他早年生活感兴趣的外国人，往往只记录一些使人们坚信穆罕默德·阿里是伟大的东方统治者的事迹。他曾经对来访的一位德意志王子这样说：“我不喜欢这段时期……如果后人想知道我是如何获得现在的成就，那么我会说，这和我的出生、兴趣，乃至其他什么人都没有关系，成就只归功于我自己，这就足够了。我个人的经历，直到摆脱了所有的束缚才真正开始。但我能唤醒埃及，我爱她就像爱我的祖国。”[③]

穆罕默德·阿里家族的祖先是库尔德人，但很可能当其祖先在1700年到达阿尔巴尼亚后就已经丧失了他们所拥有的库尔德身份。他们说的是土耳其语，信奉伊斯兰教逊尼派，这使得他们能够很好地融入当地的生活。[④]1787年，穆罕默德·阿里与艾美尔结婚，育有五子。

穆罕默德·阿里曾经回忆过父母对他的百般呵护，而且渴望把他培养成一名奥斯曼的绅士。但他本人不爱学习，他似乎对父母给予他的养尊处优的生活有些怨恨。正是这种矛盾的关系使得穆罕默德·阿里早期的学业并不顺利，直到40岁时他才学会读书写字。和

---

① Khaled Fahmy, *Mehmed Ali: From Ottoman Governor to Ruler of Egypt*, Oxford: One World Publications, 2009.p.2.

② M. W. Daly, edited, *The Cambridge History of Egypt: Modern Egypt, From 1517 to the End of Twentieth Century*, p.140. 埃及新闻部·国家新闻总署：《阿拉伯埃及共和国年鉴2009》，第28页。

③ Khaled Fahmy, *Mehmed Ali: From Ottoman Governor to Ruler of Egypt*, p.3.

④ Ibid., p.4.

历史上许多文盲半文盲的英明君主类似，穆罕默德·阿里的治国理政思想并没有因此而受到过多的束缚。同时，穆罕默德·阿里生活的环境——阿尔巴尼亚具有悠久丰富的历史，富足的农业经济，本身连接塞萨洛尼基和伊斯坦布尔——奥斯曼帝国两个最大最繁忙的商业中心——所具备的地理优势，都对穆罕默德·阿里的成长有着巨大的影响。[①]

阿里控制埃及政权

1801 年，穆罕默德·阿里应征入伍，在奥斯曼军队派驻埃及的阿尔巴尼亚军团中任职。据称，奥斯曼的这支军队“训练有素、军纪严明”，而他所在的军团“以残忍和反叛成性”而闻名[②]。由于他能征善战，足智多谋，善于利用各种手段，终于成为该军团的首领。面对埃及反对法国侵略战争后期的复杂局面，穆罕默德·阿里敏锐地察觉到，埃及人民与英法殖民者、奥斯曼宗主国以及马木鲁克军团的矛盾已达到无法调和的地步；赶走英法侵略者，结束奥斯曼帝国的统治，铲除马木鲁克势力，实现国家统一，已成为全体埃及人民的共同愿望。因此，他决心夺取埃及政权，在尼罗河畔建立一个能与奥斯曼帝国和欧洲列强相抗衡的强大帝国。为实现这一计划，他开始凭借手中的军队，联合各阶层人民，利用英国、法国、奥斯曼帝国的矛盾，以及存在于马木鲁克各派系之间错综复杂的冲突，开始不断扩充自己的力量。

首先，他利用其逊尼派穆斯林的身份，获得了埃及宗教人士——长老和伊斯兰教法学家的支持，这使得他凭借长老们的同意向人民开征税赋和收取罚金，度过其执政初期的经济困难。[③]其次，他保证埃及富商、地主的利益不受损害，从而和他们结成同盟，该同盟被

---

① Khaled Fahmy, *Mehmed Ali: From Ottoman Governor to Ruler of Egypt*, p.5.

② M. W. Daly, edited, *The Cambridge History of Egypt: Modern Egypt, From 1517 to the End of Twentieth Century*, p.142.

③ 〔埃及〕穆罕默德·艾尼斯、赛义德·拉加卜·哈拉兹：《埃及近现代简史》，第 42 页。

称为类似 17 世纪法国国王路易十四和商业资产阶级之间结成的那个旨在反对法国封建贵族的同盟，事实上也的确如此。[①]第三，在获得精英支持的前提下，穆罕默德·阿里眼光并没有脱离开下层人民群众，在随后的几次开罗人民起义反对马木鲁克或者奥斯曼帕夏的斗争中，他站在了人民一边，获得了民众的大力支持。在这一过程中，他可谓纵横捭阖、远交近攻，体现出过人的政治智慧和斗争手段。[②]

1804 年初，在他的支持下，巴尔底西夺取了埃及总督的宝座，并消灭了前来镇压的奥斯曼军队。此后，他把打击的矛头指向了马木鲁克。首先，他利用马木鲁克内部亲英派和亲法派的矛盾来削弱马木鲁克势力。1804 年 2 月，马木鲁克亲英派头目阿尔法在英国支持下向开罗进军，妄图夺取埃及的控制权。阿里支持巴尔底西攻击阿尔法，一举挫败了亲英派的图谋。接着，阿里又利用人民的不满来直接推翻巴尔底西。1804 年 3 月 7 日，开罗人民成群结队涌上街头，反对马木鲁克当局的苛捐杂税。示威很快发展为暴动，一些群众手持兵器和棍棒，向总督府发起了攻击。在这紧要关头，阿里率阿尔巴尼亚军团介入冲突，宣布支持开罗人民，随即开始进攻马木鲁克军团。巴尔底西的统治遭此致命一击，土崩瓦解。

至此，埃及的控制权实际上已落入穆罕默德·阿里手中。但是，阿里觉得自己仍然没有得到人民的充分理解和奥斯曼帝国素丹的足够信任，便再次展示谦让姿态，请奥斯曼帝国驻亚历山大长官胡尔希德帕夏出任埃及总督。一年后，胡尔希德的横征暴敛激起人民的反抗。阿里故技重演，再次领兵站到人民一边，反对胡尔希德。1805 年 5 月 13 日，以著名宗教人士奥马尔·麦克莱姆为首的乌莱玛召开会议，宣布废黜胡尔希德，拥立穆罕默德·阿里为埃及总督。[③]这样，在人民群众、商人地主集团以及部分宗教领袖的拥戴下，阿

① 〔埃及〕穆罕默德·艾尼斯、赛义德·拉加卜·哈拉兹：《埃及近现代简史》，第 41 页。

② Henry Dodwell, *The Founder of Modern Egypt: A History of Muhammad Ali*, Cambridge University Press,1967, pp.20-21.

③ Khaled Fahmy, *Mehmed Ali: From Ottoman Governor to Ruler of Egypt*, pp.24-25.

里心随所愿，却也半推半就地成为埃及的实际统治者。消息传到伊斯坦布尔后，7月9日，奥斯曼帝国素丹谢里姆三世被迫颁布敕令，授予穆罕默德·阿里以帕夏头衔，并任命其为埃及的新一任统治者，承认了穆罕默德·阿里政权。虽然敕令只是给了他仅仅一年的任期，却由此开始了穆罕默德·阿里家族对埃及长达147年（1805—1952）的统治，这一年，穆罕默德·阿里刚刚35岁。

抗击英国入侵

随着穆罕默德·阿里被任命埃及帕夏，埃及表面上完成新的统一，但长期分裂和割据留给国家的后遗症却仍然存在。特别是在阿里心目中，如何维护他和他的家族对埃及的长期世袭统治才是自始至终最为重要的目的。他的阿尔巴尼亚军团支持他，埃及的长老和商人支持他，城市中的绝大多数市民也支持他。[①]但他也很清楚，他作为埃及总督的唯一合法性来源，就是伊斯坦布尔授予他渴求已久的总督职位的一纸敕令。他的民众支持度仍无法与素丹敕令中的实质合法性相匹配。如果他既不是具有先知者血统的圣族后裔，也不是用战争征服了埃及的勇士，而只是一个出身卑微且没有重要经济来源的人，那他对于埃及而言只是一个陌生人，一个目不识丁的文盲。因为，奥斯曼素丹是在寻求其他继任者相继失败后才勉强发布了该敕令。与之前历任的埃及总督不同（他们通常来自伊斯坦布尔的权势集团内部，是帝国家喻户晓的人物，埃及总督的职位只是他们在帝国官僚集团内部晋升的一条必经之路），穆罕默德·阿里在奥斯曼统治集团内部只是一个无名小卒。除此之外，埃及作为帝国的重要行省，将其委托给一个来自阿尔巴尼亚的外来者去管理事关重大，阿里认为伊斯坦布尔方面早晚会将其逐出这个很多人梦寐以求的权力中心。很多人认为他必然给伊斯坦布尔带来忧患，而加深这种隐忧的一个不争的事实，就是敕令的有限期仅为一年，以后每年到期

① Khaled Fahmy, *Mehmed Ali: From Ottoman Governor to Ruler of Egypt*, p.27.

都必须重新发布，这使得穆罕默德·阿里对自己总督任期的长短无法预知[①]。

面对复杂的状况和艰辛的前景，穆罕默德·阿里坚如磐石，他对外团结带领埃及人民坚决打赢了对英国1807年的入侵战争，对内则采取“分而治之”的策略，坚决清除分裂国家、威胁政权的种种隐患，从而建立起强大的中央集权体制。

法军被迫离开埃及之后，英国军队一直驻扎在亚历山大。英国认为维持中东的现状——维护奥斯曼帝国政权体系，可以更好维护其在欧洲的各种利益。因此，英国对穆罕默德·阿里政权并没有充分的信任，一方面公开和奥斯曼帝国示好，谋求通过支持奥斯曼来维护其在埃及的统治秩序；另一方面，又对流亡在上埃及的马木鲁克军团给予支持，试图通过由阿尔法贝克领导的马木鲁克军团侵扰穆罕默德·阿里政权。

1807年3月16日，为先发制人，避免法国再次入侵埃及，由弗雷泽率领的英国侵略军于3月20日占领亚历山大，随后，又在3月31日继续向腊席德推进。但英军遭到埃及人民的抵抗和重创，英军被打死185人，重伤382人，被迫逃回亚历山大。英军在腊席德败北的消息传到开罗之后，极大地调动了开罗人民斗争的积极性，在著名的宗教领袖奥马尔·麦克莱姆的号召和组织下，开罗人民积极备战，体现出前所未有的团结精神和爱国热情。开罗社会各阶层，不论富人、小康之家或穷人，不论穆斯林、科普特人、希腊人或叙利亚人“有钱的出钱、有力的出力”，在履行爱国主义的义务时都表现出良好的精神状态。

闻悉亚历山大被占领之后，正在与马木鲁克征战的穆罕默德·阿里被迫停止对马木鲁克的战争，他和对手达成协议，一致表示共同反对“信仰的敌人”[②]。阿里同意把上埃及的统治权交给马木鲁克，前提是他们向阿里政权缴纳贡赋。随后，阿里率军返回并于4月11

① Khaled Fahmy, *Mehmed Ali: From Ottoman Governor to Ruler of Egypt*, pp.28-29.

② Ibid., p.32.

日晚进入开罗。在与奥马尔·麦克莱姆沟通战事情况时，穆罕默德·阿里曾表示，“开罗人民不应该出城，而只应该出钱资助喂养部队的牲口”，这句话至少部分地反映了穆罕默德·阿里认为老百姓的职责就是出钱养兵和筹办给养，而保家卫国、抗击英军应该是军人的事情。

早在 4 月 3 日，由威廉·斯图尔特率领的一支 2500 人的英国部队为挽回 3 月 31 日惨败的影响，再次向腊席德开进，准备第二次占领腊席德。4 月 16 日，英军和穆罕默德·阿里的军队在腊席德南面的哈马德村交锋。在民众的大力支持下，大败英军。这一时期，欧洲形势又发生变化，拿破仑在欧洲称霸，直逼英国本土，迫使英国不得不放弃对埃及的占领和扩张计划，弗雷泽受命同穆罕默德·阿里谈判媾和。1807 年 9 月 14 日，双方达成协议，英军撤离埃及，从而结束了英国对亚历山大半年的占领。穆罕默德·阿里将战利品送至伊斯坦布尔作为其战胜敌人的象征，同时反复声明他始终是素丹忠实的仆人，无论他取得什么样的胜利，都是以素丹的名义而战。作为回报，1807 年 11 月，素丹单独颁发给他一封私人敕令，感谢他为保卫亚历山大、避免埃及落入“异教徒英国人”之手所作的努力。穆罕默德·阿里抓住这个机会乘势任命他自己的一位部下出任亚历山大总督，从此一改亚历山大总督由伊斯坦布尔任命的传统。① 埃及帕夏的统治范围超出了开罗，延伸至亚历山大这个重要的城市。穆罕默德·阿里不仅摆脱了其执政初期所面临的最严重的外来威胁，也进一步增强了和奥斯曼素丹的关系。

建立统一的中央政权

“外患”既已不存，解决“内忧”的问题又被提上日程。穆罕默德·阿里执政初期，国内局势非常复杂。支持穆罕默德·阿里的阵营分作三个派系：阿尔巴尼亚人、宗教乌莱玛人士和商人联盟、

① Khaled Fahmy, *Mehmed Ali: From Ottoman Governor to Ruler of Egypt*, p.33.

开罗民众，三个派系之间也都存在着不同程度的问题和矛盾[1]。阿尔巴尼亚人对他比较忠心，还为争取他的去留在埃及组织过抗议活动，但经验表明他们也是极具反叛精神的一个团体，如果没有维持既得利益，他们可以公然发起暴动，废黜总督[2]；其次，乌莱玛和商人联盟可以巩固他在埃及的统治地位，但是这些人又过于独立，对他提出了各种苛刻的要求和条件，还阻止他提高税收；1805 年夏天，开罗民众走上街头进行抗议游行，支持穆罕默德·阿里反对胡尔希德，对权力制衡起到一定作用。此外，马木鲁克势力还没有遭到致命打击，在农村危害社会秩序。而且，奥斯曼素丹对他的任命还属于被迫之举，他随时面临着被罢免的危险，这种担心几乎伴随着他的整个后半生[3]。

在获得授权敕令后，穆罕默德·阿里采取了一系列措施以消除派别对立。同时粉碎了各派企图结成联盟的阴谋，并成功离间各个派系。因此，乌莱玛阶层无法与马木鲁克保持一致的立场；处于主要地位的商人也无法团结广大开罗民众来反对帕夏的新政策；阿尔巴尼亚人又被埃及人所讨厌，尚不足以离开阿里的领导建立他们自己的统治。与此同时，穆罕默德·阿里组织精锐的阿尔巴尼亚军团赴上埃及与马木鲁克交战，在竭力削弱马木鲁克势力的同时，也使一些阿尔巴尼亚人意识到这是一场永无休止的战斗而选择离开埃及、回到家乡。

穆罕默德·阿里与乌莱玛阶层的矛盾逐渐增加。乌莱玛阶层的特殊地位使之在埃及社会中发挥着独特作用，也正是依靠乌莱玛，他在执政初期扫清了重重障碍。但是随着形势的变化，穆罕默德·阿里日益不愿意看到乌莱玛阶层的壮大，也愈发不喜欢他们的意见——这些意见不仅与他建立独裁专制的愿望相抵牾，而且与他推行经济

---

① Khaled Fahmy, *Mehmed Ali: From Ottoman Governor to Ruler of Egypt*, p.29.

② M. W. Daly, edited, *The Cambridge History of Egypt: Modern Egypt, From 1517 to the End of Twentieth Century*, p.144.

③ Ibid.

改革、建立一个强大的帝国经济体系的目标相冲突。1809 年 6 月 30 日，爱资哈尔清真寺发生群众集会事件。[①] 穆罕默德·阿里利用这一事件把乌莱玛领袖奥马尔·麦克莱姆的职务革除，并将他流放到杜姆亚特。多年以后，在人们已将其彻底遗忘时，他才被允许返回开罗。乌莱玛阶层从此不再是埃及政治舞台上一支举足轻重的力量。某种意义上，这也正是近代以来埃及伊斯兰势力式微的滥觞。至于埃及的商人，他们很快就认清现实并加入到帕夏的阵营，最终为穆罕默德·阿里服务，负责部队军需的征调等事务。

铲除马木鲁克势力

至此，穆罕默德·阿里国内面对的敌对势力只剩下马木鲁克军团。1807 年 1 月，穆罕默德·阿里决定直接与其决战。1 月 27 日，穆罕默德·阿里命令所有军队集合并渡过靠近开罗的尼罗河，准备在吉萨以北与马木鲁克交战。当这两支军队遭遇时，马木鲁克军团看到穆罕默德·阿里在他的士兵当中一马当先时，他们被这种景象所震惊而拒绝开火，穆罕默德·阿里不战而胜。首领阿尔法后来被俘身亡，当敌人死去的消息传到时，穆罕默德·阿里几乎不敢相信自己的耳朵。在确认阿尔法去世之后，他说道："感谢仁慈的埃及，现在我不再担心任何人了。"[②]

尽管阿尔法战死，但是马木鲁克并没有消亡。他们继续破坏村庄、转移收入。就在此时，穆罕默德·阿里收到来自伊斯坦布尔的命令——准备一支军事远征队镇压阿拉伯半岛的瓦哈比起义，这给了他永久性地解除马木鲁克威胁的绝佳机会。

早在 1802 年，控制东阿拉伯半岛腹地内志的沙特家族就已经开

---

① 当时部分以宗教基金为产业的群众在爱资哈尔集会，要求乌莱玛向穆罕默德·阿里施压，迫使其取消对宗教田产的课税政策。乌莱玛人士误以为他们得到群众支持，从而向阿里摊牌。其实大多数群众还是支持阿里的改革举措，阿里乘此机会剥夺了乌莱玛的权力。详情参见〔埃及〕穆罕默德·艾尼斯、赛义德·拉加卜·哈拉兹：《埃及近现代简史》，第 58 页。

② Khaled Fahmy, *Mehmed Ali: From Ottoman Governor to Ruler of Egypt*, p.35.The Pasha's Bedouin: Tribes and State in the Egypt of Mehmet Ali, 1805-1848 / Reuven Aharoni, Mono, 2005.

始反抗奥斯曼土耳其的统治，之后又迅速将其势力范围扩展到麦加和麦地那；伊斯坦布尔将这一行动视为对帝国的严重挑衅，因为素丹历来以“两大圣地的保护者”而引以为豪[①]。为此，伊斯坦布尔向包括埃及在内的各省总督发布命令，要求他们派遣军队夺回圣城。穆罕默德·阿里认为，接受这一命令会给他带来许多风险。因为一则带领军队进入敌方势力范围十分危险；二则埃及将付出巨大的经济牺牲；三则他担心一旦离开埃及前往阿拉伯半岛，那么伊斯坦布尔就可能趁此机会派出其他人取而代之，而且马木鲁克也会趁机死灰复燃，重新占领在此前战争中丢失的土地。

穆罕默德·阿里陷入了两难的境地。但事实证明，他处理这一命令的方式反映了他精明的政治头脑。他先是告知帝国素丹，说下尼罗河流域局势紧张，自己无力承担出兵所必需的军费；继而他又提出，如果埃及出兵，可能会给欧洲列强占领埃及的机会，从而打破他们在埃及的脆弱平衡。他还告知素丹自己无法亲征，但如果素丹同意让他的次子图松来领导这场出征，只需给图松颁发一纸官方任命诏书，那是最好不过的事情了。素丹无奈，只好发布诏书任命图松出征。而穆罕默德·阿里在备战的同时，决定利用这次官方授召的仪式，一次性肃清马木鲁克残余势力。

穆罕默德·阿里咨询了占星家，选择伊斯兰历 1226 年 2 月 6 日（1811 年 3 月 2 日）星期五作为出兵汉志的日子。在出兵的前夜，他宣布将汉志战役的指挥权交给儿子图松，他向所有马木鲁克的头目发出邀请，邀请他们到萨拉丁堡出席图松的出征仪式。马木鲁克的头目绝对不会想到这一由占星家选择的吉日居然就是他们的死期。他们盛装打扮出席帕夏举行的仪式，在城堡内与穆罕默德·阿里喝了一个小时的咖啡之后，纷纷离席。按照传统习俗，他们要穿过萨拉丁堡的一条窄路，才能出城。当所有人员进入窄路之后，穆罕默德·阿里突然下令关闭大门，然后下令士兵向他们开火，不得放过

① M. W. Daly, edited, *The Cambridge History of Egypt: Modern Egypt, From 1517 to the End of Twentieth Century*, p.144.

任何一人。枪击持续了一个小时，450 名马木鲁克头目及其随从被杀死。这就是埃及历史上著名的萨拉丁城堡屠杀事件。穆罕默德·阿里策划得如此严密，以至于他的两个儿子易卜拉欣和图松都不清楚计划的细节。萨拉丁城堡屠杀事件之后，穆罕默德·阿里在全国范围内对马木鲁克进行了大搜捕，并将马木鲁克的包税领地收归国有。通过萨拉丁城堡屠杀，穆罕默德·阿里完成了奥斯曼素丹几个世纪以来一直努力在做，却一直没有完成的事情，[①] 马木鲁克作为一股特殊政治和经济势力统治埃及长达 500 年之久的历史彻底宣告结束。

此前，穆罕默德·阿里相继把他的家族成员和在阿尔巴尼亚的一些亲朋好友接到埃及定居，并封之以官职。其长子易卜拉欣年仅 16 岁，被任命为开罗总督。从 1801 年穆罕默德·阿里登陆埃及，到完全清除马木鲁克势力，正好是十年时间。十年间，他努力获得了对埃及的合法领导权，通过向土地征税并废除乌莱玛的财政特权，逐步削弱了伊斯兰宗教势力；通过发动连年的战争以及一场决定性的清洗，将他在埃及最主要的劲敌马木鲁克彻底铲除。同时，他通过在埃及继续铸造奥斯曼钱币、星期五为素丹祈祷、每年向素丹提供贡品而安抚了奥斯曼的统治者。此后，穆罕默德·阿里通过发展农业和对西方的贸易而积累了大量财富，加强了对埃及社会的控制，一个强大的中央集权体制至此完全建立起来，长期分裂的埃及社会复归统一。

当然，作为一个阿尔巴尼亚人，他还需要巩固个人及其家族在埃及的绝对统治地位。穆罕默德·阿里“意识到奥斯曼帝国国力的衰落，急欲使他自己和他的后裔对于埃及的世袭权得到确认。他愿意承认素丹名义上的宗主权，只要他在实际事务中能够自主。但拿破仑战争的影响使他懂得，如果他要达到和保持这个地位，他必须有一支按照西方方式装备和训练的陆军和海军”[②]。为此，他必须做

---

① M. W. Daly, edited, *The Cambridge History of Egypt: Modern Egypt, From 1517 to the End of Twentieth Century*, p.146.

② George E. Kirk, *A Short History of the Middle East: From the Rise of Islam to Modern Times*, p.76.

出面对现代化浪潮的深刻转变。

三、穆罕默德·阿里的改革

废除包税制度

穆罕默德·阿里改革的内容十分广泛，涉及埃及经济、政治、军事、社会文化等各个方面。穆罕默德·阿里深刻地洞察到阻碍埃及经济发展的根本原因在于包税制度，因此最先改革和破除的就是包税制度。

1809年6月，阿里宣布原来政府赠予包税人的“乌西叶”土地不再享有免税权。此外，包税人还应将包税余额的一半上缴政府。这对包税人来说是一个沉重的打击，马木鲁克为此而两次发生叛乱，均被镇压。其次，他又把目光盯在废除宗教田产上，这和当时他打击乌莱玛阶层等宗教势力是密不可分的。随着穆罕默德·阿里打击马木鲁克势力，原来归属马木鲁克控制的大片村庄被收归政府后又分给了乌莱玛阶层，变成他们的包税领地。这些土地在缴了被称为“米里”的国税后，额外收入的“法伊德”就直接落到乌莱玛的腰包中去了。此外，乌莱玛还可以获得原本属于自己归属的那部分宗教田产的全部收益。在这一过程中，乌莱玛阶层的部分人士不可避免地走向了腐败化。在穆罕默德·阿里看来，这一阶层现已变得无足轻重。于是他宣布废除宗教界人士的田产，或者向原来免税的这些田产征税。

1813年，穆罕默德·阿里宣布废除包税制，对土地进行重新分配。尽管在没收和重新分配土地过程中存在着暴力和强迫等手段，但这一举措还是受到了人民的普遍欢迎。此外，他还取消了集体缴税制而代之以个人缴税制；将原来由包税人随意确定的五花八门的苛捐杂税合并为一种土地税，由国家统一按土地优劣确定税额，简化纳税手续。在阿里统治初期，埃及农民的纳税额要比马木鲁克时期低得多。由于实行了度量衡的标准化并对全国的土地进行了彻底的丈量，向国家纳税的实际土地面积比包税时期大增，因而在农民负担有所减轻的同时，国家的税收上升了。埃及的耕地面积也在扩大，从1813年的35万费丹增加到1877年的474万费丹。[①]为了巩固统治，阿里把这些土地分封给王亲国戚、政府官吏和地方豪绅。留给阿里本人及其王室成员的是王室领地，大多为富庶的良田，享有免税权。赐给政府官吏的被称为边缘地，大多是荒地或者半荒地，部分享有免税权。赐给各村村长的土地称为村长地，享有免税权，由农民服徭役耕种。赐给贝都因部落酋长的土地称为酋长地，荒地免税，良田需缴一半税赋，由部落成员服徭役耕种。以上封地占全国可耕地的一半，前两者以外来者为主，包括随军的阿尔巴尼亚人、土耳其人和契尔克斯人，后两者以埃及本地土著为主。不过他们一起构成了新的地主阶层，成了穆罕默德·阿里王朝的统治支柱。[②]另一半土地，穆罕默德·阿里将它分成小块租给农民，每户 3—5 费丹不等，需按时交租，且不能世袭。

推动“农业革命”

穆罕默德·阿里在农业领域进行的变革，一些经济史家称之为埃及特色的“农业革命”。这一变革主要涉及两个方面，一是长棉绒的引进种植，二是兴修水利工程。[③]埃及这一时期新增的土地，绝大部分用来种植棉花。

1821 年，一种优质的长绒棉被引进，它“能比其他各种短纤维棉花多卖得 2 至 4 倍的价钱”，穆罕默德·阿里抓住迅速扩大的欧洲纺织业急需原料的机会，组织力量培植优质长绒棉，他“给农民提供新品种的种子，教会他们合理种植，并在许多村庄建立轧棉工

① 〔埃及〕穆罕默德·艾尼斯、赛义德·拉加卜·哈拉兹：《埃及近现代简史》，第 68 页。
② 杨灏城：《埃及近代史》，第 68 页。
③ Robert Mabro, *The Egyptian Economy: 1952-1972*, Oxford: Clarendon Press, 1974, p.7.

场”[1]。据统计，仅1821年埃及棉花生产944堪他尔（埃及重量单位，约等于44928公斤），畅销欧洲市场[2]，此后三年埃及的棉花出口便猛增了200倍，成为政府首屈一指的财源。在他统治时期，埃及棉花的产量剧增了数百倍。

阿里还建立了一整套管理农业生产的机构，集中控制各地农作物的种植品种和面积，对重要经济作物实行国家专卖政策，并向一些贫苦农民提供种子、牲畜、农具和贷款。埃及历史学家把引进和扩大棉花种植称为“埃及封建社会变革的一个重要标志”，“从此棉花成了埃及的主要农产品”。这一变革的重要意义在于棉花是一种出口商品，因此埃及的农业生产不再像以前那样只是为了满足本地的消费，[3]而是要参与到世界市场，这表明埃及在逐渐参与到现代世界体系之中。另外，扩大棉花种植面积必然要缩小小麦的种植面积，加上美国和澳大利亚的竞争，种植小麦已经不再有利可图。从长远来看，二者均为埃及的现代化之路留下了深深的隐患。

作为一个高度依靠水文生存的国家，埃及历任统治者十分重视水利建设。为了种植棉花和有效输出棉花，穆罕默德·阿里加固堤坝、疏通旧渠、开挖新渠，据不完全统计，开渠建坝修河堤近百处，是尼罗河水源发现最多的历史时期，[4]大大促进了农业生产力的提高。这些水利工程中，以1861年完工的福利坝最为著名，该坝使三角洲地带的土地也得到尼罗河的灌溉，从而“变成了一个棉花种植园”[5]。穆罕默德·阿里还开通了马哈茂德水渠，开工时他亲自誓师，1820年完工时又亲自出席开通仪式，该渠把尼罗河与亚历山大港这个当时埃及最大的城市连接起来，亚历山大港恢复了生气，埃及再次成为沟通欧洲和印度之间陆路交通的枢纽。

---

① 〔美〕斯塔夫里亚诺斯：《全球分裂：第三世界的历史进程》，迟越等译，商务印书馆1993年版，第216页。

② 杨灏城：《埃及近代史》，第69页。

③ 〔埃及〕穆罕默德·艾尼斯、赛义德·拉加卜·哈拉兹：《埃及近现代简史》，第68页。

④ 埃及新闻部·国家新闻总署：《埃及》杂志2006年6月第42期，第14—15页。

⑤ 〔美〕斯塔夫里亚诺斯：《全球分裂：第三世界的历史进程》，第216页。

早期工业化的启动

穆罕默德·阿里奖励工业发展，重视建立近代工业特别是军事工业以增强国力，他注重从西欧各国引进技术，购买设备，聘请专家，吸收资金，使埃及民族工业在初创时期便具有较高的技术水平和较快的发展速度。在他的强力推动下，具有现代意义的埃及早期工业化开始启动。1818 年他创办第一批纺织工厂，以后在欧洲技师帮助和欧洲技术的支持下，先后创办了制糖、榨油、造纸、制革、染料等工厂。纺织业发展最快，1829 年已有纺织工厂 29 个，纺纱机床 1459 台，织布机 1215 架。到 19 世纪 30 年代末，埃及工业企业的投资达到 3200 万英镑，工厂雇佣工人达 6 万—7 万人，占到全体就业人员的 7%。美国历史学家斯塔夫里亚诺斯认为这个数字同 20 世纪 80 年代埃及从事现代制造业的人数在总劳动力中的比例相同。[①]

阿里所建工业首先是为军队发展，军事工业在工业化体系中的地位最为重要，规模较大的往往都是军事工厂。埃及的军事工业从无到有、从小到大，发展速度十分惊人。制硝厂、火药厂、枪炮制造厂、造船厂纷纷建立起来，在法国等国的技术专家指导下，生产出来的武器装备不仅数量多，而且质量高。建于 1820 年的开罗兵工厂，全厂分成若干车间，分别制造枪支、大炮等武器，仅枪支车间就有工人 900 名，每日可生产 600—700 支法式步枪，还能铸造 24 英寸的巨炮。1829 年开始动工修建的亚历山大造船厂更是埃及近代军事工业的重要基地，占地约 360 多亩，有工人 5500 多人。

经过阿里的大力扶植，到 19 世纪 40 年代末，埃及近代民族工业已初见规模。埃及生产的工农业产品不仅能满足国内需要，有的还可出口，尤其是纺织品。埃及在厂工人达 3.1 万人，约占当时埃及全国人口的 1%，这一比例在当时东方国家中是相当高的，投资总

① 〔美〕斯塔夫里亚诺斯：《全球分裂：第三世界的历史进程》，第 217 页。

额约1200万英镑，初步为埃及工业化奠定了基础。

对外贸易和实施垄断政策

埃及工农业的发展大大促进了商业和对外贸易的繁荣。为发展商业和外贸，恢复埃及昔日所具有的欧亚非贸易中转站的地位，穆罕默德·阿里大兴土木，发展陆路和水路交通运输，并采取措施改革货币制度。上千名的外国商人和商务官员常驻该城。埃及的外贸总额从1800年的55.7万埃镑增长到1836年的475.4万埃镑。[①]农业和工商业的发展使埃及经济出现了空前的繁荣景象，人民生活有所改善，埃及国库的收入也直线上升：1798年仅为15.8万埃镑，1818年跃升至150.2万埃镑，1833年超过了242万埃镑，到1842年已接近300万埃镑。[②]

为了保证和满足工业化在资金和资源方面的需求，穆罕默德·阿里实行了农业、工业、商业的全面控制和政府垄断政策。政府成立专门机构对农业、商业进行严格控制和监督。例如政府给农民提供必要的种子、农具、牲畜和贷款，但农民无权处置自己的产品，而是由政府机构以极低价格收购。这些机构再将产品以高价卖出，这样就可获得高额利润，棉花等作物都是如此；一些纺织制成品，除直接调拨军队使用外也是采取同样的政策，由政府强迫收购，所订价格有时只相当于市场价格的一半或更少。据估计，1836年埃及出口的95%和进口的40%都是由政府经营的。政府专卖制度给工业发展提供了大量资金，充实了军队需要，一定程度上刺激了农业、商业贸易的发展。此外阿里还铸造了埃及自己的货币，确定与其他货币的比值，以摆脱其他国家对埃及的经济影响。[③]

由于法英殖民者用枪炮打开了埃及的大门，穆罕默德·阿里的

---

① 杨灏城：《埃及近代史》，第80页。

② 潘光："穆罕默德·阿里：埃及改革开放的先驱"，《解放日报》2013年3月27日。

③ George E. Kirk, *A Short History of the Middle East: From the Rise of Islam to Modern Times*, p.100.

经济改革一开始就具有对外开放的特点，但这种开放又是非常有限的。首先，从埃及面临的外部环境看，由于欧洲列强的殖民扩张和相互斗争仍对埃及形成严重威胁，阿里在对外经济交往中不得不十分注意维护国家的独立和主权。法国人早就提出了在地中海和红海之间开凿运河的设想，英国人建议修筑一条从亚历山大到苏伊士的铁路，但均遭阿里拒绝，因为他担心这样做会有损埃及的主权。阿里在举借外债方面也始终非常谨慎，以避免外国的经济渗透。其次，从阿里改革本身浓厚的个人化色彩和高度的集权性来看，这是一种具有重商主义特点的改革运动，[①] 由于政府对工业、农业、商业和外贸实行严格的垄断式控制，外国商品和资本难以大规模进入埃及。阿里不顾奥斯曼帝国与欧洲各国签订的一系列特惠条约，采取提高关税、政府包办等手段来控制进口贸易，使国内市场和民族工业免遭外国倾销商品的冲击。阿里虽允许少数外国人在埃及投资办企业，但对他们加以种种限制。因此，阿里时期，在埃及投资的外国人微乎其微。

“农业立国”道路的确立

穆罕默德·阿里时期埃及工农业的发展，显示出埃及完全有可能走上一条工农并举的现代化道路。然而 1838 年英国和奥斯曼签订的商约导致埃及的工业几乎全部倒闭。埃及最终未能走上工业化道路，而是走上一条畸形的以棉花种植为主的农业立国道路。这种状况是由以下因素造成的。

首先，穆罕默德·阿里以推广和扩大棉花种植为核心的农业改革奠定了埃及以农业带动国民经济发展的基础。这是埃及“农业立国”的国内经济因素。阿里大力发展经济作物，在棉花刺激下，埃及农业生产力得到巨大提高。在 1824—1840 年间，尽管在军事和工业

① Afat Lutfi Al-Sayyid Marsot, *A History of Egypt: From the Arab Conquest to the Present*, p.65.

上抽调大量人力，埃及耕种面积还是增加了约1/4。[①]阿里把出口棉花、谷物等作物所得的资金几乎全部用于工业化，以棉花为主的农业收入逐渐成为埃及国民经济发展的重要支柱。这一做法造成埃及经济结构的变化并孕育了严重的危机，首先，从农业方面剥夺过多的工业化资金，损害了农业的利益，使得农业不能长期有效地支持工业化。其次，农业利益既已受到损害，但为了保证工业化所需资金，就必然要求进一步扩大农作物种植和出口，使农业愈加积重难返。

其次，在当时的国际形势下，强大的英国殖民主义势力不愿意看到一个以工业化为基础的埃及崛起而损害英国及其在中东的利益，这是造成“埃及永远成不了工业品制造国”的根本原因，也是埃及走上“农业立国”道路最主要的国际政治因素。英国一方面为维持其作为最大的现代纺织业国家的地位，既需要稳定的棉花供应来源，又不希望出现强有力的竞争者，而阿里的所作所为至少在表面上正好在这两个方面都触动了英国的利益；另一方面，由于埃及的强大，彻底打乱了英国在中东的布局——试图维持已经处于风雨飘摇的奥斯曼的统一来对抗俄国及其他国家在本地区的争夺。斯塔夫里亚诺斯在分析穆罕默德·阿里“工业化计划”完全失败的原因时深刻地指出，这“部分地是由于内在的原因，即他本人和他的臣民的失误；但从根本上讲，主要是外部原因。英国的政策制定者们自始至终反对穆罕默德·阿里的计划，他们正确地觉察到穆罕默德·阿里的现代化努力是对他们在整个中东的统治和剥削的直接挑战。”[②]其实，穆罕默德·阿里本人对英国妄想通过控制奥斯曼帝国来控制埃及的企图也看得十分清楚。1815年，他对瑞士旅行家伯克哈特说过“大鱼吃小鱼……英国总有一天会攫取埃及作为瓜分土耳其帝国时自己分得的一份赃物”[③]。

① George E. Kirk, *A Short History of the Middle East: From the Rise of Islam to Modern Times*, p.100.

② 〔美〕斯塔夫里亚诺斯：《全球分裂：第三世界的历史进程》，第217页。

③ George E. Kirk, *A Short History of the Middle East: From the Rise of Islam to Modern Times*, p.76.

第三，1861—1865 年美国内战造成全球棉花价格上涨，是造成埃及最终确立“农业立国”的另一国际经济因素。1861 年美国内战的爆发加快了埃及走上棉花种植的畸形农业现代化道路。战争导致棉花价格迅速上涨，后任的赛义德积极鼓励扩大棉花种植以增加出口，换取外汇。他甚至要求埃及大地主用 1/4 的土地种植棉花。1854 年，埃及棉花产量为 47.8 万堪他尔，到 1863 年赛义德去世时，埃及棉花产量猛增至 118.2 万堪他尔，增加了 1.5 倍，并且几乎全部销往英国。[①] 伊斯梅尔继位后，世界棉价继续暴涨，他不顾一切进一步鼓励棉花种植并得到大多数地主的积极支持，粮食种植面积被大量削减，棉花种植则迅速遍布上下埃及。

美国对英国的原棉进口量从 1856—1860 年度的 2172.8 千捆猛降至 1866—1870 年度的 1410.9 千捆，下降了 1/3 还多。而同期地中海地区则增长 4 倍还多，[②] 棉花就像吸铁石使埃及经济紧紧地依附于它。阿里时代所显示的工农业并举道路的可能性降至最低。由于小麦种植面积被大量削减，再加上由于美国和澳大利亚的竞争，小麦种植本身无利可图，短视的统治阶级大力鼓励棉花种植，所有这些因素合在一起使埃及经济的独立性基础进一步被损坏，埃及愈来愈深地陷入世界经济及其危机之中。正如德国历史学家卡尔·布罗卡尔曼所认为的，埃及统治者“改种棉花的决定对埃及经济的发展甚至比修建苏伊士运河有更为深远的影响”[③]。

阿里的农业改革推广棉花种植开启了埃及现代化农业道路的序幕，而英国殖民主义者又不允许埃及走上一条工业化之路，适逢美国内战导致全球棉花价格上涨，促使埃及加大棉花种植，最终完成经济结构的畸形调整，可谓埃及“农业立国”道路的“三步曲”。

---

① 杨灏城：《埃及近代史》，第 120 页。

② 〔日〕宫崎犀一等编：《近代国际经济要览》，陈小洪等译，中国财政经济出版社 1990 年版，第 121 页。

③ 〔德〕卡尔·布罗卡尔曼：《伊斯兰教各民族与国家史》，孙硕人等译，商务印书馆 1985 年版，第 423 页。

行政和社会变革

穆罕默德·阿里的行政改革以建立高度中央集权的新体制为目标。穆罕默德·阿里仿效欧美国家，建立了内阁制度。埃及的内阁称为国务会议，下设贸易和外交、教育、建设、工程、陆军、海军六个部（1837年后取消建设、工程两部，设立工业、财政、内务三部，改为七个部）。国务会议一般由副总督主持日常工作，但各部大臣都由穆罕默德·阿里亲自任免，重大决策也由穆罕默德·阿里亲自定夺。

1829年，阿里成立了由政府官员、宗教学者、贵族豪绅和一些知名人士组成的共156人的咨议会，议长由穆罕默德·阿里的长子易卜拉欣担任。咨议会每年召开一次，审议一些无关紧要的提案，实际上只有咨议权，没有包括立法权在内的任何其他权力。穆罕默德·阿里下令把法国占领时期划分的16个行政区合并为7个省，省长由中央政府任免，省下设县、乡、村三级行政机构。除省长是奥斯曼土耳其任命的以外，副省长以下的官员全部为本地埃及人。① 村是最基层的行政单位，设有村长、土地丈量员、税务员和全权证人等专职官员。自上而下的一整套严密而完备的行政网络，保证了中央政府的政策法令的贯彻实施，提高了行政效率，从中央到地方建立起一整套完备的行政机构。

作为改造社会结构的系统工程，阿里在各地新建工程学校、炮兵学校、步兵学校、医学院、农学院等各种专科学校。据估计，进过政府所办学校求学的学生大约有1万到1.2万人。②1826年，一个由44名学生组成的留学生团被派到欧洲，主要是到法国学习军事、政治、医学、生物、化学、农学以及艺术和考古发掘等专业。

---

① Afat Lutfi Al-Sayyid Marsot, *A History of Egypt: From the Arab Conquest to the Present*, p.72.

② George E. Kirk, *A Short History of the Middle East: From the Rise of Islam to Modern Times*, p.103.

到1831年，这个数目达到300人，包括土耳其人和阿拉伯人。随着学生毕业和留学生回国，埃及有了自己的具有强烈西方化倾向的军事教官、医生、教师和行政人员、技术人员。[①]这一时期，埃及的文化事业亦取得相当进展，阿里开办了一所语言学院，阿拉伯语得到改革，著作与翻译得到鼓励，大批西方军事、科技的书籍被翻译过来，1821年建立了国家印刷厂，1826年出版埃及第一份报纸《埃及战役报》。埃及社会风气出现新局面。

进入近代社会以后，埃及妇女积极投身伟大的民族解放运动中，一边谋求国家独立和民族复兴，一边争取自己的社会和政治权利。1798年拿破仑率军入侵埃及，埃及妇女勇敢走上前线，与男人并肩作战；1801年，妇女们参与了反对包税制的示威活动；马木鲁克视妇女为反动的活跃分子，对她们极力镇压和迫害。穆罕默德·阿里时代的埃及妇女基本仍然沿袭以前的时代，在社会中享有较少的权利和更低的地位，来自家庭的庇护仍是其最主要的避风港。穆罕默德·阿里改革注重改变整个国家的状况，他赋予妇女在政治、经济、教育等方面一定的权利，埃及的妇女地位有了一定程度的提高。妇女不仅从事农业，还从事家庭手工业，甚至部分妇女从事商业、服务业。[②]由于棉花的种植这时候主要用于对外贸易和纺织业，因此许多生活在农村或从事农业生产的妇女也对手工业、贸易，尤其是纺织业做出了重要贡献。在阿里的工厂里，比如纺织业和卷烟业，妇女已被大量雇佣，并且实现了男女分工。[③]但妇女的报酬只相当于男人的一半或者2/3。

穆罕默德·阿里鼓励女性的普遍教育，包括培训女性成为医生。在他统治时期有专门的女性学校教授女子阅读、写作、地理和绘画。女孩，特别是知识分子家庭的女孩子至少在10到12岁以前通常与

---

① 纳忠：《阿拉伯通史》，商务印书馆1999年版，第450页。

② M.W.Daly, ed., *The Cambridge History of Egypt: Modern Egypt, from 1517 to the End of Twentieth Century*, p.79.

③ Qasim Amin, *The Liberation of Women and the New Women*, The American University in Cairo Press, 1992, p.45.

男孩一起学习，在全国的古兰经学校中，女孩也不是陌生人。但对女性教育的争论仍经常在宗教领域爆发。[①] 埃及妇女的社会经济联系大都是在商圈聚集的街道、公共浴池，或者女商贩主导的蔬菜水果市场，由于缺乏正式的组织和官方的认可，19 世纪的女性组织更带有偶然的性质。

穆罕默德·阿里改革不仅实现了国家的安宁和统一，而且通过引进西方先进技术设备建立了埃及第一批机器工业，培养和造就了一批接受西方科学技术的知识分子，增强了国力，埃及开始走上漫长的现代化之路。埃及的工农业产品基本能够满足国内需要，有的还多余出口。通过改革，埃及虽然名义上仍是奥斯曼帝国的一个行省，实际上却成为一个拥有主权，可与其宗主国相抗衡的国家，它的强大军事力量在 30 多年的时间里，有力地抵御了西方殖民国家的侵略，成为中东竞相模仿的富国强兵的榜样，以至于马克思也赞扬阿里统治的埃及是“当时奥斯曼帝国的唯一有生命力的部分”[②]，而阿里则是“唯一能用真正的头脑代替讲究的头巾的人”[③]。

四、对外战争与改革的失败

推进军事改革

穆罕默德·阿里军事改革的第一步是废除旧式的雇佣兵制度，代之以征兵制。他认识到他所建立的这支军队——由阿尔巴尼亚人所组成的远征军——从长远来看是靠不住的。如果不从体制上改变征兵方式，这些军人随时可以聚集起足够的力量来向他挑战。1820 年，他决定模仿欧洲，建立一支拿破仑式的军队。他从 1799 年埃及与法军作战的经验了解到法国先进的作战方法。法军纪律严明、训

① Beth Baron, *The Women's Awakening in Egypt*, Yale University Press, 1994, p.123.

② 《马克思恩格斯全集》第 9 卷，人民出版社 1972 年版，第 231 页。

③ 同上书。

练有素的步兵，配合炮兵和骑兵，对付那些没有纪律、浮躁的马木鲁克军团来说是锐不可当的。1823 年，他决定从上埃及的农民中征兵，并让一名法国军官按照拿破仑的作战方式来训练他们。由于讲阿拉伯语的农民组成了新式军队的绝大部分，而其高级指挥官是土耳其人（穆罕默德·阿里为此专门规定本土埃及人不得获得上尉以上的军衔），军队出现了种族和语言上的分裂，而且征兵从一开始就遭到埃及农民的反对，但阿里还是镇压了农民的起义，并统一了新军的思想。

1825 年，他在阿斯旺创办第一所步兵学校，聘请欧洲教官进行训练，军队装备了新式大炮。阿里特别注重对“新军”战斗灵魂和战争精神的塑造，每当一批新兵完成训练时，穆罕默德·阿里通常会亲自将一面军旗送到军官的手中，正式宣告新军团的诞生。在这些场合，穆罕默德·阿里会做如下训令：“这面旗帜是胜利、骄傲、生命和信仰的象征……必须确保，只要你们当中还有一个人活着，就不要让它倒下。如果它倒下了——真主禁止这样做——就让它倒下去的那片土地成为你们的坟墓！”

新军拥有坚定的信仰，完全听从穆罕默德·阿里的命令，在战斗中不顾生命，为信仰和国家冲锋向前。每当战争结束，为了纪念胜利，都要进行授旗和表彰，穆罕默德·阿里的名字会被装饰在授予军队的旗帜以及授予士兵的军功章上。西方学者认为，这种做法并不意味着埃及的军队就是帕夏个人的军队，在 19 世纪前半叶，通常只有当农夫们被征召拿起武器保护自己家园的时候，他们才会想到自己是“埃及”的一员，而穆罕默德·阿里的目的是使“埃及国家”的概念深入士兵和人民的心中。他必须时时刻刻把为埃及而战的思想灌输到士兵当中，而不仅仅是为总督而战。

穆罕默德·阿里非常善于通过鼓动宗教信仰来提升战斗力。早期被征召的士兵在阿斯旺接受训练，穆罕默德·阿里写信给军事学校的负责人穆罕默德·贝克，要求士兵们每天必须在训练之前背诵《古兰经》的第一章。当士兵行为不端时，或者出现违反纪律的情况时，穆罕默德·阿里会给这些士兵一份命令，要求他们记住讨伐异教徒是一项宗教责任，并大段引用《古兰经》，强调纪律和遵纪守法的重要性。但当面对的敌人同为穆斯林的奥斯曼帝国素丹的军队时，宗教则是士兵们努力训练和高效组织的关键之所在，士兵们此时毫无疑问地认为，他们是被穆罕默德·阿里的光芒而照亮的。当士兵们在阿勒颇听到圣城保卫战胜利的消息时，他们互相大声疾呼“真主保护我们的主人”。

这支征募来的“新军”力量得到迅速提升，1825年陆军人数为41000人，到1839年增至235880人，[①] 而且按照当时欧洲军队的组织方式建立，再加上严格的训练，士兵们个个体格健壮，遵守纪律，作战勇猛，体现出了良好的素质，对总督非常忠心，在战场上战绩辉煌，他们被派往埃及多处镇压起义。为适应海外战斗需要，阿里还大力发展海军，在1810—1827年间建立了地中海舰队和红海舰队，舰船部分为自己生产，部分为从欧洲订购。

对外战争

埃及国力由于阿里政权的稳固及后续的改革而迅速增强，在多种复杂因素的影响和考量下，穆罕默德·阿里进行了长达30年的扩张战争。他希冀建立一个幅员辽阔、国势强盛的阿拉伯帝国，对地区形势发展产生了重大影响。[②]

18世纪中叶，占据阿拉伯半岛的内志重镇德拉伊叶的沙特家族以传播瓦哈比教派为名，在阿拉伯半岛扩张自己的势力。19世纪初期，沙特家族已占据包括两圣地在内的半岛大部分地区。素丹马哈茂德二世因兵力有限，转而命令正在崛起的阿里出兵镇压。阿里野心勃勃，顺理成章地打着“恢复奥斯曼帝国声誉”的旗号进行对外扩张。1811年9月，阿里次子图松率领近万人分海、陆两军攻入阿

---

① 杨灏城：《埃及近代史》，第85页。

② Fred H. Lawson, *The Social Origins of Egyptian Expansionism During the Muhammad Ali Period*, New York: Columbia University Press, 1992.

拉伯半岛，仅用一年时间，就夺回了麦加和麦地那等地区。阿里还曾亲自出征战胜了瓦哈比教徒，迫使其承认内志属于埃及管辖并保证随时听从素丹的召唤。1816 年瓦哈比教徒再次反扑起义，阿里长子易卜拉欣率兵出征，直至 1818 年 9 月几乎占领了阿拉伯半岛大部分地区，此时阿拉伯半岛名义上属奥斯曼帝国所有，实际上成为埃及属地。

1820 年，阿里以追击盘踞在苏丹东古拉的马木鲁克为借口，命令他的三子伊斯梅尔率领数千之众侵入他垂涎已久的苏丹。穆罕默德·阿里将进攻苏丹看作是对水、土地和资源（主要是黄金和奴隶）的扩张。1821 年他的军队进入苏丹并遭到强烈抵抗。但是埃及军队高效的训练及精良的装备保证了穆罕默德·阿里对苏丹的征服。埃及大军仅用一年半的时间几乎侵占了全部苏丹，只留下达尔富尔一地，把埃及疆域向南扩张了 1000 公里。而且只要必要，他还可以一直扩张到尼罗河源头的埃塞俄比亚和乌干达地界。

1821 年，希腊人民起义，第二年建立了民族政府。奥斯曼素丹被迫以克利特岛和叙利亚为报酬，要求穆罕默德·阿里出兵增援以镇压希腊起义。1824 年 7 月，易卜拉欣率领近两万之众抵达爱琴海，[①] 到 1825 年年底占领摩里亚半岛。在征服过程中，埃及军队烧杀掳掠，无恶不作。希腊战争爆发后，引起国际关注，英、俄、法为维护各自在中东的利益，确保希腊的战略位置，决定消灭埃及军队，遏制阿里的对外扩张。1827 年 10 月 27 日爆发了纳瓦里诺海战，埃军被击溃，海军几乎全军覆没，被迫与欧洲列强媾和。1828 年埃军全部撤回埃及，次年希腊终于赢得独立。这次远征希腊费时四年，消耗了大量人力、物力，使 3 万士兵丧命，军费支出达 77.5 万镑，舰队损失殆尽，而素丹只是把克里特岛交由阿里管辖，从而为奥（土）、埃之间爆发战争埋下祸根。之后，阿里决定重组海军，到 1839 年，埃及拥有战舰 32 艘，海军 15543 人，再次成为东地中海的海上强国。

① 杨灏城：《埃及近代史》，第 90 页。

东南北方向的三次征伐被历史学家称为阿里建立阿拉伯“帝国”的“三大支柱”，[①]这一时期埃及控制的版图事实上连通了东至波斯湾，南抵赤道附近，北达希腊的广阔地带，埃及的海军和陆军比任何中东的军事力量都要强大。强盛之余，阿里在他儿子们的支持下两次“冒犯”素丹，终于引发欧洲列强的干涉，改革伴随着军事失利一败涂地。

诺瓦里诺海战后，穆罕默德·阿里向奥斯曼帝国政府要求将叙利亚作为他在这场海战中遭受损失的补偿。但帝国政府不予理睬。实际上，穆罕默德·阿里要求将叙利亚作为补偿的真正目的，旨在觊觎叙利亚的重要战略地位及其富饶的自然资源。叙利亚是奥斯曼帝国最富饶的行省之一，物产丰富，并蕴藏煤和铜等资源；同时叙利亚还拥有一个国际商业群体，拥有发展良好的市场。因此，对于穆罕默德·阿里来说，夺取叙利亚早已是他的目标。更重要的是，叙利亚还可以成为埃及与奥斯曼帝国素丹之间的一个缓冲区。

1831 年 10 月，穆罕默德·阿里借口叙利亚帕夏不愿遣返流亡到此的 6000 名埃及农民而大举出兵叙利亚。他的长子易卜拉欣率领的 3 万大军势如破竹，很快占领巴勒斯坦、黎巴嫩和叙利亚等地，在围攻阿卡 6 个月后将其占领。埃及军队进入安纳托里亚。在 1832 年 12 月 21 日的孔亚战役中，易卜拉欣击败了奥斯曼帝国大维齐亲自率领的军队，埃及军队进入奥斯曼帝国本土。奥斯曼军队节节败退，被迫向英、法、俄等国求救。但阿里顶住西方的压力，硬是把大军推进到屈塔希亚，此地距伊斯坦布尔只有三天的路程，身陷绝境的素丹被迫与埃及求和。根据 1833 年 4 月 8 日签订的屈塔希亚协定，除埃及本土、阿拉伯半岛和克里特岛外，叙利亚和阿达纳也交由埃及管辖，易卜拉欣被授命为叙利亚总督。埃及则从奥斯曼本土撤军并继续承认素丹及奥斯曼帝国的宗主权。第一次奥（土）埃战争结束。在此后的几年，埃及实际上成为一个横跨亚非

① Henry Dodwell, *The Founder of Modern Egypt: A History of Muhammad Ali*, pp.20-21.

两洲的一个强大帝国，穆罕默德·阿里成为阿拉伯东方的主宰。

奥斯曼帝国并不甘心在屈塔希亚所遭受的屈辱，但自知力不能敌，转而投靠沙俄。穆罕穆德·阿里所控制的帝国此时实行民族独立政策，掌握着东西方之间的贸易权，西方的商品和资本很难渗入埃及，这就引起西方列强特别是英国的不安和嫉恨，既担心无法获得来自埃及的优质长绒棉，又担心失去叙利亚这个庞大的市场。[①]1838 年 5 月，阿里停止向帝国纳贡，企图独立，遭到英国坚决反对。8 月 16 日签订的英土商约使奥斯曼帝国丧失大量主权，其中特别规定要结束任何形式的垄断，并且就法律地位而言该商约也应在埃及管辖范围内实行，这自然遭到阿里的拒绝。于是在英国教唆下，1839 年 6 月 24 日，第二次帝国与埃及的战争爆发。当马哈茂德二世的军队到达叙利亚边境时，易卜拉欣于 6 月 24 日在尚利乌尔法附近的尼西比斯对奥斯曼军队进攻，并再次击败奥斯曼军队。伊斯坦布尔又一次处于埃及军队的直接威胁之下。马哈茂德二世在战后去世，他 16 岁的儿子阿卜杜勒·马吉德继位。此时穆罕默德·阿里与易卜拉欣产生分歧。易卜拉欣建议进攻伊斯坦布尔，由穆罕默德·阿里自称素丹。而穆罕默德·阿里则只提出众多领土要求，以及他自己和他的家族对埃及的政治自主权。1840 年 7 月 15 日，英国、奥地利、俄国和普鲁士达成《伦敦协定》，保证穆罕默德·阿里对埃及的世袭统治，以及终身对阿卡的管理，但是要求他的军队从叙利亚的后方和黎巴嫩山的海岸地区撤出。穆罕默德·阿里拒绝这些要求。欧洲列强决定进行干涉，尽管法国反对，但他们还是组织了一支军事远征军。英国海军和奥地利海军封锁了尼罗河三角洲的海岸。1840 年 9 月 11 日，炮轰贝鲁特，1840 年 11 月 3 日，阿卡失陷。穆罕默德·阿里表示同意《伦敦协定》的条款。经过一年的维持，由于内部各地起义不断，外部列强大军压境，阿里被迫屈服，接受素丹于 1841 年 6 月颁发的两道敕令，埃及承认奥斯曼宗主权，作为

① Afat Lutfi Al-Sayyid Marsot, *A History of Egypt: From the Arab Conquest to the Present*, pp.75-76.

交换，他的后代可以在埃及和苏丹拥有世袭统治权和较高的自治权；埃及被迫裁减军队，和平时期不得超过 1.8 万人，不得建造战舰，埃及高级军官由素丹任命；埃及每年还需向素丹纳贡 8 万袋贡赋；帝国法律和条约全部适用于埃及。这些规定对阿里和埃及来说是一个致命的打击，埃及经济政治呈直线下降趋势。①

改革的失败与教训

从世界历史进程来看，穆罕默德·阿里改革是以阿里为代表的埃及新一代统治者在第一次现代化浪潮冲击下被迫做出的现代化尝试，其成效和影响是同期其他中东国家西方化改革所无法比拟的，显示出埃及走上工农并举现代化道路的可能性。

穆罕默德·阿里在埃及发动的早期现代化运动在短期内收到巨大效应，埃及成为一个中东强国。但在阿里末期及其死后的半个世纪内，埃及即被边缘化而沦为英国殖民地，其原因是多方面的。

从外部来看，英国殖民主义势力不愿意看到一个强大的埃及崛起，来损害自己在中东乃至印度的利益。不论从经济上看还是从战略上看，由于推行工业化政策而强大起来的埃及成为英国势力扩张的阻碍和潜在威胁。通过迫使埃及军队的大量裁减，以及施行英土商约取消阿里实行的国家垄断政策，并允许外国商人在埃及境内任何地方自由买卖，这就使得主要建立在军事供应基础之上的以军事工业为主体的埃及工业几乎全部破产。经济学家查尔斯·伊萨维教授认为，“穆罕默德·阿里计划的失败，表明埃及经济发展的主要障碍之一是缺乏政治上的自主权”。②英国不能容忍埃及在政治上和财政上的独立，导致资金缺乏，工业化受挫，刚刚启动的现代化运动尚未进入高潮便陷入低谷。

从埃及早期的现代化内部来看，问题同样很多。首先，穆罕默

① Ehud R. Toledano, *State and Society in Mid-Nineteenth-Century Egypt*, Cambridge University Press, 2003, p.2.

② 〔美〕斯塔夫里亚诺斯：《全球分裂：第三世界的历史进程》，第 222 页。

德·阿里推行了一种不适合埃及国情的现代化模式。虽然工业化在短期内成效显著，但长远来看，却是对国家经济的破坏。由于现代化内在条件不成熟，它未能从根本上触及埃及传统深厚的社会基础，现代化成为一场更为纯粹的移花接木式的西方化运动。亦即阿里的工业化战略是“企图把一种崭新的工业生产制度强加于原始农业和行会经济制度之上”，[①] 这必然遇到很大障碍。其失败也是不可避免的。在这种模式下，进口机器和零件成本高昂，工业化的消耗巨大。以纺织业为例，1838 年埃及生产棉布的成本要比进口同样质量的英国棉布高 16%。[②] 如此高成本的工业制成品无法参与市场竞争，多数产品直接调拨军队使用，对埃及经济收效甚微。近现代第三世界各国历史发展表明，纯粹的西方化不可能使国家得到自救或自立。

其次，采用国家垄断的专卖制度积累工业化所需资金损害了农业利益，农业无法积极有效支持工业化发展。穆罕默德·阿里推行工业化对农业的破坏，除了表现为从农村里征调大量农民做工厂的工人以及召集农民进行公共工程建设和服兵役外，更重要的就是他为了积累工业化所需资金，采用政府垄断专卖制度进一步损害了农民和农业的利益。支付农产品的价格，只相当于市场价格的一半或更少，农民失去了劳动兴趣，于是大量逃亡。尽管穆罕默德·阿里对农业进行改革，他兴修了近代灌溉系统，引进了棉花栽培。一些学者甚至认为，它使埃及农业生产力得到了永久的增长，但对于工业化来说，却不能提供长久的支持。

最后，缺乏技术人员和管理人员。穆罕默德·阿里在社会文化教育领域里进行了广泛的改革，取得了不少成绩。但在埃及民众中，文盲与迷信现象仍相当普遍，学习西方技术，不能持续深入。工厂的管理人员大多数是领薪俸的政府官吏，对技术既无知又缺乏热情。除了外国专家外，只有极少数技术人员掌握了新的机器生产和修理

① George E. Kirk, *A Short History of the Middle East: From the Rise of Islam to Modern Times*, p.101.

② Ibid., p.100.

技术。这种管理和技术状况下，正常的工业化不可能顺利进展。

综上所述，穆罕默德·阿里的改革从一开始就建立在以军事扩张和外部环境有利的基础之上，一旦战争失败，外部环境恶化，内部负面影响便凸显和扩大。战争的失败和改革的受挫使穆罕默德·阿里受到沉重打击，致使其晚年精神失常。1848 年 4 月，他把帕夏职位交给儿子易卜拉欣，无奈易卜拉欣先他而病故。1849 年 8 月 2 日，穆罕默德·阿里去世。穆罕默德·阿里发动的埃及早期现代化运动是埃及历史上一个伟大的起点，阿里的改革促使埃及社会开始发生深刻的转变。英国历史学家乔治·柯克认为他“将埃及从许多世纪为虐政所窒息的泥淖中拯救出来”[①]。

① George E. Kirk, *A Short History of the Middle East: From the Rise of Islam to Modern Times*, p.102.

第九章　19 世纪下半期的埃及

19 世纪下半期，穆罕默德·阿里的继承人阿巴斯、赛义德、伊斯梅尔励精图治，以维护家族对埃及的永久统治为目的，试图通过进一步的变革甚至不惜完全“西化”的方式，来强化埃及的国力和影响，从而铸就了埃及在奥斯曼帝国的繁荣景象。但他们又和其前辈一样，面临来自西方更大的压力和挑战。英法等殖民主义势力开始全面打压和控制埃及。埃及更深地卷入由西方主导的世界市场。伴随丧失主导权的“西方化”和市场化，埃及深陷殖民主义的渊薮。另一方面，接受西方影响的新一代知识分子也在成长，埃及人的民族意识逐渐萌发，埃及进入现代民族主义“觉醒的年代”。

一、早期现代化的深入

阿巴斯执政与改革的停滞

1848 年 3 月，穆罕默德·阿里的长子易卜拉欣继承总督职位，但仅八个月便于 1848 年 11 月因肺炎先于其父去世。欧洲人将易卜拉欣的死归因于参加了一场赛马比赛之后喝了冰凉的香槟，还与一位情妇发生性关系；不过也有人认为他是在拜访伊斯坦布尔时受到冷遇郁郁而终。[①] 按照奥斯曼土耳其的继承法和 1841 年敕令，埃及

① Arthur Goldschmidt Jr., *Modern Egypt: The Formation of a Nation-State*, p.29.

总督的职位由家族内年龄最大的、时年36岁的图松之子阿巴斯继承，是为阿巴斯一世（1848—1854年在位），但他正式统治埃及，则是在1849年穆罕默德·阿里去世之后。

一些历史学家认为阿巴斯无论在个人秉性方面还是执行政策方面，都与他的祖父截然不同。他多疑善妒，只好寻欢作乐，并且极端仇视欧洲教育，完全放弃了其祖父的改革措施。他停办工厂、关闭学校、裁减兵员，辞退法国顾问或者雇员。较之其祖父，他更关心土地所带来的财富。同时，他依然是一位军事强人，致力于加强王朝的权力，而且会说阿拉伯语，更多地通过仪式感来强化自己的统治地位。[①]

阿巴斯一开始希望加强与奥斯曼素丹的关系，以制衡欧洲的影响，但是素丹则希望继续褫夺他的权力。围绕是否将帝国法典（例如关于取消死刑判决）应用于埃及，彼此之间还是发生了冲突，结果阿巴斯维护了在埃及的死刑判决权。不过他希望素丹赐予其“阿齐兹”的称号和修改继承法的愿望均未实现。[②]由于他对法国的厌恶，英国这一时期对埃及的渗透逐渐占了上风。英国利用1838年商约和1840年《伦敦条约》，迫使埃及改变了一系列农业上的保护政策，英国商人乘机获利。这一时期，英国想法压低棉花价格，埃及棉花成倍增长并几乎全部输往英国，据统计，仅1849—1852年的出口量就由近26万堪他尔增加到67万堪他尔。[③]另外，他试图维护农业利益以实物征税的政策因克里米亚战争也破产了。埃及市场充斥大量英国廉价商品，埃及开始沦为西方国家的原料供应地和工业产品销售市场。

围绕着埃及作为东西方之间重要的交通枢纽这一地理优势，英法两国分别制定出具体的开发计划。法国力主在地中海和红海间开

---

① M. W. Daly, edited, *The Cambridge History of Egypt: Modern Egypt, From 1517 to the End of Twentieth Century*, p.184.

② Ibid.

③ 杨灏城：《埃及近代史》，第115页。

凿一条运河，早在督政府时期，就授权随拿破仑远征埃及的学者对此进行研究。① 英国从与法国竞争的角度，主张在亚历山大和苏伊士之间铺设铁路。阿巴斯唯恐西方势力渗入危及埃及独立，一开始对此全部予以拒绝。② 但在随后国内外形势的胁迫下，1851 年，他还是决定授予英国修建埃及第一条铁路的特权，即连通亚历山大和开罗之间的铁路，前提是铁路由埃及政府管理。五年后，一条全长 210 公里的铁路正式通车。这是埃及乃至整个中东和非洲大陆修建的第一条铁路。此后不久，另一条联结开罗和苏伊士的铁路修建开通，与铁路线同行同向的还有一条电报线也建设完成。铁路线的开通极大地缩短了印度与欧洲的距离，经由埃及的第一条铁路将伦敦到孟买的行程时间从过去的三到四个月缩短至六个星期。随着铁路的建设及在资金和军队方面支持奥斯曼帝国参加克里米亚战争，埃及收支之间的差距开始出现了。由于越来越多的人员和商品在欧洲和印度之间流通，越来越多的游客和商人希望尽早开挖地中海和红海之间的运河，从而把修建苏伊士运河的工程提上议事日程。不过，到 19 世纪 50 年代，修建运河的阻碍更多地来自政治因素而不是技术问题。③

赛义德的改革

1854 年 7 月 14 日，阿巴斯在宫中暴亡，死因至今不明，或传他死于宫廷侍卫的谋杀。穆罕默德·阿里的四子赛义德即帕夏位，成为埃及新总督。32 岁的赛义德与阿巴斯完全不同，他自幼受欧式教育，接受西方文化熏陶，鼓吹经济自由和门户开放政策，希望借助西方力量来发展埃及的经济和文化教育事业，是其父亲改革政策的热情支持者。赛义德生活的年代，也正是奥斯曼土耳其在西方压力之下被迫开启“坦齐马特”改革的时期，内外形势的变化使他得

---

① Arthur Goldschmidt Jr., *Modern Egypt: The Formation of a Nation-State*, p.30.

② 杨灏城：《埃及近代史》，第 116 页。

③ Arthur Goldschmidt Jr., *Modern Egypt: The Formation of a Nation-State*, p.30.

以继续推进埃及的改革，成为继阿里改革之后埃及早期现代化的又一次可贵的探索。[①]

在农业方面，他改革土地制和田赋制。1854 年上台伊始，即宣布分给农民的份地准许继承，1858 年颁布全面改革土地的法令，确认封地持有者可以买卖和馈赠土地给清真寺，使其变为宗教田产。在坚持土地国有的前提下，实现了使用权的世袭化，是向私有化的重要发展。他还开始普遍征收货币地租，疏通年久失修而淤塞的马哈茂德渠及其他河道，允许农民自由种植和销售农产品。这些措施，特别是土地制度的变革和私有制的逐步确立，有助于调动土地持有者的积极性，有助于发展农业生产和促进国内外贸易。

1861 年爆发的美国内战使世界棉花价格上涨，赛义德积极鼓励扩大棉花种植以增加出口，换取外汇。1854 年他即位时埃及棉花产量约为 47.8 万堪他尔，到 1863 年他结束统治时猛增至 118.2 万堪他尔，增加了 1.5 倍。这些棉花也几乎全部用于出口，并且主要输往英国。埃及经济进一步走上单一化发展轨道。[②]伊斯梅尔统治时，进一步鼓励棉花种植并得到大多数地主的积极支持，以后又发展蔗糖种植。在此之前，埃及不仅能够以它丰富的粮食生产自给自足，而且能够供应邻邦，现在棉花和甘蔗种植则使它愈来愈深地卷入世界经济及其危机之中。

为了加强埃及地位，赛义德重新整顿军队。1862 年，埃及军队人数又增至 6.4 万人，赛义德实行义务兵役制，服役期规定为一年。在父亲大批征召埃及当地人当兵的基础上，他开始起用一批埃及人出任高级军官，1882 年运动的领导者、杰出的军人政治家奥拉比正是这一政策的直接受益者。在文化教育方面，阿拉伯语被宣布为埃及唯一的官方语言，赛义德还支持西方教会团体在开罗和亚历山大开设第一批教会学校。

---

① 王泰：《埃及早期现代化的道路与模式》，《内蒙古民族大学学报》（社会科学版）2001 年第 4 期。

② 杨灏城：《埃及近代史》，第 120 页。

赛义德大兴埃及的公共事业，一大批著名的公共服务企业在埃及建立。1854 年成立的埃及尼罗河轮船公司，1856 年建立的埃及银行，1857 年建立的亚历山大自来水公司、埃及磨面公司、马吉德海运公司，建于 1860 年的莱姆勒电车公司，等等，都对埃及经济社会发展起了刺激作用，埃及一时成为欧洲人所谓“新的加利福尼亚”。[①]埃及当时没有如此巨大的财政积累，赛义德开始向欧洲借贷，这些公司的成立和运作几乎完全依靠外国资本运行，他把银行、铁路、运河、航运、水电、文教等统统交付外国人经办。虽然赛义德“发誓不仿效阿巴斯进行赤字开支，然而在他去世时仍然欠下了 700 万英镑的外债。”[②]这就不可避免使之更加依赖西方，其中借用西方资金最多、花费最大、影响最大的工程就是苏伊士运河的开挖。

赛义德时期，欧洲对埃及的影响开始越来越大。由于垄断制度被取消，以及 1840 年《伦敦协定》规定政治上的国际监护权，大量欧洲人开始来埃及投资办厂，移居埃及的欧洲侨民也愈益增多。仅 1857 到 1861 年期间，每年就有超过 3 万欧洲人来到埃及。[③]《伦敦条约》目的是为居住在奥斯曼帝国的欧洲基督徒经商提供便利，其条款免除西方人受当地法律的限制和交税的义务。因此，这些欧洲人不仅在埃及享有特权、不缴纳各种捐税，还有权在自己的特别法庭内受审。赛义德鼓励他们定居在亚历山大和开罗，许多来自欧洲的企业家、工程师和教育家的确为埃及的发展提供了许多服务。但是，在条约的保护下，他们中的一些人也蜕变为股票投机者、骗子和恶习传播者，甚至连埃及的少数族裔，尤其是小部分亚美尼亚人和犹太人，也经常被当地领事馆雇佣为欧洲或英国的外交代表团成员，他们借此获得外国国籍和享有法律、经济豁免权。[④] 1861 年，赛义德设立了一个由 7 人组成的埃及委员会，其中 3 人是埃及人，

---

① 杨灏城：《埃及近代史》，第 121 页。

② Jason Thompson, *A History of Egypt: From Earliest Times to the Present*, p. 236.

③ M. W. Daly, edited, *The Cambridge History of Egypt: Modern Egypt*, *From 1517 to the End of Twentieth Century*, p.186.

④ Arthur Goldschmidt Jr., *Modern Egypt: The Formation of a Nation-State*, p.33.

另外4人分别为西欧侨民、希腊侨民、犹太人和亚美尼亚人。该委员会负责审理外国侨民质控埃及人的案件，有关国家的领事可派代表列席审判。[①] 随着欧洲人大量迁移埃及，欧洲的生活方式也迅猛地传入埃及，其影响遍及开罗和亚历山大的大街小巷，对当地特别是上层人士产生极大影响。但是对下层广大穆斯林而言，虽然他们也能从运河、铁路和公路、自来水、煤气灯等现代设施中获益，但对那些给他们生活方式所带来的改变和破坏，他们并不欢迎[②]。19世纪50—60年代的埃及，农村充满安静祥和，而开罗和亚历山大则充斥着喧闹。开罗城内的大街上，"挤满了马匹、驴子、骆驼和狗；走着牛车和马车；还有各色行人，这些人既有参加葬礼和婚礼的队伍，也有贝克、谢赫、警察、乞丐、士兵等各行各业的人士，既有来自本土的不同的族群，如土耳其人、阿拉伯人、埃塞俄比亚人，还有来自欧美的外国人，如英国人、美国人、法国人、德国人、意大利人；既有妇女，还有儿童（男孩和女孩），此外还有希腊人和野蛮人、自由人和欠债者……他们把整条街弄得虽然乌烟瘴气却也十分的繁华。"[③]

通往东方的"新航线"

赛义德继位不久，一位曾任法国驻埃及领事，名叫费迪南·德·莱赛普斯的商人找上门来，向他热情地描述如果开凿连通地中海和红海的苏伊士运河，将为欧洲商人、埃及以及广大的穆斯林朝圣带来巨大好处，赛义德本人也将因开发这项伟大工程而名垂千古。

赛义德与费迪南·德·莱赛普斯有着"莫逆之交"，后者曾是他孩童时代的骑马和射击教练。据说，穆罕默德·阿里对孩子们的成长非常严格，从小就要求他们加强体质锻炼。赛义德小时候体质超重，父亲便要求他通过攀爬桅杆、围绕宫殿跑步、坚持素食等措施来减肥。对于一个意志力薄弱的孩童而言，由于减肥所致的饥饿

---

① 杨灏城：《埃及近代史》，第122页。

② Arthur Goldschmidt Jr., *Modern Egypt: The Formation of a Nation-State*, p.32.

③ Ehud R. Toledano, *State and Society in Mid-Nineteenth-Century Egypt*, pp.11-12.

使他经常偷偷地跑到法国驻埃及领事馆，这时候作为副领事的费迪南·德·莱赛普斯通常就会为赛义德提供一碗他比较喜欢吃的法国通心粉，以满足其口福。[①]

在德·莱赛普斯的鼓吹下，但更可能的原因是，赛义德认为这样一条运河会成为埃及和奥斯曼土耳其之间的屏障，也可能他认为运河会为埃及向国外出售蔗糖、稻米和长绒棉等经济作物提供便利。[②] 1854 年 10 月 23 日，赛义德决定将修建苏伊士运河的特许权给予费迪南·德·莱赛普斯。

运河计划公布后，遭到英国的反对和阻挠，但莱赛普斯还是于 1856 年 1 月与赛义德签署了运河租让合同。合同规定：（1）运河公司自运河通航之日起，享有占有运河 99 年的权利，期满后归埃及所有；（2）公司在开罗和运河区之间开挖一条淡水渠，供当地饮水和灌溉所用；（3）埃及出让开凿运河和淡水渠所需的土地，包括河渠两侧两公里宽的土地为公司无偿占有；（4）公司可以免税进口建设工程所需要的机器设备，并在租期内有权无代价开采当地矿藏石料；（5）埃及提供开凿运河所需要的 4/5 的劳工，公司付给报酬，但具体数量由公司来定；（6）埃及政府每年收取运河公司 15% 的纯收益。[③]

1857 年，费迪南·德·莱赛普斯正式成立了国际苏伊士海运运河公司。1859 年，通过发行股票筹集到部分款项之后，在未经奥斯曼帝国素丹同意的情况下，公司便开始动工开凿运河，第二年，工程得到素丹的批准。赛义德在法国政府的财政胁迫下恢复强迫劳役制度，努力满足开凿运河所需要的工人。1862 年，每月所需要的挖河工人达到 2 万人甚至更多。由于挖河条件十分艰苦，从 1861 年开始，每月按照 2 万人的规模进行人员轮换。这样，每个月大约就有

① Arthur Goldschmidt Jr., *Modern Egypt: The Formation of a Nation-State*, p.31.
② Ibid., p.31.
③ 杨灏城：《埃及近代史》，第 126 页。

6万多埃及挖河工人往返和工作在运河工地上。[①]运河挖掘给埃及带来巨大困难，据统计，全国当时人口规模大约480多万，其中宗教人士、商人、妇孺、贝都因人等按规定不服徭役，占总人口的3/5，也就是说，劳工主要是从其余的2/5、大约190万人中征调，而这些人大多是埃及的农民，或者是士兵[②]。挖掘运河的直接后果，如果不是使埃及农业缺乏劳动力而导致减产和收入减少，就是使埃及军队被迫减员而导致人员不足，对国家经济实力和军事实力造成双重损失。此外，运河工作条件十分艰苦，甚至非常恶劣，一开始缺少挖泥机器（直到运河修建的最后阶段此类机器才被广泛使用），劳工有时不得不徒手工作；这里原本是荒芜的沙漠，几乎没有足够的食物维持他们的生活，饮用水迟迟不能到位，渴死的劳工就“像被收割的庄稼那样一片片倒下”，而且各种疾病、瘟疫盛行……埃及人民就是在如此极端艰苦的环境下工作，冒着干旱、炎热、疫病，终于在1869年将工程完成。

苏伊士运河的开凿和通航在埃及乃至世界历史上都是具有重要意义的事件,它成为世界东西方往来最便捷的通道,对促进世界贸易,加速全球化的历史进程具有重要的助推作用。它是勤劳朴实的埃及人民在付出巨大的生命、劳力、金钱（据估计，因过度劳累和营养不良以及疾病、事故而丧生的劳动力数量达12万人之多，整个工程费时10年，耗资1680万镑）而创造的又一历史奇迹，被描述为是埃及“自罗马时代以来最伟大的工程”[③]。然而埃及在最初数年并未从运河受益。为了支付运河和王室开支，赛义德1862年向英国借进埃及近代史上第一笔外债，总数为329.28万埃镑，利息7%，分30年还清，埃及实际得到的款项是264万埃镑，此外还发行786.8万埃镑的国债，二者合计约1200万埃镑，其中就包括应付苏伊士运河公司资本发行额44%的股金。这些都成为埃及财政走向破产的起点。

① Jason Thompson, *A History of Egypt: From Earliest Times to the Present*, p. 238.

② 杨灏城：《埃及近代史》，第128页。

③ Arthur Goldschmidt Jr., *Modern Egypt: The Formation of a Nation-State*, p.33.

伊斯梅尔的改革

1863 年赛义德因病去世，易卜拉欣的次子伊斯梅尔继承帕夏职位（1863—1879 年）。伊斯梅尔同样自幼受到西方文化的影响，他被认为是一位勤政的领导人，经常工作到深夜；他注意力极强，又胸怀梦想，比赛义德更甚，试图恢复埃及曾有过的荣光并脱离奥斯曼而独立。野心勃勃的伊斯梅尔在这样的背景下继续推进埃及的改革。其改革涉及政治、经济、军事、文化、教育等各个领域，而且更加标榜“全盘西化”。但改革存在的先天不足，就是从阿巴斯时代开始的财政赤字，借贷问题始终困扰着伊斯梅尔，他的努力非但没有使埃及避免边缘化的加深，反而最终沦为英国的殖民地。

伊斯梅尔仿效西方，走立宪新政之路，于 1866 年在埃及设立咨议会，不过纯属咨议机构，没有立法权，其目的：一是向西方表明自己是一位开明的君主，要广开言路；二是为了笼络埃及的上层分子，为自己的财政政策提供辩护。[①] 当年 5 月，他对当时由于克里特岛人民起义而陷入严重困难的帝国政府提供军事援助，并不惜将贡金由 40 万土耳其镑增加到 75 万，从而获得了王室继承由父传子的“亲子继承权”，取代了以前的“长者继承法”。他还不满足于“帕夏”的职位，在 1867 年通过金钱贿赂和外交手段从帝国素丹获得“赫底威”（伟大的埃米尔）的称号，其地位已高于帝国其他行省的帕夏，接近于素丹。这时期的埃及，享有除了宣布独立之外的几乎一切主权，可独自处理内政和财务，可与其他国家缔结有关邮政、海关、客货过境的协定，甚至还能审理拘捕外国侨民案件，等等。现代的行政机构和法律体系逐渐建立，公务员制度、薪资体系和养老金计划全都出现。[②]

经济上，伊斯梅尔决定继续大幅削减粮食和甘蔗等作物，不顾

① 杨灏城：《埃及近代史》，第 135 页。

② M. W. Daly, edited, *The Cambridge History of Egypt: Modern Egypt*, *From 1517 to the End of Twentieth Century*, p.190.

一切扩大棉花种植，使之遍布上、下埃及。两年间，埃及棉花出口量也翻了一番，从1181888堪他尔增至2001169堪他尔。但美国内战结束后，埃及棉花出口锐减，损失巨大，不得不加强甘蔗种植以弥补损失。为了加速棉花、甘蔗的种植和出口，伊斯梅尔重视兴修水利。他征集全国农民在各地开挖120条水渠，总长达13500公里，其中易卜拉欣水渠和伊斯梅利亚水渠最为著名，前者对于改善艾斯尤特、明亚、贝尼苏韦夫三省的灌溉条件大有裨益；后者则极大地改善了尼罗河三角洲东部地区的灌溉条件。他还加固堤坝，引进农业机械。这些措施极大改善了埃及农业状况，18年间新增耕地面积756653费丹，不少农田由盆地灌溉变成常年灌溉，庄稼由每年一熟变成两熟甚至三熟。[①] 埃及人口从19世纪中期的550万增长到1882年的780万。[②]

埃及的工业化开始恢复。轻工业方面，大量建设制糖厂，制糖业发展迅速；开罗新建两座规模较大的纺织厂，共吸纳工人1612人，主要制作军服。下埃及地区还开设了很多轧棉厂，由于使用新式设备，其效率比原来老式轧棉机增加很多倍。此外，还开设了一些制砖厂、制帽厂、玻璃厂、造纸厂、印刷厂和制蜡厂，以及榨油坊、面包房等。手工业得到一定程度的发展，到1877年，大约占埃及成年男子的1/12，即9.7万多人从事各种城乡手工业。重工业方面，主要还是为了军事扩张而恢复建设的火药厂和扩建了的亚历山大兵工厂。此外，还新建了三座兵工厂，分别生产大炮、手枪和炮弹。亚历山大造船厂和苏伊士造船厂恢复生产，开始制造小型战船或修复过往轮船。棉花的种植、交通通信的改善促进了对外贸易的大幅增长。总体来讲，埃及保持了对欧洲贸易的顺差，其贸易对象国主要是英国（占埃及出口的80%、进口的44%）和法国（占埃及出口的10%、进口的11%）。[③]

---

① 杨灏城：《埃及近代史》，第140页。

② Jason Thompson, *A History of Egypt: From Earliest Times to the Present*, p. 240.

③ 杨灏城：《埃及近代史》，第142页。

军事上，伊斯梅尔按照西方方式重整军队，从国外购买武器和战舰。虽然这支军队无法和穆罕默德·阿里的军队相比拟，但还是参加了很多战争，帮助奥斯曼素丹镇压帝国内各地起义，抵制俄国入侵，以换取内部自治，如1863—1865年出兵镇压阿拉伯半岛阿西尔地区人民起义，1868年参与镇压克里特岛人民起义，1876—1878年又卷入土俄战争;伊斯梅尔向南方派遣了远征军,向非洲南方扩张,它扩大了埃及在苏丹的占领地,并建立了超过苏丹地区的前哨阵地,苏丹的奴隶贸易被遏制了。不过伊斯梅尔对苏丹的管理却出了问题,甚至达到了无政府状态，为马赫迪起义留下伏笔。[①]1865年，他攻占战略要地法绍达，1866年取得苏丹通往红海的出海口萨瓦金和马萨瓦港。1875—1876年，埃及军队三次攻打阿比西尼亚（埃塞俄比亚），均遭到顽强抵抗而失败。

公共文化事业的发展

伊斯梅尔继续推进公共事业发展，为适应农业发展，他修建一系列配套工程，大力修建铁路，敷设电报线，扩建港口，发展航运事业。各地邮政局建立起来，蒸汽船运载着邮件往返于尼罗河。埃及铁路的建设速度完全可以与欧洲最先进国家的铁路建设速度相媲美。[②]伊斯梅尔时期，埃及已拥有1200英里的铁路线和9500英里的电报线，[③]这在所有东方国家中都是首屈一指的，埃及从中获益巨大。虽然伊斯梅尔不得不接下赛义德决定开凿苏伊士运河留下的各种难题，但也表达出他有着比赛义德更加坚定的决心完成苏伊士运河工程。运河区两座完全新型的城市——伊斯梅利亚和塞得港也建立起来。

这一时期，埃及文化教育事业比较发达。伊斯梅尔创办埃及教

① Jason Thompson, *A History of Egypt: From Earliest Times to the Present*, p. 240.

② Ibid., p. 236.

③ M. W. Daly, edited, *The Cambridge History of Egypt: Modern Egypt*, *From 1517 to the End of Twentieth Century*, p.186.

育部，由著名的知识分子阿里·穆巴拉克任教育部长。他开办了工程、法律、师范、医学等四类高等院校，兴办各式技术学校，新建许多世俗中小学。从1863年到1879年，埃及学校数目由185所增至4817所①，其中包括1873年创建的埃及第一所女子学校。这些学校大部分实行免费教育，国家承担的教育经费上涨了十几倍。断定埃及的文盲率有所下降可能并不准确，但至少有读写能力的埃及人数量出现了剧增，到1879年，达到大约5%的水平。②

1867年，伊斯梅尔在考察法国之后，对法国特别是巴黎令人炫目的建设感到震惊，决心按照巴黎的样子来改造开罗。他大兴土木，扩建开罗和亚历山大。不满意开罗中世纪时代留下的错综复杂的街道，他派出工作队摧毁古老的街区，毁掉了很多古代的建筑珍品，开辟出纵横交错的街道，使开罗拥有它自己的林荫大道和绿草如茵的花园、广场。他还修建了近30座富丽堂皇的宫苑，著名的阿布丁宫、尼罗河宫、侯赛因清真寺、皇家歌剧院等建筑就是在这一时期完工的。至此，开罗的面目焕然一新。伊斯梅尔还建立了埃及国家图书馆、博物馆；1871年，在新落成的漂亮的开罗歌剧院演出了意大利著名歌剧作家威尔第专门为他所写的歌剧《爱伊达》。随着城市文化和报业的兴起，培养和诞生了一批杰出的阿拉伯文化活动家，如作家易卜拉欣·穆维里希、诗人马哈麦德·萨米·巴卢吉、教育家侯赛因·马尔萨非等。

埃及比以前更加欢迎西方的参观者。移民埃及的欧洲侨民人数也越来越多，据统计，从1836年的3万人一跃至1878年的6.8万人。③他们来了又去，去了又来，很多人被埃及的神庙、坟墓和金字塔以及古代埃及的神秘所吸引；有的出于气候原因来到埃及，因为医生告诉他们旅居埃及可以治愈各种疾病。为了向西方宣传和介绍这个曾经拥有伟大文明、伟大河流、伟大宗教的伟大国度，一批伟

① 杨灏城：《埃及近代史》，第143页。

② Jason Thompson, *A History of Egypt: From Earliest Times to the Present*, p. 239.

③ 〔埃及〕穆罕默德·艾尼斯、赛义德·拉加卜·哈拉兹：《埃及近现代简史》，第73页。

大的作家及其作品也诞生了，包括英国埃及学的创建者约翰·加德纳·威尔金森、爱德华·威廉·雷恩及其《现代埃及人的生活方式与习俗》、阿米莉亚·爱德华兹及其《尼罗河上一千里》、露西·达夫·戈登及其《来自埃及的书信》，等等。这些作品或者是关于埃及人类学的重要文献，或者是提供了价值很高的埃及旅行见闻录。此外，它也吸引着欧洲的画家和摄影艺术家纷纷来到埃及进行创作，一批较早的关于埃及的“东方主义”绘画和摄影艺术出版[①]。

1869 年 11 月 17 日，伊斯梅尔举办了苏伊士运河盛大的开航仪式，包括欧仁妮皇后在内的英国、法国、奥地利、普鲁士、荷兰等欧洲王室贵族等一千多名客人被邀请出席这一典礼，并参观金字塔，伊斯梅尔的影响达到极点。伊斯梅尔具有浓重“西方化”色彩的改革使埃及社会面貌发生了巨大变化，并且带来了思想观念上崭新的气象。埃及政府不仅在奥斯曼帝国内部享有法律上的自治权，而且在行政管理、法庭制度、财产法等方面基本实现了现代化。[②]铁路、通信、学校、工厂以及苏伊士运河，再加上政府和社会中的欧洲方式，都成为埃及现代性的标志。伊斯梅尔俨然把开罗建成“东方的巴黎”，他和新兴地主、贵族过着豪华奢靡的生活。

二、财政危机与改革的失败

埃及政府的财政危机

长久以来，历史学家在关于伊斯梅尔如何处理财政、分配税收的问题上存在认识分歧。“几乎所有人都称赞他在教育、桥梁、运河、铁路、轧棉厂、炼糖厂、电报线和港口建设等公共领域的投资。还有一些资金用于建设埃及的陆军和海军、投资探测尼罗河上游和征

---

① Jason Thompson, *A History of Egypt: From Earliest Times to the Present*, pp. 241-243.

② 〔美〕帕尔默、科尔顿：《近现代世界史》，孙福生等译，商务印书馆 1988 年版，第 860 页。

服东非大部分地区。学者们感谢伊斯梅尔为修建博物馆、国家图书馆和给予埃及地理协会的慷慨资助。他还规划建设开罗市中心，从艾兹比克公园到尼罗河，雇佣法国最著名的园林设计师设计沿线风景和主干道，使沿线风景更加美丽。”[①]但是，他在其他方面的花费则很少获得称赞。比如，埃及从奥斯曼帝国获得自治权，需要向包括素丹在内的土耳其政府官员行贿和增加贡赋。伊斯梅尔还将大量资金用于建造宫殿和购买游艇，自己过着奢侈糜烂的生活。他甚至为了支持其密友、为了他的妻子购买巴黎的礼服，以及贿赂有影响力的记者而不惜挥金如土，包括苏伊士运河开航仪式花费的 140 万镑全由埃及支付等。

伊斯梅尔要推进改革，同时还要维持巨大的公共财政支出及其豪华的生活，必须有强大的国家税收和财政保障。因此，筹措金钱始终是伊斯梅尔面临的难题。伊斯梅尔身边聚集着一大批欧洲的银行放贷者，这些人不断地诱惑他参与各种公共或私人的投资，从而使他们成为伊斯梅尔的债权人。1864 年，“英埃银行”成立，1867 年，奥斯曼帝国银行分行和亚历山大商业银行成立；不久又成立了法埃银行。这些银行不仅向埃及政府提供高利率贷款，而且和流入农村的外国侨民串通一气，趁青黄不接之际向农民发放高利贷，借此低价收购棉花或者夺取土地。[②]

在伊斯梅尔统治的大部分时期，王室收入与国库混在一起，每当伊斯梅尔需要钱，就通过财政大臣向各省征收，各省省长层层摊派下去，税额则层层加码，农民苦不堪言。此外，苛捐杂税名目繁多，人头税、灌溉税、椰枣树税、互助税、盐税、牲畜税、印花税、国防税，等等。同时代的作家露西·达夫·戈登 1867 年在《来自埃及的书信》中提到：“每天都有新的税赋。各类牲畜——骆驼、母牛、绵羊、驴和马——都要赋税。……赋税使人们几乎不能维持生活——每一费丹的土地，不管种植谷物还是水果，都要征收 100 比索的税

① Arthur Goldschmidt Jr., *Modern Egypt: The Formation of a Nation-State*, p.35.

② 杨灏城：《埃及近代史》，第 146 页。

赋。这些谷物和水果在市场上出售时还得缴纳同样数量的税赋。……对每个人以及木炭、黄油、盐和舞女也要征收这些税赋。”[①]

1871 年，伊斯梅尔提出《补偿法令》，规定如果埃及的土地所有者能够提前缴纳 6 年的土地税，那么政府将永久性免除他们未来所承担的税赋的一半。[②]由此可以看出，埃及政府不仅从土地所有者那里已无从榨取任何财富，而且已经到了寅吃卯粮来度日的程度。

寅吃卯粮的日子还是入不敷出，伊斯梅尔不顾一切寻找新的收入来源，所有能用于抵押的都已经被抵押了，于是他开始向欧洲进行借贷。这些借贷的条款十分严苛，利率高达 12%，其中还有大笔的代办费、发起费、风险折扣等要从原始贷款中扣除，因此埃及实际获得贷款数额要比面值少很多。例如，1873 年一笔 3200 万英镑的贷款，扣除各种费用后，他只获得了 1800 万英镑。[③]1864 年，伊斯梅尔所借的第一笔外债为 570 万镑，到 1875 年底，已经高达 9100 万镑。[④] 1875 年，他被迫以 400 万英镑出售埃及政府控制的苏伊士运河公司股份给英国，运河从此由英国完全控制。

“欧洲内阁”的成立

据统计，到 1876 年埃及政府破产，伊斯梅尔所欠债务达到 9800 万英镑，而政府每年的财政收入还不到 1000 万英镑。由于贷款方大多是来自英法的银行家，英法两国政府决定出手进行干预。1876 年，伊斯梅尔被迫授权成立了以英、法、意、奥等国为代表的债务清偿委员会。该委员会成立最初旨在获得埃及收入并处理埃及债务的偿还，但很快就变化成一个强大的机构，逐渐对埃及的财政政策乃至经济产生广泛深刻的影响。

1878 年，伊斯梅尔被迫允许英法建立所谓的“双重财政控制”

---

① Jason Thompson, *A History of Egypt: From Earliest Times to the Present*, p. 247.

② Arthur Goldschmidt Jr., *Modern Egypt: The Formation of a Nation-State*, p.35.

③ Jason Thompson, *A History of Egypt: From Earliest Times to the Present*, p. 247.

④ George E. Kirk, *A Short History of the Middle East: From the Rise of Islam to Modern Times*, p. 196.

（Dual Financial Control）体制，即允许英国和法国的两名监督者监管国家财政收入和支出，自此埃及的国家收支被英法所操控。但双重控制未能解决埃及的财政危机。偿债委员会经过调查，认为埃及的财政状况是伊斯梅尔一手造成的，他们指控伊斯梅尔治国无方，造成赤字累累，要求他放弃独裁统治，改变现行的统治制度；另外，他们要求将政府收入和王室开支分开，伊斯梅尔本人放弃家产而实行年薪制。伊斯梅尔被迫就范，8月23日，他在接见该委员会的英国代表威尔逊时提到："我完全接受你们达成的协议和提出的建议……我有责任使这些建议付诸实施。你们应该相信我的决心是非常大的。我的国家已不在非洲，我们现在是欧洲的一部分了……为了表示我的决心和开创一个新时代，我将采取的第一个步骤就是任命努巴尔组阁。"[①] 于是，努巴尔受权组阁，伊斯梅尔被迫承认内阁是一个独立机构，由首相领导，同他共同执政，但不必向他负责，事实上内阁可以不再听命于赫底威。由于丧失了对财政大权的控制，伊斯梅尔也就丧失了对其他各部的控制。努巴尔是一位亚美尼亚人，从小受西方影响，曾经是伊斯梅尔的父亲易卜拉欣的秘书，当过阿巴斯的首席翻译，以后又成为赛义德的私人秘书；在伊斯梅尔时期任建设大臣和外交兼贸易大臣，获得"帕夏"称号。努巴尔组阁后，自任首相兼外长和司法大臣，任命英国人威尔逊为财政大臣，法国人德·布里尼叶为建设大臣，政府的实际权力被这两名欧洲大臣所把持。埃及人民讥讽努巴尔内阁为"欧洲内阁"。由于伊斯梅尔保证此后埃及由内阁和议会统治，从而结束了自穆罕默德·阿里以来由王朝统治者——总督或者赫底威进行专制主义统治的传统。

伊斯梅尔可能不会意识到，他早期资助办报、创立公立学校，乃至1866年召开的第一次议会、1876年成立的混合法庭等事件，会直接刺激埃及民族主义意识的成长。正是这些最初的报纸、学校、议会和法院所产生的联合效应，造就了一个新的阶层——受教育的

---

① 杨灏城：《埃及近代史》，第162—163页。

埃及知识分子。这个阶层的使命从其一诞生就注定是为国家命运而呐喊和抗争。

1879年“二月事件”

埃及的知识分子对英法双重控制干涉政府的政策感到极其愤怒。欧洲债务委员会试图削减国家支出，他们不仅对伊斯梅尔及其家人的支出进行严格的预算，而且大幅度削减公共工程、教育和军费支出。财政紧缩政策使政府长期拖欠官员和士兵的工资，并导致他们中的许多人沦为赤贫。1879年2月，债务委员会发布通知，勒令2600名军官中的1600名临时退休，只支付他们一半的工资。2月18日，这些“被退休”的军官决定集体上街游行示威，他们在威尔逊把持的财政部门前抗议“欧洲内阁”所做出的决定。正好努巴尔从财政部走出来，军官和部分士兵上前堵住他的去路，努巴尔试图离开。这时军官们群情激愤，有人上去抓住他的衣领，把他从车上拽了下来，摔倒在地，有的军官对其拳打脚踢。此时，威尔逊赶来，急忙上前解救，示威者更加怒火中烧，干脆把威尔逊和努巴尔一起抓了，带到财政部，此间可能还暴打了其他几位政府的高级官员。

就在这一冲突发生过程中，伊斯梅尔本人闻讯后戏剧般地出现在现场。他先探望了威尔逊和努巴尔，然后命令示威者撤离财政部，返回他们的营房，他以个人名义担保政府一定偿还欠发的军饷。以这一事件为借口，伊斯梅尔迅速解散了努巴尔内阁，任命他的儿子陶菲格王储出任临时代理首相，他到军营驻地安抚士兵，借款40万镑补发军饷。有历史学家认为，整个“二月事件”可能是伊斯梅尔在幕后一手策划或鼓动的，以显示只有他自己才能控制这个国家。[①]然而，由于英法的反对，陶菲格临时内阁的两位欧洲大臣不仅没有被开除，其权力还有增无减，是为第二届“欧洲内阁”。埃及的债务问题依然严重，以威尔逊为首的最高调查委员会决定宣布埃及政

① Afat Lutfi Al-Sayyid Marsot, *A History of Egypt: From the Arab Conquest to the Present*, p.83.

府破产，并提出一系列处理债务问题的举措。埃及民众再次反应激烈，以部分民族资产阶级为首的议员在1879年4月2日拟定了一份“民族法案”，提交咨议会审议，反对宣布埃及政府破产，反对取消1871年《补偿法令》等，认为埃及的收入足以支付一切国债；它要求建立健全的议会制度，授予咨议会类似欧洲国家议会的权力；内阁向议会负责，并且组成完全由埃及人控制的内阁；英法双重监督的权力仅限于对政府财政机构的监督，不得超越这一范围。“民族法案”得到埃及社会各界人士的广泛支持。这种背景下，伊斯梅尔解散陶菲格临时内阁，任命谢里夫组阁，辞去了内阁中的两位欧洲大臣。接下来，在谢里夫的领导下，一些议员开始起草一部埃及宪法，富裕地主推动在埃及建立立宪政府。[①]随后伊斯梅尔又取消了债务委员会的减薪政策。

欧洲列强密切地关注着事态的发展，伊斯梅尔的借贷已达到当时的天文数字——近一亿镑，他们深知这是任何一届独立的埃及政府都不可能通过正常的税收来偿还的巨额债务。于是开始考虑是否应该占领这个国家。从埃及和法国的关系而言，法国认为自己可能是最适合派遣军队并管理埃及政府的国家。但就像试图阻止法国修建苏伊士运河一样，英国显然反对法国单方面占领和控制埃及。英国不仅要考虑埃及在欧洲到达印度通道上发挥的作用，而且它看到了由于1870—1871年普法战争的失利，法国的国际影响力出现下降。在这种状况下，英国更愿意维护现状，那就是维持一个摇摇欲坠的奥斯曼帝国去管理它的附属地。此时，奥斯曼帝国不仅执行维护英国在中东利益的政策，而且还可以成为阻止其他欧洲列强扩张的缓冲地带。不过伊斯梅尔在4月的一系列举措，也使欧洲列强感到赫底威本人已是一个麻烦制造者，他们开始策划废黜伊斯梅尔的阴谋。

1879年6月，俾斯麦正式向伊斯梅尔提出抗议，指出他试图改变埃及财政协议的任何努力都是不可接受的，接着奥匈帝国、俄国、

---

① Afat Lutfi Al-Sayyid Marsot, *A History of Egypt: From the Arab Conquest to the Present*, p.85.

意大利，随后是英国和法国也发表了类似的声明；他们还向帝国素丹施压，要求其废黜伊斯梅尔，由其儿子陶菲格继承赫底威。6 月 25 日，亚历山大的总督府收到两份电报：一份收件人的署名是“埃及前赫底威伊斯梅尔”，另一份收件人署名是“埃及赫底威陶菲格”。它表明奥斯曼政府宣布废黜伊斯梅尔，支持他 27 岁的儿子继位。伊斯梅尔任命的首届谢里夫内阁随即辞职。6 月 30 日，伊斯梅尔乘着他镀金的豪华游艇流亡那不勒斯，后来申请到了土耳其，直到 1895 年客死在伊斯坦布尔，从此再也没有回到埃及。

早期现代化的失败

埃及的早期现代化是一场典型的西方化运动。从穆罕默德·阿里最早开始输入西方先进的技术设备、工业模式以及接受西方的教育文化，到赛义德加速埃及土地私有化进程，直至伊斯梅尔依靠西方资本大建世俗性质的各类公共事业并公开标榜全盘西化，西方影响都起着主导的作用，从而形成“西方化”的现代化模式。

作为东方古典文明中心之一的埃及，在边缘化的情况下，由于传统因素的积重，选择并非完全历史自觉的西方化实属一种无奈。埃及通过实施西方化，开始融入世界现代化第二次大潮的历史进程。

但是，近现代发展中国家的历史表明，纯粹的西方化是不可能使国家得到自救或根本自立的。现代化不是西方化，西方化更不是现代化，无论后发现代化国家在多大程度上效仿西方，西方化都不可能从根本上拯救东方各国的落后与贫困。西方化成为一个使埃及早期现代化的推动者们无法识破其本质的陷阱，使其在自我蒙蔽的情况下一步步陷入边缘化的深潭。现代化的主要任务之一就是实现本国一些落后的传统因素的现代改造，而西方化不仅从不承担这样的历史任务，反而造成传统与西方化的尖锐对立，这一点在 19 世纪的埃及早期现代化进程中已初步显露，但由于积极倡导西方化的统治阶级并未考虑到本国强大的传统结构改变的艰难程度而过分地引进西方模式，这样就把本国的现代化表面化和肤浅化，结果是在西方化深入的同时，边缘化也在加深，危害的则是现代化本身。

当然，以改革推动的西方化运动毕竟还是为埃及聚合了一些积极的现代性因素，影响着未来埃及现代国家的变革。第一，苏伊士运河的开凿和通航虽然加速了埃及殖民地化的历程，但这也是促使埃及进一步卷入全球性市场经济和现代世界体系的关键性步骤。埃及作为东西方交通枢纽的战略地位因为苏伊士运河而更显重要，苏伊士运河也因此成为见证埃及现代化发展的重要因素。

第二，具有浓厚世俗化性质的早期现代化改革在文化教育、社会生活等方面给埃及带来巨大的变化，以报业为核心的埃及现代新闻业的发展，是使埃及能够独领阿拉伯风骚的重要的现代文化因素。从最早拿破仑入侵时创建印刷厂，编辑《埃及志》，直至六七十年代出版《埃及进步报》《金字塔报》等，埃及报业发展迅速。埃及的报业不仅影响了本国人民的文化生活，也影响了整个中东世界，正如伯纳德·路易斯评述的“埃及的刊物，在其他使用阿拉伯语的国家流通甚广，这些国家也在这个资讯扩散的过程中，发展出自己的报纸和杂志。报业的成长，造成巨大的影响”。[①]

第三，也是最重要的一点，“新思想和新体系正在知识分子中形成”[②]。由于西方化的进行，埃及欧化教育的开展，留欧学生的派出及其回国，在埃及逐渐产生了一个规模不大但具有现代眼光的青年知识分子阶层。他们不仅接受了西方的先进思想、感受到同时代西欧的自由主义和民族主义思想，而且还深受以阿富汗尼为代表的现代伊斯兰改革主义的影响，从而成长为埃及最早的民族主义者。1879 年，他们最早提出了“埃及是埃及人的埃及”的口号。他们注定要登上历史舞台，不仅发起对埃及传统社会的全面诘难和攻击，其矛头也直指西方殖民主义，埃及的独立与现代化进程进一步推向深入。

---

① 〔英〕伯纳德·路易斯：《中东：激荡在辉煌的历史中》，郑之书译，中国友谊出版社 2000 年版，第 15 页。

② Arthur Goldschmidt Jr., *Modern Egypt: The Formation of a Nation-State*, p.37.

三、民族主义的第一次浪潮

土地私有和社会结构的变化

1838 年的《英土条约》被视为埃及土地私有的开端，1846 年，埃及在法律上准许转让和抵押所有权；1858 年，政府通过所谓的“赛义德法令”确定了男子和女性的继承权。1871 年的《补偿法令》规定一次预付 6 年税赋的人可以拥有土地绝对所有权。这样，埃及的土地经过不到 30 年的时间变为私人所有制。

土地私有化对埃及社会结构变化产生重大影响。它不仅意味着土地的分散，而且使土地所有者阶层出现分化，小土地所有者经常是负债累累而破产，他们或者沦为佃农或雇农，或者弃田逃亡，流入城镇，或者颠沛流离，流落异国他乡。[①] 而那些接受抵押的银行家则获利百倍，从而产生了埃及最早的农业资产阶级，这是埃及资本主义不同于西欧资本主义发展过程的历史独特性。因为埃及的工商业几乎全部为欧洲商人所垄断。

此外，埃及的早期民族资产阶级还产生于在国家机构、政府以及军队中供职的部分官吏和高级军官。19 世纪五六十年代，他们依靠帕夏赏赐的封地，通过强迫农民服徭役，加上长期免税，积累了大批财富。1874 年，伊斯梅尔所借价值 1320 万埃镑的国债，就是埃及新兴资产阶级实力的有力证明。[②] 然而，伊斯梅尔晚期严重的财政危机和随之而来的英法对埃及事务的渗透和干涉，很快就损害到埃及民族资产阶级的利益。地主深受财政混乱和苛重的田赋之害；政府官员和军官则饱受欧洲人干涉国家内政之苦。一时之间，从上到下广大埃及人民的不满情绪日益增长。以知识分子、政府官员、军官等为首的知识分子阶层开始思考国家何去何从，朴素的爱国主

① 杨灏城：《埃及近代史》，第 174 页。

② 〔埃及〕穆罕默德·艾尼斯、赛义德·拉加卜·哈拉兹：《埃及近现代简史》，第 78 页。

义思想乃至系统成熟的民族主义思想渐次应运而生。

民族主义思想的传播

从19世纪二三十年代开始，埃及的思想界开始发生前所未有的变革、动荡与交锋。爱资哈尔大学一如既往，维持着它作为整个伊斯兰世界学术中心的地位，固守传统而保守。但在一个大变革的时代，东西方在交往过程中各种思潮开始交流碰撞，特别是刚刚完成资产阶级大革命的法国，其思想对埃及的影响极为深远。一小部分不同于以往的学者，既有出身于埃及但赴西方学习的里法阿·塔哈塔维，也有在西方学习后来到埃及的贾迈勒丁·阿富汗尼，正是他们的思想像火炬一样照亮了埃及灰暗沉沉的大地。

里法阿·塔哈塔维（1801—1873年）是穆罕默德·阿里时代深受法国文化影响的知识分子，也是埃及近代著名的思想家、教育家、翻译家，被誉为阿拉伯世界步入现代社会之后第一代思想家的杰出代表。[①]1826年他任埃及赴法国留学生代表团的教长，在法国学习逗留五年之久。回国后，他先从事翻译工作，主持翻译了《拿破仑法典》等数百部西方著作，后担任开罗语言学校的校长，1841年开始负责埃及官方报纸《埃及事件报》的组织和编辑工作。塔哈塔维系统地研究了法国启蒙运动思想家的学说，深受孟德斯鸠的思想影响，主张保护国家资源、发展民族工商业，主张妇女解放。他的代表作有1834年出版的《巴黎游记》，主要记述了他对欧洲社会和文化的观感和印象，在书中他论述了各民族应享有的权利，阐明了立法机构应监督执行机构等立宪原则。在1869年出版的另一本著作《埃及的实质问题》中，论述了埃及新兴资产阶级的政治哲学思想，[②]特别是强调通过重温埃及的古代史和对广大人民进行爱国主义教育

① Albert Hourani, *Arabic Thought in the Liberal Age: 1798-1939*, Reissued, Cambridge University Press 1983, p.69.

② 〔埃及〕穆罕默德·艾尼斯、赛义德·拉加卜·哈拉兹：《埃及近现代简史》，第72页。

的必要性。他是第一个提出“埃及人”概念的人，[①] 他指出“正是埃及，而不是其他王国，曾创造出光辉灿烂的文化。埃及人民在艺术和公共设施方面曾达到相当高的水平。埃及的文明可追溯到四千三百年前”，“用现代文明来恢复埃及的古代光荣已成为他本人和每一个爱国者的奋斗目标。”[②]

1871 年，倡导穆斯林世界团结、主张对伊斯兰教进行改革的著名思想家贾迈勒丁·阿富汗尼来到开罗。1838 年，阿富汗尼出生在阿富汗名门贵族之家，一生游历于中东和欧洲各国，他熟谙宗教、历史、逻辑和哲学等学科，通晓阿富汗语、波斯语、阿拉伯语。他痛恨西方对伊斯兰世界的侵略和掠夺，深感东方国家的腐败无能，主张抵御外侮，改良伊斯兰世界。政治上，提倡恢复伊斯兰教初创时期的“舒拉”即协商制度，呼吁伊斯兰世界的统一团结，消除逊尼派和什叶派的分歧，摆脱西方控制，争取国家独立自由；文化上，主张“科学救国”，指出西方之所以强，正在于其科技发达之故。他曾说：“如果土耳其人在文化上能超越西方，并用科学力量来对付西方入侵，东方问题就不复存在。”[③] 他特别主张对伊斯兰教做出深刻的适应现代世界的改革。

一开始，埃及的那些高高在上的乌莱玛人士禁止阿富汗尼在爱资哈尔大学讲学，于是他就在距离哈恩哈利利市场不远处租房进行布道宣传。他关于反对专制奴役、提倡自由立宪、主张伊斯兰教改革的主张和学说很快就受到埃及年轻人的热烈欢迎。阿富汗尼用犀利的言辞批评“欧洲内阁”，指出“任何一个议会只有从本民族中吸取力量，才是有价值的；而那些奉国王、埃米尔或外国控制势力之命而组成的议会，必然是形同虚设、仰人鼻息的议会”。他用深刻的历史教训唤起埃及人的觉醒，在一次集会上，他深情地演说道：“埃及人正在奴役中生活着！在暴政的压迫下生活着！埃及人民面

① Albert Hourani, *Arabic Thought in the Liberal Age: 1798-1939*, p.79.
② 杨灏城：《埃及近代史》，第 176 页。
③ 同上书，第 177 页。

临着残忍的、贪婪的外国侵略！……自古以来，历来的外国统治者——希腊人、罗马人、波斯人、阿拉伯人、土耳其人……一直到法国人和穆罕默德·阿里王朝，以及现在的英国人，轮流践踏着埃及的土地，剥去埃及人的皮，捣碎埃及人的骨头……埃及的同胞们！如果你们有热血，就应当起来反抗！”①

阿富汗尼的思想就像黑暗中的灯塔，照亮了埃及人前进的方向，为他们在冰冷中送去温暖，从而在埃及各阶层民众中产生了巨大影响，自由民族运动在全国各地蓬勃兴起。阿富汗尼不仅鼓励了像穆罕默德·阿卜杜这样的爱资哈尔大学学生为伊斯兰改革事业终生奋斗，而且还动员了像艾迪布·伊斯哈格尔（一个来自叙利亚的基督教徒）和雅各布·萨那（一个埃及的犹太人）等作家去创建报纸。②一大批军官、知识分子、宗教界人士、地主阶级改良派，甚至包括伊斯梅尔的长子、王储陶菲格都团结在他的旗帜下。穆罕默德·阿卜杜回忆道：“求学的人和贾迈勒丁的学生在假期里把他们学到的东西带回家乡；接着，别人又从他们那儿把知识传到全国各地。麻木的感情复苏了，压抑的理智觉醒了，全国到处都觉悟了，其中尤以开罗觉悟的最快。”③

1878 年，为避免“欧洲内阁”解散埃及议会，议会的一部分地主议员成立了一个秘密组织，即“祖国协会”，其活动中心主要在开罗附近的赫勒万城，祖国协会因此又被称为“赫勒万协会”。协会成员包括当时埃及的地主豪绅穆罕默德·谢里夫帕夏、穆罕默德·苏尔坦帕夏，还有部分知识分子。艾迪布·伊斯哈格尔在协会支持下创办了《埃及报》《商业报》，由米哈伊尔·阿卜杜勒·赛义德任主编。不久他又创办了《祖国报》。这些报纸宣传爱国主义和自由主义思想，对外国人进行猛烈抨击。在阿富汗尼的影响下，协会逐渐提出推翻伊斯梅尔统治的目标，并且在埃及社会产生越来

---

① 杨灏城：《埃及近代史》，第 178 页。

② Arthur Goldschmidt Jr., *Modern Egypt: The Formation of a Nation-State*, p.37.

③ 〔埃及〕穆罕默德·艾尼斯、赛义德·拉加卜·哈拉兹：《埃及近现代简史》，第 81 页。

越大的影响。

本土军人的崛起

自穆罕默德·阿里时期，埃及开始实施征兵制，士兵主要从当地穆斯林中招募，因而培养了一批来自本土的军事上层人员。他们努力工作,不断得到升迁。一些本土埃及人还可出任低级军官的职务。

在 1875—1876 年埃及对阿比拉西亚的战争中，一位名叫艾哈迈德·奥拉比的埃及本土军官逐渐成长起来。艾哈迈德·奥拉比 1841 年出生于尼罗河三角洲札加济格附近的农村，其父是该村的村长。奥拉比 8 岁进入爱资哈尔清真寺求学；13 岁时，在赛义德时期应征入伍。由于忠于职守，在六年内他就由低级军官迅速晋升为中校，被称为“穆罕默德·阿里王朝建立以来第一个荣获中校军衔的土著埃及人”[①]。他个子很高，棕色皮肤，身材魁梧，声音洪亮，讲话能言善辩，惯于引经据典，富有感染力。年轻时，他曾读过一本《拿破仑传》，深受拿破仑的影响，具有强烈军人报国的志愿。但在伊斯梅尔统治时期，由于重用土耳其军官，他在军中备受排挤。目睹伊斯梅尔挥金如土，大举外债，使国家债台高筑、主权丧失殆尽，他忧心忡忡。

对阿比拉西亚的战争使埃及军队整整三个师全部被歼，战事失利在军官中造成很坏的影响，据说战争失败，是因为指挥战争的土耳其高级军官和当时埃及军队中的英国将军不和，有人泄露了埃及的军事计划。埃及本土军官们因此对战争期间的卖国行径和玩忽职守行为极为愤慨。当时任埃及远征军驻马萨瓦军需官的奥拉比对伊斯梅尔在武器弹药的补充、粮食的供应以及指挥人员的配备等方面的一概漠不关心表示出极大愤怒。那些指挥战争的土耳其人、契尔克斯人等高级军官虽然打了败仗，但在战后照样可以加官晋爵，而埃及的本土下级军官则很难得到正常晋升。他们意识到，埃及“首

① 杨灏城：《埃及近代史》，第 192 页。

要的敌人不在别处，而是在家里”[1]。

家国情怀和个人恩怨交织在一起，奥拉比陷入深深的思考。他后来回忆说：

> 在暴虐和专制的压力下，我以极大的忍耐和毅力忍受着伊斯梅尔的残暴统治。十九年，我还一直是中校衔。我看到在我手下的许多赛义德和伊斯梅尔时代的低级军官都高升了，只有我没有被提升。他们有的升为上校，有的升为少将、中将。他们之所以能飞黄腾达，并不是因为他们的知识比我渊博或具有非凡的才能或在战场上表现得异常勇敢，而只是因为他们是赫底威家族豢养的马木鲁克或马木鲁克的子孙。赫底威把军衔、绶带、骏马、大片肥沃的土地以及宽敞的宅邸给他们送上门去，把可怜的埃及人民用血汗换来的大批金银财宝送到他们手里去。[2]

祖国党的成立

在这样的背景下，年轻的本土军官在亚历山大成立一个组织，名叫“青年埃及协会”。协会创建者为阿里·鲁比，参加者包括奥拉比、阿里·法赫米，还有部分知识分子和学生。协会的宗旨，就是要清除军队中昏庸无能的土耳其和契尔克斯军官，为本土军官晋升打开通道；推翻伊斯梅尔专制独裁统治，拥立穆罕默德·阿里最小的儿子阿卜杜·哈利姆亲王为赫底威，并实行宪政。由于奥拉比总是用富有爱国热情的演讲激励人们，很快就成为协会的重要领导人。他们创办了《艾布·纳札尔报》，由雅古布·赛努阿任主编，经常用埃及土语讽刺欧洲人在埃及享有的治外法权，抨击伊斯梅尔

① M. W. Daly, edited, *The Cambridge History of Egypt: Modern Egypt, From 1517 to the End of Twentieth Century*, p.225.

② 〔埃及〕穆罕默德·艾尼斯、赛义德·拉加卜·哈拉兹：《埃及近现代简史》，第87页。

的弊政。

青年埃及协会以军官为主，群众基础有限，于是开始寻求与有着广泛社会基础的“祖国协会”联合。1879 年二者正式合并，并更名为祖国党。祖国党致力于“把祖国从屈辱、贫困、痛苦的深渊中拯救出来”。它通过广大党员和机关报《埃及报》《商业报》，积极宣传自己的主张，并教育人民只有伊斯梅尔下台，拥戴陶菲格，祖国才能复兴。他们提出了埃及是“埃及人的埃及”的口号。这是埃及现代民族意识形成的重要标志。是年底，祖国党改组，奥拉比当选党的主席；祖国党发表了一份声明，印发两万份发散到全国各地，强调在外国影响下建立起来的政府不能代表埃及人民的要求，要想摆脱债务风险，埃及还需要改革，但这必须由埃及人自己选择的政府来推行，当然并不排斥外来援助。[①]

有学者认为，埃及近现代历史上最重要的主题之一，就是民族主义运动的兴起并走向舞台的中央[②]。随着祖国党的成立及其改组，埃及人民革命和行动的勇气被激发出来，民族主义从此有了坚强的组织保证，从而得以展开“武器的批判”。

陶菲格的反动

随着陶菲格继承赫底威，1879 年 7 月 3 日，他任命谢里夫帕夏组织第二届内阁。陶菲格“既无其父的性格，更无他的才干”[③]。继任前，他被认为是一名爱国主义者，曾参与阿富汗尼组建的秘密社团活动。但接管埃及后，他发现自己腹背受敌，最终决定选择欧洲作为更安全的一方而逐渐疏远民族主义力量。

1879 年 8 月 28 日，他组建了以自己为首相的新内阁。9 月，重新恢复“双重监督”，英国人伊夫林 · 贝林——即后来著名的克罗

---

① 杨灏城：《埃及近代史》，第 194 页。

② Arthur Goldschmidt Jr., *Modern Egypt: The Formation of a Nation-State*, p.37.

③ Afat Lutfi Al-Sayyid Marsot, *A History of Egypt: From the Arab Conquest to the Present*, p.83.

默勋爵——代替了威尔逊，法国人则还是布里尼叶。按照他们的要求，英法的“监督”从财政监督扩大到政治监督。9月21日，在英法建议下，陶菲格任命新内阁，以专制而出名的里亚德帕夏受命组阁，此人据说以崇洋媚外、反对宪政而蜚声官场。他认为埃及需要一个果断、严厉的统治者，而不是建立议会来监督政府工作和干预国家预算。里亚德一上台，马上就驱逐了贾迈勒丁·阿富汗尼和雅各布·萨那，关停了《埃及报》《商业报》等具有激进倾向的报纸，逮捕和流放进步人士。1880年7月19日，陶菲格颁布《清算法令》，宣布废除1871年的《补偿法令》，规定为赔偿地主的损失，在未来50年内每年付给他们15万英镑。地主担心废除《补偿法令》又得不到足够的赔偿而怨声载道。这时候，陶菲格更担心的是由于民族主义的传播，不管是军人还是平民，都可能引发新的动乱。他预感到，一场可能随时爆发的人民起义会随时推翻他的统治，或迫使欧洲“恢复秩序”。如同欧洲利用其影响废黜了他的父亲那样，其家族只是欧洲未来在更大的一场政治游戏中的一枚棋子，很难再领导埃及恢复真正的独立。

第一次民族主义运动的高潮

对于陶菲格的背叛，军官们决定率先行动，进行有组织和最有效的抗议。这些抗议活动最终演化成为19世纪下半期埃及最著名的民族主义事件——奥拉比运动。

1881年1月中旬，奥拉比在阿卜杜勒·阿勒·希勒米和阿里·法赫米的陪同下，前往拜见首相里亚德帕夏。他们以军官的名义向首相递交了一份请愿书，要求撤换契尔克斯人出身的陆军大臣奥斯曼·里夫基（他蔑视埃及本土军人，称他们为“乡巴佬”）的职务，另选本土埃及军人来担任；还要求改革军队的晋升制度。里亚德一开始劝诱奥拉比等人收回请愿，无效后，于是决定逮捕他们，他试图通过这种方式杀鸡儆猴、弹压军队。1881年2月1日，里夫基以赫底威的妹妹举行婚礼为名骗他们到陆军部开会，然后宣布对他们逮捕并送交军事法庭审判。消息传开之后，军官穆罕默德·阿比德带领部队全副武装直奔尼罗河宫，对奥拉比等人实施了成功的武力营救。奥拉比然后和士兵一起前往陶菲格所居住的阿布丁宫，再次提出请愿要求。此时，陶菲格目睹其王宫警卫团哗变，自己发布的号令居然无人听命，被迫答应他们的请求，下令撤免奥斯曼·里夫基，改任马哈茂德·萨米·巴鲁迪为陆军大臣。巴鲁迪虽然也是一个契尔克斯人，但被埃及人尊为有强烈爱国情怀的诗人军官。巴鲁迪很快兑现承诺，改善军人待遇，修订与本土军人有关的任命、升迁等法案。阿布丁宫事件是奥拉比上校和陶菲格政权斗争的第一个回合，在这场对峙中，奥拉比使陶菲格颜面扫地。

但陶菲格并不甘心，于是又采取行动弱化军方实力。他先是调遣军队去挖河开渠，遭到奥拉比和巴鲁迪的拒绝。9 月，他罢免了巴鲁迪的职位，任命自己的女婿达乌德·亚昆为陆军大臣。新任陆军大臣上台之后就命令几个兵团调离开罗，并且下令禁止士兵参与政治，不得聚会，巴鲁迪制定的军事法案被搁置。

9 月 9 日，达乌德·亚昆下令军队驻开罗的第三团与亚历山大驻军换防；奥拉比再次决定举行和平示威，向陶菲格请愿，提出民族要求——解散里亚德内阁，并允诺制定宪法，召开议会，限制赫底威的权力，改编政府部门，扩大军队规模，提高土著军人政治地位。在采取行动前，他们通知了陆军大臣和各国驻埃及公使。当天下午 4 时，奥拉比陈兵阿布丁宫前。陶菲格在几位英国人[①]的陪同下与奥拉比对峙。面对包围阿布丁宫的大约 2500 名全副武装的士兵，陶菲格强作镇定，他说："我是这个国家的赫底威，我愿意做什么就做什么。"奥拉比对此的回答是："我们不是奴隶，从今天起，也不会再被人当奴隶。"[②]

有历史学家认为，这个对话反映了埃及军官开始追求民族尊严

① 〔埃及〕穆罕默德·艾尼斯、赛义德·拉加卜·哈拉兹:《埃及近现代简史》，第 93 页。

② Arthur Goldschmidt Jr., *Modern Egypt: The Formation of a Nation-State*, p.43.〔埃〕穆罕默德·艾尼斯、赛义德·拉加卜·哈拉兹:《埃及近现代简史》，第 94 页。

的埃及人民的真实态度。[1]面对“兵谏”，陶菲格没有办法，只好答应军官们的要求：解散里亚德内阁，加强议会权力，增加军队数量。9月14日，他下令谢里夫组阁，巴鲁迪被任命为陆军大臣兼海军大臣。第三次组阁的谢里夫立即着手召集法律学家起草一部埃及宪法，还采取措施召回了所有被退休的军官，扩大埃及军队的规模。奥拉比和陶菲格之间的第二个回合的斗争又以奥拉比迫使赫底威屈服而结束。

这期间，埃及一批支持奥拉比的知识分子首次将阿语印刷的报纸和小册子作为宣传其政治主张的思想阵地，出版了名为“民族之声”的讽刺性宣传册，宣传奥拉比的思想和观点。奥拉比也十分重视笼络爱资哈尔清真寺的乌莱玛，将他们称为“敬爱的兄弟”。1881年12月，逾千名爱资哈尔清真寺的谢赫和学生出现在街头支持奥拉比。由于9月的阿布丁宫事件，奥拉比被所有埃及人——地主和农民、专家和政府职员、基督徒和穆斯林——视为民族英雄，他“从一个默默无闻的上校变成了一个享誉全国的政治家”[2]。他所到之处都爆发了热烈的游行活动。九月事件本身因军队换防引起，但事件结束后，奥拉比和阿卜杜勒·阿勒·希勒米的部队被换防而离开了开罗，奥拉比被派往东方省的拉斯瓦迪。随着奥拉比换防离开埃及，这一回合的博弈显示王室占了上风。

10月8日，在开罗车站，面对来自“军官、将领以及许多豪绅富商、普通平民”等各个阶层的送行群众，奥拉比发表了演讲：

> 先生们、弟兄们：我们在你们的支持下，也是为了你们的利益而奋起斗争，争取国家自由。我们已经稍稍挫了独裁统治的锐气，但绝不能松懈我们的斗志，我们必须战斗到祖国得到复兴，人民获得重生的那一天。我们的奋斗宗旨绝不是破坏和

---

① Arthur Goldschmidt Jr., *Modern Egypt: The Formation of a Nation-State*, p.43.

② M. W. Daly, edited, *The Cambridge History of Egypt, Vol 2: Modern Egypt, from 1517 to the End of Twentieth Century*, p.220.

> 捣乱。但是，当我们看到自己的同胞受尽欺凌和奴役，而那些外国人却在我们的国土上作威作福时，我们的爱国主义激情和阿拉伯人的热忱就驱使我们为维护国家的独立，解放自己的国土和争取民族权利而战斗。[①]

从这一热情洋溢的演讲中可以看出，以奥拉比为首的一代埃及本土军人为了争得民族尊严和国家独立而勇于斗争的献身精神和团结奋斗的革命激情；但与此同时，我们也看到了奥拉比略显天真而幼稚的政治心态，他在 1881 年 2 月和 9 月连续两次成功的行动，特别是 9 月的兵谏，带给他和埃及士兵无上的光荣，以至于他以为不用流一滴血就可以实现埃及的自由。但是，他此时绝对想不到，从此之后才是埃及人民真正流血的开始。

奥拉比运动陷入低谷

1881 年 10 月 4 日，赫底威下令举行大选，选出新的一届议会，这是埃及近现代历史上第一个具有代表性的立法机构。与此同时，新的宪法草案即《基本法案》出台。根据法案，埃及确定立宪君主制政体，内阁向议会负责，议会有权监督行政机构的工作；议会还享有批准法令和征税的权力，也就是说政府未经议会批准，不得颁发任何法令和征收赋税。

1881 年 12 月 26 日议会召开，1882 年 1 月 2 日，开始讨论新宪法。围绕新宪法，特别是围绕有关财政预算问题，谢里夫内阁与议会展开了一场针锋相对的斗争。内阁认为，由于埃及所处的财政状况，为避免欧洲列强的不信任，埃及有责任安排好财政问题，承担起还债义务。原本属于双重控制委员会的权力仍由该委员会行使，为此安排的包括还债在内的政府预算，议会无须审议。但是议员们认为，既然他们有权监督政府工作，就有权讨论政府预算。就在双方争议

---

① 〔埃及〕穆罕默德·艾尼斯、赛义德·拉加卜·哈拉兹：《埃及近现代简史》，第 95 页。

之时，英法出来干涉。1 月 7 日，两国发表了一份联合声明，声称支持赫底威的权力，[①] 并威胁说为了维护欧洲对埃及的财政监督权，必要时将进行武力干涉。令赫底威和英法没有想到的是，这非但没有恐吓住埃及的民族主义者，反而使他们更加大胆。议员们坚持新的议会必须有权对 1882 年的预算进行投票。两国声明也成为英法两国准备对埃及进行武装干涉的信号。

内阁和议会争执不下，2 月 2 日，谢里夫内阁被迫辞职。2 月 4 日，马哈茂德·萨米·巴鲁迪组阁，任命奥拉比出任陆军大臣兼海军大臣，二人联合起来誓言要捍卫埃及的利益。2 月 7 日，巴鲁迪内阁颁布《基本法案》，法案规定内阁不向赫底威而是向议会负责；议会有权讨论、通过与国债和税收有关的全部国家预算。就此，埃及名正言顺地从法律上收回了 1878 年以来被“双重监督”剥夺的财政控制权。新内阁还解雇了一批在政府中工作的外国官吏，决定 300 名军官退役，提升大约 600 名本土军人，授予奥拉比、阿里·法赫米、阿卜杜勒·阿勒等本土军人以将军衔。4 月，发生了一起契尔克斯人刺杀奥拉比未遂事件，奥拉比挫败了暗杀阴谋，结果 48 名参与阴谋的土耳其人、契尔克斯人军官被逮捕并交军事法庭秘密审判。4 月 30 日，内阁宣布褫夺奥斯曼·里夫基在内的 40 名军官的军衔，并把他们放逐苏丹。但陶菲格在经过与英法两国的领事协商后却拒绝批准这一决定，引发了赫底威与奥拉比之间新的斗争。一部分奥拉比的支持者提出废黜陶菲格、宣布埃及为共和国的主张，却遭到了祖国党内大多数人的反对。随着巴鲁迪内阁与赫底威分歧的加大，形势愈发不稳定，在埃及的欧洲人普遍感到安全受到威胁。

英国将奥拉比“看作一个军事独裁者，威胁着欧洲移民的生命和财产”[②]，也威胁着苏伊士运河和债务回收的安全，[③] 他们甚至不

---

① M. W. Daly, edited, *The Cambridge History of Egypt: Modern Egypt*, *From 1517 to the End of Twentieth Century*, p.228.

② Ibid., p.230.

③ Jason Thompson, *A History of Egypt: From Earliest Times to the Present*, p. 251.

惜为此一战。法国希望与英国联合对埃及进行军事占领。两国在土伦约定，在军事干预埃及的同时保留赫底威的地位，以保证埃及的秩序。5 月 19 日，两国海军开抵亚历山大。25 日，两国向巴鲁迪递交了一份联合备忘录，要求他的内阁立即辞职，把奥拉比逐出埃及，把阿里·法赫米和阿卜杜勒·阿勒·希勒米调离开罗。面对英法的无理要求，奥拉比回应道："埃及的每一个人，甚至包括儿童，都会奋起反抗，英法两国的侵略行径侵犯了我们的主权，但我们知道如何去进行回应。"[①] 巴鲁迪对备忘录也断然拒绝，但是赫底威却表示接受，26 日，巴鲁迪内阁辞职。本来奥拉比也已辞去陆军大臣职位，但因埃及各界要求，陶菲格最终同意奥拉比留任。

英国人此时希望奥斯曼政府介入，于是奥斯曼素丹派出两名使臣前往埃及，但奥斯曼帝国使臣的立场模棱两可：他们在公开场合向欧洲人保证介入，而在私下里却鼓励奥拉比抵制英国。因为此时奥斯曼帝国也面临着更为残酷的被肢解的命运。与此同时，在伦敦的报纸等媒体则做好了发动侵略战争的舆论准备，报纸刊载的都是诋毁奥拉比的文章，将其形容为"狂热残暴的统治者"。英法的"最后通牒"不仅未能迫使奥拉比屈服，反而巩固了奥拉比的政治地位。开罗的报纸将奥拉比视为领导埃及走向独立的民族希望。英法本是为了耀武扬威的军事行动却适得其反，激起了埃及国内极大的民族主义情绪。双方关系紧张，一时谣言四起，埃及陷入一片混乱。6 月 11 日，形势急转直下。一个埃及放驴娃和一名英籍马耳他人因为一皮亚斯的小小争执，终于引发亚历山大一场骇人听闻的大屠杀。原因在于这位英籍马耳他人租了驴子不付钱，导致两旁路人路见不平拔刀相助，对其四处追赶，此时部分英国侨民乱上加乱，居然开枪射击市民，从而将一场争执升级为一场骚乱。亚历山大市民怒不可遏，将他们长时间的不满宣泄在冲击欧洲人所开的商店和俱乐部以及破坏电话电报等设施上，混乱中有一些欧洲侨民被打死。

① P. J. Vatikiotis, *The History of Egypt*, Weidenfeld and Nicolson, London, 1980, p.94.

最后奥拉比出动军队才维护了秩序。据统计，冲突中埃及伤亡人数达3000多人，双方死亡人数达238人，其中埃及人163名，欧洲人75名。[①]事件发生后，陶菲格以避暑为名携带王室亲信逃往亚历山大，素丹使臣随其同往。6月20日，陶菲格任命穆斯塔法·拉吉卜组阁，奥拉比在新内阁中继续出任陆军大臣。

英国占领埃及

亚历山大屠杀事件促使英国加紧了干涉速度，借口侨胞遇害，出兵埃及“挽救局势”。7月10日，英国舰队向奥拉比下达最后通牒，限期24小时内投降，否则英军将开火。在奥拉比的主导下，埃及以赫底威的名义向英国回复，拒绝了英国的无理要求。7月11日清晨，英国舰队炮轰亚历山大城，埃及内阁随之对英国宣战，英埃战争爆发。

英军的武装入侵，激发起埃及人民空前的爱国热情，在奥拉比的带领下，埃及军队进行了英勇的抵抗。穆罕默德·阿卜杜回忆，战争促使埃及的穆斯林、科普特人和犹太人齐心协力，大家都献出军队所需要的马匹、粮食、金钱和饲料，大家不分宗教信仰和民族，团结一致，奋勇抵抗，支持奥拉比的抵抗运动。陶菲格最初也支持奥拉比领导的埃及军队抵抗英国的入侵。但奥拉比低估了英国的决心和实力。他认为英国不会轻易动手，因此战前准备并不充分。结果战争爆发后，埃及便处处被动挨打。奥拉比率领的军队素养普遍不高，优秀的作战军官数量极少，士兵大多是未受专业训练的农民，双方军事实力悬殊。埃及修筑的作战堡垒悉数被英军炸毁，人员死伤惨重，而英国仅损失数十人。战争的失利导致王室与民族主义者之间分歧加大，陶菲格转而同英国合作，不再支持奥拉比，宣布奥拉比犯叛国罪，然后静待奥拉比被英军打败。英国操纵下的伊斯坦布尔的报纸也刻意发表抹黑奥拉比的声明，导致奥拉比未能得

① 杨灏城：《埃及近代史》，第217页。

到外界的援助，而得到英国资金贿赂的贝都因人也帮助英国军队长夜奔袭奥拉比军队。7 月 12 日，奥拉比命令军队撤出亚历山大，在亚历山大东南的道瓦尔村构筑新的防线，次日，亚历山大被英军占领。

7 月 13 日，陶菲格由莱姆勒宫来到蒂恩角宫，受到英国舰队司令西摩的热烈欢迎，赫底威表示甘愿接受英军的保护，公开向英国投降。8 月 5 日，由沃尔斯利任远征军总司令的一支英军开始向道瓦尔村发起进攻。但英军进攻道瓦尔村是假，偷袭苏伊士运河才是真。道瓦尔村作为战略要地，是亚历山大通往开罗的咽喉，奥拉比把将近 74% 的兵力部署在这一线。然而，英国人从苏伊士登陆，占领伊斯梅利亚，再进攻开罗，不仅距离短，而且沿途人烟稀少，更为方便。但奥拉比在这一线只部署了 26% 的兵力。奥拉比显然犯了致命的错误，那就是对殖民主义列强的“轻信”。他错误地认为费迪南・德・莱赛普斯向他发誓保证运河的中立，英国人就不会进入运河，导致运河成为一个完全不设防的地区。没想到英国舰队很快进入苏伊士运河，迅即在伊斯梅利亚登陆，仅在 8 月 19 日这一天便连克塞得港、伊斯梅利亚和苏伊士三城，占领整个运河区。奥拉比此时再调动军队为时已晚，被迫在距离开罗数十公里的泰勒开比尔筑起新的防线。9 月 13 日，英国远征军与埃及军队在此会战，战斗仅仅打了 20 多分钟，埃军全线崩溃，大约有 57 名英军和 2000 多名埃及军人丧生①，英军取得决定性胜利，14 日，英军长驱直入占领开罗，奥拉比被迫投降而遭到逮捕。

9 月 25 日，陶菲格及其王室成员在沃尔斯利等人陪同下，在 5000 名英军的护送下，从亚历山大返回开罗。此举意味着埃及从此被英国所占领，名义上虽仍属奥斯曼帝国，实际上沦为英国的殖民地。奥拉比被捕后，与他的民族主义战友阿里・法赫米、阿卜杜勒・阿勒、巴鲁迪等七位革命领导人被判终身苦役，流放到远离祖国的锡兰（斯

① M. W. Daly, edited, *The Cambridge History of Egypt: Modern Egypt, From 1517 to the End of Twentieth Century*, p.230.

里兰卡）。他在那里度过了19年孤独的流放生活，直到1901年才获准回国。此时，他已从一个血气方刚的41岁的中年人变成了一个两鬓斑白的60岁的老人。1910年他在回忆录中写道："英国人已非法占领埃及29年……他们确实同其他民族一样绝不会自动撤离他们所占领的地方。不过，不论他们愿意与否，迟早总要撤离。"因为，"埃及是一切侵略者和占领者的坟墓。"1911年，奥拉比因病去世。

1881—1882年的事件是以兵谏为形式的埃及民族解放运动。在埃及内忧外患的政治形势下，民族矛盾成为埃及社会的主要矛盾，驱逐西方殖民势力，解散欧洲内阁和混合法庭，成为埃及民众共同的政治目标。为了反对共同的殖民侵略者，埃及境内的穆斯林、科普特人和来自叙利亚、亚美尼亚等地的基督徒携起手来，共同反对英国殖民侵略，奥拉比运动是埃及近代历史上埃及民众首次跨教派和跨阶级组成的政治联合，奥拉比革命期间的著名口号"埃及是埃及人的埃及"，反映了当时埃及民众超越宗教界限组成的统一战线，具有世俗民族主义的历史内涵，并为1919年宪政运动和1952年的七月革命奠定了基石。

第十章　英国占领与埃及的独立

随着英国占领埃及，埃及完全被纳入殖民主义的经济和政治体系，由此开始了埃及近现代历史上所谓“被占领的年代”。英国在埃及的统治，正如马克思所说，就像其在印度的统治一样，注定要完成双重的历史使命：一方面，它首先是要剥削和压榨埃及，破坏埃及原有的社会经济结构；另一方面，为了更好地发挥埃及的作用，英国不得不重建埃及的经济和社会秩序，在这一过程中，埃及的城市和社会的现代化程度得到提高，经济实现了新的增长。与此同时，民族主义的发展在“被占领的年代”出现新的趋势，第一次世界大战的爆发及其战后处理被占领地区民族独立问题的“埃及方式”，赋予了华夫脱党领导民族解放运动的历史必然性。摆脱英国的殖民枷锁，建立独立的民族国家成为埃及人强大的政治信念。

一、英国占领下的经济与社会

英国的殖民占领政策

从 1882 年 9 月开始，埃及近现代史进入英国占领时期。马克思早在 1853 年就精准地预言了这一结果：“埃及在更大程度上属于英国人，将来只要瓜分土耳其，它必定是被英国人分去。”[①] 并强烈谴

① 马克思、恩格斯：《马克思恩格斯全集》第 12 卷，人民出版社 1998 年 3 月第 2 版，第 6—7 页。

责没有“比征服埃及——在一片和平景象中征服——更无耻、更虚伪、更伪善的‘征服’了”。[①]由于军事占领本身违反国际法，也没有得到其他欧洲大国的正式承认，更没有得到国际公认的埃及宗主国——奥斯曼土耳其帝国的承认，因此，英国占领埃及之后，对外声称这只是“暂时的”，目的是为了镇压奥拉比的“叛乱”，恢复赫底威的统治，这些任务一旦完成，英国就会撤军。据统计，从1882年直到1922年的40年间，英国政府表示对埃及只是暂时占领或即将撤军的“承诺”或保证多达66次之多。[②]这些承诺从来就没有执行过。因为“占领”“不仅是为了恢复和维持秩序，更是大英帝国的战略需要”[③]。

经历财政危机和战争双重打击的埃及政府此时已经十分羸弱。民族主义者被镇压之后，甚至一部分埃及人也认为，国家如此虚弱，只有英国人留下来，它才能生存下去。1882年11月，英国废除了双重控制，并任命了一位有权参加埃及内阁会议的财政顾问管理埃及的财政。由英国驻奥斯曼的大使达弗林勋爵领导的一个调查委员会也来到埃及，对埃及状况进行了调查。他回到英国后向内阁提交了一份调查报告，呼吁对埃及进行长期而大规模的改革。达弗林吸取了“欧洲内阁”失败的教训，认为英国人不宜入主埃及内阁，只需要在埃及的中央和地方的要害部门担任顾问或者总监，给予埃及各级官吏必要的“忠告”即可。但这种所谓的“忠告”是强制性的，埃及各级管理层，上自赫底威下至普通官员，对此必须接受。这就是著名的“忠告政策”，它成为英国殖民主义间接统治埃及的政策基石。

在国家政体方面，达弗林废除了1882年巴鲁迪内阁通过的新宪法即基本法案，解散了有较大权力的议会，颁布了1883年新的组织

---

① 马克思、恩格斯：《马克思恩格斯全集》第35卷，人民出版社1971年6月第1版，第421—422页。

② 杨灏城：《埃及近代史》，第231页。

③ Arthur Goldschmidt Jr., *Modern Egypt: The Formation of a Nation-State*, p.53.

法，成立了三个有名无实的代议机构：立法会、全国议会、省议会。立法会由30名议员组成，赫底威钦定包括议长在内的14名议员，任期终身；另16名议员由选举产生，任期六年，可连选连任。立法会每年召开六次，对政府提交法令和预算草案进行磋商，提出意见，属于咨询机构。全国议会，由上述立法会30名议员加上六位内阁大臣，再加上选举产生的46名议员组成，共82人。议长由立法会议长兼任，每两年召开一次。会议讨论与公众利益有关的重大问题，但同样是一个对政府没有约束力的机构。把埃及划分为14个省，设立省议会，每个省的议会代表三至八人不等，由选举产生，议长由省长兼任，每年召开一次，讨论与地方有关的问题。

克罗默统治埃及

1883年9月，英国格莱斯顿政府任命伊夫林·贝林为驻埃及总领事。伊夫林·贝林曾在1877年出任埃及债务委员会委员，1901年他被英国女王授予克罗默勋爵的称号，因此他本人在埃及近代历史上因为这个名称而广为人知。由于埃及在法律上仍是奥斯曼帝国的一个行省，克罗默勋爵是以英国女王陛下在开罗的代理人和总领事的头衔执政，时间长达24年（1883—1907年），成为埃及事实上的统治者。[①]埃及依然是一个特权社会，是奥斯曼帝国的一个自治省，赫底威担任总督，他和他的大臣以及英国财政顾问组成了内阁。

占领期间，以克罗默为首的英国殖民官员实行集体“垂帘听政”（“戴面纱的被保护国”the Veiled Protectorate）的统治制度。[②]埃及的政权机构表面上由赫底威、内阁大臣、三个代议机构和其他埃及官吏组成，但实际上只是一个执行机构，被称为“埃及的手”；指挥它的是由英国驻埃及总领事及其所谓的顾问、总监组成的团伙，被誉为“英国的头脑（智慧）”。政治方面，克罗默勋爵坚决贯彻“忠

① Arthur Goldschmidt Jr., *Modern Egypt: The Formation of a Nation-State*, p.48.

② Afat Lutfi Al-Sayyid Marsot, *A History of Egypt: From the Arab Conquest to the Present*, p.89.

告政策”，埃及政府的大臣们大部分是土耳其人或者契尔克斯人的后裔，他们大多成为英国顾问的橡皮图章。英军驻扎的时间越长，英国人在埃及政府和军队中顾问的数量就越多。政府中的重要职位均由英国人或者其他欧洲人把持，次要职务才交给埃及人自己担任。1880年，在埃及政府中任职的欧洲官员大约为250人，到1899年增至1270人，占埃及政府官员总数的12%，其中半数为英国人。1899年，军队中英军所占军官人数比占领初期增加了三倍，一些重要职务，比如陆军副大臣、军队总司令、军械总署主任均为英国人所窃取，该年晋升的15个将军中10个是英国人。[①]这些外籍官员只向克罗默一人负责，克罗默对埃及的控制经常达到飞扬跋扈的程度。

经济方面，克罗默在埃及推行“农业经济专业化”政策。[②]为了创造埃及的“金融和政治稳定”[③]而打出一整套目的明确的“组合拳”，其主要内容包括：限定埃及专门种植棉花；修筑水坝、水渠、水库来扩大耕地面积；铺设铁路和修建运河交通网，控制其他各国；鼓励外国商人移民和引进欧洲资本，迫使埃及大部分民族工业凋敝和倒闭，等等。通过这一系列手段使埃及彻底成为国际政治和经济体系的一个农业单位。[④]

克罗默认为，采取降低税收和强迫劳动，加上更好地管理尼罗河水域，将使埃及农业的生产力得到极大提高。他的精力首先集中在农业改革和灌溉上，他废除了对农民影响最大的赋税，例如对绵羊和山羊的征税、对谷物的征税和盐税。在五年内，政府又废除了强迫劳动，除了在洪水季节需要看守尼罗河和运河土方工程之外。尽管在军事占领的头几年里，用于大型建设项目的资金并不充裕，但从印度来的英国灌溉工程师设法修复了现有的水坝。德尔塔拦河坝就是一个很好的

---

① 杨灏城：《埃及近代史》，第233页。

② 同上书，第241页。

③ M. W. Daly, edited, *The Cambridge History of Egypt: Modern Egypt, From 1517 to the End of Twentieth Century*, p.240.

④ 〔埃及〕穆罕默德·艾尼斯、赛义德·拉加卜·哈拉兹：《埃及近现代简史》，第76页。

例子，它是在穆罕默德·阿里统治时修建的，由于地基薄弱，从未很好地发挥过引流尼罗河水的作用，后被赛义德当作累赘抛弃。英国工程师通过各种各样的临时装置（包括从赫迪维亚港运来的加重靠垫和床垫），设法堵住了漏水的地基，使堤坝能够支撑每年的洪水。英国人还对尼罗河大坝和运河进行了其他的修复措施。1902 年建成的阿斯旺水库规模巨大，坝长 1.25 英里，高 13 英尺，能够蓄水 10 亿立方米，可以灌溉近百万费丹的土地。1912 年，该坝坝身加高到 18.5 英尺，蓄水量增至 23 亿立方米，可以浇灌更多土地。这次灌溉举措收到实效，使英国人以较少的公共开支就实现了农业生产的戏剧性增长。农业更高的产出则为政府获得了更多的税收。

但是，税收增加并不意味着财政问题就得以完全解决。此前超过一半的国家收入必须交给债务委员会，所有其他的政府支出必须削减到最低限度。作为以农业为主的国家，埃及人如果还想生存，那就需要加快修复长期被忽视的灌溉系统，因为自从伊斯梅尔的预算危机以来，埃及在这方面的投入可谓凤毛麟角。占领之后，新的花费剧增，英军的占领费用、外籍官员的薪俸、出兵镇压苏丹马赫迪起义等，都需要埃及人民承担，甚至那些在亚历山大大屠杀事件中财产受损的欧洲居民也提出了高达 420 万镑的巨额赔偿要求。埃及再次走到财政破产的边缘。

为避免埃及财政破产，克罗默认为关键在于取消或修改 1880 年的“清算法案”。1885 年，在英国倡议下，英、法、德、奥、意、俄连同奥斯曼土耳其等七国在伦敦召开会议，商讨埃及的财政问题。经过激烈争吵，最后达成协议，内容包括适当提高埃及政府的固定开支总额，但还债金额不变；根据埃及政府实际收入及其还债后的收入来确定政府财政运行，必要时给予埃及政府贷款；给埃及政府新增一笔 900 万镑的贷款，利息 3%；向欧洲侨民征收房产税、印花税、营业执照税等。[①] 在这一政策的刺激下，从 1889 年开始，埃

① 杨灏城：《埃及近代史》，第 237 页。

及财政开始好转，收支基本平衡，并略有盈余。1904 年 11 月，英法通过协商，决定取消把埃及财政预算分为固定开支和还债金额两部分，不再用海关和铁路收入而是用绝大部分的土地税（基纳省除外）来偿付外债；而埃及国债总局积累的 1173 万多镑的储备金移交给埃及政府。[①] 此举最终使英国占领当局完全掌握了埃及的财政大权，也结束了其他列强，特别是法国人多年来在还债委员会中“尸位素餐”的局面。到 1906 年，埃及国库盈余超过 2750 万镑，财政状况得到极大改善。

占领期间的经济

英国的占领政策旨在使埃及成为国际经济政治体系中的一个农业单位，埃及彻底走上依靠棉花种植的单一经济发展道路。克罗默上台伊始就强调“英国对埃及的政策，首先是要求埃及向英国出口棉花，然后进口纺织品。因为埃及是一个农业国家，农业生产是它的首要任务”[②]。在扩大棉花种植的同时，还削减了粮食种植面积。

在双管齐下的政策下，埃及的棉花种植由 1879 年的 49.5707 万费丹增到 1913 年的 182.3094 万费丹。棉花产量由 1886 年的 279.2 万堪他尔增加到 1914 年的 766.4 万堪他尔，是穆罕默德·阿里时期 25 万堪他尔的 30 倍，其中 96% 被销往国外。[③] 由于大量种植棉花，土地得不到轮休，地力消耗很大，加上不注重排水沟渠的建设，致使地下水位上升，随着土地碱化、棉虫增多，单位面积棉花产量又出现下降。除了玉米和大米的种植面积有较大提升外，埃及的大麦和小麦等粮食作物，甘蔗、蚕豆等经济作物的种植面积大幅下降。埃及作为古代社会地中海世界的“粮仓”开始逐渐变成一个粮食短缺的国家，每年必须从加拿大、美国、澳大利亚和拉美进口大批粮食。

埃及的工业发展仍受到极大限制，克罗默借口埃及缺乏燃料、

① 杨灏城：《埃及近代史》，第 238 页。

② 同上书，第 241 页。

③ 同上书，第 242 页。

技术和资金而不宜发展工业。伊斯梅尔时期，埃及尚有部分蔗糖业和纺织业，到了 1897 年只剩上埃及糖厂总公司和埃及制炼食糖公司。两家公司合并，拥有十多家糖厂和 1.7 万名工作人员，垄断了全国食糖生产。但由于埃及政府并不采取保护民族工业的有关措施，例如关税保护、财政补助、发放贷款、降低运输费用等，大批进口食糖很快冲击本国市场，致使糖厂惨淡经营。纺织业方面，英国的目的就是“阻止其与英国的纺织业展开竞争”[①]。除了埃及人自己开办的埃及全国纺纱公司，绝大多数还停留在农村中的家庭手工纺纱阶段。1900—1901 年，埃及用于国内纺纱消耗的棉花只占当年生产总量的 0.12%。即便如此，埃及还对本国生产的棉纱和棉布开征 8% 的消费税，直接导致全国纺纱公司濒于破产。1898 年，12 个埃及人和叙利亚人合资开设了法尤姆窄轨铁路公司，铺设 90 公里铁路，进口车头和车厢，但由于得不到政府支持，开业两年便无法经营下去，只好低价卖给一家英国公司。[②] 占领当局则乘机大肆宣传埃及人天生是农民，只适合种地，不适合从事其他行业的谬论。

与此同时，欧洲人开始重新对埃及投资。欧洲的企业潮水般涌入开罗和亚历山大，一方面，给城市带来了便利的公共设施：煤气、电力、街灯、自来水、有轨电车和电话；但另一方面，由于外国资本和外国商品的大量进入，埃及的传统手工业也遭到了严重摧残，木器业、锻铁业、织布业、家具业、榨油业、肥皂业、磨面业、建筑业等，由于生产规模本来就很小，缺乏资金，技术落后，以致产品价高质次。占领后，埃及政府对外国商品大开绿灯，还提供种种方便，导致各种洋货充斥埃及市场。占领前的西方投资加上苏伊士运河部分，估计在 1600 万—1700 万镑之间。从 1892 年开始，西方

---

① M. W. Daly, edited, *The Cambridge History of Egypt: Modern Egypt, From 1517 to the End of Twentieth Century*, p.273.

② 杨灏城：《埃及近代史》，第 244—245 页。

资本如潮水大量涌入埃及。1888—1902 年在埃及的外国企业有 78 家，到 1907 年增至 294 家。[①]相形之下，到 1901 年，埃及自己较活跃的企业只有 23 家，其中 20 家是 19 世纪 90 年代建立的。[②]由于英法和解，法国资本开始大量进入埃及，甚至逐渐超过英国资本。据估计，到 1914 年英国、法国、比利时三国在埃及的投资总额约为 9075 万埃镑，其中法国资本约占 4625 万埃镑，英国占了 3025 万埃镑，比利时约占 1425 万埃镑。[③]

英法把主要资金用于开办房地产公司和银行，以谋取高额利息和攫取被抵押土地。对两项的投资在 1898 年到 1914 年间增加了 8.1 倍。开罗和亚历山大成为金融中心。此外，英法还筹资铺设铁路，发展内河航运事业，以利于内外贸易的发展。埃及的市场完全被欧洲商品所垄断。克罗默在 1905 年曾直言不讳地说："这几年值得注意的一个现象是开罗市场上充斥着欧洲商品，过去我们在街头看到的埃及本国货已经绝迹。"[④]1917 年，他又写道："谁要是把目前的情况同 15 年前相比，他就会发现巨大而惊人的差别。以前充满手工业者和家庭手工业者——纺纱工、织布工、染工、帐篷工、鞋匠等——店铺的街道，现在全是另一种店铺——咖啡馆和充满欧洲商品的商店。埃及手工业的作用减少了。手工业者开始失去了自己精湛的技巧，变得毫无生气，不再把精力用在过去曾经闻名一时的优美产品的制造上。"[⑤]《埃及之被侵占与被奴役》一书的作者罗斯坦对此批评道："英国人在埃及统治的二十八年中非但没有建立任何工业，反而消灭了一切能使工业获得某些进步的可能性"，"在工业方面，克罗默勋爵的所作所为仅限于破坏。"[⑥]

---

① 杨灏城：《埃及近代史》，第 247 页。

② M. W. Daly, edited, *The Cambridge History of Egypt: Modern Egypt, From 1517 to the End of Twentieth Century*, p.273.

③④ 〔埃及〕穆罕默德·艾尼斯、赛义德·拉加卜·哈拉兹：《埃及近现代简史》，第 76 页。

⑤⑥ 杨灏城：《埃及近代史》，第 246、243 页。

占领期间的社会

占领期间，埃及社会的变革依然在持续。首先，由于生产和经济状况的改善以及实行一夫多妻制，埃及人口出现大规模增长，但大部分人仍生活在农村，城市化并没有成为19世纪埃及的主要特征。埃及人口从1882年的780多万到1899年突破千万大关后，又迅速增至1914年的1254万。城市人口主要集中在开罗（1882年人口37.5万，1920年为79.1万）和亚历山大（1882年人口23.1万，1920年增加到44.5万）①。另外，欧洲人的数量也急剧增加，从1840年的6000人增加到1870年的6.8万人，1882年增至9万人，1897年时进一步增至11.1万人，②到1907年为14万人，他们拥有埃及15%的土地和绝大部分的贸易和制造业公司。③

其次，埃及社会阶层进一步分化，贫富加剧。占领当局为了维护统治秩序，选择忠于他们的大地主作为其统治埃及的社会基础。1891年，政府颁布法令，承认土地所有者一律享有完全的土地所有权，使埃及大部分土地变为私人占有。此后，又把原本用来抵押的数百万王室领地出售。由于土地被分成大块出售，每块大约80—4000费丹，每费丹大约60—80镑的价格，事实上只有大地主和外国土地公司才买得起。政府还为他们优先提供水利设施。而占人口绝大多数的小地产所有者，由于地少人多，水利设施使用不当等原因，很容易走向赤贫。据统计，1896年，拥有5费丹土地以下的农民数为611074人，占地面积总数为993843费丹，人均占有耕地为1.6费丹。到1906年，拥有5费丹土地以下的农民数增长到1002806人，但拥有的土地总数为1264084费丹，人均耕地下滑到1.3费丹。相比而言，拥有50费丹以上的大地产主，1896年为11875人，拥有

① 〔英〕B.R.米切尔编：《帕尔格雷夫世界历史统计·亚洲、非洲和大洋洲卷：1750—1993》第三版，贺力平译，第41页。

② M. W. Daly, edited, *The Cambridge History of Egypt: Modern Egypt*, *From 1517 to the End of Twentieth Century*, p.274.

③ Ibid., p.254.

耕地 2191625 费丹，人均 184 费丹；到 1906 年，拥有 50 费丹以上的大地产主人数增加到 12475 人，土地数增加到 2356602 费丹，人均 189 费丹。[①]两相比较，贫富比从 115（184/1.6）升至 145（189/1.3）还多。

在英国的占领下，殖民当局的行政效率的确比以前大为提高，埃及的封建社会残余进一步减弱乃至消失。1889 年，徭役制被取消；1890 年，行会制被取消。在司法领域，在英国占领的前夕，埃及政府制定了一套新的世俗法院体系，即国家法庭，它于 1883 年开始运作，主要遵循法国拿破仑法典的法律和程序，其管辖范围仅限于埃及臣民，不同于在埃及审理涉及外国人的民商事案件的混合法庭。而占领当局宁愿采用他们在印度建立的更简单的法律体系。埃及的法官和律师队伍不断壮大，他们中的大多数人是由法国培养和训练的，以至于英国从未建立起他们所期待的法律制度。[②]

19 世纪中期之后，埃及的很多城市办起了包括高等学校和中等学校在内的技术学校，越来越多的埃及青年有机会学习欧洲的先进技术，埃及的普通教育有了很大进步。[③]然而，英国的占领又使埃及蒸蒸日上的教育受到巨大挫折。占领当局在教育领域的政策被认为是“残暴的”，“英国人允许教育停滞不前，甚至阻碍它的发展”[④]。占领当局用于埃及教育事业的经费从未超过 3% 的财政预算。父母们不得不支付更高的学费将孩子送到公立中小学，公立学校比私立学校（包括教会学校）收费更多。通过收取学费和提高学费等方式，殖民者把更多的埃及人拒于学校大门之外，目的是避免他们通过接受教育获得更多的政府部门的职位。同一时期，宣扬西方文化的传教士在埃及各大城市积极活动，用其殖民奴化的教育思想蒙蔽埃及青年。占领当局害怕大学变成民族主义的中心，认为埃及的发展根本不需要大学这样的

① 杨灏城：《埃及近代史》，第 252 页。

② Arthur Goldschmidt Jr., *Modern Egypt: The Formation of a Nation-State*, p.49.

③ Georgie D. M. Hyde, *Education in Modern Egypt: Ideals and Realities*, London: Routledge & Kegan Paul, 1978, p.225.

④ Jason Thompson, *A History of Egypt: From Earliest Times to the Present*, p.258.

公共机构。埃及的爱国主义者意识到国家安危受到威胁，强烈要求恢复和发展教育。19 世纪末 20 世纪初，在人民的强烈呼吁下，教育有所恢复。与此同时，越来越多的群众要求建立属于埃及自己的高等学府。1908 年 12 月 21 日，开罗大学的前身——埃及私立大学宣告成立，这一天举行了开学典礼。埃及人民不顾殖民当局的强烈反对，坚持培养自己的知识分子、专家、学者和科技人才。1896 年埃及高等教育在学人数大约只有 115 人，1914 年增加到 714 人，1924 年更猛增到 4170 人。[①] 英语逐渐取代法语成为主要的教学语言。有很长一段时间，英国人反对学校使用阿拉伯语，甚至在小学也是如此，他们声称阿拉伯语不适合学习自然科学和其他现代科目。

占领时期，许多西方人来到埃及旅游，一部分开始定居埃及，他们受到治外法权和税收方面的保护。更多的英国人来到埃及定居，并逐渐形成自己的社区。与早期几代旅行者和旅居者——他们可以熟练使用阿拉伯语，甚至采用了东方的服装和生活方式——相比，由于占领当局实施种族隔离政策，新来的英国管理者几乎与埃及人没有什么接触。他们被鼓励与埃及社区保持分离状态；他们的妻子也不被允许与埃及妇女接触。英国人通过举办专门的俱乐部为英国人服务，最著名的俱乐部有两家——扎兹拉运动俱乐部和特夫俱乐部，只有很少的埃及人被吸收到俱乐部。英国官员每天、每周的大部分时间都花在俱乐部，从事体育、娱乐等上层社会的交际活动。在俱乐部，“很多管理埃及的实际业务得以执行”。此外，还有一些大型的酒店和宾馆，每年 11 月到第二年的 3 月构成埃及的旅游旺季，成为独立于埃及传统社会的独特风景线。[②]

马赫迪起义与英埃共管苏丹

1820 年穆罕默德·阿里入侵苏丹以来，苏丹便成为埃及的属地，

---

① 〔英〕B. R. 米切尔编：《帕尔格雷夫世界历史统计·亚洲、非洲和大洋洲卷：1750—1993》，第 1021 页。

② Jason Thompson, *A History of Egypt: From Earliest Times to the Present*, p.260.

成为历任埃及统治者掠夺搜刮的对象。19 世纪末，埃及把苏丹分为 12 个省，由赫底威派出的总督管辖，总督集军政大权于一身，埃及的一整套军政管理体系移植到苏丹，伊斯梅尔时期，埃及的轮船和电报也输入到苏丹。[①] 对英国人而言，通过埃及长期占领苏丹是成本最低和最有效的占领方式。70 年代，英国势力和欧洲人大量涌入苏丹，引起当地信仰伊斯兰教苏菲派保守穆斯林的强烈反感。1877 年，埃及政府被迫任命英国人戈登为苏丹总督，加大了对苏丹的控制，苏丹人民终因不堪忍受奥斯曼—埃及的统治和压迫，从而爆发了由穆罕默德·艾哈迈德领导的大起义。

1844 年 8 月，艾哈迈德出生在苏丹东古拉省拉巴卜岛一个贫苦的造船工家庭，生活极不安定，艾哈迈德的童年和少年就是在不断搬迁、漂泊不定的生涯中度过的。艾哈迈德在青年时期就胸怀大志。1871—1873 年，他严格遵循《古兰经》的教义，洁身苦修，据说他在伊斯兰学校就读时，不吃教长供给的饭食，他认为教长领取的政府津贴，是从穷苦百姓身上搜刮来的。他立志要复兴“纯洁”的原始伊斯兰教义，革除种种背离伊斯兰教的异端邪说和社会弊病，敢于藐视和反对宗教权贵对《古兰经》的妄加解释。

艾哈迈德耳闻目睹广大农牧民和手工业者因埃及政府和宗教集团的苛捐杂税，横征暴敛，被搜刮得一无所有，不少人家落荒逃难；而在喀土穆等城镇里的欧洲人和本地富商，以及一小撮封建官吏和宗教权贵，却过着花天酒地的寄生生活。鲜明的对照激起艾哈迈德的愤愤不平，坚定了他改革这个充满了恶政劣习的世道，铲除人间不公平现象的决心。1877 年和 1878 年，达尔富尔省和加扎勒河省的农牧民自发举行武装暴动，艾哈迈德感受到在广大劳苦群众中蕴藏着的力量，他大力宣传原始伊斯兰教义的平等原则，主张“把《古兰经》和先知的圣训作为社会的指导原则”。

1881 年 6 月，经过长期的宣传和准备，艾哈迈德在阿巴岛公开

① M. W. Daly, edited, *The Cambridge History of Egypt: Modern Egypt, From 1517 to the End of Twentieth Century*, p.215.

竖起起义的大旗。在起义宣言中，他谴责赫底威专制政府对百姓的残酷剥削和压迫，号召广大农牧民和手工业者抗捐抗税，参加起义，杀掉那些“异教徒”（外国殖民者）和“叛教者”（反动官吏），推翻“叛教”的专制政府。鉴于当时苏丹社会整体浸淫在浓厚的伊斯兰教的气氛之中，他借用在苏丹广为流传的关于“马赫迪”（救世主）降世的传说，宣称自己就是众所期待的“马赫迪”，历史上著名的“马赫迪起义”由此爆发。

埃及多次派兵前往镇压起义，均被一一击败。马赫迪富有军事才能，他从发动起义的那天起，就把全部精力投入到领导武装斗争方面。为了避免过早与埃方武装交锋，马赫迪率领起义队伍向西部的卡迪尔山区转移，并建立根据地。起义军在这里既可以深入发动该省及其毗邻地区的部族群众，壮大起义队伍，又能凭据险要地势，成功地抵御政府军接二连三的围剿。从建立卡迪尔根据地到 1882 年年底这一段时间内，起义军人数发展到几万人，但武器装备和战斗力还很差，马赫迪在军事上采取以防御为主的方针，主要进行军事训练。1882 年年末，在起义军完成准备后，马赫迪亲自率领主力部队对苏丹第二大城市，也是科尔多凡省政治、经济的中心欧拜伊德发动进攻。1883 年年初，起义军攻占欧拜伊德。

1882 年 9 月，埃及驻苏丹总督请求后方派兵支援，此时，埃及已被英军占领，英军决定派兵前往镇压。1883 年 3 月，英国殖民当局和赫底威为了重新夺回欧拜伊德，调集了一支包括步兵、骑兵和炮兵在内共 1.2 万人的远征军，由英国军官希克斯上校（任驻苏丹的埃军参谋长）统率，向科尔多凡省进发。马赫迪军民士气高昂，决定坚壁清野，诱敌深入，对进犯之敌给以突然袭击，来消灭这支远征军。1883 年 11 月 5 日，在马赫迪的指挥下，起义军把希克斯远征军引诱至欧拜伊德以南的希卡，以勇猛顽强的战斗，一举歼灭了这支敌军，[1] 希克斯被当场打死。希卡战役的胜利，使起义军在人

① M. W. Daly, edited, *The Cambridge History of Egypt: Modern Egypt, From 1517 to the End of Twentieth Century*, p.213.

员素质和武器装备方面超过了敌军，促进了苏丹社会各个阶层的觉醒和团结。此后，起义军控制了苏丹中部、西部、南部和东部萨瓦金附近。

面对马赫迪武装起义迅猛发展的形势，英国政府深知使用武力镇压已经无济于事。迫于形势，它决定收缩战线，为保住埃及而暂时放弃苏丹，指示埃及政府把军队撤至瓦迪哈勒法以北。与此同时，它不甘心失去苏丹这个重要的势力范围，决定改变策略，拟定了一个“和平解决”方案。方案公开宣布要从苏丹撤走全部英埃驻防军，以此平息苏丹人民的不满。但事实上英军暗中进行分而治之的活动，即把苏丹南部并入英占东非殖民地，在北部和中部建立英国政府“保护下的独立政府”。时任埃及内阁首相谢里夫不愿意放弃苏丹，因为这将意味着250多万平方公里的土地及其财富被割让，结果遭到英国政府排挤而于1884年1月4日下台。1月10日，继任内阁首相努巴尔决定执行英国人的意图，撤回驻苏丹军队，放弃苏丹，[①]并启用被称为“苏丹通”的英国人查理·乔治·戈登来执行该使命。

1884年2月，踌躇满志的戈登以苏丹总督的身份重返苏丹。他一方面施展种种阴谋手段，拉拢地主分子、氏族贵族和教长，成立“地方自治政府”，借以瓦解和破坏苏丹各阶层已经形成的联合阵线。另一方面企图用高官厚禄收买马赫迪和他的将领们。2月中旬，戈登致信马赫迪，允诺委任他为科尔多凡省的埃米尔，表示要与马赫迪化干戈为玉帛，共谋苏丹的和平与安定。随信还送了一份官方委任状和一套华贵的长袍。戈登“完全低估了马赫迪的宗教热情、军事力量和政治技巧”[②]，马赫迪在3月的亲笔复信中，严词痛斥戈登的伪善和卑鄙，要求戈登交出喀土穆，向起义军投降，他针锋相对地派人给戈登捎去一件“苦修僧”的长袍，要他弃恶从善，改宗穆斯林。1885年1月26日，在马赫迪亲自部署和指挥下，起义军

---

① M. W. Daly, edited, *The Cambridge History of Egypt: Modern Egypt, From 1517 to the End of Twentieth Century*, p.214.

② Ibid.

一举攻占喀土穆城，由数千名埃及人组成的军队被马赫迪起义军打败，戈登被斩杀。由于戈登被杀，英国舆论要求他们的军队留在埃及，为戈登报仇。

1885 年 6 月，马赫迪在恩图曼突然病逝，起义在阿卜杜拉领导下继续发展。1896 年，一万多埃军士兵以赫底威的名义在英籍埃军总司令基切纳率领下再次进攻苏丹，1898 年 9 月，马赫迪起义军失败，苏丹重新置于埃及和英国统治之下。英国制定了“英埃共管苏丹协定”，根据协定，原属埃及管辖的、今后可能扩大的、北纬 23 度以南的领土属于苏丹；除了萨瓦金港悬挂埃及国旗外，苏丹其他各地一律悬挂英国和埃及两国国旗；当地军政大权由英国推荐、赫底威任命的总督掌管，未经英国政府同意，赫底威不得解除其职务；总督有权制定、修改、废除各项法律和政令，未经总督许可，埃及政令法律不得在苏丹实施；除萨瓦金港，苏丹各地实施军事管制；埃及混合法庭权限不得扩展至苏丹；未经英国同意，各国不得向苏丹派驻领事或领事代表。1899 年 1 月，该协议书签署生效。在穆罕默德・阿里和他的继任者统治时期，埃及赢得了苏丹；从 1885 年到 1896 年，埃及又失去了苏丹。1896 年以后，则由英国和埃及“共管”苏丹，但实权为英籍总督掌管，埃及被置于次要地位，苏丹实际上沦为英国的殖民地。

二、民族主义运动的新发展

政治形势的变化

随着 1882 年英国对埃及的军事占领，埃及面临的国内外形势比以前简单化了。国际上，从 1798 年开始的英法争夺、多国干涉的局面逐渐演变成为由英国单独控制。由于在欧洲开始面对新的共同的敌人——德国，英国和法国在 1904 年后达成协议，以摩洛哥为交换，法国不再和英国争夺对埃及的控制权，从而彻底巩固了英国对埃及的控制权。与此同时，奥斯曼帝国进一步走向衰落，它对埃及的影响力和控制力更加削弱。但帝国仍然是国际法意义上埃及的宗主国。

国内方面，埃及的政治势力由三部分构成：以英国驻埃及总领事及其顾问等为首的英国殖民管理机构是第一大势力，即所谓“英国的智慧”；第二大势力是以赫底威为首的埃及政府，即所谓“埃及的手”；第三大势力是受埃及西方化改革影响而成长起来的新一代知识分子阶层。自从奥拉比运动失败以来，随着埃及军队被解散，爱国领袖遭到逮捕和流放，祖国党销声匿迹，贾迈勒丁·阿富汗尼、穆罕默德·阿卜杜被驱逐，以老一代知识分子为主的埃及民族主义力量遭到严重打击和分化，十多年前促使埃及人开始觉醒的伊斯兰主义思潮陷入低谷。但是，受到西方思想和观念影响的世俗民族主义开始抬头，成为占领期间趋于主导的民族主义潮流。新的一代知识分子以城市资产阶级、商人、律师、学者、记者、学生为主，他们大多数在西方留学，比老一代知识分子对西方社会更加熟悉，他们视埃及为世界上最古老的国家，在沉睡了很多个世纪后开始苏醒。他们承认西方化给他们自己和国家带来的变化，接受近代西方的民族国家观念，主张建立主权国家，实行宪政，宣传宪法至上、政党政治、民主自由、责任政府等基本原则，倡导振兴国内民族经济和发展民族文化，希望埃及成为一个实行君主立宪制的议会民主制国家。所有热爱和生活在埃及的人，无论他们是穆斯林、基督徒还是犹太人，甚至那些来自穆斯林世界以外的移民或是来自欧洲的移民，都应享有公民权利。他们最主要的要求就是英国军队离开埃及。而以广大农民为主的埃及下层民众，此时还是一个自发的阶级，他们在更多情况下是跟随埃及民族主义的洪流顺势前行。

随着英国的占领，埃及广大民众同英国占领军之间的矛盾，构成了埃及社会的主要矛盾。广大民众在具有强烈爱国热情的知识分子的领导下，展开了反对英国占领及其殖民主义政策的斗争。由于历史的缘故，他们希望得到以赫底威为代表的第二大势力的支持。以赫底威陶菲格为首的埃及政府对克罗默为首的占领当局夫唱妇随，谨小慎微，不敢越雷池半步。陶菲格心里明白，他的王位是英国人所赐予的，他只能对克罗默言听计从，成为名副其实的英国的傀儡政权。

阿巴斯二世与克罗默的交锋

陶菲格对英国占领军及其总领事心存不满，但他不得不忍受屈辱。他意识到，维持现状总比他被奥拉比的支持者赶下台更好。[①] 但他的儿子似乎不同，阿巴斯二世甫一上台，就面临一次严重的外交危机。这一时期，奥斯曼帝国面临被西方帝国主义势力瓜分肢解的严重威胁，但为了尽可能加强对其周边省份（包括叙利亚南部和汉志）的控制，帝国政府于 1892 年在给埃及赫底威颁布的委任敕令中，竟把西奈半岛从埃及版图中划了出去。而英国一直认为西奈半岛是埃及的领土，埃及自然也不同意。于是年轻气盛的阿巴斯二世和老谋深算的克罗默联手，共同努力迫使奥斯曼撤回原来的敕令，另行颁布新的敕令，将西奈半岛重新划为埃及领土。

这可能是阿巴斯同克罗默第一次打交道，彼此之间由于共同的利益而相互合作。但不久，两人就产生了分歧。第一次争执出现在 1893 年 1 月，时任首相穆斯塔法·法赫米（Mustafa Fahmi）身患重病提出辞职，阿巴斯早就对他心存不满，便乘此机会由其亲信来取代。阿巴斯在没有征得克罗默同意的情况下，任命了一位民族主义者法克里代替穆斯塔法·法赫米。克罗默得知这一任命后反应强烈，他立即致信英国政府，要求派出增援部队对阿巴斯施压。在面临威胁的情况下，阿巴斯被迫改任资深政治家穆斯塔法·里亚德出任内阁首相，双方才达成妥协。[②]

阿巴斯同克罗默的另一次冲突是赫底威在视察阿斯旺防御时引起的。阿巴斯发现士兵纪律松弛、缺乏训练，他对此提出批评并要求随行的陆军副大臣马希尔帕夏给英军转达他的批评意见。没想到

---

① Arthur Goldschmidt Jr., *Modern Egypt: The Formation of a Nation-State*, p.53.

② Ibid., p.51.

新任命的埃军总司令、英国人赫伯特·基钦纳爵士对阿巴斯的批评大发雷霆，并以辞职相威胁。赫底威闻讯后赶紧收拾局面，平息争论。但事情还是很快传到克罗默的耳朵里，克罗默马上指控是马希尔这位陆军副大臣具有民族主义倾向，才会煽动阿巴斯制造这一事件。他指出如果埃及军队感染了反英情绪，一场新的奥拉比主义的运动可能会威胁到埃及稳定。克罗默转告首相里亚德，赫底威必须发表一份声明，表达他对军队现状完全满意，并向基钦纳道歉，免去马希尔的职务。阿巴斯尽管心怀怨恨，但表面上也只好服从。几个回合下来，阿巴斯终于清楚，包括他在内的埃及君臣，必须服从英国人，尤其是克罗默的命令。[①]

穆斯塔法·卡米勒的民族主义思想

年轻气盛的阿巴斯几次寻求自主，一再受到克罗默的压制，为避免被废黜的命运，阿巴斯表面上只好对英国人言听计从。但阿巴斯并不甘寂寞，他“对被废黜的担忧使得这位赫底威资助并鼓励年轻的民族主义者开展反对英国控制埃及的运动”[②]。此时，一个阿巴斯的同龄人进入他的视野，他就是近代埃及杰出的政治家、思想家、民族主义运动的领袖穆斯塔法·卡米勒。

穆斯塔法·卡米勒，1874 年出生在开罗一个知识分子家庭，他年轻时便立志成为“用写作、讲演和奋斗来解放祖国的人”。1892 年，穆斯塔法·卡米勒作为赫底威法学院的学生，已成长为一名学生领袖。此时，他编辑的《学校》月刊，是“埃及历史上第一份由学生主办的杂志”[③]，他把爱学校、爱人民、爱祖国作为月刊的宗旨，“向青年灌输爱国主义思想”[④]。卡米勒志向远大、善于演讲、敢于行动，于是阿巴斯便“改穿便服，接近卡米勒，晚间在

---

① Arthur Goldschmidt Jr., *Modern Egypt: The Formation of a Nation-State*, p.51.

② Afat Lutfi Al-Sayyid Marsot, *A History of Egypt: From the Arab Conquest to the Present*, p.92.

③ Arthur Goldschmidt Jr., *Modern Egypt: The Formation of a Nation-State*, p.55.

④ 杨灏城：《埃及近代史》，第 267 页。

库巴宫附近的清真寺和卡米勒领导的秘密组织聚会”。希望通过卡米勒领导的民族主义运动从克罗默手中夺回部分权力。[①] 1893 年 1 月，为支持赫底威阿巴斯有权独立任命自己的首相和大臣，穆斯塔法·卡米勒组织了反对当时亲英的《穆卡塔姆日报》的抗议活动。之后不久，穆斯塔法·卡米勒从赫底威法学院转入由法国人举办的一所法学院，该学院主要给学生教授《拿破仑法典》，毕业生大多从事律师职业。为了通过第一年学习的期末考试，这年夏天卡米勒去了巴黎。到了巴黎之后，他广泛联系支持赫底威的人士。从这些活动来看，有人猜测这时候他已经与赫底威有了联系，因为在那个时代，如果没有赫底威的经济援助[②]，很少有学生能在巴黎举办个人宴会。后来，奥斯曼帝国素丹也给他提供过资金。1894 年，卡米勒毕业后决定从事律师职业，他为此发出豪言壮语：“我将在全世界面前为埃及民族的权利而辩护。”[③]

穆斯塔法·卡米勒受到西方的影响，他认为：“埃及正在受难，应该从英国的桎梏中解放出来。要达到这个目的有两条道路：一条是革命的道路，另一条是和平的道路。我们不想采取革命的道路，因为我们是以性情温和、热爱和平、憎恨残杀、厌恶犯罪而著称的民族。”[④]他看到埃及人民当时没有武器，没有组织，军队被解散，或者缩小至很小的规模，而且军队长官几乎全部为英国人占据的现实，加上英国占领本身就是 1882 年奥拉比革命失败的直接结果。因此，穆斯塔法·卡米勒认为革命并不是结束英国占领的有效手段。受过法律训练的他从权利和义务的角度来思考，主张诉诸公众舆论，对人民进行爱国主义教育，认为通过说服就能实现埃及独立。他斗争的对象是英国的占领，目标是埃及的独立或者说民族权利。这预示了卡米勒作为埃及的民族主义者，他更加重视的是宣传，而不是行动。这种“非暴力”的主张，使卡米勒成为民族主义的宣传家、

---

① 杨灏城：《埃及近代史》，第 267 页。

② Arthur Goldschmidt Jr., *Modern Egypt: The Formation of a Nation-State*, p.55.

③④ 杨灏城：《埃及近代史》，第 264 页。

理论家、鼓动家；他把主要精力放在对英国的“说服”上，以及争取阿巴斯二世、奥斯曼宗主国和法国的支持上，他认为后三者都属于反对英国占领的势力，他与他们来往频繁，试图寻求某种联合，对英国形成压力。

民族主义运动的第二次高潮

卡米勒的斗争方式和宣传手段离不开埃及的新闻业，但此时埃及的报纸，受到多方势力的影响，具有不同的舆论导向。例如创办于1875年、在埃及最受欢迎的《金字塔报》，其创办人是曾经在法国教会学校受过教育的希腊天主教徒，当时是属于亲法的报纸；创办于1889年的《穆卡塔姆日报》，其创始人毕业于美国传教士在贝鲁特举办的叙利亚基督教新教学院，受到英国的支持，其观点与《金字塔报》基本是相反的，尽管两报的编辑都是来自叙利亚的基督教徒。针对《穆卡塔姆日报》的亲英主张，一位爱资哈尔清真寺的谢赫、满怀抱负的爱国诗人阿里·优素福创办了《支持者报》，该报的后台老板其实是曾出任政府首相的里亚德帕夏。[①]1892年，阿巴斯成为赫底威之后，《支持者报》迅速成为代表王室的官方报纸，也成为反映埃及穆斯林舆论的主要喉舌。

从1893年开始，卡米勒就经常在《金字塔报》和《支持者报》上撰写文章并到各省发表演讲，宣扬埃及的穆斯林和科普特人是“被共同的爱国主义精神、风俗习惯、道德品质和生活环境联系在一起的一国人民”，必须互敬互爱，团结奋斗。他鼓动埃及的有志青年要勇于反对英国占领，大胆揭露克罗默无视埃及主权而在1895年成立“特别法庭”以处置埃及人和占领军之间的冲突的卑劣行径。卡米勒的言行在埃及广大知识分子中引起强烈反响，许多人受到鼓舞和激励，他们团结在卡米勒周围，把他尊为埃及民族的希望和领袖。年长卡米勒6岁的穆罕默德·法里德成了他的积极追随者和忠实的

① Arthur Goldschmidt Jr., *Modern Egypt: The Formation of a Nation-State*, p.57.

助手。[①]

1896年，卡米勒三次给时任英国首相索尔兹伯里、一次给已经退休了的前首相格莱斯顿写信，要求英国履行撤军承诺。格莱斯顿给他回了信，提到英国离开埃及还需要很长时间。此时英国官员从上到下都已经主张无限期占领埃及，当然不会在意卡米勒以及赫底威阿巴斯的想法。于是，卡米勒又去找法国人，希望得到他们的支持。他一开始希望德国和奥地利政府能与法国和俄国一起呼吁英国履行离开埃及的承诺。他认为利用欧洲国家之间的矛盾，特别是英法矛盾，可以迫使英国撤军。1904年英法协议达成之前，法国人屡屡对英国人施压，要求英国撤军。从1893年起，卡米勒几乎每年都要多次赴欧洲，前往法国、奥地利、德国、英国，结识了不少欧洲的议员、记者和作家。他用流畅的法语到处讲演，申诉英国的占领不仅给埃及，而且给欧洲国家带来极大的危害，戳穿英国人散布的所谓埃及人民在英国的占领下"过着幸福生活"的谎言。卡米勒得到了时任法国很有影响力的《新时尚》（*La Nouvelle*）月刊的编辑、著名作家朱丽叶·亚当的热情支持，朱丽叶·亚当为卡米勒的宣传文章在杂志上留出专门的版面。然而，卡米勒对法国的幻想最终因1904年英法协约而彻底破灭。他终于明白，法国也是不可信的。

卡米勒还多次拜见奥斯曼素丹阿卜杜勒·哈米德二世，希望得到帝国的支持。奥斯曼毕竟是国际法承认的埃及宗主国，英国对此心存忌惮。因此，卡米勒认为，埃及在继续承认奥斯曼宗主国的情况下所享有的实际独立受1840年《伦敦条约》的保护，而且奥斯曼本身始终不渝地反对英国占领，可以利用奥斯曼来牵制英国。另外，哈米德二世在整个中东推行泛伊斯兰主义，主张广大穆斯林在伊斯兰统治者的领导下团结起来共同反对非穆斯林的统治。当时，唯一能够把广大逊尼派穆斯林团结在一起的只有奥斯曼素丹。但是奥斯

① 杨灏城：《埃及近代史》，第265页。

曼帝国对抵抗运动的吸引力感觉非常迟钝。素丹所能做的，只是很高兴听到那些来自埃及的年轻民族主义者向其表达忠诚，并表示很愿意支持他们。至于泛伊斯兰主义，由于法国同样拥有很多以穆斯林为主的属地，法国很容易将他们联合起来打击素丹而遏制其影响。因此，帝国政权和素丹地位自身难保，根本就没有对抗英国的实力。

卡米勒在接连遭遇挫折的情况下表示："我们向往的是，埃及是埃及人的埃及。我们断然拒绝任何形式的外国统治和宗主权。有人以为埃及人憎恨英国，只因为英国是一个信奉基督教的国家，这就大错特错了。埃及人憎恨一切破坏祖国独立的占领者。"[1] 痛定思痛，他认识到只有通过动员，埃及人才能成为民族主义者。[2]

然而 1900 年前后，卡米勒一直认为可以倚重的赫底威阿巴斯终于也靠不住了。这一年夏天，阿巴斯在法国度假期间，卡米勒因《支持者报》办报人阿里·优素福谢赫的婚姻问题与阿巴斯发生矛盾和争执，卡米勒一气之下发誓断绝与赫底威的关系。他回到埃及后，马上在《金字塔报》上发表声明，宣布他的工作与王室没有任何关系。[3] 此后，受赫底威资助的《支持者报》不愿意再刊登他的文章。卡米勒决定自己创办《旗帜报》，《旗帜报》转而成为埃及民族主义运动的主要舆论阵地。

卡米勒与赫底威阿巴斯关系的决裂，表面上看是缘于阿里·优素福的一桩婚姻纠纷案，实质上是阿巴斯二世在政治斗争的前线开始倒退，投降于英国殖民者。随着 1899 年英埃共管苏丹协议签订，1900 年阿巴斯出访英国，据称和威尔士亲王建立了非常友好的私人关系，他的政治态度发生变化，决定不再驱逐英国人，也不愿意支持奥斯曼或资助泛伊斯兰主义者。1904 年和 1905 年，他接连出席英国占领军为纪念维多利亚女王的生日而在阿布丁宫举办的阅兵式，

---

① 杨灏城：《埃及近代史》，第 266 页。

② Arthur Goldschmidt Jr., *Modern Egypt: The Formation of a Nation-State*, p.56.

③ Ibid., p.58.

表现出完全一副甘于充当傀儡的样子。此后，埃及的民族主义运动进入一个新的阶段，一方面，他们承担的使命任务更加艰难，不仅要反对英国占领当局，还要反对本国的专制主义统治；另一方面，他们逐渐认识到没有人民的支持，仅靠知识分子的宣传鼓动以及寻求各种外部势力支持，是不可能把民族主义运动进行到底的。

丁沙薇惨案

许多欧洲观察家认为是克罗默拯救了埃及，使埃及免于破产。世纪之交的埃及，要远比马木鲁克统治以来的任何一个时期的埃及都更加繁荣。[①]然而，克罗默时期埃及的“繁荣”是以埃及人丧失独立自主、被奴役被剥夺所换来的，各种民族抵抗必然随之而来。

1906 年 6 月 11 日，一支英国巡逻队由开罗前往亚历山大。13 日，他们途经尼罗河三角洲的米努夫省，五名英国军官进入一个叫丁沙薇的村子打鸽子。当地农民主要以养鸽子为生，他们为了收集鸽子的粪便，把鸽子在晾谷子的场面上饲养。当时正逢麦收季节，烈日当空，打谷场堆满了干枯的草垛。英国军官未经村民许可向鸽子开枪，一位 75 岁的农民前去劝阻，英军不听，导致一处打谷场着火。村民们认为是英国军人打枪造成的，他们带着木棍赶来，试图夺取军人的武器。英军开枪，致使一名村妇和四名村民受伤。村民们怒火万丈，对五人一顿痛击，其中三人被抓，两人逃走，但一人在跑回营地过程中因中暑死亡。农民们当时曾极力抢救中暑的英国士兵，结果无能为力。当增援英军抵达时，死亡士兵正躺在一个农民的怀里。英军错以为是这个农夫杀死了他，就把这个农民处死了。事后，英国占领当局想当然地认为这是一场受到民族主义媒体鼓动下的有预谋的袭击，并决定教训一下丁沙薇的村民。他们设立了一个特别法庭，组成一个有五名审判员的陪审委员会（两个埃及人和三个英国人）。经过三天审讯，该特别法庭审判了 52 名村

---

① Arthur Goldschmidt Jr., *Modern Egypt: The Formation of a Nation-State*, p.58.

民。6月28日，在村民的众目睽睽之下，对四名村民执行了绞刑，对其他部分村民处以鞭刑或监禁。

这就是20世纪埃及近代史上著名的丁沙薇惨案——这一英国占领军的野蛮行径，激起埃及人对英国占领埃及的普遍愤怒。抗议活动在埃及各阶层迅速蔓延。卡米勒极为震怒，正在法国疗养的他马上在7月11日出版的法国《费加罗报》上发表《致英国人民和文明世界书》，用大量事实说明丁沙薇惨案的真相，驳斥英国外交大臣所谓惨案是由埃及人的宗教狂热所引起的一派胡言。7月14日，他又在伦敦发表演说，痛述克罗默的血腥统治给埃及人民带来的灾难，呼吁英国人民支持埃及的正义斗争。诗人易卜拉欣·哈菲兹挥笔题诗，把英军的统治斥之为罗马时代"尼禄的暴政重返"[①]。许多埃及人，包括科普特人和穆斯林都聚集到卡米勒家中商讨对策。埃及各界普遍要求对英国统治进行改革。受占领当局控制的人民议会也冲破樊笼，通过54份提案，要求释放丁沙薇惨案中的被捕者、扩大议会权力、结束各部门被英国人控制的状况，等等。1906年秋天，阿巴斯接见了卡米勒和法里德，答应资助卡米勒举办英文版和法文版的《旗帜报》，卡米勒同意和他保持联系，双方实现了和解。这是奥拉比运动以来"埃及人第一次在政治上大规模地活跃起来"[②]。

克罗默的占领政策不仅引起埃及人民的反抗，也引起了国际社会的谴责。来自英国和欧洲的自由主义者在第一时间内就进行了抗议，恰好执掌帝国政府达20年之久的保守党内阁遭遇惨败，面对埃及民族主义力量的壮大，自由党内阁决定通过与较为温和的埃及民族主义势力相接触，避免更加激进的反英势力。但终究无助于平息埃及人民对克罗默的愤怒，1907年4月，对埃及人民统治长达24年、被称为"东方暴君"的克罗默辞职下台。新任英国驻埃及总领事埃尔登·戈斯特，被称为"埃及通"，他会讲流利的阿拉伯语，曾在

① 杨灏城：《埃及近代史》，第274页。

② Arthur Goldschmidt Jr., *Modern Egypt: The Formation of a Nation-State*, p.61.

埃及政府中出任内务部顾问和财政部顾问，面对日益高涨的民族主义运动，迅速与赫底威重修关系。赫底威也投桃报李，从而实现了统治上层的政治一致。

卡米勒等民族主义运动的领袖对广大人民的态度发生变化，丁沙薇惨案后，卡米勒的“非暴力”主张虽然没有改变，但他看到了在基层人民群众中蕴含的伟大力量。事实上，正是来自人民的斗争才改变了埃及民族主义运动的航向。丁沙薇事件“是一个重要的转折点，因为埃及人逐渐得出了不可避免的结论，即正义从来就不能寄希望于统治他们国土的外国人”[①]。

20世纪初的民族主义运动

丁沙薇惨案和克罗默下台之后，埃及政治舞台上各种势力出现新的组合，新的政党开始涌现。具有代表性的，一是1907年9月21日由马哈茂德·苏莱曼帕夏创建的民族党，它反映英国占领者和部分埃及农业大地产主的阶级利益，并创办了《杰里丹报》。该党主张在英国的占领下实现自治，鼓吹英国占领是既成事实，希望通过民族代表即各省的大地主和占领当局共同执政。二是1907年12月9日由《支持者报》主编阿里·优素福创建的立宪改革党。该党受阿巴斯支配，代表王室和部分大地主利益，鼓吹埃及人民应该听命于赫底威，主张在赫底威的领导下与占领当局合作，成立代议制政府，其追随者不多，1913年优素福死后，内部分裂。三是1907年12月27日由卡米勒决定成立的祖国党，为区别奥拉比建立的祖国党，又称新祖国党，以《旗帜报》为喉舌。这一天，一千多人的代表出席会议，选举出31人组成的中央委员会和9人组成的执行委员会，卡米勒被选为终身主席。该党是埃及近代史上第一个具有明确纲领、组织较为严密、影响较大的现代政党。它反对英国占领，以要求英军撤军为目标，又被称为撤军党。同时，它还提出建立欧

① Jason Thompson, *A History of Egypt: From Earliest Times to the Present*, p.267.

洲式代议制政府，发展农业工商业，普及教育等符合埃及人民愿望的十大纲领，得到了埃及人民的拥护。

1908 年 2 月 10 日，卡米勒因患有肺结核而与世长辞（也有人说死于毒药），年仅 34 岁。他的去世是英国占领期间埃及民族主义运动的重大损失，标志着一个时代的结束。他的去世引发了近现代埃及史上的第一次大众葬礼示威游行，共有 25 万人参加了他的葬礼，公务员罢工、学生罢课，跟随在他的棺椁后面为他送行。示威游行显示出埃及人民对卡米勒的爱戴和尊敬，展示了新祖国党在埃及人民中的受欢迎程度。

卡米勒去世后，新祖国党选举卡米勒长期的战友、同事穆罕默德·法里德任党的主席，并负责三种文版的《旗帜报》的出版发行工作。法里德，1868 年出生于开罗贵族家庭，他和卡米勒一样毕业于法律学院，通晓法语。一开始在埃及政府中任职，1896 年辞职当律师，和卡米勒志同道合，一生反对英国占领，并成为卡米勒的助手。他“虽然不善言辞，但稳重得体而不做作。更重要的是，他有自己的主见，不会轻易地被赫底威或者奥斯曼素丹用金钱所收买”[①]。法里德坚持遵循穆斯塔法·卡米勒奉行的路线，把撤军确定为新祖国党压倒一切的中心任务；他倡导建立议会、实行民主、建立工会，执行有利于发展民族工业的政策，反对与列强签订不平等贸易协定。

这一时期，埃及工人运动蓬勃发展。1908 年 8 月和 10 月，埃及烟草工人接连两次举行总罢工，要求提高工资；10 月，开罗电车工人举行罢工，要求增加工资，缩短工作时间。在这种形势下，法里德尽管仍然坚持以知识分子为主领导民族运动，坚持非暴力主张，但他比卡米勒进一步认识到，埃及的农民和工人是埃及社会的最底层，应该组织农会和工会来改善他们的境遇。1909 年开罗手工业工人工会成立，是埃及历史上第一个规模较大的工人组织。法里德受

① Arthur Goldschmidt Jr., *Modern Egypt: The Formation of a Nation-State*, p.62.

卡米勒影响，主张教育救国，举办学校和各种夜校，加强了对城乡居民的教育，提高了埃及人民的觉悟。

1908年春，新祖国党号召埃及民众向阿巴斯请愿，要求他颁布宪法，成立议会。7月，奥斯曼帝国内爆发青年土耳其革命，革命恢复了1876年宪法，废黜了奥斯曼素丹，点燃了埃及民族主义者的希望。法里德急忙前往伊斯坦布尔，试图寻求新政权的支持，但此时新政权领导人的立场是亲英的，法里德无功而返。1908年11月，执政13年的穆斯塔法·法赫米内阁辞职下台，戈斯特任命亲阿巴斯的科普特人布特鲁斯·加利（1991—1996年出任联合国秘书长的加利的祖父）接任，引发了又一波民族主义怒火。因为加利本人就是丁沙薇惨案的审判法官之一，这自然遭人记恨。《旗帜报》主编、著名的民族主义者阿卜杜·阿齐兹·贾威石在一篇言辞激烈的社论中，强烈谴责丁沙薇惨案的不公审判，并且攻击科普特人（矛头指向加利），导致部分温和派和科普特人等非穆斯林退出新祖国党。此后，党的政治主张变得更加激进化和泛伊斯兰化。由于《旗帜报》所产生的重大影响，特别是越来越多的埃及年轻人参与到民族主义运动当中，占领当局和埃及政府决定对《旗帜报》进行封杀。1909年3月25日，加利首相奉命恢复奥拉比运动期间埃及政府颁布的出版法，根据该法，埃及所有报纸的出版必须得到内务部的许可，其目的就是要控制那些富有煽动性的文章。此举当然遭到开罗居民的反对，开罗市民和警方发生冲突，部分民众的情绪出现激进化倾向。

接着，埃及政府在英籍财政顾问的建议下，提出因为需要额外的资金来加强灌溉工程，以向苏伊士运河公司延长租期40年（从1968年到2008年）的时间换取400万埃镑的现金（当时价值约2000万美元）支持。这一卖国提议遭到民族主义者的强烈反对。戈斯特建议内阁将这个问题提交给人民议会表决。1910年2月21日，在议会投票表决前夕，首相布特鲁斯·加利被一个年轻的民族主义者易卜拉欣·沃尔达尼所刺杀。穆罕默德·赛义德继任首相，组织新内阁，把提案交付人民议会，结果被一致投票否决。在随后的加利刺杀案调查过程中，当局认为刺杀者属于当时埃及一个秘密组织，该组织正在埃及各地建立分支，目的就是杀死（或至少是恐吓）那些与英国占领当局合作的埃及人。戈斯特决定镇压民族主义运动，不再给埃及人更多的权力，当局颁布了一系列新的法律约束媒体、学生的政治活动和公众集会。1911 年，戈斯特患上了癌症而离任。新上任的英国代表兼总领事就是前埃军总司令、镇压马赫迪起义的刽子手基钦纳。

基钦纳一改戈斯特的缓和政策，采取更加强硬的路线对待埃及人。民族主义领导人被限制、被监禁或被流放。基钦纳虽然蔑视党派政治，但在 1913 年提出了一项新的组织法，允许埃及人在 1914 年选出了一个新的更强大的代表机构——立法议会。赛义德·扎赫鲁勒（1860—1927 年）在本次会议上被选为立法议会副议长。赫底威本人开始发现自己处于被孤立的状态，此时基钦纳已在考虑如何把他赶下台去。戈斯特、基钦纳等人对法里德及其领导的新祖国党开展的爱国活动恨之入骨，赛义德内阁对他既威逼利诱，又频加迫害。1911 年 1 月，政府判处法里德 6 个月的刑期。次年 3 月 24 日，面对基钦纳凶残的打压手段，法里德被迫秘密离开埃及，到欧洲避难，从此过着流亡生活。法里德在旅欧期间，仍旧坚持反英爱国活动，为埃及的独立自由奔走呼号。他用大量无可争辩的事实阐明英国 28 年的殖民统治给埃及在政治、经济、文化等方面带来的灾难，呼吁各国声援埃及人民的正义斗争，重申埃及不是英国殖民地，也永远不会接受它的保护。[①] 他多次参加在欧洲各国首都举行的世界和平大会，并一再申明埃及不接受英国的占领和保护，为维护埃及的独立和自由而战，直至 1919 年逝世于德国。法里德离开埃及，使祖国党名存实亡。民族主义者们在几条战线上出现分裂：有的人希望与赫底威建立更加紧密的联系，而另一些人则谴责赫底威与英国的妥协；

① 杨灏城：《埃及近代史》，第 285 页。

有的人继续主张泛伊斯兰主义并且强化同奥斯曼的关系，而另外一些人则希望吸引或维护非穆斯林的支持及其关系；一些人想通过煽动武装起义来赢得埃及的独立，而另一些人则希望通过非暴力手段达到目的。埃及的民族主义运动再次跌入低潮。

三、第一次世界大战与埃及独立

第一次世界大战中的埃及

1914 年 8 月，第一次世界大战爆发。随着战争的进行，奥斯曼土耳其成为英国敌人的态势逐步明朗，在此情况之下，让埃及彻底从奥斯曼土耳其手中独立，由英国自己来控制，既是对奥斯曼土耳其的打击，又可以将埃及作为战时的物资供给地和军事基地。基切纳认为，埃及是“英帝国影响和统治阿拉伯世界的关键”①，“成为敌对双方力争之地”②。英国自然希望完全将其纳入帝国版图之中。1914 年 11 月 2 日，英国正式宣布对埃及实行军事监管，12 月 18 日又宣布埃及独立于奥斯曼帝国，从此结束了奥斯曼对埃及 397 年的宗主权，“英国以埃及保护国的角色出现在世界政治舞台上”③。19 日，英国宣布废黜被扣留在伊斯坦布尔的赫底威阿巴斯，由他的叔叔侯赛因·卡米勒以素丹的头衔取代阿巴斯的王位，以示埃及完全独立于奥斯曼。从此，埃及正式沦为英国的保护国。保护国制度的实施给予了英国对埃及事务的最高统治权，埃及的政府管理和军事行动都置于英国的控制下，甚至有权决定埃及王位继承问题。1917 年，侯赛因·卡米勒病死，由卡米勒之弟艾哈迈德·福阿德继任素丹。英国驻埃及代表兼总领事改称英国高级代表，首任

① J. C. B. Richmond, *Egypt 1798-1952: Her Advance towards a Modern Identity*, London: Routledge, 1997, p.176.

② 杨灏城：《埃及近代史》，第 228 页。

③ Jason Thompson, *A History of Egypt: From Earliest Times to the Present*, p.271.

高级代表为麦克马洪（1914—1916年在任）。英国在埃及实施戒严法，军事法院接手民事法庭，立法议会宣布无限期休会，一批民族主义者被软禁。[①]政治上的严密控制使这一时期的埃及民众毫无政治自由和权利可言，他们被禁止跟英国的敌对国往来，严禁五人以上的聚会，而军事管制政策使英国当局可以随意地逮捕、审讯、监禁、流放、处死任何人。英国当局在埃及的种种政治举措进一步激化了英埃的民族矛盾。

这一时期执政的首相侯赛因·鲁西迪（Husayn Rushdi）认为英国对埃及的保护只会持续到战争结束。但事实上，这显然不是英国的计划，[②]英国决不会轻易放松对已经到手的殖民地的控制。数以百计的英国人，虽不像战前他们的父辈那样受到过良好的训练，还是被派往埃及，充任公务员队伍；而成千上万的英帝国军队——其中许多是澳大利亚人和新西兰人——进驻了开罗、亚历山大港和苏伊士运河区。[③]随着越来越多的英国军队出现在埃及的国土上，埃及变成了英国的一个重要军事基地。[④]

英国对埃及的掠夺

为了保证战时物资的需求，英国加紧了对埃及的掠夺，埃及重回鞭子、劳役和腐败的"三C"时代。[⑤]他们迫使埃及的农民低价出售谷物、棉花和家畜，还迫使埃及政府将埃镑取代黄金而与英镑挂钩，大量印发货币，攫取民脂民膏，导致国内物价飞涨，而埃及民众却饱受严重的通货膨胀和粮食短缺之苦。1917年埃及物价整体翻了一番，例如面包在1914年是100镑，到1917年涨到了203镑，石油

---

① "Colonisation of Egypt", http://library.thinkquest.org/04oct/01218/nationalism/preww1.html, 上网时间：2013年11月26日。

② Selman Botman, *Egypt from Independence to Revolution, 1919-1952*, p.25.

③ Arthur Goldschmidt Jr., *Modern Egypt: The Formation of a Nation-State*, 2004,

④ Jason Thompson. *A History of Egypt: From Earliest Times to the Present*, p.273.

⑤ Afat Lutfi Al-Sayyid Marsot, *A History of Egypt: From the Arab Conquest to the Present*, p.95.

价格从 1915 年的 122 镑涨到了 1917 年的 209 镑。[①] 尽管政府采取了补贴措施，但粮食价格大约仍是战前的两倍。民众饥寒交迫，一些投机囤粮的商人则大发战争横财。战争初期，英国在埃及成立了劳工公司和运输公司，劳工的参加与否开始还属于自愿行为，公司支付相应的薪水。但随着战事的加剧，招募的劳工对处于战争胶着状态的英国而言远远不够。劳工们不得不背井离乡，跟随英军到巴勒斯坦和叙利亚劳作。由于劳工公司能够招募到的人越来越少，无法满足英军的战争需要，1918 年 5 月，时任英国高级代表温盖特向埃及政府施压要求实施强制征役，埃及政府被迫同意从乡村强制征召劳役人员到战区服役。被强征人员持续增加，从战争初期 1915 年的 2973 人，增加到了 1918 年 8 月的 12.3 万人，到战争结束时，英国在埃及强征的劳工人数大约为 150 万 [②]。即使到战后，本应尽快释放劳工，但时任埃及高级代表艾伦比却继续让这批人在铁路上服役。大量的埃及人被迫参与这场与他们并无关系的战争。埃及民众对英国和埃及政府的不满和愤怒与日俱增，不断发起释放劳工的抗议浪潮。深刻的经济社会危机加上英国殖民者的剥削掠夺，迫使埃及民众投入了新的民族解放事业，同英国殖民者展开斗争，为新的一波民族主义运动高潮做了准备。

战争的爆发同时阻碍了埃及原本从土耳其和欧洲国家进口商品的渠道，致使埃及大部分商品都不得不在本土进行生产和加工，才能满足国内市场和英军的需要。由于没有廉价欧洲工业品的竞争，导致埃及经济，特别是民族资本获得了一个虽然短暂却也是发展的春天。埃及农业产量提高、出口增加，纺织业、印刷业、制糖业和烟草业等有了新的发展；战时交通的需要也促进了埃及铁路和公路的建设。在此过程中，一批投机分子和负责英国军备供需的地主商人大发横财，由大地产主投资的民族工商业有所发展，形成了一个

---

① Janice J. Terry, *The Wafd, 1919-1952, Cornerstone of Egyptian Political Power*, Third World Centre for Research and Pub., 1982, p.31.

② Janice J. Terry, *The Wafd, 1919-1952, Cornerstone of Egyptian Political Power*, p.24-26.

新的社会阶层——民族资产阶级，为1919年宪政运动准备了阶级基础。[①]随着埃及经济社会基础的变化，原由土耳其和契尔克斯精英、地主阶层和宗教领袖主导的埃及政坛出现了一批新兴政治势力，他们的力量日益壮大，开始谋求更多的政治参与。西化的知识分子同伊斯兰乌莱玛之间的论战也促使埃及思想界进一步成熟，在他们看来，民族主义的内涵不仅仅是驱逐殖民者，也不仅仅是独立于奥斯曼帝国，还包括民族的复兴。随着教育的发展，更多的埃及青年得以进入高中或大学，学习法律和技术工程等专业，还有一些经济条件优越的家庭选择让孩子出国深造，这批埃及教育发展的受益者在结束学业后，大多选择进入政府部门。这样，一批草根出生的行政公务员队伍出现了，他们也是新兴知识分子阶层的重要组成部分。

一战加深了埃及所有阶层对英国的不满。埃及的大地产主虽然在战争中同英国持合作的态度，但对战时英国对他们特权的侵犯也十分不满，禁止埃及人同英国的敌对国家进行商贸往来，埃及国内由于棉花大量囤积棉价下跌，触及埃及地主阶级的利益，棉商不得不暂停或延迟贸易活动。由于埃及粮食作物主要依赖进口，导致国内粮价飞涨，在战争的头两年埃及大约损失了2000万埃镑。[②]此外，对舆论的严控导致祖国党的《旗帜报》和民族党的《杰里丹报》都被迫停刊。英国也不重视埃及知识分子的就业问题，导致埃及知识分子阶层的普遍不满。迅速发展的工商业为埃及创造了日益壮大的无产阶级队伍，他们分布在开罗、亚历山大、伊斯梅利亚、苏伊士和塞得港。他们在外籍人开办的工厂中忍受着恶劣的工作环境和极低的工资待遇。英国战时实行的土地制度和税收制度也加重了农民的负担。

尽管英国对埃及实行的保护国制度引起了埃及民众的痛恨，埃及的民族主义情绪在不断高涨，但民族主义运动并未实现质的突破，

① 王铁铮主编：《世界现代化历程·中东卷》，江苏人民出版社2010年版，第45页。
② P. J. Vatikiotis, *The History of Egypt*, p.250.

乃至“几乎没有发生过抗议”[①]。其原因主要有：第一，作为英国重要的供给国之一，埃及的社会主要矛盾是与同盟国的矛盾。埃及国内的人力、物力、财力几乎全被运用于取得战争胜利之上，埃及民众没有意愿也没有能力在此时进行反抗英国的民族主义运动。第二，战争期间，英国为了确保在战争中生死攸关的日用品不至于中断，允许埃及发展民族工业以保证英国在战场中的供给，这使埃及民族工业出现了短暂的春天。第三，战时“英国担心棉花物资会流入敌国之手，于是承诺对埃及的棉花进行合理收购，并成立了棉花控制委员会，委员会将棉花的价格控制在一个合理的范围内，而这一时期棉花的价格高于战前，这些措施保证了埃及农民的收入”[②]。英国的棉花政策在给农民带来不错收益的同时，也促进了民族工业的发展，埃及资产阶级和无产阶级的力量因此才得以壮大。埃及在第一次世界大战中并没有形成足够团结的力量来保证民族主义运动实现突破，这是埃及民族主义运动并未在战时爆发的重要原因。

对英国来说，幸运的是，第一次世界大战期间埃及的反英运动并未发生，不过这并不意味着埃及民族主义停滞不前。英国对埃及极端的殖民控制和埃及不断恶化的社会状况构成埃及民族主义运动高涨的重要历史环境，新兴阶级的壮大成为埃及民族主义运动重要的社会潜在力量，这些又构成了第一次世界大战期间埃及民族主义发展的主要成果。

赛义德·扎赫鲁勒的成长

埃及的土著地主和工商业者逐步成为埃及争取民族独立的主导力量，曾任埃及教育部长和司法部长的赛义德·扎赫鲁勒成为一战后埃及民族解放运动的核心人物，得到了埃及民众的广泛支持。

赛义德·扎赫鲁勒，1859 年出身于艾巴耶纳村一个富裕的地主

---

① Jason Thompson, *A History of Egypt: From Earliest Times to the Present*, p.272.

② Robert L. Tignor, “The Egyptian Revolution of 1919: New Direction in the Egyptian Economy”, *the Middle Eastern Studies*, Vol.12, No.3, Oct.1976, p.43.

家庭，深受贾迈勒丁·阿富汗尼和穆罕默德·阿卜杜的伊斯兰改革主义思想的影响。他从19世纪80年代就开始从事民族主义活动，在奥拉比运动前的动荡岁月里，赛义德曾协助阿卜杜编辑报纸，从而深入参与了1882年的革命事件。英国人接管埃及政权后，由于恐怖组织的问题，他遭到逮捕并被审讯。幸免于难后，他赴法国学习法律。他在完成学业并返回埃及后，成为一名律师，并出任国家法院的法官。“他的关系网极为广泛，能力极强，他的成就证明了这一点。”[①] 由于赫底威家族中有影响力的纳兹利公主对他的庇护，以及娶了首相穆斯塔法·法赫米的女儿为妻，扎赫鲁勒得到很快提升。纳兹利公主和穆斯塔法·法赫米都是亲英分子，他也就有机会成为克罗默勋爵的座上宾。1906年，扎赫鲁勒成为教育大臣，1910年出任司法大臣。在戈斯特统治期间，他加入了民族党（Ummah），开始对英国的统治感到失望。两年后由于与其他内阁大臣存在分歧而离开了内阁。当基钦纳1913年颁布新的组织法，允许埃及人建立立法议会并举行选举时，赛义德参加竞选并从两个独立的选区选出。1914年1月，立法会议员选举他为立法会议副议长，在随后岁月中，他成为政府的主要批评者，再次投身反抗殖民主义统治的伟大事业中。扎赫鲁勒同其他民族主义志士一起奔走呼喊，鼓励埃及民众为民族解放而奋斗。

在战争进行中，埃及的政治家们就已经开始思考战后埃及的未来，特别是协约国的各种声明点燃了埃及独立可能即将到来的希望。[②] 战争结束后，英国的国际地位出现衰落迹象，美国逐渐走向国际舞台，俄罗斯在十月革命胜利后实现了社会主义从理论到实践的历史性突破，世界无产阶级力量不断壮大。新的国际形势为埃及民族主义运动的转变提供了客观环境。就国内而言，英埃民族矛盾在战后英国对埃及的进一步掠夺之下更加尖锐，严峻的民族危机促使

---

① Jason Thompson, *A History of Egypt: From Earliest Times to the Present*, p.269.

② Afat Lutfi Al-Sayyid Marsot, *A History of Egypt: From the Arab Conquest to the Present*, p.95.

埃及的知识分子、资产阶级、无产阶级、农民空前团结。埃及民族主义运动方式在此基础上实现了新突破。

战后，埃及政府提出主权完全独立、取消英国殖民统治的合理要求，英国政府本应践行承诺，取消埃及的“保护国”身份，但庞大的殖民利益决定了英国不会心甘情愿放弃对埃及的殖民统治。[①]凭借埃及在一战期间援助协约国的巨大牺牲，及受到日益兴起的世界范围民族解放运动的影响和威尔逊总统关于民族自决的“十四点原则”演说的鼓舞，以扎赫鲁勒为代表的上层民族主义精英认为埃及独立的时机已经到来，他们认为埃及作为战胜国，应该在战后的巴黎和会上寻求达成和平政治协议，实现埃及的完全独立自决。[②]

1919：民族主义的第三次高潮

早在 1917 年秋季，埃及的民族主义者就考虑派遣一个代表团（即华夫脱，Wafd）向英国提出埃及人的独立请求。1918 年 11 月 13 日，欧洲刚刚停战两天之后，扎赫鲁勒就同英国高级代表温盖特会面，提出结束军事管制法和审查制度，讨论埃及的自治和民族独立问题。他说，埃及人是“古老而能干的民族，拥有辉煌的历史，比阿拉伯人、叙利亚人和美索不达米亚人更能组建秩序井然的政府，这些人在最近都获得了自治的承诺”[③]。扎赫鲁勒及其代表团赴伦敦提出要求，英国却借口扎赫鲁勒没有正式的外交谈判的身份，拒绝其谈判请求。

从英国的角度来看，埃及重要的战略位置在战争中显露无遗，在战争中英国都没有失去埃及，更何况在战后无论如何也不能失去埃及。为了反驳英国殖民者关于扎赫鲁勒的代表团没有真正代表人民的指控，1918 年 11 月 23 日，扎赫鲁勒在埃及国内发起一场签名请愿活动，在一份委托扎赫鲁勒及其代表团有权代表全体埃及民众

① Jason Thompson, *A History of Egypt: From Earliest Times to the Present*, p.273.
② Janice J. Terry, *The Wafd, 1919-1952, Cornerstone of Egyptian Political Power*, p.8.
③ Jason Thompson, *A History of Egypt: From Earliest Times to the Present*, p.276.

与英国谈判的“委托书”上征集签名。这次签名大约募集了10万余人的签名，包括学生、工人、农民、妇女以及科普特人，从而推动“代表团”成为一个正式的政治组织——华夫脱党，目标是“以一切合法的和平手段来寻求埃及的彻底独立”，其力量“来自于埃及的民众”。[①] 扎赫鲁勒从此成为了新一轮民族主义运动的领袖。[②]

在国内外强大的压力下，鲁西迪政府认识到埃及独立和民族解放事业无法忽视华夫脱党的存在。鲁西迪认为，这是埃及政府介入从中斡旋的时机，他请求英国政府同意他前往伦敦，商议战后英国在埃及的统治政策和苏丹问题。与此同时，鲁西迪政府默认华夫脱党作为埃及正式代表的身份，向英国高级代表温盖特建议允许扎赫鲁勒赴伦敦谈判。温盖特对此没有答复，不过他确实给英国外交大臣亚瑟·贝尔福发了电报。贝尔福回答说，英国外交部的官员正忙着为即将到来的巴黎和会做准备，没有时间与扎赫鲁勒会谈。英国的拒绝激怒了埃及民众。他们指出，阿拉伯人、犹太人和亚美尼亚人都被允许在和平会议上发言，但埃及人却没有。[③] 鲁西迪政府颜面扫地，于1918年12月18日被迫辞职。第二年的1月13日，扎赫鲁勒发表演说，重申埃及民众坚持主权独立和民族解放的立场，号召埃及民众掀起反英殖民统治争取民族独立的运动，引起了英国殖民者的极度恐慌。

3月3日，扎赫鲁勒威胁国王，要采取更大规模的罢工和示威反对政府。3月8日，英国出动军队逮捕了扎赫鲁勒、伊斯梅尔·赛义德、穆罕默德·马哈麦德和哈马德·巴沙尔等4人，第二天便将他们流放到马耳他。英军对华夫脱党领袖的暴行更加激起埃及民众的强烈反抗，学生、公务员、律师、妇女、工人纷纷走上街头举行示威游行。仅一周的时间，埃及全国都出现了不同程度的罢工和骚乱，人们开始抢劫商店，炸毁铁轨，切断电报线，烧毁建筑

---

① P. J. Vatikiotis, *The History of Egypt*, p.261.

② Arthur Goldschmidt Jr., *Modern Egypt: The Formation of a Nation-State*, p.67.

③ Ibid., p.69.

物。出租车司机拒绝载客，律师表示不会出现在庭审现场，农民也走上街头，打出支持华夫脱党、要求独立的标语。当英国殖民者试图暴力镇压游行示威时，愤怒的民众开始攻击欧洲人驻扎和居住的地方，人们再也不愿忍受欧洲人制定的殖民规则和各种特权。[①]6名英国军官在一辆火车上被谋杀。埃及妇女有史以来第一次参加了这些示威活动。科普特牧师们登上清真寺的小栅栏，穆斯林哈提夫站在教堂的讲坛上，显示了前所未有的民族团结。代替温盖特出任高级专员的埃德蒙·艾伦比将军认为通过增加驻军人数和增强武器装备可以稳定埃及的统治秩序，然而，埃及国内声势浩大的抗议运动完全超出了他的预料，他不得不转而谋求和埃及的谈判来解决问题。[②]

“似是而非”的埃及独立

埃及民众声势浩大的游行示威迫使英国不得不释放了扎赫鲁勒等人，同意4月9日重组的鲁西迪政府和扎赫鲁勒等民族主义运动领袖同英国进行谈判，扎赫鲁勒也被允许参加巴黎和会。埃及民众认为通过将埃及问题国际化可以推动埃及的独立。然而，对于4月份举行的巴黎和会，伦敦方面早已做了充足准备以确保各国支持英国对埃及的保护国政策。当扎赫鲁勒及其代表团满怀希望巴黎和会可以给予埃及独立时，却发现自己在和会上孤掌难鸣，“这可能是埃及历史上非常悲剧的一天”，他们“发现自己在巴黎和会上得不到任何一个国家的同情和关心”。[③]反倒是英国通过和会确立了其对埃及保护国身份的合法性。

巴黎和会上埃及代表团的蒙羞再次将埃及国内的反抗运动推向新的高潮，4月21日，鲁西迪政府再次被迫辞职。由于害怕被暗杀，艾伦比一时找不到愿意出面组阁的埃及人，直到5月22日才成立了

① Janice J. Terry, *The Wafd, 1919-1952, Cornerstone of Egyptian Political Power*, p.98.

② Ibid., p.8.

③ Arthur Goldschmidt Jr., *Modern Egypt: The Formation of a Nation-State*, p.70.

穆罕默德·赛义德领衔的新政府。这种状况下，英国决定派遣米尔纳率领一个委员会，调查“埃及秩序混乱的原因，对保护国制度下埃及的社会经济现状进行考察，以此调查结果为依据，推动埃及自治机构的发展，维护外国人利益”[①]。

在扎赫鲁勒的呼吁下，在12月7日到达开罗的“米尔纳调查团”遭到埃及各界人士的抵制，英埃谈判被迫重启。1920年7月，扎赫鲁勒率团赴伦敦与米尔纳进行谈判，重点是埃及的国际地位和独立问题。谈判伊始，由于双方分歧太大，谈判陷入僵局。但双方都不愿空手而归，扎赫鲁勒开始发动开罗民众的游行示威来对英国施压。到8月下旬，双方达成一个初步协议，即“米尔纳－扎赫鲁勒协议”或称“八月备忘录”，该协议奠定了后来1922年英国承认埃及独立声明的基础。[②]根据协议，英国承认埃及是一个独立的立宪君主制国家，埃及在其他国家有权派驻大使。但埃及为了取得主权独立，在个别条款上做出让步，如埃及须同英国结盟，英国享有在埃及的驻军权，英国仍拥有在涉及埃及的国际问题上的最高控制权，以及任命财政部长和领事裁判权最高处置权，埃及不得与英国的敌对国家建立外交联系，也不允许除英国之外的其他国家来埃及开发。1921年2月，米尔纳调查团发布调查报告，认为埃及的保护国制度已然难以为继。“米尔纳－扎赫鲁勒协议”在埃及和英国都引起了激烈的争议，英国方面，丘吉尔、柯曾和艾伦比等人都对此持否定和批判的态度，因此该协议并未得到英国政府的正式承认；埃及国内对该协议的态度也产生分歧，以阿德里·亚昆为首的“温和派”认为这已是双方能达成的最好的结果，以扎赫鲁勒为代表的“激进派”则对条款中对埃及的限制仍感到不满，由于协议仍未给予埃及完全独立地位，他没有在备忘录上签字，并坚持应该把它提交给全体埃及人民表决。埃及国内在扎赫鲁勒的领导下发起重新谈判、修改备

---

① J. C. B. Richmond, *Egypt 1798-1952: Her Advance towards a Modern Identity*, p.183.

② John Darwin, *British, Egypt and the Middle East: Imperial Policy in the Aftermath of War 1918-1922*, The Macmillan Press Ltd., 1981, p.103.

忘录的抗议浪潮。3 月 21 日，同扎赫鲁勒分道扬镳的阿德里·亚昆组成新一届政府。阿德里率代表团到达伦敦，会见英国的柯曾。英国为了防止扎赫鲁勒领导的政治运动破坏谈判，再次将扎赫鲁勒逮捕并流放。英军的暴行再次激起了埃及民众的反抗，导致伦敦谈判的失败，阿德里政府被迫辞职。一次次的抗议浪潮不断冲击着英国在埃及的殖民统治大厦，华夫脱党由此成为埃及唯一拥有广泛民众基础的政治组织，扎赫鲁勒奇里斯玛式的个人魅力使他成为埃及民族解放和国家独立的独一无二的象征。

阿德里下台后，英国不得不再次寻找新的代理人，他们选中了原祖国党的领导人之一萨尔瓦特。但萨尔瓦特提出条件，要求英国废除保护国制度，承认埃及独立和自主处理外交事务的权力。鉴于埃及持续动荡的局势，艾伦比建议英国政府发表单方面声明给予埃及人想要的独立地位，但可以设置保留条款，确保英国在埃及的利益，并释放扎赫鲁勒，缓和同埃及的矛盾。1922 年 2 月 28 日，英国政府发表单方面声明，宣布放弃保护国制度，承认埃及的独立。至此，1919 年以来的民族解放运动取得初步胜利。但英国政府坚持保留四项具有争议的条款：负责埃及对外来侵略和干预的防卫；确保英帝国在埃及的交通安全（主要是控制苏伊士运河）；保护外国人和少数民族的利益；苏丹的地位问题。四项保留条款是为了确保英国在埃的既得利益，必要时英国会使用武力迫使埃及“听话”。[①] 这样，埃及在名义上成为了一个独立的主权国家。

对于 1922 年英国的单方面独立声明，扎赫鲁勒领导的华夫脱党开始是不接受的。然而，英国为了维护其殖民利益，在发表独立声明之后，急于推动埃及成立新的宪政政府，颁布宪法，承认英国的四项保留条件。为了进一步稳定埃及局势，英国建议未来的宪政政府将华夫脱党囊括进去。英国的想法是通过宪政来控制华夫脱党的行动，将扎赫鲁勒等人在宪政政府中边缘化。面对宪政的前景，

① Arthur Goldschmidt Jr., *Modern Egypt: The Formation of a Nation-State*, p.75.

扎赫鲁勒领导的华夫脱党接受了独立声明，并开始将注意力转移到新的国家政权的构建中。1922年英国单方面独立声明并没有减少英国对埃及的实际影响，但恢复了埃及的部分自治和民主。独立声明发表后，埃及政府打出了“政治复兴”的口号，这不仅是重新恢复主权的努力，也是埃及政府开启寻求强大和稳定政治体制的探索之路。[①]英国单方面的独立声明可谓隐患重重，它不是双方谈判的结果，英国表面上放弃保护国身份，但四项保留条款又确保埃及的宪政改革不会触碰到英国的在埃利益。有历史学家认为英国的声明就是一场闹剧。[②]在随之而来的自由主义时代，英国总是在一些无关痛痒的条款上做出让步来敷衍埃及，但斯塔克刺杀事件、埃及军队的控制问题以及二战期间的阿布丁宫之围等危机事件都表明英国仍可以像克罗默勋爵时代那样操控埃及，[③]只不过比殖民统治的手段更加巧妙和隐蔽。[④]

1919年3月开始的民族解放运动最终迫使英国于1922年承认埃及的主权独立地位，成为埃及近代史的转折点，也是埃及民众开创自身历史实现民族自决的开端[⑤]。尽管此时埃及的独立地位仍是不完整的，但这毕竟是埃及民族解放运动的阶段性成果，它为埃及政治精英推动埃及彻底独立和宪政实践以复兴埃及提供了政治平台，亦为新兴社会势力问鼎政坛和角逐权力提供了必要的外在形式。以华夫脱党为代表的埃及上层精英登上政治舞台，直接推动了埃及现代民族国家的建构进程。

---

① John Darwin, *British, Egypt and the Middle East: Imperial Policy in the aftermath of War 1918-1922*, p.133.

② Fouad Ibrahim and Barbara Ibrahim, *Egypt: An Economic Geography*, London & New York: I. B. Tauris & Co.Ltd, 2003, p.35.

③ John Darwin, *British, Egypt and the Middle East: Imperial Policy in the aftermath of War 1918-1922*, The Macmillan Press, p.132.

④ Abdeslam M. Maghraoui, *Liberalism without Democracy: Nationhood and Citizenship in Egypt, 1922-1936*, Duke University Press, 2006, p.55.

⑤ Fouad Ibrahim and Barbara Ibrahim, *Egypt: An Economic Geography*, London: I. B. Tauris & Co.Ltd, 2003, p.35.

从阿里王朝时代到英国殖民主义时代，埃及政治、经济、社会、观念等方面的变革促使埃及民众逐渐从部落的、村落的、地方的认同逐渐转向了对统一主权国家和民族的认同。现代民族主义的观念已经深入人心，无论是埃及新政府还是埃及国内的各类组织，都积极地挥舞起民族主义的旗帜，倡导建立一个崭新的现代民族国家。[①]1919年的民族解放运动是埃及现代化进程的重要里程碑。运动中聚集了埃及各个社会阶层的民众，穷人和富人、穆斯林和基督徒、上层地主和农民工人、男人和妇女，他们占据街头广场，手持武器，不仅要驱逐英国殖民者，也在向世界展示他们在埃及建立新秩序的能力。[②]

---

① Timothy Michell, *Rules of Experts: Egypt, Techno-politics, Modernity*, University of California, 2002, p.182.

② Lisa Pollar, *Nurturing the Nation: the Family Politics of Modernizing, Colonizing, and Liberating Egypt, 1805-1923*, Los Angeles: University of California Press, 2005, p.167.

第十一章 议会时代的埃及

20世纪20年代以后，埃及经济社会继续经历深刻变革。1923年的宪法标志着埃及历史进入“宪政的年代”，亦称“自由主义时代”或“议会时代”，这一时期的埃及加速了其从传统封建制国家向现代民族国家的转型，在政治层面经历了从殖民统治到主权独立的初步实现、从传统封建制度到现代立宪政治的初步确立、从君主专制到多元民主政治的初步实践等政治建构进程。三大政治进程又呈现出明显的“内卷化”特点，因为软弱的政党精英打着结束英国“四项保留”的旗号，既不能与英国有效谈判，又无力应对国王的专权，而且找不出更好的办法来引导下层民众，从而把立宪政治演绎成一场看似轰轰烈烈、实则“茶杯里的风暴”——国内政争和摆脱英国人的统治问题在两次世界大战间耗尽了埃及领导人的精力和注意力。[①]在宪政制度的理想和政治参与的实践之间的纠葛中，埃及的社会改革裹足不前、民族矛盾久拖不决，导致精英政治逐渐衰落、政治暴力开始泛滥，宪政陷入困境。

一、20世纪上半期的经济、社会与思潮

农业和工商业的发展

议会时代，埃及的经济秩序主要表现为传统社会经济秩序的延

① 〔美〕西·内·费希尔：《中东史》（下册），姚梓良译，商务印书馆1980年第1版，第588页。

续、变动和现代经济秩序的发展壮大。农业生产的进步和工商业的发展构成埃及社会秩序变迁的经济基础，而其中受益最大的是社会上层地主和资产阶级，雄厚的经济实力为他们踏上政治舞台提供了有力的物质条件。

埃及依旧以农业为主，农业生产的发展在埃及社会发挥至关重要的作用。1939 年，埃及 71% 的人口生活在农村，69% 的劳动力从事与农业有关的工作。从伊斯梅尔时代开始的土地私有化进程促使埃及本土一批掌握大量地产的包括王室成员在内的地主阶级出现，他们积累了大量财富和资本。雄厚的经济实力使其得以长期操纵、影响国家政治生活的走向，构成了埃及的统治阶级。因此，议会时代君主立宪制的实质是社会上层地主阶级的统治。

为了扩大农业产出、获得更多的收益，大地产主和小农采取多重措施推动农业生产的发展，随着常年灌溉工程、排水系统的完善、化肥的使用增多、农业机械的应用以及增加作物密度等新的种植技术，推动了农业生产力的长足进步。自拿破仑入侵以来 150 年的时间里，埃及农业从传统自给自足的水平发展到了可供出口的农业商品化水平，到 20 世纪 50 年代初期，埃及的可耕地面积只增长了 16%，农作物产量却增加了 30%。政府的财政收入得到巨大增长，1903 年政府财政总收入约为 46.3 万英镑，1913 年增到了 156.8 万英镑，1923 年的财政收入为 376.6 万英镑，1928 年这个数字涨到了 589.7 万英镑。[①]1920 年成立的米缀尔银行的投资很大一部分集中在农业领域。不过由大地产主主导的立宪政府制定的诸多鼓励农业发展的新政策也皆是以大地产主自身的利益为准，小农和无地农民的经济状况并没有随着埃及农业生产的进步而有所改善。

20 世纪初期，外资企业在埃及的经济发展中仍占据了较大的比例。部分开明地主或富裕商人开始投资工业企业，推动埃及工商业和金融业的发展，国内的制糖、面粉、印刷、烟草、航运等工商业

① Royal Institute of International Affairs, “The Anglo-Egyptian Question”, *Bulletin of International News*, Vol. 6, No. 23 (May 22, 1930), p.635.

开始有所发展，尤其诞生了资产阶级和无产阶级，由于新兴工商业的发展离不开一批具有专业技术和知识的人才，客观上推动了埃及教育和文化的发展。议会时代初期，埃及本土的工业还处于萌芽状态，其中很多得到了米绥尔银行的资助。米绥尔银行的建立是埃及民族资本觉醒的开始。[①] 1922—1923年，华夫脱党呼吁埃及的工业和金融界抵制外国资本的渗透，为米绥尔银行的发展壮大创造了良好的政治社会条件。反过来，米绥尔银行的成立在埃及民族工业发展过程中发挥了重要的作用。在其支持下，大批埃及实业家都开始投资实业，开始了埃及的工业化建设，[②] 其投资范围涉及飞机制造、影视公司、矿场开发、采石厂、食品加工、纺织厂以及航运业等。不过，米绥尔银行也始终面对着资金不足的问题，银行领导人为了促进埃及整个民族经济的持久有序发展，从20世纪30年代起被迫选择同外国资本进行合作，[③] 逐渐发展成为20世纪上半叶调控埃及经济发展的金融中心，直到1960年被收归国有。[④]

1930年，伊斯梅尔·西德基领导的内阁实施关税保护制度，保护国内民族工业的发展。在此之前，埃及实施无差别的自由贸易政策，本土民族工业根本无法同外资企业竞争，市场充斥着大量的外国商品。1930年关税保护政策实施后，埃及提高关税门槛，从8%提高到了15%—25%，外国商品在埃及市场的流通失去了价格优势，从而推动了埃及民族商品的销售和生产，极大地促进了国内民族工商业的发展，涉及纺织、制糖、棉油、粮食、化工品、家族、皮革、罐头食品和通信产业等领域。在米绥尔银行的示范和政府利好政策的鼓励下，埃及的民族资本也开始不断扩大投资和生产，埃及国内

① Marius Deeb, "The Socioeconomic Role of the Local Foreign Minorities in Modern Egypt, 1805-1961", *International Journal of Middle East Studies*., Printed in Great Britain 9 (1978), p.18.

② Authur Goldschmidt Jr., *Modern Egypt: The Formation of a Nation-State*, p.80.

③ Marius Deeb, "The Socioeconomic Role of the Local Foreign Minorities in Modern Egypt, 1805-1961", p.20.

④ Esmail Hosseinzadeh, *Soviet Non-Capital Development: the Case of Nasser's Egypt*, New York: Prager, 1989, p. 80.

工业生产能力逐渐增强，进口的国外商品数量下降。到 30 年代初，水泥的生产已经可以满足国内工业需求的一半，卷烟厂建立了自己的商标。纺丝厂的纱锭从 1918 年的 2 万个增加到了 1930 年的 6 万个。[①]1939 年，埃及境内的酒厂、烟草公司、蔗糖厂，90% 的鞋厂、水泥厂、肥皂厂和家具厂，以及 80% 的火柴厂和 65% 的啤酒厂都处于埃及民族资本的控制之下，这些工厂中的大多数都是在二战期间建立的。埃及民族资本的投资领域也在不断扩展，但以轻工业投资为主，特别是重工业还处于萌芽状态。不过，大部分的制造业仍掌握在外籍人手中。

社会阶层的变迁

1919—1952 年，埃及社会和政治最大的特征就是大地产主利益的最大化。[②] 土地是埃及最重要的经济支柱，掌握土地数量越多就意味着话语权越大，大地产主在埃及社会具有决定性的影响。

由于新兴资产阶级还同时具有大地产主的身份，这就决定了他们在资本主义发展进程中绝对不会触及土地私有制的底线，特殊时期会从社会的进步势力转化为现代化的阻力。以华夫脱党为代表，他们可以带领埃及民众获得初步的独立，并开始宪政实践，但其根本的经济利益在于土地，因此绝对不会进行土地改革，亦不会真正地广泛动员民众参与。为了在工商业领域扩大经济权益，他们要求工业化和市场化，在经济上同英国殖民统治者又有着千丝万缕的联系，这就决定了他们在民族主义斗争中的摇摆性和妥协性。

这种大土地所有者的权力延伸到政治领域，就是一个地产主通常也会是该区域的实际长官，他要远比一个行政官员在当地更有威望和管理效率。因此，埃及的地方长官和警察往往要同大地产主建

① Roger Owen and Sevket Pamuk, *A History of Middle East Economies in the Twentieth Century*, Harvard University Press, 1999, p.43.

② Dadaw Safran, *Egypt in Search of Political Community: An Analysis of the Intellectual and Political Evolution of Egypt, 1804-1952*, London:Harvard University Press,1961, p.194.

立良好的关系，而大地产主的家庭成员也由此进入当地政府管理部门，成为政府职员，双方关系盘根错节。由于政府在乡村地区的行政统治受制于当地的地主，他们转而采取立法措施，通过土地制度、租金规定和契约合同的办法来施加影响。

大地产主和民族资产阶级融为一体，主导了议会时代的经济和政治生活，在其执政的30年间一直致力于同独裁专制的国王进行斗争，无暇顾及社会经济方面的变革，其阶级局限性也决定了他们不会在土地制度和社会分配等方面进行彻底变革，这就导致埃及社会的两极分化，一方面，来自底层民众的不满情绪蔓延，为各种政治思潮的盛行和非官方政治组织的建立准备了社会基础；另一方面，精英政治的浓厚色彩必然会排斥民众政治的参与，而民众的政治觉醒和社会经济领域的深刻变革又必然导致民众要求扩大政治参与。

随着经济的发展、政府官僚体制的完善和教育的提升，增强了新兴阶层的力量，[①] 对埃及社会产生了深远的影响。埃及的教育预算从1914年的50万埃镑增加到450万埃镑，全埃及大中小学生人数从1.5万人上升到23.2万人。教育主要在于消除文盲，课程集中在文学、语言和人文科学，而车间作业、铸造、冶炼等专业技能，科学和医生、工程师、科学家、职业经理培训的很少。[②] 随着教育的发展和出国深造人员的增加，识字率逐步上升，催生了一批从事各种各样专业知识和技术职业的现代知识分子，他们在政治觉醒、思想传播等方面做出了突出的贡献。1937年，埃及介于上层精英和底层贫民之间从事知识和技术行业的新兴社会阶层人数约为5.3万人，到1947年增长到了8.8万人；其中，律师人数从8929人增加到了9153人，医生从2429人增加到了2947人，化学工程师从1549人增加到了1692人。[③] 新兴社会阶层的规模也在不断扩大，他们多由

① J. D. Pennington, “The Copts in Modern Egypt”, *International Journal of Middle Eastern Studies*, Vol. 18, No. 2, 1982, p.162.

② 〔美〕西·内·费希尔：《中东史》（下册），第589页。

③ Magda Baraka, *The Egyptian Upper Class Between Revolution 1919-1952*, Ithaca Press, 1998, p.51.

职业阶层构成，如知识分子、商人、军官、工程师、医生、律师、教师、小商人和经销商等，占埃及总劳工人数的 6%。[①]

这批人的数量尽管在不断增长，他们却发现自己的实际生活水平处于下降的趋势。人口增长过快、物价飞涨和通货膨胀抵消了他们薪酬的增长幅度，教育发展催生的一批知识精英由于就业市场的狭窄和政府错误的发展规划，导致他们处于失业而徘徊于街头。上层统治阶级权力倾轧斗争不断，这批人被排斥在主流政治之外，对自由宪政主义和民族资本主义复兴计划感到失望。

议会时代，埃及国内的贫富差距进一步扩大。在埃及，拥有土地就意味着拥有权力和财富，民众所占的土地比重是非常小的，他们或者在土地兼并中失去土地，或者拥有一小块几乎无法养家糊口的份地。为了适当平衡埃及的土地分布状况，从 1934 年到 1950 年间，埃及政府卖掉了 18 万费丹的土地，但只有 1.7% 的土地流入小农的手中，农业机构获得了 7.6% 的土地，90.7% 的土地再次出售给大地产主，大地产主可谓埃及宪政政府土地政策的最大受益者，人数只占埃及总人口很小的比例。大地产主为了种植经济效益高的棉花，导致粮食作物的种植面积进一步减少，国内粮食严重短缺，加上外国驻军的剥削盘剥，造成埃及普通民众生活十分困苦。农民生活水平普遍下降，卫生和健康状况很差，死亡率很高。[②]

议会时代的经济社会秩序总体呈发展上升态势，但上升的好处并没有使全体埃及民众共享，“埃及的社会上层比另一些阶层的人在享受这些福利上获得了优先权，诸如交通的改善、健康医疗和教育改革等方面，他们是埃及社会改革和发展的第一批获利者。而埃及人数最多的社会底层人民，在田地中辛勤劳作的逊尼派穆斯林乡村大众却无缘享有这些社会福利，他们的日子一如往常的困苦。”[③]

---

① Roger Owen, Sevket Pamuk, *A History of Middle East Economies in the Twentieth Century*, p.46.

② 〔美〕西·内·费希尔：《中东史》（下册），第 588 页。

③ Bacerley Milton, *Contemporary Politics in the Middle East*, Cambridge: Polity Press, 2011, p.38.

人口成倍地增加，但由于国内农业生产结构的限制而未能转化为人口红利，从而推动经济社会同步发展，人们从城镇涌入城市，却过着失业、拥挤、歧视和流浪的生活，而原来维系彼此间关系的宗教纽带在城市消失了。

社会思潮的变动与碰撞

20 世纪上半期埃及社会思潮亦处于纷繁复杂的变动时期，各个阶层从自身的角度出发，纷纷提出民族复兴和国家独立的药方，新旧社会思潮在这一时期产生了激烈的碰撞。100 多种期刊出版，其内容涵盖了政治社会大事件，形式涉及音乐、雕塑和舞蹈等艺术领域，这些作品反映出传统伊斯兰文化和西方文化的碰撞和融合，带有独特的埃及特色。[①]

近代以来，有关世俗法律、教育、社会、政治思想和民族发展等西方现代理论的引入开拓了埃及知识分子的眼界，独立民族国家理念以及自由、民主和平等的政治原则成为埃及社会追求的最高目标。[②]精英政党扶植或支持知识分子，通过他们的作品来表达和宣传其世俗的自由宪政思想。塔哈·侯赛因、阿卜杜·拉兹齐、哈伊卡勒等知识分子纷纷著述立作，倡议效仿西方国家实行政教分离，提出“宗教是一回事，国家则是另一回事”[③]宣扬法老主义、领土主义和自由宪政主义等具有浓厚世俗倾向的社会思想，他们将埃及看作一个主权在民的民族国家，试图将埃及文明同希腊罗马文明相联系，强调历史上地中海文明对埃及文化和生活的影响，提出埃及在法老时代的荣光历史，弱化其阿拉伯属性和伊斯兰属性[④]，不仅要效仿西

---

① Israel Gershoni, “The Evolution of National Culture in Modern Egypt: Intellectual Formation and Social Diffusion, 1892-1945” , *Poetics Today*, Vol. 13, No. 2 (Summer, 1992), p.328.

② Nassim Rejwan, *Arabs in the Mirror: Images and Self-Images from Pre-Islamic to Modern Times*, Austin: University of Texas Press, 2008, p.122.

③ Dadaw Safran, *Egypt in Search of Political Community—An Analysis of the Intellectual and Political Evolution of Egypt, 1804-1952*, p.143.

④ Anthony Gorman, *Historians, State and Politicas in Twentieth Century Egypt: Contesting the Nation*, Routledge, p.97.

方的物质文明，还有效仿西方的精神文明。[①]他们希望埃及也能像欧洲国家一样，通过立宪政治制度下的自由民主化改革，踏进发达国家的行列。埃及境内的所有公民，无论是穆斯林、基督徒还是犹太人，都享有同样的权利和义务，反对任何形式的宗教极端主义，他们的目标和任务即要求英国军队撤离埃及，他们往往采用与本国价值观相反的普世价值、重商主义、工业化和西方政治思想作为主导埃及改革的方向。[②]

在上层精英政党实施的宪政体制下，新兴社会阶层中一批高级知识分子开始踏入政坛，他们并没有显赫的土地作为政治资产，但在思想界和政治斗争中积累了社会威望，这批人包括穆斯塔法·纳哈斯、努克拉什、哈菲兹·阿菲菲、阿里·马希尔和阿卜杜·哈迪等，他们反对殖民统治、要求政治独立和经济发展，限制赫底威的权力，反对权威，提倡教育、司法和经济改革，批判社会精英政党实施的宪政制度的虚伪性，批评精英政党无法推动经济社会改革，宣扬科学和理性，社会自由和公平。

乌莱玛阶层则由于拥有对伊斯兰教义和教法的权威阐释权，成为封建专制王权统治机器的重要组成部分，在教育、司法和政治决策中都发挥了重要作用。一般看来，传统乌莱玛阶层对社会改革都持保守态度，政治立场上反西方，政治改革上反世俗，实际情况并非如此。乌莱玛作为伊斯兰教的官方宗教人员，有自己固定的地产瓦克夫，往往由统治者赐予，然而，当乌莱玛切身利益受到损害时，乌莱玛也随即转向反抗模式。议会时代，倡导世俗宪政改革的精英政党在教育和法律层面实施的改革严重损害了传统教界的势力，乌莱玛面临着权力的削弱，遂同保守的专制国王一道反抗宪政精英的统治，成为宫廷的天然盟友，其根本原因并不是源于宪政精英是世俗的、西方的和改革的，而是因为宪政改革触碰到了教界的根本利益，

① Zohurul Bari, *Modern Egypt: Culture, Religion and Politics*, Shipra Publication, Edition, 2004, p.103.

② Authur Goldschmidt Jr., *Modern Egypt: The Formation of Nation-State*, p.62.

如采取立法的形式将乌莱玛阶层纳入政府内部，支付工薪，废除宗教赠予的相关规定，打破了乌莱玛阶层经济和社会地位的独立性，引起了传统教界的强烈不满。

30年代后期，随着上层精英政党的衰落，社会问题丛生，世俗宪政自由主义倾向的思想也逐渐失去了影响力，埃及的知识分子不再一味追随西方的政治发展理论，转而总结埃及历史和文明的独特性，寻求新的发展路径。[①] 穆罕默德·阿卜杜曾将伊斯兰的原教旨思想同西方的科学思想相融合，倡导恢复"伊智吉哈德"即独立判断，反对当时埃及社会奉为传统的违背早些伊斯兰社会原则的思想和行为，在他看来，当前埃及社会遵循的伊斯兰传统和爱资哈尔倡导的教条已经背离了伊斯兰社会最初的原则。而阿卜杜倡导的"伊智吉哈德"不是对早期伊斯兰社会简单的复制，而是要在变化的现代社会条件下强调先知穆罕默德时代的自由、民主和公平等原则。[②]

二、宪政、议会与多元政治

宪政的初步实践

议会时代埃及实行世俗的宪政实践，包含排斥专制君主统治地位和强化上层精英政治影响的双重倾向，表现为精英政治、君主政治和殖民势力三者之间的权力分享，这一时期埃及政治现代化的重要特征表现为世俗化、精英化和政党化。宪政制度的确立、自由化改革、社会日渐开放，促使宪政、自由、民主和人权的政治理念深入人心，但政府职能的缺失为议会框架外的组织提供了政治空间，客观上鼓励了议会框架外各种政治组织和各种社团如雨后春笋般迅速成长，进而挑战居于统治地位的精英政党和专制王权，推动了埃

① Israel Gershoni, "The Evolution of National Culture in Modern Egypt: Intellectual Formation and Social Diffusion, 1892-1945", *Poetics Today*, Vol. 13, No. 2 (Summer, 1992), p.330.

② Zohurul Bari, *Modern Egypt: Culture, Religion and Politics*, p. 130.

及自下而上的民主化进程。

宪法作为现代民族国家立国的根本大法，规定了国家的根本制度和原则，也是国家内部政治势力间相互制衡的产物。议会时代，宪法的地位已经得到了充分的重视，埃及著名学者艾哈迈德·爱敏指出："宪法是决定国家政治体制的根本制度，决定了政府的权限，民众的权利和义务，也是政府权力的来源，而宪法本身的权威是由主权国家赋予的。"[①] 1922 年 2 月 28 日英国单方面宣布埃及独立的声明发表之后，埃及随即成立立宪委员会，这意味着埃及接受了英国独立声明中的四项保留条件，将英国在埃及的殖民利益合法化。[②]一支强大的英军不仅驻扎在运河区，也驻扎在开罗和亚历山大，英国的高级专员继续留在埃及，以他愿意的方式干涉埃及事务。

在各方势力的激烈较量下，由叶海亚·易卜拉欣领导的新政府在 1923 年 4 月 19 日颁布了新宪法。1923 年宪法是埃及历史上第一部埃及人的宪法，宪法规定，"埃及的一切权力归国家所有"，埃及是"自由独立的主权国家"，实行君主立宪制；立法权由国王和议会共享；议会分上下院，上院议员任期 10 年，下院任期 5 年；宪法赋予埃及全体男性公民以选举权（宪法第 82 条）；国王可指派上院 2/5 的席位，剩余 3/5 的上院席位和下院全体席位则在全体男性公民中进行公选（宪法第 132—133 条）；内阁对议会负责（宪法第 57—72 条）；所有公民均"享有平等自由权利"。[③]宪法是对社会上层利益的保护，有着浓厚的精英色彩，宪法草案起草过程中的激烈角逐也反映了埃及不同政治势力之间的矛盾冲突；由于福阿德国王的坚持，宪法赋予国王广泛的权力，包括任命首相和大臣，议会通过的法案必须通过国王的同意，否则将发回议会重审，国王还可

① Dadaw Safran, *Egypt in Search of Political Community—An Analysis of the Intellectual and Political Evolution of Egypt, 1804-1952*, p.149.

② Abdeslam M. Maghraoui, *Liberalism without Democracy: Nationhood and Citizenship in Egypt, 1922-1936*, p.53.

③ Ibid., p.61.

以解散议会。[①]这也导致了双方在整个议会时代围绕权力的激烈冲突和角逐。尽管如此，这部宪法仍不失其历史进步意义，重新分配国王和议会的权力暂时化解了埃及面临的政治危机，重新建立起一种统治秩序，表明了埃及的新兴民族资产阶级正在影响着国家的政治生活，宪法中自由民主主义的诸多原则、公众意识和民选政府的权威都被着重体现出来，赋予埃及人民开放而自由的选举权，"标志着非洲现代史上第一个民族独立国家的诞生"[②]，为在埃及建构一个主权在民、宪法至上的现代民族国家奠定了基础。宪法没有一处提到英国，但英国军队和大量顾问仍驻在埃及，而且英国人出任埃及军队的总司令，这就能说明议会时代埃及政治的本质。

宪法规定议会中的议员席位除了国王任命之外，其余的需要从埃及各界精英中进行选举产生，这些人往往代表着不同的利益集团和社会势力，包括原政府高官、王子、乌莱玛、军人、工商业者、上层知识分子和社会知名人士等。宪法明确指出议员构成的来源，将工人和农民排除在了议会之外，普通民众在民主系统中的权利仅限于选举权，被选举人显赫的经济社会地位是获得被选举权的首要条件[③]。在近30年的宪政实践中，各方势力始终在宪政的框架下，围绕议会政治和政党政治展开。随着精英政党控制议会，政党政治便成为埃及社会上层不同的利益集团表达政见的重要平台，也是夺取国家统治权的工具。

1923年3月至5月，埃及开始为第一次选举做准备，4月30日，通过了选举法，赋予埃及成年男子的选举权，7月5日，埃及废除了战时紧急状态法。9月，扎赫鲁勒从欧洲返回开罗，受到了民众热烈的欢迎。1924年1月12日，在华夫脱党、自由立宪党以及自由党人的共同努力下，埃及顺利举行了首次议会选举。选

① Afat Lutfi Al-Sayyid Marsot, *A History of Egypt: From the Arab Conquest to the Present*, p.98.

② 彭树智主编，雷钰、苏瑞林：《中东国家通史・埃及卷》，商务印书馆2003年版，第225页。

③ Magda Baraka, *The Egyptian Upper Class Between Revolution 1919-1952*, p.251.

举结果，华夫脱党以压倒性优势赢得了下院214个席位中的190席，福阿德国王任命扎赫鲁勒出任政府首相，组成了第一届选举政府。

1924年议会选举标志着华夫脱党从民族主义政党转变为议会框架内的宪政政党，也是其从非法转为合法、从民族主义转向民主主义、从民众基础转向精英基础的开始。[①] “完全控制议会的华夫脱党在一个地位显赫的政治家领导下可谓信心满满，他们满怀埃及面临的机会，很多问题需要他们去解决”[②]。扎赫鲁勒上台后，撤换了原来土耳其、契尔克斯精英，代之以埃及民族精英，这些人从此成为埃及主要的统治因素。[③]第一届政府是议会时代初期所有政治力量对比的缩影，[④]而议会讨论的话题也非常广泛，包括从农业灌溉技术问题、乡村问题到高等教育问题以及工人工资问题，等等。

议会政治的博弈

特定的历史环境决定了议会时代埃及政坛国王、立宪政党和英国势力三足鼎立的局面。[⑤]宪法起草者与宪法实施对象之间在阶层和社会地位方面的完全不对等，决定了议会时代埃及政治的突出特征在于精英统治。政治精英既包括传统封建地产的既得利益者，也包括新兴大资本家和商人等，华夫脱党便是其中的典型代表，其政治思想、构成人员和政策制定都源自埃及社会上层利益。随着民族矛盾趋于缓和，华夫脱党同民众之间的矛盾则逐渐显露，从民众支持的民族主义旗手逐渐蜕变为大地产主和资产阶级利益的维护者。政治精英期望通过践行宪政来建立一个民主的政府，而国王却想扩大专制统治来恢复昔日的独裁统治，英国则企图继续维护和扩张在埃

① Zohurul Bari, *Modern Egypt: Culture, Religion and Politics*, Shipra Publication, 2004, p.31.

② Jason Thompson, *A History of Egypt: From Earliest Times to the Present*, p.276.

③ Afaf Lutfi Al-Sayyid Marsot, *A History of Egypt: From the Arab Conquest*, p.99.

④ P. J. Vatikiotis, *The History of Egypt*, p.277.

⑤ Abdeslam M. Maghraoui, *Liberalism without Democracy: Nationhood and Citizenship in Egypt, 1922-1936*, p.58.

及的势力。因此，埃及的民族政治精英不得不同时同国王、英国人进行周旋，“意见分歧和动员力量的不对称性又削弱了埃及民族资产阶级政党的力量。”①

以国王为首的传统专制保守势力对宪政的阻碍，同倡导宪政的精英政党之间的矛盾，构成议会时代政治斗争的主要内容。君主专制力量在议会时代的延续，经济根源在于其雄厚的经济实力，政治根源在于宪政未能有效制约王权。王室明确反对英国殖民统治，其主张埃及主权独立的民族解放立场也为专制君主赢得了一定的社会支持，为专制权力的延续提供了合法性。国王可以“用首相一职来诱惑政治家”，可以把“政府视为各政党之间斗争的奖品”②，其结果久而久之就是人民对政党政治的疏离。

中产阶级作为埃及社会的新兴事物，主要由知识分子、公务员、公司职员、学生、教师、小工商业主、医生、药剂师、律师等各类职业人员构成，作为社会上层和底层民众的中间人和联系者，发挥着重要作用。高等教育的背景使他们可以更多更深入地思考宪政、民主、自由、公平等现代政治理念。在议会时代初期，中产阶级支持上层精英倡导的温和宪政改革，期望能够实现民主、自由和公平，然而政府提倡和使用这些概念并非意味着现代政治内涵的真正实践。中产阶级的数量虽有所增长，却在经济地位上直接受制于外国雇主或本国的大地主和资产阶级，参与政权仅限于发出声音，更多时候只能追随强势力量。

从1919年宪政运动起，底层的民众往往也成为上层精英进行民族解放斗争和宪政改革争取的政治力量，在主导政权的社会上层围绕权力的激烈争夺中，他们也难免卷入其中。然而从30年代中后期起，由于上层精英政党对外无法完成民族独立的任务，对内排斥下

① Dina Shehata, *Islamists and Secularists in Egypt: Opposition, Conflict, and Cooperation*, Routledge Taylor & Francis Group, 2010, p.160.

② Afat Lutfi Al-Sayyid Marsot, *A History of Egypt: From the Arab Conquest to the Present*, p.109.

层民众的政治参与，亦无法推动国内经济社会的发展，令民众大失所望。尽管埃及政治高层绝不允许埃及出现反对宪政改革的声音，但宪政实践赋予他们自由民主的政治参与权利和表达不同政治意见的权利。政府职能的缺失为议会框架外的组织提供了活动空间，下层民众建立的各类政治组织如雨后春笋在埃及各大城市建立起来，诸如穆斯林兄弟会、埃及青年党、共产主义组织以及各类学生组织和工会组织等，进而挑战居于统治地位的世俗精英政治，推动了埃及自下而上的民主化进程。①

1924 年 11 月，英驻苏丹将军李·斯塔克遇刺，扎赫鲁勒内阁被迫辞职，福阿德国王趁机扩张专制君主权势。在国王的支持下，新政府修改选举法，提高选民的年龄、资产和受教育程度等方面的条件，旨在阻挠华夫脱党在新的议会选举中再次获胜，破坏宪政体制。1925 年 1 月，国王组建了自己的御用政党联盟党，积极联系华夫脱党的反对派，在诸多问题上与华夫脱党展开拉锯战，争夺选票。1930 年，在福阿德国王的支持下，西德基上台后解散华夫脱党领导的议会，采取严厉手段肃清和禁止政党的政治活动和言论，废除 1923 年宪法，颁布“1930 年宪法”，强化君主地位，恢复专制独裁的君主统治。西德基政府的倒行逆施引起了社会的强烈反弹，示威游行不断发生。华夫脱党和自由党组成统一战线，在全国各地掀起了声势浩大的“护法运动”。直到 1935 年，福阿德国王迫于国内外压力，宣布恢复 1923 年宪法和 1924 年规定的选举程序。此后，“1936 年英埃协定”的签署成为华夫脱党走向衰落的转折点，1942 年的“阿布丁宫之围”进一步拉大了华夫脱党和民众之间的裂痕。随着传统经济秩序的逐步解体，以国王为首的传统社会势力通过土地对农民的控制力越来越弱，加上工业化、市场化和城市化进程的发展，持保守态度的传统社会势力的社会地位和政治影响也呈现弱化趋势。

---

① Dina Shehata, *Islamists and Secularists in Egypt: Opposition, Conflict and Cooperation*, p.143.

议会时代，埃及政局长期处于动荡状态，议会政治屡遭破坏，内阁更换频繁，“没有一届议会因为不信任投票而解散，但同样也没有一届议会一直维持到任期结束。”[①]据不完全统计，从1923年到1952年不到30年的时间里，包括正常的议会选举、国王解散议会、停止宪法、临时摄政等在内的内阁更换就接近30届。实施宪政的前8年里，议会被解散4次；从1923年到1938年的15年间，就有7次大选，没有任何一届议会维持超过4年的时间。[②]执政时间最长的居然是30年代初的西德基内阁。法鲁克国王最后6个月统治时期就走马灯似的换了四届内阁。[③]这些现象充分说明议会时代的埃及政体远远不是一种成熟状态的政治体制，体现了这一时期埃及政治领域的突出现象在于议会政治和政党政治形式下民主和专制的抗争，反映了现代政治模式与传统政治内容两种因素并存的现实。尽管如此，政党制度的多元化和议会选举还是为政治反对派之间的竞争提供了平台，迈出了埃及政治现代化进程的重要一步，使其具备了现代政治模式的外在形式，预示着埃及政治领域的深刻变革。

宪政体制渐入“困境”

埃及的经济社会基础决定其政党政治并不像欧洲那样成熟，倡导的宪法政治改革只是埃及新兴地主和资产阶级分享统治权的一种途径，宪政改革的目的是为了维护新兴上层社会的既得利益，让一群依赖于旧经济基础的人来推动在新的经济基础上才能存活的政治制度，结果必定令人沮丧。

精英政党之所以能在议会时代获得统治的合法性，在于其在民族解放运动中的先锋作用和对国家宪政改革的规划，然而政党之间赤裸裸的权力争夺却将精英政党同民众的联系割裂开来，精英政党

---

① Afat Lutfi Al-Sayyid Marsot, *A History of Egypt: From the Arab Conquest to the Present*, p.99.

② M. W. Daly, edited, *The Cambridge History of Egypt: Modern Egypt*, *From 1517 to the End of Twentieth Century*, p.298. P. J. Vatikiotis, *The History of Egypt*, pp.296-297.

③ Jason Thompson, *A History of Egypt: From Earliest Times to the Present*, p.291.

之间为了达到自身目的，不惜去破坏和违反宪法条款，[①]同时又将民族主义和宪政制度作为权力争斗的点缀和彼此攻击的武器。客观地说，在第一届华夫脱党统治期间，除了来自国王的挑战，华夫脱党对权力的概念和实施的一些政策和措施，都有悖于执政初衷和“1923年宪法”。[②]宪政精英的衰落还源于疏于管理，华夫脱党“集合一大群民众，他们中却没有一个人精于党内建设、管理和组织工作”[③]，华夫脱党的分裂反映了党内领导层的权力斗争，内部政见不同导致的分裂反映了华夫脱党在处理埃及社会问题上已然力不从心。1922年，华夫脱党最高委员会中穆罕默德·艾哈迈德等八名委员脱党，组建了自由立宪党，是华夫脱党第一次分裂。[④]1936年，由于华夫脱党领导层在英埃协定的态度上再次发生分歧，艾哈迈德·马希尔和穆罕默德·努克拉什等人宣布退出华夫脱党，[⑤]于1938年创建了萨阿德党。1942年，纳哈斯与时任财政部长的科普特人马克拉姆·欧拜德交恶，显示了埃及民族主义运动中穆斯林和科普特人之间历史性合作的中止。人们曾对华夫脱党的上台欢呼雀跃，但精英政党的宪政改革不仅没有给他们带来民主、富强和繁荣，反而代之以一种新式的专制制度。[⑥]

1919年宪政运动不仅是埃及民众反抗英国殖民统治的斗争，也包含底层民众表达对政治社会经济地位不满的诉求，底层民众对经济发展状况的不满、反抗和斗争中披上了民族主义外衣，由于经济社会问题政治化，经济社会问题本身反而被忽视了。宪政运动之后，以扎赫鲁勒为代表的上层精英顶着“民族英雄”的光环为民众勾画

---

① P. J. Vatikiotis, *The History of Egypt*, p.318.

② Ibid., p.280.

③ Authur Goldschmidt Jr., *Modern Egypt: The Formation of a Nation-State*, p.11.

④ “New Cabinet in Egypt, Advocate of Peace through Justice”, *World Affairs Institute*, Vol. 90, No. 8 (August, 1928), p. 479.

⑤ Gabriel R. Warburg, *Egypt and the Sudan: Studies in History and Politics*, London: Frank Cass, 1985, p.116.

⑥ Raymond A. Hinnebusch, “The Reemergence of the Wafd Party: Glimpses of the Liberal Opposition in Egypt”, *International Journal of Middle East Studies*, Vol. 16, No. 1 (Mar., 1984), p.99.

了一个又一个诱人的经济社会发展规划，然而未等规划真正实施，上层已陷入权力斗争。30年代经济危机的到来严重打击了脆弱的埃及经济结构，失业率大增，棉价暴跌，大批小农破产，粮价上涨，对底层民众的生活造成极大影响。面对堆积如山的社会问题，以华夫脱党为代表的上层精英政党无法也不愿意进行彻底的改革，宪政政府非但没有给予民众其当初承诺的政治参与的权利，反而不断打压社会下层的政治参与。① 面对日益严重的社会问题，历届政府缺乏应对措施，不断地推诿搁置责任。"当矛盾在某一处被激化形成暴力冲突时，政府的作用便发挥了——武力镇压，这似乎是他们对社会问题唯一的解决路径。"②

脱胎于殖民主义时代的埃及政治精英，在经济、政治、文化方面同英国有着千丝万缕的联系，导致埃及民族资产阶级对英国殖民当局采取的是一种既斗争又妥协的策略，③ 暴露了埃及政治精英在领导埃及民众走向独立斗争中的软弱性和不彻底性。"1922年独立声明"名义上承认埃及独立主权国家地位，每当英国人希望一个有争议的决定得到执行时，英国皇家海军战舰便出现在亚历山大城的宫殿面前，这种情况在议会时代不止一次的发生。④ 宪政初期，英国殖民者主要通过干预宪法起草过程、扶植埃及政府中的亲英派来实施影响。1924年李·斯塔克刺杀案，英国殖民者归罪于执政的华夫脱党政府，迫使扎赫鲁勒辞职，该事件成为议会时代英国通过强力干预埃及内政的"首秀"。1936年英埃协定的签署看似是埃及进一步取得独立地位的步骤，然而英国提出的附属条件使该协定更像是英国设下的陷阱。1940年阿里·马希尔的被迫辞职和1942年的"阿

---

① Nnette S. Fahmy, *The Politics of Egypt: State-Society Relationship*, Routledge, 2012, p.95.

② Afat Lutfi Al-Sayyid Marsot, *A History of Egypt: From the Arab Conquest to the Present*, p.105.

③ Abdeslam M. Maghraoui, *Liberalism without Democracy: Nationhood and Citizenship in Egypt, 1922-1936*, p.126.

④ 〔美〕詹森·汤普森：《埃及史——从原初时代至当下》，郭子林译，商务印书馆2012年版，第279页。

布丁宫之围”凸显了英国已撕掉虚伪的面纱，赤裸裸地通过武力来影响埃及的政治局势。

议会时代，上层富人同城市贫民之间的贫富差距日益扩大，加上政治腐败、道德滑坡、民族矛盾尖锐，底层民众对上层精英宪政改革逐渐失去了信任，转而寻求新的政治参与途径，要求民主、公平和自由等政治理念的真正实践，推动埃及经济社会发展，以改善失业率和贫富分化等社会问题，激进倾向的街头政治暴力行为则是他们表达政治诉求和实现政治参与重要而有效的方式，他们攻击殖民占领者，各种暴力事件层出不穷，而“暴力刺杀事件的背后都是出于政治目的”[①]。

三、多重社会运动的兴起

工人运动与社会立法

第一次世界大战时短暂的繁荣为许多下层民众提供了就业机会，但战后工业生产的萧条又使这批人再次陷入贫困。大量农民流入城市，工人身体素质较差、营养不良、缺乏专业培训、装备较差和管理水平不高，造成埃及工人总体工资水平不高。棉花出口大量减少，外国商品再次涌入埃及市场，埃及的工商业发展陷入低迷，企业主不得不减少生产、缩小规模、裁减工人来减少损失。1924 年 3 月，埃及的石油工业关闭了市场部门，并裁减了 90 名工人，亚历山大国立纺织公司降低了 10% 的薪水，从 1200 名工人中裁减掉了 22 人，埃及的苏打公司减少工时，改为每周三天工作时长。[②]伴随着工业化进程，埃及工人运动产生了。早在 19 世纪末 20 世纪初，埃及工会

① Donald M. Reid, “Political Assassination in Egypt, 1910-1954”, *The International Journal of African Historical Studies*, Vol. 15, No. 4 (1982), p. 626.

② Marius Deeb, *Party Politics in Egypt: The Wafd and its Rivals, 1919-1939*, Oxford: Ithaca Press for the Middle East Centre, St Antogy’s College, 1979, p.187.

就已经出现了，当时的工会以来自希腊、意大利和亚美尼亚的外籍工人为主。1919 年 3 月到 5 月，煤车工人、铁路工人、印刷工人、煤气工人、清洁工、商店雇员和邮电工人以持续的罢工使埃及的工业生产和经济发展陷入了瘫痪。1919—1922 年，这些工会组织共参与了 81 次罢工活动，[①] 他们不仅是对华夫脱党领导民族解放运动的支持，也是对失业率高涨、恶劣工作环境和微薄薪水的抗议。

俄国十月革命一声炮响，共产主义的“幽灵”也开始在伊斯兰世界里“游荡”。工会组织的成立推动工人政治觉醒，工人开始有意识地将各地的工会整合为统一的组织。在工会代表的努力下，1921 年 2 月成立了“劳工同盟会”，这个组织拥有 3000 个成员，[②] 并同后来的埃及社会党建立了紧密的联系。然而，“劳工同盟会”的实际控制权掌握在华夫脱党手中，其领导人很多是华夫脱党成员，或同华夫脱党有着密切联系。“劳工同盟会”中也不乏左翼倾向的领导人，他们向工人宣传反对资本主义和帝国主义的政治思想，号召工人团结起来进行斗争，联合不同职业的工人同胞举行联合罢工，培养工人的阶级意识，强调工人阶级的共同利益，动员更多的人加入他们的组织。

1921 年 8 月，埃及最早的共产主义者约瑟芬·罗森塔尔、萨拉马·穆萨（Salama Mousa）等人组建了具有共产主义性质的政党——埃及社会党，建党之初即有三个支部（法国—英国支部、希腊支部、埃及支部），分别由罗森塔尔本人、彼得里迪斯（Petredis）和阿里·埃芬迪·安纳里（Ali Effendi El-Anani）任三个支部的书记。1921 年 8 月 19 日，安纳里在《金字塔报》刊文，指出埃及的社会主义应该建立在三大基础之上，首先是宗教；其次是自由、平等、和谐、正义等一般的道德信条；最后是卡尔·马克思的辩证唯物主义。[③]

---

① Marius Deeb, *Party Politics in Egypt: The Wafd and its Rivals, 1919-1939*, p.187.

② Ibid., p.188.

③ Dr Yunan Labib Rizk，Bolshevik Revolution Ripples，20-26 April 2000, Issue No. 478, *Al-Ahram Weekly*，http://weekly.ahram.org.eg/2000/478/chrncls.htm.

社会党成员、律师出身的穆罕默德·阿卜杜拉·安纳恩（Mohamed Abdullah Anan）则指出，“埃及的社会主义不是号召革命或者无政府主义”，它“与那种表面上通过政变方式使政府由君主制转变为共和制不同，也与试图通过暴力和流血引发的革命夺取政治权力不同”，而是“寻求完全根除现存的社会秩序……变革（社会运行的）规则和生产方式，重新组织劳资关系以确保社会正义，消除导致财富过度集中和极度贫穷的制度，这远远不是通过一场充斥着暴力和流血的革命所能完成的。”①

社会党的成立遭到了各方保守势力的顽强反对。与此同时，埃及的工人罢工却在显著增加。1922 年 6 月，党内领导层的关系日趋紧张，萨拉马·穆萨由于不满意在罗森塔尔影响下党迅速滑向共产主义的前景而脱党。7 月，社会党其余的领导人决定出版《青年报》（*Al-Shabiba*），采用了镰刀斧头的图案，刊载的第一版就是列宁的一篇文章。1922 年 12 月 21 日，埃及社会党正式更名为埃及共产党，提出了兼具民族主义和社会主义的目标纲领：英国势力撤出埃及和苏丹，实现苏伊士运河国有化，取消外国人在埃及的治外法权，实行八小时工作制，承认俄罗斯苏维埃政府以及实现私有财产的国有化等。

1923 年，埃及共产党在工人阶级中的力量进一步壮大，从而使之能够对政府策划建立所谓的劳工抚慰委员会造成阻碍，甚至对政府试图弥合劳工矛盾的做法表示拒绝。这引起“民族领袖”扎赫鲁勒的不满，他说工人占领工厂是非法的，并采取强硬措施镇压了起义并逮捕了埃及共产党的领导人。在对他们的起诉中，指出他们“通过宣传革命思想以反对埃及宪法的基本原则，试图通过暴力、胁迫和非法活动来改变政府制度”。与此同时，华夫脱党等资产阶级政党纷纷组建属于自己的工会组织，对工人阶级实施分化和拉拢政策。几个工会组织很快就从埃及共产党中分离出来。手工业工人工会发

① Dr Yunan Labib Rizk，Bolshevik Revolution Ripples，20-26 April 2000, Issue No. 478, *Al-Ahram Weekly*.

表声明，称社会主义思想“并不能领导工人实现他们的目标和要求”[①]。同样，在一次由电车工、矿工等组成的集会上，参加者给任首相的扎赫鲁勒发去了电报，宣布他们支持政府，并且“在万能的真主面前断绝与共产主义机器倡导者的所有联系”[②]。1924 年 2 月，亚历山大爆发了新的工人大罢工，《金字塔报》对工人占领亚历山大纺织厂进行示威活动做了专门报道，认为“存在一股强大的力量推动埃及的社会主义运动转变为共产主义运动”[③]。在本次罢工中，罗森塔尔等人被捕并被埃及政府以外国人身份而驱逐。此后，埃及以社会主义为首的整个左翼运动进入了低潮，直到第二次世界大战后又掀起了社会主义运动的波涛。

为了争取工厂的支持，也为了应对工人罢工，各个精英政党争先组织与自身联系密切的工会，到 1922 年，埃及成立了 102 个工会组织，主要分布在开罗、亚历山大和苏伊士运河区，少量分布在其他省份。[④] 1925 年阿卜杜·拉赫曼·法赫米建立了联盟党工会；1930 年，自由党建立了由达欧德·拉蒂布领导的工会；伊斯梅尔·西德基建立了内务部下辖的工会处，后改为劳工部；1934 年华夫脱党支持的宫廷贵族阿巴斯·哈利姆建立了工会同盟，后由于双方政见不同，1935 年阿巴斯·哈利姆又重新组织了独立于华夫脱党之外的工会组织，华夫脱党也在 1935 年建立了自己控制的工会。各精英政党基本以工会组织领袖来控制工人的选票，为了继续获得工会的大力支持，各方政治势力在立法和政策制定层面一定程度上满足工会的要求，以取得工人和民众的好感。因此，议会时代有利于劳工的立法并不是完全迫于工会的要求和工人运动的压力，更多的是上层权力斗争的产物。所有的政党都同意维持 1891 年通过的“个体工人人权法案”。1933 年，议会通过了一项法案，规范在工业和商业中

---

①②③ Dr Yunan Labib Rizk, A Short-lived Experiment, 5-11 October 2000, Issue No. 502, *Al-Ahram Weekly*, http://weekly.ahram.org.eg/2000/502/chrncls.htm.

④ Ahmad Abdalla, *The Student Movement and National Politics in Egypt 1923-1973*, Cairo:The American University in Cairo Press, 2008, p.99.

雇佣妇女的条款，还通过了一项限制工作时间的法案，但法案规定的适用范围仅在特定的行业。1936 年 9 月，华夫脱政府颁布一项法案规定了意外事故中工人的抚恤金和赔偿标准。1936 年阿里 · 马希尔内阁执政期间成立社会改革最高委员会。1940 年，在开罗和亚历山大成立了社会服务学校，负责培训工人的专业技能。1936 年 11 月，华夫脱党议会发表声明，称将进行一项社会改革计划，改善工人工作条件，加强乡村地区的建设。

然而，由于内阁频繁更换，经济改革规划缺乏连贯性，朝令夕改成为家常便饭，出台的政策不少，真正能落到实处改善底层工人生存条件的政策却少之又少。1932 年，被派往埃及调研工人生活条件的英国调查团对埃及工人的生活状况进行详细调查。报告估计埃及的失业人数在 2.4 万左右，埃及工人平均工作时间长达 14—16 个小时，雇佣 10 岁以下童工，没有节假日，工资水平极低。[①] 调查团建议应立刻整改，限制对未成年人的雇佣，确定意外事故的抚恤金，发挥工会组织的作用，限制工作时长和休息日，建立合理的工资水平。埃及工会组织也提出要求 8 小时工作制，同欧洲工人同等水平的工资，自由组建工会的合法性，并要求土地改革，从根本上改善底层民众的生存状况。对于英国调查团的调查结果和工人的合理要求，政府却迟迟不肯回应。1929—1940 年间，工人组织的罢工运动从未停止过。二战爆发后，埃及开始实行战时紧急状态法，劳工法案和社会改革法案再度搁置。

穆斯林兄弟会的成立与早期发展

在自由主义各种社会组织纷纷成立的气氛下，1928 年，一位名叫哈桑 · 班纳的小学教师创建了一个倡导伊斯兰道德和修为的社会团体，其活动一开始也只是限于宗教宣传，弘扬伊斯兰文化，还涉及教育、医疗和慈善事业，在发展过程中逐渐得到越来越多的下层

---

① Marius Deeb, *Party Politics in Egypt: The Wafd and its Rivals, 1919-1939*, p.195.

农民及其进城亲属的支持而壮大，这个组织就是20世纪在埃及和中东影响甚大、标志现代伊斯兰主义滥觞的穆斯林兄弟会。

哈桑·班纳在其追随者和普通民众中有着极高的威望，他被认为是“将道德勇气和公众参与同宗教信仰完美结合的典范”。哈桑·班纳提出，“根据我们的使命，我们来评判这个时代盛行的和引起精神苦难的意识形态。这些意识形态中哪些思想可以被接受，哪些是必须被拒绝的。我们相信我们的运动是集大成者，它包含了所有意识形态中的改革的一面。”[①]从中可以看出，兄弟会并不是盲目地排斥外来事物，哈桑·班纳本人思想中具有创制精神，而且没有明确表示他反对统治政权宪法和议会运行的原则。哈桑·班纳希望建立一个纯粹的穆斯林国家，认为伊斯兰教不仅是精神信仰，净化人们的内心，还是穆斯林社会的重要框架和准则，只有通过彻底的社会政治改革才能实现伊斯兰复兴。兄弟会还提出早期伊斯兰社会的政治理念同政治现代化秩序并不相悖，“因为伊斯兰国家本身就是一个公民国家，乌玛会将公民社会的一些系统和制度都建立起来，而乌玛就代表着权威的来源之一”，在永恒的伊斯兰沙里亚法的建构中的人类的伊智提哈德（创制）并没有被禁止。[②]兄弟会并不完全排斥欧洲的影响，他们采用现代政治组织模式，有着严密的组织结构。兄弟会的分支机构扩展到了每一个城市、乡镇和农村。他们还将科普特人称为“我们的新兄弟”[③]。

从建立之初，穆斯林兄弟会就十分重视教育的发展，班纳认为教育的欠发展也是阻碍埃及发展的重要因素，因此，兄弟会组建中小学校让适龄的儿童接受基础教育。兄弟会的学校不只招收男生，还鼓励女生入学，成立技术类学校培训工人的专业技能，向埃及的

---

① *Muslim Brotherhood and Democracy in Egypt*, Ikhwan Web, June 13, 2007, http://www.ikhwanweb.com.

② Mohamed Fayez Farahat, *Liberalizing the Muslim Brotherhood, Can it be done?* Arab Insight, Vol.2, No.6, winter, 2009.

③ Lieut-Colonel P. G. Elgood, *The Transit of Egypt*, New York: Russell & Russell, 1969, p.308.

底层民众提供最基础的教育服务。兄弟会的纲领中也包含经济社会改革的内容，这也是迫于自身发展的需要，兄弟会的活动需要大量资金，起初兄弟会的资金主要来源于成员的捐赠，为了缓解经济紧张的问题，兄弟会投资建立协作基金会、社会保险公司、一些企业和工厂以便实现一些创收，为兄弟会的活动提供经费来源，也为埃及贫困和失业民众提供宝贵的就业机会，吸引了一批来自社会下层的学生加入。由于 30 年代经济危机的打击，人们对华夫脱党为首的宪政精英感到失望，转而支持兄弟会和埃及青年党这样的民间组织，兄弟会势力进一步扩大，不仅是原来的底层民众，公务员、学生、工人、警察、律师、医生、教师、士兵和农民都加入兄弟会，兄弟会的社会基础呈现多样化的趋势，其活动和组织形式也越来越灵活。

30 年代中期以后，以华夫脱党为代表的精英在政治上日趋保守，在去殖民化、扩大政治参与和经济发展方面都毫无建树，穆斯林兄弟会作为民众政治的载体继而崛起，转变为挑战精英政治的激进政治组织。兄弟会的人数迅速增加，分支机构散布在全国各地，城市贫民、农民、工人、学生、士兵和职员等社会下层成为兄弟会的主要社会基础，他们组织发起了无数次大大小小的示威游行反抗运动，抗议英国殖民占领和宪政政府的腐朽统治。穆斯林兄弟会在 30 年代增长迅速，在警察和军队中也有很深的影响，其分支机构遍布整个埃及社会，还设立了秘密组织，专门负责一些成员的军事训练和从事暴力活动。1934 年，穆斯林兄弟会的分支机构已达到 50 个，支持者估计为 150 万人。[①] 到自由主义时代后期，兄弟会已经取代华夫脱党成为民众支持最广泛的政治组织。迅速发展的穆斯林兄弟会已经对政府统治构成最大威胁，[②]1946 年和 1948 年先后两次遭到政

① Ahmed M. Gomaa, D. Phil., *The Foundation of the League of Arab States: Wartime Diplomacy and Inter-Arab Politics 1941 to 1945*, London: Longman, 1977, p.34.

② Michael Doran, *Pan-Arabism before Nasser: Egyptian Power Politics and the Palestine Question*, New York: Oxford University Press, 1999, p.18.

府打击，数十名成员被捕。1947 年联合国安理会作出巴以分治的决议时，穆斯林兄弟会第一个站出来反对决议并宣布将为阿拉伯同胞而战。

1946 年，兄弟会出版了自己第一份报纸，也吸引了更多的年轻人加入。此外，他们参与建立了劳工联盟，通过组织工人，兄弟会也渗透到了工人阶级生活的方方面面，这也是兄弟会的擅长所在。通过劳工联盟，兄弟会对 1946—1948 年间埃及举行的罢工运动起到了领导的作用。

尽管穆斯林兄弟会发展迅速，但其内部也存在着诸多问题。哈桑·班纳的妹夫阿卜杜·哈基姆·阿比丁早在 1945 年初就被查出渎职徇私，1947 年兄弟会的指导委员会决定开除阿比丁，但在班纳的干预下，这件事不了了之，招致兄弟会内部的一些不满，班纳的同事易卜拉欣·哈桑决定离开兄弟会以示抗议。兄弟会内部的分歧也越来越明显，阿卜杜·拉赫曼·苏卡里作为兄弟会的奠基人之一，由于同班纳在决策方面存在分歧，在班纳的授意下指导委员会将苏卡里排斥在了决策之外。[①]秘密组织已经超出班纳的控制也是证明，到哈桑·胡戴比继任训导师时，兄弟会内部已经笼罩在分裂的阴影下。

女性的觉醒与妇女运动

19 世纪下半期到 20 世纪上半期，埃及妇女经济社会地位继续发生变化。这时期埃及乡村和城市的女性通常可以自由安排自己的时间，带着孩子在住家附近从事小规模的商业活动，她们占据了整个市场，卖蔬菜、鸡蛋、面包、布料等。[②]还有的女商贩主要向上层阶级的女性供货，因为上层阶级的女性往往有自己的生活圈子，她们很少到当地的市场中去，因此她们就从这些商贩手中购买衣物、珠宝及其他的私人用品。随着生活方式的多样化，一些妇女还从事

① Barbara H.E.Zollner, *The Muslim Brotherhood: Hasan al-Hudaibi and Ideology*, p.15.

② Amin,Qasim. *The Emancipation of Women, Cairo:N.P.*, 1899. p.88.

家政服务业。包税制度被取消一度打击了上层社会妇女的理财能力，但后来大地产主产生，又使部分妇女重新获得了财产所有权。在19世纪中后期，就有许多女性购买、继承、抵押土地的例子。①

19世纪70年代的财政危机使许多学校面临关闭的危机，而英国的统治也没有带来复兴。尽管克罗默宣称要将女性教育置于较高的地位，并将其当作中心使命。②殖民当局实施特殊的妇女教育，目的是把妇女培训成为妻子、母亲和佣人，而不是产业工人或专业技术人员，因此一些教授古兰经的学校和师范学校为女性提供的教育主要是针线活、照顾孩子、做饭洗衣等。1903年在校学习的女孩子占比为7%，1913年达到了12%。但除了教师、护士和助产士，女性并不能接受其他领域的职业教育。③医学、农业、工程、法律等专科学校不对女性开放。直到1908年，第一所埃及大学向女性敞开了大门，可以学习阿拉伯文学、数学、物理、政治、经济等课程，这些课程用法语教授（懂法语的埃及妇女显然非富即贵，少之又少）。

这一时期西方的教会学校在埃及女子教育方面起到了重要的补充作用。法国天主教会、英国圣公会、美国长老会以及其他教会团体开办的教会学校，开始接纳埃及女孩子入校读书。他们办学的目的当然是为了传播基督教和宣传西方教育。一些传教士认为家庭的关键在于女性，对家庭进行“拯救”也要通过女性才能完成，所以他们才将精力集中于女子教育。

埃及本土的妇女教育思想也在发生变化，以里法·塔赫塔维、穆罕默德·阿布杜、盖西姆·爱敏等人为代表的思想家提出了一系列新的看法。里法·塔赫塔维对妇女问题十分关注，号召教育要建立在男女平等的基础之上，为此他专门在1875年出版了一本支持两

---

① Beth Baron, *Egypt as a Woman*, University of Callfornia Press, p.40.

② Mona L. Russell, *Creating the New Egyptian Woman: Consumerism, Education,and National Identity*, 1983-1922, Palgrave Macmillan, 2004. p.277.

③ Ibid., p.398

性教育的书籍《对男孩和女孩的忠实教导》。他认为教育对妇女非常重要，认为决定妇女贞洁的不是面纱而是教育。用他自己的话说，即教育赋予妇女更多的理性，使她们更优雅，教育也使她们能够发表自己的见解，并与男人展开讨论。虽说他的观点在当时并不为大多数人所接受，但却在日后为推动埃及妇女教育起到了至关重要的作用。爱敏的《妇女解放》和《新妇女》使妇女问题在伊斯兰世界成为流行的讨论话题。

1882 年英国占领埃及，镇压奥拉比起义，大肆进攻埃及，埃及妇女参与了保卫亚历山大城的行动。穆罕默德·阿卜杜在其回忆录中提到男人女人冒着密集的炮火，向拼死抵抗的炮手运送弹药，她们高声呼喊咒骂西摩尔及其军队的口号。奥拉比甚至在其回忆录中记载了赫底威伊斯梅尔的母亲将自己马车的马匹都捐给了前线。[①]

埃及妇女大规模参加 1919 年革命，标志着埃及妇女的完全觉醒。1919 年 3 月 16 日，埃及妇女在历史上第一次举行了大规模公开的游行示威，表达对革命的支持[②]。参加游行的有 2000 多名妇女，她们准备了提交外国侵略者的抗议信，在抗议信中签字的不乏当时埃及社会的妇女名流。3 月 20 日再次爆发大规模的妇女游行，妇女们高举写有“抗议残杀手无寸铁的无辜平民”、“完全独立”的标语。有多名妇女在游行中牺牲。在随后的革命中，她们还参与了多种形式的革命活动，诸如给英军设置交通路障、设法割断英军补给、抵制英国商品等。埃及妇女积极参与 1919 年革命在很大程度上改变了社会对妇女的看法。[③]此间，华夫脱党还成立了专门的妇女委员会。

但是，1923 年埃及宪法并没有为此就赋予埃及妇女与男子同等

---

① 埃及驻华使馆文化处：《埃及》杂志，2004 年。

② Tmona Zulficar, *The Political Rights of Women in Egypt*. http://www.ecwregypt.org/English/researches/2004/politicalrights.htm.

③ 埃及驻华使馆文化处：《埃及》杂志，2004 年。

的政治权利。这种背景下，1923年3月16日，由胡达·舒拉维领导的埃及女权联合会（the Egyptian Feminist Union）宣告成立，呼吁实现妇女的政治权利，成为埃及妇女运动的组织者，该组织就关于设定埃及妇女最低婚龄、离婚和一夫一妻制等相关个人法律提出一系列司法改革。同年，女权联合会的成员代表埃及出席了在罗马召开的世界妇女大会。1924年，他们与华夫脱党妇女委员会发表联合申明，要求修正选举法，给予妇女以选举权。1935年，女权联合会提出给予妇女以平等的政治权利。1938年，在女权联合会的倡导下，第一届阿拉伯妇女大会在开罗举行，胡达·舒拉维作为埃及代表出席大会。

20世纪40年代，埃及妇女的政治运动进入新的高潮。1942年，法塔马·拉施德（Fatma Rashed）建立了埃及的女权主义政党，其党章的基础就是要求实现两性在政治和社会权利上的平等。1944年，由埃及女权委员会主席胡达·舒拉维领衔的阿拉伯女权委员会宣告成立。1945年，埃及著名的女歌唱家欧梅·卡萨姆（Om Kalthoum）当选为埃及音乐家协会第一届主席。1949年，多利亚·萨菲克（Dorria Shafik）领导建立了名为“尼罗河之女”（Bent El Nil）的政治组织，要求进行法制改革，提高妇女地位，赋予妇女与男子同等的政治和社会权利。①

1951年，埃及妇女参加了全国性的示威游行，拥护政府关于废除1936年条约的决定。妇女们还发起了抵制英国商品的行动，一群女青年站在英国巴克利银行分行前，阻止顾客进入。埃及妇女还组织成立了第一个人民抵抗运动妇女委员会，帮助敢死队员在运河区从事抵抗英军的斗争。一批妇女在抵抗运动中牺牲，其中最著名的当数牺牲于艾布·哈马德城的乌姆·萨比尔以及牺牲于大丘地区的赛义丹·班达里。1952年3月，七月革命前夕，妇女们再次为争取获得议会选举权而举行了示威。

① Tmona Zulficar, *The Political Rights of Women in Egypt.*

早期科普特人问题

科普特人是埃及本土最古老、最大的少数民族，绝大部分信仰基督教科普特正教。他们曾开创埃及古代史上的科普特时代，缔造了灿烂的科普特文明。[①]在漫长的中世纪直到20世纪初期，科普特人与穆斯林基本能够和睦相处，并不存在所谓的“科普特人问题”。这得益于埃及穆斯林统治者宽容的宗教政策和科普特人本身受教育程度较高的事实。几个世纪以来，由于科普特人突出的商业头脑和计算能力，他们被国家和贝伊任用为从省到地方的财政会计，从事秘书、财政预算、收缴赋税等工作。他们“是调查员、书记员、会计、测量员、秘书，一句话，就是这块土地上有学问的人。他们能够计算出房子该盖在什么地方；哪块土地更适合耕种”[②]。直到19世纪，他们一度在经济上保持着相对穆斯林的优势。[③]

每当国家和民族处于危亡时刻，科普特人都能挺身而出，与穆斯林一起浴血奋战，保家卫国。他们曾为十字军的败北而欢欣鼓舞；在近代反对英法殖民侵略的斗争中，他们高呼“新月和十字架长存”，科普特神职人员甚至宣布“为了保全埃及，科普特人可以牺牲到最后一人”[④]。出于宗教信仰和特殊才能的考虑，英法殖民者对科普特精英也十分重视。拿破仑入侵时期，至少三位科普特人获得重任，穆阿里木·雅库布·塔德拉斯（Muallim Yaqubu Tadras）担任铸币大臣，在上埃及地区负责财政事务，还曾在迪赛斯（Desais）的法军中指挥同马木鲁克的战争。吉尔吉斯·加哈瓦里（Girgis al-Gawhari）和艾利斯·布克图（Elias Buqtur）则分别出任拿破仑的

---

① 埃及驻华使馆新闻处：《阿拉伯埃及共和国年鉴2006》，第28页。

② P. J. Vatikiotis, *The Modern History of Egypt*, London: Cox & Wyman Limited, 1969, p.196.

③ Mordechai Nisan, *Minorities in the Middle East:A History of Struggle and Self-Expression*, second edition, McFarland & Company, 2002. p.136.

④ Religious Liberty Commission, *Religious Freedom in Egypt: The Case of the Christian Minority*, The Evangelical Fellowship of Canada, 2009, p.6.

财政大臣和私人秘书，后者还是法驻埃及军队的官方翻译。① 由于与侵略者的合作有损科普特人的形象，这便遭到了穆斯林大众的唾弃。

在穆罕默德·阿里、赛义德、伊斯梅尔时期，埃及政府采取打破宗教界限、量才录用的用人政策，科普特人迎来了发展的春天。政府取消了教堂不能鸣钟、不得在公开场合佩戴十字架、不得骑马（象征着安全和威信）、必须穿特殊服饰等对科普特人的歧视性政令。1855 年，废除了针对所谓异教徒征收的人头税（齐兹亚）；科普特人可以自由参加军队；1866 年，第一次埃及协商会议建立的时候，科普特人和埃及人一样具有选举权。② 一大批富有并有影响力的科普特商人和地主出现。据估计，19 世纪后期，科普特人掌握着全国 25% 的财富、45% 的公职。③ 科普特人在私人部门既当老板又当雇员。在自由职业者中，埃及 80% 的药学家、30%—40% 的医生是科普特人，还有比例较高的律师和工程师。④ 许多科普特人成为了埃及政府的高级官员，其中最突出的就是布特鲁斯·加利（1846—1910 年，Butros Ghali）帕夏，他是第一个担任埃及首相的科普特人。他成功地组织了埃及的审判系统，1893 年成为财政大臣，1894 年荣升为外交大臣，1908 年官至内阁首相。马库斯·汉纳（Marqus Hanna）在 1923 年的时候担任公共事务大臣；纳吉布·伊斯坎德尔（Nagib Iskander）担任过公众健康大臣；还有布特鲁斯·加利的儿子纳吉布·加利（Nagib Ghali）帕夏，他担任过外交大臣的秘书。⑤

19 世纪 50 年代科普特人开办了学校，包括 1853 年埃及第一家女子学校。这些学校由于赫底威赐予土地、农场和现金的支持而进

① Mordechai Nisan, *Minorities in the Middle East:A History of Struggle and Self-Expression*, p.138.

② J.D.Pennington, "The Copts in Modern Egypt", *International Journal of Middle Eastern Studies*, Volum18, number 2, 1982, p.160.

③ http://www.angelfire.com/az/rescon/COPTS.html.

④ P.J.Vatikiotis, *The Modern History of Egypt*, p.158.

⑤ Mordechai Nisan, *Minorities in the Middle East:A History of Struggle and Self-Expression*, pp.139-140.

一步加强。[①]1875 年，一所科普特神学校在开罗开办。1877 年，一个科普特人青年创办了《瓦坦报》（*Jaridat al-Watan*），1895 年又创办《米萨报》（*Misa*）。这是科普特人的两大主流报纸。1908 年该报发表了“科普特人是真正的埃及人”和“国家真正的主人”两篇文章而惹恼了穆斯林。1910 年科普特博物馆建立。

1882 年，科普特人积极支持奥拉比领导的反英斗争，参加军队，争先恐后地加入“圣战”对抗英国。还有部分科普特人是穆斯塔法·卡米勒及祖国党的积极支持者。20 世纪初，受民族主义思潮的影响，科普特人要求加强民族权力和地位的呼声不断高涨，这进一步招致部分穆斯林的厌恶和敌视，这种厌恶和敌视达到高潮的标志是布特鲁斯·加利在首相任上被刺杀。这固然与他参加了丁莎薇审判，被认为是一位屈服欧洲势力的亲英领袖有关，也与这一时期埃及逐渐兴起的宗教狂热有关，刺杀事件引起了科普特社会的恐惧和愤怒。科普特人阿克诺赫·范诺斯（Aknoukh Fanous）组织了“埃及人党”来保卫科普特的权利。1910 年 3 月，他与乔治·维萨等人在艾斯尤特组织召开了有 1150 余名代表出席的科普特人大会，提出给予科普特人在职业和教育方面拥有与穆斯林平等的机会、在省级议会中有更多的代表、免除星期天义务劳动等要求。[②]

一战结束后，科普特人积极参加华夫脱党同英国殖民者的独立斗争，1922 年在宪法起草委员会关于“少数派代表”问题的讨论上，科普特人以大局为重，反对“少数代表制”，一定程度上打击了英国的“四点保留”政策。[③]华夫脱党提倡所有的埃及人，无论是穆斯林或者基督徒都应该是团结和平等的；扎赫鲁勒作为民族主义运动的世俗温和派，更愿意接近科普特少数民族，而不是其他更加激进的民族主义分子或者泛伊斯兰组织。在较以前更加自由和世俗化的

---

① Mordechai Nisan, *Minorities in the Middle East: A History of Struggle and Self-Expression*, p.140.

② Ibid., p. 143.

③ 杨灏城：《民族冲突和宗教争端》，人民出版社 1996 年第 1 版，第 364—366 页。

氛围中，有着巨大财富和庞大地产的科普特人大家族在选举期间发挥了自己很大的影响力，成为了华夫脱党的重要领导人物和该党执政时期组建内阁的成员。维萨·瓦瑟夫（Wissa Wasef）、乔治·凯亚特（George Khayyat）、马克里姆·埃贝德（Makram Ebeid），是当时华夫脱党几位著名的科普特领导人。[①]

穆斯林兄弟会成立以来，其强大的号召力和影响力构成科普特人的梦魇。穆斯林兄弟会认为科普特人是“迪米人”，是被保护民，是社会的底层，是异教徒。在实际行动中，他们限制科普特人，在就业、教育上实行歧视性政策。到20世纪30年代即将结束的时候，科普特人的忧虑上升到最高点。著名的科普特领袖赛古斯神父撰写文章，揭露穆斯林对科普特人的迫害。[②]这一时期的标志性事件是1934年颁布的禁止在清真寺附近修筑教堂的法令，甚至发生袭击教堂和纵火事件。1936年，马克里姆·埃贝德为穆斯林和科普特都是埃及人而大声疾呼：“在信仰上，我是一个基督徒，这是真的。但对于我的国家而言，我是一个穆斯林。”此时科普特精英仍然占据着埃及内务部69%的职位、财政部40%的职位——但毕竟缺乏大众的政治支持，而被英国和伊斯兰两股势力牢牢钳制。

四、议会时代埃及与英国的关系

20年代的英埃关系

20年代以后，英国势力和外籍资本依旧占有很大的比例，埃及几乎所有的公共基础设施、运输公司、酒店、银行、保险公司等都掌握在外籍人手中，苏伊士运河的董事会中甚至没有一个埃及人。[③]

---

① P. J. Vatikiotis, *The Modern History of Egypt*, p.25.

② J.D.Pennington, “The Copts in Mondern Egypt”, *International Journal of Middle Eastern Studies*, Vol. 18, Number 2, Winter 1982, p.161.

③ Authur Goldschmidt Jr., *Modern Egypt: The Formation of a Nation-State*, p.72.

军队中大部分高级军官也都是英国人，埃及的军队数量不多，装备落后。三足鼎立下的政治较量，同样在执政精英和英国势力之间展开，并构成宪政年代埃及对外关系的主要内容，围绕英国的四项保留，遂形成新的民族主义潮流，埃及同英国的数次斗争和较量极大消耗了埃及的政治能量，民众也逐步认识到即使是他们曾经支持的民族主义旗手华夫脱党，也无法在短时间内彻底解决埃及的主权完全独立的问题。①

1924年4月，初登权力巅峰的扎赫鲁勒接受英国首相麦克唐纳的邀请，双方开始准备进行谈判。刚刚取得的胜利让扎赫鲁勒对谈判非常乐观，却忽略了英国的殖民野心。苏丹问题和驻军问题构成英埃双方谈判的核心，尼罗河无疑是埃及的生命之源，谁控制苏丹就等于控制尼罗河的源头，苏丹对埃及的战略重要性不言而喻；而英国认为操纵苏丹脱离埃及的控制，必将增强英国在埃及事务的话语权，因此通过干预苏丹从而遏制埃及是其既定方针。②在1922年宪法起草进程中，英国政府就反对条款中关于“福阿德国王是埃及和苏丹的国王”的表述，坚持苏丹问题作为四项保留条款而禁止埃及单方面讨论。保持英军在埃及的存在也是制约和干预埃及政治走向最直接和最有效的武器。

7月22日，在经历刺杀事件受伤之后，扎赫鲁勒吊着绷带前往英国，同麦克唐纳会晤。谈判无果，双方确定了新一轮谈判的事宜。9月25日，谈判又起。扎赫鲁勒相信凭借华夫脱党在埃及社会的巨大影响力将彻底完成埃及民族解放的任务。此前的8月，喀土穆一所军事学校的学生举行示威，抗议英国殖民者在苏丹的殖民统治，反抗运动很快蔓延到埃及的军队，英国为此头痛不已。到9月谈判时，英国提出成立苏丹防卫部队，雇佣本土苏丹人，扶植傀儡军官，稳定苏丹

① Emory C. Bogle, *The Modern East: From Imperialism to Freedom, 1800-1958*, New Jersey: Prentice Hall, 1996, p.329.

② Robert McNamara, Britain, *Nasser and the Balance of Power in the Middle East, 1952-1967, From the Egyptian Revolution to the Six Day War*, London: Frank Cass, 2003, p.18.

的局势，镇压苏丹爆发的政治动乱；扎赫鲁勒则提出撤军、废除领事裁判权、撤走英驻埃及政府职员、停止干预埃及外交和苏伊士运河国际化问题的五项要求。由于双方诉求南辕北辙，谈判并未达成任何具体协议，仅仅达成一个共识，即禁止第三方势力介入埃及事务。在扎赫鲁勒看来，这样一个排除第三方势力的英埃盟友关系有助于埃及免受其他国家的侵略。但实际情况并非如此，因为第三方势力排除在外，事实上等于对英国干预埃及内政的默认，这对英国无疑是一场胜利。此外，扎赫鲁勒和其他华夫脱党领导人在政治斗争方面都持保守态度，认为如果埃及民众仍持续反抗示威，将不利于协议的达成。扎赫鲁勒的盲目乐观，反映了华夫脱党政治斗争经验不足，也显示出他们虽然是以民众支持起家的，反而对底层民众运动并不信任。

1924 年 11 月，英国驻埃及军队总司令、苏丹总督李·斯塔克在开罗遇刺身亡，该事件成为英国对埃及殖民干预加深的一个重要契机。扎赫鲁勒虽然第一时间赶到刺杀现场，并向英国政府发出慰问电，但是英国政府绝不会放弃这个干涉埃及的绝佳机会。艾伦比随即向扎赫鲁勒政府下达通牒，要求政府道歉、严惩凶手、埃及军队从苏丹撤军，赔偿 50 万埃镑，严禁国内的政治示威活动，禁止埃及政府再次提出废除领事裁判权的要求，扩大苏丹使用尼罗河的水量。扎赫鲁勒政府同意道歉、赔偿损失和禁止国内集会等条件，但是拒绝了艾伦比关于苏丹问题的无理要求。在艾伦比率领的英国舰队强大武力威胁下，扎赫鲁勒被迫辞职。此后，扎赫鲁勒虽然仍是议会的多数党党魁，但再也没有出任首相。

1924 年 11 月 14 日，艾哈迈德·齐瓦尔内阁成立，艾伦比向齐瓦尔提出，英国将放松对埃及关税控制权，条件是埃及接受英国通牒中的全部条件，诸如道歉、缉凶、赔款、撤军，在埃及政策制定有争议的情况下，采纳由外籍人士担任司法和财政顾问的建议和意见，[①] 并有权逮捕卷入恐怖行动和涉嫌煽动鼓吹反英言论的埃及

① Royal Institute of International Affairs, *Anglo-Egyptian Relations, Exclusive of the Sudan, 1922-1927*, Bulletin of International News, New Series, Vol. 4, No. 1 (Jul. 9, 1927), p.5.

人，其中包括所谓组织刺杀李·斯塔克、在英国“黑名单”[1]上的马克拉姆·欧拜德、阿卜杜·拉赫曼·法赫米和努克拉什等国会议员。这些无理要求旨在重新建立英国对埃及的控制，试图将埃及再次拉回保护国的状态。英国的提案随即遭到了已出任议长的扎赫鲁勒的坚决否决。经过双方长时间的拉锯谈判，12 月上旬，海关关税的控制权重新回到了埃及政府手中。由于对阿卜杜·拉赫曼·法赫米、努克拉什、艾哈迈德·马希尔和的指控全部来自于沙菲格·曼苏尔（组织刺杀李·斯塔克的社会团体的领导人）的口头指控，没有切实的证据证明他们参与了刺杀事件的策划实施，因此也被陆续释放。[2]

1927 年 8 月 23 日，扎赫鲁勒 70 岁时，这位被誉为“埃及独立之父”的政治家突然因病去世。作为近代埃及杰出的民族主义运动领导人，他一生坚持原则，具有超凡魅力，埃及人意识到自己有自决的权利是扎赫鲁勒及其革命伙伴带来的；为了埃及的独立和民主，他同国王和英国斗争到生命的最后，一生致力于为人民服务，使他受到同胞们的尊敬。随后，纳哈斯通过选举成为华夫脱党的新领袖。1927 年秋天，新任首相萨尔瓦特同英国达成了“萨尔瓦特－张伯伦协定草案”，规定英国军队将继续驻扎埃及，埃及军队按照英军的训练模式和建制模式，在英国需求时服从英军安排，英国海军有权驻守亚历山大，在涉及外籍人士的问题上，英国可以介入埃及的立法和行政领域。对于双方争议极大的苏丹问题，协定仍未涉及，时人称之为“卖国协定”。纳哈斯拒绝承认该协定，并将“萨尔瓦特－张伯伦协定草案”视为对宪政体制的践踏，国王也拒绝承认该协定。在议会、国王和民众不绝于耳的反对声中，萨尔瓦特不得不再次前往伦敦寻求新的谈判，终又无功而返。1928 年 3 月 4 日，萨尔瓦特向议会递交了辞呈，由纳哈斯组建华夫脱党内阁。

---

① Janice J. Terry, *The Wafd, 1919-1952, Cornerstone of Egyptian Political Power*, p.177.

② Royal Institute of International Affairs, *Anglo: Egyptian Relations, Exclusive of the Sudan, 1922-1927*, p.5.

尽管华夫脱党小心翼翼不去触及英国敏感的话题，但民族矛盾的根本分歧决定了华夫脱党和英国之间的冲突不可避免。议会关于“政府放开公共集会管理权力”的法案成为双方争论的焦点，英国认为此法案将威胁到外国人的利益和生命，坚决反对这一法案。1928 年 4 月，英国高级代表劳埃德向纳哈斯发出警告，要求不要推动该法案的通过。4 月 29 日，劳埃德向纳哈斯下达最后通牒，以驻扎埃及的英国军队和舰队威胁纳哈斯，法案最终未能获得通过。民众对纳哈斯在同英国较量中体现出的软弱十分失望，华夫脱党的吸引力已经不可与扎赫鲁勒时期相提并论。1928 年 6 月 25 日，国王解散纳哈斯政府，自由党领袖穆罕默德·马哈茂德同亲国王的联盟党组成联合政府。国王先是推迟议会选举一个月，到 7 月 19 日时再次解散议会，宣布推迟选举三年。在穆罕默德·马哈茂德统治期间，同英国缔结了“尼罗河水域协定”和“马哈茂德－亨德森协定”，前者进一步拉大了苏丹与埃及的距离，后者使埃及收回了领事裁判权，苏丹问题则还是按 1924 年的协定进行统治，英国军队驻扎在特定的范围之内。

纳哈斯领导的华夫脱党再次宣布对此表示拒绝，埃及民众对马哈茂德实施的专制统治也非常不满。英国继任高级代表皮尔斯·洛兰期望在埃及扶植一个持温和路线的政府。1929 年 9 月，洛兰来到埃及便开始着手解散马哈茂德专制统治政府。10 月 2 日，马哈茂德被迫辞职。1929 年 12 月，埃及大选，华夫脱党获胜并组成了新一届华夫脱内阁，这也是纳哈斯在扎赫鲁勒逝世后第一次真正地成为国家领导人，纳哈斯不接受“马哈茂德－亨德森协定”，他认为自己有信心同英国谈判从而达成更令人满意的协定。1930 年 3 月，纳哈斯赴伦敦同亨德森开始举行一系列会谈，雄心勃勃的纳哈斯希望取得埃及完全独立的地位，并重新收回苏丹主权，结果其满心期望遭到了英国的拒绝，谈判失败。随后，伊斯梅尔·西德基开始了为期三年半的独裁统治。但国内呼吁恢复宪法的呼声越来越高。伦敦方面在很多问题上公开表示支持福阿德国王，这种状况直到 1936 年才出现了逆转。[①]

1936年英埃协定

1936年4月28日，福阿德国王去世，其子法鲁克继位。5月，华夫脱党在选举中再次获胜。再次组阁的华夫脱党依旧是埃及独立运动的中坚力量和同英国谈判的代言人。同之前不同，此时的英埃双方都急于达成一个协议。墨索里尼领导下的意大利意欲控制埃塞俄比亚和尼罗河流域的资源，率先在北非展开了积极的军事活动，[②]英国为了应对法西斯威胁，决定不惜一切代价确保在埃及的驻军。[③]为防患于未然，英国认为有必要做出让步以稳住埃及，因此英国率先抛出了橄榄枝。

对于华夫脱党来说，谈判若再次流产，则会使对其充满期待的埃及民众大失所望。为了改变华夫脱党的政治反对派状态，纳哈斯决定通过与英国签署协议，改变目前华夫脱党的困境。[④]而法西斯意大利开始占领北非的埃塞俄比亚和利比亚，也威胁到埃及的安全，埃及军力微弱难以自保。因此，埃及政府倾向于同英国结成共同防卫同盟。华夫脱党在英埃谈判前做了精心的准备。

1936年3月6日，双方主要围绕1922年独立声明中的四项保留条件展开谈判，经过艰苦的谈判历程，双方最终于8月26日签订协议，即著名的“1936年英埃协定”，也称“盟国协议”。[⑤]根据协议，在驻军问题上，英国同意以和平的方式撤离埃及，将驻军减少到1万名，以保证英国通信线的安全，并将英军活动范围限制在苏伊士运河区，但这些规定仅在和平时期有效；双方缔结了

---

① L. Morsy, “The Effect of Italy’s Expansionist Policies on Anglo-Egyptian Relations in 1935”, *Middle Eastern Studies*, Vol. 20, No. 2 (Apr., 1984), p.206.

② Andrew McGregor, *A Military History of Modern Egypt: From the Ottoman Conquest to the Ramadan War*, London: Praeger Security International Westport, Connecticut, 2006, p.227.

③ Vernon A. O’Rourke, “The British Position in Egypt”, *Foreign Affairs*, Vol. 14, No. 4 (Jul., 1936), p.700.

④ Gabriel R. Warburg, *Egypt and the Sudan: Studies in History and Politics*, p.119.

⑤ Janice J. Terry, *The Wafd, 1919-1952*, p.233.

为期20年的军事同盟协议，规定当埃及受到侵犯时英国将向埃及提供军事援助，负责保卫埃及免受外国侵犯；英国处于战争状态时，埃及政府也承诺将尽全力在交通、物资供给和通信等方面给予英军便利；埃及军队的控制权交还埃及政府，但训练仍由英国人控制，埃及英军为埃及军队提供军事装备、训练和技术支持；[①]两国互换大使；英国将撤离在埃及政府的司法、财政大臣以及在埃及军队的英籍总司令；彻底废除领事裁判权；[②]英国将帮助埃及加入国联，苏伊士运河仍依据1888年达成的协议，处于英埃两国的控制之下；埃及同意修建道路以方便英国军队行进，英国的皇家空军有权力进入任何埃及的领空，皇家海军在8年内可免费使用亚历山大港；在苏伊士运河公司股权的交涉中，协定规定苏伊士运河公司的董事会中须至少有两名埃及代表，每年的租借价格涨到了30万埃镑。

协定在埃及议会以202票对11票的绝对多数而通过，表明它在埃及是大得人心的。[③]英国高级代表李普森提到，“1936英埃协定标志着两国关系开启了新的篇章……这项协议将为两国基于共同利益的合作给世界范围内各国树立良好的榜样。”[④]协定对埃及局势产生了深远的影响，首先，英国通过缔结军事同盟成功将埃及绑上了即将到来的战争的战车上，加剧了埃及国内的困难；其次，它极大影响了埃及国内不同政治集团的实力对比，协定等于给了少数党派和法鲁克国王一件对付华夫脱党的致命武器，一旦英国不再支持华夫脱党内阁，他们就具备绝对的优势去推翻

① John Marlowe, *Anglo-Egyptian Relations, 1800-1953*, London: The Cresset Press, 1954, p.300.

② 这也是1937年《蒙特勒协议》的重要内容，但并不是立即执行，而是设置一个过渡阶段，在过渡阶段混合法庭依旧存在并沿用现有的司法审判法律，直到1937年10月1日《蒙特勒条约》生效，才算结束了在埃外籍人的特权，恢复了埃及司法主权的独立。

③ 〔美〕西·内·费希尔：《中东史》（下册），第587页。

④ Gabriel R. Warburg, *Egypt and the Sudan: Studies in History and Politics*, p.118.

它。[①]华夫脱党认为1936年协定是1922年独立声明以来埃及在国家彻底独立道路上取得的又一胜利果实。但是，到1937年，纳哈斯辞职后，马哈茂德和哈伊卡勒领导的自由立宪党对协定并不满意，埃及民众也认为华夫脱党在谈判中没有彻底维护埃及的民族利益，协定签定之后埃及社会再次兴起了反对协定、英国以及华夫脱党的示威游行，这是纳哈斯始料未及的，此举进一步削弱了华夫脱党的民众基础和民族主义旗手的身份，此后，来自下层的民众政治开始崛起。

在国内巨大的舆论压力下，1940年4月，华夫脱党向英国大使提交备忘录，提出1936年英埃协定并不是双方谈判的最终结果，要求废除1936年英埃协定，双方通过重新谈判商定新的协定，提出放宽埃及棉花出口方面的限制，允许埃及为棉花出口中立国。华夫脱党此时提出修改英埃协定对于酣战的英国来说是完全不可能接受的，这等于推翻了英国将埃及作为战略基地的法律依据，对此，英国政府断然拒绝。而华夫脱党提出英埃重新谈判的初衷，更多是为了在民众心中重新树立华夫脱党的民族解放运动领袖的形象，也是在向英国政府表示华夫脱党仍然是英埃谈判的唯一合法代表。

40年代的英埃关系

二战的爆发再次证明了苏伊士运河战略位置的极端重要性，它甚至成为整个英国防卫计划的关键。随着战争持续推进，英国对埃及所给予的政治支持、物质供应和战事配合的需要持续增加，[②]实际上从1936年起，埃及已经成为英国作战计划中的重要组成部分，不由自主地卷入了战争。英埃协议中对英军驻军规模和活动范围的限

---

① Gabriel R. Warburg, Lampson's Ultimatum to Faruq, 4 February, 1942, *Middle Eastern Studies*, Vol. 11, No. 1 (Jan., 1975), p.24.

② Laila Amin Morsy, "Britain's Wartime Policy in Egypt, 1942-44", *International Journal of Middle Eastern Studies*, Vol. 30, No. 1 (Jan., 1994), p.91.

定在战时成为一张废纸，1945 年时，英国在埃驻军达 25 万人，[①] 战争期间总共约 50 万盟军驻扎埃及。战争刚开始时，埃及的军队仅有 2.3 万人，征兵制仍是招募军队的主要方式，这主要缘于埃及免除了义务兵役制，本土埃及男性不用去服兵役，大部分征募的士兵都是来自上埃及的努比亚人。[②] 由于历史的缘故，埃及很多人，包括国王福阿德、法鲁克、阿里·马希尔和军队许多高层将领倾向于支持德意法西斯国家，但华夫脱党认为德意法西斯国家是对埃及独立和立宪政府的威胁，大多数埃及人不看好德意法西斯，视他们为英国殖民者的翻版。

随着意大利军队出现在利比亚、埃塞俄比亚和索马里等地，对北非英军造成了极大的威胁；德国在战前就开始同埃及接触，游说埃及不要参与对德作战，德意的电台大肆宣传英国在 19 世纪后半期以来对埃及的殖民统治和残酷盘剥行径，这在一定程度上激化了埃及的反英情绪。阿里·马希尔政府和国王法鲁克选择静观其变，显然他们并不希望埃及卷入这场战争，埃及政府的一些官员开始同德国和意大利进行秘密接触。1940 年 6 月 10 日，墨索里尼宣布对英国开战；6 月 12 日，埃及政府宣告断绝同意大利的外交关系，议会作出决议，声明埃及将恪守同英国的联盟并遵守其义务，但同时又向意大利保证，除非意大利进犯埃及领土、炮击埃及城镇、对埃及军事目标进行空中打击，否则埃及将不会参与对意大利的战争。种种迹象似乎表明，随着德国在北欧和西线攻势的展开，国王和马希尔首相在寻求重新保险的政策，力求避免同轴心国发生冲突。[③] 这是英国无法容忍的，“英国当时面临的战略任务就是保卫这块生死攸

---

① Arthur Goldschmidt Jr., *Modern Egypt: The Formation of a Nation-State*, p.86.

② Andrew McGregor, *A Military History of Modern Egypt: From the Ottoman Conquest to the Ramadan War*, p.232.

③ 〔英〕阿诺德·汤因比主编，〔英〕乔治·柯克：《国际事务概览·第二次世界大战·第 6 卷，战时中东》，上海外国语学院英语系翻译组译，上海译文出版社 2007 年第 1 版，第 57 页。

关的地盘，防备意大利的进攻”[1]，于是英国对国王施加压力，结果马希尔内阁被迫辞职，在英国授意下，哈桑·萨布里率领一帮亲英分子重组了内阁，埃及仍然坚持中立地位。英国的这一干涉行为使埃及的民族主义者比过去更加感觉到，1936年条约并没有使他们确实取得完全的独立。

1940年9月13日，意军越过埃及边界；19日，萨德党领袖、众议院议长艾哈迈德·马希尔（阿里·马希尔的胞弟）发表演说，主张埃及人应该同仇敌忾，捍卫独立，驱敌出境。此时，埃及的行政机构、社会团体和个人以及埃及的军队都已经参与了协助盟国的事业。但政界人士仍然持消极态度，埃及仍然保持中立。11月14日，哈桑·萨布里突发心脏病去世，侯赛因·西里组成新内阁。1941年2月6日，英军反攻班加西成功，意大利人被逐出埃及领土，埃及举国上下为之欢欣鼓舞。4月意军反攻，英军被赶回埃及边界。6月7日和8日，亚历山大两次遭到空袭，炸死者达650多人，有30万难民出逃。

1942年1月，在英国的压力下，政府宣布“暂时中断”同维希法国的外交关系。英国要求新的内阁首相侯赛因·西里向维希政府宣战，而维希政府本身同埃及政府并没有根本的利害冲突，[2]接受英国的要求与一个毫不相干的国家宣战将使埃及新政府进一步失去民心，加上法国在埃及的影响十分广泛，政府和法鲁克国王都不愿接受英国的无理要求。2月1日，开罗学生上街游行，结果西里内阁辞职。在组建新的内阁前夕，即2月2日，英驻埃及大使兰普森谒见国王。兰普森要求由纳哈斯帕夏受命组阁。经会议商议，法鲁克表示不能接受英国的要求。当晚9时，三辆英国轻型坦克在步兵随同下围攻国王所在阿布丁宫，兰普森和英驻埃及军队总指挥官斯通中将强迫

---

① 〔英〕阿诺德·汤因比主编，〔英〕乔治·柯克：《国际事务概览·第二次世界大战·第6卷，战时中东》，第59页。

② Andrew McGregor, *A Military History of Modern Egypt: From the Ottoman Conquest to the Ramadan War*, p.235.

法鲁克必须马上任命纳哈斯。国王没有办法，在10时召集政界领袖会议，决定委托纳哈斯组阁。此即立宪时期著名的“阿布丁宫之围”事件。

由于越来越多的盟军驻扎在埃及各重要城市，“这些成群结队的蛮横青年”经常表现出对埃及人的蔑视和欺侮，①加上1940年6月和1942年2月英军两次干涉埃及内政，因此随着阿拉曼大捷战争逐渐远离埃及，埃及人的仇外情绪开始逐渐显露，这在中下级军官的态度上尤其明显。②

五、二战及战后初期的埃及

二战中的埃及

二战期间，埃及作为英国的附属国为战争胜利付出了巨大的牺牲，做出了重大贡献。早在1939年大战爆发前夕，埃及陆军开始改组和扩充。为了与埃及陆军日益扩大的规模相适应，英国军事代表团人数开始增加。7月28日，韦维尔将军被任命为中东地区总司令；8月，印度的增援部队抵达埃及。面对即将到来的战争，包括一直要求英军撤出埃及的华夫脱党和埃及青年党都偃旗息鼓，后者甚至宣称要“站在英国一边，直至最后胜利，为埃及光荣的未来奠定基础”。③

大战爆发后，英国为了确保埃及政府同英国的合作，更加关注埃及国内的局势，援引1936年英埃协定将埃及作为其战略物资供给地，埃及很快成为英军中东战区的战略基地和核心，温斯顿·丘吉尔说道：“失去埃及将是大英帝国在中东地区的重大灾

①②③〔英〕阿诺德·汤因比主编，〔英〕乔治·柯克：《国际事务概览·第二次世界大战·第6卷，战时中东》，第373、374、46—47页。

难。”[①]英国政府在埃及政府中大力安插和扶植亲英派，游说埃及政府颁布战时军事管制法和审查制度，影响埃及政府的政治倾向和政策制定。

英国对德宣战后，出任首相的阿里·马希尔立即断绝了同德国的外交和商务关系，接管了德国财产，并把所有德国人（反对纳粹情况属实者除外）悉数监管起来；宣布国家进入戒严状态，由首相任军需长官；全部港口由英国海军控制；对邮政、电报、电话、报刊实施检查制度。[②]由于英国中东总司令韦维尔将军肩负保卫埃及和苏伊士运河并扫荡可能威胁苏丹的东非意大利军队的重任，他同时面对着五场战争，战事的物资供应和地方政局稳定的问题日益迫切。为避免总司令为此分心而不能专心致志于指挥战争，英国又设立了驻中东国务大臣，国务大臣办公室常设开罗，负责英国在战争期间中东的军事政治、财政经济、补给和运输等重要事务。为协调战时军备和民用物资的供应和调度，又成立了一个新的机构——中东补给中心。

战争给埃及造成很多困难。当战事主要还在欧洲的时候，对埃及影响最大的是其经济，正待上市的棉花出口成了问题，此时棉花及其副产品占到埃及出口总额的80%，而德国、奥地利、捷克和波兰四国在上一年度就曾购买了7万吨埃及的棉花，占整个出口总额的1/6。为此英国被迫承担损失，以高价购买无法销售到德国及其占领地的棉花。[③]人民生活出现困难，物价上涨、通货膨胀，加之不法商贩囤积居奇和工作混乱，埃及人的生活指数从1939年的100上升为1945年年初的293。开罗的生活费用以每月4%的速度增加。棉花销售危机、肉食供应危机、其他生活日用品供应危机接踵而至，城市经常面临面粉不足的局面，位于三角洲的扎加济格甚

---

① Robert McNamara, Britain, *Nasser and the Balance of Power in the Middle East, 1952-1967, From the Egyptian Revolution to the Six Day War*, p.15.

②③ 〔英〕阿诺德·汤因比主编，〔英〕乔治·柯克：《国际事务概览·第二次世界大战·第6卷，战时中东》，第48、50—51页。

至有一次4天不见面包。[①] 棉纺织品生产和进口降低还引起老百姓衣着奇缺。[②]

埃及为战争胜利作出重大贡献。中东补给中心成立后，埃及表现出卓越的素质，一则是战争期间那些大量通过苏伊士运河和积压在码头的货物，要快速处理。埃及的码头工人为此受到专门训练去装卸平时不熟悉的军事装备和军需品，大大加速了船只的周转。二则是在粮食的贮备、供应、种植等方面发挥重要作用。[③] 1942年5月18日，中东补给中心接到通知，开罗和亚力山大的库存仅能维持9天，直到6月10日新粮上市前出现2.4万吨的缺口，而整个中东补给中心掌握的存量只有1.2万吨。“埃及政府在加速收购当年的收成方面创造了奇迹；危机因此得以渡过。”[④] 同年，为增加农业生产，补给中心制定“小麦征购计划”，其中最重要的一项举措就是决定把将近100万英亩种植棉花的埃及土地改种小麦，而改种小麦意味着产量降低，农民收入的减少。

华夫脱党维护1936年英埃协定，坚持坚定的反法西斯主义立场，同英国战时利益不谋而合，成为英国战时的最佳盟友。“阿布丁宫之围”后，英国希望通过援助华夫脱党得到广大埃及民众对反法西斯战争的支持，华夫脱党则期望得到英国的物质援助，缓解国内社会经济危机，通过与同盟国建立盟友关系，战后得以参与国际新秩序的建设。在华夫脱党看来，华夫脱党得以重夺政权，这是华夫脱党同王室势力和少数派政党权力争夺的一次胜利。然而，“阿布丁宫之围”事件中的任何一方都不是胜利者，“阿布丁宫之围”对国王的羞辱显而易见，对于英国来说，埃及民众的反应却没有像其预想的那样支持英国的对德战争，反而在全国激起了声势浩大的示威游行，爱资哈尔大学和开罗大学的学生以及各界民众展开了各种各样反英活动；对华夫脱党而言，接受英国的援助登上权力的巅峰恰恰敲响了其衰落的丧钟，丧失了华夫脱党的建党初心，极大地损害

①②③④ 〔英〕阿诺德·汤因比主编，〔英〕乔治·柯克：《国际事务概览·第二次世界大战·第6卷，战时中东》，第296—297页、第299、262、264页。

了华夫脱党作为埃及民族主义旗手的形象。华夫脱党在这场事件中或许还在为能够操纵左右国王和英国而自鸣得意，殊不知自己已经完全站到了埃及民众的对立面。在宪政实践以来漫长的权力斗争中，华夫脱党逐步蜕变，最初的民族主义和民主主义色彩越来越淡化，曾经的埃及民族“代表团”已不具有任何的人民代表性。

1942 年 5 月，隆美尔向英国第八集团军驻守的防御体系进攻，轴心国侵入埃及。艾因加扎勒、比尔哈凯姆、托卜鲁克先后陷落。英军被迫退守阿拉曼。但随后在 10—11 月，英军取得阿拉曼战役的大捷。1944 年 10 月 8 日，随着战事远离埃及，国王终于再次解除了纳哈斯的首相职位，由萨德党领袖艾哈迈德·马希尔组成联合政府。雅尔塔会议后，盟国决定召开战后安全会议，但明确只有在 1945 年 3 月 1 日之前向轴心国宣战的国家才能参加。这种状况下，艾哈迈德·马希尔决定宣战，但他在与议会沟通期间被极端分子刺杀。外交大臣马哈茂德·法赫米·努克拉什出任新首相，2 月 26 日，法鲁克国王签署敕令，宣布埃及正式对德日进行“防御性战争”。埃及希望通过参加商议战后国际新秩序的旧金山会议彻底解决独立问题。然而，埃及再次失望了，英国不愿改变埃及的状态，民族问题即便在战后也没有解决的迹象。

战后埃及形势

第二次世界大战的硝烟摧毁了英法长期主导的已经破落不堪的世界格局，英法等老牌殖民主义国家在战争的打击之下，实力受到严重削弱，再也无力控制其广大的殖民地；社会主义越出苏联一国，从东欧到东亚连成一片；世界范围的反殖民主义已经成为时代洪流，一大批亚非拉国家纷纷宣告独立，特别是 1949 年 10 月中国共产党领导的中国革命的成功，中国走上社会主义道路，从根本改变了世界力量的对比。

中东形势也发生深刻变化。1950 年伊朗摩萨台领导了著名的石油国有化运动。叙利亚、黎巴嫩在战争中赢得独立，为阿拉伯东方总体摆脱西方殖民主义控制打开了缺口。但是，英国、法国并不愿意自动退出中东历史舞台，他们想方设法和战后新兴的首屈一指的大国——美国联合起来，既要防御苏联社会主义势力在中东的扩张和南下，又要维护其原有的殖民利益，还要控制中东的石油。英国仓促拼凑阿拉伯国家联盟，意在把那些听命于它的落后政府联合在一起，把法国影响清除出去。1950 年，阿拉伯国家签署《阿拉伯联盟国家间联合防御和经济合作条约》，试图联合起来承担本地区的保护责任，但最终泡汤。1951 年，美国、土耳其、英国、法国又提出和阿拉伯国家一起成立所谓的“中东司令部”。简言之，阿拉伯国家和其他中东国家都面临着由谁来控制中东、怎样控制中东的双重问题。

战后埃及国内的形势同样混乱不堪。埃及的工人在两次世界大战期间无论在数量上还是在质量上都有了明显的增长。战争期间和战后，鉴于国际劳工运动的发展，政府颁布了一系列有利于工人的法令，例如 1942 年关于各行业工人组织工会的第 85 号法令；1946 年关于调整商店和医院工作时间的第 72 号法令；1948 年关于调节和仲裁劳动纠纷的第 106 号法令等。但是，关于最低工资保障、社会保险和失业保险等制度尚未建立起来。埃及的工人在两条线上作战，一条线是进行反对雇主的阶级斗争，另一条线是进行广泛的民族斗争。

由于在战争结束后，英国依然把埃及作为资本主义世界体系的组成部分——主要种植棉花，埃及的农民处境要比工人糟糕得多。根据 1952 年的统计，大约 71.6% 的农民只占有全国全部耕地的 13%；而 2015 个大地产主占有耕地超过全部耕地的 21%。农村土地兼并现象严重，小农还受到高额地租的盘剥。[①] 战后，虽然在农民的积极要求下，有几届政府采取给予物价补贴、强制性限价、限制进口等政策，但无助于解决农民的实际困难。1951 年，接连发生农民不堪压迫的暴力抗议活动，但都遭到当地豪绅与官府的勾结而被

---

① 〔埃及〕穆罕默德·艾尼斯、赛义德·拉加卜·哈拉兹：《埃及近现代简史》，第 149 页。

镇压。

相比而言，那些大地产主，由于地租的增加、棉花价格的上涨，通过巧取豪夺而大发横财，过着花天酒地的生活；他们还加入一些政党，或者进入立法会，影响政府决策。埃及的民族资本，特别是轻工业在战争期间得到快速发展（见表 11-1），[①] 并且有的开始向垄断发展，还有的甚至与外国资本联合。为了获得眼前利益，他们宁肯抬高物价，损害消费者利益，也不愿投资对埃及发展非常重要的电力、化工、钢铁等重工业。

表 11-1　二战前后埃及轻工业发展比较

工商业股份公司总投资		1939 年	8600 万埃镑	1945 年	10600 万埃镑
其中	工业股份公司投资	1939 年	1500 万埃镑	1945 年	3300 万埃镑
	棉布	1939 年	10000 万米	1945 年	14200 万米
	棉纱	1938 年	1.7 万吨	1946 年	4.1 万吨
	水泥	1938 年	37 万吨	1946 年	59 万吨
	原油	1938 年	22.6 万吨	1945 年	135 万吨
	食糖	1938 年	15.9 万吨	1947 年	22.2 万吨
	酒精	1938 年	4900 公升	1947 年	9300 公升
	棉籽油	1938 年	5.3 万吨	1946 年	8 万吨
	工业生产净值	1939 年	1300 万埃镑	1945 年	1800 万埃镑

说明：此表系作者根据〔埃及〕穆罕默德·艾尼斯、赛义德·拉加卜·哈拉兹：《埃及近现代简史》所提供的统计数据编制而成。

与混乱不堪的社会形势一起蜕变的，还有埃及的各派政治力量，特别是华夫脱党，正如埃及历史学家所评价的那样，“1946 年的华夫脱党，已经不是 1919 年的华夫脱党了。”它“在群众的影响已大大削弱。由于这个党活动的方式一成不变，只知道和平谈判而摒弃

① 〔埃及〕穆罕默德·艾尼斯、赛义德·拉加卜·哈拉兹：《埃及近现代简史》，第 154—155 页。

武装斗争，结果使大批群众，特别是城市里的群众，脱离了党。从此，这个党再也没有能力阻止、动员和发动群众了。”①

1945 年 8 月，审查制度和战时法律被终止。埃及要求修改 1936 年条约的呼声再起。1945 年 9 月，埃及工人成立了全国工人解放委员会，之后又和学生组织联合，改组成“全国工人和学生委员会”。他们提出要求把外国军队驱逐出埃及、谴责英国殖民主义对埃及工业落后的影响及其反对埃及工会运动等若干议题，组织开罗和亚历山大的学生、工人走上街头罢工、举行示威游行。12 月 20 日，在华夫脱党和人民压力之下，马哈茂德·努克拉什首相向英国提出修约要求。②1946 年 1 月 27 日，英国政府回应要把英埃关系置于“一种完全的和自由的伙伴关系的基础之上”。但英国并不真正愿意撤出埃及，双方的谈判未能达成协议，于是在开罗和亚历山大再次掀起新的抗议浪潮。

1946 年 2 月 9 日是福阿德一世大学的重新开学日。为反对努克拉什在独立问题和审议 1936 年条约问题上的软弱、草率立场，这一天学生和工人发动游行示威，提出解散政府的要求。数千名学生向阿布丁宫和政府行进，高喊“撤军”和“不撤军不谈判”的口号。当他们向王宫行进到阿拔斯大桥时，被赶来的警察冲散，随后警察下令升起吊桥阻止学生的游行示威，造成吊桥上的 20 多名学生溺亡，84 人受重伤，此即阿拔斯大桥屠杀案。2 月 13 日，努克拉什政府辞职，国王任命伊斯梅尔·西德基组阁。工人和学生成立了“工人—学生爱国委员会”，他们主张埃及各界，包括工人、学生、商人、职员、手工业者应该联合起来；宣布 1946 年 2 月 21 日为撤军节；号召这一天要举行总罢工。③ 2 月 21 日，一场旨在

① 〔埃及〕穆罕默德·艾尼斯、赛义德·拉加卜·哈拉兹：《埃及近现代简史》，第 159—160 页。

② 〔英〕阿诺德·汤因比主编，〔英〕乔治·柯克：《国际事务概览·第二次世界大战·第 11 卷，1945—1950 年的中东》，第 193 页。

③ 〔埃及〕穆罕默德·艾尼斯、赛义德·拉加卜·哈拉兹：《埃及近现代简史》，第 162 页。

要求英军撤出埃及和苏丹、谋求埃及完全独立和自由的游行示威在开罗举行，遭到当局和英军的联合镇压。3月4日一个在亚历山大的英国哨所被游行队伍烧毁，两名英国士兵受伤。这些事件表明，在战后的形势下，埃及城市中的工人和学生已经联合起来，他们并不依附传统的政治党派。

4月15日，在埃及的要求下，英国组成由空军大臣斯坦斯盖特勋爵参与的代表团抵达开罗，双方开始谈判，谈判焦点集中在撤军、共同防御、苏丹地位三大问题。埃方开宗明义，坚持要求英军在一年内完全撤出埃及；英方则以避免在英国人撤出和埃及人承担他们的义务之间出现“防务真空”的危险而提出3—5年撤出军队。[①]围绕苏丹问题，双方也发生分歧，埃及要求苏丹在接受埃及国王统治下的埃及苏丹永久性联盟；英国坚持苏丹地位未定论，事实上倾向于苏丹独立。由于谈判协定被提前曝光，9月28日西德基辞职，但在10月2日又重新组阁。此间他同贝文达成所谓“西德基－贝文协议”，但由于在苏丹问题上的分歧而再度搁浅，12月9日，西德基以健康为由辞职。至此，英国在埃及政坛中再也找不到一个他们认为能够说服国王和民众的合适人选。

1947年1月，正值1899年英埃共管条约签署的纪念日，埃及再次爆发游行示威活动。努克拉什组成一个萨德党和自由党的新政府。2月开始，英埃之间围绕战争期间结存在埃及银行中的英镑问题进行财政谈判。6月30日双方达成一项协议，协议规定（1）冻结在埃及银行大约3.56亿英镑的存款，这笔资金不能提现，但可以投资；（2）英国以外汇形式在任何货币地区自由支付如下款项：大约2200万英镑的埃及在英国银行存款；800万英镑的1947年下半年英国应付款；1200万英镑为弥补埃及政府支付短缺时的平衡资

---

① 〔英〕阿诺德·汤因比主编，〔英〕乔治·柯克：《国际事务概览·第二次世界大战·第11卷，1945—1950年的中东》，第204页。

金；以及未来埃及的全部英镑收入。[①]但在7月15日起的6个星期内，由于埃及执行新的英镑收入可以自由兑换政策，导致英国持有的黄金和美元大量外流，迫使英国政府停止自由兑换。双方在1948年1月5日签订新的协议。

1947年3月2日，努克拉什政府宣布辞退英国军事代表团，其在埃及的工作在1947年年底之前结束。双方谈判中，埃及坚持同样视尼罗河水为母亲河的苏丹、埃及两国应恢复历史上的统一；[②]而英国提出，就像埃及急切地渴望从英国的控制下独立一样，苏丹人民也不想成为埃及的殖民地。5月16日，英国提出不会以牺牲苏丹人民的办法来取悦于埃及政府，表明英国不再让步。谈判再次破裂，努克拉什政府遂决定将埃及问题提交联合国。7月11日，埃及终于向安理会提出控诉，指出英国对埃及的军事占领危害埃及主权，而且英国对埃及和苏丹实施分而治之政策并进行挑拨离间。[③]在8月5日的一般性发言中，努克拉什指出，英埃关系确定的同盟"只不过是从属关系的另一种形式。它掩盖了一种既不势均力敌又毫无尊严可言的关系。它使埃及依赖英国的经济；它使埃及屈从于英国反复无常的外交；它把埃及囚禁在英帝国淫威所及的范围之内。"[④]

针对1936年英埃条约，努克拉什指出："没有任何法律文件能够拉住历史的洪流。在短短的11年中，1936年条约早已失去它的生命力。事实已经剥夺了它的任何有效的发言权。今天它正像一个幽灵，踽踽独行；它只是作为过去海盗时期的一个遗迹而存留下来，但这却是这个世界正在试图忘掉的东西。"[⑤]在辩论中，他再次强调埃及政府可以通过协商的办法来解决苏丹的前途问题，但不是同英国协商，不是同那些被英国的占领束缚住手脚的苏丹人协商，而

① 〔英〕阿诺德·汤因比主编，〔英〕乔治·柯克：《国际事务概览·第二次世界大战·第11卷，1945—1950年的中东》，第138页。

② Arthur Goldschmidt Jr., *Modern Egypt: The Formation of a Nation-State*, p.91.

③④⑤ 〔英〕阿诺德·汤因比主编，〔英〕乔治·柯克：《国际事务概览·第二次世界大战·第11卷，1945—1950年的中东》，第216、218、223—224页。

是同那些能够按照他们自己的自由意志行事的苏丹人协商。①

8月，联合国安理会提出一项解决方案。但英国依据1936年英埃协定，坚持通过双边会谈解决英埃问题，并拒绝联合国安理会提出的解决方案。由于在苏丹问题上依旧没有结果，埃及代表也拒绝承认解决方案，他们还发现联合国所谓的秉持中立立场其实是偏向英国的。华夫脱党趁机火上浇油，认为努克拉什的代表团并不能代表埃及人民。总之，议会时代涉及埃及主权独立和民族解放的斗争中，夹杂着太多埃及内部斗争的成分，民族解放道路之所以未能一帆风顺，根本原因在于英埃双方力量的严重失衡，而那些与欧洲商业往来密切的温和世俗上层精英掌握着政权，为了维护自身的既得利益和经济权益，不得不在诸多问题和条款上同殖民者妥协。在同英国的谈判中，各政党之间相互拆台，排挤对方，他们行动遵循的原则和精神与其说是"1923年宪法"，不如说是为了其所代表社会势力利益的最大化。

① 〔英〕阿诺德·汤因比主编，〔英〕乔治·柯克：《国际事务概览·第二次世界大战·第11卷，1945—1950年的中东》，第223页。

第十二章　纳赛尔时期的埃及

“七月革命”使埃及走上共和国的道路，在纳赛尔的领导下，埃及对内开始进行全新的政治、经济和文化建构，对外高擎阿拉伯民族主义的大旗，这是埃及近现代历史上真正的“革命的年代”。以纳赛尔名字命名的纳赛尔主义强调阿拉伯人的优先性、埃及发展的独立自主性和本土特色的阿拉伯社会主义，同时确保军人对国家政治、经济和社会发展的主导权，从而形成第二次世界大战后世界秩序重构中独特的发展模式。纳赛尔倡导的阿拉伯民族主义，在埃及和整个中东产生了异乎寻常的号召力、吸引力和影响力。纳赛尔对埃及的热爱、对埃及安全的维护以及对阿拉伯世界内忧外患的担忧使得他最终“不能承受生命之重”。而客观复杂的历史环境和领袖主观的认知，则使埃及错过了诸多发展机遇。

一、“七月革命”与纳赛尔的崛起

埃及军人的觉醒

埃及国内的民族主义运动深深地影响着军队，埃及军人在民族矛盾尖锐环境下不断成长。第二次世界大战爆发时，由于英国被迫扩充军队，埃及许多中小资产阶级的子弟进入军事学院，然后转至军队。他们中的一些人后来成为埃及军队的中坚力量。

二战期间，作为英国作战计划中的一部分，埃及军队的行动必须遵循英国的作战部署，并被派往地中海沿岸保卫亚历山大港湾和马特鲁到亚历山大的铁路，对于埃及本土的安全，埃及军队需担负起自卫的责任。在英国指挥下的埃及军队经常被派往一些边远地区去执行一些无关痛痒的任务，这对于一支机动部队来说完全是一种浪费，[①]它使埃及士兵普遍出现一种厌恶英军、同情轴心国的思想。英国希望埃及军队提高战斗力，并且置于埃及英军总司令的指挥之下。由于埃及尚未宣战，埃军指挥权还没有转移，英埃两国军队之间的联络由英国军事代表团保持。埃军总参谋长阿齐兹·阿里·米斯里具有民族主义倾向，对英军代表团的指手画脚很不满意。1940年2月初，阿里·马希尔在英军压力下被迫将米斯里免职。[②]1942年的“阿布丁宫之围”不仅在心理上极大地伤害了埃及军官的民族感情，同时也直接拉开了军官与曾经的民族主义旗手华夫脱党的距离。尽管埃及军队在北非战场扮演的角色主要是配合英军的作战，但是在艰苦的战争环境中，埃及士兵还是受到了锻炼，积累了宝贵的作战经验，军事力量得到了极大的增强，他们中大多数人还是有着非凡的敬业精神，执行着国防的任务，使英国军队得以集中精力在前线作战[③]，为世界反法西斯战争的胜利做出了贡献。到二战结束时，埃及军队人数慢慢增至10万人，士兵数量的增长鼓舞了军队的士气。

1947年11月26日，联合国通过关于巴以分治的决议，阿拉伯国家联盟采取抵制的态度，巴勒斯坦战争随即爆发。为了转移国内民众视线，重新树立政府威信，埃及决定派兵参战，刚刚经历过二战洗礼的埃及军队在战争结束不久，又投入到1948年的巴勒斯坦战争。经过二战锻炼的埃及军队作战能力有了很大提高，士兵们在战

---

① Andrew McGregor, *A Military History of Modern Egypt: From the Ottoman Conquest to the Ramadan War*, p.232.

② 〔英〕阿诺德·汤因比主编，〔英〕乔治·柯克：《国际事务概览·第二次世界大战·第6卷，战时中东》，第52页。

③ Andrew McGregor, *A Military History of Modern Egypt: From the Ottoman Conquest to the Ramadan War*, p.243.

争中英勇无比，并取得了一些成绩，赢得埃及国内的普遍赞誉。然而，当战士们为了荣誉和信仰浴血奋战时，法鲁克国王却接受了100万英镑的贿赂，导致埃及购买的武器都是些不合格的废旧武器，上流社会的高级军官坐在办公室里不顾实际地制定作战计划，再加上国际上实行的武器禁运，以及埃军后勤供应不足等诸多因素，导致埃及军队在巴勒斯坦战争中失去了战争的主动权，埃军在战争后期遭受失败。这使埃及军官认识到，当他们在同犹太复国主义者奋力拼杀保护阿拉伯土地的时候，腐败的指挥官和政客已经背叛了军队。①尽管第一次中东战争以阿拉伯国家的惨败结束，它却为埃及军队提供了一个训练的场所，锻炼了一批勇猛果敢的埃及军官，其中就有加麦尔·阿卜杜勒·纳赛尔。

纳赛尔的崛起

埃及本土军人和埃及下层人民群众有着广泛的联系，逐渐形成一个具有爱国主义倾向的核心，意味着埃及军队里出现了一支先锋队。但它毕竟是一支由殖民主义武装和领导起来的军队，有其先天性的弱点，例如，其职责首先是为殖民主义服务，包括对外驻守苏丹；对内镇压人民运动。

“促使军队中的革命运动加快步伐的因素，实际上是巴勒斯坦战争。”②联合国关于巴勒斯坦的分治决议，成为激发军官先锋队起来干革命的首要因素，在他们中间掀起一阵进行军事干涉、坚决阻止以色列建国的狂热。高级军官在战场上的瞎指挥、形同废铁的武器装备弹药和随之而来的失败，使军队感到前所为未有的耻辱和背叛。当他们从前线撤回，很快就被遣散。军队中要求清洗叛变分子、改组军队的呼声再起。以纳赛尔为首的青年军官组织率先行动起来进行了改组，成为军队里的先锋队和不受统治当局统辖的突击

---

① Steven A. Cook, *Ruling but Not Governing: The Military and Political Development in Egypt, Algeria, and Turkey*, Baltimore: The Johns Hopkins University Press, 2007, p.22.

② 〔埃及〕穆罕默德·艾尼斯、赛义德·拉加卜·哈拉兹：《埃及近现代简史》，第174页。

力量。

1938年,20岁的加麦尔·阿卜杜勒·纳赛尔少尉从军事学院毕业,分配到上埃及谢里夫山脚下的曼卡巴德军营,纳赛尔与其他一批志同道合的军人积极研讨埃及政治和社会,制定了《曼卡巴德宪章》,提出自由军官必须为重建祖国而永远保持团结和友谊。1939年,纳赛尔主动要求参加陆军第三营,驻守苏丹,三年后的1942年回到埃及,根据萨达特的回忆,也正是这一年,纳赛尔才正式加入萨达特在1939年成立的秘密军官组织——后来的青年军官组织。[①]晋升为中尉的纳赛尔把精力集中在加强自由军官的持久力、坚韧性和组织性的训练上,在高度秘密状态下吸收新成员,并积极开展反英占领的宣传。

1943年2月,已经是上尉的纳赛尔被任命为军事院校的教官,开始按照支部方式建立自由军官组织的基层组织。1948年5月,他被派往巴勒斯坦战争前线,任营参谋长。对于这场埃及仓促参与的战争,纳赛尔后来在回忆中控诉道:“我们被围困在这里的洞穴里,我们已陷入危险境地,被推入一场毫无准备的战争,我们的命运被贪婪、阴谋和荒淫无耻的人玩弄了,我们赤手空拳地被遗弃在炮火中。”[②]

他和自由军官同伴们虽然身在前线,心却回到了祖国,“当时我们身在巴勒斯坦作战,但我们全部的梦想却在埃及。我们的子弹射向在对面战壕里窥视的敌人,而我们的心却萦回在让豺狼照管着的我们遥远的祖国周围。”同时,这场战争也为纳赛尔未来领导埃及民族解放运动提供了重要的组织力量和精神力量,正如他自己所说,“在巴勒斯坦,我不仅遇到了为埃及而斗争的志同道合的朋友们,而且找到了照亮我前进道路的思想。”

这些志同道合的朋友包括在巴勒斯坦战争中同他交往密切的凯麦尔·丁·侯赛因、萨拉赫·萨利姆、阿卜杜勒·哈基姆·阿密尔

---

①② 潘光、朱威烈主编:《阿拉伯非洲历史文选》,华东师范大学出版社1992年版,第204、202页。

以及在他接管自由军官组织之前的军队的一些领导人：阿卜杜勒·穆奈姆、阿卜杜勒·拉乌夫、阿卜杜勒·拉蒂夫·巴格达迪、哈桑·易卜拉欣、哈立德·毛希丁和安瓦尔·萨达特，等等。

比起战友和朋友来，思想同样重要，那就是在纳赛尔的头脑里逐渐形成的、后来被称为革命的六项原则：（1）消灭殖民主义；（2）消灭封建主义；（3）消灭垄断，结束资本对政权的控制；（4）建立社会公正；（5）建立一支强大的爱国军队；（6）建立健全的民主生活。

1949年停战之后，纳赛尔返回埃及，并晋升为少校。年底，青年军官们成立了“自由军官团筹建委员会”（即后来的革命指导委员会），并制定了秘密行动的工作制度。1950年，纳赛尔当选该委员会主席。通过印发名为《自由军官之声》的宣传品，号召消灭殖民主义及其走狗；消灭封建制度和资本主义的统治；建立一支旨在实现国家独立、而非镇压爱国运动的强大军队。1952年1月6日，军官们在开罗的俱乐部选举俱乐部管理委员会，自由军官人数获得压倒性多数，而以边防军司令侯赛因·西里·阿米尔少将为首的王室军官惨遭败北。法鲁克国王为此下令解散俱乐部管理委员会，并命令军官进行大幅调动，其意图在分散军官力量。此举导致自由军官们决定提前实施行动，因为按照萨达特的回忆，他们原计划是在1955年才开始行动。

“七月革命”与共和国建立

1950年1月，纳哈斯领衔的华夫脱党再次组阁。华夫脱党虽然赢得大选，但早已丧失了30年前的革命精神，“在对待王室的问题上，它采取绝对的投降政策”，“在争取独立的问题上，华夫脱党又捡起人民早已唾弃的谈判政策”。

陷入丑闻和腐败的纳哈斯为了转移民众对其个人问题的注意力，“恢复了往常的反英言论”。但在谈判了一年半而没有取得任何成效之后，在人民的压力下，华夫脱党内阁终于在1951年10月宣布对驻扎在苏伊士运河区的英军开展游击战。1952 年 1 月 25 日，英军出兵占领了伊斯梅利亚城，并封锁了整个运河区，对伊斯梅利亚埃及警署进行攻击，导致 50 多人死亡。第二天，开罗人民举行了声势浩大的游行示威，参加民众达 50 万人之多。在此期间，英军勾结王室，指示一部分走卒在开罗市中心纵火焚烧建筑物。大火四起，但警察和消防队却袖手旁观，见火不救，导致开罗 400 多栋建筑被毁，30 多人丧命。[①] 这就是震惊全国和世界的“开罗纵火案”。

在对开罗纵火案调查过程中，一批爱国人士被捕，华夫脱党被迫辞职，阿里・马希尔组织内阁。马希尔内阁提出实现英军撤军和尼罗河流域统一、抚恤受难者、巩固治安和实现稳定等三项政策，但受到了王室和英国的抵制。3 月 1 日，马希尔内阁由于无法实现和英国的谈判而宣告辞职。继任的是华夫脱党的死敌纳吉布・希拉利，此人对华夫脱党采取敌视和清洗政策，但同样由于与英国谈判失败而于 6 月 27 日宣布辞职。侯赛因・西里组织了过渡内阁，维持到 7 月 18 日。7 月 22 日，纳吉布・希拉利再度组阁。

开罗纵火案发生后，政府宣布实施军事管制法，军队走上开罗街头，控制了局势。这时候，自由军官组织也散发传单，在军官中宣传军队应该与人民一起，而不是与王室在一起的思想，全文如下：

> 埃及的卖国贼正依靠你们，依靠你们手下的军队来实现他们的目的。他们只不过把你们看成是镇压人民、制服人民的工具而已。应该让那些卖国贼懂得：军队的职责是争取和捍卫国家的独立。军队出现在开罗街道上，只能执行粉碎卖国贼破坏捣乱阴谋的任务，而决不能逮捕忠诚的爱国者。大家应该知道：我们现在已经和人民站在一起了，并将永远站在一起。我们只响应祖国的召唤。
>
> 军官们！

① Jason Thompson, *A History of Egypt: From Earliest Times to the Present*, pp.290-291.

祖国在危急中。你们应该警惕反对祖国——也是反对你们的阴谋，你们要团结在自由军官团的周围。只有这样，胜利才属于你们，才属于和你们不可分割的人民。①

从1月26日到7月22日，王室走马灯似的更换内阁，军队内部的不满情绪和人民的怨愤急剧增长，谣言四起。纳赛尔等决定提前采取军事行动。7月22日晚11点，参加行动的军队在自由军官组织的领导下，在坦克、装甲车、大炮、机枪、汽车的支援下，迅速占领了军营内各兵种的据点，并于7月23日凌晨2点完成占领任务。军队中的高级军官遭到逮捕，被关押在军事学院大楼的一间房子中。革命指挥部夺取了军队的领导权。接着，军队又很快占领机场、开罗火车站、电报和电话局、埃及广播电台以及出入开罗重要的交通要道。在太阳升起来之前，革命指挥部控制了开罗。7月23日早晨七点半，埃及民众从广播电台听到了以埃及武装部队总司令穆罕默德·纳吉布将军名义发布的一个声明（后来证实来到电台承担这一任务的是安瓦尔·萨达特），宣布埃及正经历“艰难时期”，军队通过“纯洁队伍”的行动已经接管政权，其目的是惩治贪污腐败、维护社会秩序。

刚刚组建数个小时的纳吉布·希拉利内阁迅速垮台，根据革命指挥部“委托”，当时正在亚历山大蒙塔札宫避暑的法鲁克国王被迫宣布阿里·马希尔组阁。7月24日，革命指挥部发布第二个声明，指出革命指挥部受到人民的鞭策，为了人民的利益，高举宪法的旗帜，“改革和整顿军队以及一切国家公共事业”。7月25日早，一支武装部队开往亚历山大进行布防，维持治安。法鲁克国王预感不妙，晚上从蒙塔札宫来到蒂恩角宫，有人猜测他想从海上逃跑。但不论去哪儿都已经无济于事，第二天一早，亚历山大的所有王宫——阿布丁宫、库巴宫、蒙塔札宫还有蒂恩角宫，全部被军队团团包围。

① 〔埃及〕穆罕默德·艾尼斯、赛义德·拉加卜·哈拉兹：《埃及近现代简史》，第182页。

上午九点，革命委员会谈判特使萨达特，还有穆罕默德·纳吉布将军，[①]与马希尔首相在亚历山大的内阁大厦见面，他们递交了要求法鲁克国王退位的通牒。法鲁克国王被迫接受被废黜的命运，由其年幼的王储艾哈迈德·福阿德继位。下午六点，法鲁克乘坐曾经载着其祖父伊斯梅尔来埃及的“首都号”游艇离开埃及，流亡意大利。1953年6月18日，小国王福阿德二世被废，埃及正式宣布成为共和国，军官俱乐部主席、武装部队总司令穆罕默德·纳吉布将军成为第一任共和国总统，纳赛尔出任总理。

“七月革命”的历史意义

纳赛尔把7月26日废黜法鲁克的日子称为他“自豪而永志难忘的日子”。[②]纳赛尔特别提到法鲁克在退位诏书上签字的意义：第一，它确认革命已告成功，并已站稳脚跟；第二，它意味着一个时代的结束和另一个时代的开始，即黑暗时代的结束和我们梦寐以求的光辉时代的开始；第三，它意味着君主制度的灭亡和共和国的开始。1952年“七月革命”的成功翻开了埃及现代史新的一页，这一事件之所以被称作“革命”而不是所谓的军人政变，[③]其原因在于，从长远视角来透视它对埃及现代化进程的意义和影响，我们才能切实体会到它是埃及现代史上具有转折意义的“路标”。

第一，“七月革命”在民族国家重建和主权独立方面实现了自近代以来埃及历史的根本性转折。从1882年埃及被英国占领，1922年虽然实现了象征意义的独立，但它仍然是一个被英国殖民主义控制的埃及。“七月革命”后，1954年英国撤军协定标志着埃及的完全独立。1956年，纳赛尔又领导埃及人民为收回苏伊士运河主权而与英国进行了不屈的斗争，引发了震惊世界的苏伊士运河战争，并

---

① 〔埃及〕安瓦尔·萨达特：《我的一生——对个性的探讨》，李占经等译，商务印书馆1980年版，第121页。

② 〔埃及〕穆罕默德·艾尼斯、赛义德·拉加卜·哈拉兹：《埃及近现代简史》，第189页。

③ Joel Gordon, *Nasser's Blessed Movement: Egypt's Free Officers and the July Revolution*, Oxford: Oxford University Press, 1992, pp.4-5.

最终收回运河主权。至此，长达 74 年的屈辱史宣告结束。独立后的埃及也力争实现外交上的独立自主。在纳赛尔时代，和平中立，不和东西方国家结盟是埃及外交政策的基石。埃及联合其他发展中国家倡导不结盟运动，为世界的和平稳定做出了不可磨灭的贡献。

第二，“七月革命”完成了埃及政治现代化模式的制度性转换，把埃及从一个传统君主专制国家带入了威权主义的共和制时代，这是“革命”本质的涵义。法鲁克王室的无能和立宪政府的腐败最终导致埃及延续数千年的君主统治的结束。埃及在 1953 年被宣布为共和国，走上政治现代化的新阶段，从此奠定了政治发展的新模式。为了改变落后的社会状况，完善共和政体，继任总统萨达特和后来的穆巴拉克都致力于对纳赛尔时代埃及政治模式进行变革的艰难探索。

第三，“七月革命”在经济上使埃及摆脱了对外国资本的依附，结束了近一个世纪的殖民化进程，从“一个失败的国家”[①] 走上改革振兴之路。政治上的主权独立意味着经济上的独立自主，埃及的经济建设、社会建设、文化建设从此迈上新征程。纳赛尔政权一开始就积极发展工农业生产，为向经济现代化发展做好准备。土地改革为农村资本主义的发展奠定了坚实基础，同时也带动了埃及工业化的进程。在工业方面，埃及实行大规模国有化运动，实现了由依附经济向独立发展现代经济的转变。

第四，“七月革命”使埃及重新走向发展现代化的道路，以纳赛尔名字命名的纳赛尔主义成为埃及独立后重建主权国家的指导思想，并上升为国家主流意识形态，指导着埃及政治、经济、社会、外交的全面发展。纳赛尔主义起源于埃及现代化进程中诸多因素的矛盾运动，是埃及人民反抗英国殖民统治的历史产物，亦是埃及新生社会势力排斥传统政治秩序的逻辑结果。[②] 这一思想体系经历了三

---

① Joel Gordon, *Nasser's Blessed Movement: Egypt's Free Officers and the July Revolution*, p.14.

② 哈全安：“纳赛尔主义与埃及现代化”，《世界历史》2002 年第 2 期。

个层次：埃及民族主义、阿拉伯民族主义、阿拉伯社会主义。纳赛尔主义固然存在弊端和局限，但纳赛尔主义的影响在短期内不会消失，正是纳赛尔时代新旧社会势力的消长和工业化的巨大进步，一定程度上为其后自由资本主义的发展和政治多元化铺平了道路。

最后，“七月革命”使埃及由一个具有浓厚伊斯兰色彩的封建制国家转化成为一个世俗化的现代国家，促进了国家和人民在政治和生活方面的观念性转换。世俗化同工业化一样，是现代化的内在要求和本质体现。然而埃及却是一个宗教信仰根深蒂固的国家，伊斯兰教在社会生活的各个方面都起着决定作用，历代统治者无不奉行政教合一政策，以此来维护自己的统治。世俗化即政治、社会和文化等逐渐摆脱宗教制度和宗教象征的控制。埃及也不例外，它同样遵循着宗教与政治、法律、教育相分离的原则来实现世俗化。宗教影响仍然存在于埃及，宗教组织的势力也依然强大，甚至一度有崛起的态势，但随着埃及政治、经济的持续发展，埃及保持世俗化的趋势长时期内始终居于主流。

二、纳赛尔主义的理论与实践

纳赛尔主义的历史背景

纳赛尔主义是学者和后代政治家对纳赛尔执政时期提出的一系列革命思想和内政外交政策的统称，并不是纳赛尔本人系统的主张、理论或学说。[①]

作为后发外源型现代化国家的典型，埃及从完成共和革命后就处于“追赶”先进国家的状态。这种现代化是一个“被压缩了的过程”，它意味着在同一历史时空下，要完成早发现代化国家经历 300 余年才得以完成的现代化任务。“在现代化的过程中，中央集权、民族

① 本节主要是对纳赛尔主义所涉及革命思想的背景、主张、结构和经济社会方面的叙述，其政治建设的主张和实践详见本章第三节，外交和军事的思想与实践详见本章第四节。

融合、社会动员、经济发展、政治参与、社会福利等等，不是依次而至，而是同时发生。”[①]“市场秩序”还未强大到能够整合社会秩序的程度，在这种情况下，现代化发展不得不求助于强大的国家力量，就是说，要想实现现代化，必须通过自上而下、依靠“看得见的手”加以推动，发挥政府的领导、组织、干预、扶植、推动等不可替代的积极作用，甚至通过强人政治的有效统治，来维持整个社会的秩序与安定，为经济的繁荣与发展，以及为中产阶级的发育和壮大，创造一个比较稳定的社会环境。

埃及政府始终面临着巨大的经济社会发展问题。很显然，革命后的埃及社会生产力水平和社会经济基础极端落后，由此便为威权主义滋生和发展培育了天然的丰厚土壤。革命初期，以纳赛尔为首的军人政权面临着一系列社会和经济问题：人口已经达到2143.7万人；收入低、财富的不公分配；疾病，人民寿命短、婴儿死亡率高（1952年的出生率和死亡率分别为45.1‰和28.2‰；一岁婴儿死亡率1952年为每千人127人）；极低的识字率，1952年中小学人数为176.8万人，1953年大学生为4.6万人（有统计为5.4万人）。[②]农业是全国压倒性的经济命脉，工业仅局限在自然资源和矿产资源，缺乏熟练工人。

任何一场成功的现代化运动首先应该是经济上的起飞和辉煌成就，物质文明的进步是现代化推进及其模式转换的动力和基础。但是，来自于人口增长、经济增长和智力增长内在的不平衡长期以来严重影响着埃及的政治发展，成为埃及现代化的难题。纳赛尔主义及其威权政治的产生，无疑有着经济方面的深厚根源，这是以埃及为代表的广大中东国家在发展过程中与西方发达国家相比完全不同的情况。作为古代世界最伟大的国家之一，埃及曾经长期领先于世界，创造了独一无二的文化和前所未有的文明成果，甚至在西方工业化

---

① 〔美〕塞缪尔·P·亨廷顿：《变化社会中的政治秩序》，王冠华等译，生活·读书·新知三联书店1989年版，第43页。

② 〔英〕B. R. 米切尔编：《帕尔格雷夫世界历史统计·亚洲、非洲和大洋洲卷：1750—1993》第三版，第75页、86页、998页。

力量入侵埃及之前，与地中海那些相邻的国家相比，埃及依然是地区较为先进和发达的国家。但是进入现代社会之后，埃及迅速地走向衰落，即使在地区内相比也远远落后于很多国家。

这个过程中，纳赛尔本人的作用非常巨大而重要。新威权主义一个重要的内涵和特征就是军人政权或者所谓强人政治的出现，而这恰好是“七月革命”以及革命后埃及从君主立宪政体向共和国转换的政治建构中必须具备的因素。事实上，纳赛尔正是这样的政治强人，而他领导的“青年军官组织”在夺取政权后所进行的一系列政治活动体现了一个军人政权所具备的几乎所有要素和特征。[①]

纳赛尔的领袖魅力

当革命推翻法鲁克王朝的时候，频频出现在埃及人视野中的是纳吉布将军，公众以为会迅速回到议会制生活，但在军官中出现了分裂，更多的军官希望得到纳赛尔的指挥，纳吉布很快被解职，纳赛尔出任共和国第二任总统。纳赛尔是第二次世界大战后亚非拉民族民主运动史上最具有影响力和争议性的人物之一。如果说在埃及和中东存在“奇里斯玛”型人物的话，纳赛尔就是这样的人物。[②]德国著名社会学家马克斯·韦伯指出：“奇里斯玛”就是指那些不同于常人、被视为具备超自然、超人的美德，至少是具备异常的力量和品质。而一般人是不拥有这些力量和品质的，它被认为是非凡的、可作为榜样的，并且正是在这样的基础上，领导者个人才会成为伟大的领袖。[③]因此，纳赛尔很快就从革命的幕后走到政治重建的前台，

---

① 关于纳赛尔的政治活动及其影响还可以参见 James A. Bill and Carl Leiden, *Politics in the Middle East*, Second Edition, Boston Toronto: Little, Brown and Company, 1984. 以及 Majid Khadduri, *Arab Contemporaries: The Role of Personalities in Politics*, Baltimore and London: The Johns Hopkins University Press, 1973.

② Asaf Hussain, *Political Perspectives on the Muslim World*, London: The Macmillan Press Ltd., 1984, pp.96-97.

③ Max Weber, *The Theory of Social and Economic Organization*, Trans. By A. M. Henderson and Taclcott Parsons, New York, 1947, pp.358-359. 转引自 Leland Bowie, “Charisma, Weber and Nasir”, in *The Middle East Journal*, Volume 30, Number 2, Spring 1976, p.141.

到 1954 年他控制了整个埃及的权力体系，成为无可争议的领导人，被称作“自法老时代结束以来统治埃及的第一个埃及人”。[①]

纳赛尔在他并不很长的任期内（1954—1970 年）不仅吸引了埃及民众的视线，而且吸引了阿拉伯世界乃至整个世界的目光。正是在他的领导下，埃及彻底结束了英国殖民统治，建立了共和国，实现了被腐败和无能充斥的自由宪政向威权主义政治的转型。他成功地实现了苏伊士运河的国有化，打退了英国、法国和以色列的联合进攻。“他的作用超越了宪法规定的范围，利用他个人在政治体系内的美德实践了那些没有写在（宪法）文本上的权力，他的成就、他的奇里斯玛式的能力吸引了埃及农民成为其政治活动的坚强后盾。”[②]他拒绝还政于民，面对来自自由派力量和穆斯林兄弟会两个方面的发难，纳赛尔不为所动，采取果断措施予以镇压，维护了政局的稳定和国家的世俗化特征。纳赛尔自己控制了几乎全部的权力机构，包括军队、警察、情报部门以及阿拉伯社会主义联盟，此外他还掌握着内阁和全国立法大会，一手缔造了共和宪政体制下的埃及威权主义。也正因为如此，有人把纳赛尔说成是“兼具现代化和家长制作风的领袖”[③]，说他是现代化的领袖，强调其果断采取措施与革命前的埃及传统决裂，开创了类似于土耳其凯末尔的埃及现代化；说他是家长制作风，指的是纳赛尔沿袭了阿拉伯和伊斯兰原有的统治方式，建立了新威权主义。就像在中东“六·五战争”失利后的情形——纳赛尔向国民讲话表示承担战争失败责任、辞去总统职位时，埃及人民却强烈要求他留下来继续领导埃及——所显示的那样，这令西方人士感到十分困惑，因为西方认为人民不可能再接受纳赛尔——一个战败者——的统治。但事实恰恰相反，传记作家

---

① David E. Long and Bernard Rrich, edited, *The Government and Politics of the Middle East and North Africa*, Boulder and Oxford: Westview Press, 2002, p.353.

② David E. Long and Bernard Rrich, edited, *The Government and Politics of the Middle East and North Africa*, p.354.

③ Elie Podeh and Onn Wincker, edited, *Rethinking Nasserism: Revolution and Historical Memory in Modern Egypt*, University Press of Florida, 2004, p.2.

罗伯特·斯蒂文思认为，西方的困惑“在一定程度上反映出西方人仍然没有理解纳赛尔与人民关系的实质，这是埃及人民赞成他的统治权威的决定性因素”①。总之，依靠具有超凡魅力的领袖的意志、力量、德行、智慧、号召力和吸引力来进行广泛的社会动员，利用种种策略赢得民众的支持和认同，从而实现政治稳定和经济社会发展进步正是纳赛尔时代埃及威权主义最大的特征。

纳赛尔主义的理论逻辑

“七月革命”后，民族经济发展和国内外形势的演变，迫切要求埃及有新的发展、新的变化。1955年3月，纳赛尔在接见印度记者时首次提出在埃及建立社会主义的主张。12月5日，纳赛尔在埃及合作社第三次代表大会上正式宣布在全国建立一个“民主、合作的社会主义”社会。1962年由纳赛尔主持制定的《民族宪章》（又称《全国行动宪章》）确认埃及信奉社会主义，走社会主义道路。1964年临时宪法又明文规定埃及的经济制度是“社会主义制度”。要建立一个“自由、公正和富裕的社会”，纳赛尔主义总体思想逐渐形成。

纳赛尔主义的形成，经历了一个从革命的“六项原则（即：消灭殖民主义；消灭封建主义；消灭垄断，结束资本对政权的控制；建立社会公正；建立一支强大的爱国军队；建立健全的民主生活）到“自由、社会主义与统一”的逻辑演进，不能脱离革命的六项原则的思想背景去简单理解纳赛尔主义。六项原则是纳赛尔领导“七月革命”并在革命胜利后维护民族独立和建设国家的政治纲领，是后来“阿拉伯社会主义”的雏形，其载体是纳赛尔的《革命哲学》、《民族宪章》以及在民族联盟成立大会上发表的系列讲话。

1957年，“民族联盟”的纲领指出，民族联盟的目的就是在阿拉伯民族主义的基础上，致力于建设一个公正和合作的社会，消灭

① 〔英〕罗伯特·斯蒂文思：《纳赛尔传》，王威等译，世界知识出版社1992年版，第423—425页。

包括封建制度在内的一切剥削制度。在经济领域内，消灭资本主义的垄断制度和资本控制政权的现象，个体所有制将被纳入为社会谋利益的轨道；在经济成分的组成上，除了私人经营的企业外，建立具有社会主义性质的国营企业；在生产和销售方面，允许合作社和个体经营者参加活动。最终是为了发展生产，限制私人资本控制生产和市场，限制他们的剥削，建立缩小阶级差别的公正社会，给予每个公民使用国家资源，以及享受教育、文化、卫生等公共服务的均等机会，集体利益成为社会活动的基础。纳赛尔的阿拉伯社会主义理论，集中反映在 1962 年 5 月他在全国人民力量代表大会上的讲话及大会通过的《全国行动宪章》草案。该宪章把阿拉伯社会主义指定为埃及国家的指导思想。在 1964 年 3 月 23 日通过的临时宪法宣言中，正式宣布建设社会主义社会是埃及的奋斗目标。

理解纳赛尔主义，最为关键的是充分理解“自由、社会主义与统一”三者的内涵及其辩证关系，它们既是手段，又是目标，在内容和逻辑上环环相扣，层层递进，统一服务于阿拉伯民族复兴的伟大任务之中。纳赛尔把叙利亚阿拉伯复兴党人米歇尔·阿弗拉克提出的“统一、自由和社会主义”改为“自由、社会主义和统一”，绝对不是一个简单的口号问题，更不是顺序颠倒的文字游戏，而是具有丰富的内涵和想法。它体现为两个层次，第一个层次是“自由”、“社会主义”、“统一”分开来理解，三者是逐级递进的关系。自由是前提，社会主义是手段，统一才是目的；第二个层次是三者综合起来理解，不论自由、社会主义还是统一，都从属于阿拉伯民族主义，三者都依靠民族主义、服务于民族主义。阿拉伯民族主义不仅是手段，还是目的。现实中还有一个非常重要的原因是，埃及和叙利亚建立阿拉伯联合共和国的失败给了纳赛尔很大的打击和教训，使他认识到实现阿拉伯“统一”是一个更为长期的任务。

第一，建设富裕公正的社会，实现埃及的现代化，其前提是实现埃及人的“自由”，即推翻本国以王室为代表的封建统治和外来英国殖民主义的控制。纳赛尔认为，“世界上每个民族都经历两种革命：一种是政治革命，就是从一个强加在他们头上的暴君的统治下或者从违反人民愿望而驻扎在祖国领土上的外国军队手中恢复自己管理自己的权利。另一种是社会革命，在这种革命中各个阶级之间进行斗争；当正义在一个国家的公民之间占优势的时候，情况才能安定。”他说，在人类历史上，许多民族都经历了这两种革命，不过都不是在同一时期面对两种不同的革命，有的甚至相隔几个世纪，只有埃及“正在同时面对着这两种革命”，这是“我们民族所经历的可怕的经验”。

第二，建设富裕公正的社会，实现埃及的现代化，其途径是必须走具有阿拉伯本土特点的“社会主义”道路——农业方面进行土改和建合作社、推行国民经济的国有化和计划化以及实施埃及的工业化。①

阿拉伯社会主义的主体是阿拉伯人，首先是埃及人，服务于阿拉伯统一的崇高目标。纳赛尔强调阿拉伯社会主义的内生性，他说：“我们的社会主义是我们自己的环境所产生的，我们的社会主义不是从任何人或任何地方抄袭而来的。”他多次向埃及人民和阿拉伯世界表示，阿拉伯社会主义与马克思主义存在根本区别，主要体现在五个方面：一是关于宗教信仰，前者信仰宗教，而后者否认宗教，前者相信哈里发，后者否认哈里发；二是对阶级专政的看法，前者拒绝任何一个阶级专政，要过渡到全民民主，后者则是建立无产阶级专政；三是如何看待土地，前者主张“合作范围内的土地私人所有制”，而后者是要求实现土地国有化；四是关于私有制，前者把所有制分为剥削的所有制和非剥削的所有制，并且坚持私有制，后者则主张消灭私有制；最后是推进社会革命的方式，前者主张不使用武力，通过和平方式解决冲突的矛盾，而马克思主义主张用暴力消灭资产阶级。

---

① 关于纳赛尔阿拉伯社会主义的理论与实践，参见唐大盾、张士智等：《非洲社会主义：历史·理论·实践》，世界知识出版社 1988 年版，第 96—119 页。

对于埃及来讲，“政治革命”通过“七月革命”——军人掌握政权，废黜法鲁克国王，进而宣布埃及为共和国，以及随后的苏伊士运河战争已经基本完成了。但是，反对资本、反对剥削，以建立“自由、公正和富裕”的埃及为目的的“社会革命”尚未完成。“随着革命的向前发展，在埃及解决经济和社会落后的社会主义措施，并不是自由选择的问题，而是一种历史的必然性。这种必然性是由现实和群众的普遍愿望，并由20世纪后半个世纪正在变化中的世界形势所决定的。”

第三，建设富裕公正的社会，实现埃及的现代化，其最终的目标是实现阿拉伯的“统一”和民族复兴的理想。为此，阿拉伯世界各国应该团结起来、携起手来，维护独立自主，共同应对外界种种挑战（此即所谓的阿拉伯民族主义，特别是苏伊士运河战争之后走向高潮，但在阿拉伯联合共和国失败后，纳赛尔把它列为远期目标）。在严格划分与马克思主义不同的前提下，纳赛尔强调阿拉伯社会主义的主体是“阿拉伯性”，这是一个极为重要的前提，舍此就脱离了阿拉伯国家的社会现实，就不成其为阿拉伯社会主义。他特别强调阿拉伯民族主义是阿拉伯革命的灵魂，阿拉伯民族的任何进步事业，都离不开民族主义，否则就会一事无成。阿拉伯民族主义是团结和统一阿拉伯进步力量、打倒殖民主义和帝国主义、推翻内部封建主义统治的工具。

最后，建设富裕公正的社会，实现上述从“自由”到“社会主义”再到“统一”的阶段性目标乃至总体目标或者说整体的民族理想，必须由埃及的军人来领导和推动，在具体的政治实践中，纳赛尔逐渐构建起战后发展中国家较为典型的现代军人威权政治的统治模式。纳赛尔认为，埃及的革命，以及整个阿拉伯世界反帝反殖和反封建的斗争，只能由军人领导，因为军队“能够团结成为不可分割的整体，能够在某种程度上摆脱一切个体和阶级的斗争”。唯有军队“掌握足够的物质力量，以保证迅速而决定性的行动”。作为一个集团的力量，埃及军队能够担负阿拉伯民族解放运动艰巨而复杂的革命任务，也只有埃及军队才能肩负保卫革命的胜利果实和建设国家的任务。[①]

由此可见，从革命的“六项原则”到“自由、社会主义、统一”的三大历史任务，从基本前提、基本途径、实现主体、最终目标、领导力量的“五位一体”，到经济、政治、外交、军事的高度整合，纳赛尔主义构成一个完整的理论和实践相协调、历史和逻辑相统一的思想链条。纳赛尔倾其一生是在为埃及人和阿拉伯人的自由、社会主义、统一乃至民族尊严而打拼，但由于他在1970年的突然去世，不禁让人发出“出师未捷身先死，长使英雄泪满襟”的悲恸和感慨。

土地改革和国有化运动

从1956年开始，埃及进入全面的经济调整时期，埃及社会经济的发展受当时国际上两种意识竞争的影响，选择了具有浓厚“社会主义”色彩的发展模式。主要表现出如下特征。

首先，按照纳赛尔的相关论述，纳赛尔社会主义对埃及经济现代化的指导性主要表现在三个方面：第一，社会主义是“导致经济和社会进步的唯一出路”，[②]是“解决埃及问题唯一革命的决策”。[③]纳赛尔认为不发达国家消除落后的唯一方法就是实现社会主义。第二，“社会主义是建立在正义和满足需要的基础上的”。[④]按照纳赛尔的看法，“富足”指生产和发展；“正义”乃社会公正和分配公正。二者的关系相辅相成。没有富裕的正义意味着贫困，没有正义的富足意味着增加财富的集中。[⑤]第三，关于剥削所有制和非剥

① 唐大盾、张士智等：《非洲社会主义：历史·理论·实践》，第98页。

② 〔埃及〕纳赛尔：《独立的翌日》，转引自上海科学社会主义学会、上海社会科学院情报所合编：《当代亚非拉社会主义思潮资料选译》，上海社会科学院出版社1982年版，第141页。

③④ 〔埃及〕纳赛尔：《独立的翌日》，引自《当代亚非拉社会主义思潮资料选译》，第138、139页。

⑤ 杨灏城、江淳：《纳赛尔和萨达特时代的埃及》，商务印书馆1997年版，第91—92页。

削所有制的区分问题。纳赛尔主张由人民控制一切生产资料，但不必废除私人所有制。“应由人民掌握所有生产资料，根据预定计划决定利润的处理”。但他又指出：“所谓由人民控制一切生产资料，并不是指生产资料都要实行国有化，取消私有制，也不是侵犯私有制合法的继承权。”[①] 他激烈反对“剥削阶级所有制”，允许不剥削他人的私营部门存在，为发展总计划做出贡献。

其次，实行土地改革。1952年埃及的人口约2000万，2/3居住在农村，农村人口的3/4长期受到地方寄生虫病的感染，还有大约4/5的人患沙眼或视力衰退等疾病[②]。耕地面积不足600万费丹。土改前，埃及的土地集中，两极分化现象严重。（见表12–1）

表12–1　1952年土改前土地占有情况

占地规模	占有耕地（万费丹）	占地比例（耕地总面积）	占地人口（万人）	占土地所有者比例（%）
50费丹以上	204.4	34.2%	1.1	0.4
5—50费丹	181.8	30.4%	14.8	5.3
5费丹以下	212.2	35.4%	264.2	94.3
总计	598.4	100	280.1	100

从奥拉比到开米勒，再到扎赫鲁勒，还没有一位埃及的民族主义运动领导人能够想到改变农村的生产关系，动员埃及的广大农民来参与或推进民族主义运动。丁沙薇惨案的发生是农民为维护自身合法权益做出的自发性反抗，具有极大影响，甚至一度改变了埃及民族主义运动的方向。但是，纳赛尔与他们不同，大多出身小地主或小资产阶级的自由军官集团对法鲁克王朝的贪腐深恶痛绝，对社会财富分配不公愤愤不平。如果没有农民的支持，如果不能够首先

① 〔埃及〕纳赛尔：《独立的翌日》，引自《当代亚非拉社会主义思潮资料选译》，第140、141页。

② George E. Kirk, *A Short History of the Middle East: From the Rise of Islam to Modern Times*, p.234.

对农业生产关系进行调整并寻求突破，不仅可能重新走上以前历次民族主义运动的老路，而且恐怕连初生的革命政权都难以自保，革命的历史使命也就无以为继。因此，1952 年 9 月 9 日，革命成功不久即颁布了第一部土改法（第 178 号法令），主要内容包括：没收法鲁克王室的地产；限制每个地主占地不得超过 200 费丹，加上其子女可拥有的 100 费丹，总共 300 费丹，超过部分由国家征收分给无地和少地的农民；规定地租的最高限额；建立农业合作社；开垦荒地，改造沙漠，扩大耕地面积。本次土改“着眼点很大程度在于夺取以王室为代表的 2000 个大地主的土地，铲除旧政权在农村的经济基础，巩固新生政权。”① 在埃及历史上第一次实现了限制地主占有土地的最高数额。

1962 年的《民族宪章》确定了土改的总方针，勾画出埃及农村改革的蓝图，提出“在不允许封建制度存在的范围内实行土地私有制”的纲领。因此，土改一方面缓和了土地分配问题，导致埃及社会政治结构朝着更为平等的方向改变。另一方面，埃及财产所有制的私有性质以及社会经济以私有经济为主导的特性并没有改变（见表 12-2）。②

表 12-2　1952 年土改后的土地占有情况

占地规模	占有耕地（万费丹）	占地比例（耕地总面积）	占地人口（万人）	占土地所有者比例（%）
50 费丹以上	122.1	20.3%	1.1	0.4
5—50 费丹	198.2	33.2%	15.6	5.2
5 费丹以下	278.1	46.5%	284.1	94.4
总计	598.4	100	300.8	100

此前的 1961 年，政府颁布了第二部土地改革法（1961 年第

① 杨灏城：“纳赛尔时代的土改与埃及农村资本主义的发展”，《西亚非洲》1990 年第 1 期。

② M. Riad El-Ghonemy, edited, *Egypt in the Twenty-First Century: Challenges for Development*, New York: Routledge, 2003, pp.75-76.

127号法令），决定把土地所有权的最高限额从每人200费丹降到100费丹，包括私人的荒地和沙漠。剩余土地由国家没收并给予赔偿，赔偿金额与第一部土地改革法相同。1969年，政府颁布第三部土改法（1969年50号法令），进一步规定每人土地限额为50费丹。三次土改均遭到地主的强烈反对，他们想方设法私自出售土地、隐匿或转移土地。据统计，加上没收宗教田产和外国人占地，政府总共征收土地约72万费丹。[①]通过土地改革，对全部农业用地的13%进行了重新分配（分配给那些占地不到2费丹的农户，这部分人约占全国土地所有者的10%）。此外，政府没收了王室土地，并且降低土地租金，价位是1947年土地税价格的7倍。土改使埃及的封建势力受到削弱，占地100费丹以上的大地主基本绝迹，部分无地和少地的农民分得了土地，土地分配严重不合理的状况有所改善。土改也使土地进一步被分割，其结果是小土地所有制逐渐形成。

再次，全面推行国有化政策、实行计划经济，推行进口替代的工业化发展战略。土地改革特别是苏伊士运河战争的胜利，极大地鼓舞了纳赛尔总统扩大对全国经济的战略控制。其主要特征就是严格投资的计划性、推行大规模国有化、实行政府指导价和固定工资制度，同时严格控制对外贸易和农业资源的利用。对外贸和生产扩张的主要推动就是实施进口替代战略，为此安排的资金占1956—1965年期间总投资的1/3。这就导致埃及的发展模式由市场经济逐步向严格的计划经济转变，其目的不仅是要实现国内生产总值（GDP）年均7%的增长率，还要实现建立在稳定基础（财富在社会各阶级之间的公平分配，以保护工人和穷人的利益）之上的埃及人的全面发展。

在国有化方面，到1963年，国有部门占据的国民生产总值，在工业和电力部门达到60%，交通部门达到75%，不过它在农业部门

① 杨灏城："纳赛尔时代的土改与埃及农村资本主义的发展"，《西亚非洲》1990年第1期。

只占到6%。国家已经控制了82家私有公司将近一半的资产。政府就业快速扩大，到70年代初期，在公有部门工作享受工资的工作人员占到全部享受工资工作人员的一半。通过劳工立法，从事非农产业的工人也得到了很多好处，包括提高每日最低工资标准、降低每周工作时间、享受带薪假日、义务社会保险和免予非法解雇等。这样，到60年代，这种具有浓厚社会主义色彩的战略实现了社会全面就业。它证明了在埃及这样的发展中国家，采取多项措施是可以产生大量的工作岗位的。随着免费的公共服务部门范围的逐步扩大，一个福利国家的雏形初步显现出来。

总的来讲，缩小贫富差距、推行立足于计划经济基础上的进口替代工业化战略，并且没有出现官僚腐败，这被认为是纳赛尔时期埃及经济发展的重要成就和特点。[①]不过，与上述成就相伴随的则是冗员过多、效率低下、持久的隐性失业以及经济管理机构的中央集权化，使少数管理者开始控制和管理大型国有企业，他们构成了经济机构的精英，处于中央经济控制的核心地位。

另外，由于1961年埃及棉花生产锐减，介入也门战争（1962—1967年）以及1967年的中东战争，致使将原准备投资于商品生产的资金用于购买武器装备；美国停止援助以及苏伊士运河和旅游业收入减少等，造成纳赛尔规划的埃及年均国内生产总值（GDP）增长7%的目标没有达到。在第一个经济计划时期（1959—1964年），年均增长率为6%，70年代降为3.5%。[②]

建设工业化国家

工业化一直是新政权政治纲领中的重中之重，[③]被称为埃及“强

① Fouad and Barbara Ibrahim, *Egypt: An Economic Geography*, p.94.

② M. Riad El-Ghonemy, edited, *Egypt in the Twenty-First Century: Challenges for Development*, p.78.

③ Afat Lutfi Al-Sayyid Marsot, *A History of Egypt: From the Arab Conquest to the Present*, p.142.

国的神经中枢，是政治和军事力量的源泉”[①]。1952 年 10 月，国家成立了“发展国民经济常设委员会”，对农业、工业、商业进行经济规划，并制定三年国民经济计划，一大批涉及埃及国计民生的工农业计划被提出并付诸实施，包括钢铁、化肥、水泥、瓷器、橡胶轮胎、火车车厢、电缆制造、土地垦荒、开发矿藏和石油资源，以及阿斯旺大坝工程。

埃及的国情和近代历史的命运使得它长期以来一直是一个农业大国。新生的共和国面临着工业化资金缺乏、设备缺乏、技术缺乏等一系列难题。为了获得必要的资金、购买机器设备和技术，革命政权采取两条腿走路的措施，一方面，大力发展农业，提高农业产量。通过增加棉花、大米和洋葱的出口，以换取必要的外汇来购买工业化急需的机器和设备；为纺织业和食品业提供原料；满足不断增长的从事工商业人口的粮食需求。另一方面，采取一切可能的措施积累资金。国家通过实施新建企业免税政策，提高进口消费税和降低进口机器原料税等关税政策，赋予外国资本一定特权和增加其投资控股比例（到 51%）吸引外资政策，改造银行、调整股价等金融政策，来积累工业化所需资金、保护埃及的民族工业，或者刺激工业化外资注入。

但是，由于埃及人的传统习惯，这些政策实施效果并不是很好。私人资本大量地被投入到城市房地产，特别是富裕区的房地产，还有一少部分投资到资金周转快的轻工业中。1954 年到 1958 年私人对股份制公司的投资总额也只占公司资本总额的 22.2%。甚至一部分在革命后得到好处的工业公司也不愿意向新建大工业投资。也就是说，埃及经济落后和人口增长两大问题一个也没有解决，“鼓励发展工业的政策不足以改变经济严重落后的状况”，经济落后反而“由于人口的不断增长而日趋严重，国民经济收入不能与此相适应，甚至处于停止不前的状态”[②]。为此，国家被迫承担起向生产性工业

①② 〔埃及〕穆罕默德·艾尼斯、赛义德·拉加卜·哈拉兹：《埃及近现代简史》，第 216、218 页。

投资的重担，这些因素也强化了纳赛尔实施国有化的意愿。

1957 年，埃及成立最高计划会议和国家计划委员会，负责推进国有化工作。1958 年，埃及制定了首个工农业五年计划（1960/1961—1964/1965 年正式推行），内容包括第二次土地改革、私营企业全部国有化和创建新型国有企业等计划。其中，工业化发展计划确立了四大目标：满足主要工业产品制造的需求；建设基础工业；提升工业出口潜力（如纺织业）；均衡分布工业区域。在具体措施上，埃及采取政府主导投资重工业、私企投资建设轻工业的分工投资策略来推行这一工业化计划。[①] 到 20 世纪 60 年代，随着国有化战略的实施，上述措施逐渐发挥效果，埃及的工业发展局面才有所改变。

优先发展重工业是纳赛尔时期埃及工业化的突出特点，形成这一局面的原因，一是苏伊士运河战争结束后，埃及军事和武器落后暴露无遗，必须加快重工业特别是军事工业发展，尽快提升埃及的战略资源和武器装备能力。纳赛尔倍感军事工业的重要性，于是增加了对军事工业的投资[②]；二是因为埃及被迫寻求苏联支持，走上模仿苏联重工业优先的发展道路。政府对重工业进行了大力扶持，如加大对钢铁、化肥、矿产等行业的国家投资。政府热衷于公共工程的建设，投资了像阿斯旺大坝这样的国家项目。[③] 纳赛尔亲自参与五年计划的制定，强调发展重工业和消费品以及耐用消费品，并试图促进出口导向型工业。“一五”计划实施期间，总共有 500 家企业投资于工业部门，工业年均增长 9%，国内生产总值增长 5.5%。在

---

① 陈万里：《二战后中东伊斯兰国家发展道路案例研究》，宁夏人民出版社 2015 年版，第 224—225 页。

② Zaalouk, Malak. *Power, Class and Foreign Capital in Egypt: The Rise of the New Bourgeoisie*, London: Zed Books, 1989, p.5.

③ Ronia Hawash, *Industrialization in Egypt: Historical Development and Implications for Economic Policy*, Faculty of Management Technology, German University in Cairo, October 2007, p.13.

1964—1965年，制造业占GDP的比重达到了19%。[①]通过学习苏联模式，以及通过农业、轻工业、国有化等措施为重工业发展提供资金，埃及以石油工业、冶炼工业为代表的工业企业获得了跨越发展，重工业的发展对巩固国防与提高工业化水平起着重要作用。位于赫勒万的钢铁厂在建造之初浪费了一定的时间和金钱，但还是生产出了能够满足埃及国内需要的大部分钢铁。汽车装配厂，炉灶、冰箱、热水器等家用电器生产企业都投入生产。[②]

埃及发展轻工业有着得天独厚的条件，尼罗河两岸和三角洲盛产亚麻、椰枣、长绒棉、纸莎草，不仅为埃及提供了丰富的农产品，也为埃及轻工业生产提供了丰富的原料。纳赛尔一开始不断强化重工业特别是军事工业的发展，但随着国家经济的发展，轻工业发展势头减弱，产生了许多民生问题。政府及时调整战略，20世纪60年代以后，逐步恢复了以棉花制造业为代表的轻工业生产领域的发展，推动了棉花、食品、饮料和烟草、纺织品、服装、皮革和鞋类、木制品（包括家具）、纸张、印刷等制造业的发展。[③]纳赛尔时期埃及轻工业的发展不仅基本满足了国内的消费需求，还远销海外，埃及的长绒棉制成品在20世纪60—70年代成为享誉全球的工业制成品。重要的是，轻工业发展为重工业提供了资金与初级工业品，成为了埃及工业化发展的重要一环。

纳赛尔的工业化战略在短时间内获得了巨大成就。按照工业产量指数统计，和1955年相比，1960年是其1.53倍，1964年是其3.22倍，到1970年则接近4倍。[④]原油产量从1952年的2629千

---

① Nadia Ramsis Farah, *Egypt's Political Economy Power Relations in Development*, Cairo and New York: The American University in Cairo Press, 2009, p.35.

② Afat Lutfi Al-Sayyid Marsot, *A History of Egypt: From the Arab Conquest to the Present*, p.142.

③ Mona Said, Ha Joon Chang, Khaled Sakr, *Industrial Policy and the Role of State in Egypt: The Relevance of the East-Asian Experience*, A Working paper is the revised version of a paper presented at the ERF Conference on "The Changing Role of the State in Economic Development and Growth" held in Rabat, Morocco on 8-10 January, 1995, p.3.

④ 〔英〕B.R.米切尔编：《帕尔格雷夫世界历史统计·亚洲、非洲和大洋洲卷：1750—1993》第三版，第357—358页。

吨增加到1970年的16404千吨；生铁产量从1958年的34千吨增加到1970年的300千吨。汽车生产量从1958年的1500辆增加到1970年的6100辆。发电量从1953年的1200百万千瓦小时增加到1970年的7591百万千瓦小时。[①]被英国人宣告“不可能建设工业化”的国家很快建成了钢铁、石油、有色金属等生产体系和阿斯旺水利工程，埃军的武器、装备质量提升；钢铁厂、石化厂、造船厂等工业企业蓬勃发展。通过工业化，在区域发展上不仅开发了开罗与亚历山大地区，还开发了埃及西部的绿洲与尼罗河谷等地区。工业化导致国家军事体系逐渐完备，纳赛尔期间埃及的军事工业增长了5000%，[②]经济发展迅速，民族自尊心大为增强。

社会变迁与主要问题

工业化造就人口增长和就业人数的增加。据统计，埃及的劳动力人口从1947年的699万增加到1960年的772万，其中非农业劳动力人口从291万增加至332万，增长率为14%；制造业劳动力增长27%，电力业劳动力增长61%，建筑业劳动力增长41%，运输业劳动力增长28%。[③]1960—1970年，劳动力总数新增226.8万人，制造业劳动力新增52%，建筑业劳动力新增110%，电力业劳动力新增99%，运输业劳动力新增58%。[④]1960—1971年，非农业劳动力在全部劳动力中所占比例从44.7%上升为52.8%，工业劳动力在全部劳动力中所占的比例从9.8%上升为13%。[⑤]

---

① 〔英〕B.R.米切尔编：《帕尔格雷夫世界历史统计·亚洲、非洲和大洋洲卷：1750—1993》第三版，原油产量见第372页，生铁产量见第430页，汽车产量见第491页，发电量见第505页。

② Hikāyāt Sha'b, *Stories of Peoplehood: Nasserism, Popular Politics and Songs in Egypt 1956-1973*, A thesis submitted to the Department of Government of the London School of Economics for the degree of Doctor of Philosophy, London, November 2012, p.18.

③ Mahmoud Abdel-Fadil, *The Political Economy of Nasserism*, London: Cambridge University Press, 1980, p.6.

④ Raymond A. Hinnebusch Jr., *Egyptian Politics under Sadat: The Post-Populist Development of an Authoritarian-Modernizing State*, London: Cambridge University Press, 1985, p.7.

⑤ Mahmoud Abdel-Fadil, *The Political Economy of Nasserism*, 1980, p.13.

在不到20年的时间里，埃及人口增长到1970年的3342.9万。出生率和死亡率下降到1970年的35.1‰和18.3‰；一岁婴儿死亡率1970年为116人。[①]1970年，埃及主要粮食作物的产量和1952年相比，除了大麦略有下降，玉米、高粱、大米、马铃薯、小麦均有大幅增加，有的增加4倍以上。糖的种植面积和产量都几乎翻一番。埃及邮政和电报业长期稳居阿拉伯世界和非洲第一位。仅收费电报量就从1953年的369.2万封增加到1970年的599.9万封。收音机从1949年的23.8万台增加到1970年的440万台；电视机从无到有，1970年达到52.9万台。[②]社会教育文化事业极大发展，1970年埃及中小学人数达到488.8万人，大学生人数为17.8万人。制造业工人的工资水平按照1960年标准计算，1970年是1952年的2.13倍。[③]人民享有的物质和文化生活水平显然得到极大提高。

但是，由于西方的封锁与资金注入有限，随着苏联模式影响的不断深化，加上国内的各种困难，致使埃及经济存在重大结构失衡问题。主要表现在经济和社会两个方面：

经济方面，重工业的畸形发展造成对农业的长期忽视。运河战争结束后，埃及的第一个五年计划体现了纳赛尔重视军事工业发展的特征。例如大力发展汽车组装、制药、钢铁、化工和化肥等企业。[④]农业作为推动埃及工业化发展的重要资金来源，是埃及政府实现工业化的保证。对农业的忽视首先表现在投资方面，农业在总投资中所占的份额一直在降低。第一个五年计划期间农业投资于灌溉的资金约占总投资的1/4，而之前的投资是3/4，且这些投资大部分流向

---

① 〔英〕B.R. 米切尔编：《帕尔格雷夫世界历史统计·亚洲、非洲和大洋洲卷：1750—1993》第三版，总人口数据参见第56页，出生率和死亡率的数据参见第75页，一岁婴儿死亡率见第86页。

② 〔英〕B.R. 米切尔编：《帕尔格雷夫世界历史统计·亚洲、非洲和大洋洲卷：1750—1993》第三版，粮食数据参见第189页，糖的数据参见第220页，电报数据见第806页，收音机和电视变化见第835页。

③ 〔英〕B.R. 米切尔编：《帕尔格雷夫世界历史统计·亚洲、非洲和大洋洲卷：1750—1993》第三版，第998、1022页。

④ Alan Richards, *A Political Economy of the Middle East*, London: Westview Press, 2015, p.8.

了阿斯旺大坝地区。[①]对农业的忽视还表现在种植业种类方面，纳赛尔时期，埃及种植业中的粮食作物比重下降而经济作物比重上升，导致埃及从粮食出口国变为国内粮食出现短缺和紧张的局面。

社会方面，纳赛尔时期的埃及工业发展需要大量的人口与熟练的劳动工人。在政府的推动下，埃及人口数量不断攀升。但是，由于工业化以重工业为先导，因而对第三产业的重视程度不足，使得埃及出现了大量的剩余劳动力，埃及片面发展技能教育，导致技术人才过剩而高等教育不足。这些问题至今仍是埃及国家发展的重要问题。由于大规模国有化运动的展开，私人企业不断收归国有，运河战争后西方资金不再投资，政府将人口大量吸引到国有企业，但国有企业面临着经营不善与吸纳能力有限等问题，致使岗位与就业人数之间存在缺口。此外，埃及在推行工业化时需要大量的熟练工人，政府于是大量培养技能教育人才。但随着工业化的不断深入，工业企业中的科技人员不足与熟练工人过剩的矛盾不断凸显。[②]这种矛盾对埃及工业化的可持续推进产生了严重后果，致使工业化发展的科技力量或者创新严重不足，给后来的发展留下深深隐患。

三、共和国早期的政治发展

新政权的宪法实践

1952年的“七月革命”推翻了封建王朝的统治，其中在政治制度建构方面的重大变化之一，就是1952年12月革命指挥委员会宣布废除1923年宪法，并于次年2月颁布了临时宪法。革命当局认为：“在1923年宪法指导下的埃及立宪生活令人痛恨，议会政治很不健

① Ibtissam Ibrahim Abdel Maksoud El-Gaafarawi, *Structural Adjustment in Egypt: The Case of Agriculture*, A thesis submitted to Department of Politics in University of Leeds in accordance with the requirement for the degree of Doctor of Philosophy, January 1999, p.160.

② Bill Williamson, *Education and Social Change in Egypt and Turkey*, London: Palgrave Macmillan, 1987, pp.133-134.

全。行政当局本应向议会负责，但却要议会听命于它，行政当局转而俯首帖耳地屈从于一个不负责任的国王。国王把宪法当成随心所欲的驯服工具。”[①]废除1923年宪法后，新政权成立了一个委员会负责起草新宪法，但充斥委员会的却是那些旧式党派的成员，他们从1952年12月15日开始工作，随着次年1月旧式政党被解散，委员会并没有起到实质性作用。

1953年2月10日，新政权颁布过渡时期的临时宪法，临时宪法明确规定革命指挥委员会是全国最高领导机关，有权为实现目标而制定保卫革命和现政权的必要措施。宪法规定实行政治制度的三年过渡时期。

过渡期结束后，1956年1月16日，政府提出新宪法草案，由全国表决通过。1956年宪法强调，正是通过七月革命，埃及人民开始掌握自己的命运，把“7·23”革命明确写入宪法，给予“七月革命”以宪法保障。同时宪法再次强调了革命的“六项原则”，“序言”指出，埃及人民通过自己的辛勤劳动和聪明才智，“建设一个繁荣的社会，一个没有殖民主义及其走狗，没有封建主义，没有垄断制度以及资本控制政治的社会；建立一个有一支强大的爱国军队，有社会平等，有健全的民主生活的社会。”[②]宪法确定埃及是一个民主的阿拉伯国家，埃及人是阿拉伯民族的一部分，人民享有国家主权，国家保障全体公民自由、安全、安定和机会均等。宪法规定国家采用总统制民主共和政体，纳赛尔当选为共和国第二任总统。

此后，在阿拉伯民族主义思想和主张的引导下，1958年埃及和叙利亚宣布合并，成立了阿拉伯联合共和国。1958年3月5日，颁布了埃及和叙利亚合并后的《阿拉伯联合共和国临时宪法》。1958年宪法几乎是1956年宪法的翻版，但进一步扩大了总统的权力，规定阿联实行总统民主制，总统在由他委任的各部部长的协助下行使职权，部长对总统负责；设立一个统一的立法委员会行使立法权。

---

① 〔埃及〕穆罕默德·艾尼斯、赛义德·拉加卜·哈拉兹：《埃及近现代简史》，第206页。
② 马坚译：《埃及共和国宪法1956》，法律出版社1957年版。

规定在议会休会或解散期间，总统有权立法，但在议会复会后的 15 天内或新议会召开的首次会议上，须将这些法律提交议会通过，否则总统有权解散议会。埃、叙合并决裂后，埃及在 1964 年颁布了一部宪法，该宪法确认了埃及的阿拉伯社会主义性质，规定阿拉伯社会主义联盟是唯一的人民政治组织，社会主义联盟为埃及各阶级和劳动群众参加的广泛统一战线。1964 年宪法表面上规定总统不再是政府首脑，内阁由总理主持，并向国民议会负责，但总统的权限与地位不变，政府须执行总统制定的政策，实际上成为总统权力的执行机构。

解散旧式政党

1952 年革命成功之后，新政权在政治制度的设计上一开始就排斥多党制，但客观上有一个演变过程。如果说土地改革是从经济上对大地主的打击，那么解散旧政党和政治组织就是在政治上对他们的打击。①

“自由军官筹建委员会”起草了解散一切政党和驱逐与王室和殖民主义有勾结的政客的文件，一开始纳赛尔对此反对，以避免外界认为军人要建立独裁统治。1952 年 7 月 31 日，革命政权要求各政党进行自我整顿，修改党纲和宗旨，准备参加预定在 1953 年 2 月举行的大选。9 月 9 日，通过政党组织法，法令要求一切政党、团体和从事政治活动的组织必须获得内政部许可，并公布政策、成员以及收入来源。革命政权还发出警告，如果不进行整顿，这些政党将被解散。为此，纳赛尔还专门会见了议会中的多数党——华夫脱党——领袖福阿德·萨拉杰丁，表示希望华夫脱党能够改变现状，以适应法鲁克国王被推翻以后埃及“新的政治形势”，而且如果华夫脱党能够发表一个同意限制土地所有权法令的声明，二者就可以合作。华夫脱党居然以沉默对此做出了否定的回答。议会时代的资

① 〔埃及〕穆罕默德·艾尼斯、赛义德·拉加卜·哈拉兹：《埃及近现代简史》，第 205 页。

深政治家纳哈斯态度同样如此，对新政权剥夺地主所有权表示坚决反对。埃及历史学家对此如是评论："毫无疑问，各政党及其头子们通过自己对重新分配土地——这是非搞不可的事——所持的消极立场，在阿卜杜勒·纳赛尔面前，把自己的本质暴露得淋漓尽致。从那时起，纳赛尔就对党派政治和虚假的议会民主抱着一种蔑视的态度。"①

因此，纳赛尔认为埃及的政权再也不能操纵在政客手中了。1953年1月16日，革命党就宣布解散一切政党并没收其全部财产。接下来，进入三年过渡时期，以便新政权建立民主的宪政。在纳赛尔的思想和认识中，埃及在宪政时代政治上的混乱使他对于所谓多党制的民主并不认同。纳赛尔毫不掩饰自己的观点，对于政党，他说：

> 在一些讨论中，有人建议像西方那样成立两个政党和一个国会。其中一个是执政党，另外一个为反对党。我在1956年也这样想过，但我看到了发生过的政治和社会革命，他们所讲的党派和民主仅仅是资本主义专制的代名词。②

结果，革命政权决定推迟1952年前的议会制政府形式并且要取消那些被"视为是扰乱力量、分裂根源"的政党③。

另一方面，纳赛尔时期的埃及决定取缔多党制也与在当时的历史环境下所形成的民粹主义政治有关。这种民粹主义思潮"试图通过否认阶级和任何基于阶级意识形态的重要性而调动人民的积极性，却不管这些阶级如何。民粹主义总是想方设法把各种不同的利益调动在单一的、国家利益的概念之下。""民粹主义不可避免地要趋于保守，因为它试图阻止那些对于现状发展有可选择性的观

---

① 〔埃及〕穆罕默德·艾尼斯、赛义德·拉加卜·哈拉兹：《埃及近现代简史》，第222页。

② 〔英〕罗伯特·斯蒂文思：《纳赛尔传》，第289页。

③ Maye Kassem, *Egyptian Politics: The Dynamics of Authoritarian Rule*, London: Lynne Rienner Publishers, p.50.

点。”[①]故此，刚刚推翻法鲁克封建王朝体制而获得政权的青年军官们迫切需要统一全国的思想，调动全国人民的支持，采取举国一致的行动。

改造旧的国家机器

随着政党被解散，1923 年宪法被废除，议会被停止，国家权力就集中在行使最高权力的革命指导委员会手中。它所推行的政治方面的第四项革命措施，就是改革国家行政管理机构。

“七月革命”发生时，埃及的政府机构并不是反对革命的力量，相反，当时革命政权让阿里·马希尔组阁，有利于维护稳定。但是，“这套政府机构，其作用和观念都是从旧社会的封建主义和资本主义势力中沿袭下来的”，“它的正式任务和工作方法都受法令条文的层层束缚，并由于长期在土耳其帕夏、赫底威和英国占领当局的统治下，再加上受到西方资产阶级渗透的种种影响，因而具有反对变革的强烈倾向。”[②]埃及“群众认为这套机构一向是颠倒黑白，指鹿为马，唯统治阶级之命是从。立法也好，司法也好，都是起劲为统治阶级服务的。”[③]此外，行政部门总体效率低下，普遍存在任人唯亲、欺上瞒下、中饱私囊，因而必须进行变革。据统计，大地产主和剥削性的资产阶级人数仅占埃及人口的 0.5% 不到，但却垄断了土地、工厂、银行、保险公司、商店等生产资料的所有权，掌握了每年 50% 以上的国民收入。他们凭借政治和经济实力控制了整个社会，在这种阶级结构下产生出来的政治权力机构以及议会、党派、报纸、法律显然都是为封建主义和剥削性的资本主义服务的。

对国家机器的改造主要体现在：一是成立若干整顿国家机构的委员会、调查非法获利的委员会和整顿司法的委员会，各个整顿委

---

① Smith, B. C., *Understanding Third World Politics: Theories of Political Change and Development*, Bloomington: Indiana University Press, 1996, pp. 202-203.

②③ 〔埃及〕穆罕默德·艾尼斯、赛义德·拉加卜·哈拉兹：《埃及近现代简史》，第 210、211 页。

员会主要由司法人员组成。1953 年 6 月 18 日宣布成立共和国后，按照共和国体制又进行了机构整顿。二是颁布 1952 年第 181 号令，允许采取不处分方式解雇那些被认为不适宜工作或在廉洁和声誉道德方面有重大嫌疑的公职人员。三是先后设立三个法庭，严惩政治犯，即设立审理蜕化变节案件的法庭，受理贪赃枉法和滥用职权的案件；设立革命法庭，审判里通外国的旧政客；设立人民法庭，审判凡有叛国罪或在国内外破坏国家治安和一切反对现政权罪行的人士。四是简政放权，对于那些对国家发展极为重要的公共事业机构，例如苏伊士运河委员会和阿斯旺大坝建设委员会，可以从繁琐的规章制度及复杂的财务和行政管理中解放出来，其很多行为可以不受政府法令的制约，具有高度的自主权。此外，还把一些行政机构转为事业机构，以提高服务效率。五是颁布“行政监察法”，建立监督政府机关的新机构。①

以上种种措施对于调动人民积极性和维持政局稳定发挥了积极作用。但由于“7·23”革命被迫提前的这一客观形势，以及由军人领导革命和政权的特殊性，决定了其对国家机构的改造具有应急的特点和不可避免的保守性，用埃及历史学家的话来说，就是革命并没有砸烂旧的国家机器。②例如，新闻自由并不存在，反而被迫转入地下；国家高压机构成为治理的主要工具；不可避免的官员腐败。最糟糕的是政府体系没有建立起“延续性”，一是官僚体系被政权个人化；二是出现了几个权力中心，如军队、情报机构、总统办公厅系统等。③

现代一党制的形成

随着多党制在埃及被取消和人民解放大会的建立，新政府认

---

①② 〔埃及〕穆罕默德·艾尼斯、赛义德·拉加卜·哈拉兹：《埃及近现代简史》，第 213、212 页。

③ Afat Lutfi Al-Sayyid Marsot, *A History of Egypt: From the Arab Conquest to the Present*, pp.153-154.

为，“埃及需要的是将所有领导者的精力合而为一，而不是把各方的精力消耗在议会争论中。”① 人民解放大会在“统一、秩序、工作”的旗帜下，就是要为新政府创建一个人民的、大众的基础，调动并且把人民团结在新的统治精英周围，以打击和压制以前的那些政客。

根据“解放大会”的纲领，可以看出该组织有如下三个明显的特点：（1）具有广泛的包容性，强调代表全体埃及人的利益。“解放大会”“是一个把全埃及人都组织进去的，展开各种各样活动的广泛组织。每个埃及人——不论其信仰和倾向如何——均可在这个大会中找到自己的活动、服务和生产的道路”。（2）具有高度的组织性，强调务实执行政治使命。它与埃及人所熟悉的那些政治性和非政治性组织完全不同，不是鼓吹空想，而是讲究实干。（3）具有崇高的目标性，强调民族复兴和争取埃及应有的国际地位。它不是为谋其私利而拼凑起来的，也不是按某一个人的意志来制定计划的，而是为了实现我们谋求的积极复兴，为了在我们自己选择的改革和复兴的道路上尽到自己的一分力量。②

从“解放大会”的章程所确定的总纲、民族任务、国内和国际任务来看，它其实就是一个政党，而不是一般意义上的政治组织。在接下来的三年过渡期间，政府强行颁布了新宪法，与此相伴随的是民族联盟（1956—1962 年）的建立并取代了人民解放大会。1956 年，随着国有化运动的推进和苏伊士运河战争，埃及国内外形势发生了更大的变化。该年通过的宪法提出为激发民族热情准备成立“民族联盟”。1957 年 5 月 29 日，民族联盟执行委员会成立，12 月 2 日，“解放大会”解散，其各地分会组织改属“民族联盟”。“民族联盟”指出，阿拉伯人民过去和现在不但是由共同的历史、思想、语言、信仰、传统、血统和利益连接在一起，而且还因为在思想上和行动

① Maye Kassem, *Egyptian Politics: The Dynamics of Authoritarian Rule*, p.50.

② 〔埃及〕穆罕默德·艾尼斯、赛义德·拉加卜·哈拉兹：《埃及近现代简史》，第 213 页。

上得以团结一致而共同参加摆脱殖民主义及其走狗的影响、决定自己的命运和未来的解放斗争。

6 年之后，民族联盟又被阿拉伯社会主义联盟（ASU，1962—1976 年）所取代。之所以用阿拉伯社会主义联盟取代民族联盟，可能是基于纳赛尔对于民族联盟几个缺点的判断，即联盟缺乏权威和自治，并且被政府过度控制，而且民族联盟即时加入的会员制又不断被革命的敌人所渗透。另外，联盟还缺乏恰当的思想意识形态来指导。[①] 不过，阿拉伯社会主义联盟并没有克服这些缺点。许多人认为“越变越是老样子”，[②] 和前两个组织的情况一样，阿拉伯社会主义联盟“仍然被同样的问题所困扰——缺乏主导思想，缺乏自治”[③]。纳赛尔的传记作家罗伯特·斯蒂文思认为，“纳赛尔自己显然对阿拉伯社会主义联盟也拿不定主意。他想使之成为他的权力的民众基础、民众感情的指南，以及可能最终克服埃及民众的根深蒂固的惰性和奴性的政治责任感的教育工具。然而，由于他不愿意让自己的统治受到真正威胁，因此不同意提供使阿拉伯社会主义联盟新生所必需的条件。”[④]

总体来看，纳赛尔政权垄断了几乎所有的政治活动，并对政治反对派采取压制。纳赛尔所建立的三个联盟，与其说是现代政治组织，事实上却体现出浓厚的“传统”特色。[⑤] 例如，当权者从政府内部缔造唯一政党，可谓“政府政党”，三个政治性组织的机构和活动并不明确，也没有法律上的规范，更谈不上民主。政权合法性更多地来自于纳赛尔的个人魅力，而以他自己名字命名的纳赛尔主义始终没有制度化、没有上升为一个政党（执政党）的指导思想或者

---

① Maye Kassem, *Egyptian Politics: The Dynamics of Authoritarian Rule*, p.51.

② Afat Lutfi Al-Sayyid Marsot, *A History of Egypt: From the Arab Conquest to the Present*, p.145.

③ Maye Kassem, *Egyptian Politics: The Dynamics of Authoritarian Rule*, p.50.

④ 〔英〕罗伯特·斯蒂文思：《纳赛尔传》，第 289 页。

⑤ 关于传统政党的特点，参见施雪华：《政治现代化比较研究》，武汉大学出版社 2006 年版，第 156—158 页。

成为系统的占统治地位的意识形态。[①]

工会和社会组织的发展

在纳赛尔时期，埃及的公民社会和革命前的政党一样成为其民粹主义政治的牺牲品。革命指挥委员会一上台就开始系统地控制各行业协会。1953 年，工程师协会主席因为曾经充任华夫脱政府的部长而被撤换，革命后的贸易和工业部长被任命为协会委员会主席。1954 年，律师协会和记者协会公开要求自由军官还政于民，特别是律师协会在纳赛尔和纳吉布的斗争中站到了纳吉布一方，结果导致不仅律师协会和记者协会，而且包括埃及其他所有的行业协会及其委员会的活动都被政府冻结。[②]其他非政府组织也都受到了限制或被冻结。政府通过 1959 年第 91 号法令和 1964 年第 62 号法令禁止工会中的多元化倾向，规定一个职业及其相关职业领域只能有一个分工会，各分工会还受到一个总工会的监督、控制并规范它们的活动。全国一共有 23 个这样的总工会，然后再组成埃及工会总联盟（the General Federation of Egyptian Trade Unions，简称 GFETU）。劳动法还赋予劳动部长对工会工作干涉的权力。作为回报，工会必须接受政府限制其宣布罢工、煽动阶级对抗、组织停工、推翻现存政治制度或者招募会员的权利。[③]1956 年颁布的第 384 号总统令则针对私人志愿者组织。该总统令取消了民法中第 54 条和第 80 条关于规范私人志愿者组织的内容，它限制任何已被禁止参与政治进程的人士组建或者参加私人志愿者组织，而且还要求所有私人志愿者组织接受国家监督和指导。以后该总统令又被 1964 年的第 32 号法令

① Mona Markram-Ebeid, "Political Opposition in Egypt: Democracy Myth or Reality", in *The Middle East Journal*, Vol. 43, No. 3, Summer 1989, p.424.

② Ninette S. Fahamy: " The Performance of the Muslim Brotherhood in the Egyptian Syndicates: an Alternative Formula for Reform? ", In *The Middle East Journal*, Vol. 52, No. 4, Autumn 1998, p.555.

③ Elie Podeh and Onn Wincker,edited, *Rethinking Nasserism: Revolution and Historical Memory in Modern Egypt*, p.20.

取代，它规定行政当局有权决定私人志愿者组织的建立或者解散。妇女运动和学生运动也受到了民粹政治的影响，并被直接纳入到政府管理之下，按照要求，所有妇女运动和学生运动的各级组织领袖及其委员会成员都应该是执政党成员。

1964 年的 32 号法令成为限制公民社会发展的主要机制。“按照此法令，埃及的公民社会必须首先取得社会事务部的登记与注册才能发挥作用。此外，这项法令又进一步规定，为了取得注册的机会，那些尚处在悬而未决地位的公民组织，不得参加任何附带‘政治活动’字样的活动才有可能被加以注册。由于‘政治活动’这样的字眼本身具有模棱两可的解释，这便给予威权政府和社会事务部以更大的空间，使得他们的策略和行动更加显得具有合理性。”[①]

纳赛尔能够限制这些公民社会组织的活动，很大程度上还因为：第一，为了迅速地推进经济发展和巩固民族独立，人民在政治上保持沉默被威权主义政治认为是必要的；[②]第二，“社会主义”发展战略主导下的国家动员并不需要这些非政府组织提供人们所需要的社会服务。这一时期正是国家承担了几乎全部的社会服务，诸如福利、补贴、充分就业等。

纳赛尔时期埃及的公民社会在“质”上受到严重破坏，要不被解散，要不就得接受一系列法律和政治上的限制，他们被剥夺了管理自己内部事务的权利，最终很多转换成为半官方的实体，例如工会、一些行业协会、青年组织、妇女组织。而行业协会成为加强政权和发动、扩大群众基础强有力的工具。正如罗伯特·斯皮林伯格所说，纳赛尔时期埃及的行业协会之所以重要，并不是因为“作为组织，它们能够顺应专业人士的要求或者招募政治领袖，而是因为作为工具，政权可以通过这些协会去控制专业人士的行为，在某种程度上

① Maye Kassem, *Egyptian Politics: The Dynamics of Authoritarian Rule*, p.88.

② Youssef M. Choueiri, edited, *A Companion to the History of the Middle East*, Wiley-Blackwell Publishing, 2005, p.493.

还可以得到他们的支持。”①不过，这并不意味着公民社会就完全瘫痪了，1967年中东战争的失利导致1968年爆发了大规模的学生运动，埃及工人加入其中，法官俱乐部还发表了支持学生的声明，致使纳赛尔政府不得不采取一些政策和措施对此情形加以缓和。也有研究者指出，这些组织尽管受到政府控制，但却有利于消除它长期以来对传统的“社区集团”的依赖性，有利于建立其“现代”的基础——共同的经济、社会、行业利益②。在“量”上，公民社会组织还是有了较大的增长，从1952年的800个增加到1970年的5000多个③。

捍卫政治发展的世俗底色

在纳赛尔时期，埃及走上了以阿拉伯民族主义和阿拉伯社会主义为内容和特征的全新的政治经济发展道路，但是，无论从革命政权的产生及其合法性的获取，还是将民族主义和社会主义这些世俗思想付诸实践并被人民所认可，世俗政权都需要得到伊斯兰的支持。由于穆斯林兄弟会吸引了大量的埃及农民及其向城市迁移的亲属，正在积极策划和准备推翻王朝的青年军官组织认识到，如果不能得到兄弟会的支持，就不能把他们的意志贯彻到全体埃及人，于是实现了与兄弟会的合作。

但是，“七月革命”的成功非如兄弟会所愿。在整个50—60年代到70年代初期，世俗的民族主义依然在埃及的政治中占有统治地位，伊斯兰政治被迫退于后台。然而，“20世纪伊斯兰教作为一种有组织的力量制度性的衰落对于社会和国家产生的直接影响是不能够用简单的想法去分析的。”穆斯林兄弟会作为现代伊斯兰主义复兴的代表由于“出现得太晚而不能阻止世俗主义的波涛，其命运很

---

① Robert Springborg, “Professional Syndicates in Egyptian Politics, 1952-1970,” in *International Journal of Middle East Studies*, Vol.9, 1978, p.279.

② Youssef M. Choueiri, edited, *A Companion to the History of the Middle East*, p.493.

③ Saad Eddin Ibrahim, Huwaida Adly and Dina Shehata, “Civil Society and Governance in Egypt”, Paper Presented at the International Development Institutes Conference on Civil Society and Governance, South Africa, 1999, p.11.

快就被纳赛尔成功的世俗化革命所掩盖”。[①] 兄弟会领导人还是拥护七月革命这场“神圣的运动”的，[②] 但是他们彼此的分歧也很快暴露无遗而屡屡发生冲突。

第一次冲突是兄弟会要求在革命政府中安排更多自己的成员，但遭到拒绝。具有讽刺意味的是，当兄弟会要求他们在政府中唯一的一位部长辞职时，这位部长却采取了脱离兄弟会而保留部长职位的做法。第二次冲突是兄弟会向政府提出要求，新颁布的埃及宪法应该以伊斯兰原则为唯一的立法基础，但再次遭到拒绝。此后他们提出，所有新的法律都应该得到兄弟会的认可和同意，但革命指挥委员会根本就没有任何与兄弟会分权的想法。这种情况下，兄弟会向全体埃及人民公布了自己的政纲，包括了有关社会、经济和土地改革等方方面面的内容。这就在很大程度上激怒了以纳赛尔为首的革命政权。

最严重的一次冲突是1954年1月12日，当时兄弟会成员聚集在开罗大学纪念他们被害的同伴，并公开谴责自由军官政权。当日，兄弟会就被宣布为非法组织，其领导人遭到拘捕。兄弟会被迫转入地下活动，恢复了他们曾作为“秘密工具”、以恐怖活动和暗杀活动为主要任务的行为。[③]1954年10月25日，纳赛尔在亚历山大给多达上万之众的工人作演讲时，兄弟会的“秘密组织”实施了对纳赛尔的刺杀行动。萨达特认为，这一事件表明“兄弟会公开对我们宣战，其明显的意图就是推翻我们并接管对埃及的统治”[④]。纳赛尔对此采取了迅速而有效的反击，有一千多名兄弟会成员被逮捕后由特别人民法庭宣判，许多人被判长期徒刑，其中6人被判处死刑。

---

① In J.H. Thompson and R.D. Reischauer eds., *Modernization of the Arab World*, New York: 1966, pp.26-27.p.31.

② R. P. Mitchell, *The Society of Muslim Brothers*, London, 1969, pp.105-25.see also C. P. Harris, *Nationalism and Revolution in Egypt: The Role of the Muslim Brotherhood*, the Hague, 1964.

③ Gabriel R. Warburg, “Islam and Politics in Egypt: 1952-80”, in *Middle Eastern Studies*, Vol. 18, No.2, 1982, p.146.

④ Ibid.

爱资哈尔的乌莱玛委员会也公开批评“兄弟会背离了伊斯兰教的原则”，宣布任何反对埃及人民的合法统治者——自由军官组织——都将会犯异端之罪。

1955年后，随着纳赛尔成为阿拉伯世界最为令人尊敬的领导人，许多兄弟会成员甚至一些更为激进的伊斯兰分子都开始顺从纳赛尔的思想和主张，并且避免与军政权发生对抗。但随着1961年埃及与叙利亚合并的失败，1962年干涉也门内战，纳赛尔与兄弟会的矛盾再次激化。赛义德·库特布（Sayyid Qutb）作为兄弟会思想上的新领袖，公开对纳赛尔政权意识形态的基本观点及其基础提出挑战，这就是库特布提出的“贾希里耶”（Jahiliyya，本意是指阿拉伯半岛在前伊斯兰社会时期中的无知和愚昧）。他认为不论是阿拉伯社会主义还是阿拉伯统一，都应该以《古兰经》、部落、民族、种族、肤色和土地为基础，从而为兄弟会与世俗政权的第二次重大冲突埋下了“地雷”。1965年8月，有情报说兄弟会准备再次图谋刺杀纳赛尔并推翻政府，纳赛尔迅速予以反击。其结果是导致大约2.7万人被捕，数百名兄弟会成员被特别法庭审判和判刑，26人被判处死刑。1966年，包括库特布在内的三位高层领导人被处死。萨达特后来站在批评纳赛尔主义者的立场上对此指出，所谓的刺杀阴谋是“纯粹的想象”，当局制造事件从而镇压兄弟会是“为了达到其不可告人的目的”[①]。但不管怎样，这次行动本身达到了双重目的：其一，当局成功地取缔了已经再次变得强大而有影响的兄弟会；其二，使得阿拉伯社会主义联盟能够再次动员那些正在对阿拉伯社会主义失去兴趣的人们继续支持它。[②]

穆斯林兄弟会和以纳赛尔为首的世俗的青年军官组织都是在英国殖民占领背景下埃及民族主义运动的历史产物，“七月革命”前

---

① Gabriel R. Warburg, “Islam and Politics in Egypt: 1952-80”, in *Middle Eastern Studies*, Vol. 18, No.2, 1982, p.147.

② Ibid.

二者在反帝和争取民族独立的共同目标下走在一起。[1]但是，青年军官要建立的是一个非宗教性的现代民族国家，而兄弟会则是要建立一个政教合一的神权政体。双方在政治主张上的巨大差异导致了彼此之间的反目。半个多世纪以来，世俗的威权政府同坚持伊斯兰主义的穆斯林兄弟会的关系构成埃及政治发展史最重要的内容之一。

随着穆斯林兄弟会在埃及政治舞台上被迫再次转入地下，数个世纪以来正统的伊斯兰——爱资哈尔的地位日益重要起来。纳赛尔及其同事迫切需要乌莱玛的支持以及与中央政府的合作，并由此动员地方的伊玛目和库塔布（kuttab，宣教者之意）支持政府。革命指挥委员会的成员包括纳赛尔在内，开始频繁拜访爱资哈尔清真寺的长老，凸现出爱资哈尔系统的重要性。中国学者就此指出，“以兄弟会为代表的‘大众伊斯兰’的衰竭，抬高了以爱资哈尔大学宗教学者为代表的‘官方伊斯兰’的身价，成为埃及政府官方政策的得力宣传工具。”“兄弟会的沉落和爱资哈尔大学宗教学者的得势，是纳赛尔时期宗教政策的一个巨大胜利，它标志着在宗教思想上适应性潮流取代了对抗性潮流，成为埃及政教关系的主导趋势。”[2]

但是，纳赛尔权从其诞生伊始就是一个世俗政权。到 1956 年 1 月，当自由军官们感到足够安全时，他们就采取措施宣布取消埃及的宗教法庭（沙里亚法庭）；1957 年宣布宗教基金（waqf khayri）国有化，这样就消除了伊斯兰系统的经济基础，进而弱化它进一步发挥影响的能力。据《金字塔报》记载，沙里亚法庭的废除得到了爱资哈尔大长老阿布·拉哈曼·塔基（Shaykh Abd al-Raham Taj）的支持，他称之为“解放的步骤”。这一时期革命政权对于伊斯兰系统更为深刻的调整就是对爱资哈尔大学本身的改革，1961 年政府宣布爱资哈尔为政府控制的大学。这一行动虽然受到很多乌莱

① Denis J. Sullivan and Sana Abed-Kotob, *Islam in Contemporary Egypt: Civil Society vs. the State*, Lynne Rienner Pub, 1999, p.42. 也可参见曲洪：《当代中东政治伊斯兰：观察与思考》，中国社会科学出版社 2001 年版，第 114 页。

② 吴云贵、周燮藩：《近现代伊斯兰教思潮与运动》，社会科学文献出版社 2007 年版，第 345 页。

玛的反对，但还是受到了爱资哈尔长老本人穆罕默德·沙尔图特（Mahmud Shaltut）的官方支持。[①]

将爱资哈尔置于官方的完全监控之下，其主要作用得到进一步加强。它成为埃及和阿拉伯国家联系的主要渠道，也是对纳赛尔领导革命的主要宣传者。与此同时，通过对爱资哈尔事务的紧密监控，纳赛尔也可以利用爱资哈尔系统的各种资源来宣扬其阿拉伯民族主义和社会主义的信仰，表明它们是与伊斯兰的目的和原则是一致的。

从埃及全国的清真寺及其宗教职业者的角度来看，纳赛尔领导的革命也得到了他们极大的支持。国家成立了宗教事务部（waqfs）监管全国的宗教机构，包括全国所有的国立和私立的清真寺。后来，宗教事务部又被取消。人们认为国家虽然宣布了以阿拉伯社会主义为指导思想，但清真寺总会坚持他们革命前的立场。不过，埃及的伊斯兰事业不仅未受到世俗政治的挫伤，反而有了进一步的发展。据统计，1954 年到 1963 年的十年间国家管理的清真寺从业人员人数由 6919 人增加到 12357 人。[②] 如果考虑到在全埃及宣传纳赛尔主义的伊玛目人士，那么这个数量的增长就显得非常重要了。甚至伊斯兰教的神秘派别苏菲派也通过建立一个“苏菲派高级委员会”来使自己置于政府的控制之下，站在捍卫埃及革命的立场上。

在 1956 年埃及宪法以及 1962 年的《民族宪章》中，伊斯兰教都被宣布为国教。大量的埃及学者和宗教领袖开始宣传阿拉伯社会主义以及纳赛尔的《民族宪章》是与传统的伊斯兰教一致的。一大批著作和文章出版，包括穆罕默德·沙拉比（Mahmud Shalabi）写的诸如《先知穆罕默德的社会主义》、《乌玛的社会主义》等著作，都试图证明纳赛尔是沿着先知和“正义的哈里发”的步伐前进。甚至有的学者还提出“伊斯兰社会主义”的概念，例如叙利亚学者穆斯塔法·斯比亚就是如此，他认为社会团结和彼此尊重（即

① Gabriel R. Warburg, “Islam and Politics in Egypt: 1952-80”, in *Middle Eastern Studies*, Vol. 18, No.2, 1982, p.135.

② Ibid., p.136.

takaful）正好是伊斯兰社会主义的核心思想。但是，纳赛尔却并不为此而作出任何退让。1964 年 3 月，埃及新颁布的宪法对沙里亚法只字未提。事实上，伊斯兰宗教界对自身地位被政府所剥夺给予了默认，从而完成了埃及社会的世俗化，他们所做的就是对纳赛尔的几乎每一项政策提供伊斯兰的合法性解释。[①]

四、对外关系与对外战争

追求地区大国地位

纳赛尔主义是蕴含着埃及本土民族主义、阿拉伯民族主义和阿拉伯社会主义在内的思想集成。革命后的埃及在外交政策和在内政方面一样，具有鲜明的时代特色，其中摆脱英国殖民主义的控制，实现埃及完全独立和保持民族尊严是一条主线，也是纳赛尔一生始终不渝的追求。在这一思想主导下，纳赛尔首先立足自身，主张积极中立和不结盟的外交政策，确保埃及的完全独立自主地位；继而聚焦周边，提出以埃及为核心的“三个圈子”理论，确保埃及在阿拉伯世界、非洲、伊斯兰世界范围内的利益和发言权；最后放眼长远，在反帝反殖和反以的斗争前线，高擎阿拉伯民族主义的大旗，确保阿拉伯世界的团结与统一沿着纳赛尔设计的路线和目标前进，从而凸显使埃及成为地区大国的顶层设计。

所谓积极中立，就是不依赖美苏任何一方、不卷入冷战的政策，是埃及 50 年代中后期重要的外交政策和原则。纳赛尔是战后不结盟运动的先驱者和创始人之一，对不结盟运动的产生和发展做出了不可磨灭的贡献。[②]1955 年参加万隆会议是纳赛尔采取积极中立政策的转折点。1956 年 7 月，纳赛尔与铁托、尼赫鲁在南斯拉夫会晤，

---

① Gabriel R. Warburg, “Islam and Politics in Egypt: 1952-80”, in *Middle Eastern Studies*, Vol. 18, No.2, 1982, p.137.

② 杨灏城、江淳：《纳赛尔和萨达特时代的埃及》，第 181 页。

又为不结盟运动奠定基础。需要强调的是，虽然纳赛尔后来关注阿拉伯世界的团结和统一，但其前提则是埃及或者阿拉伯世界任何一个组成部分首先在西方控制下实现独立自主。埃及完全被英国所占领，苏伊士运河长期被西方所控制的事实使纳赛尔更关心独立。因此，阿拉伯团结也是指拥有主权的各阿拉伯国家之间力量的协调和目标的一致性。这和他始终强调"自由、社会主义和统一"三者之间的逻辑关系是一致的。纳赛尔认为，在最终实现统一前，存在两个阶段，一是民族独立框架内代表人民意愿的民主政府的建立，这将消除各国政府与最终同一目标之间的矛盾；二是两个或多个阿拉伯国家的局部联合。也就是说，没有"自由"，就没有"统一"，这是一个重要的原则。

所谓"三个圈子"，是指纳赛尔在1954年出版的《革命哲学》中划定了埃及外交活动的三个圈子：阿拉伯圈、非洲圈和伊斯兰圈。纳赛尔认为，埃及既是阿拉伯世界的重要国家，也是非洲大陆有影响的国家，同时也是伊斯兰世界的重要国家。"我们看世界地图的时候不能漠视我们在这个地图上所占的空间，以及这个空间所赋予我们的任务。"①20世纪50年代中期以来，埃及在其外交政策的公开宣示中，一贯明确阐述三个领域对埃及的同样重要性。而且，埃及是三个圈子的中心，特别是阿拉伯世界"是这些圈子中最重要的，也是与我们关系最密切的圈子"②。1956年埃及新宪法规定，埃及人民是更大的阿拉伯整体的一部分，埃及在争取阿拉伯民族胜利和荣誉的共同斗争中承担着责任和义务。在纳赛尔看来，埃及是阿拉伯革命和统一的"基地"，开罗应该成为泛阿拉伯国家的"中心"。在阿拉伯地区，除了埃及没有别的国家能够胜任这一光荣的英雄角色。

实现阿拉伯世界的团结和统一是纳赛尔主义的最高目标和终极理想，当然也是纳赛尔外交政策实施的核心诉求。1956年苏伊士运

---

①② 〔埃及〕纳赛尔：《革命哲学》，张一民译，世界知识出版社1956年版，第58、45页。

河战争中，阿拉伯民族空前的团结，支持埃及，反对英法以三国入侵，极大地鼓舞了纳赛尔，使他认识到阿拉伯世界蕴含着巨大的政治和经济力量，一旦这支力量被组织和动员起来，就可以摧毁一切帝国主义势力并捍卫阿拉伯世界的独立。此后，纳赛尔多次就阿拉伯民族的内涵进行对外宣示，例如 1962 年《阿拉伯联合共和国宪章》进一步阐述了阿拉伯民族的特性及其统一的条件：阿拉伯民族拥有相同的语言，形成了相同的心理和思想条件；阿拉伯民族有着共同的历史基础，形成了相同的意识和感情条件；阿拉伯民族还有对统一的共同愿望，构成了共同未来和命运的基础。纳赛尔强调，阿拉伯的团结不仅基于宗教，而且基于地理和历史，阿拉伯统一“是一个人心所向的、历史性和现实的意志”。另一方面，他在对阿拉伯的外交实践中，又过分地加入意识形态因素，按照“反动和封建”、“进步和共和”等片面、单项标准判断对外关系，并且组织“阿拉伯之声”电台对那些凡是没有支持埃及的国家实施电波炮轰。

以上三个层次的主张构成了一个统一的思想体系，在理论上从属于纳赛尔主义关于阿拉伯民族主义的有关论述，在实践上构成埃及对外关系和追求中东大国地位的政策抓手。埃及在欧美苏大国之间和阿拉伯、非洲地区之间分别执行了不同的外交战略并产生不同的影响和后果，奠定了埃及外交和地区大国的基本取向。

苏丹独立和英国撤军

革命政权成功后的第一件外交事务就是处理苏丹问题。尼罗河流域的解放或者统一一直是革命政权最为关心的重大问题，他们提出了解决苏丹问题的基本原则，即由苏丹人民自己来解决苏丹的主权问题：一是强调只有苏丹人民有权选择自己国家的发展道路，管理自己的事务；二是警惕英国挑拨离间，维护苏丹的统一，防止苏丹南部的独立。1953 年 2 月 12 日，埃及和英国政府在开罗签订苏丹协定，决定苏丹自治。协定提出苏丹自治的四项基本原则：（1）结束埃英共管苏丹的局面；（2）苏丹人有权决定自己的命运，要么与埃及实现某种形式的合作，要么脱离埃及完全独立；苏丹实现自决后，埃英双方从苏丹撤出军事力量；（3）在实行自决之前的过渡期内，由苏丹人自己治理自己的国家；（4）保持苏丹的统一。1953 年 11 月 1 日，苏丹议会选举进行。12 月 6 日，选举结束，民族联合党获得大胜。1954 年 1 月，该党领袖伊斯梅尔·阿札里出任苏丹总理。到 1956 年元旦，制宪会议宣布苏丹独立，埃及政府予以承认。

和苏丹问题比较起来，促使英国撤军更是新政权的当务之急，因为摆脱殖民主义是革命六项原则的首要原则。七月革命后，英国占领军主要盘踞在苏伊士运河区。革命政权通过废黜国王，实行土改和解散旧政党等措施，打击了殖民主义赖以存在的制度基础和经济政治载体。通过对英国驻埃及大使馆和驻扎在运河区的英军的监视和包围、限制英军活动范围、取缔亲英报纸等措施，使之"在埃及的活动陷于瘫痪"。与此同时，革命政权积极做好军事斗争准备，组织游击队，存储石油，制造小型武器装备。

革命政权主张英国必须无条件撤军。1953 年 3 月 18 日，纳赛尔表示："要求撤军是埃及的正当权利，埃及在这方面决不会做交易，绝不接受任何形式的占领。"但是，纳赛尔一开始并不想与英国做出最后军事上的摊牌。1954 年 4 月 12 日，他在对英国《观察家》杂志发表谈话时说，他的政府准备保留苏伊士运河基地，埃及需要援助，而且"英国技术人员是完全有能力提供这种援助的，问题是只要英国明确而坦率地表示他们的存在绝不意味着变相的占领。"[①] 从 4 月 27 日双方开始撤军谈判，谈判几度中断，直到 5 月 8 日告吹。

与此同时，运河区埃及人民组织的游击战持续升级，从 1953 年底开始，运河区英国兵营开始受到各种袭击和破坏。按照英国外交副大臣的说法，仅仅在 1954 年 5 月前的六个星期之内，就发生了 52 起袭击英国人事件。7 月，英国人被迫重启谈判。经过艰难的谈判，1954 年 10 月 19 日，双方签订撤军协定。根据协定，英国须在

① 〔埃及〕穆罕默德·艾尼斯、赛义德·拉加卜·哈拉兹:《埃及近现代简史》, 第 240 页。

20个月内撤出埃及领土；废止1936年在伦敦签署的《同盟条约》；参加《阿拉伯联盟国家间联合防御和经济合作条约》一方的任何国家或土耳其遭到外来国家武装进攻或武装威胁，埃及应该向英国返回基地应对武装进攻提供方便或者进行磋商，上述战争一俟结束，英军必须立即撤离；苏伊士运河是埃及不可分割的领土，是一条在经济、贸易和战略上都具有重大意义的水路，埃及保证运河通航自由。协定显然是双方妥协的结果，从埃及方面来看，它的确“实现了埃及长期以来梦寐以求的愿望，即英军撤离埃及国土”。正如纳赛尔所说，协定实现了“7·23”革命“最大的任务”。“72年以来，我们的祖国受尽了苦难。为了祖国的儿女们，我使祖国摆脱了灾难，成为一个光荣、可爱、强大的国家。”[①]

阿斯旺大坝与运河战争

土地是埃及绝大多数人的谋生来源，为发展经济，解决人口快速增长对农田的需求，纳赛尔决定建设阿斯旺大坝。阿斯旺大坝是埃及的战略工程，是一项比伟大的金字塔还要大17倍的功业，被认为是国家复兴的象征。[②]如果建成水坝，可以使埃及每年多1000亿立方米的水用于灌溉，国际复兴开发银行认为大坝将提高埃及农业收入的40%，每年还可以发电100亿千瓦·时，从而极大地改善埃及经济社会发展。但是，工程规模极其浩大，革命政府面临的最大问题就是缺乏建设大坝的资金。

1955年12月，英美表示愿意为阿斯旺大坝修建计划提供资金。他们的目的，一方面是为了把苏联排斥在非洲之外；另一方面是为了控制埃及。正如艾森豪威尔总统备忘录所提到的，“对阿斯旺水坝的援助，应该明确是以埃及支持西方国家对这一地区的政策作为

① 〔埃及〕穆罕默德·艾尼斯、赛义德·拉加卜·哈拉兹：《埃及近现代简史》，第244页。

② 〔美〕乔恩·金奇、戴维·金奇等：《中东战争》（上册），上海《国际问题资料》编辑组等编译，上海译文出版社1979年版，第161页。

报偿的。”纳赛尔断然拒绝[①]。1956年3月，英国艾登政府认为对纳赛尔的姑息政策彻底失败。5月，埃及与中国建交。6月，在埃及为庆祝英国从运河撤走而举行的游行队伍中出现了来自共产党国家的武器，西方据此断定埃及正拿着西方的开价作为底牌，从苏联方面“寻找更好的条件”。7月19日和21日，经过种种讨价还价和对埃及财政状况的判断之后，英美以及世界银行决定取消拟议中的对埃及的贷款。

西方的做法很大程度上激怒了纳赛尔。为了获得修建大坝的资金，纳赛尔决定实行国有化政策，包括把苏伊士运河公司国有化。7月26日晚，纳赛尔在亚历山大迈奈希耶广场宣布了将国际苏伊士海运运河公司收归国有这一石破天惊的决定，受到埃及人的热烈欢迎。决定发布后，随之引发长达3个月的运河危机。英国对决定断然拒绝。此时迫切想打赢阿尔及利亚战争的法国总理穆勒也认为，“支持阿尔及利亚叛乱分子的金钱、武器和斗志都是从开罗来的”[②]。运河的国有化成为法国对埃及使用武力的一个意想不到的好机会，穆勒也就成为在使用武力方面对艾登影响“最大和最坚决的人”[③]。

英国、法国、美国先后宣布对埃及制裁，冻结埃及在这些国家的存款，并且筹备召开关于运河问题的伦敦会议，目的是寻求在一个国际机构监督下管理运河的有效办法，从而对埃及施压。8月12日，纳赛尔在开罗举行的记者招待会上指出，英法美三国的目的是为了“攫取埃及的权益，侵犯埃及的主权”。对于即将在8月16日召开的伦敦会议，他说，“这次会议无论如何也不能被看成是一次有权做出决定的国际会议，它无权商讨与埃及主权有关或有损埃及部分领土主权的问题。”纳赛尔主张，应该在埃及召开有关会议，在联合国的舞台上解决问题和争端。

围绕这一立场，国际社会和英国国内发生分裂。美国率先拆台，艾森豪威尔表示美国不赞同英法用武力对付埃及；英联邦的一些成

①②③ 〔美〕乔恩·金奇、戴维·金奇等：《中东战争》（上册），第153、169、164页。

员国印度、锡兰也反对英国采取原来的老殖民主义政策；苏联和印度尼西亚则支持埃及收归国有；阿拉伯国家宣布他们坚决站在埃及一边，尽一切可能支援埃及。英国在野的工党反对保守党的军事政策。英法则加快了武装入侵埃及的步伐，以色列出于对纳赛尔日益扩大的影响的担心，又害怕埃及获得新的武器供应，[①] 在法国的撺掇下，加入了入侵阵营。

1956 年 9 月，英法向联合国安理会提交运河危机问题，10 月 13 日，安理会决定由英法埃三国谈判，和平解决争端。10 月 29 日，以色列 16 架“达科他式”运输机在米塔拉山口投下 395 名以色列伞兵，12 架神秘式飞机在苏伊士运河上空巡逻，以色列向西奈半岛埃及边界发动了突然进攻，举世震惊的“苏伊士运河战争”爆发。法国和英国空军参与了后勤保障和空中监视的任务。30 日，英法对埃及和以色列发出所谓的“最后通牒”，要求以色列和埃及从运河两岸各后撤十英里，并允许英法军队驻扎在运河沿岸，否则将用必要的武力进行干涉。以色列佯装接受，但行动并未停止。31 日黄昏，英法军队以此为借口开始对埃及机场进行轰炸，埃及空军遭到毁灭性打击。夜晚，纳赛尔被迫命令在西奈的军队执行总退却，以便保护塞得港和亚历山大，同时下令凿沉船只堵塞运河。在随后的塞得港保卫战中，埃及军民在纳赛尔的坚强领导下，虽然付出巨大伤亡，但挫败了英法联军速战速决的计划。

战争爆发之日，正赶上匈牙利事件和即将到来的美国总统大选。艾森豪威尔为了降低英法在中东的影响力，以英法的擅自行动可能带来苏联对中东的干涉为由，于 11 月 2 日率先在联合国提出停火决议，要求战争各方立即停火。但是英法并未收手。11 月 5 日，以色列以大约不到 200 人的死亡，在西奈半岛几乎实现了所有战略目标：埃及控制的加沙陷落，沙姆沙伊赫和亚喀巴湾被攻占，以色列提出

---

① 参见 Afat Lutfi Al-Sayyid Marsot, *A History of Egypt: From the Arab Conquest to the Present*, p.135.

愿意接受联合国的停火决议。[①]由于以色列和埃及之间事实上已经停火，英法军事干预的理由不复存在，加上美国和苏联先后施加压力要求停火，埃及人民宁死不屈、坚持战斗，整个国际舆论一致支持埃及而批评英法。11月6日晚，英法宣布接受联合国停火决议，运河战争结束。

战争对英法而言，无论从哪个角度看都是犯了重大错误。而纳赛尔和本－古里安被认为是“胜过旧欧洲的政治家”，埃及虽在军事上失利，损失惨重，但在政治上赢得了胜利。它不仅是埃及人民捍卫民族独立和主权斗争的胜利，而且被视为是全世界人民反对帝国主义斗争的胜利。[②]战争结束后，大量英法两国居民和犹太人被驱逐出埃及。“七月革命”成功后新政权推行的系列举措，加上苏伊士运河战争的爆发和胜利，在阿拉伯世界产生巨大影响，使埃及从英国的保护国一跃而成为领导阿拉伯世界革命和反以斗争的领袖和先锋，开罗成为阿拉伯世界的中心。纳赛尔则代表着“阿拉伯人之间的团结、自豪、结束殖民影响和独立”[③]。

“阿联”的分合与干涉也门内战

纳赛尔在国际上执行中立和不结盟政策，但在中东坚决推行“联阿抗以”的外交路线。

“联阿”的第一步是“阿联”的成立。1946年叙利亚独立，但局势长期动荡不安。1949—1954年，在帝国主义影响下，军事政变频发。运河战争爆发前，埃及就积极支持阿尔及利亚的反法斗争和民族解放运动，并同叙利亚和沙特阿拉伯签署共同防御协定，建立联合司令部。1956年叙利亚“国民联合政府”奉行不结盟中立政策，积极支持埃及人民抗击三国入侵。叙利亚复兴党作为在阿拉伯世界

---

① 〔美〕乔恩·金奇、戴维·金奇等：《中东战争》（上册），第235页。

② 杨灏城、江淳：《纳赛尔和萨达特时代的埃及》，第59页。

③ Afat Lutfi Al-Sayyid Marsot, *A History of Egypt: From the Arab Conquest to the Present*, p.137.

最早提出“统一、自由和社会主义”目标的政党，主张阿拉伯国家的统一，在叙利亚影响较大。1957年两国联系更加密切，开始探讨是否以联邦方式实现统一。经过前期调研和准备，特别是在叙利亚青年军官的督促下，1958年2月1日，纳赛尔和时任叙利亚总统舒克里·库阿特利在开罗正式签署成立阿拉伯联合共和国的协议。21日叙利亚公决的结果，98%的选民同意两国合并。合并后的“阿联”由纳赛尔任总统，库阿特利退休，埃及成为阿联南部地区，叙利亚成为北部地区。

埃叙两国的合并和统一是“出于两国建立在共同信念基础上进行反对帝国主义和犹太复国主义斗争的需要，是整个阿拉伯世界各种力量相互作用的结果，是埃叙两国资产阶级各有所求的产物”。[①] 但两国合并的过程过于简单化，不是两国人民充分讨论酝酿和深思熟虑的结果，加上两国在国情上的差异，“阿联”终究没有“行稳致远”。1961年9月28日，叙利亚脱离埃及，阿联名存实亡。“阿联”的分裂给纳赛尔及其领导的阿拉伯统一事业以沉重打击，所谓的阿拉伯统一议程终被搁置。

出兵干涉也门内战是纳赛尔地区政策的又一重大失误。也门长期处于落后的部落社会阶段，由伊斯兰什叶派宰德派的教长实施政教合一的家族统治。1948年，艾哈迈德任教长统治也门后，受当时中东形势影响，也门接连发生政变。1952年，埃及派军事使团到也门，帮助教长训练军队。1955年，也门与埃及、沙特签署军事协定。1958年3月，也门又与新成立的阿联组成阿拉伯国家联邦，两国交往十分密切。但从1959年后，两国关系开始出现摩擦。1961年，纳赛尔废除两国联邦，决意插手也门事务。积极扶植流亡埃及的反政府人士，例如也门自由者运动副主席阿卜杜·拉赫曼·贝达尼。1962年9月26日，以阿卜杜·萨拉勒为首的也门自由军官组织发动革命，推翻刚刚接任教长一个星期的巴德尔，宣布成立阿拉伯也

① 杨灏城、江淳：《纳赛尔和萨达特时代的埃及》，第72页。

门共和国。埃及率先予以承认，并应也门要求派出作战人员到也门。巴德尔教长在9月26日事件中大难不死，逃往北部山区，得到沙特庇护和军事支持，而实力强大的宰德派部落也都拥护教长，由此也门内战爆发。

纳赛尔加强对共和派的支持，参加也门内战的埃及军队日益增多，到1965年达到7.2万人，包括苏制图16远程轰炸机等许多先进武器投入战场。[①] 由于埃及一开始军事准备就不足，纳赛尔对情况估计又过于乐观，致使埃及军队在崎岖、多山的也门遭遇拥护教长者开展的游击战，战争处于胶着状态。随着战事进行，也门内部政治势力分野，埃及军队在也门越来越不受欢迎。纳赛尔逐渐认识到用军事行动把埃及的影响强加于也门是愚蠢的，希望在保全也门共和政体的前提下“体面”撤军。经过多轮谈判，埃及与沙特达成分别停止对也门共和派和教长派的军事援助协定。1966年，由于中东形势变化，纳赛尔表示要继续留在也门。1967年第三次中东战争爆发，埃及惨败，纳赛尔才决定完全从也门撤军，同年完成撤军。1970年7月，也门内战结束。埃及在也门劳师远征，牺牲重大。据统计，大约有1万埃及官兵命丧也门，占到参战部队的1/7。1962—1967年埃及军费开支每年约2亿镑，相当大的一部分用于也门内战。它不仅破坏了国与国之间交往不干涉内政的原则，又使也门局势复杂化，还与沙特等君主国交恶，更重要的是它还分散了埃及的兵力和领导人的注意力，使之不能集中力量对付以色列。[②]

第三次中东战争

“苏伊士运河战争”结束后，埃及成为阿拉伯国家最坚决的反以先锋。纳赛尔一方面致力于发展经济，注意军队建设，同意联合国紧急部队长期驻扎埃以边界，维持与以色列在边界的现状；另一

①② 杨灏城、江淳：《纳赛尔和萨达特时代的埃及》，第200、205—206页。

方面，他积极支持亚西尔·阿拉法特领导的巴勒斯坦民族解放运动（法塔赫），在巴勒斯坦被占领土开辟“第二战线”，发动反以斗争，并就阿拉伯世界的反以斗争建立统一战线。1966年下半年，叙以、约以边界紧张局势升级。11月4日，纳赛尔应叙利亚总统萨拉赫·贾迪德要求，两国签订共同防御协定。1967年4月7日，以色列出动幻影式飞机飞越叙利亚领空，轰炸边境，甚至飞到大马士革上空，气焰十分嚣张。这种状况下，纳赛尔采取了使阿以冲突骤然升级的三大举措：5月14日向西奈半岛增兵两个师；5月18日要求联合国紧急部队全部撤离西奈；5月22日命令封锁蒂朗海峡。但这些举措“基本上是一场政治较量，而不是军事对抗”[①]。埃及的行动得到阿拉伯国家支持，阿尔及利亚、伊拉克、利比亚、苏丹和科威特或者进入全国总动员，或者实行战时编制；约旦、沙特放弃批评态度表示支持埃及。

5月23日，以色列宣布全国总动员，进入临战状态。美苏两国紧急磋商，都不希望发生较大冲突把它们卷入战争。在美苏压力下，纳赛尔公开宣布埃及不会打响第一枪。6月5日早上8点45分，以色列空军开始轰炸上下埃及的机场。“六五战争”全面爆发。不到三小时，埃及300余架飞机被摧毁。埃及丧失制空权后，以军分三路南下，西奈半岛战事完全处于被动，加上指挥有误，8日以军进占运河西岸，埃军全线崩溃，8日晚被迫接受停火。与此同时，在6月5日下午到7日深夜，以色列军占领包括耶路撒冷在内的整个约旦河西岸。9日，以色列借口叙利亚违反停火协定，占领戈兰高地。10日，战争结束。

在“六五战争”中阿拉伯方面损失巨大，西奈半岛、加沙地带、东耶路撒冷、约旦河西岸和戈兰高地全部被以色列占领。特别是埃及损失最大，纳赛尔声称，埃及80%的军事装备被毁，1.15万官兵阵亡，5500名官兵被俘。[②]在“六五战争”中，由于埃及军队对战

①② 杨灏城、江淳：《纳赛尔和萨达特时代的埃及》，第215、224页。

争准备不足，军队主力驻守也门，留驻本土的疏于训练，一部分高级军官贪污腐化，缺乏战斗意志等，这些都是导致战争失败的重要因素。纳赛尔本人在战略部署上的失误也是重要原因，他作为最高军事统帅，主观臆断、盲目乐观。他同高级指挥官在全国动员等方面不能统一意志，没有形成上下一盘棋；此外，整个阿拉伯国家缺乏精诚团结、共同对敌的合作精神，不能通力合作全力以赴，最后被以色列各个击破。

纳赛尔在战争失败后，发表电视讲话，宣布对战争失利负有全责，提出辞去一切公职，回到人民中，却遭到民众的一致反对，一些阿拉伯国家的领导人纷纷致电纳赛尔，请他收回辞呈。这种状况下，纳赛尔决定顺乎民意，继续担任共和国总统，消除战争影响。1968年2月和11月，开罗部分大学生和工人相继举行示威游行，纳赛尔对领导者实施了逮捕，对军队内部进行了清算，迫于压力不得不对以色列发起“消耗战”作为回应，同时决定放弃社会主义。1967年战争使埃及重复了1948年巴勒斯坦战争的耻辱，但这次却无法把失败的理由推脱到王室或政党的腐败，纳赛尔的形象受到影响，埃及社会思潮出现向宗教复归的趋向，中东局势由此发生转折。

埃及与苏联的关系

20世纪五六十年代，面对冷战形势，埃及总体执行了均衡外交。这一时期，由于美国对以色列的坚定支持，而埃及又处于反以斗争的最前线，加上苏联的扩张，在实际交往过程中，埃及外交体现出一种“亲东拒西”的倾向。埃及与美国的关系若即若离，与苏联的关系虽有矛盾却更为接近。

埃苏关系由来已久，早在1924年，一个名为“苏英贸易协会”的商业机构就在埃及设立分会。此后，有一家出售干奶酪的俄土有限公司在埃及开张，达三年之久。[①]1927年，苏联为购买埃及大批

① 〔英〕阿诺德·汤因比主编，〔英〕乔治·柯克：《国际事务概览·第二次世界大战·第6卷，战时中东》，第719页。

剩余棉花，在亚历山大设立纺织品进口公司，由于公司经理阿列克谢·瓦西里耶夫及其助手胡戈·鲁道夫被证明与共产国际联系紧密而于1929年被驱逐出境，1932年公司倒闭。1939年8月21日，苏联希望以承诺不在埃及进行共产主义宣传为代价得到埃及阿里·马希尔政府的外交承认，由于埃及的顾虑而未果。1942年4月，埃及外交官第一次出席苏联驻土耳其大使庆祝斯大林寿辰的招待会，达成苏联为埃及提供5万吨化学肥料以换取埃及积压和销售不出的棉花。[①] 斯大林格勒保卫战的胜利得到了埃及官方媒体的盛赞。1943年5月31日，埃及承认苏联；8月26日，苏联副外交人民委员迈斯基途经埃及时拜会了纳哈斯，埃及外交部宣布，从这一天开始两国建立外交关系。

埃及和英国1954年达成撤军协议后，以色列对边界安全深感不安，在该年制造了拉冯事件。[②] 此后以色列不断在埃以边界制造事端，使埃及感到巨大的军事威胁。1955年2月28日，以色列对加沙轰炸，致死39人，该事件暴露了埃及军事力量的薄弱和对武器的需求，[③] 本-古里安本意是想给埃及一个教训，或者迫使纳赛尔减少对巴勒斯坦的支持，但它却强化了纳赛尔对地区形势的警觉。他说："1955年2月28日事件是一个转折点。这次入侵是一个危险的信号。从这一天起，我们才认真考虑和平和它的含义，才仔细研究这一地区力量平衡的含义。"为加强埃及的军事力量，埃及需要购买武器。当纳赛尔向英国、美国和法国提出购买武器时，都被附加各种条件，致使从西方购买武器的计划告吹。这种情况下，埃及只能向苏联购买武器。1955年10月，由捷克斯洛伐克作中介，第一批由苏联提供

---

① 〔英〕阿诺德·汤因比主编，〔英〕乔治·柯克：《国际事务概览·第二次世界大战·第6卷，战时中东》，第725页。

② 以色列雇佣埃及犹太人特工用炸弹把美国在开罗和亚历山大的情报机构炸毁，试图将损失归咎于埃及的仇外势力，以恶化埃及与这些国家的关系。这一行动被揭露，作案者被捕，被处以死刑或监禁。以色列政府否认对事件知情。但后来事件被以色列公开，是以色列特工策划了整个事件。

③ Afaf Lutfi Al-Sayyid Marsot, *A History of Egypt: From the Arab Conquest to the Present*, p.133.

的武器到达埃及，条件是埃及向苏联提供棉花和大米。这是纳赛尔同苏联达成的第一笔武器交易，其重要意义在于，“它结束了西方在本地区的武器垄断”①。

运河事件是“苏联进入中东和广大亚非拉地区历史性的转折点”②。苏联表示支持埃及的中立和不结盟政策，声援阿拉伯人民的反帝反殖斗争，在阿以冲突中站在阿拉伯人一边。运河战争结束后，苏联同意补偿埃及在战争中失去的全部武器。1958 年，双方签订经济和技术合作协定，苏联为埃及提供发展工业和建造阿斯旺大坝的机器设备、贷款等。双方关系迅速走近。纳赛尔将埃苏合作作为其工业化发展战略的重要支柱，埃苏经济关系由两部分组成：军事援助和经济贸易。苏联向埃及援助了大批武器装备，还派出了指挥官配合埃军的训练工作。③在经济贸易方面，苏联主要是进行经济援助和合作建设。苏联援助埃及的大部分资金流向了埃及重工业和水力发电，最重要的项目便是阿斯旺水电站的修建与亚历山大造船厂的建设工程。此外，双方还进行了开罗焦化厂与制药厂的合作建设等。④埃苏合作发展工业，对埃及经济发展与民生水平的提高起到一定作用。

但是，由于纳赛尔掀起反共高潮，禁止共产党活动，对埃及和叙利亚的共产党实施打击，引起赫鲁晓夫的不满，导致彼此之间互相指责。但由于双方的克制和容忍，埃苏关系虽有龃龉，却不至于恶化。1960 年后，双方关系再次达到高潮。双方关系的改善，一方面是由于埃及需要大量苏联经济和技术援助，以及纳赛尔宣布埃及走阿拉伯社会主义道路，另一方面是因为赫鲁晓夫自己提出发展中国家可以走非资本主义发展道路，苏联把埃及视为扩大自己在第三世界特别是阿

---

① 〔埃及〕穆罕默德·哈桑宁·海卡尔：《斋月战争》，钟飞、辛华译，商务印书馆 1975 年版，第 45 页。

② 杨灏城、江淳：《纳赛尔和萨达特时代的埃及》，第 186 页

③ John W. Copp, *Egypt and the Soviet Union, 1953-1970*, Portland State University, 1986, p.17.

④ Ibid., pp.18-21.

拉伯世界影响的重要支点国家。1964 年 10 月后，勃列日涅夫继续执行上述对埃政策，给埃及提供小麦和减免债务，此时，苏联为谋求在埃及建立地中海舰队永久性基地，彼此之间的关系更加紧密。

1967 年中东战争结束后，纳赛尔制定了对以色列的三阶段战略，即先是自卫，继而是有效防御，最后转入解放被占领土。此时埃及国门被打开，没有任何安全感，为重建埃及军队，纳赛尔被迫继续向苏联求助，要求苏联提供先进的、能够与以色列对抗的武器装备。苏联则乘机加大其霸权主义行径，试图在埃及建立地中海舰队军事基地。围绕提供武器和建立军事基地，纳赛尔展开所谓的“走钢丝”外交。纳赛尔的“全部目的是把中东冲突从地区性升格为国际性”。这一时期他对苏联执行的是自相矛盾的双重政策，一方面同意苏联在亚历山大建立地中海舰队指挥中心，甚至同意把第一阶段即“自卫”阶段埃及空防的任务交给苏联；另一方面又严词拒绝苏联任何试图在埃及建立军事基地的要求。他竭力让苏联尽可能深地参与中东危机，实质性参与解决埃及和以色列的和平问题，如果不能解决，那么苏联就需要向埃及提供物质援助。而苏联一方，在武器提供方面尽量搪塞和延宕。纳赛尔派往苏联军事院校学习的军官由于语言和武器制式问题，常常受到苏联的冷遇，甚至侮辱。埃及军人翘首以盼的是苏联的武器，而苏联对埃及军人大谈特谈的是战斗意志。埃及人埋怨苏联武器不适合在盛夏的沙漠使用，苏联人则指责埃及军官来自于一个缺少进行成功武装斗争所必需的社会背景阶层。

面对以色列的空军挑衅，埃及不仅没有还手之力，甚至连招架之功也没有。纳赛尔深刻意识到，“整个埃及就像赤身裸体一样没有防御”，[①] 包括首都开罗在内的亚历山大、阿斯旺等城市，以及马哈拉库卜拉、达瓦尔村、希宾库姆、舒卜拉哈伊马和赫勒万等工业区都没有防空[②]。越是在这种情况下，纳赛尔越是感到在苏联面前备受其辱。在一次出访苏联时，他曾对勃列日涅夫说：“埃及在中东是最大的反

---

①② 〔埃及〕穆罕默德·哈桑宁·海卡尔：《斋月战争》，第 8、9 页。

帝阵地，如果埃及落到了美国和以色列力量手里，那么整个阿拉伯世界将会垮台”，他威胁苏联，与其这样，把埃及“交给一个亲美总统的时刻已临近了。只要我没有能力拯救我的人民，那就让别人去拯救他们”[①]。他开始越来越体会到寄希望于苏联来解决中东问题是不现实的，从而逐渐产生调整外交政策、更加务实考虑美国作用的想法。

埃及与美国的关系及纳赛尔的去世

战后美国的第四点援助计划包括埃及在内。有统计显示，七月革命前，美国对埃及的援助为 600 万美元，但仅仅在七月革命后的几个星期，美国的援助就增加到 4000 万美元。国务卿艾奇逊表示，埃及完全可以期望得到来自美国的“积极的友谊”。[②]

英国撤军协定签订后，埃及与美国和西方的关系开始改善。但在阿斯旺大坝贷款问题上，杜勒斯的傲慢羞辱了纳赛尔，美国犯了干涉内政的错误，致使埃美拉开了距离。运河危机和运河战争后，美国所持的立场一度受到纳赛尔的赞扬，但由于埃及坚持中立政策，美国认为这是落入了苏联的圈套，彼此之间外交立场尚有较大距离。即使如此，双方之间的贸易联系并未中断。1954—1966 年，埃及以埃镑为单位支付购买美国小麦达 6.43 亿美元，被称为“虽然苏联帮助埃及进行工业化，但供养埃及劳动力的是美国”[③]。1959 年开始，美国以埃苏两国不和为契机，向纳赛尔表示可以提供援助。肯尼迪时期，双方接触和联系开始增多。1962 年，美国国际开发总署向埃及提供 2000 万美元贷款，用于购买美国商品。同年，两国的贸易额增长至 2.34 亿美元，比上一年度增加了 7140 万美元，这一年美国也成为埃及最大的贸易进口国，美国商品占了埃及进口商品的 29%，远远超过苏联 6% 的水平。

---

① 〔埃及〕穆罕默德·哈桑宁·海卡尔：《斋月战争》，第 9 页。

② M. W. Daly, edited, *The Cambridge History of Egypt: Modern Egypt, From 1517 to the End of Twentieth Century*, p.354.

③ Ibid., p.355.

但是，双方在一系列重大国际问题上立场不同，政策不同，特别是美国支持以色列，而埃及又干涉也门内政，致使美国国内对埃及采取什么政策产生分歧。约翰逊时期，双方关系恶化。在以色列问题、也门问题、刚果问题上彼此之间分歧严重。1964年11月，发生了在开罗的非洲留学生游行示威焚烧美国新闻处图书馆事件。12月19日，又发生一架美国民用飞机误闯禁区被埃军击落事件。尽管埃及在第一时间做出处理，或者道歉，但美国还是向埃及施压，纳赛尔和约翰逊双方发生严厉的口水仗。次年2月，美国国会通过决议，禁止供给埃及所需要的补充粮食援助。再加上在其他地区问题上的矛盾，直至1967年战争爆发，埃及与美国断绝外交关系。

1967年11月22日，联合国安理会通过解决中东问题的242号决议，尽管它存在很多不足，但纳赛尔还是决定承认该决议。1970年春，纳赛尔认为，"不管我们愿不愿意，现在全部的牌都操在美国手中。我们同美国进行对话、使美国介入的时机已经到了。"[①]在当年的"五一"讲话中，纳赛尔干脆直接向尼克松喊话，希望美国出面解决中东问题。6月20日，美国提出罗杰斯倡议。7月23日，纳赛尔正式宣布接受该倡议。由于巴勒斯坦抵抗力量实施针对以色列的一系列劫持事件，并且干涉约旦事务，招致约旦发起"黑九月"清剿行动。纳赛尔不得不进行调节，通过谈判达成和解，巴勒斯坦武装人员转移到黎巴嫩，结束了阿拉伯人之间的流血冲突。此时的纳赛尔总统已患有严重的糖尿病和心脏病，还有小腿动脉硬化，每天在极度痛苦中生活和处理繁忙紧张的公务，他的苏联医生告诉他要减轻压力——这显然是一个无法遵从的医嘱。9月28日，在解决巴勒斯坦问题阿拉伯领导人峰会结束后两天，纳赛尔突发心脏病而与世长辞。纳赛尔的去世，是埃及和阿拉伯世界的巨大损失，他可能犯过错误，但他确实提高了埃及人民的生活水平，受到了广大人民的拥护，被誉为"真正的巨人"。

---

① 〔埃及〕安瓦尔·萨达特：《我的一生——对个性的探讨》，第209页。

第十三章　萨达特时期的埃及

萨达特总统执政埃及的历史相对较短，体现出过渡性特点，但同样起伏跌宕。作为一位富有思想和创新精神的领导人，萨达特在具体的治国理政实践中，逐渐放弃了纳赛尔时代的政治经济路线，实施一系列大刀阔斧的变革，开拓性地与穆斯林兄弟会合作；外交方面，萨达特推动"以战止战"式的外交革命，在冷战的硝烟中实现了与以色列的历史性和解，改善了与美国的关系，为埃及社会的发展营造了不可或缺的和平环境。这是埃及近现代史上又一个难得的"开放的年代"。不过，萨达特继承、发展甚至强化了纳赛尔的政治路线，埃及的政治控制和个人崇拜不仅未能减弱，反而持续增强，导致政敌的强烈反对和仇恨。萨达特为此付出沉重代价，最终悲壮地倒在了极端分子的枪口之下。

一、权力巩固与"十月战争"

安瓦尔·萨达特的早期革命生涯

安瓦尔·萨达特，1918年12月25日出生于尼罗河三角洲的米特·阿布·库姆村一个军人家庭，其父是驻扎苏丹的军人。他小时候和祖母生活在一起，祖母用仅有的2.5费丹土地养活着拥有13个孩子（12个男孩，1个女孩）的大家庭。萨达特从小学开始就熟背《古兰经》，是一个善于自我反省的人。他的祖母和母亲从小就给他讲授埃及传说和历史上英雄的故事，其中有杰出的民族主义运动领袖穆斯塔法·卡米勒，还有丁沙薇惨案的主角扎赫鲁勒，培养了他浓厚的爱国主义情结。萨达特热爱埃及，多次在回忆录中提到，我们是埃及的人民，有着七千年的历史，曾经为世界创造了最早的文明；这一文明的精华就是热爱祖国。[①]

父亲从军队退役后，萨达特全家搬迁到开罗。萨达特进入伊斯兰福利协会学校学习。1930 年，他入福阿德一世中学读高中，这时候他的革命理想逐渐形成。他崇拜现代土耳其之父穆斯塔法·凯末尔，开始认识到“没有武装部队，他就一事无成，就不能实现他的革命”；他也在心里模仿印度民族解放之父——甘地。但作为一个热血青年，还比较盲目，正如他自己说，“我与每个埃及人心中激荡着的民族感是一致的，因而我参加游行，打碎盘子，烧毁汽车和高呼打倒西德基帕夏，恢复‘1923 年宪法’；其实我并不懂这个宪法是什么”。[②]

1936 年，萨达特高中毕业，几经周折，进入军事学院。1938 年 2 月，他从军事学院毕业，分配到部队。在敏哥巴德的军官俱乐部的住所，他每天晚上组织部分青年军官一起喝茶、畅谈，他的房间被称为“民族之家”。这时候，他们一致认为当时埃及的两种状况导致军队及其生活一团糟：一是英国军事代表团的绝对指挥权力，二是埃及高级指挥官盲目地听从英国人发号施令。他们感到应该由武装部队进行一场革命，为此则必须在思想上做准备，提高军官们的认识。另外，萨达特的与众不同之处表现在他醉心于读书，并认为文化路线的重要性不亚于政治路线。在军官俱乐部，萨达特认识了加麦尔·阿卜杜勒·纳赛尔，但由于纳赛尔显得非常严肃，彼此间的关系“不过是敬而远之而已”。[③]

1939 年，萨达特调任马阿迪，任通信兵军官，从那时起，开始组建自由军官组织。1940 年，他开始接触哈桑·班纳，认为“兄弟

---

①②③ 〔埃及〕安瓦尔·萨达特：《我的一生——对个性的探讨》，第 282、15、23 页。

会是一种不容忽视的力量”。[①]1941年底，由于协助阿齐兹·阿里·米斯里出走贝鲁特一事败露，他被逮捕。随着英国军队在北非战场的胜利反攻，萨达特联德反英的指控被撤销，但付出的代价是他退出了现役。1942年斋月期间，他又被捕入狱。先是关押在外国人监狱（专门关押那些具有反英行动的人），后又辗转关押在马古斯集中营和宰敦集中营。1945年战争结束后，萨达特获释。

由于组织刺杀华夫脱党主席穆斯塔法·纳哈斯而行动泄露，1946年1月，萨达特再次被捕入狱，转到卡拉赫·迈耶丹监狱的54号牢房。在这里，萨达特开始了他人生更多的思考。“在五十四号牢房度过的最后半年，至今仍然是我一生中最真幸福的日子，因为在这期间，我第一次认识了这个新世界，一个完全否认自我的世界。”[②]

1948年，巴勒斯坦战争爆发。8月，作为艾敏·奥斯曼案件的第七号被告，萨达特被宣判无罪释放，算起来他已在监狱中连续度过了整整31个月。出狱后萨达特先是在《新月》杂志社工作，直到1948年底。1950年1月15日，他被恢复军职和军阶。纳赛尔看望了他，表达了自由军官组织不屈服于任何机构或者任何党派的想法，因为它的目标是为整个埃及服务，而不是为某个阶层服务。[③]

由于纳赛尔在1970年9月29日突然死于心脏病，作为副总统的萨达特继任总统职位。萨达特在1970年的选举中获得85%的民众认可，但他还是遭遇统治集团内部的权力挑战。他被看作是“一个唯唯诺诺的人”，普遍认为他不可能是纳赛尔的继承人。[④]但历史证明，萨达特虽然没有纳赛尔的个人魅力，却是一个敢于冒险而极具创新精神的领导人。[⑤]

---

①②③ 〔埃及〕安瓦尔·萨达特：《我的一生——对个性的探讨》，第26、83—93、108页。

④ Jason Thompson, *A History of Egypt: From Earliest Times to the Present*, p.317.

⑤ Najib Ghadbian , *Democratization and the Islamist Challenge in the Arab World*, Boulder and Oxford: Westview Press, 1997, p.11.

权力巩固与纠偏运动

纳赛尔去世之际，除了时任副总统安瓦尔·萨达特，还有两个实权派人物可能接替总统职位：前总理、副总统、社盟总书记阿里·萨布里和前任副总统扎克里亚·毛希丁。他们分别代表着埃及上层政治精英的三股势力。萨布里自称是“纳赛尔的人”，不仅有责任维护纳赛尔的政治路线，更有实力和优先权来继承纳赛尔所留下的政权。毛希丁有较高的执政能力和较为丰富的治国经验，但他反对纳赛尔的社会主义，主张推行西方资本主义。较之前两人，萨达特的政治立场较为温和，大体上属于折中派。他既主张向西方开放，发展私营经济，又不赞成完全取消公营经济以及彻底废弃纳赛尔的发展路线和执政政策。

然而，三股势力中萨布里的力量最雄厚，其支持者不仅控制着社盟领导机构，还掌握着军队高层和政府重要部门。毛希丁的政治资本与支持者不多，仅在社会中产阶级和知识分子中有一定的影响，在三人中实力最弱。处于实力中游位置的萨达特虽然是双方重点攻击的对象，但在法理上具有总统的继承权，成为萨布里和毛希丁必须除掉的政治对手。萨达特果断采取措施，于 1970 年 10 月 15 日当选共和国总统。随即他任命马哈茂德·法齐博士为内阁总理，阿卜杜勒·穆哈森·艾布·努尔为社会主义联盟总书记。他开始与萨布里展开权力争夺。萨达特手中有两张王牌使其最终得以成功：其一，他是总统，经历了纳赛尔近 20 年的统治之后，埃及人民已经习惯了这种统治；其二，他重视并确保军队对他的支持，网罗政府和军方上层精英。[①]

双方之间的本质分歧主要表现在：第一，萨布里集团以纳赛尔主义继承者标榜，但此时纳赛尔主义面临着挑战和质疑。有学者指出，纳赛尔的“消极革命”仅是实现政治稳定的偶得性胜利，这场胜利

---

① Jason Thompson, *A History of Egypt: From Earliest Times to the Present*, p.318.

给那些希望埃及拥有更为彻底的民主和公平政治环境的竞争对手们提出了严峻的挑战。[①]相反，萨达特的执政理念更倾向于标榜以“民主和社会公平”作为获取政治合法性的基石。第二，在外交层面上，萨布里集团提倡以阿拉伯民族主义为外交基础，具有典型的纳赛尔式的泛阿拉伯主义倾向，主张强硬的外交政策。萨达特在外交立场上则更重视埃及自身的利益，在埃及与以色列问题以及埃及与美国关系问题上与前者表现为截然不同的立场，具有较强的外交和解意识。第三，在政治层面上，也是双方分歧的最根本原因，是对统治权力的争夺。对于继任总统萨达特，具有政治优势的萨布里集团表现出诸多不满与轻蔑。萨布里集团提出实行1956年前阿拉伯社会主义联盟“革命指导委员会”集体统治的形式，借此牵制萨达特行使总统职权。

面对萨布里集团咄咄逼人的施压，萨达特利用政治改革分两步对萨布里集团进行打击。第一步，在政治集团内部创建忠于自己的势力集团，削弱萨布里集团的势力，清除纳赛尔主义者。1970年10月20日，萨达特任命马哈茂德·法齐为副总统。接着停止了萨布里集团核心力量“社会主义先锋队”的活动。1971年4月，埃及、叙利亚和利比亚三国元首签订建立“阿拉伯共和国联邦”的协议，导致萨布里与萨达特两派的第一回合冲突。萨布里集团担心联邦建立后势必要改组机构，重新分配权力，自己的地位将被削弱，因此在社盟的最高执委会上猛烈抨击萨达特越权行事，滥用总统职权。事实上，萨达特确实想借机排斥异己，并在此背景下对萨布里集团正式宣战。他坚持总统有权决定一切事务而无需任何人批准。在一系列博弈之后，萨达特强硬的立场果然震慑住了萨布里集团，使其信心大增。

一切准备就绪后，萨达特总统开始了彻底瓦解萨布里集团的第二步，发动大规模的纠偏运动，也有学者将之称之为“清除权力中

① Ahmad Shokr, “Reflections on Two Revolution”, *Middle East Research and Information Project*, No. 265, Vol. 42, No.4 , 2012, p.32.

心”运动。1971 年“五一”劳动节这天，萨达特发表讲话，向萨布里集团公开发难。他指出：“任何个人或集团，不管他们是什么人，均无权自称拥有超越人民的能力和力量，也无权组织一些对人民实行监护的权力中心。”次日，萨达特决定免去萨布里副总统和总统空军事务助理的职务，并于当晚通过广播通告全国。萨布里集团不想束手就擒，他们采取各种手段阴谋颠覆政权，并妄图以集体辞职的手段逼迫萨达特就范。萨达特毫不犹豫地接受了他们的辞呈，并且果断命令军队支持者将议长、国防部长、新闻部长、总统事务部长、电力部长、住房部长、交通部长以及社盟的最高执委会和中央委员会若干委员迅速软禁起来。5 月 13 日，萨达特全面改组政府，建立自己的政权体系。15 日，萨达特在议会发表讲话，通告粉碎了萨布里集团。同时，萨达特宣布议会进行改革，议会议员不再局限于阿拉伯社会主义联盟的成员。在 1971 年 6 月的议会选举中，萨达特集团在选举中占据上风，建立在议会中的势力集团，并掌握了全部的政治主导权。[①]1972 年 12 月，萨布里和其集团的 90 余人被审判，并定罪为颠覆国家未遂罪。[②] 至此，萨布里集团被彻底清除，萨达特稳固了权力。此后，从日常生活到宗教信仰，从公共政策到地区外交，一个去纳赛尔化的过程逐渐展开。

打响“十月战争”

萨达特执政伊始，纳赛尔几乎没有给他留下可供利用的政治遗产。在对外关系方面，由于纳赛尔执行片面的所谓“进步与反动”的理论来决定埃及的外交政策，致使埃及除苏联外，几乎同阿拉伯世界很多国家的关系都断绝了。而 1967 年战败后，支持纳赛尔的恰恰是那些所谓的“反动国家”，例如沙特阿拉伯、科威特、利比亚。经济方面的遗产比政治方面的还要糟糕，国家“缺乏鸡蛋、缺乏鸡，缺乏数百种生活必需品的供应”，甚至连给前线的士兵发军饷和职

---

① Thompson, Jason, *A History of Egypt: From Earliest Times to the Present*, p.319.

② Ibid., p.318.

员发薪俸的钱都成了问题。军事情况更糟糕。军事上层腐败，甚至普遍存在畏惧战争的心态。1972年夏天，萨达特要求全军从11月15日起做好战斗准备，但当他听取军队指挥官汇报战备情况时，军队高官居然对此一无所知。[①]而纳赛尔在苏联专家协助下制定的所谓200号防御计划，也仅是一个“百分之百的纯粹的防御计划”。埃及军事准备严重不足。

综合各种形势，萨达特认为“解决政治、经济和军事上的任何问题，出路在于纠正1967年的失败，恢复我们的自信心”[②]。萨达特认为实现这一目标未必要走向战争，相反，他开始向美国和以色列释放和平诚意。早在1970年9月，他在会见前来吊唁纳赛尔的美国代表团使节理查森时就强调，“我的全部希望是和平，我再一次向你们呼吁为和平而努力”。1971年2月4日，萨达特在埃及国民议会首次提出三条和平倡议，一是以色列从运河东岸撤军，埃以就撤军阶段达成协议，埃及军队驻守东岸；二是在此基础上，埃及和美国恢复关系，美国参与中东问题的解决；三是埃及准备和以色列签订和平协议，结束自1948年以色列建国以来其同阿拉伯国家之间的战争状态，并给予以色列所需要的各项保证，从而结束由于美苏两个大国在中东问题的利害冲突而使世界生活在其中的最危险的局势。[③]

这一和平倡议使埃及站在了道义的制高点，以色列居然不知如何应对，而美国则对形势做出误判，并对萨达特的倡议置若罔闻。萨达特后来回忆说，“如果这一倡议能得到美国的充分注意，十月战争就不会发生，1971年二三月间就可以实现和平。”[④]

在这种局面下，萨达特不得不继续“不惜任何代价维持同苏联的友谊”[⑤]，同时转向积极备战。他认为“洗刷1967年失败的羞耻与耻辱是根本办法”[⑥]。“军事行动是打破中东僵局的唯一道

①②③④⑤⑥ 〔埃及〕安瓦尔·萨达特：《我的一生——对个性的探讨》，第244—246、227、290、291、294页。

路”[①]，至少是对各方表明态度和意志。但萨达特并不认为埃及一定能够取得胜利，而是主张打一场有限战争，“如果我们能在西奈拿下十厘米的土地，并能站住脚跟不撤退，那么我们就能改变东方及西方的态度。”[②]

1972年是美国大选年，埃及表面上仍然无所作为，实际上继续为战争做准备。一方面是整顿军事，除了继续要求苏联提供所需要的武器外，萨达特还撤换了国防部长，不断调整作战计划，在苏伊士运河西岸构筑起高达20米的沙堤，以便实现大炮和坦克的集结。另一方面是在外交上争取最大范围的支持。他说，“对于阿拉伯人，埃及不会以所谓的反动和进步，或者君主制和共和制来区别阿拉伯国家。我们应该遵循的唯一事实是：我们仅仅是阿拉伯人。”[③]1973年5月，萨达特出席在亚的斯亚贝巴举行的非洲团结大会，大会做出了明确谴责以色列的决定，有80%的国家在战争爆发前断绝了同以色列的关系。同时，安理会就黎巴嫩提出的巴勒斯坦3名领导人被杀事件进行了讨论，最后以14票赞成，美国1票反对通过了有关决议。7月，萨达特突然宣布驱逐苏联专家。9月，萨达特出席了在阿尔及尔召开的不结盟国家会议，其誓言战争的立场得到了不结盟国家的支持。而埃及的外交官们在各种国际会议和场合则谈论如何以和平方式解决问题，给以色列制造假象。

1973年2月，新上任的美国国务卿基辛格开始和埃及秘密接触。基辛格承认美国内部报告关于萨达特的评价是错误的，肯定萨达特在1972年7月16日驱逐苏联专家的决定是“引人注目的”。但他又表示，埃及作为战败者不能要求战胜者所要求的东西，并且威胁埃及不要发动战争。[④]这令萨达特愈发感觉到，“假如我们自己不在军事上采取行动，美国或其他力量就不可能有所动作。”[⑤]

随着战事准备的逐渐完成，1973年8月28日、29日，萨达特

① 〔埃及〕穆罕默德·哈桑宁·海卡尔：《斋月战争》，第51页。

②③④⑤ 〔埃及〕安瓦尔·萨达特：《我的一生——对个性的探讨》，第255页、第251页、第300—301页、第250页。

与叙利亚总统阿萨德商定10月6日开始战斗，即“S日计划”。战争爆发前半年，埃及军队连续两次发起佯攻。1973年5月，发动第一次佯攻，以色列迅速集结；8月，第二次发动佯攻，以色列采取动员措施，结果埃及都没有真正行动，两次佯攻的确麻痹了以色列的战争神经。“十月战争”结束后，当以色列国防部长摩西·达扬被问及为什么不在十月宣布动员令时，他的回答是，萨达特曾两次促使以色列宣布动员令，每次都使其毫无价值地耗费一千万美元，所以第三次再来的时候，达扬以为又像前两次一样是儿戏。[①]

1973年10月6日，是以色列的赎罪节，也是阿拉伯人的斋戒日，这一天下午两点，埃及在南线突然发动对占领运河东岸的以色列军队的攻击；5分钟后，叙利亚在北线向以色列开战，举世震惊的十月战争全面爆发。埃及220架超音速喷气式飞机在20分钟之内完成了对以色列防线的第一轮轰炸，继之是2000门大炮齐发，使西奈成为一片火海，然后是步兵和工程兵强渡运河。埃及第七旅率先渡河成功，在运河东岸打起埃及的旗帜。随着持有火箭筒和反坦克炮的部队的登陆，埃及工程兵开始实施用密集的水龙头冲开以色列建立的土屏，打开缺口，架设桥梁，大量坦克也渡过运河。在180公里的战线上，埃及出动了整整五个师的兵力，战争开始后6个小时，以色列驻守在巴列夫防线的三个装甲旅和一个步兵旅几乎全部被歼，300辆坦克被击毁，被迫在南线全线撤退。[②]10月9日，战争进入第四天，以色列被迫向美国发出“拯救以色列”的信号。由于北方战线对以色列更加重要，此时叙利亚主导的北线出现危机，大马士革处于被攻击范围。为缓解叙利亚局势，埃及在南线加大战争力度，双方在西奈上演了世界历史上最大规模的坦克战。由于空军力量和通信能力不足，埃及损失惨重。

战争爆发后，美苏急忙安排停火，一开始遭到埃及拒绝。此后美苏分别向以色列和埃及提供援助，由于美国提供的武器性能比苏

---

① 〔埃及〕安瓦尔·萨达特：《我的一生——对个性的探讨》，第253页。

② 杨灏城、江淳：《纳赛尔和萨达特时代的埃及》，第289页。

联的更加优越，数量更多，以色列逐渐开始反攻，并在西岸打开一个缺口。10 月 19 日，萨达特意识到埃及军队面对的不只是以色列，背后还有强大的美国，而且西岸缺口情势危险，为了保住在东岸的胜利果实，决定在 22 日接受安理会做出的停火提案（即安理会 338 号决议）。24 日，战火完全停止。截至停火，埃及解放了运河东岸大约 3000 平方公里的领土，但在西岸又失去 1600 平方公里领土。双方伤亡惨重。以色列战死 2838 人，负伤 8800 人，被俘失踪 508 人；埃及战死 8446 人，负伤 12000 人，被俘失踪 8031 人。①

"十月战争"对地区形势和各方关系都产生了重大影响，是改变地区格局的大事件。首先，阿拉伯人，特别是埃及人一举摘掉了长期被外界指责缺乏战争意志的帽子。正如萨达特所讲，十月战争"使我们的武装部队，我们的人民和我们的阿拉伯民族恢复了对自己的全部信心，也恢复了全世界对我们的信心。"② 它极大地鼓舞了埃及人民，萨达特本人在国内外威望迅速上升，成为名副其实的领袖，被誉为"跨越运河的英雄"③。

其次，相比而言，"以色列不可战胜的神话一去不复返了"，关于其空军、装甲车、士兵的种种神话彻底破产。战争完全暴露出其脆弱性，在国际社会上更加孤立。以色列人第一次深切意识到，战争真实地改变了他们的生活方式，"四分之三城市的犹太人，准备放弃在两次战争中占领的所有或几乎所有土地，以换取和平。"④ 他们认识到不能整天在阿拉伯人面前耀武扬威，单靠武力保证不了其安全，开始审视阿拉伯人的合法权益和诉求，寻求以对话模式和平解决阿以冲突的途径。此外，共有 9 个阿拉伯国家派遣军队直接参战，战争爆发后阿拉伯产油国家又发挥"石油武器"的威力，对美实施石油禁运，以实际行动支持前线国家，显示了阿拉伯世界空

① 杨灏城、江淳：《纳赛尔和萨达特时代的埃及》，第 298 页。
② 〔埃及〕安瓦尔·萨达特：《我的一生——对个性的探讨》，第 261 页。
③ 杨灏城、江淳：《纳赛尔和萨达特时代的埃及》，第 299 页。
④ 《星期日泰晤士报》调研组：《中东战争》（下册），上海译文出版社 1980 年版，第 360 页。

前的团结，“除政治上迫使西方国家在阿以冲突问题上考虑它们的态度外，还在经济上表明自己是本国自然资源的主人”。[①]

第三，阿拉伯被占领土虽然没有得到解放，但埃及实现了战前所定的打一场“有限战争”的战略目标，打破了所谓“不战不和”的停火僵局。跨过运河、摧毁巴列夫防线表明阿拉伯在军事和技术上已经赶上了以色列，他们也许不会输掉下一场战争。[②]1973年6月，苏联最高领导人勃列日涅夫访问美国时，在与美国总统尼克松达成的联合公报中宣称要维持中东现状。而战争让可能已经在中东危机达成协议的两个超级大国重新审视中东局势。[③]特别是美国感受到阿拉伯国家的强大力量，逐渐改变了过去单纯支持以色列的政策，寻求同阿拉伯国家改善关系。

二、经济与政治的双重“开放”

采取经济开放政策

“十月战争”之后，埃及在内政外交、经济政治多个方面同时做出重大调整。早在1968年埃及就开始进行有关经济改革的准备工作。十月战争后，萨达特决定开始实行新的发展战略即改革开放政策。20世纪70年代中期，该政策基本形成。1974年6月，政府颁布了《关于阿拉伯与外国投资和自由区》的第43号法令，该法的颁布成为埃及经济开放政策正式开始的标志。法令规定：外国资本可向工业、矿业、能源、建筑、交通、旅游、银行、水力资源、垦殖荒地和沙漠、投资公司和技术咨询等领域投资；保证对外资不实行非法冻结、查封和强行监护，不没收，不国有化；若出现争端，

---

① 杨灏城、江淳：《纳赛尔和萨达特时代的埃及》，第303页。

② Afat Lutfi Al-Sayyid Marsot, *A History of Egypt: From the Arab Conquest to the Present*, p.157.

③ 〔英〕理查德·艾伦：《阿拉伯以色列冲突的背景和前途》，艾玮生等译，商务印书馆1981年版，第532页。

应根据有关协定通过共同协商妥善处理；外资企业所需设备和原料进口免税，企业投产后 5 至 8 年免税，其产品可在埃及国内市场销售；企业可转出或转让资本，并在转出资本与利润时按最高汇率折算，等等。[①]

该计划得到国际货币基金组织的支持，双方连续在 1974 年、1976 年、1978 年和 1980 年签署了一系列合作协议。这一政策的目的是引进阿拉伯国家及其他国家的资金和技术，利用外资和外援来发展国民经济。另一方面，计划还要求动员本国资金投入，发挥私人资本在国民经济中的重要作用，以真正地活跃经济从而增强国家经济实力。萨达特时期，为了推行这些发展计划，埃及政府采取的主要措施是建立合营企业，引进外资并实行优惠政策，推行进口自由化，改革对外贸易体制，从双边贸易向多边贸易发展，建立自由经济贸易区，形成了一套开放经济的政策体系。

在坚持中央计划和国有部门占主导作用的前提下，埃及政府有计划地放松了对于进口和国内贸易的限制。其结果是消费品的进口从 1960 年至 1970 年年均增长率不到 1% 上升到 1970 年至 1975 年的 15%，而进口汽车在同期增长了 30 倍。因此，有学者将萨达特总统这一时期的开放称作是“消费型开放”。“开放政策”伴随着 1973 年至 1979 年石油价格的飙升，助长了通货膨胀，但在石油出口（几乎是 1966 年的 10 倍）和侨汇（是 1961 年至 1970 年平均水平的近 8 倍）方面增加了收入。这一时期，政府仍旧是主要的雇主、制造业和电力部门的资源分配者、社会服务和粮食的主要提供者。[②]

埃及政府同时对内进行了经济改革。第一，鼓励发展私营企业。1974 年 11 月，政府把私营公司承保国家项目的最高金额由每年 10 万埃镑提高到 50 万埃镑。1975 年，埃及政府把工商银行的资金由 200 万埃镑增加到 1000 万埃镑，以向私营企业提供更多的贷款。此

① 彭树智主编，雷钰、苏瑞林：《中东国家通史·埃及卷》，第 345 页。

② M. Riad El-Ghonemy, edited, *Egypt in the Twenty-First Century: Challenges for Development*, p.78.

后，政府又恢复了股票和证券交易所，以便使私营企业加快资金周转，同时放宽外汇管理，允许私商用自备外汇进口商品，从而打破了公营部门对外贸的垄断。在这些政策的推动下，私营企业快速发展。从1974年至1982年的8年间，仅工业部批准新建私营工业企业即达6700个，私人投资也由数千万埃镑增加到10亿埃镑，私营企业产值在工业部门所属企业总产值中占到20.6%。第二，调整公营企业。1975年5月，萨达特颁布法令，规定公营企业可发行股票筹资，本企业职工享有优先购买权。1975年7月，议会通过法律，取消了工业部对公营企业的统一管理，代之以各主管部门分口管理。1976年1月，政府又取消了35个经济管理组织，并且建立了只具有咨询职能的22个委员会来代替他们，并规定公营企业自主经营，自负盈亏。至1977年，改革举措起到一些作用，一批"不称职"的经理被解职。此外，政府还制定了新银行法，允许企业与银行之间自由地进行外汇交易。

经济开放政策的成效

总的来讲，20世纪70年代后半期到80年代，埃及经济处在一个各种经济相对交织的时期。萨达特时期埃及经济增长的主要指标不仅远高于纳赛尔时代，也高于一般发展中国家的水平，这与经济开放政策有着紧密的联系，也可以认为是该政策所取得的成果。

1970年至1979年，埃及国内生产总值平均增长率达7.6%，工业年平均增长率为7.8%，制造业为8.2%，人均收入的年增长率达到6.7%。1980年国内生产总值达221亿美元，人均国内生产总值523美元。随着西奈半岛油田的回归以及油价的迅速攀升，埃及在这一时期成为一个纯粹的石油出口国，70年代的后五年经济增长达到9.6%。石油占埃及全部出口商品的75%，传统的主要出口商品棉花从45%降低到7%。① 此外，政府还可以从石油公司那里得到大

① M. Riad El-Ghonemy, edited, *Egypt in the Twenty-First Century: Challenges for Development*, p.79.

量的租金。随着阿拉伯石油出口国家对外国劳工的大量需求，埃及在外打工的侨汇也开始引人瞩目地迅速上升。1980 年，石油出口、侨汇、苏伊士运河收入与旅游业的收入分别为 30 亿美元、27 亿美元、10 亿美元和 6 亿美元。1973 年至 1980 年，国内公共投资约增长 26%，私人投资增长 78%。新的外国私人投资（非石油部门）也从 1977 年的 1 亿美元，增至 1980 年的 4 亿美元。

推行政治“多元主义”

1976 年开始实施的多党制标志着埃及在政治上试图走向自由主义。萨达特总统打破阿拉伯社会主义联盟的政治结构，营造多党制的政治环境，建立了执政党——民族民主党。这些举措彻底改变了埃及政治发展路径。早在 1974 年，萨达特总统开始思考对现存的唯一的政治组织——阿拉伯社会主义联盟进行改革的问题。他提出要允许人民对社会和经济问题发表不同看法，而这种多样性的表达应该在阿拉伯社会主义联盟内部实现，并且有足够的代表性，避免脱离广泛的社会基础。随后，在阿拉伯社会主义联盟第三届全国代表大会上掀起了一场民族对话运动。讨论的结果是“联盟”中央委员会的一个下属委员会提出一份报告。该报告的起草人正是“联盟”全国代表大会的议长，后被伊斯兰激进分子刺杀的马赫尤布（al-Mahjub）。在报告中，马赫尤布对各种不同观点进行了总结，指出绝大多数成员支持阿拉伯社会主义联盟继续存在；反对由知识分子、大学教师、记者和部分行业协会成员倡导的多党制。建议在保存阿拉伯社会主义联盟的同时，要实现其内部结构和功能的民主化。这一方案表达了多元主义的内在含义：承认不同政治观点的表达和有效的政治反对派的存在。1975 年的阿拉伯社会主义联盟全国代表大会虽然拒绝建立多党制，但确认了可以建立几个代表不同观点的政治论坛。

1976 年 1 月，萨达特总统任命了一个由 168 人组成的“未来政治行动委员会”。其任务就是研究建立政治论坛的问题。该委员会先后召开了16次会议，在讨论中出现四种不同意见：大多数委员反对建立多党制，倡导在阿拉伯社会主义联盟内部建立有固定数量的论坛来增强它的影响；另有一小部分委员同样支持维持阿拉伯社会主义联盟的存在，但主张在其内部建立具有不同观点的论坛以增强其影响力；只有八名委员支持建立多党制作为最好的方案以表达反对派的观点、实现政治生活的民主化；还有少数人倾向于在阿拉伯社会主义联盟内部和外部建立各种各样的论坛。

依据上述讨论调查的情况，1976年3月萨达特总统决定实行多党制，他把政治论坛的数量限制到三个，分别为主张资本主义倾向的右派（以自由党为代表），主张社会主义倾向的左派（以民族进步统一党为代表），以及不偏不倚的中间派（以埃及阿拉伯社会主义论坛为代表）。三大论坛（派别）参加了1976年的选举。1977年总统授予这些论坛以政治实体即完全的合法地位，事实上成为政党；紧接着就在1977年6月通过了政党法，上述三个论坛实现正名，成为合法政党。

萨达特总统后来对自己的这一行动解释说：

> 1976年我亲历了这一选举运动，并且为此感到震惊。选战忽略了阿拉伯社会主义联盟的存在而是体现出一种真正的多党制。右派和左派都获得了一定的席位，但中间派赢得了选举。……基于这样的亲身经历，我做出许多决定。我问自己：为什么不可以通过赋予这些论坛真正的党派名称而称呼它呢？因此在人民议会的演说中，我宣布取消像论坛这样的概念，而代之以建立多党制。①

选举结果是中间派——政府控制的埃及阿拉伯社会主义论坛占据多数，赢得280个席位；右派赢得12个席位，而左派赢得了2个

① Bahgat Korany, Rex Brynen, and Paul Noble, *Political Liberalization and Democratization in the Arab World: Comparative Experiences*, Vol. 2, pp.46-47.

席位。另外一个新的政治现象就是独立候选人的出现，并且赢得了48个席位。一种代表多样性的氛围在人民议会出现，对政府的政策和行为进行了活跃的讨论和质疑。

1978年，萨达特宣布组建属于自己的政党——民族民主党。他提出，“在一定的限期内，现存的政治成员几乎每一个人都可以辞职并加入到新建的政党当中。”不仅如此，萨达特还认为任何民主制度都应该有它自己的反对派，于是建立了一个反对党——劳动党，他邀请他的狱友和老资格的政治家易卜拉欣·苏凯里出任劳动党主席。这样，在1979年举行的人民议会选举从一开始就体现了多党制的特点。2492个候选人代表了四个竞争性的政党：民族民主党、自由党、劳动党、民族进步统一党。而且还有111名妇女参加了竞选，并且第一次赢得了30个席位。

萨达特启动政治改革，有多方面的政治意图。其一，这是他执政后政治战略的进一步调整。在形成正式的多党制之前，萨达特已采取几项重要行动，包括1972年驱逐苏联顾问和在1974年开始的经济自由化政策等。其二，向多党制的转变也是萨达特总统进一步摆脱纳赛尔总统的影响而确立自身权威的组成部分，是1971年5月发起的“纠偏运动”或者“去纳赛尔化”政策的继续。[①]其三，多党制毕竟是民主制度的一个特点和标志，而执行经济开放政策的埃及迫切需要西方特别是美国的经济支持，因此，它也吸引了西方的援助和投资以应对埃及境遇不佳的经济状况。有学者指出，政治自由化的目的是“鼓励外国资本在埃及进行投资，并且重组与外国的同盟和纽带关系，以便形成尽可能最广阔的阵线，取代围绕纳赛尔主义和社会主义的发展趋势”[②]。

萨达特时期多党政治的意义在于，开辟了埃及的“多元主义革

① Mona Markram-Ebeid, “Political Opposition in Egypt: Democracy Myth or Reality”, in *The Middle East Journal*, Vol. 43, No. 3, Summer 1989, p.424.

② Nazih Ayubi, *The State and Public Policies in Egypt since Sadat*, Mass.: Ithaca Press, 1991, p.223.cited in Maye Kassem, *Egyptian Politics: The Dynamics of Authoritarian Rule*, p.53.

命”，是一次制度性创新。但是现代政党政治本质上是社会利益多元化的产物，政党作为社会不同利益群体在政治上的代表彼此合法博弈，以图控制政权（议会或政府），从而最终影响公共政策的取向。而埃及不是这样，由于向自由化和多党制转换的动力来自于政权顶层即萨达特自己，[①]那么也就必然存在其巨大的弊端。例如作为新建立的民主化进程，对它的管理就像其领导者的行为反复无常一样充满了不确定。萨达特认为这个过程是由他发动和控制的，也应该按照他的意愿进行规范，总统继续控制决定权是不容置疑的。但当劳动党开始发挥其作为反对党的作用时，萨达特却变得愤怒而受到伤害。萨达特还通过亲自制定一些原则和法律来限制反对派的活动（例如政党法、维护社会安定法等），这些法律都极富弹性，目的是为了排斥新政党的建立，并谴责任何既存的政党对其颇富争议的政策（例如与以色列的单独媾和）进行批评。危机就这样逐渐积累直到萨达特政权的崩溃。1981 年 9 月，萨达特集中召集了大约 3000 人开会，其中包括 1000 名左右极有影响的、具有不同背景和政治观点的人士，他们的政治观点从右派到左派，内部之间的不同甚至都远远大于与萨达特的差异，但是萨达特却硬把他们纠集在一起。民主化最根本的要求——不同观点的政治对话和政治协商反而完全被抛到一边，民主政治发展遭遇困境。

与穆斯林兄弟会的和解

在萨达特执政后，伊斯兰势力的地位在很大程度上得到加强。这首先取决于萨达特自己对宗教的虔诚信仰。同时，萨达特在几个关键的旨在剥夺纳赛尔主义者和左翼反对者的权力斗争需要乌莱玛的支持[②]。在“纠偏运动”过程中，乌莱玛又开始活跃起来。1971

① Bahgat Korany, Rex Brynen, and Paul Noble, *Political Liberalization and Democratization in the Arab World: Comparative Experiences*, Volume 2, p.49.

② Gabriel R. Warburg, “Islam and Politics in Egypt: 1952–80”, in *Middle Eastern Studies*, Vol. 18, No.2, 1982, pp.137-138.

年埃及新宪法颁布。在讨论宪法的过程中，埃及宗教界人士要求宪法应明确宣布伊斯兰教为国教。在如何对待沙里亚法的问题上成为当时宪法讨论最主要的话题。激进主义者要求宪法宣布沙里亚法是法律的唯一来源，而温和派则建议宪法能够减少某种约束的程式。1971年9月6日宪法最后的文本颁布，基本上是温和派占了上风。新宪法第一部分第二条宣称“伊斯兰教为埃及的国教，阿拉伯语是埃及的官方语言，伊斯兰沙里亚法的原则是立法的一个主要来源”。它表明，首先，是沙里亚法的“原则”而不是“沙里亚法”本身被宣布为立法的来源；其次，沙里亚法的原则是立法的“一个”来源而不是“唯一”的来源；最后，宪法第三条指出一切权力唯有来源于人民，事实上为世俗立法留下了巨大空间。这样在整个70年代就始终贯穿着宗教激进主义者要求“贯彻沙里亚法”的斗争。

萨达特依靠伊斯兰教和伊斯兰组织在反对纳赛尔分子和左翼分子的斗争中也不是没有代价。这一点在大学里的伊斯兰学生组织那里体现地尤甚，他们曾是萨达特昔日的盟友，现在却成为萨达特最响亮的反对者。70年代末期，即使是爱资哈尔系统也开始批评萨达特的政策，并且要求更大的活动空间。但萨达特有一点与纳赛尔相同，就是依然没有赋予穆斯林兄弟会以合法性，尽管他同意其编辑出版月刊《呼唤》。

1971年5月萨达特开始释放那些在1965年被捕的兄弟会成员，以便清除“纳赛尔势力的影响”。不论是打击纳赛尔分子或者左翼分子，还是发动“纠偏革命”，萨达特都需要伊斯兰势力的支持。萨达特虽然早在20世纪40年代在与兄弟会的建立者哈桑·班纳的会面中就了解了兄弟会的政治野心，但现实的政治需要还是促使其同兄弟会进行合作，前提是只要兄弟会不对其权力和政策提出挑战。这种双方自愿合作的时期一直持续到1978年9月“戴维营协议”的签署才出现恶化。兄弟会也从此时开始转变政治立场。正如有评论认为的那样，“兄弟会领导人经历十多年牢狱之灾被释放后，他们在政治问题上开始采取谨慎而温和的立场。在大部分时期内，他们与萨达特政权是调和与默许的。”[①]事实上，任何问题都像一枚硬币有它的两面一样，兄弟会可以支持萨达特巩固权力和地位，但同样也会对其政策乃至权力和地位提出挑战，这只是时间问题。

民族民主党与限制公民社会

萨达特政权的稳定有三个重要支柱：首先是新的政党制度——多党制；其次是忠诚于自己的“反对党”；最后是建立各种有利于自己的制度和规则。萨达特总统延续纳赛尔的威权统治，但采取的手段却是政治上的一党制和多党制相结合的制度伪善，选举中的压制以及对社会层面的严格把控。这样的政治策略显然是精心设计的，这些步骤有利于萨达特利用多党制的外衣保护自己的权力基础——民族民主党的一党独大。民族民主党的成立相对于制度的压力来说更多是因为总统的期望，通过新的忠诚的反对党来扩充“多党制”，显示埃及政治社会的“宽松自由”，多党制为民族民主党的出现建立了制度基础，而反对党的弱小加上政权的保护使民族民主党在合法的形势下免受政治挑战，确保了民族民主党执政的长期性。

1978年11月2日，民族民主党正式被赋予合法地位，其建党宗旨为“基于科学和信仰的现代化国家的迈进”，目标则是追求“埃及人民的幸福生活”。[②]之所以放弃阿拉伯社会主义党，一方面是因为阿拉伯社会主义党作为阿拉伯社会主义联盟的遗产不可能完全满足萨达特总统在国会中抵抗反对党攻讦的目的；另一方面，萨达特总统外交上的和平计划需要一个支持自己并且强有力的政党。

埃及民族民主党衍生于阿拉伯社会主义联盟，出于政治目的考虑，萨达特对党内组织的运行形式并未做过多的更改，整体来看，他所做的只是在多党制的外衣下解散并重组它。所以阿拉伯社会主

① Najib Ghadbian, *Democratization and the Islamist Challenge in the Arab World*, p.97.

② Beattie, K. J., *Egypt During the Sadat Years*, New York and Hampshire, UK: Palgrave, 2000, pp.237-238.

义联盟诸多的运作方式被民族民主党继承下来。

党的地方组织由省、区、县、乡四级组成。民族民主党在全国有1500名成员组成的26个省级机构；以及由约1万人组成的175个选区机构；近8万个成员组成的约4000个底层机构。[①]民族民主党的最高权力机关是全国代表大会以及由代表大会选出的政治局。政治局下设书记处、常设委员会和专门委员会。全国代表大会由包括政治局、书记处、国家代表以及其他机构在内的总计4000名成员参加，他们聚合在总书记的领导下。党的总书记必须是政治局成员，其他政治局成员辅助总书记。总书记负责党内的日常事务，并向13个专门委员会提出议题，以便各个专门机构进行研究，这些专门委员会再通过在政府或者在议会工作的民族民主党成员将整合好的问题提交议会。政党的组织结构与政府的机构一般相匹配，例如：交通和通信委员会有十个部门与政府的通信部门的各个分支相配。[②]

民族民主党的制度核心是政治局，其拥有党内绝对的权力。一般而言，担任内阁部长、总理以及议会上院议员的民族民主党成员有优先进入政治局的权利。例如，在1979年的政治局成员中，包括总理马斯塔法·卡里尔和其他的九位部长，政治局的其他三位成员分别为胡斯尼·穆巴拉克、索菲·阿布·塔利布（民族民主党的发言人）以及菲里克·玛克拉姆·艾伯丁（民族民主党的总书记）。政治局的职责是制定和通过党的所有决策，管理高级事务，实施全国代表大会的决议建议，对外交政策和国内事务发表声明，解释党的章程，起草每年的预算计划，等等。

关于党内精英选拔，民族民主党大多采用“任命制”。任命权一般集中于包括总统在内的政治局手中，政治局管理党内各种各样的人员选拔，包括总书记、各委员会长官以及其他的党内领袖。总

① Alaa Al-Din Arafat, *The Mubarak Leadership and Future of Democracy in Egypt*, London: Palgrave Macmillan, 2009, p.22.

② Ibid., pp.22-23.

统权力至高无上，1971年宪法第55条款中，有35项涉及总统的权力，仅4项涉及司法机构的权力，14项涉及立法机构的权力。[①]进入议会的议员候选人名单也是由政治局在党内挑选，这一时期民族民主党与议会的关系类似于阿拉伯社会主义联盟与国家委员会的关系。党内选出的议员候选人都受到政权的支持以确保其当选。政治局负责谨慎地在党内挑选议员，是因为人民议会的议员和总统之间具有相互依赖的关系。政党中的成员要想成为议会议员必须要经过政治局的选拔以及党主席的批准，也就是说民族民主党或者阿拉伯社会主义联盟的候选人是由总统选择的。总统作为党的主席，在党内处于绝对的权力中心，拥有绝对的权力选择政治局成员。此外，依据宪法第76条规定（2005年、2007年进行修正）只有人民议会有任命总统的权利。因此总统总是在挑选议员候选人时小心谨慎地选择自己信任的人员。这些成员需要了解总统的意愿，并因此享受总统给予他们的特权。

当遇上重大问题的时候，政党会在党内用选举的方式进行决定。[②]然而民族民主党党内缺乏民主的因素，选举的过程和结果往往都是既定人选。省级书记处的书记由党主席直接任命，他们通常由上层民族民主党的成员轮流担任。按照程序，党主席应由全国代表大会选出，但整体而言不会有什么大的改变。萨达特总统通过选举成为党主席，这种选举机制并不存在竞争对手。民族民主党的主席必然担任国家总统一职。事实上，民族民主党的组织机构是从下至上，从村、乡、县、区、省到政治局和中央书记处组成的严密体系。这个体系能使党内的各种政策上通下达，形成了民族民主党对全国的控制。虽然萨达特总统进行了内部政治重组与改革，但从本质上看，这些重组与改革与其说是制度或机制上的，不如说是表面性的。这是因为，这一时期无论是民族民主党还是政治制度向多党制转换，

---

① Maye Kassem, *Egyptian Politics: The Dynamics of Authoritarian Rule*, p.23.

② Jason Thompson, *A History of Egypt: From Earliest Times to the Present*, p.23.

其动力都来自于政治权力顶层的总统萨达特。[①]

多党制的出现包含着反对党的诞生，萨达特认为任何民主制度都应该有它自己的反对党。[②] 而人为地创造忠诚于政权的反对党是民族民主党在多党制体制下合法性免受挑战的重要举措。萨达特政权下的反对党正起着这样的作用，它们由萨达特一手创办，或受到政府的诸多限制被迫采取支持萨达特政权的立场。一旦这些政党对政权表现反对之意，萨达特就会迅速做出回应，重组或者解散这些反对党，民族民主党毫无竞争压力可言。故此，“忠诚的反对党”仅是体现这一时期多党制体制的工具，它们并不会对萨达特政权造成威胁，一党独大是民族民主党这一时期的重要特点。

首批反对党则是由萨达特一手创立的，例如萨达特人为建立的劳动党。[③] 此外，较为典型的是衍生于 1976 年阿拉伯社会主义联盟分裂出来的联盟党与自由党。这两个党派在 1976 年成为独立政党。尽管它们在理论上代表社会主义与自由主义，但就其自身而言，政党内部并未形成有效的力量，这两个政党重要成员在萨达特的授意下担任着党内职位。例如，来自自由党的核心人物阿布·瓦菲亚（Wafia）就是萨达特的妹夫。[④]

当萨达特意识到某些反对党不再“忠诚”时，他常常利用政治权力解散或暴力打击对政权威胁的政党。1977 年 8 月，萨达特政府被迫批准新华夫脱党成立，随后，新华夫脱党、联盟党、自由党同时批评政府腐败，气势咄咄逼人。在萨达特的授权下，1978 年 6 月 1 日，议会通过了《保护国内安全和社会安宁法》，新华夫脱党被解散。1978 年萨达特要求民族进步联盟党解散，但遭到拒绝。不久政府就

① Bahgat Korany, Rex Brynen, and Paul Noble, *Political Liberalization and Democratization in the Arab World: Comparative Experiences*, p.49.

②③ 王泰：《埃及的政治发展与民主化进程研究（1952—2014）》，人民出版社 2014 年版，第 167 页。

④ Alaa Al-Din Arafat, *The Mubarak Leadership and Future of Democracy in Egypt*, p.13.

关闭了民族进步联盟党主办的报纸，限制其政治活动。[①]与此同时，在萨达特的授意下，时任农业部长的易卜拉欣建立社会劳动党作为新的在野党来扩充多党制，然而因为同样的理由，1981年，社会劳动党因不受控制，党魁被逮捕，不再为合法政党。[②]穆斯林兄弟会也遇到了同样的处境。为了体现自己所建立的是一个“宽松自由的政治社会”，萨达特希望出现一个既可以平衡社会其他力量又可以接受控制的政党。穆斯林兄弟会正是在这种情况下重新浮出水面。然而，其命运与前面所提到的四个政治组织没有差异，在萨达特感觉其不再受控之后，自然遭到他无情的打击。

萨达特对公民社会的发展也进行限制。公民社会是他倡导的多元主义的一个组成部分。在这一时期，埃及公民社会获得一个较大的发展。公民社会的数量在1970年5000个的基础上翻了一番，到1980年已超过1.2万个之多，其中包括9000个私人志愿性组织。[③]许多新的力量加入了志愿者组织，据统计，从1970年到1980年，埃及的商业性社团从26个增加到40个，职业性社团从36个增加到68个，而文化组织则从86个增长到215个。[④]他们在埃及的社会和政治生活中变得日益突出。公民社会对萨达特的抨击集中体现在1979年他与以色列总理贝京在美国签署的埃以“戴维营协议”，使他在国内获得“叛国总统”的称号，[⑤]国内掀起了一系列的反对与抗议。对于公民社会的表现及其与政府的关系，正如学者所描述的那样，“萨达特政府很难与那些抨击政府的记者达成妥协，因此萨达特选择另一种策略。他命令新闻出版协会警告其成员，但记者们对这种警告表示拒绝，并坚持维护自己的权利。结果，萨达特决

① Fahmy, N. S., *The Politics of Egypt: Sadat Society Relation*, London: Routledge Curzon, 2002, p.74.

② Alaa Al-Din Arafat, *The Mubarak Leadership and Future of Democracy in Egypt*, p.15.

③ Ibid., p.12.

④ Mehan Kamrava, *The Modern Middle East: A Political History since the First World War*, London: University of California Press, 2005, p.351.

⑤ Maye Kassem, *Egyptian Politics: The Dynamics of Authoritarian Rule*, p.104.

定将新闻出版协会改变成一个社会俱乐部……，律师协会和记者协会联合起来迫使政府改变它的决定。”[①] 律师协会也受到严惩，包括协会理事长哈瓦加在内的五名理事为此被捕入狱[②]。可见在20世纪70年代，埃及政府依然不允许公民社会自由发展。

三、外交转型与中东和平进程

果断“弃苏”与亲美外交

纳赛尔的阿拉伯民族主义在一定程度上影响着萨达特，但与纳赛尔把阿拉伯民族利益看得高于埃及的国家利益不同，萨达特的阿拉伯民族主义政策是以服务于埃及国家利益为根本目的。[③] 在埃及的发展道路上，萨达特不满意苏联模式，希望模仿西方的发展模式。萨达特总统在外交上的基本考量是收复第三次中东战争中丧失的领土，并且改善埃及的地缘政治环境，同时告别纳赛尔主义的外交路线，卸下“泛阿拉伯主义”的沉重包袱。

萨达特在长期的外交与战争实践中深知苏联的战略是保证埃及与以色列之间不战不和，而不是真心帮助埃及取得最后的胜利。萨达特认为，解决阿以争端的牌90%掌握在美国人手中，埃及要想摆脱持续数十年的困局，必须要想方设法同美国改善关系。以1973年的“十月战争”为契机，埃及全面发展同美国的关系。故此，萨达特时期的埃美关系被认为是两国关系史上的“蜜月时期”。[④]

1970年12月，萨达特总统致信美国总统尼克松，声明埃及并不属于苏联的势力范围，希望同美国友好相待。1971年5月，美国

---

① Maye Kassem, *Egyptian Politics: The Dynamics of Authoritarian Rule*, p.103.

② Ninette S. Fahamy, “The Performance of the Muslim Brotherhood in the Egyptian Syndicates: an Alternative Formula for Reform?”, In *The Middle East Journal*, Vol. 52, No. 4, Autumn 1998, p.555.

③ 谢立忱、田志馥：《民族主义视角下的埃及对外关系》，《世界民族》2009年第5期。

④ 杨灏城、许林根编著：《列国志·埃及》，社会科学文献出版社2006年版，第529页。

国务卿罗杰斯访问开罗，埃及给予隆重的接待，但并没有从美国方面获得任何有关阿以冲突以及埃及与以色列关系的承诺。这令埃及政府十分生气，遂与苏联签订了《埃苏友好合作条约》。萨达特总统公开表示对美国失望，宣布与美国停止接触，两国关系愈加冷淡。

“十月战争”的猝然爆发，为埃美关系的决定性发展创造了条件。由于美国居中调解，埃及与以色列实现停火，并于1974年1月达成了第一次脱离接触协议。由此，两国关系得以迅速发展。1974年2月，埃及与美国之间恢复了外交关系。6月，美国总统尼克松对埃及进行正式访问，双方决定在科学、技术、经济、文化及重建苏伊士运河方面加强合作，美国还允诺1975年至1976年向埃及提供2.5亿美元援助。1975年6月，萨达特与美国新任总统福特在奥地利举行会谈，福特总统答应向埃及提供新的经济援助。同年10月，萨达特访问美国，这也是埃及总统的首次访美。在访问过程中，萨达特总统向美国寻求经济和军事援助，美国迅速做出回应，同意给予埃及经济援助。但是出于保证以色列方面安全的考虑，并没有答应进行军事援助。

埃及废除《埃苏友好合作条约》后，埃及与美国之间的经济合作步伐越发加快。美国宣布1977至1978财年向埃及提供18亿美元经济援助，并开始向埃及提供军事援助。[①]埃及从此倒向西方阵营，为美国提供机场和港口设施供其使用。1976年卡特当选美国总统后，积极推动和平进程，为两国外交关系的发展创造了更好的政策环境。埃美关系的改善也促使萨达特做出了在1977年进行耶路撒冷之行的大胆决定，成功开创了中东和平之路。

1979年《埃以和约》签订后，美国每年向埃及提供20多亿美元的军援和经援，埃及成为了中东地区仅次于以色列的第二大（美元）受援国。[②]1980年1月，埃及国防部长阿里宣布，美国已经成

---

① 杨灏城、许林根编著：《列国志·埃及》，社会科学文献出版社2006年版，第531页。

② 赵国忠主编：《简明西亚北非百科全书》（中东），中国社会科学出版社2000年版，第710页。

为埃及最大的武器供应国。与此同时，埃及也同意向美国提供海、陆、空军的过境便利。此后，埃及还在本国境内与美国定期举行“明星”等大规模埃美联合军事演习。1981 年 9 月，萨达特在记者招待会上公开宣布：“美国是埃及最友好的国家。”[①]应该说，从“十月战争”结束到“戴维营协议”签署，再到《埃及—以色列和平条约》（《埃及和约》）签订，埃及的外交经历了一个扬弃过程。在实用主义外交战略主导下，埃及最终加入亲美阵营。

开启中东和平进程

萨达特所有的外交政策及其变化都是围绕恢复埃及的权益而展开，在对待以色列的问题上，萨达特对纳赛尔时期的外交政策做出重大调整，从与以色列的军事对抗，到与以色列实现和平，进而实现政治和解、建立正常外交关系。[②]对于埃及来讲，作为阿拉伯世界中最强大的国家，在阿以冲突中长期以来一直肩负着更多的责任。但连年的战火使埃及经济遭受高达 400 多亿美元的损失和 10 余万人阵亡的代价。一个不可忽略的事实摆在萨达特面前，那就是大多数埃及人或许真的想要结束与以色列的长期对峙关系，并且普遍认为埃及为巴勒斯坦牺牲了太多的金钱、武装和人力。[③]

“十月战争”后，萨达特做出由战争走向和平的战略转折。10 月 24 日，埃以实现停火。萨达特在基辛格斡旋下，与以色列达成六点协议，此举被称为双方停火、埃美关系缓和乃至未来整个和平进程的起点。[④]1973 年 12 月 11 日，基辛格再次来到开罗，促成埃及与以色列达成第一个军事脱离接触协议。此后，萨达特继续释放和平诚意，开始邀请美国清理疏通运河——这一举措表明埃及不想再战。同时，那些离开运河多年的埃及流离者开始返回运河。埃及还

---

① 杨灏城、江淳：《纳赛尔和萨达特时代的埃及》，第 349 页。

② 杨灏城、许林根编著：《列国志 · 埃及》，第 514 页。

③ Jason Thompson, *A History of Egypt: From Earliest Times to the Present*, p.335.

④ 〔埃及〕安瓦尔 · 萨达特：《我的一生——对个性的探讨》，第 305 页。

把39具以色列士兵的尸体无偿交给以色列。1975年6月，苏伊士运河实现通航。1975年9月1日，在基辛格的努力下，埃以签订第二个脱离接触协议。

随着埃及实行对外开放政策，埃以之间的战争状态越来越成为阻碍埃及经济发展的主要因素。萨达特总统迫切要求打破僵局，改变现状，决定在阿以问题上采取更为大胆的和平行动。他认为，靠军事手段解决阿以问题是不现实的，只有政治谈判才是解决问题的出路，“在人类所建立的一切的废墟上，在人类牺牲者的尸骨中间，是没有征服者和被征服者的”[①]，只有采取超出常规的全新态度才能消除不信任的屏障。[②]

在美国和罗马尼亚的斡旋下，1977年11月19日到21日，萨达特力排众议，应以色列总理贝京邀请，毅然前往耶路撒冷进行历史性访问，受到50万名以色列民众的自发欢迎。11月20日，萨达特在以色列国会发表了题为“和平属于我们大家”的演说，演说充满和平、友爱、信任、自由的愿望，“非常干脆地表明了阿拉伯方面的和平解决条件”[③]。这是自1948年以色列建国以来第一位来自阿拉伯国家的领导人访问他们的世仇，并且高举着橄榄枝。萨达特总统以非凡的勇气，冒着巨大的风险同以色列总理会晤，打开了埃以直接对话的渠道。

1978年9月5日，在美国总统卡特的邀请下，萨达特总统和以色列总理贝京在华盛顿附近的戴维营举行解决中东问题的最高级会谈。经过12天艰苦紧张的谈判，美埃以三方签署了《关于实现中东和平的纲要》和《关于签署一项埃及同以色列之间和平条约的纲要》两个文件，即著名的“戴维营协议”。协议主要规定了解决巴勒斯坦问题和埃以双边关系的“和平进程”。第二个文件规定，

---

① 〔埃及〕安瓦尔·萨达特：《我的一生——对个性的探讨》，第341页。

② 彭树智主编：《二十世纪中东史》，第433页。

③ 〔美〕吉米·卡特：《保持信心——吉米·卡特总统回忆录》，裘克安等译，世界知识出版社1983年版，第284页。

在该纲要签字后的三个月内缔结埃以和约；在缔结和约的三到九个月内，以军撤离西奈；此后埃以建立正常的外交关系；在缔结和约的两到三年内，以军完全撤出西奈。

1979年3月26日，根据戴维营协议精神，萨达特和贝京在华盛顿签署了《埃以和约》。条约规定：一是埃及与以色列双方结束战争状态，以色列将所有军队和文职人员从西奈半岛撤到国际边界线后方，埃及对西奈半岛行使全部主权；二是双方尊重彼此的主权和领土完整，并且承认对方在各自边界内有和平生活的权利，不向对方以武力相威胁或者使用武力；三是埃以双方建立正常关系；四是以色列船只有权自由地通过苏伊士运河、蒂朗海峡和亚喀巴湾这些向各国开放的国际水道。

1979年4月25日到1980年1月25日，以色列军队从距离苏伊士运河以东20公里的一线撤至阿里什至穆罕默德角以东地区，埃及从而陆续收复了西奈半岛三分之二的地区。2月15日，埃及宣布同以色列建立大使级外交关系，26日，双方互派了第一任大使，实现了关系正常化。至此，埃及成为了第一个与以色列建立外交关系的阿拉伯国家，初步实现了与以色列的政治和解与外交缓和。1982年4月25日，以色列撤出了除塔巴之外的全部西奈半岛。在埃以边境和西奈半岛南端的沙姆沙伊赫进驻了由美国、哥伦比亚、斐济等11国组成的约2600人的多国部队。[①]此后，两国又进行了长期艰苦的谈判，到1989年3月15日，以色列军队根据国际裁决并在国际社会的压力下撤出塔巴地区。至此，埃及通过和平谈判，收复了全部失地，恢复了对西奈半岛的全部主权。

随着埃以和约的实施，它开辟了和平解决中东问题的道路，对中东实现和平有着深远的影响。戴维营协议和埃以和约标志着中东和平进程的正式开启，萨达特和贝京因此而双双荣获1978年的诺贝尔和平奖。

---

① 杨灏城、许林根编著：《列国志·埃及》，第549页。

执政环境的恶化

萨达特执政后期，埃及所积累的一系列政治与经济问题并没有得到很好解决，甚至在改革过程中产生了新的问题。埃以和谈受到阿拉伯国家集体抵制，国外环境愈发恶化。

由于实施开放政策，政府财政压力持续加大。1977 年初，埃及被迫向国际货币基金组织借款，国际货币基金组织提出了苛刻的改革要求。埃及政府屈从于国际货币基金组织、美国政府和美国银行财团的压力，置国内严重通货膨胀和社会贫富扩大的现实于不顾，于 1977 年 1 月 18 日宣布取消或大幅减少对大米、面粉、食糖和茶叶等基本食品的政府补贴，并大幅提高这些商品的价格。这一政策使早已对政府腐败不满的民众愤然走上街头，在开罗、亚历山大等 9 个省的大中城市中爆发了规模不等的抗议示威，并很快发展为全国性骚乱和暴动。埃及政府出动安全部队，甚至下令向示威人群开枪，但仍然无法控制民众的激愤情绪。政府只得暂时取消了涨价政策，并调动更多军队进行镇压和逮捕。学者们将这次抗议示威活动称为“一月事件”，并普遍认为该事件将萨达特与埃及民众置于尖锐的对立面之上，埃及社会陷入严重的政治危机和动荡之中。

萨达特对穆斯林兄弟会让步，并没有产生预期的效果。因此，在伊斯兰复兴思潮兴起后，埃及无法幸免。特别是伊朗爆发伊斯兰革命之后。[①] 事实上，随着开放政策的实行和与以色列的外交接洽，伊斯兰势力与萨达特政权逐渐疏远，并不断发生冲突和对抗。一开始，兄弟会还只是在社会问题的一般领域里给政府施加压力，以便在宪法和立法程序中使伊斯兰原则居于主导地位。例如他们要求贯彻沙里亚法的“惩罚”条款，对偷盗、饮酒、通奸、抢劫等进行严禁。他们相信只有对所有的埃及人贯彻这些惩罚措施，才会产生积极的影响并阻止西方基督教入侵给埃及社会和道德带

① 王泰：《埃及的政治发展与民主化进程研究（1952—2014）》，第 118—119 页。

来的退化。他们要求萨达特像沙特阿拉伯那样重建伊斯兰秩序，对埃及社会中从流行音乐到电视和广播节目，乃至教育体系、课程安排都提出了批评。

同时，兄弟会对萨达特的经济开放政策提出批评。他们公开指责开放政策只是使外国人和少数上层人士受益，广大下层大众则变得更为贫困，唯有采取建立在伊斯兰基础上的经济制度才能增加生产力。兄弟会还对萨达特的所谓自由化政策提出批评，认为虽然实行了自由化，但兄弟会却仍然不能组建自己的政党，形成自己的党纲。萨达特则对此提出警告，坚决反对把宗教引入政治，因为如果允许兄弟会这样做的话，就得同意科普特人也有权组建自己的政党，其结果势必会破坏国家统一。1977 年萨达特出访以色列后，伊斯兰势力与萨达特政权彻底决裂，公然与政府分庭抗礼。1979 年年初，受伊朗伊斯兰革命的影响，埃及数个伊斯兰组织进行大规模游行示威，甚至呼吁展开圣战运动，着手建立伊斯兰国家。即使是萨达特扶植的大学中的伊斯兰协会，也越来越使政府难以驾驭。伊斯兰协会不断组织学生游行示威，反对政府的内外政策。不仅如此，在该协会的大学活动被政府禁止后，成员向社会发展，在工厂、街道、政府机关和私人企业中建立组织，他们中许多人成为极端宗教组织的成员。此外，伊斯兰势力的兴起还产生了对科普特教派的严重敌视。①

萨达特及其政府一直对兄弟会的公开批评采取容忍态度。直到 1979 年 1 月，兄弟会主办的月刊《呼唤》公开谴责萨达特，认为他与美国秘密机构和以色列合作反对穆斯林运动，从而激怒了萨达特。在整个 1979 年上半年，萨达特逐渐感到穆斯林兄弟会试图创建一个国中之国，而这种把政治与宗教混淆在一起的做法是作为世俗总统的他所不能容忍的。1981 年 9 月，萨达特利用十万之众的穆斯林举行反政府的游行示威为借口，对伊斯兰主义者实施了镇压，

---

① 彭树智主编，雷钰、苏瑞林：《中东国家通史 · 埃及卷》，第 354 页。

《呼唤》被取缔停刊。[①]然而，伊斯兰主义在精神和思想上却没有被镇压下去。正如海卡尔所形容的那样："精灵已从瓶子里出来，不管是谁，也不管它借助的是符咒还是幻术，都无法再将它收进瓶里去了。"[②]

埃及国内动荡不安与国际形势的悄然变化有很大关系。萨达特的政策支柱之一是寻求外部和解。然而，随着以色列的立场趋于强硬，西方对以色列的支持不减，特别是阿拉伯国家对埃及大加指责，埃及陷入外交颓丧的泥潭之中。

以色列的强硬态度侵蚀着萨达特的外交政策基础。以色列在西方的撑腰下，对戴维营协议出尔反尔。贝京认为埃及对协议中关于定居点的理解与以色列并不一样，同时宣布建立 84 个新的定居点。这显然将萨达特置于不义的地位。此外，以色列在协议签署后始终没有从西奈半岛撤军，在埃及向巴勒斯坦的加沙地区建立联络处的问题上，以色列也坚决拒绝这一建议，并且无理要求埃及继续向其供应石油。最终，在美国的斡旋调解下，埃及与以色列达成了退让协议。事实上，美国虽然利用调解之机使埃及得到了援助和协议所规定的内容，但更重要的是保证了以色列的大量利益。埃及的这种退让被阿拉伯国家所不齿，称之为"孤立的和平"[③]。阿拉伯国家联盟撤销了埃及的会员资格，阿盟总部由开罗迁到突尼斯，17 个阿拉伯国家与埃及断交。总理穆斯塔法·卡利尔受到巴勒斯坦人的谴责后在议会中解释说，"与以色列的协议并非孤立的和平，它会使巴勒斯坦人在被占领的地区建立他们的国家。"但是，贝京第二天便在议会的演讲中进行了反驳，他轻蔑地声称"耶路撒冷是以色列的首都"，"一个所谓巴勒斯坦国家永远也不会建立"。[④]此后，贝京

① 吴云贵、周燮藩：《近现代伊斯兰教思潮与运动》，第 352 页。

② 〔埃及〕穆·哈·海卡尔：《愤怒的秋天——安瓦尔·萨达特执政始末》，马瑞瑜等译，世界知识出版社 1992 年版，第 194 页。

③ Jason Thompson, *A History of Egypt: From Earliest Times to the Present*, p.333.

④ Ibid., pp.333-334.

又宣布建立新的定居点，这毫无疑问都是对埃及政府的故意侮辱，强化了埃及在制造“孤立的和平”，萨达特的政治威望大为下降，伊斯兰主义者把以色列的行动视为真主对统治者与外国人勾结在一起的惩罚。他们相信只有回归传统和伊斯兰价值观才能重塑一个公平的政府，一个远离腐败和权力滥用的政府，一个与西方保持距离、根据自己的利益而不是听从西方指示行动的政府。[①]

一些伊斯兰团体甚至公开要求萨达特下台，某些世俗主义者也纷纷响应。萨达特无法忍受任何反对意见，甚至容不得对他举动的讨论。他很少咨询内阁的意见，或者咨询以后也不采纳，对军队和外交部同样如此。针对出版传媒行业对政府“不负责任的批评”，1980 年 4 月 29 日，萨达特出台了著名的《羞辱法》（*the Law of Shame*），它禁止鼓吹无神论或阶级斗争，禁止为年轻人树立坏榜样，禁止发布或传播煽动公众舆论的虚假新闻，禁止成立非法组织或诋毁政府。对违法的处罚包括剥夺公民权利、撤回护照、软禁或扣押财产。萨达特认为自己担当着类似于一个村子的村长或者一个大家庭族长的角色。根据乡村习俗，在公共场合反对这样一个可敬的人是可耻的。[②] 面对濒临失控的局面，萨达特于 1981 年 9 月突然下令进行大规模逮捕，包括左翼分子、纳赛尔分子、右翼分子、华夫脱党人、宗教极端分子，以及许多社会知名人士，包括著名记者穆罕默德·哈桑·海卡尔、杰出的女权主义领袖纳瓦尔·萨达维都被捕入狱，有学者统计总共监禁了数万人之多。大逮捕使民众的反抗，特别是伊斯兰极端主义分子的报复心理迅速增加。

萨达特总统遇刺

1981 年 10 月 6 日，开罗胜利广场举行纪念十月战争胜利八周年阅兵典礼。萨达特和他的大部分内阁部长、外国大使、宗教要人

① Afat Lutfi Al-Sayyid Marsot, *A History of Egypt: From the Arab Conquest to the Present*, p.164.

② Arthur Goldschmidt Jr., *Modern Egypt: The Formation of a Nation-State*, p.176.

和记者坐在无名烈士陵前的观礼台上。在下午一点，阅兵式队伍中的一辆卡车停了下来，一名携带卡拉什尼科夫冲锋枪的中尉跳了出来。萨达特以为他要行礼，站起来要向他还礼时，这名士兵在其他三名手持步枪和手榴弹的军官协助下，开始向检阅台开火。萨达特身中数枪，因伤势过重抢救无效而死亡。

萨达特遇刺身亡引起了全世界舆论哗然。许多国家领导人，特别是西方国家领导人，纷纷谴责恐怖主义活动的不义性。但是，埃及国内却也有人认为凶手是"民族英雄"，刺杀萨达特是对其叛离伊斯兰行为的惩罚，是清除了埃及的"现代法老"。和纳赛尔去世形成鲜明对比的是，美国三位前总统尼克松、福特、卡特以及以色列总理贝京、法国总统密特朗、英国查尔斯王子等参加了葬礼，而阿拉伯领导人几乎没有出席。

纵观从 1971 年 5 月，萨达特在完成了巩固政权的紧迫任务之后，开始了完全不同于纳赛尔时期的政治经济改革和外交革命，到 1981 年 10 月在他执政生涯最辉煌的纪念日被刺杀身亡的命运，其执政的十年亦可谓风云跌宕。他积极准备并打响了振奋阿拉伯民族精神的"十月战争"，赢得了整个阿拉伯世界对他的尊重。他毅然决然断绝了与苏联的同盟关系而务实地寻求与美国的合作，并实现了与以色列的和平，开创了迄今仍在继续的"戴维营和平进程"。他审时度势，开启了埃及的经济开放，成为使埃及走向经济全球化的第一人。他推行政治多元主义，实现了埃及多党制和公民社会的活跃。作为"虔诚的总统"，他重新触及了埃及的伊斯兰特性。

然而，他的失误可能与他的成就一样多，经济上模仿西方和美国，成为埃及新自由主义的滥觞，并且走上了依靠举债度日的老路，给埃及留下深深的隐患。他在政治上独裁，任何有损其个人威权主义的挑战——不管是穆斯林兄弟会还是科普特人，或是自由派——都遭到了严酷的镇压，他没能给政府体系带来更多的延续性。此外，他个人及其家庭生活浮华奢靡屡遭非议。他曾经是埃及的"一个农民"，最终却成为刺杀者口中埃及的"一个法老"，经历了从巅峰到低谷这种梦幻式的国民认知过程，并终究为此付出了宝贵的生命。不过，从萨达特所处的时代来看，他的动机和付出无疑是为了祖国的发展、为了人民事业的进步、为了地区和平的到来。可以这样讲，萨达特总统是一位开创了埃及和中东历史进程的卓越的政治家和改革家。

第十四章　穆巴拉克时期及转型中的埃及

萨达特营造的和平红利为埃及提供了有利的发展环境，同时借助美国主导中东和援助的东风，穆巴拉克治理埃及的 30 年，继续坚持改革开放，守正创新、稳中求进，力图再度把埃及锻铸成为一个伟大的国家。但是，穆巴拉克引领的埃及在发展道路和发展模式上却出现了方向性迷失，所谓的“华盛顿共识”或新自由主义的西式“药方”，既不能医治埃及这个古老而又年轻国家的发展病灶，更无法促成凤凰的涅槃。20 世纪 80 年代肇始的自由化氛围，亦因威权政治的持续强化趋于消弭。当 2011 年春天开罗解放广场的革命狂飙骤起时，穆巴拉克突然发现自己已无路可走。在“阿拉伯之春”的巨大震荡中，伴随穆巴拉克退出政治舞台和世俗力量遏制宗教势力，埃及又进入了一个不确定的发展时期。

一、20 世纪 80 年代的埃及

穆巴拉克出任总统

萨达特遇刺后，按照埃及宪法规定和有关程序，1981 年 10 月 14 日，副总统胡斯尼·穆巴拉克（1928—2020 年）继任总统。穆巴拉克成为阿拉伯埃及共和国的第四任总统。

穆巴拉克 1928 年出生于米菲娅省（Minufiyya），算是萨达特的同乡。与萨达特不同，他很少谈论其早年的生活。1947 年，穆巴拉克进入军事学院学习。毕业后，他被训练成空军学院的战斗机飞行员，并在那里教书长达七年。“七月革命”爆发时，他还很年轻，级别较低，因而被称为埃及“革命年代军政领导层的最后之人”[①]。20 世纪 60 年代，穆巴拉克在苏联两次接受为期一年的高级军事训练，然后在 1967—1969 年担任空军学院的指挥官。1969—1972 年为空军参谋长，1973 年十月战争前和战争期间任埃及国防部副部长兼空军总司令。由于埃及空军在十月战争中的突出表现，穆巴拉克获得三次国家最高军事奖章，并于 1974 年晋升为空军元帅。[②]1975 年穆巴拉克被萨达特任命为副总统后，忠诚地效力于萨达特，1979 年起出任民族民主党执行委员会主席，[③]有人认为，穆巴拉克出任副总统，并不意味着未来将接任总统职权。因为他缺乏政治经验，既不是政治圈内的突出人物，也由于埃及空军不如陆军在埃及的地位重要，因而并不被十分看好。[④]

穆巴拉克是在萨达特遇刺后的危难之际出任共和国总统的，他既没有纳赛尔“奇里斯玛”式的领袖魅力，也缺乏萨达特敢于冒险的创新精神，而且他面临很多难题：人口爆炸、公共服务不足和官僚机构的低效和腐败、民族教派冲突、被阿拉伯国家孤立，以及对美国的依赖，等等，最重要的是“面临着将国家带入 21 世纪令人生畏的前景”[⑤]。但作为军旅出身的政治家，他还是“成功地化解了各种危机，保持了国内的和平与稳定，埃及因而获得了现代史上最长的一段无战争时期”[⑥]。穆巴拉克曾用两句话概括他自己：一句是“我

① Jason Thompson, *A History of Egypt: From Earliest Times to the Present*, p.341.

② Arthur Goldschmidt Jr., *Modern Egypt: The Formation of a Nation-State*, pp.186-187.

③ Ibid., p.187.

④ Jason Thompson, *A History of Egypt: From Earliest Times to the Present*, p.342.

⑤ P. J. Vatikiotis, *The History of Egypt:from Muhammad Ali to Mubarak*, p.443.

⑥ 埃及新闻部·国家新闻总署：《穆巴拉克与现代化国家建设》，“前言”，第 6 页。

既不是纳赛尔，也不是萨达特，我是胡斯尼·穆巴拉克”[1]；另一句是“在我的政策中，我是埃及人，我不是苏联人，不是欧洲人，也不是美国人”[2]。由此反映了他的人格特点和政治理念。穆巴拉克将埃及的民族理想变成了具体的成就，并以军人的无畏精神经受了诸多考验。穆巴拉克时期，埃及经济开始向可持续发展过渡，议会制度、政党制度、公民社会都有长足发展。特别是在进入21世纪之后，威权主义政治体现出了强烈的变革倾向。外交方面，他继续执行同以色列的和解政策，强化与美国的结盟，并在全球范围广交朋友。

海湾战争前的经济

穆巴拉克就任总统后，把发展国民经济作为中心任务，并对埃及的发展战略进行调整：确定了“消费型开放”转为“生产型开放”的总方针；鼓励和引导外国资本和本国私人资本向生产项目投资，以加速本国工农业的发展。同时改进国营企业经营管理，继续放宽对私营部门的限制；调整外贸政策，鼓励出口，限制进口；较重视发展农业，继续改造沙漠为农田；紧缩开支，抑制消费；加强外汇管理，增加外汇收入；改变过分依靠美援的做法，开展“全方位、多层次”的经济技术合作，并为配合经济政策的贯彻而积极开展“全方位”的外交活动。这些政策取得了一些成效，首先，在吸引外资用于生产性投资方面有较大的进展，到1988年仅阿拉伯国家对埃及70多个项目的投资就达35亿美元。其次，从国外获取了大量赠款、贷款和先进技术。再次，社会消费有所压缩，至1985—1986年度，社会消费占国内生产总值的比重比70年代中期减少了3%—5%。

但是，石油经济的繁荣并不长久，到1990—1991年度出现衰退，这一时期后来被称为“不稳定的发展”（erratic development）。据世界银行统计，从1965年到1980年埃及GDP年均增长为

---

① 万光、陈佩明：《变动中的埃及——来自金字塔下的报告》，世界知识出版社1985年版，第46页。

② 陈建民主编：《埃及与中东》，第130页。

7.3%，1980 年到 1990 年降为 5.4%。[①] 主要表现在实际人均收入下降 20%，从 1986 年的 750 美元降至 1989 年的 640 美元，1990 年进一步降至 600 美元。制造业产出和贸易平衡也出现严重的倒退，外债增加了一倍半，积累到 140 亿美元。[②] 高达 20% 的通货膨胀率（1987—1991 年）直接导致市民实际生活消费的增加和收入的降低，同期大约降低 25%。危机的负担并不是平均地压在埃及社会所有方面。根据最全面而且在方法上最可靠的、对于私人消费的跟踪性研究，埃及贫困增长显著的出现在 1981—1982 财年到 1990—1991 财年之间。同期，埃及农村人口的贫困比例从占全部人口的 16.1% 上升到 28.6%；城市则是从 18.2% 上升到 20.3%。按照埃及较高贫困线计算，包括那些相对贫困的人口，农村的比例从 26.9% 升为 39.2%，城市则是从 33.5% 升为 39%。根据支出统计，埃及生活在底层的 80% 的人口感到生活不如从前。相应地，由于政府严格控制稀缺资源的再分配以及对于消费品的补贴，再加上与经济开放政策相关的一些法律漏洞，使腐败开始在政府机构和国有部门迅速扩张。

维持一党独大

作为总统，穆巴拉克首先将人民议会的注意力重新集中在埃及的社会经济问题上；其次，他宣布释放 1981 年 9 月被萨达特关进监狱的 1539 名政治和宗教领袖。其中一小部分人甚至被直接从监狱接到总统府，受到官方接待。

穆巴拉克在继任总统后不久，暗示他关于建立一个新的多党制的想法源于萨达特，目标是要创建一个民主的制度。在穆巴拉克总统执政近三十年期间，埃及的多党制度得到发展和完善。按照官方

---

① "Egypt", *The Middle East and North Africa 2004*, 50th edition, Europa Publication, England, 2003, p.322.

② M. Riad El-Ghonemy, edited, *Egypt in the Twenty-First Century: Challenges for Development*, p.80.

的统计，埃及的合法政党从1981年的5个发展到2009年的24个，这些政党“在完整的法律和政策规定内自由开展活动”①。也就是说，埃及现存的政党主要是在穆巴拉克时期建立的，达18个之多，从其成立的年代可以看出，20世纪70年代多党制初创时合法政党只有5个，到80年代末增加到7个，90年代末则增加到14个，增幅达到100%，到2006年又增加了10个。随着时代的发展，埃及的多党政治已经呈现出前所未有的繁荣。

穆巴拉克在他的多次讲话中指出多党制乃至反对党对于埃及民主政治发展的意义。在其刚刚上任之初，他就释放了被萨达特关押的一批反对党人，并在总统府接见了他们。他对此回忆说，这件事情有重要的象征意义，那就是政权是所有人的，反对党是政权体系中不可分割的一部分，因为埃及是所有埃及人的国家。②对于反对党在埃及政治生活中的作用，穆巴拉克认为，反对党对国家的作用非常重要，如果没有反对党，民主体系就是不完善的，这是因为我们明白，真理不可能被某一个人垄断，而是不同观点之间自由对话和建设性交流的结果；只有通过对话和交流，我们才能接近真理。③

穆巴拉克时期，随着对政党的宽容，埃及的政党政治逐渐摆脱了纳赛尔和萨达特时期的特点，向着一种更加名副其实的政党政治转变。主要表现在，第一，以民族民主党和新华夫脱党为首的埃及主要大党都已经成为大众性质的政党，代表了各自的利益群体，有了不同程度的社会基础；第二，各政党有了较为明确的机构和组织系统，有了党的中央委员会和各支部委员会，有了明确的党纲；第三，尽管政府对反对党仍有诸多限制，但这些政党毕竟还是在国家法律的框架内进行政治活动，纳入了法治化进程。

---

① 埃及新闻部·国家新闻总署：《阿拉伯埃及共和国年鉴2009》，埃及驻华使馆新闻处，2010年，第35页。

② 穆巴拉克总统对人民议会和协商会议的讲话，1987年10月12日。转引自埃及新闻部·国家新闻总署：《穆巴拉克与现代化国家建设》，第33页。

③ 穆巴拉克总统在警察节的讲话，1995年1月25日。转引自《穆巴拉克与现代化国家建设》，第33页。

海湾战争前的议会选举

多党制并不意味着政治开明，因为总理仍由总统来任命，内阁对总统负责而不是对议会负责，二十世纪八九十年代的多次总统选举，穆巴拉克都是唯一的候选人。1984 年是穆巴拉克总统巩固权力后在埃及的民主化进程方面迈步最大的一年。年初，长期以来不被政党委员会承认的新华夫脱党得到法院的认可，实现了合法化。继而穆巴拉克决定将 1981 年与萨达特总统遇刺有关的 302 名刑犯中的 174 人无罪释放。[①]4 月，穆巴拉克提出要在埃及举行 30 多年来首次“自由、正直而诚实”的议会大选。

根据 1983 年 6 月通过的选举法，穆巴拉克要求所有参选政党必须获得至少全部选票的 8% 才能在人民议会中获得议院席位。本届议会在全国设置 48 个选区，议席从 1979 年的 392 席增加到 448 席。选举在 5 月 27 日进行，采取的是政党提名制，排斥了以个人身份参与竞选，结果民族民主党赢得 389 个席位，占全部选票的 72.9%（官方统计的投票率为 43.14%）。其他参与竞选的四个政党，只有新华夫脱党由于赢得了 58 个席位（占全部选票的 15.1%）而超出了 8% 的限定。本次选举还有一个突出特点，就是穆巴拉克允许穆斯林兄弟会成员以个人身份参与华夫脱党，组建成政党联盟竞选，并且获得了 58 个席位中的 8 席。[②] 即便如此，大选还是受到反对派的批评，被指责选举不民主，而且还出现了对选民欺诈和恐吓现象，认为大选“并非出于穆巴拉克对民主改革的承诺，而是为了‘巩固其权力，与此同时（通过恢复一些真正的民主措施）来把自己树立成为大众的总统，既对反对派有所宽容还要有所限制’”[③]。

1986 年，埃及高等宪法法院以 1984 年议会选举不允许独立候选人参与竞选为理由宣布选举违宪，并通过了新的选举法。新的选

① Najib Ghadbian, *Democratization and the Islamist Challenge in the Arab World*, p.91.

② Ibid.

③ “Egypt”, *The Middle East and North Africa 2004*, 50th Edition, p.301.

举法主要的变化是在总共 458 个席位中，为独立候选人提供 48 席，采用以政党提名和独立候选人单独提名并存的选举办法。1987 年 2 月 12 日举行的全民公决同意解散 1984 年人民议会，进行新的大选。这显然是穆巴拉克总统授权之下的行为，而穆巴拉克同意这样做是因为：第一，通过遵守高等宪法法院的决定，来强调他尊重法治，进一步为自己执政增强合法性。第二，由于 1984 年选举联盟所显示的情况，穆巴拉克意识到政党提名制在控制反对党方面不像一开始那样有效，因为正是实行政党提名制，反对党才可能实现联合。[①]第三，穆巴拉克的第二任期迫切需要得到人民的广泛认可，希望选举能“为其执政提供坚实的宪法基础”。此外，还出现了自萨达特总统遇刺后第一次伊斯兰分子密谋政变的事件。[②]新一届议会大选就在这种背景下举行了。

选举结果，民族民主党继续在新一届议会中占压倒性多数，获得 346 席。但是，一个由社会主义劳动党、自由党和穆斯林兄弟会组成的新的政治联盟成为本次选举最大的反对派阵营，三大政治派别联合的主要目的就是为了突破 8% 的比例限制。他们自称为伊斯兰联盟，共赢得 60 个席位，穆斯林兄弟会占其中的 37 席。新华夫脱党则从 1984 年的 58 席降到了 35 席。新出现的独立候选人绝大多数都隶属于执政党，赢得了新选举法规定的 41 个席位。[③]

1987 年的议会选举在埃及的民主化进程中被视为一次重要的民主试验，因为它增加了反对派的代表比例。穆斯林兄弟会虽未得到政府承认，但通过联合的形式事实上已经成为最大的反对党团。1987 年 7 月，穆巴拉克被议会以三分之二的绝对多数提名为新一届候选总统，在 10 月 5 日的全民大选中得到了 97.1% 的选民支持。

---

① Maye Kassem, *Egyptian Politics: The Dynamics of Authoritarian Rule*, p.61.

② “Egypt”, *The Middle East and North Africa 2004*, 50th Edition, p.303.

③ 资料来源：“Egypt”, *The Middle East and North Africa 1988*, 34st ed. London: Europa Publications Ltd., 1987, p.368; Mona Makram Ebeid, “The Role of Official Opposition”, in Charles Tripp and Roger Owen, eds., *Egypt Under Mubarak*, London: Routledge, 1987, p.41. 转引自 Najib Ghadbian, *Democratization and the Islamist Challenge in the Arab World*, p.92.

总的来讲，自从进入后纳赛尔时代，特别是在穆巴拉克执政的前 10 年，埃及政治逐渐从一党制威权主义政体向多党制威权主义政体转变，原来是国家完全控制人民议会和新闻媒体，现在则有了更多意义的选举、新闻界变得更为自由、对反对派一定程度上的宽容等，政治参与在逐渐扩大。政权甚至允许穆斯林兄弟会和其他声称建立伊斯兰政治秩序的政治组织的存在。伊斯兰社会、文化的激进分子，只要对国家不构成较大威胁，也得到了宽容。

20 世纪八九十年代之交，埃及政治生活中的民主化出现倒退。1988—1989 年，政府继续加大对伊斯兰武装分子的打击。1989 年 6 月，在新一届协商会议选举中，政府同意反对党参与竞选，但协商会议实行的是“胜者全得”的选举制度，选举结果是 210 个席位全部被民族民主党获得，此举被反对党认为是选举倒退。1990 年，在推进民主化进程中，又出现了三个可喜变化：其一，内政部长巴德尔（Maj.-Gen. Zaki Badr）在 1 月去职，据说他一手导演了对伊斯兰激进分子的残酷镇压，而且竭力打击反对派，他的离任被认为是反对派和埃及独立知识分子的一次胜利。其二，三个新的政党——绿党、民主统一党、埃及青年党的合法性得到政权的承认，埃及的合法政党达到九个。其三，高等宪法法院宣布 1987 年的人民议会选举违宪，原因在于它对独立候选人存有歧视。

为此，埃及就是否再次解散议会举行全民公决，公决结果是议会在 10 月 12 日被解散。选举法重新修订，8% 的限额和政党提名制均被取消，代之以全部实行独立候选人制度，全国设立 222 个选区，每个选区选出代表 2 名。经过 11 月 29 日、12 月 6 日两轮选举，执政的民族民主党毫无悬念赢得了绝大多数席位。[①]

1990 年的大选有三个特点。首先，尽管各反对党联合抵制了选

① 资料来源：Mahmud Akef and Muhammed Ghurab, *ai-umma fi Am* (*The Nation in One Year*) Cairo: Umma Press & al-istishariyyun al-‘Arab, 1991, p.42, and “Egypt”, *The Middle East and North Africa 1993*, 39th ed. London: Europa Publications Ltd., 1993, pp.396 and 374. 转引自 Najib Ghadbian, *Democratization and the Islamist Challenge in the Arab World*, p.94.

举，但他们的一些追随者没有坚持党的决定，而是受到政府的鼓励给予选举信任。其次，由于抵制选举而缺乏竞争，政府反而得以实现较高程度的公平并使警察对大选的干扰最小化。个别选区，例如开罗只有大约 7% 的投票率。①最后，政府拒绝对反对派提出的对选举公正性提供保证，致使选举的可信度大打折扣。由于拒绝公正选举的机制，导致埃及人们对选举失去兴趣，一些年轻人和边缘化人群转而寻求伊斯兰资源进而批评政府，以表达他们的不满，结果导致激进伊斯兰运动在 20 世纪 90 年代的高涨。

世俗政权与伊斯兰主义

在执政的前十年，穆巴拉克政权对伊斯兰主义采取相对宽松的政策，使宗教势力迅速恢复，并走上了一条“议会道路”。大多数埃及人对由于萨达特的遇刺而没有出现长期的反政府叛乱感到欣慰。但政府确实也镇压了个别地区伊斯兰武装分子的叛乱，许多人被监禁，伊斯兰分子的杂志被禁止，资产被扣押。社会保持世俗化趋势，禁止男性大学生留胡须或着传统服饰，而女大学生进入校园则必须摘掉她的头巾。②因此，整个 20 世纪 80 年代是埃及当局与穆斯林兄弟会关系最好的时期，可称之为双方的第二个“蜜月期”③。

萨达特遇刺之后，在伊朗伊斯兰革命的影响下，埃及的伊斯兰运动出现一个高潮。伊斯兰主义运动从两个方面对国家政权构成挑战，激进的伊斯兰组织对政权构成主要的安全威胁。而温和的伊斯兰主义者则稳定地建立一种大众的基础，发展组织机构，力图在政

① Najib Ghadbian, *Democratization and the Islamist Challenge in the Arab World*, p.94. 有的资料则认为投票率在 20%—30%，参见“Egypt”, *The Middle East and North Africa 2004*, 50th Edition, p.305.

② Arthur Goldschmidt Jr., *Modern Egypt: The Formation of a Nation-State*, p.187.

③ 例如国际上享有盛名的《中东杂志》在 2005 年冬季号刊载了英国埃克塞特大学阿拉伯和伊斯兰研究所赫萨姆·阿瓦迪教授题为“穆巴拉克和伊斯兰主义者：‘蜜月’缘何终结？”的文章（“Hesham Al-Awadi , Mubarak and the Islamist: Why did the ‘Honeymoon’ End?”, in *The Middle East Journal*, Volume 59, No.1, Winter 2005, pp.62-80.）。他将 20 世纪 80 年代埃及政府和穆斯林兄弟会的关系称之为“蜜月”。

治进程中寻求空间。刚刚执掌政权的穆巴拉克总统谨小慎微，在对待伊斯兰主义的问题上，采取了宽容与分化相济的策略。政府对第一种威胁的反应就是采取压制政策措施，严厉镇压那些暗杀萨达特总统和准备武装暴动的激进伊斯兰分子；对于第二种威胁，政府在施行压制性政策和把伊斯兰主义者的作用降至最低的宽容性合作之间游走，对主张非暴力的穆斯林兄弟会采取友好态度。当然，埃及政府始终没有把伊斯兰主义者纳入到政治进程之内。[①]

1982 年，兄弟会总导师泰勒迈萨尼被释放，兄弟会也被允许在一定范围内活动。兄弟会上层开始在政治主张上发生变化，表示愿意参加人民议会。泰勒迈萨尼表示，“我们仍然处于被取缔的状况……我们需要参加治理埃及方面的协商……竞选人民议会议员是我们唯一的途径”。[②]此话透露出兄弟会希望在政治上获得合法地位，以合法手段扩大兄弟会的影响。

穆巴拉克坚持不允许任何伊斯兰主义组织直接参与政治活动，反对建立任何以宗教为基础的政党，对于“温和”的穆斯林兄弟会也不例外。穆斯林兄弟会被迫继续改变政治策略，开始寻求如何合法地在埃及社会中发挥更大的影响。先是一批著名的知识分子，包括穆罕默德·阿玛拉（Muhammad Amara）、塔里克·毕士里（Tariq al-Bishiri）、阿杜尔·侯赛因（Adel Hussein）加入到兄弟会，继而它还影响到其他政党的主张。社会主义劳动党在政治态度上越来越趋向于伊斯兰教。1987 年 1 月召开的该党第四次代表大会上确定了阿拉伯—伊斯兰身份归属，并将伊斯兰议程适用于埃及的社会问题。这一转变使得社会主义劳动党与兄弟会和自由党在立场上更为接近，最终导致他们联合成伊斯兰联盟。在 1987 年的选举中，他们提出“伊斯兰才是解决问题的唯一办法”，“《古兰经》是我们的宪法”等颇具号召力和煽动性的口号。但在政府的分化策略鼓动下，该党副主席领导一

---

① Najib Ghadbian, *Democratization and the Islamist Challenge in the Arab World*, 1997, p.95.

② 刘竞主编：《伊斯兰复兴运动论集》，中国社会科学院西亚非洲研究所印制，1989 年，第 163—165 页。

小部分成员反对它被伊斯兰因素所控制，结果导致党的分裂。其领导人继续坚持新的伊斯兰方向。劳动党的党报成为穆巴拉克时期反对派最强有力的喉舌以及穆斯林兄弟会领导人宣传观点可资利用的阵地。

作为选举政治中可靠的伙伴，兄弟会成为最有吸引力的联盟对象。在 1987 年的第二次选举中，兄弟会压倒性地赢得了联盟总共 60 个席位中的 37 个。虽然还没有被政府承认为合法，但兄弟会已经事实上成为国家最大的反对党。通过这种与其他政党组建政党联盟的做法，兄弟会成员逐渐认识到了如何在多党制的框架内发挥作用，并证明了政府对民主参与统治的承诺。兄弟会领导人声称，“不管政府如何去做，解决危机唯一的办法和未来更好发展的唯一途径就是实现真正的民主。”

总之，通过 1984 年和 1987 年两次选举对政治进程的适应，穆巴拉克的目标转为“购买”伊斯兰温和派的支持，并表示新政权并不是对伊斯兰运动都采取敌对态度，敌对政策只是针对暴力派。[①]他成功地分化了伊斯兰主义者，并坚持了政教分离原则，把伊斯兰主义者隔离在政治进程之外。对于穆斯林兄弟会而言，它逐渐恢复了原有的实力和影响力；它奋斗的主题“不再是圣战，而是主张协调行动，着眼于政治制度的变革——从库特布呼吁的对贾希利耶发动圣战转变到呼唤通过与政权的合作实现其终极的改变”[②]。

二、20 世纪 90 年代的埃及

海湾战争后的经济社会

由于积极参加 1991 年的海湾战争，战争结束之后，埃及得到西

① Hesham Al-Awadi, “Mubarak and the Islamist: Why did the ‘Honeymoon’ End?”, in *Middle East Journal*, Vol. 59, No.1, Winter 2005, p.63.

② Denis J. Sullivan and Sana Abed-Kotob, *Islam in Contemporary Egypt: Civil Society vs. the State*, pp.44-45.

方国家以及阿拉伯国家庞大的经济援助和债务减免。由于同美国的紧密关系，并且受到美国政府的某种压力，埃及同意进行全面的经济调整计划。官方称其为“经济改革和结构调整计划”（ERSAP）。从埃及经济发展模式来说，埃及试图通过全面走向市场化、私有化、自由化来应对日益临近的全球化挑战。

经济改革和结构调整计划的执行显示，它并不是为埃及提供可供选择的其他经济发展模式，世界银行、国际货币基金组织以及政府的债权人成为埃及经济政策的主要制定者和美国式资本主义模式的提倡者。[①] ERSAP 针对政府和公有部门从 80 年代以来的失败提出一整套的改革措施，主要分为两类：短期的稳定计划和长期的结构调整。短期稳定计划由国际货币基金组织负责实施，进行财政和货币政策的改革（削减政府支出、货币贬值、无需考虑收入分配提高税收，降低实际工资和利率自由化，等等）。其目的是降低公共和私人消费（即降低需求政策），由此产生的高储蓄直接用于私人企业的投资。长期的结构调整由世界银行的专家负责设计，其核心是实施大规模的私有化政策，提高资源分配的长期效率（特别是商品生产部门的内部供应）。两项计划彼此促进，在某些方面又互相交叉。

1987 年 5 月，在与国际货币基金组织长时期的谈判之后，埃及政府决定采取包括从 1987 到 1991 年五年计划在内的一揽子稳定政策。埃镑贬值几乎达 100%，从 1987 年 1 美元兑换 1.36 埃镑降至 1989—1990 年的 2.60 埃镑。政府还采取措施降低占 GDP 总量达 16% 的预算赤字（1987—1990 年），这些措施包括取消电、油、交通等非食物补贴，削减食物补贴，使之从 1981 年占国民收入的 10% 降到 1990 年的 2.5%。

ERSAP 按阶段有步骤推进，从 1991 年 7 月到 1993 年 9 月是以财政金融改革为主的第一阶段经济改革，从 1993 年 10 月到 1996

① M. Riad El-Ghonemy, edited, *Egypt in the Twenty-First Century: Challenges for Development*, p.81.

年 10 月是以巩固宏观经济、初步开始结构调整为主的第二阶段经济改革，1996 年 10 月到 1998 年 9 月是以巩固已经取得的宏观经济稳定、扩大和深化结构调整为主的第三阶段经济改革。

ERSAP 在宏观经济领域所取得成就主要有：第一，使埃及 GDP 增长率得以恢复，在 1998—1999 年度达到 6.0%，但是按照 1996 年价格计算，在 2000 年又回落到 4.9%；第二，通货膨胀率、预算、财政支出和全部外债的急剧削减，但包括政府和国有企业所欠的全部内债仍然很高，在 2000 年仍达到 1740 亿埃镑；第三，外汇储备（包括黄金）急剧增加，从 1991 年的 38 亿美元增加到 1998 年的 195 亿美元，2000 年降为 145 亿美元；第四，随着国有部门私有化进程的推进，外国直接投资由 1991 年的 1.4 亿美元猛增到 1994 年的 12 亿美元，到 2000 年增加到 16 亿美元。从总体来讲，该数值仍然很低，只占埃及全部私人投资的 4.5%、国内生产总值的 0.5%—1% 的规模。①

为了使经济全面走向市场化和应对全球化挑战，埃及 90 年代以来加大了私有化的力度，主要涉及国有企业的私有化和鼓励私营企业投资于传统上由国有企业控制的基础设施行业。②1991 年颁布的第 203 号新"国营企业法"标志着埃及国营企业私有化的开端。根据该法，国有企业的投资和信贷不再纳入政府财政预算，置国有企业和私营企业于同等地位，允许国有企业清算资产。1996 年詹祖里内阁把通过私有化加大吸收外资的力度作为政府的头等大事，私有化的步伐明显加快。到 1999 年底，已经出售股份的公司达到 129 家，私有化收益累计 124 亿埃镑，占国内生产总值的 35%。此外，埃及政府将私有化方案的范围扩展到基础设施建设，把国内私人投资作

① M. Riad El-Ghonemy, edited, *Egypt in the Twenty-First Century: Challenges for Development*, p.81.

② 关于埃及私有化进程及其影响更为专业化的研究详见 Ragui Assaad, "An Analysis of Compensation Programmes for Redundant Workers in Egyptian Public Enterprises", in Merih Celasn, edited, *State-Owned Enterprises in the Middle East and North Africa: Privation, Performance and Reform*, London: Routledge, Taylor & Francis Group, 2001, pp.149-188.

为新建港口、电信、发电站等大型项目的主要投资来源。

在经济全球化的挑战下，采取出口导向发展战略，力求融入全球经济是埃及90年代以来的既定目标，因此埃及的市场化改革和发展战略的另一个重要部分就是建立一个更开放的、外向型的贸易体系，实现埃及的贸易自由化。政府采取降低关税、减少非关税限制、增加贸易透明性的改革，取得了明显的效果。关税削减幅度最大的达到50%，1989—1996年平均法定关税降低了20到28个百分点。1996—1998年多次下调税率，逐渐减少进口附加费。此外，埃及还在1998年1月取消了对纺织品进口的禁令，2001年1月取消对服装进口的禁令。同时，埃及还承诺逐步取消对农产品进口的数额限制。

ERSAP并没有为埃及带来当初想象的改革成果，也存在很大的不足之处。例如实行出口导向的经济增长战略仍然受到体制性的瓶颈制约，特别是基础设施建设滞后；贸易自由化政策过多地集中于进口而不是出口，使埃及的制造业在全球竞争中明显处于不利地位；内外债尽管大量削减，但对于经济来讲仍然是沉重的负担；私有化过程依旧缓慢，从1993年启动总共314个国有企业的私有化进程，到2001年年初只是完成了不到一半的目标。

作为危机和改革的双重反应，埃及人的生活水平非但没有提高反而出现了恶化。国内生产总值的增长也始终未能跟上人口的增长。根据国际金融机构公布的数字，在1991— 1992财年，埃及GDP增长只有0.3%，1992—1993财年为0.5%，直到1993—1994财年才恢复到2%或者2.9%，1994—1995财年大约在2%或者3.2%，1996—1997财年恢复到5%。另外，在工资收入方面几乎没有上涨，反而在个别部门出现了大幅度的下降。失业率迅速上升，从1990年的8.6%上升到1995年的11.3%。其中高中生失业率从24%上升到35%，大学生的失业率从16%上升到23.3%。1995—1996年，农村贫困人口占总人口的比例下降至23.3%，但是城市贫困人口却升至22.5%。相对贫困总人口在农村达到50.2%，城市达到45%。这都为社会稳定留下深刻隐患。

经济社会方面的变化对于政府面对来自不满意者和反对者的威胁显然十分重要。1976年的面包起义所带来的影响还没有被遗忘。来自左翼和伊斯兰主义者等反对派的报纸对改革的批评进一步加强了政府的担忧。反对党和工会成员在批评政府政策的同时，组建各种委员会要求保护公共服务部门。各种罢工也从1990年的8起增加到1991年的26起、1992年的28起、1993年的63起。这些罢工虽然还没有完全影响到政府政策，但也足够令政府感到不安。

政治控制的强化

1990年埃及议会选举后，政府随之出台了一系列强硬措施，这些措施表明埃及政治改革的方向急速转向“去自由化（political de-liberalization）”[①]。首先，面对不断增长的暴力活动，1992年7月，国家决定修订刑法以及最高法院安全法。修订后的法律规定，只要被认为是破坏社会稳定与法治，或者妨碍法律的执行、阻挠司法人员办案都将受到判刑。对刑罚作了更为严苛的修改，强迫劳动被有期徒刑所代替，有期徒刑为无期徒刑所代替，无期徒刑被死刑所代替。所有针对国家和公共安全的犯罪都由国家最高安全法院的法官进行审判，而且判决结果除非程序上的原因不对外发布。最严厉的条款就是对“恐怖分子”行为的界定，按照刑法规定，只要使用武力或者威胁使用武力破坏公共秩序，任何实质的或者潜在的对于个人、环境、财务、交通和通信的破坏、侵犯，以及对一些场所的占领、妨碍法律的执行都将被定性为恐怖主义。

从1992年起，民事案件在军事法庭审判的案例也与日俱增。

---

① 伦敦大学亚非学院的埃博哈特·克奈尔从宪政自由的理论即所谓公民所享受的积极自由和消极自由对埃及90年代的“去民主化”进行了分析，对本书很有启发。所谓积极自由就是指参与选举和决策。然而在当代埃及，多数人的政治参与或多或少是被限制在议会代表的选举上，这个概念包括了选举代表的机会，也包括了在较低层次上代表的选举，例如对工会领袖的选举，他们被赋予某些权力也会影响到其他方面的消极自由。而消极自由主要是从远离统治者的干涉来确定的，主要指一般意义上的公民权和人权等。参见 Eberhard Kieenle, “More than a response to Islamism: the political deliberalization of Egypt in the 1990s”, In *The Middle East Journal*, Vol. 52, No.2, Spring 1998, pp.220-221.

1992年是38起，到1993年增至312起。1994年降至65起，但1995年又增加到143起，1996年下跌至70起。与那些在国家最高安全法院工作的同行不同，军事法庭的法官很少受过正常的法律训练，他们的任命和任期也完全取决于政府的授权。20世纪90年代之后加强法律的一个重要表现就是公民的生命、自由及其个人尊严普遍地下降。军事法庭所判处的民事案件中，判决死刑的从1992年的8起升至1993年的31起。1992年到1996年年底，总共有74位公民被判处死刑。1993年仅以紧急状态法拘留的人数就超过1万人，1996年资料显示超过1.6万人。个别报告还提到内政部使用了酷刑。

其次，1992年12月重新修订政党法。按照该法，政府严禁接受国外基金赞助的组织成立新党，严禁那些在其政党尚未得到官方承认之前从事任何政治活动。政党要想取得合法地位需要得到政党委员会的认可，准备新建立政党的党纲必须与已有政党的党纲不同，并且与政党法和宪法的规定相一致。此举显然就是拖延那些新建立政党的合法化。组建政党的申请被政党委员会拒绝之后还可以拿到专门的行政法院去仲裁。事实上，从1990年以来政党委员会就没有接受过任何组织的建党申请。而在1990年之后和2000年之前这段时期新成立的七个政党全是在行政法院得到合法地位的。

第三，1995年5月出台新闻出版法。该法实质上是对新修订的刑法的补充。它规定，对那些传播“虚假信息”、散布“错误的谣言”或者“诽谤”，特别是如果直接针对国家及其公职人员、损害到经济利益乃至威胁公共秩序的所谓“发表罪”要采取严惩。以前这些罪行充其量只是罚款，现在则最多可判处5年有期徒刑和最高上额的罚款。该法在实行一年中，就有99名记者和编辑，甚至许多是来自于官方的新闻机构及其高级成员被起诉、审判或判刑。1996年6月，该法在一片反对声中被迫废止，这也是政府在“去自由化”政策方面唯一废除的措施。

在这样的背景下，埃及举行了1995年人民议会大选。90年代以来穆巴拉克急速回归威权主义的标志和政府控制行为的顶峰也正是本次大选。大选前来自政府的直接干涉、执政党的欺骗等都达到了前所未有的程度。隶属于执政党的候选人得到官方的支持，从使用公共宣传车到与国家任命的官员共谋操控投票站。而反对派得不到任何帮助。政府只是对那些以个人身份竞选的民族民主党候选人略加干涉，目标是为了让少数的反对派候选人获胜，以实现所谓最低限度的多元化。

整个竞选都营造了有利于执政党的气氛。国家控制的电视媒体播出的新闻通报给埃及人留下的印象是只有民族民主党自己在竞选。反对党所获得的极少的机会发表自己的竞选声明也是民族民主党“施舍”的。甚至监督选举的法官也是由内政部遴选的。他们的出现只是对所谓公平的大选虚设的保证而已。

1995 年大选期间出现了各种各样的违法行为，例如在开罗郊区的一个选区，执政党的候选人居然可以得到超过 1 万个根本不存在或者不在当地居住的人的签名支持而进行注册。选举开始前，政府指示军事法庭以参与非法组织的罪名拘捕了穆斯林兄弟会的几位著名成员。同时还有大约 1000 名兄弟会的成员和支持者被拘捕，其中绝大多数是选举的工作人员和候选人，按照法律他们可以观察投票过程。其他反对派的代表也被驱赶出投票站。许多投票站被“暴徒”洗劫一空，几位反对派的候选人甚至被阻止前去投票，警察就在一旁袖手旁观而无动于衷。最后，未经任何数量或者比例上的证明，内政部就宣布了民族民主党候选人赢得了 93.6%① 的多数而胜选。

但是，政府“赢得”了选举，却输掉了民主。根据独立的埃及人权组织的报告，本次选举成为埃及有史以来最差的一次选举。人权组织对选举提出九点批评，包括大规模的暴力导致竞选对手至少 40 人死亡，数百人受伤；对反对派候选人的胁迫、阻碍、拘捕，乃至禁止他们走进投票站；伪造票箱；在候选人报告受到侵害时政府仍然拒绝执行法院的命令；兄弟会成员被逮捕者达到千人，等等。报告评估的

---

① Najib Ghadbian, *Democratization and the Islamist Challenge in the Arab World*, p.94.

结果是解散议会，在检察官和中立机构的监督下重新进行选举。①

1995 年的议会选举在政府严厉打击伊斯兰主义者的气氛下，反对党发生了分野。主要的、合法的反对党在选举中强化与政府的关系，甚至和政府联合起来打击伊斯兰组织。大多数反对党也都拉开了同伊斯兰主义者的距离。而劳动党则继续维持着其日益增强的伊斯兰色彩以及同穆斯林兄弟会的传统合作关系。穆斯林兄弟会的选举口号“伊斯兰才是解决问题的唯一办法”被写在劳动党总书记阿德尔·侯赛因的竞选头盔上。纳赛尔主义党也对政府把穆斯林兄弟会排除在合法的选举之外提出质疑。

在随后的 5 年内，政府继续加大对伊斯兰武装分子的打击以及对穆斯林兄弟会的控制，分别在 1996 年、1998 年和 1999 年三次拒绝中间党的建党申请，反对党则联合抵制了 1997 年埃及的地方选举。1999 年 6 月，穆巴拉克第四次被提名为总统候选人，在 9 月 26 日举行的全民公决中以 93.8% 的支持率开始了其第四届任期。在其第一年的政治议程中，“维持现状远远超过了变革”②，与此同时加大了对公民社会组织的控制。

2000 年 7 月 8 日，埃及高等宪法法院宣布 1971 年宪法中的第八十八条（在立法选举中必须进行完全的司法监督）必须按照法律得以实施。高等宪法法院还明确宣布 1956 年第 73 号法令的第二十四条第二款（允许非司法人员享有和司法人员一样的对竞选活动的监督权）违宪。高等宪法法院的裁决被称作是“一个喜出望外的惊讶”，它将有利于民主，并且最后有利于反对党。③它终于实现了反对派多年的呼吁，即在选举中实施完全的司法监督。反对党集体抵制 1990 年的议会选举，就是因为政府拒绝司法机关对选举进行全面监督。法官独立地对 2000 年立法选举的全面监督给竞选者和选民都带来了希望，被视为“十年来最透明也最可信赖的”一次大选。

① Najib Ghadbian, *Democratization and the Islamist Challenge in the Arab World*, p.94.

② “Egypt”, *The Middle East and North Africa 2004*, 50th Edition, p.315.

③ Maye Kassem, *Egyptian Politics: The Dynamics of Authoritarian Rule*, pp.63-64.

伊斯兰激进运动突起

从20世纪80年代起，埃及的伊斯兰激进势力开始频繁地制造刺杀和武装袭击事件，对埃及现代化进程的推进产生不利影响。

首先，刺杀政府官员和世俗派知识分子，直接影响国家的政治稳定。1990年10月，伊斯兰社团组织了刺杀人民议会议长里法特·马哈祖布（Rifa'at el-Mahgoub）。1992年6月埃及著名的自由派作家法拉杰·法沃达（Farag Fouda）由于其谴责伊斯兰激进势力的立场被伊斯兰圣战组织刺杀。1993年1月，内阁总理阿提夫·西迪基（Atif Sidqi）在其住所附近遭遇汽车炸弹袭击，幸而无事，但爆炸造成一名女学生死亡，18人受伤。穆巴拉克总统更是多次受到刺杀未遂事件的威胁。伊斯兰激进分子还在海外频繁制造事故刺杀外交官。1995年11月，埃及驻日内瓦外交官被刺，几天后伊斯兰堡发生一起自杀性爆炸事件，包括5名埃及人在内的16人被炸死，60多人受伤。伊斯兰军事武装分子的目的很明确，就是试图通过这种方式打击民众对国家的信心。

其次，袭击外国游客，破坏旅游业，损害埃及的国际形象，影响国民经济健康发展。埃及旅游业十分发达，20世纪80年代初，旅游业就和石油、海外侨汇、苏伊士运河成为埃及财政收入的四大支柱。于是旅游设施和外国游客就成为伊斯兰军事分子对抗国家可利用的资本。据报道，仅1992年就有70多人，包括外国游客死于伊斯兰暴力活动。1992年底统计，到埃及旅游的游客减少了40%，造成15亿美元的旅游收入损失。[①]1994年伊斯兰军事分子加大对外国游客和外国投资者的袭击，2月在上埃及发生袭击旅游火车的事件。3月初，一名德国游客在尼罗河的游船上被烧死。8月，伊斯兰社团首次在红海的旅游胜地袭击外国游客。1996年4月，4名持枪分子在开罗地区对游客实施了自1993年以来的第一次袭击。然后他们又向一批希腊游客在

① "Egypt", *The Middle East and North Africa 2004*, 50th Edition, p.306.

其宾馆外面开火，造成 18 人死亡，其中一名是埃及人，另有 15 人受伤。1997 年 9 月中旬，开罗发生了武装分子袭击游客大巴的事件，导致 9 名德国游客死亡，11 人受伤。1997 年 11 月，发生了最为恶性的事件，伊斯兰武装分子在古城卢克索的哈姆苏特塞普女王墓地制造了骇人听闻的袭击游客事件，包括 58 名外国游客在内的 70 人死亡。这种状况下，一些国家旅游主管部门纷纷宣布取消与埃及的旅游合同，各国政府也敦促、警告自己的公民离开埃及，严重打击了埃及的旅游业。

第三，袭击负责安全的军事人员和科普特人，直接危害国家安全和统一。伊斯兰激进势力的主要活动地点是位于上埃及的阿苏尤特省，[①] 该地区传统上一直是伊斯兰军事武装活动最为强劲的地方，另外就是开罗的贫民区。80 年代末到 90 年代初，阿苏尤特地区几乎成为国家武装部队和伊斯兰军事武装分子之间的一个决战场。1994 年 1 月到 3 月，就有 54 人死亡，67 人受伤。3 月，伊斯兰激进分子向穆哈拉克修道院（Muharraq monastery）的科普特基督教徒开枪，打死 5 人，打伤 3 人，造成极坏的影响，迫使政府再次加大打击力度，把阿苏尤特分割为四部分，伊斯兰激进势力活动暂时被压制下去。但是到了年底，伊斯兰社团又恢复活动而且还向阿苏尤特周围的几个省转移并制造冲突。1995 年 1 月，伊斯兰武装分子和安全部队在上埃及地区交火导致 87 人死亡，是三年来死亡人数最多的一次。直到 1995 年年底，在政府强大的军事打击下，武装分子才被压制下去。1996 年 2 月，阿苏尤特省再次发生暴力事件。到 2 月底，包括警察、激进分子以及卷入冲突的当地居民共 24 人在暴力中死亡。

整个 20 世纪 90 年代，埃及的极端主义组织变得更为激进，公然对国家宣战，[②] 从 1992 年初开始的国家安全部门与伊斯兰武装分子之间零星的对抗很快就演变成为遍及上埃及各省，甚至扩展到开

① 关于该省经济社会发展的具体情况，参见毕健康：《埃及现代化与政治稳定》，社会科学文献出版社 2005 年版，第 233—252 页。

② 关于 20 世纪 90 年代穆巴拉克政权和极端组织之间的“暴力循环”详见 Quintan Wiktorowicz, edited, *Islamic Activism: A Social Movement Theory Approach*, Bloomington: Indiana University Press, 2004.

罗的武装冲突。800多名经历过阿富汗战争的伊斯兰武装分子返回埃及，开始有计划地策划一系列针对总统、总理和内阁部长的刺杀事件，试图扰乱埃及政局，迫使当局采取更为严厉的反击措施。作为激进分子主要活动的上埃及地区一度几乎成为一座兵营，安全部门甚至在一天之内就可能拘捕100多名伊斯兰武装分子。[①]冲突造成的人员伤亡急剧增加。1991年有30人在暴力冲突中死亡——这个数字大致相当于过去十年因为暴力死亡的人数；1992年被伊斯兰分子杀害的人数上升到93人。1993年死亡人数达到208人，1995年上升为373人。牺牲者大多是安全部队人员，但是科普特人和旅游者人数也在增加。对科普特人的攻击显然会削弱国家统一，而攻击旅游者则威胁到了国家主要的财政收入。[②]

打压穆斯林兄弟会

新的形势下，政府对“温和派”穆斯林兄弟会也表现出不同以往的不信任，转而对其采取了压制和干涉政策，90年代发生的几件大事标志着双方从80年代以来的“蜜月”逐渐终结。

第一是穆斯林兄弟会试图在政治上利用公民社会，并调动认同其政治观点的选民的支持；1992年兄弟会在律师协会执行委员会的选举中胜出。这被形容为自1981年萨达特总统遇刺以来埃及最大的政治事变。此外，会同其他主要政党联合抵制了1990年的大选。他们认为选举应该按照选举法严格办事，明确反对政府对选举的干涉。穆斯林兄弟会政治部后来确认这次抵制是导致激怒穆巴拉克总统的一个重要原因。[③]

第二是穆斯林兄弟会对海湾危机和海湾战争的态度。海湾危机

---

① Khair Abaza, “Political Islam and Regime Survival in Egypt”, Policy Focus #51, *The Washington Institute for Near East Policy*, January 2006, p.15.

② Eberhard Kieenle, “More than a Response to Islamism: the Political Deliberalization of Egypt in the 1990s”, In *The Middle East Journal*, Vol. 52, No.2, Spring 1998, pp.228-229.

③ Hesham Al-Awadi, “Mubarak and the Islamist: Why did the ‘Honeymoon’ End?”,in *The Middle East Journal*, Vol. 59, No.1, Winter 2005, p.71.

爆发后，兄弟会谴责并要求萨达姆撤出科威特。然而西方的卷入导致穆斯林兄弟会和穆巴拉克之间出现裂缝，兄弟会不同意西方对伊拉克的轰炸。他们组织了学生会、大学教师俱乐部、行业协会等有组织的网络，成立了协调协会行动委员会（The Committee for Coordinating Syndical Action），动员他们的支持者反对穆巴拉克的外交政策。除了发表声明谴责西方势力出现在海湾外，甚至举出标语质疑穆巴拉克领导权的合法性。这一行动直接激怒了穆巴拉克。政府立即对兄弟会控制的那些协会进行打击，谴责他们对国家“不忠”，并接受萨达姆的基金赞助。安全部门分别在工程师协会、律师协会、医学协会逮捕了数十名穆斯林兄弟会成员。

第三是 1992 年发生在开罗的地震事件。1992 年地震事件，当时穆斯林兄弟会对挽救受难者生命做出的快速反应远远超过国家的反应，在埃及国内和国外都举世瞩目。[①] 不论是埃及国内媒体还是西方媒体对此都进行了报道并对国家层面的反应迟缓提出批评，从而突出了穆斯林兄弟会的良好形象，与政府的退缩形成鲜明对比。兄弟会把地震危机作为一场政治战役来打。他们在地震清理现场打出了印有“伊斯兰才是解决问题的唯一办法”的标语，悬挂在帐篷上或者协会指挥部，该标语就是兄弟会 1987 年角逐议会大选时打出的标语。虽然背景不同，但其含义却加深了当局的怀疑。中间党的创建者，同时也是工程师协会的活动家阿布·阿里拉·马迪（Abu al-ila Madi）承认该政治标语的使用“深化了政府的感觉，使它怀疑兄弟会为了自己的政治目的而利用了地震造成的危机”[②]。

负责国家安全的一位高级官员表达了在地震中对穆斯林兄弟会的欣赏并鼓励他们继续给更多的受灾者提供毛毯和帐篷，但同时强烈地拒绝他们使用政治旗帜和标语，他认为此举是在宣扬兄弟会的理念，是一种政治宣传，是国家所不能接受的。而兄弟会成员则认

---

① Hesham Al-Awadi, “Mubarak and the Islamist: Why did the ‘Honeymoon’ End?” ,in *The Middle East Journal*, Vol. 59, No.1, Winter 2005, p.73.

② Ibid., p.74.

为他们之所以打出这样的标语并没有任何政治目的，只是为了与其他救济组织作出区别，并作为一个值得信赖的渠道吸引那些准备提供物资援助的人士。

此外，1992 年阿尔及利亚的伊斯兰拯救阵线赢得议会选举也是刺激穆巴拉克限制穆斯林兄弟会的一个重要外来因素。穆巴拉克非常担忧阿尔及利亚的情景在埃及重演。穆巴拉克的密友马卡拉姆·穆罕默德·艾哈迈德（Makram Muhammad Ahmad）也证实，“兄弟会已被视为对政府最大的政治威胁。他们是大众化的而且组织良好。如果允许他们参加竞选，将会很容易地击败民族民主党。政府担心 1992 年发生在阿尔及利亚的事情在埃及重演。”

在对待伊斯兰激进势力的看法上，兄弟会也不和政府站在一起，而是抓住机会给穆巴拉克施压，希望得到合法承认。兄弟会不失时机地指出政府解决不了埃及的失业和贫困问题，批评政府的压制性政策。兄弟会不愿意谴责伊斯兰暴力，凸现了在政府与伊斯兰复兴运动之间逐渐增长的怀疑和不信任鸿沟的扩大。

随着激进的武装分子的猖狂活动以及温和派在政治上影响力的上升，终于导致埃及政府调整政策发动了打击激进伊斯兰主义者的战争。据统计，从 1992 年 3 月到 1999 年 3 月，在政府打击武装伊斯兰分子的几年中至少大约有 1200 人丧命。[①]1995 年，当局逮捕了数百名兄弟会成员，95 名领导成员受到了军事法庭的审判。前内政部长阿尔夫（Alfi）多次宣布政府不仅要打垮恐怖分子，而且也将使那些恐怖分子的盟友和支持者边缘化，乃至驱逐出政治参与进程。其目标直指穆斯林兄弟会，因为兄弟会被指控为那些武装的伊斯兰分子创建了一个前线组织。

妇女和科普特人问题

1956 年埃及颁布第一部宪法第一条规定，任何年满 18 周岁的

---

① 参见 Economist Intelligence Unit, *Egypt (Country Profile), 2005*, p.5.

埃及男女公民，都有权亲自行使政治权利，就有关共和国总统及宪法规定的其他全民公决表达自己的意见；有权选举人民议会、协商议会及各级地方人民代表大会的成员。这是阿拉伯世界第一部赋予妇女投票和竞选权利的宪法，[①]在实现妇女社会和政治权利方面迈出了制度性的重要一步。

经过近70年的发展，埃及妇女在教育、就业、参政和健康方面的状况较战前都有了较大程度的改观：女子入学率、识字率不断提高，女大学生所学专业日益广泛；妇女就业率增长、就业领域拓宽；妇女参政比例呈上升趋势；生育率、孕产妇死亡率日渐下降，妇女预期寿命逐步延长。但是，由于传统社会习俗过于强大，伊斯兰教的某些规定根深蒂固，以及受教育程度实质上仍然很低等因素，导致妇女在离婚、人身自由和安全、财产和继承、卫生保健等多个方面受到实质性的歧视或限制，也极大地影响着她们从事大规模公共生活乃至参政议政。[②]埃及的很多家庭特别是农村地区认为女孩子的生活主要是围绕着家庭事务，父母通常不给女孩子登记户口，结果使这部分未被登记户口的女孩子丧失了很多社会和政治权利。1950年女生占到小学和中学总人数的32%和25%，1970年分别增加到39%和32%。但到2017年统计，65岁以上妇女文盲率仍然高达近80%；15岁以上女性文盲率为34.49%。[③]

作为阿拉伯世界最早宣布男女平等的共和制国家，埃及女性的政治参与水平仍落后于许多国家。据有关统计，在87个发展中国家中，埃及妇女在政治和社会地位方面的排名仅名列第75位。[④]1957年选举仅有2名妇女当选人民议会代表，占代表总数的0.5%；1979

① International IDEA and ANND (International Institute for Democracy and Electoral Assistance and the Arab Network for Development), *Building Democracy in Egypt*, 2005, p.22.

② Dr. Ahmed Abdel Halim, *Supporting Public Participation in Egypt*, CIPE, February 22, 2005, p.2.

③ 联合国教科文组织 http://uis.unesco.org/en/country/eg?theme=education-and-literacy.

④ "Promoting Political Reform in Egypt", http://www.washingtoninstitute.org/templateC07.php?CID=283.

年和1984年，妇女在人民议会中所占席位比例分别达到9%和8.25%。如此之高的比例是由于1979年的一条法律规定必须在议会中给妇女指定30个席位而造成的。1986年，由于宗教保守人士反对，该法被废除，从而导致以后的人民议会选举妇女比例的急速降低。1990年大选7名妇女赢得席位，占议会席位比例不到1.6%。1995年大选只有5名妇女赢得席位，还有4个妇女席位由总统任命，占议会席位比例大约1.9%。在2000年大选中11名妇女当选（7人竞选，4人任命），在总共454个议会席位中占2.4%。[①] 2005年议会选举，4名妇女获得议会席位，加上总统直接任命4位，总共8位妇女获得席位，占议会席位比例与2000年相比不升反降，只有1.6%。妇女再次成为选举的工具和点缀。[②] 不过，埃及妇女毕竟开始更多地担当起政府高级职务。这一比例在1988年不到7%，而2000年已上升到23%。2002年在外交部工作的妇女中有37位大使、17位公使、23位参赞。[③]2003年，穆巴拉克总统还任命了埃及历史上第一位女法官。[④]

埃及社会流行这样一句话，“用一只手晃动摇篮的人，也能用另一只手改变整个世界。”寥寥数语折射出的高度智慧，充分强调了妇女在人类追求更好生活过程中的能力、地位和建设性作用。

埃及成为共和国之后，纳赛尔主义作为一种世俗思潮强调伊斯兰特性和阿拉伯特性，这与科普特人一直为之奋斗的埃及国土性、弱化宗教色彩、争取民族地位的理想不相符合，从而在国家主导思想上把科普特人排除在外，因为他们既不是阿拉伯人，也不信仰伊

① 1971年以前数据（含1971年）的数据来源：阿拉伯埃及共和国驻华使馆文化处编《埃及》杂志，2004年。以后各年数据来源：International IDEA and ANND(International Institute for Democracy and Electoral Assistance and the Arab Network for Development), *Building Democracy in Egypt*, 2005, p.23.

② Invitation to Conference Analyzing the 2005 Egyptian Parliamentary Elections,Wednesday, January 25, 2006. 详见 http://www.ecwregypt.org/English/News/2006/invitation.htm.

③ 阿拉伯埃及共和国驻华使馆文化处编《埃及》杂志，2004年。

④ International IDEA and ANND (International Institute for Democracy and Electoral Assistance and the Arab Network for Development), *Building Democracy in Egypt*, 2005, p.27.

斯兰教。土改和国有化运动导致科普特商人、地主的财产被大量没收，加上纳赛尔政府对于科普特人和华夫脱党的“党禁”，科普特人政治参与的主要途径和争取民族身份的努力也由此中断，他们在国家和社会中都被弱化了。革命前，财力雄厚的科普特人能够保证在国家权力机构中拥有自己的代表，而在 1957 年革命之后的第一次大选中，竟没有一个科普特人当选。纳赛尔只是在不需要选举的官员名额中划出 8 个或者是 10 个席位给科普特人。这一做法既导致了穆斯林的不满，又因科普特人无法获得正常的议会席位也不太受后者的欢迎。① 革命委员会成员和省长中没有一个是科普特人，军队中 90 个旅长只有一个是基督徒。②1954 年 7 月，政府利用科普特人团体绑架科普特教皇并且强迫他签署退位文件的事件介入宗教事务③，通过高等法院和教会法庭的审判，教皇阿布·尤素福二世丧失了主教地位。该宣判标志着政府对于教皇选任干预的开始。一部分科普特人为此进行抗议而移民出国，④ 移民浪潮在 20 世纪 50 年代末到 60 年代达到第一次高潮。

即便如此，科普特人还是非常拥戴纳赛尔的，一是因为科普特人素来就有强烈的爱国情怀；二是虽然纳赛尔挥舞着阿拉伯民族主义大旗，但他“主观上并不歧视科普特人”⑤。他虽然强调伊斯兰的重要性，但对宗教问题并不是十分感兴趣；三是纳赛尔打击穆兄会，有效地减小了以穆斯林兄弟会为主的伊斯兰政治势力对科普特人的威胁。新任教皇凯瑞罗斯（Kyrillos）和纳赛尔的关系似乎很疏远，

---

① J. D. Pennington, “The Copts in Mondern Egypt”, *International Journal of Middle Eastern Studies*, Vol.18, No.2, 1982, p.161.

② Mordechai Nisan, *Minorities in the Middle East:A History of Struggle and Self-Expression*, p.144.

③ 1954 年 7 月政府颁发解散科普特人社团的命令 3 个月后，该社团年轻的科普特人成员绑架了年迈教皇阿布·尤素福二世并强迫他签署退位文件。之后他们很快释放了教皇，该事件造成了教会在管理上的混乱。

④ Ofra Bengio and Gabriel Ben-Dor, edited, *Minorities and the States in the Arab World*, Boul Der London, p.56.

⑤ 李福泉，“埃及科普特人问题探析”，《世界民族》2007 年第 5 期。

但是他们在内心里相互敬重。[①]他表达了对社会主义运动的支持和对以色列的谴责。在他的领导下，科普特人开展了很多重要的改革。1954年建立的科普特研究院成为科普特人学习科普特历史、艺术和进行社会研究的中心。

萨达特时期，伊斯兰势力不断壮大，科普特人不断地遭受着来自伊斯兰势力的袭击和歧视，处境日艰。首先是科普特人在任职、教育、信仰、法律等多个方面受到政府的歧视或者排挤。在政府秘书和企业领导职位中，科普特人比例进一步降低。[②]国家安全部门对科普特人是完全封闭的。外交部只有2.5%的职员是科普特人，127位驻外大使中只有驻尼泊尔大使一人为科普特人。[③]以至于阿卡巴·尤姆（Akhbar Yom）出版社主编穆萨·沙比利（Moussa Sabri）认为，出任过联合国秘书长的加利是唯一一位任过部长级别和政府主要机构领导的科普特人。1973年，留学海外的学生中只有2%是科普特人。[④]

20世纪70年代末期80年代初期，围绕修建新的教堂、通过有关法令，埃及社会发生多起针对科普特人的袭击事件，科普特人和穆斯林的冲突开始加剧。1980年、1981年被认为是国家和科普特人、穆斯林和基督教徒关系有史以来最为紧张的两年。1981年6月扎维亚·哈马拉（Zawiya Hamra）事件发生后，萨达特总统才开始平息科普特人和穆斯林的冲突。9月，有大约1600人遭到调查，许多伊斯兰分子被拘押，125个科普特人神职人员和积极分子被逮捕。与此同时，科普特人教皇陈诺达被政府撤职并且被流放到沙漠中的一处修道院，3个科普特人协会被禁止，科普特人的出版社被关闭，

---

① J. D. Pennington, “The Copts in Mondern Egypt”, *International Journal of Middle Eastern Studies*, Vol.18, No.2, 1982, p.165.

② Ibid., p.166.

③ Mordechai Nisan, *Minorities in the Middle East: A History of Struggle and Self-Expression*, p.145.

④ J. D. Pennington, “The Copts in Mondern Egypt”, *International Journal of Middle Eastern Studies*, Vol.18, No.2, 1982, p.169.

一些报纸被查封。[①]

不过，也有一些科普特人通过任命或者竞选，凭借对国家的贡献或者是政府的提名，开始出任国家的高级官员，比纳赛尔时期有了进步。萨达特时期，在政府内阁中任过职的科普特人有担任过议会副总理的菲克里·马克里姆·埃贝德（Fikry Makram Ebeid）、财政部长优素福·布特鲁斯·加利、环境部长马古德·乔治；其中最著名的就是布特鲁斯·加利（Boutrous Ghali），他是1910年被谋杀的首相加利的孙子，也是一位成功的学者和政治家。他在萨达特总统时期曾两度出任埃及的代理外交部长，主持重大的和敏感的国际事务。穆巴拉克时期，加利出任联合国秘书长。科普特人在军队中也稍有建树。武装部队里对科普特人的歧视较少，虽然科普特人在军官和士兵中所占的比例是较小的，但无论是提拔军官还是晋升军衔，对他们与穆斯林一视同仁。除了军事情报机构，科普特人几乎遍布埃及所有的现役军队中。福阿德·阿齐兹·加利在1973年战争立下赫赫战功，战后提升到了中级官员的位置。到1980年他被任命为齐纳省省长，[②]是共和革命以来第一位科普特人省长。

穆巴拉克时期，政府在解决科普特人问题上所作甚少，科普特人遭袭事件发生频繁、受歧视的处境并未改观，科普特人问题的国家化趋势明显。科普特人在较高级别的政府官员上的人数不足，使得他们经常对政策的制定影响较小。在政府的人事任免中很少有科普特人，在国家安全部门和武装部队中同样如此。穆巴拉克时期，26个省长中没有一个是基督徒；由选举产生的人民议会中的444个席位没有一个是科普特人；也没有一个基督徒成为知名大学的校长

① "Copts of Eygpt", http://www.faqs.org/minorities/Middle-East-and-North-Africa/Copts-of-Egypt.html.

② J. D. Pennington, "The Copts in Mondern Egypt", *International Journal of Middle Eastern Studies*, Vol.18, No.2, 1982, p.168.

或者是系主任。[①]军事院校和政治学院实际上也不接纳科普特人。人民议会选举后的10个科普特席位都是根据法令由穆巴拉克总统亲自任命的。1987—2009年，针对科普特人的袭击事件比萨达特时期（10起）多10倍以上。[②]袭击的事由包括逼迫科普特人交纳保护费、两族信徒之间的口角、猜忌、谣传、中伤，更多的是出于对基督教信仰的歧视；袭击的目标往往是教堂、科普特人村庄、商店，甚至人；袭击的参与者包括狂热的穆斯林信徒、军事伊斯兰分子、伊斯兰激进组织和穆斯林农民。穆巴拉克吸取了萨达特的教训，采取低调的方式处理国内关系，执行所谓的“模糊政策”——模糊事件的起因后果、模糊责任、模糊罪犯，隐瞒事实真相，尽量避免刺激穆斯林反对基督徒的情绪。[③]他这样做的目的与其说是为了保护科普特人，还不如说是为了赢得更多温和穆斯林的支持，以此来应对对政权构成更大威胁的穆斯林兄弟会。

从1952年共和革命开始，埃及的科普特人问题发展呈现出“一波三折”的特点和趋势。“一波”即其历程总体上呈恶化趋势，“三折”是在纳赛尔、萨达特和穆巴拉克时期的三次逆势转折。科普特人问题集历史、民族、宗教、政治等多重因素于一体，甚至有演化成国际话题的趋势。但必须看到，不论它怎样演化发展，终归还是埃及人自己的问题，随着时代发展和历史进步，它可能终将不再成为问题。

---

① U. S. Commission on International Religious Freedom,Briefing on “Religious Freedom in Egypt: Recent Developments”, May 27,2007.

② http://www.unitedcopts.org/index.php?option=com_content&task=view&id=18&Itemid=33, “Violence resulting in murders Committed against Copts since 1972- Now”. 根据该表统计，截止到2009年3月，主要袭击事件有：1987年3起；1988年2起；1989年2起；1990年7起；1991年5起；1992年1起；1993年11起；1994年7起；1995年9起；1996年5起；1997年3起；1998年2起；1999年3起；2000年8起；2001年3起；2002年4起；2003年11起；2004年3起；2005年4起，2006年6起；2007年2起；2008年5起；2009年2起。

③ Ofra Bengio and Gabriel, edited, *Minorities and the States in the Arab World*, p.63.

三、新世纪：通向解放广场之路

21世纪初的经济与政治

进入21世纪以来，埃及经济持续低迷。根据2002年2月官方公布的数字，埃及失业人口在进入新世纪后进一步增大，由2000年的8%上升到2002年的9.1%，失业人口相应地从150万上升到180万。专家指出，如果只是依靠货币政策而不是增加资本支出来吸纳新增的劳动力，埃及将面临严重的社会问题。

面对这一形势，埃及政府接连在2004年7月和2005年12月两次重组内阁，改革派经济学家纳齐夫出任总理，肩负起振兴埃及经济的重任，显露出埃及进一步加大经济改革的力度和决心。埃及由此进入"第三代经济改革"，它"依据一种全新的思想展开，也就是要紧跟全球经济的步伐，增强国家与公民之间的合作和相互信任，为私营企业提供机会，使私营企业从需要支持与指导的小型经济伙伴转变为具有吸引投资、促进就业、创收以及制定并执行政策的全面能力的经济伙伴"。[①] 具体内容包括一系列关于税收、海关和金融领域的改革措施与深化。按照国际货币基金组织2005年9月发布的半年度报告，2005年埃及经济增长率约为4.8%，2006年约为5.2%。埃及的私有化进程实现了稳定和发展的双重目标。[②]

进入新世纪，中东局势和埃及国内局势继续发生重大变化。2003年伊拉克战争后，美国推出"大中东计划"，试图通过在伊拉克建立所谓"民主样板"来带动阿拉伯国家乃至整个中东地区的民主化，形成民主的"多米诺骨牌效应"。2005年2月26日，在埃及传出令阿拉伯世界乃至国际社会震惊的消息，穆巴拉克总统向人

① 埃及新闻部·国家新闻总署：《阿拉伯埃及共和国年鉴2005》，埃及驻华使馆新闻处，第69页。

② 埃及新闻总署编《埃及》杂志，2006年冬季第40期，第8—9页。

民议会提议要求修改宪法第七十六条，指示议会废除总统选举“唯一候选人”的选举制度，允许有多党多名候选人通过直接选举产生总统。穆巴拉克这一宪法修正案的指示，立即在国内和地区引起轩然大波。当地媒体称之为“一场地震”，是穆巴拉克承诺民主改革的“新阶段”。

在实施严格的政治控制25年之后，穆巴拉克总统主动做出“直选、秘密、多个候选人”的改革举措，有其深刻的国际国内背景。首先，迫于美国压力，穆巴拉克总统不得不做出某种让步。穆巴拉克总统提议多党参加竞选是“对华盛顿新近施加的压力做出直接回应的最清楚的例证”①。2005年2月，小布什在第二任期的就职演说中宣称，传播民主是美国“国家安全提出的迫切要求”，并公开点了埃及的名，他说“伟大而骄傲的埃及人民，在实现中东的和平方面已经走在前列，在中东通向民主的道路上也应该走在前列”②，要求穆巴拉克积极推进民主化进程。随后，他又在国防大学的演讲中，向穆巴拉克建议，埃及为了通过对民主制度的考验，总统选举应该赋予人民“集会自由的权利，允许多名候选人参选，使候选人享有自由使用媒体的权利，以及使人民享有组建政党的权利”③。

其次，“大中东计划”在中东造成的冲击和影响。2004年美国提出“大中东计划”之后，一股被称为“民主化寒流”开始在中东涌动。④2005年1月，先是巴勒斯坦举行了阿拉法特去世后民族权力机构主席的大选，然后是伊拉克人勇敢地走向投票站，参加萨达姆被推翻后的第一次伊拉克议会选举。2月初，沙特进行历史上的第一次市政选举。2月中旬，黎巴嫩举行要求“主权”“独立”的街头运动，导致亲叙利亚政府倒台并最终成功地将叙利亚驻军赶出

① 美国《基督教科学箴言报》英文网站，2005年3月14日。

② Yoram Meital, “The struggle over political order in Egypt: the 2005 election”, in *Middle East Journal*, Vol.60, No.2. Spring, 2006, p.264.

③ 美国《基督教科学箴言报》英文网站，2005年3月14日。

④ 唐继赞：“美‘民主化’寒流在中东涌动”，《世界问题研究》2005年4月13日。

黎巴嫩。一时间，西方政界和媒体惊呼“中东民主浪潮兴起”[①]，“阿拉伯的春天”已经到来。“大中东计划”对埃及构成了不可回避的强大压力。

第三，埃及公民社会的发展特别是反对派力量有所增长，媒体更加自由，表明埃及的政治体制变革趋势愈来愈强劲。如前所述，埃及的公民社会、民众团体包括非政府组织、工会、行业协会、体育协会、企业家联合会和宗教团体等在新世纪开始频繁活动。民间政治力量迅速形成，其中最突出的是所谓的“肯飞亚运动”（阿拉伯语 Kifaya，意为“够了”），或者叫“改变埃及运动”。该运动出现于 2003 年斋月期间，主要由许多对政府持批评意见以及要求变革的埃及知识分子组成，矛头针对穆巴拉克持续执政以及极有可能把总统职位交付给其儿子，他们提出了“不要继承、不要连任”的口号。他们呼吁宪政，进行政治改革，要求改变埃及的内外政策，举办自由而直接的选举，在外直接指向美国和以色列，在内则要求改变甚至推翻政府。

犹豫不决的政治改革

多年来埃及反对派一直要求对宪法进行改革，限制总统任期，举行普选，[②]但均受到政府的压制。“大中东计划”的出台，促使埃及国内的反对派活动越来越公开化。2005 年 2 月 21 日，开罗大学发生反对穆巴拉克的示威活动，包括自由派、左派和伊斯兰教人士在内的 500 多名示威者公然打出了“打倒穆巴拉克”的标语，并要求进行宪法改革，让更多的候选人角逐总统职务。从 2004 年年底到 2005 年，类似事件已发生四次。

2005 年 5 月 10 日，埃及就宪法第七十六条修正案举行全民公决，虽然受到反对党的抵制，但宪法修正案还是以绝对的压倒性多数被通过，从而为改革总统竞选规则奠定了法律依据。9 月 7 日，依据

① 美国《基督教科学箴言报》英文网站，2005 年 3 月 14 日。

② 法国《世界报》，2005 年 3 月 9 日。

新修正法，埃及“历史性”的总统大选顺利举行，共有700多万人，大约占全部选民23%的人口参与了投票。① 这是埃及历史上第一次由多个候选人采用公开、直接、秘密的方式选举国家领导人。选举过程中埃及出现了多少年来很少见到的民主气氛，宣传、演说、集会无所不用其能，包括穆巴拉克总统在内也不得不亲自出面争取选民支持，并且承诺如果竞选成功，将会集中解决民众普遍关心的高失业率问题、中产阶级的工资待遇问题、妇女的地位、公共卫生和教育问题，甚至同意用一部反恐怖主义法来取代人们早已不满的紧急状态法。选举结果并不出人意料，在十位候选人的角逐中，已执政24年的民族民主党候选人、现任总统穆巴拉克以得到88.6%的选票而获胜，尽管这是穆巴拉克成为埃及总统之后赢得选票最少的一次。9月27日，穆巴拉克开始他的第五届任期。

2005年年底，埃及又迎来人民议会选举。这次选举也是穆巴拉克承诺进行政治改革的第一次议会选举。一共有5414名候选人参加选举角逐444个议会席位。选举分别在埃及全国各省进行。执政的民族民主党为避免2000年选举出现的尴尬，即以党员身份登记的候选人只得到38%的席位，而另外51%的席位是党员以独立候选人的身份赢得的这样一种局面，对党内的争论进行了协调，吸纳了新的党员并确定在民族民主党提名的候选人中新党员应占到35%的比例。

反对派组建了所谓的“促进变革民族统一阵线”，包括新华夫脱党、劳动党、阿拉伯民族主义纳赛尔党、伊斯兰中间党、肯飞亚运动、促进民主转型的国家团结运动、促进改革全国联盟等11个政党和组织。明日党被排除在外。穆斯林兄弟会提出了150个候选人的阵容，决定在选举期间与“促进变革民族统一阵线”合作，但仍以独立候选人的身份参选。

结果，在第一轮选举结束时，民族民主党获得69.7%的选票，

① Khair Abaza, “Political Islam and Regime Survival in Egypt”, Policy Focus #51, *The Washington Institute for Near East Policy*, January 2006, p.10.

穆斯林兄弟会获得近 20% 的选票，非伊斯兰的反对党和独立候选人只得到 4.8% 的选民支持。三轮选举结束后，民族民主党赢得 70% 的席位（311 席），穆斯林兄弟会赢得了 20%（88 席）的席位，其他反对党赢得 3.5% 的席位——新华夫脱党 6 席，国家统一进步党 2 席，明日党 2 席，阿拉伯民族主义纳赛尔党 2 席。独立候选人获得了 6.5% 的席位。[①] 选举结束后，穆巴拉克总统依据宪法分别任命了 5 位妇女和 5 位科普特人为议员。[②]

选举在前两轮并没有出现不规范的现象，甚至在选举前没有任何一位穆斯林兄弟会的候选人被逮捕，这是自从 1995 年议会选举以来的第一次。[③] 但在第三轮个别选区出现暴力事件以及选民和警察的冲突，造成 12 人死亡，500 多人受伤，数百人被拘捕。[④] 造成这一现象的主要原因是，经过前两轮选举，政府不再愿意让兄弟会获得更多议席。[⑤]2005 年议会大选结果再次表明穆斯林兄弟会已是埃及无可置疑的第二大党，也是最大的反对党。一种公开的政治较量终于在执政的世俗民族民主党和谋求伊斯兰主义的穆斯林兄弟会之间展开。

“1·25”解放广场革命

2010 年秋末冬初，埃及举行穆巴拉克任期的第七届人民议会选举，选举结果显示穆巴拉克的统治似乎更加稳定，因为执政的民族民主党在议会选举中赢得了总共 508 席[⑥] 中的 420 席。相形之下，

---

① “Parliamentary Elections 2005”, http://weekly.ahram.org.eg/2005/parliamentary_elections.htm.

② Khair Abaza, “Political Islam and Regime Survival in Egypt”, Policy Focus #51, *The Washington Institute for Near East Policy*, January 2006, p.10.

③ Issandr El Amrani, “Controlled Reform in Egypt: Neither Reformist nor Controlled”, December 15, 2005, http://merip.org/mero/mero121505.html.

④ Yoram Meital, “The struggle over political order in Egypt: the 2005 election”, in *Middle East Journal*, Vol.60, No.2. Spring 2006, p.275.

⑤ Khair Abaza, “Political Islam and Regime Survival in Egypt”, Policy Focus #51, p.10.

⑥ 2009 年 6 月，为了进一步扩大埃及女性的政治参与度，一项在人民议会中增加女性代表名额的法案被人民议会通过。根据法案，人民议会议员数由原来的 454 席增加到 508 席，增加的 64 席全部由女性候选人填补。

穆斯林兄弟会以独立候选人的身份在总共69个席位中只赢得1席（2005年是88席）。

但是，2011年年初发生的剧变却再一次验证了中东作为“世界政治的流沙”绝非言过其实。2010年12月以突尼斯小商贩布瓦吉吉自焚事件为导火线引发的突尼斯全国抗议活动，酿成统治突尼斯达23年之久的本·阿里政权在十几天后倒台，他本人仓皇出逃沙特阿拉伯。举世震惊的“阿拉伯剧变”爆发。紧接着埃及处在了风口浪尖之上。1月25日，世界的目光开始聚焦于开罗市中心的解放广场。在短暂的18天里，人们就像看过山车一样目睹了统治达30年的穆巴拉克政权的瞬间倒塌。2月11日，几天前刚被任命为副总统的埃及前情报首脑苏莱曼突然宣布穆巴拉克辞去总统职务，一个时代就此结束。[①]此后，利比亚和也门政权先后更迭，叙利亚陷入持久的血腥内战中。媒体称之为“这是1989年东欧剧变以来世界政治体制发生的又一次巨大变革”[②]。

穆巴拉克政权被推翻的原因是多方面的，首先在于民生问题恶化，华盛顿共识破产是根本原因。社会生产力水平和社会经济基础长期落后，埃及政府始终面临巨大的经济社会发展难题和挑战。2005—2006财年，受益于国际油气价格的上升和2002年以来政府进行的经济结构改革的影响，埃及GDP达到6.8%的增长速度。然而，失业率却也居高不下。根据官方统计，及至2006年底，埃及失业率达到9.0%，2009年为9.4%。2006—2007财年，埃及经济增长速度达到7.1%，但通货膨胀随之加重，粮油价格和日用品价格上涨，导致2008年年初民众的生活恐慌。到2008年中后期，由于世界经济危机的影响，埃及已出现经济衰退。7—12月的外国直接投资同比减少30多亿美元，从77亿美元降到了40亿美元。苏伊士运河的收

---

① 埃及剧变的详细过程，参见马晓霖主编：《阿拉伯剧变》，新华出版社2012年1月版。

② 《阿拉伯世界陷入崩溃的连锁反应》，载日本《读卖新闻》2月12日，《参考消息》2011年2月13日。

人和埃及工人从海外的汇款也减少了。旅游业也受到打击，商品出口也极大缩减。[①]

"经济改革和结构调整计划"这张新自由主义的药方不仅没有适合埃及的症状，反而带来更多问题。裙带资本主义与掠夺性外资相互合作导致民族工业被破坏殆尽。社会日益两极分化，1000 个左右的家庭控制着埃及经济的大部分领域，绝大多数人贫困化，40% 的人生活在贫困线之下，每天的生活费不足两美元，年青一代没有就业机会。更为严重的是，在新自由主义意识形态的武装和国际货币基金组织结构调整计划的重压下，埃及甚至将公共社会服务私有化。结果，大多数埃及人丧失了基本医疗卫生和教育的机会。那些受不到教育的穷苦孩子最终只能从事卑贱的工作，拿着微薄的薪水，来勉强维持家庭的生计。[②] 埃及所面临的社会问题日趋严重。显然，如此腐败的政权已经在埃及人民心目中名誉扫地。

其次是埃及的政治体制存在结构性缺陷，由此造成的民族民主党长期一党执政和僵化的威权体制，致使政权的合法性逐渐丧失。第一，作为总统制国家，穆巴拉克拥有巨大的宪政和立法权，几乎所有的国家机器都正式或非正式地隶属于总统。而埃及立法机构却不能监督行政部门，因为立法机构的绝大多数席位都被民族民主党所控制。议会被广泛认为是一个傀儡机构。第二，严格限制政党政治和政治参与，埃及的多党制是"自上而下设立的多党制，并且强加了严格的限制条件以阻止那些受大众欢迎并且有潜在竞争力的组织出现"，穆巴拉克的政策是控制而不是促进埃及多党制的发展，因而反对党的活动有名无实。第三，政府牢牢控制军队、警察、法院等国家机器；政府为了维护政权的稳定在一系列涉及国家变革重大方针政策方面，经常性地使用压制性政策。埃及的紧急状态法每三年就启动一次，宪政规定的公民权利与自由无法兑现，甚至出现

---

① Christopher Matthews, edited, *The Middle East and North Africa 2012*, 58th edition, London and New York: Routledge, 2011, pp.347-348.

② 〔加〕马耀邦：《中东剧变与美国、新自由主义》，《国外理论动态》2011 年第 6 期。

恶化。[①]

威权统治的产生，无疑有着经济方面的深厚根源，这是以埃及为代表的广大中东国家在发展过程中与西方发达国家相比完全不同的情况。庞大的中青年人口规模，不景气的经济造成了埃及的高失业率，教育发展的不平衡等诸多问题都是导致埃及社会动荡不安的主要因素，也成为威权主义建立或者强化的理由。而政治改革缓慢，社会危机孕育革命则是必然的产物。数年来埃及反对派一直要求对政治进行改革，在国内外的压力下，穆巴拉克自20世纪90年代初启动的所谓政治改革乏善可陈。从本质上看也是一种虚伪的和不彻底的改革。

30年来，埃及已实现多党参政，政党数量增加到23个。另外，埃及的报刊和言论更为自由化了，据统计，现在埃及的报纸杂志已达到500多家。民众团体包括非政府组织、工会、行业协会、体育协会、企业家联合会和宗教团体等非政府性志愿组织自1990年起也开始频繁活动。但在政改受阻无望，经济变革连遭失败的情况下，促使埃及反对派活动迅速增长，埃及各地的一系列示威游行和罢工活动此起彼伏，它预示了埃及的社会危机和穆巴拉克的政权危机。

多年来，人们普遍认为，埃及发生类似伊朗共和革命的可能性不大，[②]因为反政府的激进伊斯兰运动遭到压制。穆巴拉克亦曾“多次宣布他不会重复（阿尔及利亚的）错误给予伊斯兰分子官方参与政治或者参加到民主选举的权利”[③]。然而，具有讽刺意味的是，掀

① Larry P. Goodson and Soha Radwan, “Democratization in Egypt in the 1990s: Stagnant, or Merely Stalled?” in *Arab Studies Quarterly*, Volume 19, Number 1, Winter 1997.

② 需要指出的是，也有例外，在“9·11”事件发生后不久，就有美国学者预言，如果埃及政府不能继续向前推动改革，国家很可能会发生类似伊朗的革命或者“起义”，还有学者借用哈贝马斯“合法性危机”的概念暗示，如果埃及的政治统治精英不能兑现其对于埃及现代化和民主化的承诺，那么就很有可能会被国内的伊斯兰势力所推翻。十年过去了，上述预言一定程度得以实现，2011年春天，穆巴拉克执政近乎30年的威权统治被推翻，不过推翻它的并不是西方学者认为的伊斯兰政治势力，而是地地道道的埃及普通民众。

③ Najib Ghadbian, *Democratization and the Islamist Challenge in the Arab World*, Boulder and Oxford: Westview Press, 1997.

翻穆巴拉克统治宝座的不是他始终严加防范的穆斯林兄弟会，而是他一直忽略和轻视的广大埃及民众。

四、穆巴拉克时期埃及的对外关系

对外关系的原则和成就

“守正创新”是穆巴拉克执政30年埃及对外政策的基本特点。在经历了纳赛尔时代和萨达特时代外交的大开大合之后，穆巴拉克的外交以稳定为目标、以稳健而著称。“守正”体现在对纳赛尔时代“三个圈子理论”的继承，对萨达特加强与美国的合作、实现与以色列的和平等务实主义外交的坚持。“创新”体现在加强与欧洲、中国的经贸合作，恢复和俄罗斯的外交关系，强调对外政策最突出的方面表现在致力于加强地区和平和安全，把积极的对外活动与为埃及的经济利益服务、为国内发展创造机遇紧密联系起来。

穆巴拉克的外交政策取决于国内需求的必要性，以及对埃及地区责任的辩证认识。埃及的外交政策都是穆巴拉克精心设计的，它是创造国家重建所需的区域和国际合作的手段。埃及作为地区的稳定力量，其外交方针与它有效解决国内挑战的努力之间有着密切联系，外交目标显然符合地区和更广泛稳定的利益。①

埃及坚持独立自主，增进对外关系，强化在国际政治和经济组织以及国际舞台上的作用。基于承担着相应的国际义务，并参与联合国10个维和特派团，埃及成为联合国维和部队的5个主要国家之一。埃及特别重视与核裁军和禁止核扩散有关的一切问题，认为《不扩散核武器条约》是核裁军体制的基石。埃及当选为联合国人权理事会成员国反映了埃及的影响力及其地位，同时埃及于2008年在纽约赢得了《公民权利和政治权利国际公约》“人权委员会”的成员

---

① El-Sayed Amin Shalaby, “Egypt’s Foreign Policy 1952-1992, Some personal reflections”, in *Bulletin of Peace Proposals*,Vol.23 Issue 3, 1992, New York, 2015, p.111.

资格，由此进一步肯定了埃及在国际组织中支持人权的做法所起到的作用。此外，埃及还多次当选为联合国妇女委员会的成员。埃及注意与大国和多边集团的关系，重视在其中所发挥的作用，在这方面，主要通过加强埃及在具有影响力的国际和区域组织中的存在，确保埃及在大型集团特别是“大国俱乐部”如八国集团和二十国集团或其新型经济集团中的成员资格来制定综合政策。[①]

与新兴经济体国家的合作方面，穆巴拉克总统2008年11月出访印度，取得了多项重要成果。其中最主要的就是埃及向印度的出口额达到3.3亿美元，同时，2008年印度在埃及的投资额达到近20亿美元。埃及外长2009年7月访问巴西为增进两国双边关系，特别是为发展中国家参与国际金融和经济体制的重组、制定全球金融政策以及将八国集团扩大为十四国集团提供了新的动力。2008年埃及与巴西的双边贸易额达16亿美元，其中埃及出口额约为2.18亿美元，埃及也因此成为巴西在非洲的第三大贸易伙伴，在阿拉伯国家的第二大贸易伙伴。

埃及一直重视与以色列的关系。“最具挑战性的任务便是如何处理埃以双方与埃阿双方的关系问题，这便需要创新一种方案，使埃及与以色列的和平协定能够与埃及在阿拉伯世界的传统地位和承诺相协调，这的确是一项艰巨的任务。埃及以耐心、毅力和连贯的政策设法建立了这样一种平衡，这被认为是一项外交成就。”[②]埃及与以色列保持了友好的双边关系，并且增大了以色列到埃及旅游的人数。埃及被以色列认为是友好、最适合充当沙特与以色列关系的调停人。在穆巴拉克执政的时间里，以色列与埃及双边关系总体良好，不过由于以色列入侵黎巴嫩及对巴勒斯坦问题的强硬，彼此还是偶有龃龉。[③]

---

① 埃及新闻部·国家新闻总署：《阿拉伯埃及共和国年鉴2009》，第38—43页。

② El-Sayed Amin Shalaby, “Egypt’s Foreign Policy 1952-1992, Some personal reflections,” in *Bulletin of Peace Proposals*, Vol.23 Issue 3, 1992, New York, 2015, p.114.

③ Ibid., p.111.

埃及与中东和非洲的关系

穆巴拉克坚持“三个圈子”的理论，把对阿拉伯世界、伊斯兰世界和非洲作为埃及对外关系的优先方向。他认为埃及的利益与阿拉伯世界和非洲的利益是一致的，阿拉伯世界团结和非洲合作是埃及对外工作的基础之一；在独立自主的原则下，遵循符合战略目标和利益的稳健的对外政策，把阿拉伯世界作为埃及对外政策的主要领域，对外活动集中在同伊斯兰世界和非洲各国的关系上；通过尼罗河流域国家组织（1983 年）和管理尼罗河资源计划公约，密切埃及同尼罗河流域各国的联系。

穆巴拉克主政埃及的 30 年，埃及在致力于阿拉伯世界的团结和共同行动等方面发挥了积极而重要的斡旋作用。埃及政府一直为恢复巴以和谈而不懈努力，同时还为实现巴勒斯坦各派别之间的民族和解，建立以耶路撒冷为首都的独立的巴勒斯坦国充当调解人。埃及采取了果断有力的行动终止 2008 年 12 月以色列在加沙地带的侵略行为，并与阿拉伯国家部长代表团共同参与协调，使安理会通过了要求在加沙地带立即停火的第 1860 号决议。

此外，促进苏丹团结与稳定是其周边政策的重点，为此穆巴拉克总统 2008 年 11 月对喀土穆和苏丹南部进行访问；还应联合国要求，派出 1461 名维和人员驻扎南苏丹。埃及政府非常重视发展与阿拉伯国家之间的经济关系，经济指标显示，截至 2009 年 9 月，埃及向其他阿拉伯国家的出口总额超过 50 亿美元，埃及从这些国家同一时期的进口总额约为 60 亿美元。在此框架下，穆巴拉克总统率团多次参加阿拉伯国家经济峰会。

作为两大文明古国，埃及和伊朗历史上很早就有交往。1846 年 6 月，波斯在当时奥斯曼帝国统治下的埃及设立代表机构。1922 年埃及独立后，该代表机构升级为使馆，1939 年升级为大使级。七月革命后，双方维持外交关系，但由于巴格达条约导致两国对中东主导权的争夺以及伊朗与以色列靠近而在 1960 年 7

月断交。[①]70年代两国再次走近。1978年，伊朗是第二个明确支持戴维营协议的国家。1979年4月，伊斯兰革命胜利后的伊朗以《埃以和约》为由宣布与埃及断交。次年，伊朗退位国王巴列维到埃及避难，双方关系更加恶化。穆巴拉克时期，埃伊双边关系经历了霍梅尼时代的敌对和后霍梅尼时代的调整与缓和两个阶段。2003年12月，两国实现了自1979年断交24年来的首次元首会晤。但双方关系还是陷入一个悖论，严格意义上讲，彼此之间从历史文化到地缘政治都没有实质性的冲突，互补性很强。[②]但现代伊斯兰主义崛起对埃及世俗政权的冲击、中东和平进程（巴勒斯坦问题）、海湾安全问题以及两国和域外大国的关系问题成为影响双边关系的四座大山。[③]因而，在穆巴拉克统治的30年里，埃伊关系出现一个奇怪的现象，就是埃及与伊朗始终没有建交。

纳赛尔时期，埃及与土耳其的外交因受制于美国而较为冷淡。60年代中期后，双方关系开始缓和。穆巴拉克时期，关系进一步好转。1985年5月，穆巴拉克对土耳其进行访问，成为70年来首访土耳其的埃及国家元首。以后双方领导人多次互访，双方在经贸领域和就巴勒斯坦问题、叙利亚土耳其关系问题等合作较多。

埃及政府重视其在非洲的存在，强化与多个非洲国家间的高层互访和合作关系，穆巴拉克总统在2008年7月访问南非和乌干达。此外，埃及还重视其在非洲联盟峰会会议中的有效参与，积极推动发挥非洲联盟的作用及其职责的履行，支持东南非共同市场为发展各成员国间自由贸易区所付出的努力，并于2008年6月发起并建立了非洲第一个区域海关联盟。此外，“尼罗河流域倡议”也得到了极大的重视，这主要体现在尼罗河流域国家为了就“尼罗河流域倡议体制框架协定”草案达成共识召开的多次会议上，在不忽视埃及

① Nael Shama, *Egyptian Foreign Policy from Mubarak to Morsi*, London and New York, Routledge Taylor & Francis Group, 2014, p.115.

② Nael Shama, *Egyptian Foreign Policy from Mubarak to Morsi*, pp.118-119.

③ 陈建民主编：《埃及与中东》，第242页。

的历史权利和所分配的尼罗河水的份额的前提下，主张各国最大限度地利用现有水资源，扩大农业、水利和电力领域的合作。

埃及与美国的关系

坚持巩固和发展与美国的战略盟友关系，是穆巴拉克时代埃及外交战略的重中之重。据统计，早在任副总统时，穆巴拉克就曾六次访美。1982 年 2 月作为总统首次访美，就国际和地区形势、巴勒斯坦问题、埃美关系等进行交流，并取得重要成果。1982 年至 1997 年，穆巴拉克对美国进行了 15 次国事访问。双方经贸合作密切，20 世纪 80 年代双方贸易长期维持在近 40 亿美元的水平。进入 21 世纪后，双方贸易增长加快，2005 年达到 50 亿美元，2006 年超过 60 亿美元，美国成为埃及第一大贸易伙伴。[①]2007 年双边贸易额为 77 亿美元，2008 年达到 83 亿美元。埃及出口的商品相比其他国家同类商品在美国市场占据首位，埃及因此跻身于最吸引美国中型投资的十大国家之列。[②]

双方最重要的合作还是在美国对埃及的经济和军事援助领域。埃及是除以色列之外得到美国援助最多的国家。1979—2006 年，埃及获得美国的经济援助款项达 260 亿美元，同期的军事援助达到 580 亿美元。此外，两国在科技领域还有广泛的合作。

对埃及而言，维持其与美国的战略联盟关系可以得到诸多好处，大量的美国援助除了对埃及经济发挥重要作用外，还具有维持政权和社会稳定的作用。来自国内的反对之声和恐怖主义、激进势力的活动都要求穆巴拉克维持一个良好的埃美关系。此外，埃及长期以来是美国中东政策的压舱石和稳定器，美国重视埃及在处理地缘政治、阿拉伯国家关系和解决中东问题方面发挥的不可替代的作用。1990 年海湾危机和海湾战争就是考验双边关系的重要事件，在整个危机和战争期间，埃及给予美国力所能及的支持，为此不惜得罪国

① 陈天社：《当代埃及与大国关系》，世界知识出版社 2010 年版，第 55 页。
② 埃及新闻部·国家新闻总署：《阿拉伯埃及共和国年鉴 2009》，第 41 页。

内民众。正是埃及的积极支持和参与，美国领导的多国部队才有更多阿拉伯国家的军队参与，并增强了其合法性。战争结束后，美国出于对埃及的感谢，相应免除了埃及所欠 70 亿美元的债务。

但双方也存在矛盾，在巴勒斯坦问题、维护伊斯兰核心价值观、在中东推行所谓的民主等方面，埃及坚决维护主权原则。“9·11”事件后，由于小布什对埃及的民主化施加压力，美埃关系一度受损。2009 年 1 月民主党上台后，埃美关系进入一个新时期。奥巴马总统在当年 6 月访埃期间，在开罗向伊斯兰世界发表了演讲，高度肯定了埃及在阿拉伯和伊斯兰世界所发挥的作用。随后，穆巴拉克总统对华盛顿进行回访，并与美国总统和美国政府高级官员进行深入的会谈。但是，穆巴拉克没有想到的是，正是奥巴马总统在“阿拉伯之春”的震荡中毫不犹豫地放弃了他，从而终结了所谓的穆巴拉克时代。

埃及与欧盟、俄罗斯的关系

从 20 世纪 80 年代末到 90 年代初，埃及的外交政策呈现前所未有的多样性。埃及外交开始侧重于欧洲和地中海国家，目的是将这些国家拉进自己的外交活动圈内，纳入重点考虑的范围里。[①] 穆巴拉克就埃欧关系提出了一系列外交举措，如地中海论坛、巴塞罗那宣言等。在埃及的努力下，逐步形成了环地中海国家之间相互交往、贸易、合作机制，增强了埃及的外交活跃程度。埃法之间的双边关系在穆巴拉克时期发展迅速。1991 年至 1994 年穆巴拉克总统曾 7 次访问法国。1994 年 7 月，穆巴拉克总统访问法国时，宣称埃法关系已进入“最好时期”。[②]2001—2002 年，穆巴拉克又先后 3 次访问法国，争取财政、经济和科技援助，进一步发展贸易和军事合作关系。[③] 由埃及和法国担任主席国的“地中海联盟”被认为是为加强

① 埃及新闻部·国家新闻总署：《阿拉伯埃及共和国年鉴 2001 年》，第 52 页。
② 王京烈：“冷战后的埃及外交”，《亚非纵横》1996 年第 2 期。
③ 杨灏城、许林根编著：《列国志·埃及》，第 541 页。

欧洲地中海伙伴关系付诸努力的里程碑，该联盟尤为重视一些发展项目的实施，以此保证实现双方的共同利益。穆巴拉克时期的埃及欧洲关系总体上体现出务实性，德法两国是埃及的第二、第三大投资国。同时，埃及与西班牙、意大利、希腊等北地中海国家贸易发展也十分迅速。

穆巴拉克时期埃及与俄罗斯的关系分为两个阶段，即苏联解体前后两个时期。从穆巴拉克上台到1991年苏联解体为第一个时期（埃苏关系时期），1991年至2011年"茉莉花革命"为第二时期（埃俄关系时期）。首先，穆巴拉克调整了与苏联的关系，使埃苏关系有所缓和。1984年7月，双边恢复了大使级外交关系，同年9月互派了大使，实现了外交关系正常化。此后，双方开始了经济和人员往来，部长级官员访问也逐渐增多，在各个领域的合作关系不断发展。苏联表示愿意对20世纪50—60年代的援助项目进行技术改造，还愿意向埃及提供武器和零备件。1988年，双方签订了为期5年的经济、贸易和科技合作协定，还签署了重新安排拖欠苏联债务的议定书。① 另一方面，穆巴拉克决定重建埃苏商业关系，基本恢复了经济和文化联系。他还召集苏联专家参与修复阿斯旺大坝苏联建造的涡轮终端，并让专家在赫勒万钢铁厂工作等。②

1991年苏联解体后，埃及承认苏联各加盟共和国的独立，并与大多数独联体成员国家建立了外交关系。埃及认为与俄罗斯建立良好关系，既可以找到利益的汇合点，以利于各自国家，又可以争取俄罗斯在中东问题上对阿拉伯立场的支持。1996年以来，双方政治关系加强，贸易和经济联系逐渐改善。开罗对车臣问题的政策是"积极中立"，为俄罗斯解决车臣危机做出了巨大贡献。

进入21世纪后，埃、俄关系稳步提升，双边贸易合作更加频繁。2005年4月，俄罗斯总统普京首次访问中东，第一站便是埃及。普

---

① 杨灏城、许林根编著：《列国志·埃及》，第537—538页。

② El-sayed Amin Shalaby, "Egypt's Foreign Policy 1952-1992: Some Personal Reflections", in *Balletin of Peace Proposals*, Vol.23 Issue 3, 1992, New York, 2015.

京的访问有助于克服双边停滞不前的投资状况，增强商业伙伴关系。俄罗斯开始参与埃及拖拉机和汽车的装配，计划在亚历山大港建立一个俄罗斯工业区。2008 年，艾哈迈德·纳齐夫部长访问莫斯科，双方讨论了军事技术合作的可能性。埃及军队的苏制武器仍占很大比例，需要升级或维修。2009 年 3 月，穆巴拉克访问莫斯科，意味着高层接触开始常态化。2009 年，俄罗斯总统德米特里·梅德韦杰夫访问埃及并签署战略伙伴关系协定。此时，俄罗斯在埃及投资兴建项目数量不断增加，投资总额达 9.36 亿埃镑。两国在能源领域的合作在双方的经济合作框架中占据首要地位。穆巴拉克时期的埃及－俄罗斯关系总体上呈现出缓和与上升的态势。

五、近现代埃及的文化艺术

近现代埃及文学

诗歌创作在埃及自古以来就有优良的传统，诗人迈哈穆德·萨米·巴鲁迪（1838—1904 年）参加了奥拉比领导的反英斗争，后长期被放逐锡兰岛。他的诗歌充满深厚的民族主义和爱国主义的思想感情，在阿拉伯诗歌史上起了承前启后的作用。进入 20 世纪后，被誉为诗歌王子的著名诗人艾哈迈德·绍基（1868—1932 年）和尼罗河诗人哈菲兹·易卜拉欣（1871—1932 年）等人掀起了阿拉伯现代诗歌复兴运动。[①] 埃及的短篇小数和长篇小说得到很大的发展，涌现出一大批文人墨客。例如文学家和思想家阿卡德，小说家和剧作家陶菲克·哈奇姆（代表作 1933 年出版的《灵魂归来》），文艺评论家、翻译家、作家塔哈·侯赛因（代表作《日子》三部曲）以及穆罕默德·侯赛因·海凯勒等。[②]

“七月革命”后，出现了许多新的作家，不少作品描写了工人、

①② 埃及新闻部·国家新闻总署：《阿拉伯埃及共和国年鉴 2007 年》，第 319 页。

店员、知识分子以及农民的生活。特别需要提到的是 1988 年诺贝尔文学奖获得者、最著名的阿拉伯文学家纳吉布·马哈福兹（1911—2006 年），他一生创作出版了 50 部长篇和短篇小说集，被译成至少 33 种文字推向世界，其中以 1956 年到 1957 年出版的现实主义鸿篇大作“开罗三部曲”——《宫间街》《思宫街》和《甘露街》最为知名，[①]“三部曲”以自传体形式描写了开罗家庭 20 世纪 20 年代到 50 年代万花筒式的盛衰变化。马哈福兹因其在文学方面的杰出才能被誉为“阿拉伯语小说之父”“阿拉伯文学旗手和小说大师”。此外，作家阿卜杜·拉赫曼·舍尔卡维（1920—）擅长描写农村生活和塑造农民形象。伊哈桑·阿卜杜·古杜斯（1919—）的作品通过塑造不同类型的妇女形象来揭示政治、社会方面的问题。他的《有个男人在我们家》（1957 年）是描写抗击英国占领军、反对本国封建统治的长篇小说。20 世纪 60 年代后，一批短篇小说家脱颖而出，较著名的有尤素福·沙鲁尼 、穆罕默德·绥德基、赛尔窝·阿巴泽等。他们的作品反映了近年来埃及社会发生的深刻变化，揭露了现实中许多阴暗现象，敢于向腐败、官僚主义和社会不平等现象发起挑战。

近现代埃及艺术

20 世纪初，埃及开始出现书面乐谱的创作活动，传统音乐得到改造，民间音乐得到提升，还出现了一批作曲家和歌唱家。[②] 1869 年，埃及成为阿拉伯世界第一个拥有歌剧院的国家。赫底威伊斯梅尔重视剧场的建设，并在剧场举办歌剧、款待宾客，1885 年埃及举办了第一次戏剧节。[③]

法拉哈·安东（1861—1922 年）的《新旧开罗》于 1913 年第一次上演，它暴露了埃及社会的黑暗现象。第二次世界大战期间，戏剧艺术的先驱者之一迈哈穆德·台木尔写的反映社会问题的《炸

①②③　埃及新闻部·国家新闻总署：《阿拉伯埃及共和国年鉴 2007 年》，第 16 页、第 320 页、第 323 页。

弹》（1943年）和《第十三号防空洞》（1943年）受到好评。陶菲克·哈奇姆的剧作从古代埃及法老、伊斯兰教先知的事迹以及西方古典神话中汲取题材，代表作有《洞中人》（1933年）和《山鲁佐德》（1934年）等。他也有反映社会现实的剧本，较著名的有《社会剧二十一种》（1950年）。他的作品着重于哲学、伦理的分析，有的带有浓厚的象征主义色彩。

自20世纪50年代中期起，由于无线电广播和电视节目的需要，国家奖励戏剧团体的演出，以及新剧团上演新的剧目，促进了埃及戏剧创作的发展。戏剧作者除了蜚声剧坛几十年的老一辈剧作家陶菲克·哈奇姆外，几乎所有现代作家和诗人都参与剧本创作，如诗人阿齐兹·阿巴扎创作的9部诗剧，获得国家表彰奖。尤素福·伊德里斯、拉沙德·鲁什迪、努阿曼·阿舒尔、赛阿德丁·瓦赫白和法里德·法拉吉等，创作了许多富有现实意义的哲理剧、社会喜剧、历史剧和童话剧等。

20世纪30年代，埃及王子优素福·卡梅勒为西方文化所吸引，出资赞助建立了埃及第一所国家美术学校，并专门聘请法国和意大利教师执教，由此形成了埃及现代美术教育至今秉承的特点。此后，埃及的美术创作由抽象的伊斯兰装饰画向体现人们生活各个层面的立体形态转变。受西方影响，埃及艺术家采用西方美术的各种手法绘制人物肖像、裸体、风景及静物，并运用与西方一样的绘画材料，包括铅笔、木炭、水彩及在帆布上运用油彩等，石膏模型及石像也有采用。新一代的埃及艺术家继他们的外国导师后开始在美术学校任教。他们其中的一些人还在法国和意大利获得奖学金。①

“七月革命”以来，许多艺术家开始努力建立一种公认的埃及当代艺术。到70年代，在对西方文化全面开放的情况下，埃及的艺术家行走在诸如印象主义、立体主义、超现实主义、未来主义等创作思想和氛围中。大部分埃及艺术家萌发了强烈的情感和欲望去创

① 〔埃及〕黑白：《埃及当代美术一瞥》，《世界美术》2002年第3期。

作一些融合当代理念和本国特点的属于自己的作品，希望既能为国际社会所理解，又不失埃及民族特色，于是出现了向法老艺术回归，或者视哥特艺术和伊斯兰教艺术为起点的创作倾向，也有一些艺术家则深受民俗文化的影响。①

1907年6月20日，埃及的第一部电影诞生，这是一部纪录片，记录了阿巴斯·希勒米二世在亚历山大的阿布·阿巴斯郊区为宗教学院剪彩的过程。1918年，演员穆罕默德·凯利姆第一次站到摄像机前拍摄了《贝都因人的光荣》和《致死的花》，标志着埃及有了电影表演艺术。1928年，导演穆罕默德·比尤米拍摄了埃及第一部长篇故事片《图塔卡蒙的国度》（无声电影）。1935年，埃及有了第一家电影制片厂，电影业进入新的发展阶段。埃及的电影以现实主义为主调，展现阿拉伯人的主流价值观。七月革命后，先后出现一批以批判英国占领、反映埃及人的生活疾苦或者以历史为题材的电影，也包括一批男女爱情生活的电影，例如《穆斯塔法·卡米勒》《废墟之间》《我是自由的》和《木乃伊》等，还有反映十月战争的《子弹还在我的口袋中》等。在100多年的时间里，埃及共生产了3600多部电影，多次获得国际奖项，举办多个国际电影节，培养了一批国际知名的电影人。②

近现代埃及考古学与历史学

作为文明古国，埃及考古资源极为丰富，本身就是"一座巨大的博物馆"③。自从拿破仑入侵埃及后，埃及学及现代埃及考古学诞生。但是，埃及的考古事业长期在殖民主义的控制之下，被西方垄断。④1822年法国学者商博良释读象形文字成功，激起西方对埃及古迹文物搜集和研究的热潮，德国、法国和英国的考古学家相继

① 〔埃及〕黑白：《埃及当代美术一瞥》，《世界美术》2002年第3期。

②③ 埃及新闻部·国家新闻总署：《阿拉伯埃及共和国年鉴2007年》，第312—314页、第306页。

④ 刘文鹏：《埃及考古学》，"导论"第23页。

到埃及考古，对埃及考古做出重要贡献。近代埃及第一位考古官员是阿赫迈德·卡迈尔（1849—1932 年），曾在法国考古学家马里埃特领导的古物局中工作。七月革命后，埃及的民族考古学迅速成长，以本国学者为主，积极开展国际协作，利用新技术、新手段更加广泛深入从事考古发现、维护和研究工作。阿赫迈德·法库里、卡迈尔·马拉赫、哈瓦斯等考古学家开展了一系列文物考古工作。穆巴拉克时期，实施了卢克索维护工程、金字塔高原改造工程、伊斯兰文明博物馆工程、大埃及博物馆工程等重大考古和文博工程，并重建亚历山大图书馆，使之成为一座巨大的文化中心，举办包括科学、文化、艺术等各种各样的国际会议和学术活动。

近现代埃及历史学的发展同样经历了民族化和专业化的历程。18 世纪和 19 世纪之交的迦白鲁谛（1753—1825 年）是埃及过渡时期的历史学家，他的贡献在于使埃及历史学本土化。19 世纪初，现代埃及也是阿拉伯史学的第一缕曙光出现，杰出的代表人物就是著名学者和历史学家里法阿·里法·塔哈塔维（1801—1873 年）。①19 世纪下半期埃及历史学的一个重要现象，就是中世纪著名的阿拉伯历史学家伊本·赫勒敦的历史著作再次流行。原因在于，人们试图从赫勒敦的历史论述特别是《历史绪论》中寻求困扰阿拉伯人的两大核心问题——国家盛衰的原因和政治社会的合适组织形态——的答案。进入 20 世纪，尤其是 1919 年革命后，埃及现代民族主义史学进一步发展。1928 年，历史学家沙菲克·格布尔出版了《埃及问题的产生与穆罕默德·阿里的崛起》，该书副标题是“基于英国和法国的档案对拿破仑时代埃及外交的研究”，它表明埃及的历史学家开始重视利用原始档案和未发表文献资料撰写历史，标志着埃及历史学从此进入职业化发展的新阶段。② 自由主义时代，埃及人最关注

① Youssef M. Choueiri, *Modern Arab Historiography: Historical Discourse and the Nation-state*, London and New York, Taylor & Francis Group, 2003, p.5.

② Ibid., p.77.

的是从英国殖民统治下的独立和尼罗河流域的统一，促使历史学家更加重视对埃及自身历史的书写，特别是关于英埃关系史和埃及政治史着墨较多。同时，作为穆斯林和阿拉伯人，学者们对伊斯兰的历史和阿拉伯的历史也十分重视。[①]艾哈迈德·爱敏（1886—1954年）就是20世纪阿拉伯世界最负盛名、最有影响的伊斯兰学者之一，也是埃及著名的历史学家和文化哲学的启蒙思想家，他一生留下几十部著作，其中《阿拉伯伊斯兰文化史》（三卷八册）影响最大，被称为"艾哈迈德·爱敏伊斯兰百科全书"，全书史料丰富、内容翔实、见解精辟、文笔流畅，埃及著名历史学家艾哈迈德·福瓦德认为它是"考察伊斯兰文化的灯塔"，[②]我国著名阿拉伯文化和历史研究学者纳忠先生认为它是"迄今阿拉伯文化史中一部极其重要的划时代著作"。

六、面向不确定的未来

艰难的政治过渡与重建

穆巴拉克辞职后，埃及武装部队最高委员会接管了国家权力。埃及进入军方掌管的过渡期。2011年3月19日，埃及对过渡政府提出的宪法修正案进行全民公投。根据宪法修正案，总统和议会选举将向独立候选人和反对派候选人开放，并对投票结果进行全程司法监督；宪法修正案把总统任期限定为两任，每任4年。3月20日公布的最终结果显示，77.2%的选民支持修宪，为大选铺平了道路。

在政治重建进程中最大的受益者，是长期在夹缝中求生存的穆

---

① Arthur Goldschmidt, "Egyptian Historiography, 1919-52" ,in *Re-Envisioning Egypt, 1919-1952*, Edited by Arthur Goldschmidt, Amy J. Johnson and Barak A. Salmoni, The American University in Cairo Press, 2005, p.466.

② 〔埃及〕艾哈迈德·爱敏：《阿拉伯伊斯兰文化史》（第1册），"修订说明"第III—IV页。

斯林兄弟会。从2011年年初埃及发生游行示威开始，兄弟会一直希望能够参与到变动的政权中来，在重新洗牌的埃及政坛中获得合法地位。2月6日，兄弟会加入埃及政府与反对派的政治对话，这是兄弟会多年来首次以组织的身份，而不是以个人的形式与政府进行公开对话。当天，埃及军政府与反对派代表同意建立一个专门委员会，研究宪法和立法改革的事项。4月30日，穆斯林兄弟会协商委员会发表声明宣布，该组织已成立自己的政党“自由与正义党”，该党将在选举中参与角逐45%到50%的议会席位。另外，穆斯林兄弟会推举其领导机构政治局的多名主要成员担任新政党的领导职务，党主席由工科教授出身的穆罕默德·穆尔西担任。随后不久，自由与正义党获得当局承认。此外，兄弟会还积极为参加埃及总统选举做准备，提名海特拉·沙特尔、福图赫和穆罕默德·穆尔西三人作为总统候选人。

2011年8月和9月，穆巴拉克先后被指控腐败和在革命期间杀害850名示威者而三次出庭受审，成为阿拉伯剧变以来“首位站在被告席上的国家最高领导人”。8月11日，政府解除了实施长达30年的紧急状态法。9月27日，军方宣布将于11月28日举行人民议会（议会下院）选举，2012年1月29日举行协商会议（议会上院）选举。由于群众抗议，人民议会选举一直拖到2012年1月21日举行。议会选举结果显示，穆斯林兄弟会主导的政治联盟赢得了47%的席位，另一个伊斯兰主义者派别萨拉菲派光明党获得第二多的席位，占总数25%。两个伊斯兰政治派别加起来获得大约70%的席位。西方媒体认为，这一结果体现了革命后埃及在文化上浓厚的保守主义倾向。[①]

2012年1月23日，在数千名示威者“毫无组织地或庆祝或抗议”的气氛下，来自穆斯林兄弟会的萨阿德·卡塔特尼以399票对97票的优势当选人民议会议长，来自萨拉菲派光明党的阿什拉夫·萨比

① 美国《纽约时报》网站2012年1月21日。

特和新华夫脱党的穆罕默德·达乌德分别当选副议长。同日，军政府将立法权移交新选出的人民议会。2月28日，协商会议举行首次会议并选出议长。6月6日，经过多轮磋商，选出代表埃及社会各个阶层的制宪委员会。

根据政治重建进程的安排，2012年5月23日，被称为埃及“有史以来首次可以自由选举”的总统选举首轮投票在埃及全国27个省区全面展开。两天时间里，约5000多万名合格选民在全国各地的1.3万个投票站进行投票。5月28日。埃及最高总统选举委员会公布总统选举首轮投票结果。自由与正义党主席穆尔西、前总理沙菲克得票数位居前两位。根据选举规则，由于没有候选人得票率超过总有效票数的50%，得票数位列前两位的穆尔西和沙菲克将进入决胜轮角逐。①

6月14日，最高宪法法院裁定2012年新选出的人民议会三分之一的席位无效，并因此解散议会——此举被称为一场“稳定的政变”，这给总统选举和日后新总统的执政增添了变数。6月16日至17日，举行总统选举决胜轮投票。武装部队最高委员会17日又发布补充宪法声明，将立法权和国家预算决定权移交给埃及武装部队最高委员会，新总统将无权干涉。24日下午3时30分，历史性的埃及新总统终于千呼万唤始出来，穆尔西以极微弱的优势险胜前总理艾哈迈德·沙菲克，赢得穆巴拉克下台后的首次埃及总统的民主大选，也成为1952年以来继纳吉布、纳赛尔、萨达特、穆巴拉克之

① 根据埃及最高总统选举委员会公布的统计数据显示，在总统选举第一轮投票中，穆斯林兄弟会候选人穆尔西获得了5764952张选票，位列第一。前总理沙菲克获得5505327张选票，排名第二。世俗革新派人士萨巴希排名第三，他获得的选票数超过480万。穆斯林兄弟会前高级官员福图赫和前外长穆萨分别排名第四和第五位，他们获得的选票数分别为405万和258万。此外，数据还显示，在此次总统选举首轮投票中，全国5000多万名选民中共有约46%的选民参加了投票。为保证选举的公正与透明，埃及已配置1.45万名法官监督本次总统选举，其中包括1200名女性法官。此外，还有3个国外非政府组织和49个本土非政府组织参与选举监督工作，埃及最高总统选举委员会已为这些非政府组织工作人员分别发放243个和9534个许可证件。

后的第五位总统，也是埃及首位非军人出身的总统。[①]

在随后的胜选感言中，穆尔西表示："我将成为所有埃及人的总统……我呼吁你们，伟大的埃及人民，加强我们的民族团结。这里没有对抗之辞的空间……民族团结是如今埃及走出艰难时期所必须要走的道路。埃及将遵守所有国际条约，我们带着和平而来。"这一表态受到国际社会广泛关注特别是以色列和美国的谨慎欢迎。

短暂的伊斯兰治理

6 月 30 日上午，穆尔西在埃及最高宪法法院全体大会上宣誓就职，开始其 4 年的总统任期。在就职仪式上，穆尔西宣称致力于建设一个世俗、民主、宪治的现代化国家。他说，超人总统时代一去不复返，愿意成为各政治派系、各宗教派系在内的所有埃及人的公仆。

国际社会和埃及国内的一些人高度评价穆尔西获胜。的确，被压制了半个世纪之久的穆斯林兄弟会通过民主选举的方式上台执政，标志着埃及乃至阿拉伯世界民主化进程的巨大胜利。但它却面临多重考验：

第一，国家社会和经济问题积重难返。国内示威游行的频繁发生使经济活动陷入崩溃边缘。而经济的低迷又导致埃及财政赤字严重和货币贬值的危机。革命发生 16 个月以来，埃及旅游业受到重创、货币贬值、食品价格上涨，增加投资与援助迫不及待。2013 年国际货币基金组织报告称埃及经济仅增长 2.0%，通货膨胀率 10.9% [②]，显示出穆尔西面对的经济困境。

---

① 根据埃及总统最高选举委员会发布的数据，此次选举共有 5030 万合法选民，决胜轮投票率为 51.8%，其中 843200 张选票被认定无效，约占总选票的 3.1%。选举委员会共收到 452 起选举舞弊投诉。穆尔西获得 1323 万张有效选票，得票率为 51.73%，穆尔西的竞争对手、前总理沙菲克获得 1234 万张有效选票，得票率为 48.27%。参见 Reem Leila，" The Brothers take charge"，http://weekly.ahram.org.eg/2012/1104/eg2.htm，2012/7/6。

② "IMF 预测 2013 财年埃及经济仅增长 2%"，http://news.xinhuanet.com/fortune/2013-05/22/c_115862610.htm.

第二，执政面临政局不稳定的威胁，以及来自军方、反对派和民众的多方挑战。穆巴拉克政权瓦解后，权力真空由军方填补。如何妥善处理与军方的关系充满了不确定性。军方在大选前利用宪法做出对总统的诸多限制，并解散了下议院，使埃及未来的“总统”被视为没有实权在握，仅是国家象征的傀儡。[①]同时还有来自反对派的威胁，主要表现为反对派控制的司法界对政府的诸多限制。穆尔西在选举造势时宣称要保障基督教徒和妇女的权利，以及安抚支持民主、发动革命的各青年组织等承诺，[②]要实现这些目标，困难和阻力重重。此外，具有穆斯林兄弟会背景的新政府在外交上的局限，特别是在争取国际社会的支持和援助方面难有作为。

穆尔西首先展开与军方的博弈。2012年6月30日穆尔西从军方接手“总统之职”，并于7月8日发表总统令：宣布恢复议会，借此收回立法权。但最高法院判决无效，这一期望破灭。然而，穆尔西针对军方的第二次出击则较为成功。2012年8月初，西奈半岛发生基地分子制造的爆炸事件，16名士兵丧生。穆尔西政府借助群众不满的情绪于12日宣布解除国防部长坦塔维和武装部队参谋长阿南的职位，任命阿卜杜勒·塞西和西德基·苏卜希出任军方首脑，随即又宣布70名现役军人提前退休。穆尔西对军方大换血被称之为“用六个星期的执政终结军方60年的统治”，此举并未引起轩然大波。主要原因：一是因为穆尔西利用了西奈半岛事件中民众对军方的反感，为自己的决定找到了联合力量；二是穆尔西巧妙利用了军队中少壮派与长老派之间的矛盾，减缓了军方对政府决策可能出现的激烈反应。至此，与军方博弈的结果是暂时解除了军方对穆尔西政权的威胁，使军方和世俗派的联合转变为军方与穆尔西政府的暂时联合，达到了穆尔西政府的最初构想。

其次，同反对派的对决。由于军方同穆尔西形成了暂时联合，

---

① “Mohamed Morsi Declared President Of Egypt”, http://www.ibtimes.com/mohamed-morsi-declared-president-egypt-704102.

② 美联社开罗2012年5月29日电。

接下来对政府部门和司法部门权力的争夺成为穆尔西的另一个主要抓手。对政府部门的争夺以"政府机构的人事调整"为切入点。穆尔西上台后立即任命甘迪勒出任总理，并新任4名总统助理、7名总统顾问委员会成员；2013年1月前撤换了包括交通部、财政部等重要部门的10名部长；2013年5月，再次改组新内阁并增加了新内阁成员中穆斯林兄弟会人员。政府部门的职位越来越多地被拥有穆斯林兄弟会背景的成员占据，穆尔西对政府的控制进一步加强。

对司法权的争夺是从马哈茂德总检察官免职开始的。2012年10月12日最高法院判决穆巴拉克政府高官无罪事件引发广大群众不满，穆尔西借群众游行之际免除马哈茂德总检察官一职，随后最高法院以穆尔西的决定违反埃及法律、损害司法独立性为由，使穆尔西在10月15日不得不宣布恢复马哈茂德的职位。另一场司法权斗争是围绕"新宪法"展开的。穆斯林兄弟会掌权的制宪委员会虽在制定宪法过程中表示将吸纳一切党派的意见，但新宪法的明显伊斯兰化还是引起反对派大联盟的不满。双方对决中，穆尔西先是占据上风。但2012年11月22日穆尔西发表的"总统声明"成为斗争的转折点，声明要进行总统扩权，并宣布在12月15日进行宪法公投。各地方法院以停止工作来反对穆尔西的扩权行为；站在反对派一方的群众通过游行示威对穆尔西政府提出抗议。穆尔西的支持者则在12月2日在最高法院门口示威。最高法院宣布"将无限期停止工作，直至精神上、物质上的限制完全取消为止"。各方斗争的结果，是穆尔西不得不宣布停止扩权行为，但他在宪法的公投问题上却没有妥协。12月22日宪法草案以64%的支持率得以通过。反对派出身的副总统马哈茂德·马基于当日宣布辞职，给穆尔西施压。2013年1月1日最高法院宣布恢复工作，并在6月2日判定制宪委员会制定新宪法的法律依据和规定无效。双方的博弈看似势均力敌，但穆尔西政府对司法权的争夺未能如愿，这便为反对派联合民众形成强大的抗议示威浪潮留下了隐患和导火线。

最后，应对民众挑战。穆尔西是以"民主政府"和"平民政府"

的形象上任的，民选议会、民选总统、民选宪法的产生，使民众体会到“民主制度”的真切性；国家制定相关政策来控制贫富分化显示出政府对民众诉求的重视；各种民主现实一方面可以使政府获得民众的认可和支持；另一方面也可以提高民众对政治的参与度，对现代民主国家的建立有一定进步意义。但“民主制度”的不足仍会对政治稳定构成威胁。穆巴拉克政府被推翻后在武装部队最高委员会组织下即刻进行的议会选举，使“威权政治”刚结束下的民众并没有充足的时间了解何为民主，怎样实施民主。此外，各党派为了政治权力的获得还来不及思考切实可行的政策。正是在这种状况下，穆斯林兄弟会打着宗教牌以强大的群众基础获得执政机会，利用部分民权“收买”民众，赢得民众对政府的支持。

通过意识形态的控制来加强对民众的统治是穆尔西政府完成与民众联合的又一重要方式。穆尔西团队上台前就表示“埃及不会被伊斯兰化”①，但上台后，穆尔西的政策是通过加强意识形态的领导权和控制力来巩固统治权。他要求埃及的协商议会对国家媒体进行人事改组，新的媒体集团中有很大一部分是伊斯兰主义者或伊斯兰主义的支持者。埃及新闻节目女主持人头戴头巾播报新闻的举动“暗示”了“伊斯兰的回归”。埃及新闻部部长萨拉赫表示：“还将会有多位女主持人戴头巾出境。”埃及女性戴面纱的人数进一步的增加，说明了穆尔西通过这一举措的确达到了他的目的。

总之，穆尔西政府通过与军方和反对派的博弈实现了暂时的政治稳定；通过制定宪法和发展经济等举措一定程度上解决了民众对民主和民生的诉求；在外交方面，通过继承和发展过渡政府时期的外交策略，并与埃及传统的“三圈外交”“平衡外交”相结合，保持了剧变后埃及在地区和国际舞台上的影响力。②

---

① 《伊斯兰兄弟会官员：埃及不会被伊斯兰化》，http://www.chinadaily.com.cn/zgrbjx/2012-02/08/content_14563913.htm.

② 王泰、王恋恋：《埃及过渡政府的外交政策之调整》，《阿拉伯世界研究》2012年第2期。

穆尔西政权被推翻

穆尔西政府对埃及的重建是建立在政局动荡、经济低迷的基础之上，由于新旧因素的碰撞而衍生的各种矛盾必然会给其带来诸多新的挑战。埃及政治的两大结构性的挑战始终影响伊斯兰治理的效能。

首先，穆尔西与军方的博弈虽有积极作用，但也存在潜在威胁。军方与政府表面上的合作并不能掩盖军方一旦有机会在穆尔西与反对派的斗争中获得权力，它仍会成为穆尔西的敌人。在一些事件中，军方表现出的模棱两可的态度说明了军方仍是革命的潜在威胁。2012 年 11 月反对派“救国阵线联盟”呼吁民众 11 日举行游行示威活动，以反对穆尔西将于 15 日举行宪法公投，穆尔西当时授权军方维护治安。但军方表态自己的立场是呼吁各方以谈话的方式解决，而没有选择站在穆尔西一方。

其次，来自穆斯林兄弟会自身的挑战。作为执政党，穆斯林兄弟会虽然是一个趋于温和的伊斯兰政党，但就穆尔西执政一年的成效看，埃及伊斯兰化特征突出，而且穆斯林兄弟会一党独大的倾向越来越明显。穆尔西要引导埃及走上一条什么样的道路成为举世瞩目的焦点，人们质疑穆尔西能否实施伊斯兰中间主义的信条和原则，从而维持相对温和的伊斯兰立场，能否真正尊重公民的基本权利与自由，能否积极与世俗政党合作，建立广泛的政治联盟来推动政治民主化。①

2013 年 6 月 30 日，埃及爆发大规模示威游行。这一天正是穆尔西执政一周年纪念日。当天，数百万埃及民众在开罗及亚历山大、塞得港等主要城市举行支持或反对穆尔西的大规模游行示威，有的提出推翻穆尔西政权，提前举行总统选举。在大规模游行示威中，穆尔西的反对者认为穆尔西未能兑现竞选时提出的“百日

---

① 王泰：《埃及伊斯兰中间主义思潮的理论与实践》，《西亚非洲》2012 年第 2 期。

计划”改革承诺，埃及的政治、经济、社会环境整体来看并没有明显好转。由于政局持续动荡，埃及经济发展停滞，物价上涨严重，失业率高居不下。此外，穆尔西上台以来一直未能处理好兄弟会与世俗政党和民主派的分权问题，与世俗政党和民主派分歧严重。埃及虽然实现了新宪法公投，但并没能真正实现社会各阶层的团结，没能切实缩小宗教、种族间的隔阂，也没能推动社会更广泛有效的政治参与。

示威引发的冲突造成20多人死亡，1200多人受伤。7月1日，埃及军方向穆尔西发出48小时通牒，称如果穆尔西不满足示威者要求，军方将介入当前局势。政府中包括外长在内的6名内阁成员辞职，穆尔西本人拒绝接受通牒，拒绝辞职，坚称将继续推动全国和解。7月3日晚上，军方宣布实行政治过渡，罢黜总统穆尔西。国防部长塞西公布了军方提出的埃及未来发展路线图，主要内容包括：暂停使用现行宪法；提前举行总统选举，最高宪法法院院长将在总统选举前暂行总统职权；成立联合政府；成立专门委员会商讨修改宪法。

7月23日是埃及国庆日，在穆斯林兄弟会和多个伊斯兰政党的号召下，穆尔西支持者举行大规模游行，要求恢复穆尔西的总统职务，谴责军方的行为是“军事政变”。双方暴力事件导致6人死亡，41人受伤。到2013年7月29日为止，穆尔西的支持者与反对者和军方冲突已经造成至少81人死亡，其中27日至28日凌晨在开罗爆发的冲突中，有72名穆斯林兄弟会支持者被打死。在亚历山大，有9人死于暴力冲突。8月16日，埃及军警实施“清场”，用武力驱散占据解放广场的穆尔西的支持者，造成的死亡人数上升至638人，另有约4200人受伤。副总统巴拉迪辞职表示抗议。埃及宣布进入紧急状态。10月6日，在纪念十月战争40周年的集会上，爆发的骚乱又造成65人死亡，近400人受伤。

埃及人用街头政治反对他们用投票政治选举出的总统，军方再次站在世俗力量一边。穆巴拉克被推翻之后，埃及政治生态的一系列嬗变表明，民主进程对于埃及这样的阿拉伯大国的确异常艰难。

穆尔西及以他为代表的穆斯林兄弟会的悲剧，面对这样一个悖论，即他的胜选和合法化是在由军方（长老派）为代表的过渡政府同意和容许的前提下实现的，而穆尔西上任6个星期就以勒令退休的方式解除了允许他合法化的军方（长老派），改用少壮派执掌军队，而恰恰是这个少壮派的军方把他罢黜，并再次宣布穆斯林兄弟会为非法组织。历史似乎给穆尔西和穆斯林兄弟会开了一个玩笑，60年走了一个循环，回到原点：第一步是从上世纪50年代起，纳赛尔、萨达特、穆巴拉克三代军人政权的建立与宗教世俗冲突的长期化；第二步是2011—2012年，穆巴拉克军人政权的倒台与宗教世俗的历史性和解，其标志是穆斯林兄弟会的合法化和穆尔西通过合法大选上台执政；第三步是2013年7月初，军人政权的强势回归以及宗教与世俗再次愈行愈远，标志性事件是7月3日的罢黜总统事件和8月16日的清场行动。来自宗教和世俗的矛盾冲突在埃及一直存在，只是由于它在2013年的政治剧变中，围绕这些冲突引发的斗争更加剧烈而残酷，弥散着你死我活的血腥味，致使刚刚出现的民族和解的气氛荡然无存。

塞西执政与埃及的未来

穆尔西废黜后，军方指定阿德利·曼苏尔出任临时总统，负责修改2012年宪法、主持政府过渡。2014年1月14日到15日，埃及人民对新宪法进行公投。新宪法与2012年宪法相比，最大的区别是去伊斯兰化，有关宗教地位的所谓“身份条款”被取消，新宪法更具世俗主义和理性主义的色彩，并对保障人权和自由更加开明和宽容。但新宪法赋予军队更大的权力，包括有权在军事法庭起诉平民。

2014年3月26日，塞西宣布辞去埃及武装部队总司令和国防部长职务。5月20日，塞西公布其总统竞选计划，提出了改善民生、建立现代政府和恢复国际地位等奋斗目标，媒体称其为埃及的“振兴计划”。大选结果塞西当选共和国第六任总统。在6月8日的总统就职演讲中，塞西再次强调埃及复兴的目标是在未来建设一个强大、安全、繁荣的国家，埃及在未来要重担历史使命，维护伊斯兰世界和阿拉伯民族的稳定，并将通过经济发展来弥补所失去的机遇、校正以往的过错。随后，以 2015 年 3 月召开的沙姆沙伊赫投资大会和 2016 年 2 月发布的《埃及 2030 年愿景》为标志，埃及经济改革的大幕再次拉开。塞西的措施主要集中在金融、财政、基础设施建设与加强实体经济等四大领域。

在第一任期的四年之内，塞西总统励精图治、积极推动经济转型。经济、政治和社会发展确有建树。[①] 第一，政局实现了相对稳定。塞西执政后，注重平衡各主要政治力量，重用各领域的精英，三次重组政府；引领舆论导向，营造支持政府氛围；强化军警等强力部门，使之充分发挥社会稳定的作用；利用爱资哈尔清真寺增强政治权威，取缔穆斯林兄弟会，严厉打击各类极端势力，促使社会秩序恢复正常，提高政府的可信度和权威性。

第二，国内经济有了明显好转。2016 年埃及 GDP 达 3170 亿美元，增长率为 4.3%，人均 GDP 达 3431 美元。截至 2018 年 2 月，埃及外汇储备达 425 亿美元。与此同时，塞西大力发展城乡建设、扩建旅游设施、拓宽苏伊士运河和实施“百万费丹”土地改良计划等，遏制了剧变以来经济持续恶化的态势，提振了民族精神，使埃及经济开始走上良性发展轨道。2017 年，埃及运河收入突破 53 亿美元。随着埃及投资环境改善，吸引的外资也在增加。埃及颁布新的《投资法》，为投资者提供多项优惠政策，有利于进一步吸引外资。由于埃及独特的战略地位，西方陆续恢复对埃援助。

第三，埃及国内民心凝聚力有所增强。广大选民普遍认为，塞西是埃及的未来。埃及需要像塞西这样的强势领导人，并对当局坚持的世俗化、市场化、多党制、议会制和采取的稳定政局、振兴经济、改善民生及严打犯罪等重大举措予以支持。埃及国内反对党“风

① 《塞西连任埃及总统新任期面临哪三大挑战？》，http://www.xinhuanet.com/world/2018-04/04/c_129843370.htm.

光不再”。曾一度活跃在埃及政坛上的穆兄会社会影响力明显下降。其他反对党，多为“心有余而力不足”，难以实现大联合与塞西争雄。

第四，埃及在中东地区影响力逐步恢复。埃及重视发挥在地区事务中的作用，促成了巴勒斯坦内部法塔赫和哈马斯两大力量之间的和解；坚决反恐，重拳打击“伊斯兰国”等极端势力；支持叙利亚问题的政治解决；推动利比亚各派的和解进程。在对外政策方面，埃及坚持在大国间搞平衡，加强同中国、阿拉伯、非洲等发展中国家的关系。

但埃及面临的问题仍然严峻，塞西旨在改善外汇市场运行、降低预算赤字和政府债务的经济改革计划，比如取消能源补贴等，在短期内仍造成物价上涨，加重了中低收入者的负担。几乎所有的改革尚未触及埃及经济的根本问题，即实体经济的衰落与对地租经济的依赖。如果实体经济不能振兴，作为地区大国、拥有一亿多人口的埃及就只能继续依赖地租经济，其粮食安全和工业品需求将继续难以自给，从而必然依附于世界大国与国际市场，继续扮演资源出口与商品消费地的角色。[①] 埃及国内外形势依然不被看好。塞西推行的经济改革遭遇明显的国际压力。伴随地区局势持续动荡，埃及事实上已丧失对阿拉伯世界的领导权。埃及实体经济的衰落和一系列改革措施深刻影响了民众生活。因此，埃及国内政治失稳与治安失序的状况还将长期存在，成为阻碍埃及经济发展的重要因素。

在 2018 年 3 月 26 日到 28 日举行的新一届全国总统大选中，塞西和明日党领导人穆萨进行角逐，结果塞西以 97.08% 的选票胜出。6 月 2 日，塞西宣誓就职，开启他的第二任期。在就职演说中，他表示要将埃及人民的发展作为首要任务。在外交方面，塞西指出，新一届政府将遵循互利共赢原则发展对外关系。“埃及将在伙伴关系和共同利益的框架内，继续稳步加强与国际社会和区域各方的平

---

① 戴晓琦：《塞西执政以来的埃及经济改革及其成效》，《阿拉伯世界研究》2017 年第 6 期。

衡关系，不会陷入毫无意义的冲突之中。我们的外交行动将取决于是否符合国家的最高利益，是否尊重了其他各方的利益，以及是否维护了国家的主权。”[①]

2019 年 4 月 16 日，埃及国会以压倒性票数通过宪法修正案，该修正案规定，现任总统塞西的任期从 4 年延长至 6 年，并且可以再连任一次，这意味着塞西可以执政到 2030 年。坚持推动修宪的国会议员穆罕默德·阿布·哈米德认为，非洲国家阿尔及利亚与苏丹的政权更迭，利比亚冲突局势持续升温，造成了社会的动荡和不安。维护埃及的政局稳定反映了人民的意愿，其目的在于为让塞西完成政治与经济改革。持反对意见的议员纳加和瓦基德则认为，宪法修正案将把埃及带回中世纪的独裁统治时代。[②]

埃及又站在一个新的十字路口。按照“2030 年愿景”，埃及将在经济、社会、环境等三大领域推动多项改革措施，到 2030 年要把埃及建设成为一个善于创新、注重民生、可持续发展的新埃及。2020 年初，埃及人口已突破 1 个亿。作为一个人口过亿的阿拉伯发展中大国，埃及现在面临着水资源不足、农业减产和粮食供应危机、人口膨胀和贫困加剧等一系列问题。有西方学者从中东或阿拉伯的角度进行比较，一种看似短视但并不肤浅的观点认为，如果足够幸运，埃及的未来可能看起来最像土耳其；但如果事态发展很糟糕，埃及的未来恐怕会像巴基斯坦。埃及的财富还远没有达到土耳其的水平，但明显比巴基斯坦更富裕，也更城市化。或许埃及的未来就在二者之间的某处。[③] 当代埃及著名的学者萨米尔·阿明则放眼全球化和对资本主义发展批判的角度，在《人民的春天：阿拉伯革命的未来》一书中如此评论埃及：“埃及这艘大船正在没有任何指南针

① 《塞西宣誓就任埃及新一届总统第二任期将发展作为首要任务》，http://news.ifeng.com/a/20180603/58557981_0.shtml.

② 《受邻国政局不稳影响埃及修宪延长总统塞西任期》，http://k.sina.com.cn/article_6716299795_190529a1300100nbkx.html?from=new.

③ 吉迪恩·拉赫曼：《埃及的未来》，http://www.ftchinese.com/story/001036951.

的情况下航行。它的船长不知道自己要去哪里，也不想知道洋流正在把船带向何方。事实上，这艘船的航向完全取决于一个接一个发生的全球‘行情’，对此埃及经济只得被迫日复一日进行‘调整’，而这些调整所带来的则是各种各样的危险和不确定性。”[①] 国际知名的埃及史和中东史专家小阿瑟·古德斯密特在他的《现代埃及史：民族国家的构建》一书的结尾这样总结：“埃及是一个伟大而经久不衰的国家，她的文明已经持续了近6000年。尼罗河是她拥有的世界上最大、最造福人类的河流之一，虽然已经被人类大幅度地改造过，但仍有被人类更好利用的可能。埃及的人民勤劳而又智慧，中东的政治风暴可能还会隆隆作响，扰乱他们平静的生活。但他们已经历过太多这样的风暴，他们坚定地生存下来。”[②]

只要尼罗河水不会干涸，埃及的历史就不会结束，6000年绵延不绝而恢宏伟大的历史证明，埃及从来就不是一个固步自封的国家。即使从拿破仑率领法军入侵埃及到现在200多年的历史来看，埃及所面临的国际环境和地区形势风云变幻，埃及本身政治、经济、社会、人文亦是沧海桑田，而埃及作为中东变革的“先锋”角色没有变。“在民族复兴的追梦路上，难免会经历曲折和痛苦，但只要路走对了，就不怕遥远。”[③] 中国著名中东史学家彭树智先生认为，“现在比20世纪更清楚地显示出，埃及的命运掌握在自己的手中。具有悠久文明历史传统的埃及人民，正在自己的国土上走着适合本国国情的道路。在前进的道路上，一定不是平坦的和直线的，但也不会是重复别国的模式，而是以自我变革的活力，与时俱进，在交往自觉中创造埃及新的文明。”[④]

① 〔埃及〕萨米尔·阿明：《人民的春天：阿拉伯革命的未来》，嵇飞译，社会科学文献出版社2017年版，第151页。

② Arthur Goldschmidt Jr., *Modern Egypt: The Formation of a Nation-State*, p.200.

③ 习近平：《共同开创中阿关系的美好未来——在阿拉伯国家联盟总部的演讲》（2016年1月21日，开罗）。

④ 王泰：《埃及的政治发展与民主化进程研究（1952—2014）》，“序言”第4页。

参考文献

一、中文文献

1. 著译作

〔英〕阿诺德·汤因比主编，〔英〕乔治·柯克：《国际事务概览·第二次世界大战·第6卷，战时中东》，上海外国语学院英语系翻译组译，上海译文出版社2007年第1版。

〔埃及〕安瓦尔·萨达特：《我的一生——对个性的探讨》，李占经等译，商务印书馆1980年版。

〔埃及〕艾哈迈德·爱敏：《阿拉伯伊斯兰文化史》（第1册），纳忠等译，商务印书馆2019年版。

北京师范大学历史系世界古代史教研室编：《世界古代及中古史资料选集》，北京师范大学出版社1999年版。

不列颠百科全书编辑部编译：《不列颠百科全书》第5卷，中国大百科全书出版社1999年版。

〔英〕伯纳德·路易斯：《中东：激荡在辉煌的历史中》，郑之书译，中国友谊出版社2000版。

毕健康：《埃及现代化与政治稳定》，社会科学文献出版社2005年版。

〔英〕B.R.米切尔编：《帕尔格雷夫世界历史统计·亚洲、非洲和大洋洲卷：1750—1993》第3版，贺力平译，经济科学出版社2002年版。

陈恒：《希腊化研究》，商务印书馆2006年版。

陈志强：《拜占庭帝国通史》，上海社会科学院出版社2013年版。

陈万里：《二战后中东伊斯兰国家发展道路案例研究》，宁夏人民出版社2015年版。

陈嘉厚主编：《现代伊斯兰主义》，经济日报出版社 1998 年版。
陈天社：《当代埃及与大国关系》，世界知识出版社 2010 年版。
陈建民主编：《埃及与中东》，北京大学出版社 2005 年版。
范明生：《晚期希腊哲学和基督教神学——东西方文化的汇合》，上海人民出版社 1993 年版。
郭丹彤：《古代埃及与东地中海世界的交往》，中国社会科学出版社 2011 年版。
郭子林：《古埃及托勒密王朝专制王权研究》，中国社会科学出版社 2015 年版。
〔埃及〕G. 莫赫塔尔主编：《非洲通史》第 2 卷，冯世则等译，中国对外翻译出版公司 1984 年版。
郭应德：《阿拉伯史纲》，经济日报出版社 1999 年版。
〔日〕宫崎犀一等编：《近代国际经济要览》，陈小洪等译，中国财政经济出版社 1990 年版。
〔英〕赫·乔·韦尔斯：《世界史纲——生物和人类的简明史》，吴文藻等译，人民出版社 1982 年版。
〔英〕华莱士·布劳克威主编：《关键时刻》，张焱等译，生活·读书·新知三联书店 1987 年版。
哈全安：《中东国家史（610—2000）：埃及史》，天津人民出版社 2016 年版。
〔美〕吉米·卡特：《保持信心》，裘克安等译，世界知识出版社 1983 年版。
〔德〕卡尔·布罗卡尔曼：《伊斯兰教各民族与国家史》，孙硕人等译，商务印书馆 1985 年版。
〔英〕科林·麦克伊韦迪、理查德·琼斯：《世界人口历史图集》，陈海宏、刘文涛译，东方出版社 1992 年版。
〔美〕凯马尔·H. 卡尔帕特主编：《当代中东的政治和社会思想》，陈和丰等译，中国社会科学出版社 1992 年版。
《历史研究》编辑部编译：《罗马奴隶占有制崩溃问题译文集》，科学出版社 1958 年版。
李祖德、陈启能主编：《评魏特夫的〈东方专制主义〉》，中国社会科学出版社 1997 年版。
林志纯：《日知文集》第 2 卷，高等教育出版社 2012 年版。
林志纯主编：《世界通史资料选辑·上古部分》，商务印书馆 1962 年版。
刘文鹏：《埃及学文集》，内蒙古大学出版社 1994 年版。
刘文鹏：《古代埃及史》，商务印书馆 2000 年版。
刘文鹏：《埃及考古学》，生活·读书·新知三联书店 2008 年版。
〔英〕洛德·埃夫伯里：《世界钱币简史》，刘森译，中国金融出版社 1991 年版。

〔英〕罗伯特·斯蒂文思：《纳赛尔传》，王威等译，世界知识出版社1992年版。
〔英〕理查德·艾伦：《阿拉伯以色列冲突的背景和前途》，艾玮生等译，商务印书馆1981年版。
刘竞主编：《伊斯兰复兴运动论集》，中国社会科学院西亚非洲研究所1989年印制。
《马克思恩格斯选集》第4卷，人民出版社2012年版。
《马克思恩格斯全集》第9卷，人民出版社1972年版。
《马克思恩格斯全集》第45卷，人民出版社1985年版。
〔埃及〕穆斯塔法·阿巴迪：《亚历山大图书馆的兴衰》，臧惠娟译，中国对外翻译出版公司1996年版。
〔埃及〕穆·哈·海卡尔：《愤怒的秋天——安瓦尔·萨达特执政始末》，马瑞瑜等译，世界知识出版社1992年版。
〔埃及〕穆罕默德·艾尼斯、赛义德·拉加卜·哈拉兹：《埃及近现代简史》，埃及近现代简史翻译小组译，商务印书馆1980年版。
〔埃及〕穆罕默德·哈桑宁·海卡尔：《斋月战争》，钟飞、辛华译，商务印书馆1975年版。
马晓霖主编：《阿拉伯剧变》，新华出版社2012年版。
纳忠：《阿拉伯通史》（上卷、下卷），商务印书馆1999年版。
〔埃及〕纳赛尔：《独立的翌日》，转引自上海科学社会主义学会、上海社会科学院情报所合编：《当代亚非拉社会主义思潮资料选译》，上海社会科学院出版社1982年版。
〔埃及〕纳赛尔：《革命哲学》，张一民译，世界知识出版社1956年。
〔英〕佩里·安德森：《从古代到封建主义的过渡》，郭方、刘健译，上海人民出版社2001年版。
〔美〕帕尔默、科尔顿：《近现代世界史》，孙福生等译，商务印书馆1988年版。
潘光、朱威烈主编：《阿拉伯非洲历史文选》，华东师范大学出版社1992年版。
彭树智：《文明交往论》，陕西人民出版社2002年版。
彭树智主编，雷钰、苏瑞林：《中东国家通史·埃及卷》，商务印书馆2003年版。
彭树智主编：《二十世纪中东史》，高等教育出版社1992年版。
〔意〕乔齐奥·利塞：《埃及艺术鉴赏》，陈西中译，北京大学出版社1992年版。
曲洪：《当代中东政治伊斯兰：观察与思考》，中国社会科学出版社2001年版。
〔美〕乔恩·金奇、戴维·金奇等：《中东战争》（上册），上海《国际问题资料》编辑组等编译，上海译文出版社1979年版。
〔苏〕苏联科学院：《世界通史》第一卷，生活·读书·新知三联书店1959年版。
〔苏〕苏联科学院：《世界通史》第二卷，生活·读书·新知三联书店1960年版。

施治生、刘欣如主编:《古代王权与专制主义》,中国社会科学出版社1993年版。
〔美〕斯塔夫里亚诺斯:《全球分裂:第三世界的历史进程》,迟越等译,商务印书馆1993年版。
〔美〕塞缪尔·P.亨廷顿:《变化社会中的政治秩序》,王冠华等译,生活·读书·新知三联书店1989年版。
施雪华:《政治现代化比较研究》,武汉大学出版社2006年版。
〔埃及〕萨米尔·阿明:《人民的春天:阿拉伯革命的未来》,嵇飞译,社会科学文献出版社2017年版。
田明:《罗马-拜占庭时代的埃及基督教史研究》,天津人民出版社2009年版。
唐大盾、张士智等:《非洲社会主义:历史·理论·实践》,世界知识出版社1988年版。
王海利:《失落的玛阿特》,北京大学出版社2013年版。
王晓朝:《教父学研究》,河北大学出版社2003年版。
〔美〕魏特夫:《东方专制主义》,徐式谷等译,中国社会科学出版社1989年版。
王铁铮主编:《世界现代化历程·中东卷》,江苏人民出版社2010年版。
吴云贵、周燮藩:《近现代伊斯兰教思潮与运动》,社会科学文献出版社2007年版。
王泰:《埃及的政治发展与民主化进程研究(1952—2014)》,人民出版社2014年版。
万光、陈佩明:《变动中的埃及——来自金字塔下的报告》,世界知识出版社1985年版。
〔美〕西·内·费希尔:《中东史》下册,姚梓良译,商务印书馆1980年版。
〔英〕伦敦《星期日泰晤士报》调研组:《中东战争》下册,上海《国际问题资料》编辑组译,上海译文出版社1980年版。
杨灏城:《埃及近代史》,中国社会科学出版社1985年版。
杨灏城、江淳:《纳赛尔和萨达特时代的埃及》,商务印书馆1997年版。
杨灏城、许林根编著:《列国志·埃及》,社会科学文献出版社2006年版。
〔美〕詹森·汤普森:《埃及史——从原初时代至当下》,郭子林译,商务印书馆2012年版。
赵国忠主编:《简明西亚北非百科全书》(中东),中国社会科学出版社2000年版。

2. 论文

郭小凌、郭子林:《30年来中国的世界上古史研究》,《世界历史》2008年增刊。

郭子林：《从托勒密埃及国王的经济管理透视专制王权》，《史学月刊》2009年第7期。
郭子林：《古埃及塞德节与王权》，《世界历史》2013年第1期。
郭子林：《古埃及托勒密王朝对法尤姆地区的农业开发》，《世界历史》2011年第5期。
郭子林：《论埃及托勒密王朝王权与神权的关系》，《古代文明》2008年第4期。
郭子林：《论托勒密埃及的官僚体系》，《内蒙古民族大学学报》2005年第4期。
郭子林：《论托勒密埃及的专制主义》，《世界历史》2008年第3期。
郭子林：《碎片化的记忆与历史重构——评王海利新著〈失落的玛阿特〉》，《世界历史》2014年第6期。
郭子林：《托勒密埃及的法律与司法实践》，《历史研究》2010年第4期。
郭子林：《王权与专制主义——以古埃及公共权力的演变为例》，《史学理论研究》2008年第4期。
郭子林、李宏艳：《20世纪"帝王谷"重大发现简介》，《内蒙古民族大学学报》2004年第3期。
郭子林、李宏艳：《古埃及"帝王谷"考古的新发现》，《世界历史》2004年第1期。
哈全安：《纳赛尔主义与埃及现代化》，《世界历史》2002年第2期。
〔埃及〕黑白：《埃及当代美术一瞥》，《世界美术》2002年第3期。
金寿福：《古代埃及神权与王权之间的互动和联动》，《北京大学学报》（哲学社会科学版）2010年第6期。
李福泉：《埃及科普特人问题探析》，《世界民族》2007年第5期。
刘文鹏：《希拉康坡里画墓及其壁画》，《内蒙古民族师范学院学报》1992年第1期。
刘文鹏、令狐若明：《论古埃及文明的特性》，《史学理论研究》2000年第1期。
〔加〕马耀邦：《中东剧变与美国、新自由主义》，《国外理论动态》2011年第6期。
潘光：《穆罕默德·阿里：埃及改革开放的先驱》，《解放日报》2013年3月27日。
唐继赞：《美"民主化"寒流在中东涌动》，《世界问题研究》2005年4月13日。
戴晓琦：《塞西执政以来的埃及经济改革及其成效》，《阿拉伯世界研究》2017年第6期。
王京烈：《冷战后的埃及外交》，《亚非纵横》1996年第2期。
王泰：《穆罕默德·阿里改革与埃及早期现代化》，《内蒙古民族师范学院学报》

（哲学社会科学版）1996 年第 4 期。
王泰:《埃及早期现代化的道路与模式》,《内蒙古民族大学学报》(社会科学版）2001 年第 4 期。
王泰:《2011，埃及的政治继承与民主之变——从宪政改革到政治革命》,《国际政治研究》2011 年第 1 期。
王泰:《埃及伊斯兰中间主义思潮的理论与实践》,《西亚非洲》2012 年第 2 期。
王泰、戴红：《“七月革命”与埃及现代化进程的路标性转换》，《内蒙古民族大学学报》（社会科学版）2004 年第 6 期。
王泰、王恋恋：《埃及过渡政府的外交政策之调整》，《阿拉伯世界研究》2012 年第 2 期。
谢立忱、田志馥：《民族主义视角下的埃及对外关系》，《世界民族》2009 年第 5 期。
杨灏城：《纳赛尔时代的土改与埃及农村资本主义的发展》，《西亚非洲》1990 年第 1 期。

二、外文文献

1. 著作

Abdeslam M. Maghraoui, *Liberalism without Democracy: Nationhood and Citizenship in Egypt, 1922-1936*, Duke University Press, 2006.
Afat Lutfi Al-Sayyid Marsot, *A History of Egypt:From the Arab Conquest to the Present*, New York:Cambridge University Press, 2nd Edition, 2007.
Ahmad Abdalla, *The Student Movement and National Politics in Egypt 1923-1973*, Cairo: The American University in Cairo Press, 2008.
Albert Hourani, *Arabic Thought in the Liberal Age: 1798-1939*, Reissued, Cambridge University Press 1983.
Aldred, C., *Egypt to the End of the Old Kingdom*, London: Thames and Hudson, 1965.
Alaa Al-Din Arafat, *The Mubarak Leadership and Future of Democracy in Egypt*, London: Palgrave Macmillan, 2009.
Alan Richards, *A Political Economy of the Middle East*, London: Westview Press, 2015.

Aldred, C., *Egyptian Art*, London: Thames and Hudson, 1980.

Aldred, C., *The Egyptians*, London: Thames and Hudson, 1984.

Al-Muqaddasi, *The Best Divisions for Knowledge of the Regions*, trans. by Basil Collins, Reading, UK: Garnet Publishing, 2001.

Amin, Qasim., *The Emancipation of Women*, Cairo: N. P, 1899.

Andelkovié, B., *The Relations Between Early Bronze Age Canaanites and Upper Egyptians*, Belgrade: Centre for Archaeological Research, 1995.

Andrew McGregor, *A Military History of Modern Egypt: From the Ottoman Conquest to the Ramadan War*, London:Praeger Security International Westport, Connecticut, 2006.

Anthony Gorman, *Historians, State and Politics in Twentieth Century Egypt: Contesting the Nation*, Routledge, 2002.

Arrian, *Anabasis of Alexander*, Vol. 1 (books i-iv), trans. by, P. A. Brunt, Cambridge, Massachusetts: Harvard University Press, 1976.

Arthur Goldschmidt Jr., *Modern Egypt: The Formation of a Nation-State*, Westview Press, 2004.

Arrian, *Anabasis of Alexander*, Vol. 2 (books v-vii with Indica), trans. by P. A. Brunt, Cambridge, Massachusetts: Harvard University Press, 1983.

Asaf Hussain, *Political Perspectives on the Muslim World*, London: The Macmillan Press Ltd., 1984.

Atiya, A. S., et al., eds., *The Coptic Encyclopedia*, New York: Macmillan Library Reference, 1991.

Austin, M. M., *The Hellenistic World from Alexander to the Roman Conquest (A Selection of Sources in Translation)*, Cambridge: Cambridge University Press, 1981.

Bacerley Milton, *Contemporary Politics in the Middle East*, Cambridge: Polity Press, 2011.

Badawy, A., *A History of Egyptian Architecture*, California: California University Press, 1968.

Bagnall, R. S., and P. Derow, *The Hellenistic Period: Historical Sources in Translation*, Cambridge: Cambridge University Press, 1985.

Bagnall, Roger S., and Peter Derow, *The Hellenistic Period: Historical Sources in Translation*, Oxford: Blackwell Publishing Ltd., 2004.

Bagnall, Roger S., ed., *The Oxford Handbook of Papyrology*, Oxford: Oxford University Press, 2009.

Bagnall, Roger S., *Egypt in Late Antiquity*, Princeton: Princeton University Press, 1993.

Bagnall, Roger S., *The Administration of the Ptolemaic Possesions Outside Egypt*, Leiden: Brill, 1976.

Bahgat Korany, Rex Brynen, and Paul Noble, *Political Liberalization and Democratization in the Arab World: Comparative Experiences*, Volume 2. Boulder, CO: Lynne Reinner, 1998.

Bains, John and Jaromír Målek, *Atlas of Ancient Egypt*, Oxford: Phaidon Press Ltd., 1980.

Bakir, A. M., *Slavery in Pharaohnic Egypt*, Cairo, 1952.

Bard, Kathryn A., ed., *Encyclopedia of the Archaeology of Ancient Egypt*, London and New York: Routledge, 1999.

Baumgartel, E. J., *The Cultures of Prehistoric Egypt*, Vol. 2, Oxford: Oxford University Press, 1960.

Beattie, K. J., *Egypt During the Sadat Years*, New York and Hampshire, UK: Palgrave, 2000.

Bell, H. Idris, *Egypt from Alexander the Great to the Arab Conquest*, Oxford: The Clarendon Press, 1948.

Bennett, G.H. *British Foreign Policy during the Curzon Period, 1919-1924*, New York:St. Martin's Press, 1995.

Beth Baron, *The Women's Awakening in Egypt*, Yale University Press, 1994.

Bevan, Edwyn, *A History of Egypt under the Ptolemaic Dynasty*, London: Methuen & Co. Ltd., 1927.

Bill Williamson, *Education and Social Change in Egypt and Turkey*, London: Palgrave Macmillan, 1987.

Blackman, Aylward M., *Middle-Egyptian Stories*, Bruxelles, 1972.

Boardman, John, et al., eds., *The Cambridge Ancient History*, Vol. 3, Part 2, Cambridge: Cambridge University Press, 1982.

Boardman, John, et al., eds., *The Cambridge Ancient History*, Vol. 4, Cambridge: Cambridge University Press, 1988.

Bowersock, G. W., *Hellenism in Late Antiquity*, Ann Arbor: The University of Michigan Press, 1990.

Bowman, A. K., ed., *The Cambridge Ancient History*, Vol. 10, Cambridge: Cambridge University Press, 1996.

Bowman, A. K., ed., *The Cambridge Ancient History*, Vol. 11, Cambridge: Cambridge University Press, 2000.

Bowman, A. K., *Egypt after the Pharaohs 332BC-AD642 from Alexander to the Arab Conquest*, London: Oxford University Press, 1990.

Breasted, J. H., *A History of Egypt*, London: Charles Scribners Sons, 1906.

Breasted, J. H., *Ancient Records of Egypt*, 5 Vols., Chicago: The University of Chicago Press, 1906.

Buck, Adriaan De, et al., *The Egyptian Coffin Texts*, 8 Vols., Chicago: The University of Chicago Press, 1935-2006.

Bunson, Margaret, *The Encyclopedia of Ancient Egypt*, New York and Oxford: Facts on File, 1991.

Burstein, Stanley M., ed., *The Hellenistic Age from the Battle of Ipsos to the Death of Kleopatra VII*, Cambridge: Cambridge University Press, 1985.

Burstein, Stanley M., *The Reign of Cleopatra*, New York: Greenwood Press, 2004.

Butzer, K. W., *Early Hydraulic Civilization in Egypt*, Chicago: The University of Chicago Press, 1976.

C.P. Harris, *Nationalism and Revolution in Egypt: The Role of the Muslim Brotherhood*, the Hague, 1964.

Cameron, A., ed., *The Cambridge Ancient History*, Vol. 14, Cambridge: Cambridge University Press, 2000.

Chauveau, Michel, *Egypt in the Age of Cleopatra: History and Society under the Ptolemies*, trans. by David Lorton, Ithaca and London: Cornell University Press, 2000.

Christensen, Wendy, *Empire of Ancient Egypt*, New York: Chelsea House Publishers, 2009.

Christopher Matthews, edited, *The Middle East and North Africa 2012*, 58th edition, London and New York : Routledge, 2011.

Chuvin, Pierre, *A Chronicle of the Last Pagans*, trans. by B. A. Archer, Cambridge, Massachusetts: Harvard University Press, 1990.

Collier, Mark, and Bill Manley, *How to Read Egyptian Hieroglyphs*, Los Angeles: University of California Press, 1998.

D' Auria, S., et al., *Mummies and Magic, Museum of Fine Arts*, Boston: Fine Art Museum Press, 1988.

Dadaw Safran, *Egypt in Search of Political Community: An Analysis of the Intellectual and Political Evolution of Egypt 1804-1952*, Harvard University Press, First Edition, (January 1, 1961).

David E. Long and Bernard Rrich, edited, *The Government and Politics of the Middle East and North Africa*, Boulder and Oxford: Westview Press, 2002.

Denis J. Sullivan and Sana Abed-Kotob, *Islam in Contemporary Egypt: Civil Society vs. the State*, Lynne Rienner Pub., 1999.

Dina Shehata, *Islamists and Secularists in Egypt: Opposition, Conflict, and Cooperation*, Routledge Taylor & Francis Group, 2010.

Diodorus Siculus, *Library of History*, Vol. 1 (books i-ii.34), trans. by C. H. Oldfather, Cambridge, Massachusetts: Harvard University Press, 1933.

Diodorus Siculus, *Library of History*, Vol. 7 (books xv.20-xvi.65), trans. by Charles L. Sherman, Cambridge, Massachusetts: Harvard University Press, 1952.

Diodorus Siculus, *Library of History*, Vol. 9 (books xviii-xix.65), trans. by Russes M. Geer, Cambridge, Massachusetts: Harvard University Press, 1947.

Dodson, Aidan, and Dyan Hilton, *The Complete Royal Families of Ancient Egypt*, London: Thames & Hudson, 2010.

Dr. Ahmed Abdel Halim, *Supporting Public Participation in Egypt*, CIPE, February 22, 2005.

Earl L.Sullivan, *Women in Egyptian Public Life*, Syracuse University Press, 1986.

Economist Intelligence Unit, *Egypt (Country Profile), 2005.*

Edwards, I. E. S., et al., eds., *The Cambridge Ancient History*, Vol. 1, Part 1, Cambridge: Cambridge University Press, 1970.

Edwards, I. E. S., et al., eds., *The Cambridge Ancient History*, Vol. 1, Part 2, Cambridge: Cambridge University Press, 1971.

Edwards, I. E. S., et al., eds., *The Cambridge Ancient History*, Vol. 2, Part 1, Cambridge: Cambridge University Press, 1973.

Edwards, I. E. S., et al., eds., *The Cambridge Ancient History*, Vol. 2, Part 2, Cambridge: Cambridge University Press, 1975.

Edwards, I. E. S., *The Pyramids of Egypt*, London: Viking Adult, 1947.

Ehud R.Toledano, *State and Society in Mid-Nineteenth-Century Egypt*, Cambridge University Press, 2003.

Elie Podeh and Onn Wincker, edited, *Rethinking Nasserism: Revolution and*

Historical Memory in Modern Egypt, University Press of California, 2004.

Elizabeth S. Bolman, ed., *Monastic Visions: Wall Paintings in Monastery of St. Antony at the Red Sea*, Cairo: American Research Center in Egypt, 2002.

Emery, W. B., *Archaic Egypt*, London: Penguin, 1969.

Emory C. Bogle, *The Modern East: From Imperialism to Freedom, 1800-1958*, New Jersey: Prentice Hall, 1996.

Esmail Hosseinzadeh, *Soviet Non-Capital Development: the Case of Nasser's Egypt*, New York: Prager, 1989.

Esposito, John, *Islam: The Straight Path*, New York: Oxford Univesity Press, 2005.

Eusebius, *The Ecclesiastical History I, trans. by Kirsopp Lake*, Cambridge, Massachusetts: Harvard University Press, 1992.

Fage, J. D. and Roland Oliver, eds., *The Cambridge History of Africa*, Vol. 1, Cambridge: Cambridge University Press, 1982.

Fage, J. D., ed., *The Cambridge History of Africa*, Vol. 2, Cambridge: Cambridge University Press, 1979.

Fahmy, N.S., *The Politics of Egypt: Sadat Society Relation*, London: Routledge Curzon, 2002.

Faulkner, R. O., *A Concise Dictionary of Middle Egyptian*, Oxford: Griffith Institute, 1962.

Finegan, J., *Archaeological History of the Ancient Middle East*, Colorado: Westview Press, 1979.

Fouad Ibrahim and Barbara Ibrahim, *Egypt: An Economic Geography*, London & New York: I. B. Tauris & Co. Ltd., 2003.

Frankfort, Henri, *Kingship and Gods: A Study of Ancient Near Eastern Religion as the Intergration of Society and Nature*, Chicago: University of Chicago Press, 1948.

Fred H. Lawson, *The Social Origins of Egyptian Expansionism During the Muhammad Ali Period*, New York: Columbia University Press, 1992.

Freeman, Charles, *Egypt, Greece and Rome: Civilizations of the Ancient Mediterranean*, Oxford: Oxford University Press, 1996.

Frood, Elizabeth, *Biographical Texts from Ramessid Egypt*, Atlanta: Society of Biblical Literature, 2007.

Gabriel R. Warburg, *Egypt and the Sudan: Studies in History and Politics*, London: Frank Cass, 1985.

Gardiner, A. H. and R. O. Faulkner, *The Wilbour Papyrus*, Vol. 1-4, Brooklyn, 1941-1952.

Gardiner, A. H., *Egypt of the Pharaohs: An Introduction*, Oxford: Oxford University Press, 1966.

Gardiner, A., *Ancient Egyptian Onomastica*, Vol. 2, Oxford: Oxford University Press, 1947.

Gardiner, A., *Egyptian Grammar: Being an Introduction to the Study of Hieroglyphs*, Oxford: Griffith Institute, Ashmolean Museum, 1957.

Gardiner, Alan H., *Late-Egyptian Stories*, Bruxelles, 1981.

Gardiner, Alan H., *Notes on the Story of Sinuhe*, Paris: Librairie Honorè Champion, 1916.

Gardiner, Alan H., *The Royal Canon of Turin*, Oxford: Griffith Institute, 1987.

Geller, M. J. and H. Maehler, et. al., *Legal Documents of the Hellenistic World*, London: The Warburg Institute in University of London, 1995.

George E. Kirk, *A Short History of the Middle East: From the Rise of Islam to Modern Times*, London: 1964, London: Methuen & Co. Ltd, edition 2, 1964, Reprinted By John Deakens, UK, 1966.

Georgie D.M.Hyde, *Education in Modern Egypt: Ideals and Realities*, London: Routledge & Kegan Paul, 1978.

Gershevitch, I., ed., *The Cambridge History of Iran: Median and Archaemenian Periods*, Vol. 2, Cambridge: Cambridge University Press, 1985.

Goold, G. P., ed., *Select Papyri*, Vol. 1, trans. by A. H. Hunt and C. G. Edgar, Cambridge, Massachusetts: Harvard University Press, 1932.

Goold, G. P., ed., *Select Papyri*, Vol. 2, trans. by A. H. Hunt and C. G. Edgar, Cambridge, Massachusetts: Harvard University Press, 1934.

Graig, G. M., *The Agriculture of Egypt*, Oxford: Oxford University Press, 1993.

Grimal, Nicolas, *A History of Ancient Egypt*, trans. by Ian Shaw, Oxford: Blackwell, 1996.

Habicht, Christian, *The Hellenistic Monarchies: Selected Papers*, trans. by Peregrine Stevenson, Ann Arbor: The University of Michigan Press, 2006.

Halm, Heinz, *The Fatimids and Their Traditions of Learning*, London: I. B. Tauris, 1997.

Hanson, J.R., *Trade in Transition: Exports from the Third World 1840-1900*, Academic Press, 1980, Appendix B.

Hardy, E. R., *The Large Estates of Byzantine Egypt*, New York: Ams Pr. Inc., 1931.

Harris, J. R., *The Legacy of Egypt*, Oxford: Oxford University Press, 1987.

Hart, George, *The Routledge Dictionary of Egyptian Gods and Goddesses*, London: Routledge, 2005.

Hawass, Zahi, *Discovering Tutankhamun: From Howard Carter to DNA*, Cairo: The American University in Cairo Press, 2013.

Henry Dodwell, *The Founder of Modern Egypt: A History of Muhammad Ali*, Cambridge University Press, 1967.

Herodotus, *The Persian Wars, Vol. 1 (books i-ii)*, trans. by A. D. Godley, Cambridge, Massachusetts: Harvard University Press, 1920.

Herodotus, *The Persian Wars, Vol. 2 (books iii–iv)*, trans. by A. D. Godley, Cambridge, Massachusetts: Harvard University Press, 1921.

Herodotus, *The Persian Wars, Vol. 3 (books v-vii)*, trans. by A. D. Godley, Cambridge, Massachusetts: Harvard University Press, 1999.

Hitti, Philip K., *History of the Arabs: From the Earliest Times to the Present*, London: Macmillan, 1970.

Hobson, Christine, *Exploring the World of the Pharaohs*, London: Thames and Hudson, 1990.

Hoffman, M. A., *Egypt before the Pharaohs: The Prehistoric Foundations of Egyptian Civilization*, London and Henly: Marboro Books, 1979.

Hölbl, Günther, *A History of the Ptolemaic Empire*, trans. by Tina Saavedra, London and New York: Routledge, 2001.

Hornung, E., et al., eds., *Ancient Egyptian Chronology*, Leiden: Brill, 2006.

Hourani, Albert, *A History of the Arab Peoples*, Cambridge, Massachusetts: Harvard University Press, 1991.

Huebner, S. R., *The Family in Roman Egypt*, Cambridge: Cambridge University Press, 2013.

Ikram, Salima, *Death and Burial in Ancient Egypt*, London: Longman, 2003.

J.H. Thompson and R.D. Reischauer eds., *Modernization of the Arab World*, New York: 1966.

International IDEA and ANND (International Institute for Democracy and Electoral Assistance and the Arab NGO Network for Development), *Building Democracy in Egypt*, 2005.

J. C. B. Richmond, *Egypt 1798-1952: Her Advance towards a Modern Identity*,

London: Routledge, 1997.

James A. Bill and Carl Leiden, *Politics in the Middle East*, Second Edition, Boston Toronto: Little, Brown and Company, 1984.

James P. Allen, *Middle Egyptian: An Introduction to the Language and Culture of Hieroglyphs*, Cambridge: Cambridge University Press, 2010.

James P. Allen, *The Ancient Egyptian Pyramid Texts*, Atlanta: Society of Biblical Literature, 2005.

Janice J. Terry, *The Wafd, 1919-1952, Cornerstone of Egyptian Political Power*, Third World Centre for Research and Pub., 1982.

Joel Gordon, *Nasser's Blessed Movement: Egypt's Free Officers and the July Revolution*, Oxford: Oxford University Press, 1992.

John Darwin, *British, Egypt and the Middle East: Imperial Policy in the aftermath of War 1918-1922*, The Macmillan Press Ltd., 1981.

John W. Copp, *Egypt and the Soviet Union, 1953-1970*, Portland State University, 1986.

John, *Bishop of Nikiu, The Chronicle of John, Bishop of Nikiu*, trans. by R. H. Charles, London: Williams & Norgate, 1916.

Jouguet, Pierre., *Macedonian Imperialism and the Hellenization of the East*, London and New York: Routledge, 1996.

Judith E.Tucker, *Women in Nineteenth-century Egypt*, Cambridge University press, 1985.

Kamil, J., *Luxor*, London: Langman, 1983.

Kamil, J., *Sakkara and Memphis: A Guide to the Necropolis and the Ancient Capital*, London: Longman, 1985.

Kees, H., *Ancient Egypt: A Cultural Topography*, Chicago: The University of Chicago Press, 1961.

Kemp, Bary J., *Ancient Egypt: Anatomy of A Civilization*, London and New York: Routledge, 1989.

Khaled Fahmy, *Mehmed Ali: From Ottoman Governor to Ruler of Egypt*, Oxford:One World Publications, 2009.

Khalid Ikaram, *The Egyptian Economy, 1952-2000: Performance, Policies, and Issues*, Taylor & Francis Group, 2006.

Kitchen, K. A., *The Third Intermediate Period in Egypt*, London: Aris & Philips, 1973.

Kuhrt, Amélie, *The Persian Empire: A Corpus of Sources from the Archaemenid Period*, London and New York: Routledge, 2007.

Lamberg-Karlovsky, C. G., ed., *Hunters, Farmers and Civilization: Old World Archaeology*, London: W. H. Freeman & Co Ltd., 1979.

Lanepoole, Stanley, *A History of Egypt in the Middle Ages*, London: Methuen & Co. Ltd., 1914.

Layton, Bentley, *Coptic in 20 Lessons*, Leuven: Peeters, 2007.

Leprohon, R.J., *The Great Name: Ancient Egyptian Royal Titulary*, Atlanta: Society of Biblical Literature, 2013.

Lewis, Bernard, *Islam from the Prophet Muhammad to the Capure of Constantinople*, Vol. 1: Politics and War, New York: Harper & Row, 1974.

Lewis, N., *Greeks in Ptolemaic Egypt*, Oxford: Oxford University Press, 1986.

Lewis, N., *Life in Egypt under Roman Rule*, Oxford: Oxford University Press, 1985.

Lichtheim, Miriam, *Ancient Egyptian Literature: A Book of Readings*, Vol. 1, Berkeley: University of California Press, 2006.

Lichtheim, Miriam, *Ancient Egyptian Literature: A Book of Readings*, Vol. 2, Berkeley: University of California Press, 1976.

Lichtheim, Miriam, *Ancient Egyptian Literature: A Book of Readings*, Vol. 3, Berkeley: University of California Press, 1980.

Lisa Pollar, *Nurturing the Nation: the Family Politics of Modernizing, Colonizing, and Liberating Egypt, 1805-1923*, Los Angeles: University of California Press, 2005.

Lonergan, B., *The Way to Nicea*, trans. by Conn O'Donovan, London: Longman, 1976.

M. W. Daly, edited, *The Cambridge History of Egypt: Modern Egypt, From 1517 to the End of Twentieth Century*, Cambridge University Press, 1998.

M.Riad El-Ghonemy, edited, *Egypt in the Twenty-First Century: Challenges for Development*, New York: Routledge, 2003.

Magda Baraka, *The Egyptian Upper Class Between Revolution 1919-1952*, Ithaca Press, 1998.

Mahmoud Abdel-Fadil, *The Political Economy of Nasserism*, London: Cambridge University Press, 1980.

Mahmud Akef and Muhammed Ghurab, *ai-umma fi Am (The Nation in One*

Year), Cairo: Umma Press & al-istishariyyun al-'Arab, 1991.

Majid Khadduri, *Arab Contemporaries: the Role of Personalities in Politics*, Baltimore and London: The Johns Hopkins University Press, 1973.

Malak Badrawi, *Political Violence of Egypt 1910-1924: Secret Societies, Plots and Assassinations*, Routledge, 2014.

Manetho, *The History of Egypt with Other Works*, London: William Heinemann Ltd., 1940.

Manning, J. G., *Land and Power in Ptolemaic Egypt*, New York: Cambridge University Press, 2003.

Manning, J. G., *The Last Pharaohs: Egypt under the Ptolemies, 305-30 BC.*, Princeton: Princeton University Press, 2010.

Marius Deeb, *Party Politics in Egypt: The Wafd and its Rivals, 1919-1939*, Oxford:Ithaca Press for the Middle East Centre, St Antony's College, 1979.

Max Weber, *The Theory of Social and Economic Organization*, New York: Trans. By A. M. Henderson and Taclcott Parsons, 1947.

Maye Kassem, *Egyptian Politics: The Dynamics of Authoritarian Rule*, London: Lynne Rienner Publishers.

Mazot, Sibylle, "Decorative Arts", in Markus Hattstein and Peter Delius, eds., *Islam: Art and Architecture*, Cambridge, UK: Könemann, 2004.

Mehan Kamrava, *The Modern Middle East: A Political History since the First World War*, London:University of California Press, 2005.

Midant-Reynes, B., *The Prehistory of Egypt*, Oxford: Blackwell, 2000.

Mieroop, Marc Van De, *A History of Ancient Egypt*, Chichester: Wiley-Blackwell, 2011.

Mona L.Russell, *Creating the New Egyptian Woman:Consumerism, Education, and National Identity, 1983-1922*, Palgrave Macmillan, 2004.

Mona Makram Ebeid, "The Role of Official Opposition", in Charles Tripp and Roger Owen, eds., *Egypt Under Mubarak*, London:Routledge, 1987.

Mordechai Nisan, *Minorities in the Middle East:A History of Struggle and Self-Expressios*, second edition, McFarland & Company, 2002.

Nadia Ramsis Farah, *Egypt's Political Economy Power Relations in Development*, Cairo and New York: The American University in Cairo Press, 2009.

Nael Shama, *Egyptian Foreign Policy from Mubarak to Morsi*, London and New York, Routledge Taylor & Francis Group, 2014.

Najib Ghadbian, *Democratization and the Islamist Challenge in the Arab World*, Boulder and Oxford: Westview Press, 1997.

Nassim Rejwan, *Arabs in the Mirror: Images and Self-Images from Pre-Islamic to Modern Times*, Austin: University of Texas Press, 2008.

Naville, E., *The Festival-hall of Osorkon II in the Great Temple of Bubastis (1887-1889)*, London: Egypt Exploration Fund, 1802.

Naylor, Philip C., *North Africa: A History from Antiquity to the Present*, Austin: University of Texas Press, 2009.

Nazih Ayubi, *The State and Public Policies in Egypt since Sadat*, Mass.: Ithaca Press, 1991.

Nnette S. Fahmy, *The Politics of Egypt: State-Society Relationship*, Routledge, 2012.

O'Brien, J. M., *Alexander the Great: the Invisible Enemy*, London and New York: Routledge, 1992.

Oakes, Lorna, *Sacred Sites of Ancient Egypt*, London: Hermes House, 2001.

Ofra Bengio and Gabriel Ben-Dor, edited, *Minorities and the States in the Arab World*, London: Boulder, 1999.

Oren, Eliezer D., ed., *The Hyksos: The New Historical and Archaeological Perspectives*, Philadelphia: University Museum of University of Pennsylvania, 1997.

P. J. Vatikiotis, *The History of Egypt*, Weidenfeld and Nicolson, London, 1980.

Parkinson, Richard, *Cracking the Codes: The Rosetta Stone and Decipherment*, London: British Museum Press, 1999.

Peek, William H., *The Material World of Ancient Egypt*, Cambridge: Cambridge University Press, 2013.

Peter Drucker, *The Concept of the Corporation*, Vol.2, London: Blackwell, 1946.

Plutarch, *Lives*, Vol. 7 (Alexander), trans. by Bornadotte Perrin, Cambridge, Massachusetts: Harvard University Press, 1919.

Polybius, *The Histories*, Vol. 3 (books v-viii), trans. by F. W. Walbank, Christian Habicht, W. R. Paton, Cambridge, Massachusetts: Harvard University Press, 1923.

Pritchard, J. B., *Ancient Near Eastern Texts: Relating to the Old Testament*, Princeton: Princeton University Press, 1955.

Prophet, E. Clare, *Reincarnation: The Missing Link in Christianity*, Pennsylvania: Summit University Press, 1997.

Qasim Amin, *The Liberation of Women and The New Women*, Cairo: The American University in Cairo Press, 1992.

Quibell, J. E. and F. W. Green, *Hierakonpolis*, Part 1, London: William Clowes and Sons Ltd., 1900.

Quibell, J. E. and F. W. Green, *Hierakonpolis*, Part 2, London: William Clowes and Sons Ltd., 1902.

Quintan Wiktorowicz, edited, *Islamic Activism: A Social Movement Theory Approach*, Bloomington: Indiana University Press, 2004.

R.P. Mitchell, *The Society of Muslim Brothers*, London:Oxford University Press, 1969.

Raaflaub, K., and N. Rosenstein, eds., *War and Society in the Ancient and Medieval Worlds*, Cambridge: Harvard University Press, 1999.

Ragui Assaad, "An Analysis of Compensation Programmes for Redundant Workers in Egyptian Public Enterprises" , in Merih Celasn, edited, *State-Owned Enterprises in the Middle East and North Africa: Privation, Performance and Reform*, London: Routledge, Taylor & Francis Group, 2001.

Raven, S., *Rome in Africa*, London and New York: Routledge, 1984.

Raymond A. Hinnebusch Jr., *Egyptian Politics under Sadat: The Post-Populist Development of an Authoritarian-Modernizing State*, London: Cambridge University Press, 1985.

Raymond, André, *The Glory of Cairo: An Illustrated History*, Cairo: The American University in Cairo Press, 2002.

Redford, D. B., *Akhenaten: The Heretic King*, Princeton: Princeton University Press, 1987.

Redford, Donald B., *The Oxford Encyclopedia of Ancient Egypt*, 3Vols., Oxford: Oxford University Press, 2001.

Reeves, C. N., *Valley of the Kings*, London: Kegan Paul, 1990.

Religious Liberty Commission, *Religious Freedom in Egypt: The Case of the Christian Minority*, The Evangelical Fellowship of Canada, 2009.

Riggs, C., *The Beautiful Burial in Roman Egypt: Art, Identity, and Funerary Religion*, Oxford: Oxford University Press, 2005.

Riggs, Christina, ed., *The Oxford Handbook of Roman Egypt*, Oxford: Oxford

University Press, 2012.

Robert L. Tignor, *The Egyptian Revolution of 1919*, New Direction in the Egyptian Economy, the Middle Eastern Economy, Vol.12, No.3, Oct.1976.

Robert Mabro, *The Egyptian Economy: 1952-1972*, Oxford: Clarendon Press, 1974.

Robert McNamara, *Britain, Nasser and the Balance of Power in the Middle East, 1952-1967: From the Egyptian Revolution to the Six Day War*, London: Frank Cass, 2003.

Robin, G., ed., *Beyond the Pyramids*, Atlanta: Emory University Museum of Art and Archaeology, 1990.

Roger Owen, Sevket Pamuk, *A History of Middle East Economies in the Twentieth Century*, Harvard University Press, 1999.

Ronia Hawash, *Industrialization in Egypt: Historical Development and Implications for Economic Policy*, Faculty of Management Technology, German University in Cairo, October 2007.

Rostovtzeff, M. I., *The Social & Economic History of the Hellenistic World*, Vol.1, Oxford: Oxford University Press, 1941.

Ruffle, J., *The Egyptians: An Introduction to Egyptian Archaeology*, New York: Cornell University Press, 1979.

Saad Eddin Ibrahim, Huwaida Adly and Dina Shehata, "Civil Society and Governance in Egypt", Paper Present at the International Development Institute's Conference on Civil Society and Governance, South Africa, 1999.

Sandars, N. K., *The Sea Peoples*, London: Thames and Hundson, 1978.

Sandy, D. B., *The Production and Use of Vegetable Oils in Ptolemaic Egypt*, Atlanca: Scholars Press, 1989.

Schulz, R. and M. Seidel, eds., *Egypt: The World of the Pharaohs*, Potsdam: Tandem Verlag Gmbh, 2010.

Selman Botman, *Egypt from Independence to Revolution, 1919-1952*, Syracuse University Press, 1991.

Sethe, K., *Urkunder der 18. Dynastie*, II, Leipzig: J. C. Hinrichs' Sche Buchhandlung, 1906.

Shafer, Byron E., ed., *Temples of Ancient Egypt*, London: I. B. Tauris Publishers, 1998.

Shaw I., and P. Nicholson, *British Museum Dictionary of Ancient Egypt*, London: British Museum Press, 1995.

Shaw, Garry J., *The Pharaoh: Life at Court and on Campaign*, London: Thames & Hudson, 2012.

Shaw, Ian, ed., *The Oxford History of Ancient Egypt*, Oxford: Oxford University Press, 2000.

Simpson, William Kelly, ed., *The Literature of Ancient Egypt: An Anthology of Stories, Instructions, Stelae, Autobiographies and Poetry*, New Haven & London: Yale University Press, 2003.

Smith, B. C., *Understanding Third World Politics: Theories of Political Change and Development*, Bloomington: Indiana University Press, 1996.

Smith, W. S., *The Art and Architecture of Ancient Egypt*, New Haven and London: Yale University Press, 1998.

Spencer, A. J., *Death in Ancient Egypt*, New York: Penguin Books, 1983.

Spencer, P., *The Egypt Exploration Society: the Early Years*, London: Thames and Hudson, 2007.

Steven A. Cook, *Ruling but Not Governing: The Military and Political Development in Egypt, Algeria, and Turkey*, Baltimore:The Johns Hopkins University Press, 2007.

Stiebing, William H., *Ancient Near Eastern History and Culture*, New York: Pearson Education Inc., 2009.

Strabo, *Geography*, Vol. 8 (book xvii and General Index), trans. by Horace Leonard Jones, Cambridge, Massachusetts: Harvard University Press, 1932.

Strudwick, Nigel C., *Texts from the Pyramid Age*, Atlanta: Society of Biblical Literature, 2005.

Tacitus, *Histories*, Vol. 4, trans. by Clifford H. Moore and John Jackson, Cambridge, Massachusetts: Harvard University Press, 1931.

Tarn, W. and G. T. Griffith, *Hellenistic Civilisation*, London: Edward Arnold Ltd., 1952.

Taylor, J. H., *The Death and Afterlife in Ancient Egypt*, London: British Museum Press, 2001.

Teeter, Emily, *Religion and Ritual in Ancient Egypt*, Cambridge: Cambridge University Press, 2011.

The New Encyclopedian Briannica, Vol. 18, Chicago: The University of Chicago Press, 1992.

The Oxford English Dictionary, Vol. 4, Oxford: Oxford University Press, 1989.

Theocritus, trans. by J. M. Edmonds, Cambridge, Massachusetts: Harvard University Press, 1912.

Thomas, J. David, *The Epistrategos in Ptolemaic and Roman Egypt*, Opladen: Westdeutscher Verlag, 1975.

Thompson, Jason, *A History of Egypt: From Earliest Times to the Present*, Cairo: The American University in Cairo Press, 2008.

Timothy Michell, *Rules of Experts: Egypt, Techno-politics, Modernity*, University of California, 2002.

Trigger, B. G., et al., *Ancient Egypt: A Social History*, Cambridge: Cambridge University Press, 1983.

Turner, E. G., *The Papyrologist at Work*, Durham: Duke University Press, 1973.

VerSteeg, R., *Law in Ancient Egypt*, Durham: Carolina Academic Press, 2002.

Wahid'Abdel Maggid, "Egyptian Political Parties from Inside" (in Arabic), Al-Mahrousa for Publishing and Documentation (Cairo, 1993): 167.

Walbank, F. W., et al. eds., *The Cambridge Ancient History*, Vol. 7, Cambridge: Cambridge University Press, 1928.

Walbank, F. W., *Hellenistic World*, Oxford: Blackwell Publishers, 1992.

Walker, Paul E., *Exploring an Islamic Empire: Fatimid History and Its Sources*, London: I. B. Tauris, 2002.

Warburton, David A., et al., eds., *Ancient Egyptian Chronology*, Leiden: Brill, 2006.

Watterson, Barbara, *The House of Horus at Edfu: Ritual in an Ancient Egytian Temple*, Gloucestershire: Tempus Publishing Ltd., 1998.

Westerman, W. L., *The Slave Systems of Greek and Roman Antiquity*, Phile: Amer Philosophical Society, 1974.

Wilkinson, Toby, ed., *The Egyptian World*, London and New York: Routledge, 2007.

Wilkinson, Toby, *The Rise and Fall of Anient Egypt*, New York: Random House Trade Paperbacks, 2013.

Williams, Caroline, *Islamic Monuments in Cairo: A Practical Guide*, Cairo: The American University in Cairo Press, 1993.

Youssef M. Choueiri, edited, *A Companion to the History of the Middle East*, Wiley-Blackwell Publishing, 2005.

Youssef M. Choueiri, *Modern Arab Historiography:Historical Discourse and the*

Nation-state, London and New York:Taylor & Francis Group, 2003.

Zaalouk, Malak, *Power, Class and Foreign Capital in Egypt: The Rise of the New Bourgeoisie*, London: Zed Books, 1989.

Zahi Hawass, ed., *Pyramids: Treasures Mysteries and New Discoveries in Egypt*, Vercelli: White Star Publishers, 2011.

Zohurul Bari, *Modern Egypt: Culture, Religion and Politics*, Shipra Publications, 1 Edition, 2004.

2. 论文

Ahmad Shokr, "Reflections on Two Revolution" , *Middle East Research and Information Project*, No. 265 Vol. 42, No.4 , 2012.

Allam, S., "Law" , Toby Wilkinson ed., *The Egyptian World*, London and New York: Routledge, 2007.

Arkell, A. J., "Was King Scorpion Menes?" , *Antiquity*, Vol. 37 (1963).

Arthur Goldschmidt, "Egyptian Historiography, 1919-52" , in *Re-Envisioning Egypt, 1919-1952*, Edited by Arthur Goldschmidt, Amy J.Johnson and Barak A. Salmoni, Cairo: The American University in Cairo Press, 2005.

Bell, B., "The Dark Ages in Ancient Egypt, Vol. 1, The First Dark Age in Egypt" , *American Journal of Archaeology*, Vol. 75 (1971), No. 1.

Bowman, A. K., "Landholding in the Hermopolite Nome in the Fourth Century AD" , *Journal of Roman Studies*, Vol. 75 (1985).

Bresciani, Edda, "The Persian Occupation of Egypt" , in I. Gershevitch, ed., *The Cambridge History of Iran: Median and Archaemenian Periods*, Vol. 2, Cambridge: Cambridge University Press, 1985.

Chamberlain, Michael, "The Crusader Era and the Ayyubid Dynasty" , in Carl F. Petry, ed., *The Cambridge History of Egypt: Islamic Egypt, 640-1517*, Vol. 1, Cambridge: Cambridge University Press, 1998.

Clarysse, Willy, "Egyptian Temples and Priests: Graeco-Roman" , in Alan B. Lloyd, ed., *A Companion to Ancient Egypt*, Wiley, 2010.

Depuydt, Leo, "Murder in Memphis: The Story of Cambyses' Mortal Wounding of the Apis Bull," *Journal of Near Eastern Studies*, Vol. 54(1995).

Dickerman, Lysander, "The Fayûm" , *Journal of the American Geographical Society of New York*, Vol. 24 (1892).

Donald M. Reid, "Political Assassination in Egypt, 1910-1954" , *The*

International Journal of African Historical Studies, Vol. 15, No. 4 (1982).

Dunham, D., "Notes on Copper-Bronze in the Middle Kingdom" , *Journal of Egyptian Archaeology*, Vol. 29 (1943).

"Egypt" , *The Middle East and North Africa 1993*, 39th edition, London: Europa Publications Ltd., 1993.

"Egypt" , *The Middle East and North Africa 2004*, 50th edition, England: Europa Publication, 2003.

Eberhard Kieenle, "More than a Response to Islamism: the Political Deliberalization of Egypt in the 1990s" , In *The Middle East Journal*, Volume 52, No.2, Spring 1998.

Edgerton, W. F., "The Government and the Governed in the Egyptian Empire" , *Journal of Near Eastern Studies*, Vol. 6 (1947).

El-sayed Amin Shalaby, "Egypt's Foreign Policy 1952-1992, Some Personal Reflections" in *Bulletin of Peace Proposals*, Vol.23 Issue 3, 1992, New York, 2015.

Emery, W. B., "The Tombs of the First Pharaohs" , in C. G. Lamberg-Karlovsky, ed., *Hunters, Farmers and Civilization: Old World Archaeology*, London: W. H. Freeman & Co. Ltd., 1979.

Erskine, Andrew, "Culture and Power in Ptolemaic Egypt: the Museum and Library of Alexandria" , *Greece & Rome*, Vol. 42 (Apr. 1995).

Fairman, H. W., "Worship and Festivals in an Egyptian Temple" , *Bulletin of the John Rylands Library*, Vol. 37 (1954-1955).

Faulkner, R. O., "The Admonitions of an Egyptian Sage" , *Journal of Egptian Archaeology*, Vol. 51(1965).

Ferguson, W. S., "Egypt's Loss of Sea Power" , *The Journal of Hellenic Studies*, Vol. 30 (1910).

Gabriel R. Warburg, "Lampson's Ultimatum to Faruq, 4 February, 1942" , *International Journal of Middle Eastern Studies*, Vol. 11, No. 1 (Jan., 1975).

Gabriel R. Warburg, "Islam and Politics in Egypt: 1952-80" , in *Middle Eastern Studies*, Vol. 18, No.2, 1982.

Gardiner, A., "A Lawsuit Arising From the Purchase of Two Slaves" , *Journal of Egyptian Archaeology*, Vol. 21(1935).

Gardiner, A., "The Coronation of King Haremhab" , *Journal of Egyptian Archaeology*, Vol. 39 (1953).

Gardiner, Alan H., and H. I. Bell, “The Name of Lake Moeris”, *Journal of Egyptian Archaeology*, Vol. 29 (1943).

H. Case and J. C. Payne, “Tomb 100: The Decorated Tomb at Hierakonpolis”, *Journal of Egyptian Archaeology*, Vol. 48 (1962).

Hardy, E. R., “The Egyptian Policy of Justinian”, *Dumbarton Oaks Papers*, Vol. 22 (1968).

Hesham Al-Awadi, “Mubarak and the Islamist: Why did the ‘Honeymoon’ End?” in *The Middle East Journal*, Volume 59, No.1, Winter 2005.

Hillenbrand, Robert, “Introduction”, in Derek Hill, et al., *Islamic Architecture in North Africa, Hamden, Conn.: Archon Books, 1976.*

Hikāyāt Sha'b, “Stories of Peoplehood: Nasserism, Popular Politics and Songs in Egypt 1956-1973”, A thesis submitted to the Department of Government of the London School of Economics for the Degree of Doctor of Philosophy, London, November 2012.

Israel Gershoni, “The Evolution of National Culture in Modern Egypt: Intellectual Formation and Social Diffusion, 1892-1945”, *Poetics Today*, Vol. 13, No. 2 (Summer, 1992).

Janssen, J. J., “Prolegomena to the Study of Egypt’s Economic History during the New Kingdom”, *Studien Zur Altägyptischen Kultur*, 1975, No. 3.

Johnson, Janet H., “The Persians and the Continuity of Egyptian Culture”, in H. Sancisi-Weerdenburg, et al., eds., *Achaemenid History VIII: Continuity and Change, Leiden: Nederlands Instituut voor het Nabije Oosten, 1994.*

J. D. Pennington, “The Copts in Modern Egypt”, *International Journal of Middle Eastern Studies*, Vol. 18, Number 2, 1982.

Johnson, Janet H., “The Role of the Egyptian Priesthood in Ptolemaic Egypt”, in Leonard H. *Lesko, Egyptological Studies in Honor of Richard A. Parker*, Hanover and London, 1986.

Kadish, G. E., “British Museum Writing Board 5645: The Complaints of Kha-Kheper-Rē-Senebu”, *Journal of Egyptian Archaeology*, Vol. 59 (1973).

Kaegi, Walter E., “Egypt on the Eve of the Muslim Conquest”, in Carl F. Petry, ed., *The Cambridge History of Egypt: Islamic Egypt*, 640-1517, Vol.1, Cambridge: Cambridge University Press, 1998.

Kahl, Jochem, “Inscriptional Evidence for the Relative Chronology of Dyns. 0-2”, in E. Hornung, et al., eds., *Ancient Egyptian Chronology*, Leiden: Brill,

2006.

Kemp, B. J., “Photographs of the Decoreted Tomb at Hierakonpolis” , *Journal of Egyptian Archaeology*, Vol. 59 (1973).

Khair Abaza, “Political Islam and Regime Survival in Egypt” , Policy Focus #51, *The Washington Institute for Near East Policy*, January 2006.

Koebner, R., “Despot and Despotism: Vicissitudes of a Political Term” , *Journal of the Warburg and Courtauld Institute*, Vol. 14(1951), No. 3/4.

Laila Amin Morsy, “ Britain’s Wartime Policy in Egypt, 1942-44” , *International Journal of Middle Eastern Studies*, Vol. 30, No. 1 (Jan., 1994).

Larry P. Goodson and Soha Radwan, “Democratization in Egypt in the 1990s: Stagnant, or Merely Stalled?” in *Arab Studies Quarterly*, Volume 19, Number 1, Winter 1997.

Leland Bowie, “Charisma, Weber and Nasir” , in *The Middle East Journal*, Volume 30, Number 2, Spring 1976.

Lloyd, A.B., “The Inscription of Udjahorresnet, a Collaborator’s Testament” , *The Journal of Egyptian Archaeology*, Vol. 68 (1982).

L. Morsy, “The Effect of Italy’s Expansionist Policies on Anglo-Egyptian Relations in 1935” , *International Journal of Middle Eastern Studies*, Vol. 20, No. 2 (Apr., 1984).

Lobell, Jarrett A. and Eric A. Powell, “Lost Tombs: In Search of History’s Greatest Rulers” , *Archaeology*, Vol. 66, No. 4 (July/August, 2013).

Marius Deeb, “The Socioeconomic Role of the Local Foreign Minorities in Modern Egypt, 1805-1961” , *International Journal of Middle Eastern Studies*, Printed in Great Britain, 1978.

MaGowern, P. E., “Wine for Eternity” , *Archaeology*, Vol. 51(1998), No. 4.

Michael Holtz, “China, Egypt Sign $17 Billion Investment Deals as Xi Tours Mideast” , *The Christian Scientist Monitor*, Jan. 21, 2016.

Mitchell, L., “Earliest Egyptian Glyphs” , *Archaeology*, Vol. 52 (1999), No. 2.

Mona Said, Ha Joon Chang, Khaled Sakr, “ Industrial Policy and the Role of State in Egypt: The Relevance of the East-Asian Experience” , A Working Paper is the Revised Version of a Paper Presented at the ERF Conference on “The Changing Role of the State in Economic Development and Growth” held in Rabat, Morocco on 8-10 January, 1995.

Mona Markram-Ebeid, “Political Opposition in Egypt: Democracy Myth or

Reality" , in *The Middle East Journal*, Volume 43, Number 3, Summer 1989.

"New Cabinet in Egypt, Advocate of Peace through Justice" , *World Affairs Institute*, Vol. 90, No. 8 (August, 1928).

Ninette S. Fahamy: " The Performance of the Muslim Brotherhood in the Egyptian Syndicates: an Alternative Formula for Reform? " , In *The Middle East Journal*, Volume 52, No. 4, Autumn 1998.

Nims, C. F., "The Term hp, 'Law, Right' , in Demotic" , *Journal of Near Eastern Studies*, Vol. 7 (1948).

O'Neil, J. C., "The Origin of Monasticism" , in Rowan Williams, ed., *The Making of Orthodoxy*, Cambridge: Cambridge University Press, 1989.

Price, Simon, "The History of the Hellenistic Period" , in J. Boardman, et al., eds., *Greece and the Hellenistic World*, Oxford: Oxford University Press, 1988.

Raymond A. Hinnebusch, "The Reemergence of the Wafd Party: Glimpses of the Liberal Opposition in Egypt" , *International Journal of Middle East Studies*, Vol. 16, No. 1 (Mar., 1984).

Ray, John D., "Egypt 525-404BC" , in John Boardman, et al., eds., *The Cambridge Ancient History*, Vol. 4, Cambridge: Cambridge University Press, 1988.

Redmount, C. A., "Ethnicity, Pottery, and the Hyksos at Tell el-MasKhuta in the Egyptian Delta" , *Biblical Archaeologist*, Vol. 48(1995), No. 4.

Royal Institute of International Affairs, "The Anglo-Egyptian Question" , *Bulletin of International News*, Vol. 6, No. 23 (May 22, 1930).

Robert Springborg, "Professional Syndicates in Egyptian Politics, 1952-1970" , in *International Journal of Middle East Studies*, Vol.9, 1978.

Sanders, Paula A., "The Fatimid State, 967-1171" , in Carl F. Petry, ed., *The Cambridge History of Egypt: Islamic Egypt, 640-1517*, Vol. 1, Cambridge: Cambridge University Press, 1998.

Seters, J. V., "A Date for the 'Admonitions' in Second Intermediate Period" , *Journal of Egyptian Archaeology*, Vol. 50 (1964).

Shorter, A. W., "Historical Scrabs of Tutmosis IV and Amenophis III" , *Journal of Egyptian Archaeology*, Vol. 17 (1931).

Smither, P. C., "The Report Concerning the Slave-Girl Senbet" , *Journal of Egyptian Archaeology*, Vol. 34 (1948).

Spanel, D.B., "The First Intermediate Period through the Early Eighteenth

Dynasty" , in G. Robin, ed., Beyond the Pyramids, *Atlanta: Emory University Museum of Art and Archaeology*, 1990.

Stillman, Norman A., "The Non-Muslim Communities: The Jewish Community" , in Carl F. Petry, ed., *The Cambridge History of Egypt: Islamic Egypt, 640-1517*, Vol. 1, Cambridge: Cambridge University Press, 1998.

Tarn, W. W., "Two Notes on Ptolemaic History" , *The Journal of Hellenic Studies*, Vol. 53, Part I (1933).

Théodoridès, A., "The Concept of Law in Ancient Egypt" , in J. R. Harris, *The Legacy of Egypt*, Oxford: Oxford University Press, 1987.

Thompson, Dorothy J., "Irrigation and Drainage in the Early Ptolemaic Fayyum" , in Alan K. Bowman and Eugene Rogan, eds., *Agriculture in Egypt from Pharaohnic to Modern Times*, Cambridge, Massachusetts: Harvard University Press, 1999.

Thompson, Dorothy J., "The High Priests of Memphis under Ptolemaic Rule" , in Mary Beard and John North, eds., *Pagan Priests: Religion and Power in the Ancient World*, London: Gerald Duckworth & Co. Ltd., 1990.

U.S. Commission on International Religious Freedom, Briefing on "Religious Freedom in Egypt: Recent Developments" , May 27.

Vernon A.O'Rourke, "The British Position in Egypt" , *Foreign Affairs*, Vol. 14, No. 4 (Jul., 1936).

Weeks, K. R., "KV5, A Preliminary Report on the Excavation of the Tomb of the Sons of Rameses II in the Valley of the King" , *TMP*, 2000.

Wenke, Robert J., et al., "Epipaleolithic and Neolithic Subsistence and Settlement in the Fayyum Oasis of Egypt" , *Journal of Field Archaeology*, Vol. 15 (1988), Part 1.

Whitehouse, F. C., "Lake Moeris" , *Journal of the American Geographical Society of New York*, Vol. 14(1882).

Wilfong, Terry G., "The Non-Muslim Communities: Christian Communities" , in Carl F. Petry, ed., *The Cambridge History of Egypt: Islamic Egypt, 640-1517*, Vol. 1, Cambridge: Cambridge University Press, 1998.

Wilford, J. N., "Seated with Pharaohs, Experts Study Laborers" , *The New York Times*, Tuesday, July, 11th, 1989.

Yoram Meital, "The Struggle Over Political Order in Egypt: the 2005 Election" , *Middle East Journal*, Volume 60, No.2, Spring 2006.

译名对照表

A

Ababa, Addis，亚的斯亚贝巴

Abadiya，阿巴迪亚

Abaza, Aziz，阿齐兹·阿巴扎

Abaza, Selwo，赛尔窝·阿巴泽

Abbas I，阿巴斯一世

Abdin Palace，阿布丁宫

Amir, Abdul Hakim，阿卜杜勒·哈基姆·阿密尔

Abdul, Mohammed，穆罕默德·阿卜杜

Aboukir Bay，阿布基尔湾

Absir，阿布希尔

Abstractism，抽象主义

Acheson，艾奇逊

Aegyptus，埃及谱图斯

Aflaq, Michel，米歇尔·阿弗拉克

African Union，非洲联盟

Agustamnica，奥古斯塔姆尼卡

Aha，阿哈

Ahmed，艾哈迈德

Ahmad, Makram Muhammad，马卡拉姆·穆罕默德·艾哈迈德

Ahmose，阿赫摩斯

Aidin, Khalid Muhay，哈立德·穆哈伊·艾丁

Al-Alfi, Hassan Muhammad，哈桑·穆罕默德·阿里夫

Al-Aqqad，阿卡德

Al-As, Amr Ibn，阿穆尔

Al-Azhar，爱资哈尔

Al-Aziz，阿奇兹

Al-Banna, Hassan，哈桑·班纳

Al-Barudi, Mahmoud Sami，迈哈穆德·萨米·巴鲁迪

Albertin, Ferric Markram，菲里克·玛克拉姆·艾伯丁

Alexandria Harbour，亚历山大港湾

Alexandria，亚历山大

Alfi，阿尔夫

Algerian War，阿尔及利亚战争

Al-Hakim, Tawfiq，陶菲克·哈基姆

Al-Hakim，哈基姆

Al-Katatny, Saad，萨阿德·卡塔特尼

Al-Khaymah, Shubra，舒卜拉·哈伊马

Al-Khusraw, Nasir，纳西尔·胡斯洛

Al-Mahdi, Abdullah，欧贝杜拉·麦赫迪

Al-Mahjub，马赫尤布

Al-Mamun，麦蒙

Al-Maqrizi，麦格里基
Al-Muqaddasi，穆卡达西
Al-Nasir, Muhammad，纳赛尔・穆罕默德
Al-Sharif, Safwat Muhammad，斯夫沃特・穆罕默德・沙里夫
Al-Siqilli Jawhar，昭海尔
Al-Sufiyyah，苏菲派
Al-Yunus, Ibn，伊本・尤努斯
Al-Zaydiyyah，宰德派
Amara, Muhammad，穆罕默德・阿玛拉
Amin, Ahmad，艾哈迈德・爱敏
Amir, Salal, Abdu，阿卜杜・萨拉勒
Amyrtaeus，阿米尔塔伊俄斯
Antun, Farah，法拉哈・安东
Arab Ba'th Party，阿拉伯复兴党
Arab Modern Poetry Revival Movement，阿拉伯现代诗歌复兴运动
Arab Nationalism，阿拉伯民族主义
Arab Socialism，阿拉伯社会主义
Arab Socialist Union，阿拉伯社会主义联盟
Arab Upheavals，阿拉伯剧变
Arafat, Yasser，亚西尔・阿拉法特
Aramaic，阿拉姆语
Arkadia，阿尔卡迪亚
Artacama，阿塔卡玛
Ashour,Nuaman，努阿曼・阿舒尔
Asian-African Conference，万隆会议
Asian-African National Democratic Movement，亚非拉民族民主运动
Assad，阿萨德
Aswan Dam，阿斯旺大坝
Authoritarian Politics of Modern Soldiers，现代军人威权政治
Authoritarian Politics，威权主义政治
Authoritarianism，威权主义
Aybak, Izz al-Din，艾伊贝克
Azari, Ismail，伊斯梅尔・阿札里
Al-Azidi, Muhammad Ibn Hani al Andalusi，穆罕默德・伊本・哈尼

B

B3k，拜克
Babylon Fortress，巴比伦城堡
Badr, Maj-Gen Zaki，巴德尔
Bahan, Khor，豪尔・巴罕
Banque Misr，米绥尔银行
Barcelona Declaration，巴塞罗那宣言
Bar-Lev line，巴列夫防线
Basileus，巴塞勒斯
Bedani, Abdul Rahman，阿卜杜・拉赫曼・贝达尼
Begin，贝京
B3kt，拜克特
Bishiri, Tariqal，塔里克・毕士里
Bismarck, Otto von，奥托・冯・俾斯麦
Bread Uprising，面包起义
Brezhnev，勃列日涅夫
Brunton，布鲁顿
Bush，布什
Buto，布陀

C

Cairo Arson Case，开罗纵火案
Calling，《呼唤》

Camel, Ahmed，阿赫迈德·卡迈尔
Camp David Accords，戴维营协定
Camp David Peace Process，戴维营和平进程
Canal Crisis，运河危机
Canal Incident，运河事件
Canal War，运河战争
Carians，卡里亚人
Carter，卡特
Caton Thompson，法尤姆文化
Centre Party，中间党
Ceylon，锡兰
Champollion，商博良
Charisma，奇里斯玛
Charter of the United Arab Republic，阿拉伯联合共和国宪章
Chartres, Haitra，海特拉·沙特尔
Chcnouda，陈诺达
Citadel of Saladin，萨拉丁城堡
Civil Society，公民社会
Clear Action，清场行动
Clear Power Center Movement，清除权力中心运动
Cnh，安柯
Cold War，冷战
Commonwealth of Nations，英联邦
Congo Problem，刚果问题
Conservatism，保守主义
Constitutional Convention，制宪会议
Consultative Convention，协商会议
Coptic Research Institute，科普特研究院
Cubism，立体主义

D

Damascus，大马士革
Damietta，达米埃特
Daoud, Mohammed，穆罕默德·达乌德
Daval Village，达瓦尔村
Dayan, Moses，摩西·达扬
Defense Plan 200，200号防御计划
Democracy Model，民主样板
Democratic Unionist Party，民主统一党
Democratization Cold Current，民主化寒流
De-Nasserization，去纳赛尔化
Despotism，专制主义
Diocletian，戴克里先
Disengagement Agreement，脱离接触协议
Domino Effect，多米诺骨牌效应
Dual Financial Control，双重财政控制

E

East Jerusalem，东耶路撒冷
Ebeid, Fikry Makram，菲克里·马克里姆·埃贝德
Economic Reform and Structural Adjustment Plan，经济改革和结构调整计划
Eden，艾登
Edfu，埃德福
Edriis, Youssef，尤素福·伊德里斯
Egyptian Nationalism，埃及民族主义
Eisenhower，艾森豪威尔
El- Alamein，阿拉曼

El-Amra，阿姆拉
El-Anani, Ali Effendi，阿里·埃芬迪·安纳里
El-Badari，巴达里
Election Club，选举俱乐部
El-Gerza，格尔塞
Elkab，埃尔卡伯
El-Kurru，埃尔·库鲁
El-Mahgoub, Rifaat，里法特·马哈祖布
El-Omari, Amin，奥玛里
El-Saadawi, Nawal，纳瓦尔·萨达维
El-Sheikh, Sharm，沙姆·沙伊赫
El-Shrkawy, Abdel Rahman，阿卜杜·拉赫曼·舍尔卡维
El-Sisi, Abdel，阿卜杜勒·塞西
El-Tarif，塔里夫
Emergency Law，紧急状态法
Epistrategos，埃庇斯特拉提戈斯
Erratic Development，不规则的发展
Erskine, Andrew，安德鲁·厄斯金
Establishment Committee of the Free Officers Corps，自由军官团筹建委员会

F

Fahmiv, Mustafa，穆斯塔法·法赫米
Famine Stele，饥馑碑
Faquri, Ahmed，阿赫迈德·法库里
Farage, Faried，法里德·法拉吉
Farrugia City，法鲁贾城
Faruk Dynasty，法鲁克王朝
Fatimid Caliphate，法蒂玛王朝
Fawzi, Mahmoud，马哈茂德·法齐
February Events，二月事件
Federation of Arab States，阿拉伯国家联邦
Feudal System，封建制度
Feudalism，封建主义
First Middle East War，第一次中东战争
Ford，福特
Fotouh，福图赫
Fouda, Farag，法拉杰·法沃达
Freeman Movement，自由者运动
Friedrich I，腓特烈一世
Front Islamique du Salut，伊斯兰拯救阵线
Fuad, Hamad，哈迈德·福阿德
Fustat，福斯塔特
Future Political Action Committee，未来政治行动委员会
Futurism，未来主义

G

Gandhi，甘地
Gandil，甘迪勒
Ganzouri，詹祖里
Gaza Strip，加沙地带
Gaza，加沙
George, Margod，马古德·乔治
Ghali, Boutrous，布特鲁斯·加利
Ghali, Youssef Boutros，尤素福·布特鲁斯·加利
Golan Heights，戈兰高地
Gordon, Charles George，查理·乔治·戈登
Green Party，绿党

Group of 20，二十国集团
Group of 8，八国集团
Guiding Revolution Committee，革命指导委员会
Gulf of Aqaba，亚喀巴湾
Gurion, Ben，本・古里安
Gurob, Abu，阿布・古鲁布

H

H.Case，凯泽
Halicarnassus，哈利卡尔那苏斯
Hamisi, Abdul Rahman，阿卜杜・拉赫曼・哈米西
Hammamiya，哈马米亚
Hamouri, Abdul，阿卜杜・哈穆里
Hamra, Zawiya，扎维亚・哈马拉
Havaga，哈瓦加
Hawass, Zahi，扎伊・哈瓦斯
Hawass，哈瓦斯
Heikal, Mahmud Hasanein，穆・哈・海卡尔
Heikel, Mohammed Hussein，穆罕默德・侯赛因・海凯勒
Helwan，赫勒万
Hendrickx, Stan，斯坦・亨德里克斯
Hillary, Nagib，纳吉布・希拉利
Hillemi, Abbas II，阿巴斯・希勒米二世
Hiw，希乌
Hm，赫姆
Hntj.w-š，亨提乌塞
Homo erectus，直立人
Homs，霍姆斯
Honeymoon，蜜月时期
Hungarian Incident，匈牙利事件
Husayn, Taha，塔哈・侯赛因
Hussein, Kemal Din，凯麦尔・丁・侯赛因

I

Ibrahim, Hafiz，哈菲兹・易卜拉欣
Ibrahim, Hassan，哈桑・易卜拉欣
Ikhshids，伊赫什德王朝
Imam，伊玛目
Imbaba，因巴拜
Imperialism，帝国主义
Impressionism，印象主义
Inarus，伊纳罗斯
Individual Ownership，个体所有制
Instruction Literature，教谕文学
International Bank for Reconstruction and Development，国际复兴开发银行
International Monetary Fund，国际货币基金组织
Islamic Association，伊斯兰协会
Islamic Group，伊斯兰社团
Islamic Jihad Organization，伊斯兰圣战组织
Islamic Organization，伊斯兰组织
Islamic Socialism，伊斯兰社会主义
Islamic Union，伊斯兰联盟
Islamism，伊斯兰主义
Ismail, Hafiz，哈菲兹・伊斯梅尔
Ismailia，伊斯梅利亚城
Ismail，伊斯梅尔
Israel，以色列
Isus，伊苏斯

Isww，伊苏

J

Jadid, Salah，萨拉赫·贾迪德
Jahiliyya，贾希里耶（查希里叶）
Jalut, Ain，阿音·扎鲁特
January Events，一月事件
Jasmine Revolution，茉莉花革命
Jerusalem，耶路撒冷
Jihad Movement，圣战运动
Johnson，约翰逊
Jordan，约旦
Journey to Jerusalem，耶路撒冷之行
Jr, Arthur Goldschmidt，小阿瑟·古德斯密特
July Events，七月事件
July Revolution，七月革命

K

Kafur, Abu al-Misk，卡福尔
Kahl, Jochem，赫姆·卡尔
Kaimiller，开米勒
Kalil, Mustafa，穆斯塔法·卡利尔
Kalim, Mohammed，穆罕默德·凯利姆
Kamil, Mustafa，穆斯塔法·卡米勒
Karavan, Ibrahim A，易卜拉欣·A.卡拉万
Kebir, Qauel，考·凯贝尔
Kemal, Mustafa，穆斯塔法·凯末尔
Kemp, B. J.，凯姆普
Kennedy，肯尼迪
Khaldun, Ibn，伊本·赫勒敦
Khalil, Al-Ashraf，什拉弗
Khalil, Mustafa，马斯塔法·卡里尔
Kharga Oasis，哈里杰绿洲
Khnumhotep，克努姆赫特普
Khrushchev，赫鲁晓夫
Kifaya，肯飞亚运动
Killis, Ibn，伊本·吉里斯
Kissinger，基辛格
Koran，《古兰经》
Kptos，科普图斯
Kuba, Mahara，马哈拉·库卜
Kubaniya，库巴尼亚
Kuttab，库塔布
Kuwait，科威特
KV17，塞提一世墓
KV34，图特摩斯三世墓
KV62，图坦哈蒙墓
Kyrillos，凯瑞罗斯

L

La Nouvelle，《新时尚》
Labor Party，劳动党
Late Acheulean，晚期阿舍利文化
Latif, Boghdadi, Abdel，阿卜杜勒·拉蒂夫·巴格达迪
Lavonne Incident，拉冯事件
Law of Humiliation，羞辱法
League of Arab States，阿拉伯国家联盟
Levallois，勒瓦娄瓦
Liberal Capitalism，自由资本主义
Liberal Constitutional，自由宪政
Liberal Party，自由党
Liberal，自由派
Liberty and Justice Party，自由与正

义党
Libya，利比亚
Lloyd, Alan B，A.B. 劳埃德
London Conference，伦敦会议
Lykia，利西亚

M

Maadian，马阿底
Maat，玛阿特
Madi, Abu al-ila，阿布·阿里拉·马迪
Mahfouz, Nagib，纳吉布·马哈福兹
Mahir, Ali 阿里·马希尔
Mahmud, Ashek，阿谢克斯·穆罕默德
Maki, Mahmoud，马哈茂德·马基
Malach,Carmel，卡迈尔·马拉赫
Mamluk，马木鲁克
Mansour, Adly，阿德利·曼苏尔
Margus Concentration Camp，马古斯集中营
Marsot, Afaf，阿菲芙·马索特
Marwan, Abd al-Malik Ibn，马利克
Matmar，马特马尔
Matrouh，马特鲁
Mazakes，马扎克斯
Mazot, Sibylle，西比勒·马佐特
The Union for the Mediterranean，地中海联盟
Mediterranean fleet，地中海舰队
Méditerranéen Forum，地中海论坛
Medjay，麦德查人
Medvedev, Dmitry，德米特里·梅德韦杰夫
Menaiye Plaza，迈奈希耶广场
Mendes，门德斯
Mesany, Taylor，泰勒·迈萨尼
Meyerdan, Karlach，卡拉赫·迈耶丹
Middle East Crisis，中东危机
Military Control Law，军事管制法
Military Coup D'etat，军事政变
Minufiyya，米菲娅省
Misri, Aziz Ali，阿齐兹·阿里·米斯里
Mitara，米塔拉
Moabite，摩押人
Modern Islamic Movement，现代伊斯兰运动
Modern Islamism，现代伊斯兰主义
Modern Islamist Ethos，现代伊斯兰主义思潮
Modernization Movement，现代化运动
Mohieddin, Zakaria，扎卡里亚·毛希丁
Monopoly System，垄断制度
Morgan, Jacques de，雅克·摩根
Morsi, Mohammed，穆罕默德·穆尔西
Mosque，清真寺
Mostafa, Hadia，哈迪亚·穆斯塔法
Mostagedda，穆斯塔基达
Most-Favored-Nation Treatment，最惠国待遇
Mosul, Mustafa，穆斯塔法·摩苏尔
Motherland Party，祖国党
Mrt，麦尔特
Mry n ptḥ，美楞普塔
Mryt 麦列特

Muawiyah，穆阿维叶
Mughal Empire，莫卧儿帝国
Muhammad，穆罕默德
Muharraq Monastery，穆哈拉克修道院
Muller，穆勒
Multiparty Politics，多党政治
Multiparty System，多党制
Muslim Brotherhood，穆斯林兄弟会
Mysky，迈斯基

N

Na Zhong，纳忠
Nabta Playa，纳布塔沙漠盆地
Nagada，涅迦达
Nagib, Mohammed，穆罕默德·纳吉布
Nahhas，纳哈斯
Napoleon，拿破仑
Nasser Party，纳赛尔主义党
Nasser, Abdul，阿卜杜勒·纳赛尔
Nasser, Gamal Abdul，加麦尔·阿卜杜勒·纳赛尔
Nasserism，纳赛尔主义
Nasserists，纳赛尔主义者
National Alliance，民族联盟
National Charter of Action，《全国行动宪章》
National Charter，《民族宪章》(《全国行动宪章》)
National Democratic Party，民族民主党
National Dialogue Movement，民族对话运动
National Liberation War，民族解放战争
National Progressive Union Party，民族进步统一党
National Union Government，国民联合政府
National Union Party，民族联合党
Nationalist Movement，民族主义运动
Nationalization Movement，国有化运动
Nḏs，涅杰斯
Neo-Authoritarianism，新威权主义
New Wafd Party，新华夫脱党
Niankhkhnum，尼安柯克努姆
Nikiu，尼丘
Nile River Basin，尼罗河流域
Nixon，尼克松
Njsw. tj. W，尼苏提乌
Nmḥw，涅木虎
Non-Aligned Movement，不结盟运动
Non-Exploited Ownership，非剥削所有制
Non-Governmental Organizations，非政府组织
Nour, Abdul Mohassen Abu，阿卜杜勒·穆哈森·艾布·努尔
Nour, Ayman，艾曼·努尔
Nuri，努里

O

October Revolution，十月革命
Officer Club，军官俱乐部
Oikonomos，奥伊考诺摩斯
Oil Weapon，石油武器
One Hundred-Days Plan，百日计划

One-Five Plan，一五计划
Orabi，奥拉比
Osiris，奥西里斯神
Osman, Mohammed，穆罕默德·奥斯曼
Osman，奥斯曼
Osorapis，奥索拉匹斯
Ottoman Empire，奥斯曼帝国

P

Palestine Problem，巴勒斯坦问题
Palestine War，巴勒斯坦战争
Pan-Arabism，泛阿拉伯主义
Panion，帕尼昂
Parliamentary Election，议会选举
Partition of Palestine-Israel，巴以分治
Party Legislation，政党法
Pasha，帕夏
People's Assembly Election，人民议会选举
People's Assembly，人民议会
People's Court，人民法庭
People's Liberation Conference，人民解放大会
Perdikkas，皮尔蒂卡斯
Petredis，彼得里迪斯
Petrie, Flinders，弗林德斯·皮特里
Pharaoh Age，法老时代
Pharoah，法老
Pluralism，多元主义
Pluralist Revolution，多元主义革命
Point Fourth Aid Program，第四点援助计划
Political de-Liberalization，政治去自由化
Polycrates，波利克拉提斯
Populist Ethos，民粹主义思潮
Populist Politics，民粹政治
Prasides，普拉赛迪斯
Pr-ḏt，私人之家
Prehotep，普瑞霍特普
Private Ownership，私人所有制
Ptolemaic Dynasty，托勒密王朝
Pure Team，纯洁队伍
Pyramid Texts，金字塔文
Pyramid，金字塔

Q

Qadi，卡迪
Qalawun, Al-Mansur，盖拉温
Qanat，卡纳特
Qutb, Sayyid，赛义德·库特布
Quwatli, Shukrial，舒克里·库阿特利

R

Radical Islamic Movement，激进伊斯兰运动
Raouf, Abdul Munem Abdul，阿卜杜勒·穆奈姆·阿卜杜勒·拉乌夫
Rcmssw，拉美西斯
Rectifying Movement，纠偏运动
Reign Behind a Curtain，垂帘听政
Republican Revolution，共和革命
Resolution 242，242 号决议
Resolution 338，338 号决议
Revitalization Plan，振兴计划
Revolutionary Command，革命指挥部

Richard I，理查一世

Richardson，理查森

Rmt，勒墨特

Rogers Initiative，罗杰斯倡议

Rosetta Stone，罗塞达石碑

Rostovtzeff, M.I，M.I. 罗斯托夫采夫

Rudolph, Hugo，胡戈·鲁道夫

Rushdie, Rashad，拉沙德·鲁什迪

S

Saad, Abdullah ibn，阿卜杜拉

Sabit, Ashraf，阿什拉夫·萨比特

Sabri Group，萨布里集团

Sabri, Ali，阿里·萨布里

Sabri, Moussa，穆萨·沙比利

Sadat, Anwar，安瓦尔·萨达特

Sadiq，萨迪克

Sahaba，萨哈巴

Salafist，萨拉菲派

Salama, Merimda Beni，梅里姆达·贝尼·萨拉姆

Salem, Salah，萨拉赫·萨利姆

Sarajedin, Fuad，福阿德·萨拉杰丁

Sarapis，萨拉匹斯

Sarouni, Youssef，尤素福·沙鲁尼

Saudi Arabia，沙特阿拉伯

Sbia, Mustafa，穆斯塔法·斯比亚

Sbknfrw，索布克尼弗鲁

S-Day Plan S，S 日计划

Sea Ban，海禁

Sebilian，塞比尔

Senezemib，森那泽米布

Sequence dates，序列段代法

Shafik，沙菲克

Shalabi, Mohammed，穆罕默德·沙拉比

Shaltut, Mohammed，穆罕默德·沙尔图特

Sharif，谢里夫

Shar'iyyah Court，沙里亚法庭

Shar'iyyah，沙里亚法

Shaw, Ian，伊安·肖

Shawqi, Aḥmed，艾哈迈德·绍基

Sheekh，谢赫

Shi'ites，什叶派

Shipwrecked Sailor，《船舶遇难水手的故事》

Sia，西阿

Sidon，西顿

Sidqi, Atif，阿提夫·西迪基

Siege of Abdin Palace，阿布丁宫之围

Sinai，西奈半岛

Sirry, Hussein，侯赛因·西里

Six Day War，六五战争

Snwsrt，森沃斯瑞特

Sobhi, Sidki ，西德基·苏卜希

Social Labor Party，社会劳动党

Socialist Labor Party，社会主义劳动党

Sohag，梭哈格

Spielenberg, Robert，罗伯特·斯皮林伯格

Spirit，精灵

Šs，书吏

State Enterprise Law，国营企业法

Stevens,Robert，罗伯特·斯蒂文思

Stewart, William，威廉·斯图尔特

Straits of Tiran，蒂朗海峡

Strategos，诺姆总督
Street Politics，街头政治
Sudeki, Mohammed，穆罕默德·绥德基
Suez Canal War，苏伊士运河战争
Suez Canal，苏伊士运河
Sukari, Ibrahim，易卜拉欣·苏凯里
Surrealism，超现实主义
Syrian Ba'ath Party，叙利亚复兴党
Syria，叙利亚

T

T.Toby Wilkinson，威尔金森
Taba Area，塔巴地区
Tahattawi, Rifaa Rifa，里法阿·里法·塔哈塔维
Taimour, Mahmoud，迈哈穆德·台木尔
Taj, Shaykh Abd al-Raham，阿布·拉哈曼·塔基
Tale of Sinuhe，《辛努亥的故事》
Tale of the Eloquent Peasant，《能言善辩的农夫的故事》
Taleb, Sophie Abu，索菲·阿布·塔利布
Tantawi，坦塔维
Tasian，塔萨
Tefibi，泰菲比
Terrorism，恐怖主义
The Battle of Port Said，塞得港保卫战
The Battle of Stalingrad，斯大林格勒保卫战
The Committee for Co-ordinating Syndical Action，协调协会行动委员会
The Conflict in Yemen，也门内战
The General Federation of Egyptian Trade Unions，埃及工会总联盟
The Iranian Revolution，伊朗伊斯兰革命
The Maadian，马阿底文化
The Mancabad Charter，曼卡巴德宪章
The Massacre of Ding Shawei，丁沙薇惨案
The October War，十月战争
The Socialist Vanguard，社会主义先锋队
Third Middle East War，第三次中东战争
Thompson, Jason，詹森·汤普森
Three Circles Theory，三个圈子理论
Tito，铁托
Ti，悌伊
Tomorrow Party，明日党
Treaty of Alliance，《同盟条约》
Treaty of London，《伦敦条约》
Triparadeisos，特里帕拉德苏斯
Tughj, Muhammad ibn，穆罕默德·伊本·图吉
Tulun, Ahmad ibn，阿赫迈德·伊本·图伦
Tulunids，图伦王朝
Tyre，推罗

U

Udjahorresnet，乌佳霍瑞斯奈特
Ulama Commission，乌莱玛委员会

Ulama，乌莱玛
Umayyad，倭玛亚王朝
Umm el-Qaab，乌姆卡伯
Union Party，联盟党
United Arab Republic，阿拉伯联合共和国
United Nations，联合国
Upper Egypt，上埃及
Urabi Revolt，奥拉比运动

V

Vague Policy，模糊政策
Valley of the Kings，帝王谷
Vasilyev, Alexei，阿列克谢·瓦西里耶夫
Vermeersch, Pierre，皮埃尔·沃米尔什
Voice of Free Officers，《自由军官之声》
Voting Politics，投票政治

W

Wafd Party，华夫脱党
Wafia, Abu，阿布·瓦菲亚
Wahhabism，瓦哈比教派
Wakeby, Syaddin，赛阿德丁·瓦赫白
Waqf Khayri，宗教基金
Waqfs，宗教事务部
Washington Consensus，华盛顿共识
Weber, Max，马克斯·韦伯
West Bank，约旦河西岸
Wisdom Literature，智慧文学
World Bank，世界银行
World War II，第二次世界大战
World War I，第一次世界大战
Wsrt，沃斯瑞特
Wu Chisan，乌迟散

Y

Yemen Problem，也门问题
Yemen War，也门战争
Yom, Akhbar，阿卡巴·尤姆
Youth Egyptian Party，埃及青年党
Youth Officers Organization，青年军官组织
Youssef, Abu，阿布·尤素福
Yugoslavia，南斯拉夫

Z

Zaghlul，扎赫鲁勒（柴鲁尔）
Zahran，扎赫兰
Zaydun Concentration Camp，宰敦集中营
Zionism，犹太复国主义

后　记

本书是王铁铮教授作为首席专家主持的国家社科基金重大项目八卷本《非洲阿拉伯国家通史研究》之子项目《非洲阿拉伯国家通史·埃及史》的最终成果。本卷主要由郭子林研究员（中国历史研究院世界史所）和王泰教授（内蒙古民族大学法学与历史学院）撰写。研究生李彩玲、刘永、李晨、刘哲岩等提供了近现代史部分章节的初稿，任钰和马云飞帮助整理了全书的参考文献和译名对照表，在此一并致谢。全书最后由王铁铮教授审定。

具体分工：

绪论：郭子林、王泰；

第一、二、三、四、五、六、七章：郭子林；

第八、九、十、十一、十二、十三、十四章：王泰，其中第十一章由王恋恋（内蒙古民族大学法学与历史学院讲师）和王泰共同撰写。